suhrkamp taschenbuch 1512

Walter Benjamin, geboren am 15. Juli 1892, studierte in Freiburg, Berlin, München und Bern Philosophie und lebte nach seiner Promotion als freier Schriftsteller und Übersetzer in Berlin. Er emigrierte 1933 nach Frankreich und wurde Pariser Mitglied des nach Genf und später nach New York verlegten Instituts für Sozialforschung. Am 27. September 1940 nahm er sich auf der Flucht vor den deutschen Truppen in dem spanischen Grenzort Port Bou das Leben. Wichtigste Veröffentlichungen: *Goethes Wahlverwandtschaften*, *Ursprung des deutschen Trauerspiels*, *Einbahnstraße*, *Das Kunstwerk im Zeitalter seiner technischen Reproduzierbarkeit*, *Berliner Kindheit um Neunzehnhundert*.

»Angelus Novus« sollte eine Zeitschrift heißen, die Walter Benjamin 1922 plante. »Die wahre Bestimmung einer Zeitschrift«, schrieb Benjamin in der Ankündigung, »ist, den Geist ihrer Epoche zu bekunden ... unerbittlich im Denken, unbeirrbar im Sagen und unter gänzlicher Nichtachtung des Publikums, wenn es sein muß, sich an dasjenige zu halten, was als wahrhaft Aktuelles unter der unfruchtbaren Oberfläche jenes Neuen oder Neuesten sich gestaltet.« Die Zeitschrift kam nicht zustande, aber die unter Benjamins Titel hier versammelten Zeitungs- und Zeitschriftenaufsätze, die in literarischen Essays wie auch in Kritiken und Rezensionen Autoren wie Brecht und Kafka, aber auch Dostojewski, Valéry und Hofmannsthal würdigen, sind noch heute unentbehrlich. Außerdem enthält diese Sammlung »Lesestücke« wie ›Aussicht ins Kinderbuch‹ und ›Ich packe meine Bibliothek aus‹ und theoretische Aufsätze wie ›Zur Kritik der Gewalt‹ und ›Über das mimetische Vermögen‹ u. a.

Walter Benjamin
Angelus Novus

Ausgewählte Schriften 2

Suhrkamp

Umschlagfoto: Charlotte Joël-Heinzelmann

suhrkamp taschenbuch 1512
Erste Auflage 1988

Druck: Books on Demand, Norderstedt
Printed in Germany
Umschlag: Göllner, Michels, Zegarzewski
ISBN 978-3-518-38012-3

4. Auflage 2011

I Theorie

II Lesestücke

III Literarische Essays

IV Kritiken und Rezensionen

Theorie

Über Sprache überhaupt und über die Sprache des Menschen

Jede Äußerung menschlichen Geisteslebens kann als eine Art der Sprache aufgefaßt werden, und diese Auffassung erschließt nach Art einer wahrhaften Methode überall neue Fragestellungen. Man kann von einer Sprache der Musik und der Plastik reden, von einer Sprache der Justiz, die nichts mit denjenigen, in denen deutsche oder englische Rechtssprüche abgefaßt sind, unmittelbar zu tun hat, von einer Sprache der Technik, die nicht die Fachsprache der Techniker ist. Sprache bedeutet in solchem Zusammenhang das auf Mitteilung geistiger Inhalte gerichtete Prinzip in den betreffenden Gegenständen: in Technik, Kunst, Justiz oder Religion. Mit einem Wort: jede Mitteilung geistiger Inhalte ist Sprache, wobei die Mitteilung durch das Wort nur ein besonderer Fall, der der menschlichen und der ihr zugrunde liegenden oder auf ihr fundierten (Justiz, Poesie), ist. Das Dasein der Sprache erstreckt sich aber nicht nur über alle Gebiete menschlicher Geistesäußerung, der in irgendeinem Sinn immer Sprache innewohnt, sondern es erstreckt sich auf schlechthin alles. Es gibt kein Geschehen oder Ding weder in der belebten noch in der unbelebten Natur, das nicht in gewisser Weise an der Sprache teilhätte, denn es ist jedem wesentlich, seinen geistigen Inhalt mitzuteilen. Eine Metapher aber ist das Wort »Sprache« in solchem Gebrauche durchaus nicht. Denn es ist eine volle inhaltliche Erkenntnis, daß wir uns nichts vorstellen können, das sein geistiges Wesen nicht im Ausdruck mitteilt; der größere oder geringere Bewußtseinsgrad, mit dem solche Mitteilung scheinbar (oder wirklich) verbunden ist, kann daran nichts ändern, daß wir uns völlige Abwesenheit der Sprache in nichts vorstellen können. Ein Dasein, welches ganz ohne Beziehung zur Sprache wäre, ist eine Idee; aber diese Idee läßt sich auch im Bezirk der Ideen, deren Umkreis diejenige Gottes bezeichnet, nicht fruchtbar machen.

Nur soviel ist richtig, daß in dieser Terminologie jeder Ausdruck, sofern er eine Mitteilung geistiger Inhalte ist, der Sprache beigezählt wird. Und allerdings ist der Ausdruck seinem ganzen und innersten Wesen nach nur als *Sprache* zu verstehen; andererseits muß man, um ein sprachliches Wesen zu verstehen, immer fragen, für welches geistige Wesen es denn der unmittelbare Ausdruck sei. Das heißt: die deutsche Sprache z. B. ist keineswegs der Ausdruck für alles, was wir *durch* sie – vermeintlich – ausdrücken können, sondern sie ist der unmittelbare Ausdruck dessen, was *sich* in ihr mitteilt. Dieses »Sich« ist ein geistiges Wesen. Damit ist es zunächst selbstverständlich, daß das geistige Wesen, das sich in der Sprache mitteilt, nicht die Sprache selbst, sondern etwas von ihr zu Unterscheidendes ist. Die Ansicht, daß das geistige Wesen eines Dinges eben in seiner Sprache besteht – diese Ansicht als Hypothesis verstanden, ist der große Abgrund, dem alle Sprachtheorie zu verfallen droht[1], und über, gerade über ihm sich schwebend zu erhalten ist ihre Aufgabe. Die Unterscheidung zwischen dem geistigen Wesen und dem sprachlichen, in dem es mitteilt, ist die ursprünglichste in einer sprachtheoretischen Untersuchung, und es scheint dieser Unterschied so unzweifelhaft zu sein, daß vielmehr die oft behauptete Identität zwischen dem geistigen und sprachlichen Wesen eine tiefe und unbegreifliche Paradoxie bildet, deren Ausdruck man in dem Doppelsinn des Wortes Λογος gefunden hat. Dennoch hat diese Paradoxie als Lösung ihre Stelle im Zentrum der Sprachtheorie, bleibt aber Paradoxie und da unlösbar, wo sie am Anfang steht.

Was teilt die Sprache mit? Sie teilt das ihr entsprechende geistige Wesen mit. Es ist fundamental zu wissen, daß dieses geistige Wesen sich *in* der Sprache mitteilt und nicht *durch* die Sprache. Es gibt also keinen Sprecher der Sprachen, wenn man damit den meint, der *durch* diese Sprachen sich mitteilt. Das geistige Wesen teilt sich in und nicht durch eine Sprache mit – das heißt: es ist nicht von außen gleich dem sprachlichen Wesen. Das geistige Wesen ist mit dem sprachlichen identisch, nur *sofern* es mitteil*bar* ist. Was an einem geistigen Wesen mitteilbar ist, das ist sein sprachliches Wesen. Die Sprache teilt also das jeweilige sprachliche Wesen der Dinge mit, ihr geistiges aber

[1] Oder ist es vielmehr die Versuchung, die Hypothesis an den Anfang zu setzen, die den Abgrund allen Philosophierens macht?

nur, sofern es unmittelbar im sprachlichen beschlossen liegt, sofern es mitteil*bar* ist.

Die Sprache teilt das sprachliche Wesen der Dinge mit. Dessen klarste Erscheinung ist aber die Sprache selbst. Die Antwort auf die Frage: *was* teilt die Sprache mit? lautet also: *Jede Sprache teilt sich selbst mit.* Die Sprache dieser Lampe z. B. teilt nicht die Lampe mit (denn das geistige Wesen der Lampe, sofern es *mitteilbar* ist, ist durchaus nicht die Lampe selbst), sondern: die Sprach-Lampe, die Lampe in der Mitteilung, die Lampe im Ausdruck. Denn in der Sprache verhält es sich so: *Das sprachliche Wesen der Dinge ist ihre Sprache.* Das Verständnis der Sprachtheorie hängt davon ab, diesen Satz zu einer Klarheit zu bringen, die auch jeden Schein einer Tautologie in ihm vernichtet. Dieser Satz ist untautologisch, denn er bedeutet: das, was an einem geistigen Wesen mitteilbar ist, *ist* seine Sprache. Auf diesem »ist« (gleich »ist unmittelbar«) beruht alles. – Nicht, was an einem geistigen Wesen mitteilbar ist, *erscheint* am klarsten in seiner Sprache, wie noch eben im Übergange gesagt wurde, sondern dieses Mitteil*bar*e ist unmittelbar die Sprache selbst. Oder: die Sprache eines geistigen Wesens ist unmittelbar dasjenige, was an ihm mitteilbar ist. Was *an* einem geistigen Wesen mitteilbar ist, *in* dem teilt es sich mit; das heißt: jede Sprache teilt sich selbst mit. Oder genauer: jede Sprache teilt sich *in* sich selbst mit, sie ist im reinsten Sinne das »Medium« der Mitteilung. Das Mediale, das ist die *Unmittel*barkeit aller geistigen Mitteilung, ist das Grundproblem der Sprachtheorie, und wenn man diese Unmittelbarkeit magisch nennen will, so ist das Urproblem der Sprache ihre Magie. Zugleich deutet das Wort von der Magie der Sprache auf ein anderes: auf ihre Unendlichkeit. Sie ist durch die Unmittelbarkeit bedingt. Denn gerade, weil *durch* die Sprache sich nichts mitteilt, kann, was *in* der Sprache sich mitteilt, nicht von außen beschränkt oder gemessen werden, und darum wohnt jeder Sprache ihre inkommensurable einziggeartete Unendlichkeit inne. Ihr sprachliches Wesen, nicht ihre verbalen Inhalte bezeichnen ihre Grenze.

Das sprachliche Wesen der Dinge ist ihre Sprache; dieser Satz auf den Menschen angewandt besagt: Das sprachliche Wesen des Menschen ist seine Sprache. Das heißt: Der Mensch teilt sein eigenes geistiges Wesen *in* seiner Sprache mit. Die Sprache des Menschen spricht aber in Worten. Der Mensch teilt also sein eignes geistiges Wesen (sofern es mitteilbar ist) mit, indem er alle anderen Dinge *benennt*. Kennen wir aber noch andere Sprachen, welche die Dinge benennen? Man wende nicht ein, wir kennten keine Sprache außer der des Menschen, das ist unwahr. Nur keine *benennende* Sprache kennen wir außer der menschlichen; mit einer Identifizierung von benennender Sprache mit Sprache überhaupt beraubt sich die Sprachtheorie der tiefsten Einsichten. *Das sprachliche Wesen des Menschen ist also, daß er die Dinge benennt.*

Wozu benennt? Wem teilt der Mensch sich mit? – Aber ist diese Frage beim Menschen eine andere als bei anderen Mitteilungen (Sprachen)? Wem teilt die Lampe sich mit? Das Gebirge? Der Fuchs? – Hier aber lautet die Antwort: dem Menschen. Das ist kein Anthropomorphismus. Die Wahrheit dieser Antwort erweist sich in der Erkenntnis und vielleicht auch in der Kunst. Zudem: wenn Lampe und Gebirge und der Fuchs sich dem Menschen nicht mitteilen würden, wie sollte er sie dann benennen? Aber er benennt sie; *er* teilt sich mit, indem er *sie* benennt. Wem teilt er sich mit?

Ehe diese Frage zu beantworten ist, gilt es noch einmal zu prüfen: Wie teilt der Mensch sich mit? Es ist ein tiefer Unterschied zu machen, eine Alternative zu stellen, vor der mit Sicherheit die wesentlich falsche Meinung von der Sprache sich verrät. Teilt der Mensch sein geistiges Wesen *durch* die Namen mit, die er den Dingen gibt? Oder *in* ihnen? In der Paradoxie dieser Fragestellung liegt ihre Beantwortung. Wer da glaubt, der Mensch teile sein geistiges Wesen *durch* die Namen mit, der kann wiederum nicht annehmen, daß es sein geistiges Wesen sei, das er mitteile, – denn das geschieht nicht durch Namen von Dingen, also durch Worte, durch die er ein Ding bezeichnet. Und er kann wiederum nur annehmen, er teile eine Sache anderen Menschen mit, denn das geschieht durch das Wort, durch das ich ein Ding bezeichne. Diese Ansicht ist die bürgerliche Auffassung der Sprache, deren Unhaltbarkeit und Leere sich mit steigender Deutlichkeit im folgenden ergeben soll. Sie besagt: Das Mittel der Mitteilung ist das Wort, ihr Gegenstand die Sache, ihr Adressat ein Mensch. Dagegen kennt die andere kein Mittel, keinen Gegenstand und keinen Adressaten der Mitteilung. Sie besagt: *im Namen teilt das geistige Wesen des Menschen sich Gott mit.*

Der Name hat im Bereich der Sprache einzig diesen Sinn und diese unvergleichlich hohe Bedeutung: daß er das innerste Wesen der Sprache selbst ist. Der Name ist dasjenige, *durch* das sich nichts mehr, und *in* dem die Sprache selbst und absolut sich mitteilt. Im Namen ist das geistige Wesen, das sich mitteilt, *die* Sprache. Wo das geistige Wesen in seiner Mitteilung die Sprache selbst in ihrer absoluten Ganzheit ist, da allein gibt es den Namen, und da gibt es den Namen allein. Der Name als Erbteil der Menschensprache verbürgt also, *daß die Sprache schlechthin* das geistige Wesen des Menschen ist; und nur darum ist das geistige Wesen des Menschen allein unter allen Geisteswesen restlos mitteilbar. Das begründet den Unterschied der Menschensprache von der Sprache der Dinge. Weil das geistige Wesen des Menschen aber die Sprache selbst ist, darum kann er sich nicht durch sie, sondern nur in ihr mitteilen. Der Inbegriff dieser intensiven Totalität der Sprache als des geistigen Wesens des Menschen ist der Name. Der Mensch ist der Nennende, daran erkennen wir, daß aus ihm die reine Sprache spricht. Alle Natur, sofern sie sich mitteilt, teilt sich in der Sprache mit, also letzten Endes im Menschen. Darum ist er der Herr der Natur und kann die Dinge benennen. Nur durch das sprachliche Wesen der Dinge gelangt er aus sich selbst zu deren Erkenntnis – im Namen. Gottes Schöpfung vollendet sich, indem die Dinge ihren Namen vom Menschen erhalten, aus dem im Namen die Sprache allein spricht. Man kann den Namen als die Sprache der Sprache bezeichnen (wenn der Genetiv nicht das Verhältnis des Mittels, sondern des Mediums bezeichnet) und in diesem Sinne ist allerdings, weil er im Namen spricht, der Mensch der Sprecher der Sprache, eben darum auch ihr einziger. In der Bezeichnung des Menschen als des Sprechenden (das ist aber z. B. nach der Bibel offenbar der Namen-Gebende: »Wie der Mensch allerlei lebendige Tiere nennen würde, so sollten sie *heißen*«) schließen viele Sprachen diese metaphysische Erkenntnis ein.

Der Name ist aber nicht allein der letzte Ausruf, er ist auch der eigentliche Anruf der Sprache. Damit erscheint im Namen das Wesensgesetz der Sprache, nach dem sich selbst aussprechen und alles andere ansprechen dasselbe ist. Die Sprache – und in ihr ein geistiges Wesen – spricht sich nur da rein aus, wo sie im Namen spricht, das heißt: in der universellen Benennung. So gipfeln im Namen die intensive Totalität der Sprache als des absolut mitteilbaren geistigen Wesens und die extensive Totalität der Sprache als des universell mitteilenden (benennenden) Wesens. Die Sprache ist ihrem mitteilenden Wesen, ihrer Universalität nach, da unvollkommen, wo das geistige Wesen, das aus ihr spricht, nicht in seiner ganzen Struktur sprachliches, das heißt mitteilbares ist. *Der Mensch allein hat die nach Universalität und Intensität vollkommene Sprache.*

Angesichts dieser Erkenntnis ist nun ohne Gefahr der Verwirrung eine Frage möglich, die zwar von höchster metaphysischer Wichtigkeit ist, aber an dieser Stelle in aller Klarheit zunächst als eine terminologische vorgebracht werden kann. Ob nämlich das geistige Wesen – nicht nur des Menschen (denn das ist notwendig) – sondern auch der Dinge und somit geistiges Wesen überhaupt in sprachtheoretischer Hinsicht als sprachliches zu bezeichnen ist. Wenn das geistige Wesen mit dem sprachlichen identisch ist, so ist das Ding seinem geistigen Wesen nach Medium der Mitteilung, und was sich in ihm mitteilt, ist – gemäß dem medialen Verhältnis – eben dies Medium (die Sprache) selbst. Sprache ist dann das geistige Wesen der Dinge. Es wird das geistige Wesen also von vornherein als mitteilbar gesetzt, oder vielmehr gerade *in* die Mitteilbarkeit gesetzt, und die Thesis: das sprachliche Wesen der Dinge ist mit ihrem geistigen, sofern letzteres mitteilbar ist, identisch, wird in ihrem »sofern« zu einer Tautologie. *Einen Inhalt der Sprache gibt es nicht; als Mitteilung teilt die Sprache ein geistiges Wesen, d. i. eine Mitteilbarkeit schlechthin mit.* Die Unterschiede der Sprachen sind solche von Medien, die sich gleichsam nach ihrer Dichte, also graduell, unterscheiden; und das in der zwiefachen Hinsicht nach der Dichte des Mitteilenden (Benennenden) und des Mitteilbaren (Namen) in der Mitteilung. Diese beiden Sphären, die rein geschieden und doch vereinigt nur in der Namensprache des Menschen, entsprechen sich natürlich ständig.

Für die Metaphysik der Sprache ergibt die Gleichsetzung des geistigen mit dem sprachlichen Wesen, welches nur graduelle Unterschiede kennt, eine Abstufung allen geistigen Seins in Gradstufen. Diese Abstufung, die im Inneren des geistigen Wesens selbst stattfindet, läßt sich unter keine obere Kategorie mehr fassen, sie führt daher auf die Abstufung aller geistigen wie sprachlichen Wesen nach Existenzgraden oder nach Seinsgraden, wie sie bezüglich der geistigen schon die Scholastik gewohnt war. Die Gleichsetzung des geistigen mit dem sprachlichen Wesen ist aber in sprachtheoretischer Hinsicht von so großer metaphysischer Tragweite, weil sie auf denjenigen Begriff hinführt, der sich immer wieder wie von selbst im Zentrum der Sprachphilosophie erhoben hat und ihre innigste Verbindung mit der Religionsphilosophie ausgemacht hat. Das ist der Begriff der Offenbarung. – Innerhalb aller sprachlichen Gestaltung waltet der Widerstreit des Ausgesprochenen und Aussprechlichen mit dem Unaussprechlichen und Unausgesprochenen. In der Betrachtung dieses Widerstreites sieht man in der Perspektive des Unaussprechlichen zugleich das letzte geistige Wesen. Nun ist es klar, daß in der Gleichsetzung des geistigen mit dem sprachlichen Wesen dieses Verhältnis der umgekehrten Proportionalität zwischen beiden bestritten wird. Denn hier lautet die Thesis: je tiefer, d. h. je existenter und wirklicher der Geist, desto aussprechlicher und ausgesprochener, wie es denn eben im Sinne dieser Gleichsetzung liegt, die Beziehung zwischen Geist und Sprache zur schlechthin eindeutigen zu machen, so daß der sprachlich existenteste, d. h. fixierteste Ausdruck, das sprachlich prägnanteste und unverrückbarste, mit einem Wort: das Ausgesprochenste zugleich das reine Geistige ist. Genau das meint aber der Begriff der Offenbarung, wenn er die Unantastbarkeit des Wortes für die einzige und hinreichende Bedingung und Kennzeichnung der Göttlichkeit des geistigen Wesens, das sich in ihm ausspricht, nimmt. Das höchste Geistesgebiet der Religion ist (im Begriff der Offenbarung) zugleich das einzige, welches das Unaussprechliche nicht kennt. Denn es wird angesprochen im Namen und spricht sich aus als Offenbarung. Hierin aber kündigt sich an, daß allein das höchste geistige Wesen, wie es in der Religion erscheint, rein auf dem Menschen und der

Sprache in ihm beruht, während alle Kunst, die Poesie nicht ausgenommen, nicht auf dem allerletzten Inbegriff des Sprachgeistes, sondern auf dinglichem Sprachgeist, wenn auch in seiner vollendeten Schönheit, beruht. »*Sprache, die Mutter* der Vernunft und *Offenbarung*, ihr A und Ω«, sagt Hamann.

Die Sprache selbst ist in den Dingen selbst nicht vollkommen ausgesprochen. Dieser Satz hat einen doppelten Sinn nach der übertragenen und der sinnlichen Bedeutung: Die Sprachen der Dinge sind unvollkommen, und sie sind stumm. Den Dingen ist das reine sprachliche Formprinzip – der Laut – versagt. Sie können sich nur durch eine mehr oder minder stoffliche Gemeinschaft einander mitteilen. Diese Gemeinschaft ist unmittelbar und unendlich wie die jeder sprachlichen Mitteilung; sie ist magisch (denn es gibt auch Magie der Materie). Das Unvergleichliche der menschlichen Sprache ist, daß ihre magische Gemeinschaft mit den Dingen immateriell und rein geistig ist, und dafür ist der Laut das Symbol. Dieses symbolische Faktum spricht die Bibel aus, indem sie sagt, daß Gott dem Menschen den Odem einblies: das ist zugleich Leben und Geist und Sprache. –

Wenn im folgenden das Wesen der Sprache auf Grund der ersten Genesiskapitel betrachtet wird, so soll damit weder Bibelinterpretation als Zweck verfolgt noch auch die Bibel an dieser Stelle objektiv als offenbarte Wahrheit dem Nachdenken zugrunde gelegt werden, sondern das, was aus dem Bibeltext in Ansehung der Natur der Sprache selbst sich ergibt, soll aufgefunden werden; und die Bibel ist *zunächst* in dieser Absicht nur darum unersetzlich, weil diese Ausführungen im Prinzipiellen ihr darin folgen, daß in ihnen die Sprache als eine letzte, nur in ihrer Entfaltung zu betrachtende, unerklärliche und mystische Wirklichkeit vorausgesetzt wird. Die Bibel, indem sie sich selbst als Offenbarung betrachtet, muß notwendig die sprachlichen Grundtatsachen entwickeln. – Die zweite Fassung der Schöpfungsgeschichte, die vom Einblasen des Odems erzählt, berichtet zugleich, der Mensch sei aus Erde gemacht worden. Dies ist in der ganzen Schöpfungsgeschichte die einzige Stelle, an der von einem Material des Schöpfers die Rede ist, in welchem dieser seinen Willen, der sonst doch wohl unmittelbar schaffend gedacht ist, ausdrückt. Es ist in dieser zweiten Schöpfungsgeschichte die Erschaffung des Menschen nicht durch das Wort geschehen: Gott sprach – und es geschah –, sondern diesem nicht aus dem Worte geschaffenen Menschen wird nun die *Gabe* der Sprache beigelegt, und er wird über die Natur erhoben.

Diese eigentümliche Revolution des Schöpfungsaktes, wo er sich auf den Menschen richtet, ist aber nicht minder deutlich in der ersten Schöpfungsgeschichte niedergelegt, und in einem ganz anderen Zusammenhange verbürgt er mit gleicher Bestimmtheit den besonderen Zusammenhang zwischen Mensch und Sprache aus dem Akte der Schöpfung heraus. Die mannigfache Rhythmik der Schöpfungsakte des ersten Kapitels läßt doch eine Art Grundform zu, von der allein der den Menschen erschaffende Akt bedeutsam abweicht. Zwar handelt es sich hier nirgends weder bei Mensch noch Natur um eine ausdrückliche Beziehung auf das Material, aus dem sie geschaffen wurden; und ob jeweils in den Worten: »er machte« an ein Schaffen aus Materie etwa gedacht ist, muß hier dahingestellt bleiben. Aber die Rhythmik, nach der sich die Schöpfung der Natur (nach Genesis 1) vollzieht, ist: Es werde – Er machte (schuf) – Er nannte. – In einzelnen Schöpfungsakten (1,3; 1,11) tritt allein das »Es werde« auf. In diesem »Es werde« und in dem »Er nannte« am Anfang und Ende der Akte erscheint jedesmal die tiefe deutliche Beziehung des Schöpfungsaktes auf die Sprache. Mit der schaffenden Allmacht der Sprache setzt er ein, und am Schluß einverleibt sich gleichsam die Sprache das Geschaffene, sie benennt es. Sie ist also das Schaffende, und das Vollendete, sie ist Wort und Name. In Gott ist der Name schöpferisch, weil er Wort ist, und Gottes Wort ist erkennend, weil es Name ist. »Und er sah, daß es gut war«, das ist: er hatte es erkannt durch den Namen. Das absolute Verhältnis des Namens zur Erkenntnis besteht allein in Gott, nur dort ist der Name, weil er im innersten mit dem schaffenden Wort identisch ist, das reine Medium der Erkenntnis. Das heißt: Gott machte die Dinge in ihren Namen erkennbar. Der Mensch aber benennt sie massen der Erkenntnis.

In der Schöpfung des Menschen ist die dreifache Rhythmik der Naturschöpfung einer ganz anderen Ordnung gewichen. In ihr hat also die Sprache eine andere Bedeutung; die Dreiheit des

Aktes ist auch hier erhalten, aber um so mächtiger bekundet sich eben im Parallelismus der Abstand: in dem dreifachen: »Er schuf« des Verses 1,27. Gott hat den Menschen nicht aus dem Wort geschaffen, und er hat ihn nicht benannt. Er wollte ihn nicht der Sprache unterstellen, sondern im Menschen entließ Gott die Sprache, die *ihm* als Medium der Schöpfung gedient hatte, frei aus sich. Gott ruhte, als er im Menschen sein Schöpferisches sich selbst überließ. Dieses Schöpferische, seiner göttlichen Aktualität entledigt, wurde Erkenntnis. Der Mensch ist der Erkennende derselben Sprache, in der Gott Schöpfer ist. Gott schuf ihn sich zum Bilde, er schuf den Erkennenden zum Bilde des Schaffenden. Daher bedarf der Satz: Das geistige Wesen des Menschen ist die Sprache, der Erklärung. Sein geistiges Wesen ist die Sprache, in der geschaffen wurde. Im Wort wurde geschaffen, und Gottes sprachliches Wesen ist das Wort. Alle menschliche Sprache ist nur Reflex des Wortes im Namen. Der Name erreicht so wenig das Wort wie die Erkenntnis die Schaffung. Die Unendlichkeit aller menschlichen Sprache bleibt immer eingeschränkten und analytischen Wesens im Vergleich mit der absoluten uneingeschränkten und schaffenden Unendlichkeit des Gotteswortes.

Das tiefste Abbild dieses göttlichen Wortes und der Punkt, an dem die Menschensprache den innigsten Anteil an der göttlichen Unendlichkeit des bloßen Wortes erlangt, der Punkt, an dem sie nicht endliches Wort und Erkenntnis nicht werden kann: das ist der menschliche Namen. Die Theorie des Eigennamens ist die Theorie von der Grenze der endlichen gegen die unendliche Sprache. Von allen Wesen ist der Mensch das einzige, das seinesgleichen selbst benennt, wie es denn das einzige ist, das Gott nicht benannt hat. Vielleicht ist es kühn, aber kaum unmöglich, den Vers 2,20 in seinem zweiten Teile in diesem Zusammenhang zu nennen: daß der Mensch alle Wesen benannte, »*aber* für den Menschen ward keine Gehilfin gefunden, die um ihn wäre«. Wie denn auch Adam sein Weib, alsobald er es bekommen hat, benennt. (Männin im zweiten Kapitel, Heva im dritten.) Mit der Gebung des Namens weihen die Eltern ihre Kinder Gott; dem Namen, den sie hier geben, entspricht – metaphysisch, nicht etymologisch verstanden – keine Erkenntnis, wie sie die Kinder ja auch neugeboren benennen. Es sollte im strengen Geist auch kein Mensch dem Namen (nach seiner etymologischen Bedeutung) entsprechen, denn der Eigenname ist Wort Gottes in menschlichen Lauten. Mit ihm wird jedem Menschen seine Erschaffung durch Gott verbürgt, und in diesem Sinne ist er selbst schaffend, wie die mythologische Weisheit es in der Anschauung ausspricht (die sich wohl nicht selten findet), daß sein Name des Menschen Schicksal sei. Der Eigenname ist die Gemeinschaft des Menschen mit dem *schöpferischen* Wort Gottes. (Es ist dies nicht das einzige, und der Mensch kennt noch eine andere Sprachgemeinschaft mit Gottes Wort.) Durch das Wort ist der Mensch mit der Sprache der Dinge verbunden. Das menschliche Wort ist der Name der Dinge. Damit kann die Vorstellung nicht mehr aufkommen, die der bürgerlichen Ansicht der Sprache entspricht, daß das Wort zur Sache sich zufällig verhalte, daß es ein durch irgendwelche Konvention gesetztes Zeichen der Dinge (oder ihrer Erkenntnis) sei. Die Sprache gibt niemals *bloße* Zeichen. Mißverständlich ist aber auch die Ablehnung der bürgerlichen durch die mystische Sprachtheorie. Nach ihr nämlich ist das Wort schlechthin das Wesen der Sache. Das ist unrichtig, weil die Sache an sich kein Wort hat, geschaffen ist sie aus Gottes Wort und erkannt in ihrem Namen nach dem Menschenwort. Diese Erkenntnis der Sache ist aber nicht spontane Schöpfung, sie geschieht nicht aus der Sprache absolut uneingeschränkt und unendlich wie diese; sondern es beruht der Name, den der Mensch der Sprache gibt, darauf, wie sie ihm sich mitteilt. Im Namen ist das Wort Gottes nicht schaffend geblieben, es ist an einem Teil empfangend, wenn auch sprachempfangend, geworden. Auf die Sprache der Dinge selbst, aus denen wiederum lautlos und in der stummen Magie der Natur das Wort Gottes hervorstrahlt, ist diese Empfängnis gerichtet.

Für Empfängnis und Spontaneität zugleich, wie sie sich in dieser Einzigartigkeit der Bindung nur im sprachlichen Bereich finden, hat aber die Sprache ihr eigenes Wort, und dieses Wort gilt auch von jener Empfängnis des Namenlosen im Namen. Es ist die Übersetzung der Sprache der Dinge in die des Menschen. Es ist notwendig, den Begriff der Übersetzung in der tiefsten

Schicht der Sprachtheorie zu begründen, denn er ist viel zu weittragend und gewaltig, um in irgendeiner Hinsicht nachträglich, wie bisweilen gemeint wird, abgehandelt werden zu können. Seine volle Bedeutung gewinnt er in der Einsicht, daß jede höhere Sprache (mit Ausnahme des Wortes Gottes) als Übersetzung aller anderen betrachtet werden kann. Mit dem erwähnten Verhältnis der Sprachen als dem von Medien verschiedener Dichte ist die Übersetzbarkeit der Sprachen ineinander gegeben. Die Übersetzung ist die Überführung der einen Sprache in die andere durch ein Kontinuum von Verwandlungen. Kontinua der Verwandlung, nicht abstrakte Gleichheits- und Ähnlichkeitsbezirke durchmißt die Übersetzung.

Die Übersetzung der Sprache der Dinge in die des Menschen ist nicht nur Übersetzung des Stummen in das Lauthafte, sie ist die Übersetzung des Namenlosen in den Namen. Das ist also die Übersetzung einer unvollkommenen Sprache in eine vollkommenere, sie kann nicht anders als etwas dazu tun, nämlich die Erkenntnis. Die Objektivität dieser Übersetzung ist aber in Gott verbürgt. Denn Gott hat die Dinge geschaffen, das schaffende Wort in ihnen ist der Keim des erkennenden Namens, wie Gott auch am Ende jedes Ding benannte, nachdem es geschaffen war. Aber offenbar ist diese Benennung nur der Ausdruck der Identität des schaffenden Wortes und des erkennenden Namens in Gott, nicht die vorhergenommene Lösung jener Aufgabe, die Gott ausdrücklich dem Menschen selbst zuschreibt: nämlich die Dinge zu benennen. Indem er die stumme namenlose Sprache der Dinge empfängt und sie in den Namen in Lauten überträgt, löst der Mensch diese Aufgabe. Unlösbar wäre sie, wäre nicht die Namensprache des Menschen und die namenlose der Dinge in Gott verwandt, entlassen aus demselben schaffenden Wort, das in den Dingen Mitteilung der Materie in magischer Gemeinschaft, im Menschen Sprache des Erkennens und Namens in seligem Geiste geworden wäre. Hamann sagt: »Alles, was der Mensch am Anfang hörte, mit Augen sah und seine Hände betasteten, war lebendiges Wort; denn Gott war das Wort. Mit diesem Worte im Munde und im Herzen war der Ursprung der Sprache so natürlich, so nahe und so leicht wie ein Kinderspiel . . .«. Der Maler Müller in seiner Dichtung »Adams

Erwachen und erste selige Nächte« läßt Gott mit diesen Worten den Menschen zur Namengebung aufrufen: »Mann der Erde tritt nahe, am Anschaun werde vollkommener, vollkommener werde durchs Wort.« In dieser Verbindung von Anschauung und Benennung ist innerlich die mitteilende Stummheit der Dinge (der Tiere) auf die Wortsprache des Menschen zu gemeint, die sie im Namen aufnimmt. In demselben Kapitel der Dichtung spricht aus dem Dichter die Erkenntnis, daß nur das Wort, aus dem die Dinge geschaffen sind, ihre Benennung dem Menschen erlaubt, indem es sich in den mannigfachen Sprachen der Tiere, wenn auch stumm, mitteilt in dem Bild: Gott gibt den Tieren der Reihe nach ein Zeichen, auf das hin sie vor den Menschen zur Benennung treten. Auf eine fast sublime Weise ist so die Sprachgemeinschaft der stummen Schöpfung mit Gott im Bilde des Zeichens gegeben.

Wie das stumme Wort im Dasein der Dinge so unendlich weit unter dem benennenden Wort in der Erkenntnis des Menschen zurückbleibt, wie wiederum dieses wohl unter dem schaffenden Wort Gottes, so ist der Grund für die Vielheit menschlicher Sprachen gegeben. Die Sprache der Dinge kann in *die* Sprache der Erkenntnis und des Namens nur in der Übersetzung eingehen – soviel Übersetzungen, soviel Sprachen, sobald nämlich der Mensch einmal aus dem paradiesischen Zustand, der nur eine Sprache kannte, gefallen ist. (Nach der Bibel stellt diese Folge der Austreibung aus dem Paradiese allerdings erst später sich ein.) Die paradiesische Sprache des Menschen muß die vollkommen erkennende gewesen sein; während später noch einmal alle Erkenntnis in der Mannigfaltigkeit der Sprache sich unendlich differenziert, auf einer niederen Stufe als Schöpfung im Namen überhaupt sich differenzieren mußte. Daß nämlich die Sprache des Paradieses vollkommen erkennend gewesen sei, vermag auch das Dasein des Baumes der Erkenntnis nicht zu verhehlen. Seine Äpfel sollten die Erkenntnis verleihen, was gut und böse sei. Gott aber hatte schon am siebenten Tage mit den Worten der Schöpfung erkannt. Und siehe, es war sehr gut. Die Erkenntnis, zu der die Schlange verführt, das Wissen, was gut sei und böse, ist namenlos. Es ist im tiefsten Sinne nichtig, und dieses Wissen eben selbst das einzige Böse, das der paradiesische Zustand kennt. Das Wissen um gut und böse verläßt den Namen, es ist eine Erkenntnis von außen, die unschöpferische Nachahmung des schaffenden Wortes. Der Name tritt aus sich selbst in dieser Erkenntnis heraus: Der Sündenfall ist die Geburtsstunde des *menschlichen Wortes*, in dem der Name nicht mehr unverletzt lebte, das aus der Namensprache, der erkennenden, man darf sagen: der immanenten eigenen Magie heraustrat, um ausdrücklich, von außen gleichsam, magisch zu werden. Das Wort soll *etwas* mitteilen (außer sich selbst). Das ist wirklich der Sündenfall des Sprachgeistes. Das Wort als äußerlich mitteilendes, gleichsam eine Parodie des ausdrücklich mittelbaren Wortes auf das ausdrücklich unmittelbare, das schaffende Gotteswort, und der Verfall des seligen Sprachgeistes, des adamitischen, der zwischen ihnen steht. Es besteht nämlich in der Tat zwischen dem Worte, welches nach der Verheißung der Schlange das Gute und Böse erkennt, und zwischen dem äußerlich mitteilenden Worte im Grunde Identität. Die Erkenntnis der Dinge beruht im Namen, die des Guten und Bösen ist aber in dem tiefen Sinne, in dem Kierkegaard dieses Wort faßt, »Geschwätz« und kennt nur eine Reinigung und Erhöhung, unter die denn auch der geschwätzige Mensch, der Sündige, gestellt wurde: das Gericht. Dem richtenden Wort ist allerdings die Erkenntnis von gut und böse unmittelbar. Seine Magie ist eine andere als die des Namens, aber gleich sehr Magie. Dieses richtende Wort verstößt die ersten Menschen aus dem Paradies; sie selbst haben es exzitiert, zufolge einem ewigen Gesetz, nach welchem dieses richtende Wort die Erweckung seiner selbst als die einzige, tiefste Schuld bestraft – und erwartet. Im Sündenfall, da die ewige Reinheit des Namens angetastet wurde, erhob sich die strengere Reinheit des richtenden Wortes, des Urteils. Für den Wesenszusammenhang der Sprache hat der Sündenfall eine dreifache Bedeutung (ohne seine sonstige hier zu erwähnen). Indem der Mensch aus der reinen Sprache des Namens heraustritt, macht er die Sprache zum Mittel (nämlich einer ihm unangemessenen Erkenntnis), damit auch an einem Teile jedenfalls zum *bloßen* Zeichen; und das hat später die Mehrheit der Sprachen zur Folge. Die zweite Bedeutung ist, daß nun aus dem Sündenfall als die Restitution der in ihm verletzten Unmittelbarkeit des Namens eine neue, die Magie des Urteils, sich erhebt, die nicht mehr selig in sich selbst ruht. Die dritte Bedeutung, deren Vermutung sich vielleicht wagen läßt, wäre, daß auch der Ursprung der Abstraktion als eines Vermögens des Sprachgeistes im Sündenfall zu suchen sei. Gut und böse nämlich stehen als unbenennbar, als namenlos außerhalb der Namensprache, die der Mensch eben im Abgrund dieser Fragestellung verläßt. Der Name bietet nun aber im Hinblick auf die bestehende Sprache nur den Grund, in dem ihre konkreten Elemente wurzeln. Die abstrakten Sprachelemente aber – so darf vielleicht vermutet werden – wurzeln im richtenden Worte, im Urteil. Die Unmittelbarkeit (das ist aber die sprachliche Wurzel) der Mitteilbarkeit der Abstraktion ist im richterlichen Urteil gelegen. Diese Unmittelbarkeit in der Mitteilung der Abstraktion stellte sich richtend ein, als im Sündenfall der Mensch die Unmittelbarkeit in der Mitteilung des Konkreten, den Namen, verließ und in den Abgrund der Mittelbarkeit aller Mitteilung, des Wortes als Mittel, des eitlen Wortes verfiel, in den Abgrund des Geschwätzes. Denn – noch einmal soll das gesagt werden – Geschwätz war die Frage nach dem Gut und Böse in der Welt nach der Schöpfung. Der Baum der Erkenntnis stand nicht wegen der Aufschlüsse über Gut und Böse, die er zu geben vermocht hätte, im Garten Gottes, sondern als Wahrzeichen des Gerichts über den Fragenden. Diese ungeheure Ironie ist das Kennzeichen des mythischen Ursprungs des Rechtes.

Nach dem Sündenfall, der in der Mittelbarmachung der Sprache den Grund zu ihrer Vielheit gelegt hatte, konnte es bis zur Sprachverwirrung nur noch ein Schritt sein. Da die Menschen die Reinheit des Namens verletzt hatten, brauchte nur noch die Abkehr von jenem Anschauen der Dinge, in dem deren Sprache dem Menschen eingeht, sich zu vollziehen, um die gemeinsame Grundlage des schon erschütterten Sprachgeistes den Menschen zu rauben. *Zeichen* müssen sich verwirren, wo sich die Dinge verwickeln. Zur Verknechtung der Sprache im Geschwätz tritt die Verknechtung der Dinge in der Narretei fast als deren unausbleibliche Folge. In dieser Abkehr von den Dingen, die die Verknechtung war, entstand der Plan des Turmbaus und die Sprachverwirrung mit ihm.

Das Leben des Menschen im reinen Sprachgeist war selig. Die Natur aber ist stumm. Es ist zwar im zweiten Kapitel der Genesis deutlich zu fühlen, wie diese vom Menschen benannte Stummheit selbst Seligkeit nur niederen Grades geworden ist. Der Maler Müller läßt Adam von den Tieren, die ihn verlassen, nachdem er sie benannt hat, sagen: »und sah an den Adel, wie sie von mir wegsprangen, darum daß ihnen der Mann einen Namen gab.« Nach dem Sündenfall aber ändert sich mit Gottes Wort, das den Acker verflucht, das Ansehen der Natur im tiefsten. Nun beginnt ihre andere Stummheit, die wir mit der tiefen Traurigkeit der Natur meinen. Es ist eine metaphysische Wahrheit, daß alle Natur zu klagen begönne, wenn Sprache ihr verliehen würde. (Wobei »Sprache verleihen« allerdings mehr ist als »machen, daß sie sprechen kann«.) Dieser Satz hat einen doppelten Sinn. Er bedeutet zuerst: sie würde über die Sprache selbst klagen. Sprachlosigkeit: das ist das große Leid der Natur (und um ihrer Erlösung willen ist Leben und Sprache des *Menschen* in der Natur, nicht allein, wie man vermutet, des Dichters). Zweitens sagt dieser Satz: sie würde klagen. Die Klage ist aber der undifferenzierteste, ohnmächtige Ausdruck der Sprache, sie enthält fast nur den sinnlichen Hauch; und wo auch nur Pflanzen rauschen, klingt immer eine Klage mit. Weil sie stumm ist, trauert die Natur. Doch noch tiefer führt in das Wesen der Natur die Umkehrung dieses Satzes ein: die Traurigkeit der Natur, macht sie verstummen. Es ist in aller Trauer der tiefste Hang zur Sprachlosigkeit, und das ist unendlich viel mehr als Unfähigkeit oder Unlust zur Mitteilung. Das Traurige fühlt sich so durch und durch erkannt vom Unerkennbaren. Benannt zu sein – selbst wenn der Nennende ein Göttergleicher und Seliger ist – bleibt vielleicht immer eine Ahnung von Trauer. Wieviel mehr aber benannt zu sein, nicht aus der einen seligen Paradiesessprache der Namen, sondern aus den hunderten Menschensprachen, in denen der Namen schon welkte, und die dennoch nach Gottes Spruch die Dinge erkennen. Die Dinge haben keine Eigennamen außer in Gott. Denn Gott rief im schaffenden Wort freilich bei ihren Eigennamen sie hervor. In der Sprache der Menschen aber sind sie überbenannt. Im Verhältnis der Menschensprachen zu der der Dinge liegt etwas, was man als

»Überbenennung« annähernd bezeichnen kann: Überbenennung als tiefster sprachlicher Grund aller Traurigkeit und (vom Ding aus betrachtet) allen Verstummens. Die Überbenennung als sprachliches Wesen des Traurigen deutet auf ein anderes merkwürdiges Verhältnis der Sprache: auf die Überbestimmtheit, die im tragischen Verhältnis zwischen den Sprachen der sprechenden Menschen waltet.

Es gibt eine Sprache der Plastik, der Malerei, der Poesie. So wie die Sprache der Poesie in der Namensprache des Menschen, wenn nicht allein, so doch jedenfalls mit fundiert ist, ebenso ist es sehr wohl denkbar, daß die Sprache der Plastik oder Malerei etwa in gewissen Arten von Dingsprachen fundiert sei, daß in ihnen eine Übersetzung der Sprache der Dinge in eine unendlich viel höhere Sprache, aber doch vielleicht derselben Sphäre, vorliegt. Es handelt sich hier um namenlose, unakustische Sprachen, um Sprachen aus dem Material; dabei ist an die materiale Gemeinsamkeit der Dinge in ihrer Mitteilung zu denken.

Übrigens ist die Mitteilung der Dinge gewiß von einer solchen Art von Gemeinschaftlichkeit, daß sie die Welt überhaupt als ein ungeschiedenes Ganzes befaßt.

Für die Erkenntnis der Kunstformen gilt der Versuch, sie alle als Sprachen aufzufassen und ihren Zusammenhang mit Natursprachen zu suchen. Ein Beispiel, das naheliegt, weil es der akustischen Sphäre angehört, ist die Verwandtschaft des Gesanges mit der Sprache der Vögel. Andererseits ist gewiß, daß die Sprache der Kunst sich nur in tiefster Beziehung zur Lehre von den Zeichen verstehen läßt. Ohne diese bleibt überhaupt jede Sprachphilosophie gänzlich fragmentarisch, weil die Beziehung zwischen Sprache und Zeichen (wofür die zwischen Menschensprache und Schrift nur ein ganz besonderes Beispiel bildet) ursprünglich und fundamental ist.

Dies gibt Gelegenheit, einen anderen Gegensatz zu bezeichnen, der das gesamte Gebiet der Sprache durchwaltet und wichtige Beziehungen zu dem erwähnten von Sprache in engerem Sinne und Zeichen hat, die doch durchaus nicht ohne weiteres mit diesem zusammenfällt. Es ist nämlich Sprache in jedem Falle nicht allein Mitteilung des Mitteilbaren, sondern zugleich Symbol des Nicht-Mitteilbaren. Diese symbolische Seite der

Sprache hängt mit ihrer Beziehung zum Zeichen zusammen, aber erstreckt sich zum Beispiel in gewisser Beziehung auch über Name und Urteil. Diese haben nicht allein eine mitteilende, sondern höchstwahrscheinlich auch eine mit ihr eng verbundene symbolische Funktion, auf die hier ausdrücklich wenigstens nicht hingewiesen wurde.

Demnach bleibt nach diesen Erwägungen ein gereinigter Begriff von Sprache zurück, wenn der auch noch unvollkommen sein mag. Die Sprache eines Wesens ist das Medium, in dem sich sein geistiges Wesen mitteilt. Der ununterbrochene Strom dieser Mitteilung fließt durch die ganze Natur vom niedersten Existierenden bis zum Menschen und von Menschen zu Gott. Der Mensch teilt sich Gott durch den Namen mit, den er der Natur und seinesgleichen (im Eigennamen) gibt, und der Natur gibt er den Namen nach der Mitteilung, die er von ihr empfängt, denn auch die ganze Natur ist von einer namenlosen stummen Sprache durchzogen, dem Residuum des schaffenden Gotteswortes, welches im Menschen als erkennender Name und über dem Menschen als richtendes Urteil schwebend sich erhalten hat. Die Sprache der Natur ist einer geheimen Losung zu vergleichen, die jeder Posten dem nächsten in seiner eigenen Sprache weitergibt, der Inhalt der Losung aber ist die Sprache des Postens selbst. Alle höhere Sprache ist Übersetzung der niederen, bis in der letzten Klarheit sich das Wort Gottes entfaltet, das die Einheit dieser Sprachbewegung ist.

Über das Programm der kommenden Philosophie

Es ist die zentrale Aufgabe der kommenden Philosophie[1] die tiefsten Ahnungen die sie aus der Zeit und dem Vorgefühle einer großen Zukunft schöpft durch die Beziehung auf das Kantische System zu Erkenntnis werden zu lassen. Die historische Kontinuität die durch den Anschluß an das Kantische System gewährleistet wird ist zugleich die einzige von entscheidender systematischer Tragweite. Denn Kant ist von denjenigen Philosophen denen es nicht unmittelbar um den Umfang und die Tiefe, sondern vor Allem, und zu allererst, um die Rechtfertigung der Erkenntnis ging der jüngste und nächst Platon auch

[1] Die hier mitgeteilte Arbeit übergab mir Walter Benjamin in einer von seiner Frau handgeschriebenen Abschrift, als ich im Frühjahr 1918 zu ihm nach Bern kam. Er legte damals auf diese Seiten, über die ich manche Gespräche mit ihm hatte, großen Wert. In der Tat stellen sie die ausführlichste Äußerung zur systematischen Philosophie dar, die wir von ihm aus einer Zeit besitzen, als er ein System der Philosophie noch für möglich hielt. Er hatte die Arbeit Anfang 1918 niedergeschrieben, in näherer Verfolgung und Ausführung von Gedanken, die er in dem Brief an mich vom 22. Oktober 1917 niedergelegt hatte, den ich an anderer Stelle wiedergegeben habe (*Deutsche Briefe des 20. Jahrhunderts*, München 1962, S. 90 ff.). Der Nachtrag dürfte im März 1918 geschrieben worden sein, da er auf eine Notiz: »Versuch eines Beweises, daß die wissenschaftliche Beschreibung eines Vorgangs dessen Erklärung voraussetzt« rekurriert, die vom Februar 1918 datiert ist und die ich mir seiner Zeit aus seiner Handschrift abgeschrieben habe.

Wie sehr die hier angestellten Erwägungen über Kants System und seinen Begriff der Erfahrung damals im Mittelpunkt seines Denkens standen, zeigt sich auch daran, daß er mir zur gemeinsamen Lektüre als ersten Text das damals gerade in dritter Auflage erschienene große Werk von Hermann Cohen *Kants Theorie der Erfahrung* vorschlug, das wir dann wirklich im Sommer 1918 miteinander gelesen haben.

Ich habe die Interpunktion in diesem Aufsatz nicht der üblichen angeglichen. W. B. pflegte in diesen Jahren in privaten Aufzeichnungen und Briefen nur einen sehr spärlichen Gebrauch von Kommata zu machen. An drei Stellen sind in der Abschrift Worte ausgefallen, die ich, dem Zusammenhang nach, in eckigen Klammern ergänzt habe.

Gershom Scholem

wohl der Einzige. Diesen beiden Philosophen ist die Zuversicht gemeinsam, daß die Erkenntnis von der wir die reinste Rechenschaft haben zugleich die tiefste sein werde. Sie haben die Forderung der Tiefe aus der Philosophie nicht verbannt, sondern sie sind ihr in einziger Weise gerecht geworden indem sie sie mit der nach Rechtfertigung identifizierten. Je unabsehbarer und kühner die Entfaltung der kommenden Philosophie sich ankündigt, desto tiefer muß sie nach Gewißheit ringen deren Kriterium die systematische Einheit oder die Wahrheit ist.

Die bedeutendste Hemmung welche dem Anschluß einer wahrhaft zeit- und ewigkeitsbewußten Philosophie an Kant sich bietet ist jedoch in Folgendem zu finden: diejenige Wirklichkeit deren Erkenntnis und mit der er die Erkenntnis auf Gewißheit und Wahrheit gründen wollte, ist eine Wirklichkeit niedern, vielleicht niedersten Ranges. Das Problem der Kantischen wie jeder großen Erkenntnistheorie hat zwei Seiten und nur der einen Seite hat er eine gültige Erklärung zu geben vermocht. Es war erstens die Frage nach der Gewißheit der Erkenntnis die bleibend ist; und es war zweitens die Frage nach der Dignität einer Erfahrung die vergänglich war. Denn das universale philosophische Interesse ist stets zugleich auf die zeitlose Gültigkeit der Erkenntnis und auf die Gewißheit einer zeitlichen Erfahrung, die als deren nächster wenn nicht einziger Gegenstand betrachtet wird gerichtet. Nur ist den Philosophen diese Erfahrung in ihrer gesamten Struktur nicht als eine singulär zeitliche bewußt gewesen und sie war es auch Kant nicht. Hat Kant auch, vor allem in den Prolegomena, die Prinzipien der Erfahrung aus den Wissenschaften und besonders der mathematischen Physik abnehmen wollen, so war ihm doch zunächst und auch in der Kritik der reinen Vernunft die Erfahrung selbst und schlechthin nicht mit der Gegenstandswelt jener Wissenschaft identisch; und selbst wenn sie es ihm geworden wäre so wie sie es den neukantischen Denkern geworden ist, so bliebe doch der so identifizierte und bestimmte immer noch der alte Erfahrungsbegriff, dessen bezeichnendstes Merkmal seine Beziehung nicht nur auf das reine sondern zugleich auch auf das empirische Bewußtsein ist. Um eben das aber handelt es sich: um die Vorstellung von der nackten primitiven und selbstverständlichen Erfahrung die Kant als Menschen der irgendwie den Horizont seines Zeitalters geteilt hat die einzig gegebene ja die einzig mögliche schien. Diese Erfahrung jedoch war, wie es schon angedeutet ist, eine singuläre zeitlich beschränkte und über diese Form hinaus, die sie in gewisser Weise mit jeder Erfahrung teilt, war diese Erfahrung, die man auch im prägnanten Sinne *Weltanschauung* nennen könnte, die der Aufklärung. Sie unterschied sich in den hier wesentlichsten Zügen aber nicht allzusehr von der der übrigen Jahrhunderte der Neuzeit. Diese war eine der niedrigst stehenden Erfahrungen oder Anschauungen von der Welt. Daß Kant sein ungeheures Werk gerade unter der Konstellation der Aufklärung in Angriff nehmen konnte besagt, daß diese an einer gleichsam auf den Nullpunkt, auf das Minimum von Bedeutung reduzierten Erfahrung vorgenommen wurde. Ja man darf sagen, daß eben die Größe seines Versuches, der ihm eigene Radikalismus eine solche Erfahrung zur Voraussetzung hatte deren Eigenwert sich der Null näherte und die eine (wir dürfen sagen: traurige) Bedeutung nur durch ihre Gewißheit hätte erlangen können. Kein vor-Kantischer Philosoph hat sich in diesem Sinne vor die erkenntnis-theoretische Aufgabe gestellt gesehen, keiner allerdings auch in dem Maße freie Hand in ihr gehabt, da eine Erfahrung deren Quintessenz deren Bestes gewisse Newton'sche Physik war [sic] derb und tyrannisch angefaßt werden durfte ohne zu leiden. Autoritäten, nicht in dem Sinne daß man sich ihnen kritiklos hätte unterordnen müssen sondern als geistige Mächte die der Erfahrung einen großen Inhalt zu geben vermocht hätten, gab es für die Aufklärung nicht. Was das Niedere und Tiefstehende der Erfahrung jener Zeit ausmacht, worin ihr erstaunlich geringes spezifisch metaphysisches Gewicht liegt wird sich nur andeuten lassen in der Wahrnehmung wie dieser niedere Erfahrungsbegriff auch das Kantische Denken beschränkend beeinflußt hat. Es handelt sich dabei selbstverständlich um denselben Tatbestand den man als die religiöse und historische Blindheit der Aufklärung oft hervorgehoben hat ohne zu erkennen in welchem Sinne diese Merkmale der Aufklärung der gesamten Neuzeit zukommen.

Es ist von der höchsten Wichtigkeit für die kommende Philosophie, zu erkennen und zu sondern welche Elemente des

Kantischen Denkens aufgenommen und gepflegt welche umgebildet und welche verworfen werden müssen. Jede Forderung eines Anschließens an Kant beruht auf der Überzeugung, daß dieses System, welches eine Erfahrung vor sich fand deren metaphysischer Seite ein Mendelssohn und [Garve?] gerecht geworden sind, aus der bis zum Genialen gesteigerten Nachforschung nach Gewißheit und Rechtfertigung der Erkenntnis diejenige Tiefe geschöpft und entwickelt hat, die es einer noch kommenden neuen und höheren Art der Erfahrung wird adäquat erscheinen lassen. Damit ist die Hauptforderung an die gegenwärtige Philosophie aufgestellt und zugleich ihre Erfüllbarkeit behauptet: unter der Typik des Kantischen Denkens die erkenntnistheoretische Fundierung eines höheren Erfahrungsbegriffes vorzunehmen. Und das eben soll zum Thema der zu erwartenden Philosophie gemacht werden, daß eine gewisse Typik im Kantischen System aufzuzeigen und klar abzuheben ist die einer höhern Erfahrung gerecht zu werden vermag. Die Möglichkeit der Metaphysik hat Kant nirgends bestritten, nur die Kriterien will er aufgestellt haben an denen eine solche Möglichkeit im einzelnen Fall erwiesen werden könnte. Die Erfahrung des Kantischen Zeitalters bedurfte keiner Metaphysik; zu Kants Zeit war es historisch das einzig Mögliche ihre Ansprüche zu vernichten, denn der Anspruch seiner Mitgenossen auf sie war Schwäche und Heuchelei. Es handelt sich darum Prolegomena einer künftigen Metaphysik auf Grund der Kantischen Typik zu gewinnen und dabei diese künftige Metaphysik, diese höhere Erfahrung ins Auge zu fassen.

Allein nicht nur von der Seite der Erfahrung und Metaphysik muß der künftigen Philosophie die Revision Kants angelegen sein. Und methodisch, d. h. als eigentliche Philosophie überhaupt nicht von dieser Seite sondern von Seiten des Erkenntnisbegriffes her. Die entscheidenden Irrtümer der Kantischen Erkenntnislehre sind wie nicht zu bezweifeln ist auch auf die Hohlheit der ihm gegenwärtigen Erfahrung zurückzuführen, und so wird auch die Doppelaufgabe der Schaffung eines neuen Erkenntnisbegriffes und einer neuen Vorstellung von der Welt auf dem Boden der Philosophie zu einer einzigen werden. Die Schwäche des Kantischen Erkenntnisbegriffes ist oft gefühlt worden indem der mangelnde Radikalismus und die mangelnde Konsequenz seiner Lehre gefühlt worden ist. Kants Erkenntnistheorie erschließt das Gebiet der Metaphysik nicht weil sie selbst primitive Elemente einer unfruchtbaren Metaphysik in sich trägt welche jede andere ausschließt. In der Erkenntnistheorie ist jedes metaphysische Element ein Krankheitskeim der sich in der Abschließung der Erkenntnis von dem Gebiet der Erfahrung in seiner ganzen Freiheit und Tiefe äußert. Die Entwicklung der Philosophie ist dadurch zu erwarten daß jene Annihilierung dieser metaphysischen Elemente in der Erkenntnistheorie zugleich diese auf eine tiefere metaphysische erfüllte Erfahrung verweist. Es besteht, und hier ruht der historische Keim der kommenden Philosophie, die tiefste Beziehung zwischen jener Erfahrung deren tiefere Erforschung nie und nimmer auf die metaphysischen Wahrheiten führen konnte und jener Theorie der Erkenntnis welche den logischen Ort der metaphysischen Forschung noch nicht ausreichend zu bestimmen vermochte; immerhin scheint der Sinn in dem Kant etwa den Terminus »Metaphysik der Natur« braucht durchaus in der Richtung der Erforschung der Erfahrung auf Grund erkenntnistheoretisch gesicherter Prinzipien zu liegen. Die Unzulänglichkeiten in Hinsicht auf Erfahrung und Metaphysik äußern sich innerhalb der Erkenntnistheorie selbst als Elemente spekulativer (d. i. rudimentär gewordener) Metaphysik. Die wichtigsten dieser Elemente sind: erstens die bei Kant trotz aller Ansätze dazu nicht endgültig überwundene Auffassung der Erkenntnis als Beziehung zwischen irgendwelchen Subjekten und Objekten oder irgendwelchem Subjekt und Objekt; zweitens: die ebenfalls nur ganz ansatzweise überwundene Beziehung der Erkenntnis und der Erfahrung auf menschlich empirisches Bewußtsein. Diese beiden Probleme hängen eng miteinander zusammen und selbst soweit Kant und die Neukantianer die Objektnatur des Dinges an sich als der Ursache der Empfindungen überwunden haben bleibt immer noch die Subjekt-Natur des erkennenden Bewußtseins zu eliminieren. Diese Subjekt-Natur des erkennenden Bewußtseins rührt aber daher daß es in Analogie zum empirischen das dann freilich Objekte sich gegenüber hat gebildet ist. Das Ganze ist ein durchaus metaphysisches Rudiment in der

Erkenntnistheorie; ein Stück eben jener flachen »Erfahrung« dieser Jahrhunderte welches sich in die Erkenntnistheorie einschlich. Es ist nämlich gar nicht zu bezweifeln daß in dem Kantischen Erkenntnisbegriff die wenn auch sublimierte Vorstellung eines individuellen leibgeistigen Ich welches mittelst der Sinne die Empfindungen empfängt und auf deren Grundlage sich eine Vorstellung bildet die größte Rolle spielt. Diese Vorstellung ist jedoch Mythologie und was ihren Wahrheitsgehalt angeht jeder andern Erkenntnismythologie gleichwertig. Wir wissen von Naturvölkern der sogenannten präanimistischen Stufe welche sich mit heiligen Tieren und Pflanzen identifizieren, sich wie sie benennen; wir wissen von Wahnsinnigen die ebenfalls sich zum Teil mit den Objekten ihrer Wahrnehmung identifizieren, die ihnen also nicht mehr Objecta, gegenüberstehend sind; wir wissen von Kranken die die Empfindung ihres Leibes nicht auf sich selbst sondern auf andere Wesen beziehen und von Hellsehern welche wenigstens behaupten die Wahrnehmungen anderer als ihre eigenen empfangen zu können. Die gemeinmenschliche Vorstellung von sinnlicher (und geistiger) Erkenntnis sowohl unserer als der Kantischen als auch der vor-kantischen Epoche ist nun durchaus eine Mythologie wie die genannten. Die Kantische »Erfahrung« ist in *dieser* Hinsicht, was die naive Vorstellung vom Empfang der Wahrnehmungen angeht, Metaphysik oder Mythologie und zwar nur eine moderne und religiös besonders unfruchtbare. Erfahrung, so wie sie mit Bezug auf den individuellen leibgeistigen Menschen und dessen Bewußtsein und nicht vielmehr als systematische Spezifikation der Erkenntnis gefaßt wird ist wiederum in allen ihren Arten bloßer *Gegenstand* dieser wirklichen Erkenntnis und zwar ihres psychologischen Zweiges. Diese gliedert das empirische Bewußtsein systematisch in die Arten des Wahnsinns. Der erkennende Mensch, das erkennende empirische Bewußtsein ist eine Art des wahnsinnigen Bewußtseins. Damit soll nichts anderes gesagt sein als daß innerhalb des empirischen Bewußtseins es zwischen seinen verschiedenen Arten nur graduelle Unterschiede gibt. Diese Unterschiede sind zugleich solche des Wertes dessen Kriterium jedoch nicht in der Richtigkeit von Erkenntnissen bestehen kann um die es sich in der empirischen, psychologischen Sphäre niemals handelt; das wahre Kriterium des Wertunterschiedes der Bewußtseinsarten festzustellen wird eine der höchsten Aufgaben der kommenden Philosophie sein. Den Arten des empirischen Bewußtseins entsprechen ebensoviele der Erfahrung, welche mit Hinsicht auf ihre Beziehung aufs empirische Bewußtsein was die Wahrheit angeht lediglich den Wert der Phantasie oder Halluzination haben. Denn eine objektive Beziehung zwischen empirischem Bewußtsein und dem objektiven Begriff von Erfahrung ist unmöglich. Alle echte Erfahrung beruht auf dem reinen erkenntnis-theoretischen (transzendentalen) Bewußtsein wenn dieser Terminus unter der Bedingung daß er alles Subjekthaften entkleidet sei noch verwendbar ist. Das reine transzendentale Bewußtsein ist artverschieden von jedem empirischen Bewußtsein und es ist daher die Frage ob die Anwendung des Terminus Bewußtsein hier statthaft ist. Wie sich der psychologische Bewußtseinsbegriff zum Begriff der Sphäre der reinen Erkenntnis verhält bleibt ein Hauptproblem der Philosophie, das vielleicht nur aus der Zeit der Scholastik her zu restituieren ist. Hier ist der logische Ort vieler Probleme die die Phänomenologie neuerdings wieder aufgeworfen hat. Die Philosophie beruht darauf daß in der Struktur der Erkenntnis die der Erfahrung liegt und aus ihr zu entfalten ist. Diese Erfahrung umfaßt denn auch die Religion, nämlich als die wahre, wobei weder Gott noch Mensch Objekt oder Subjekt der Erfahrung ist, wohl aber diese Erfahrung auf der reinen Erkenntnis beruht als deren Inbegriff allein die Philosophie Gott denken kann und muß. Es ist die Aufgabe der kommenden Erkenntnistheorie für die Erkenntnis die Sphäre totaler Neutralität in Bezug auf die Begriffe Objekt und Subjekt zu finden; mit anderen Worten die autonome ureigne Sphäre der Erkenntnis auszumitteln in der dieser Begriff auf keine Weise mehr die Beziehung zwischen zwei metaphysischen Entitäten bezeichnet.

Es ist als Programmsatz der künftigen Philosophie aufzustellen daß mit dieser Reinigung der Erkenntnistheorie die als radikales Problem Kant zu stellen ermöglicht und notwendig gemacht hat nicht nur ein neuer Begriff der Erkenntnis sondern zugleich auch der Erfahrung aufgestellt wäre, gemäß der Beziehung die Kant zwischen beiden gefunden hat. Freilich dürfte dabei wie gesagt die Erfahrung ebensowenig wie die Erkenntnis auf das empirische Bewußtsein bezogen werden; aber auch hier würde es dabei bleiben, ja erst hier seinen eigentlichen Sinn gewinnen daß die Bedingungen der Erkenntnis die der Erfahrung sind. Dieser neue Begriff der Erfahrung welcher gegründet wäre auf neue Bedingungen der Erkenntnis würde selbst der logische Ort und die logische Möglichkeit der Metaphysik sein. Denn aus welch anderm Grunde hatte Kant immer wieder die Metaphysik zum Problem und die Erfahrung zur einfachen Grundlage der Erkenntnis gemacht als weil von seinem Erfahrungsbegriff aus die Möglichkeit einer Metaphysik die von der Bedeutung der früheren gewesen wäre (wohlverstanden nicht einer Metaphysik überhaupt) ausgeschlossen erscheinen mußte. Es liegt aber offenbar das Auszeichnende im Begriff der Metaphysik nicht, und jedenfalls nicht für Kant der sonst keine Prolegomena zu ihr geschrieben hätte in der Illegitimität ihrer Erkenntnisse, sondern in ihrer universalen, die gesamte Erfahrung mit dem Gottesbegriff durch Ideen unmittelbar verknüpfenden Macht. So läßt sich also die Aufgabe der kommenden Philosophie fassen als die Auffindung oder Schaffung desjenigen Erkenntnisbegriffes der, indem er zugleich auch den Erfahrungsbegriff *ausschließlich* auf das transzendentale Bewußtsein bezieht, nicht allein mechanische sondern auch religiöse Erfahrung logisch ermöglicht. Damit soll durchaus nicht gesagt sein daß die Erkenntnis Gott, wohl aber durchaus daß sie die Erfahrung und Lehre von ihm allererst ermöglicht.

Von der hier geforderten und als sachgemäß betrachteten Entwicklung der Philosophie läßt sich als Neukantianismus ein Anzeichen bereits betrachten. Ein Hauptproblem des Neukantianismus ist gewesen den Unterschied von Anschauung und Verstand, ein metaphysisches Rudiment wie die ganze Lehre von den Vermögen an der Stelle die sie bei Kant einnimmt, zu beseitigen. Damit – also mit der Umbildung des Erkenntnisbegriffes – hat sich dann sogleich eine des Erfahrungsbegriffes eingestellt. Es ist nämlich nicht zu bezweifeln daß die Reduktion aller Erfahrung auf die wissenschaftliche, wie sehr sie in mancher Hinsicht die Ausbildung des historischen Kant ist, in dieser Ausschließlichkeit bei Kant nicht gemeint ist. Es bestand sicherlich bei Kant eine Tendenz gegen die Zerfällung und Aufteilung der Erfahrung in die einzelnen Wissenschaftsgebiete und wenn ihm auch die spätere Erkenntnistheorie den Rekurs auf die Erfahrung im gewöhnlichen Sinne, wie er bei Kant vorliegt, wird abschneiden müssen, so ist doch andrerseits im Interesse der Kontinuität der Erfahrung ihre Darstellung als das System der Wissenschaften wie sie der Neukantianismus gibt noch mangelhaft und es muß in der Metaphysik die Möglichkeit gefunden werden ein reines systematisches Erfahrungskontinuum zu bilden; ja ihre eigentliche Bedeutung scheint hierin zu suchen zu sein. Es hat sich aber bei der neukantianischen Rektifikation eines und zwar nicht des grundlegenden metaphysizierenden Gedankens bei Kant sogleich eine Änderung des Erfahrungsbegriffes ergeben und zwar bezeichnenderweise zunächst in der extremen Ausbildung der mechanischen Seite des relativ leeren aufklärerischen Erfahrungsbegriffes. Allerdings ist nicht zu übersehen daß in einer eigentümlichen Korrelation zum mechanischen Erfahrungsbegriff der Freiheitsbegriff steht und demgemäß im Neukantianismus fortentwickelt worden ist. Aber auch hier ist zu betonen daß der gesamte Zusammenhang der Ethik in dem Begriff den die Aufklärung Kant und die Kantianer von Sittlichkeit haben ebensowenig aufgeht wie der Zusammenhang der Metaphysik in dem was jene Erfahrung nennen. Mit einem neuen Erkenntnisbegriff wird daher nicht nur der der Erfahrung sondern auch der der Freiheit eine entscheidende Umbildung erfahren.

Man könnte nun hier überhaupt die Meinung vertreten, daß mit der Auffindung eines Erfahrungsbegriffes der einen logischen Ort der Metaphysik abgeben würde überhaupt der Unterschied zwischen den Gebieten der Natur und der Freiheit aufgehoben wäre. Indessen ist hier wo es sich nicht um Erweisen sondern nur um ein Programm der Forschung handelt soviel zu sagen: so notwendig und unvermeidlich auf dem Grunde einer neuen transzendentalen Logik die Umbildung des Gebietes der Dialektik, des Überganges zwischen Erfahrungs- und Freiheitslehre ist, so wenig darf diese Umbildung in eine Vermengung von Freiheit und Erfahrung einmünden, mag auch der Begriff der Erfahrung im metaphysischen von dem der Freiheit in einem vielleicht noch unbekannten Sinne verändert sein. Denn so unabsehbar auch die Veränderungen sein mögen die sich der Forschung hier erschließen werden: die Trichotomie des Kantischen Systems gehört zu den großen Hauptstücken jener Typik die zu erhalten ist und sie vor allem muß erhalten werden. Es mag die Frage gestellt werden dürfen, ob der zweite Teil des Systems (von der Schwierigkeit des dritten zu schweigen) sich noch auf die Ethik beziehen muß oder ob die Kategorie der Kausalität durch Freiheit etwa eine andere Bedeutung habe; die Trichotomie deren metaphysisch tiefste Beziehungen noch unentdeckt sind hat im Kantischen System schon an der Dreiheit der Relationskategorien ihre entscheidende Begründung. In der absoluten Trichotomie des Systems das sich eben in dieser Dreiteilung auf das ganze Gebiet der Kultur bezieht liegt eine der weltgeschichtlichen [Überlegenheiten?] des Kantischen Systems über das seiner Vorgänger. Die formalistische Dialektik der nachkantischen Systeme jedoch ist nicht auf der Bestimmung der Thesis als kategorischer, der Antithesis als hypothetischer und der Synthesis als disjunktiver Relation gegründet. Jedoch wird außer dem Begriff der Synthesis auch der einer gewissen Nicht-Synthesis zweier Begriffe in einem andern systematisch höchst wichtig werden, da außer der Synthesis noch eine andere Relation zwischen Thesis und Antithesis möglich ist. Dies wird jedoch kaum zu einer Vierheit der Relationskategorien führen können.

Aber wenn die große Trichotomie für die Gliederung der Philosophie erhalten bleiben muß auch solange diese Glieder selbst noch fehlbestimmt sind, so gilt dies nicht ohne weiteres von allen einzelnen Schematen des Systems. Wie etwa die Marburger Schule bereits mit der Aufhebung des Unterschiedes zwischen transzendentaler Logik und Ästhetik begonnen hat (wenn es auch fraglich ist ob ein Analogon dieser Scheidung nicht auf höherer Stufe wiederkehren muß), so ist die Tafel der Kategorien wie es jetzt allgemein gefordert wird völlig zu revidieren. Gerade hierbei wird sich dann die Umformung des Erkenntnisbegriffes in der Gewinnung eines neuen Begriffs von Erfahrung ankündigen, da die aristotelischen Kategorien einerseits willkürlich aufgestellt, andrerseits aber durch Kant ganz einseitig im Hinblick auf eine mechanische Erfahrung ausgebeutet worden sind. Es wird vor allem zu erwägen sein ob die Kategorientafel in der Vereinzelung und Unvermitteltheit in der sie dasteht bleiben muß und ob sie nicht überhaupt in einer Lehre von den Ordnungen sei es eine Stelle unter andern Gliedern einnehmen, sei es selbst zu einer solchen ausgebaut, auf logische frühere Urbegriffe gegründet oder mit ihnen verbunden werden könne. In eine solche allgemeine Lehre von den Ordnungen würde dann auch dasjenige gehören was Kant in der transzendentalen Ästhetik erörtert, ferner die sämtlichen Grundbegriffe nicht nur der Mechanik sondern auch die der Geometrie, Sprachwissenschaft, Psychologie, beschreibender Naturwissenschaft und vieler anderer, sofern sie unmittelbare Beziehungen auf die Kategorien oder sonstigen höchsten philosophischen Ordnungsbegriffe hätten. Hervorragende Beispiele sind hier die Grundbegriffe der Grammatik. Ferner hat man sich zu vergegenwärtigen, daß mit der radikalen Ausschaltung aller derjenigen Bestandteile, welche in der Erkenntnistheorie die versteckte Antwort auf die versteckte Frage nach dem Werden der Erkenntnis geben das große Problem des Falschen beziehungsweise des Irrtums frei wird, dessen logische Struktur und Ordnung nun genauso wie die des Wahren ermittelt werden muß. Der Irrtum darf nicht länger aus dem Irren erklärt werden, wie die Wahrheit nicht länger aus dem rechten Verstand. Auch für diese Erforschung der logischen Natur des Falschen und des Irrtums sind voraussichtlich in der Lehre von den Ordnungen die Kategorien aufzusuchen: überall in der modernen Philosophie regt sich die Erkenntnis, daß die kategoriale und verwandte Ordnung von zentraler Wichtigkeit für die Erkenntnis mannigfach abgestufter und nicht mechanischer Erfahrung sei. Kunst, Rechtslehre und Geschichte, alle diese und andere Gebiete haben sich mit ganz andrer Intensität als Kant es getan hat an der Kategorienlehre zu orientieren. Doch erhebt sich zugleich mit Beziehung auf die transzendentale Logik eines der größten Probleme des Systems überhaupt, nämlich die Frage nach seinem dritten Teil, mit andren Worten nach denjenigen wissenschaftlichen Erfahrungsarten (den biologischen), die Kant auf dem Boden der transzendentalen Logik nicht behandelt hat und warum er es nicht tat. Ferner die Frage nach dem Zusammenhang der Kunst mit diesem dritten, der Ethik mit dem zweiten Teil des Systems. – Die Fixierung des bei Kant unbekannten Begriffes der Identität hat voraussichtlich in der transzendentalen Logik eine große Rolle zu spielen, insofern er in der Kategorientafel nicht steht, dennoch vermutlich den obersten Begriff der transzendentallogischen ausmacht und vielleicht wahrhaft geeignet ist, die Sphäre der Erkenntnis jenseits der Subjekt-Objekt Terminologie autonom zu begründen. Die transzendentale Dialektik weist schon in der Kantischen Fassung die Ideen auf auf denen die Einheit der Erfahrung beruht. Für den vertieften Begriff der Erfahrung ist aber, wie schon gesagt, Kontinuität nächst der Einheit unerläßlich und in den Ideen muß der Grund der Einheit und der Kontinuität jener nicht vulgären und nicht nur wissenschaftlichen sondern metaphysischen Erfahrung aufgewiesen werden. Die Konvergenz der Idee auf den obersten Begriff der Erkenntnis ist nachzuweisen.

Wie die Kantische Lehre selbst um ihre Prinzipien zu finden sich einer Wissenschaft mit Beziehung auf die sie sie definieren konnte gegenüber sehen mußte, ähnlich wird es auch der modernen Philosophie ergehen. Die große Umbildung und Korrektur die an dem einseitig mathematisch-mechanisch orientierten Erkenntnisbegriff vorzunehmen ist, kann nur durch eine Beziehung der Erkenntnis auf die Sprache wie sie schon zu Kants Lebzeiten Hamann versucht hat gewonnen werden. Über dem Bewußtsein daß die philosophische Erkenntnis eine absolut gewisse und apriorische sei, über dem Bewußtsein dieser der Mathematik ebenbürtigen Seiten der Philosophie ist für Kant die Tatsache daß alle philosophische Erkenntnis ihren einzigen Ausdruck in der Sprache und nicht in Formeln und Zahlen habe völlig zurückgetreten. Diese Tatsache aber dürfte sich letzten Endes als die entscheidende behaupten und um ihretwillen ist die systematische Suprematie der Philosophie wie über alle Wissenschaft so auch über die Mathematik letzten Endes zu behaupten. Ein in der Reflexion auf das sprachliche Wesen der Erkenntnis gewonnener Begriff von ihr wird einen korrespondierenden Erfahrungsbegriff schaffen der auch Gebiete deren wahrhafte systematische Einordnung Kant nicht gelungen ist umfassen wird. Als deren Oberstes ist das Gebiet der Religion zu nennen. Und damit läßt sich die Forderung an die kommende Philosophie endlich in die Worte fassen: Auf Grund des Kantischen Systems einen Erkenntnisbegriff zu schaffen dem der Begriff einer Erfahrung korrespondiert von der die Erkenntnis Lehre ist. Eine solche Philosophie wäre entweder in ihrem allgemeinen Teile selbst als Theologie zu bezeichnen oder wäre dieser sofern sie etwa historisch philosophische Elemente einschließt übergeordnet.

Erfahrung ist die einheitliche und kontinuierliche Mannigfaltigkeit der Erkenntnis.

Nachtrag

Im Interesse der Klärung der Beziehung der Philosophie zur Religion ist der Gehalt des Vorigen sofern es das systematische Schema der Philosophie angeht zu wiederholen. Es handelt sich zunächst um das Verhältnis der drei Begriffe Erkenntnistheorie, Metaphysik, Religion. Die ganze Philosophie zerfällt in Erkenntnistheorie und Metaphysik, oder mit Kant zu reden in einen kritischen und einen dogmatischen Teil, diese Einteilung ist jedoch, nicht als Angabe des Gehalts, aber als Einteilungsprinzip nicht von prinzipieller Wichtigkeit. Mit ihr soll nur gesagt werden daß auf aller kritischen Sicherung der Erkenntnisbegriffe und des Erkenntnisbegriffs nun eine Lehre von dem aufgebaut werden kann wovon zunächst allererst erkenntnis-kritisch der Begriff einer Erkenntnis festgesetzt ist. Wo das Kritische aufhört und das Dogmatische anfängt ist vielleicht nicht genau aufzuzeigen weil der Begriff des Dogmatischen lediglich den Übergang von Kritik zu Lehre von allgemeinern zu besondern Grundbegriffen kennzeichnen soll. Die ganze Philosophie ist also Erkenntnistheorie, nur eben Theorie, kritische und dogmatische aller Erkenntnis. Beide Teile, der kritische wie der dogmatische, fallen ganz ins Gebiet des Philosophischen. Und da das der Fall ist, da nicht etwa der dogmatische Teil mit dem einzelwissenschaftlichen zusammenfällt, so erhebt sich naturgemäß die Frage nach der Grenze zwischen Philosophie und Einzelwissenschaft. Die Bedeutung des terminus des Metaphysischen, wie er im vorigen eingeführt ist besteht nun eben darin diese Grenze als nicht vorhanden zu erklären und die Umprägung der »Erfahrung« zu »Metaphysik« bedeutet daß im metaphysischen oder dogmatischen Teil der Philosophie, in den der oberste erkenntnistheoretische, d. i. der kritische Teil übergeht, virtuell die sogenannte Erfahrung eingeschlossen ist. (Die Exemplikation dieses Verhältnisses für das Gebiet der Physik s. meinen Aufsatz über Erklärung und Beschreibung.) Wenn damit ganz allgemein das Verhältnis zwischen Erkenntnistheorie, Metaphysik und Einzelwissenschaft umrissen ist so bleiben noch zwei Fragen übrig. Erstens diejenige nach der Beziehung des kritischen zum dogmatischen Moment in Ethik und Ästhetik, die wir hier auf sich beruhen lassen indem wir doch eine Lösung im systematisch analogen Sinne wie etwa im Bezirk der Naturlehre postulieren müssen, zweitens diejenige nach dem Verhältnis von Philosophie und Religion. Zunächst ist es nun klar daß es sich im Grunde nicht um die Frage nach dem Verhältnis zwischen Philosophie und Religion, sondern nach dem zwischen Philosophie und Lehre von der Religion handeln muß; mit andren Worten um die Frage nach dem Verhältnis der Erkenntnis überhaupt zur Erkenntnis von der Religion. Auch die Frage nach dem Dasein der Religion Kunst usw. kann philosophisch eine Rolle spielen aber nur im Wege der Frage nach [der?] philosophischen *Erkenntnis* von solchem Dasein. Die Philosophie fragt durchaus immer nach der Erkenntnis wobei die Frage nach der Erkenntnis von ihrem Dasein nur eine wenn auch unvergleichlich hervorragende Modifikation der Frage nach der Erkenntnis überhaupt ist. Ja, es muß gesagt werden: daß die Philosophie überhaupt in ihren Fragestellungen niemals auf die Daseinseinheit sondern immer nur auf neue Einheiten von Gesetzlichkeiten stoßen kann deren Integral »Dasein« ist. – Der erkenntnis-theoretische Stamm- oder Urbegriff hat eine doppelte Funktion. Einmal ist er es der durch seine Spezifikation, nach der allgemein logischen Begründung von Erkenntnis überhaupt zu den Begriffen von gesonderten Erkenntnisarten und damit zu besonderen Erfahrungsarten durchdringt. Dies ist seine eigentlich erkenntnistheoretische Bedeutung und zugleich die eine, schwächere Seite seiner metaphysischen Bedeutung. Jedoch kommt der Stamm- und Urbegriff der Erkenntnis in diesem Zusammenhang nicht zu einer konkreten Totalität der Erfahrung, ebensowenig zu irgendeinem Begriff von Dasein. Es gibt aber eine Einheit der Erfahrung die keineswegs als Summe von Erfahrung verstanden werden kann, auf die sich der Erkenntnisbegriff als Lehre in seiner kontinuierlichen Entfaltung *unmittelbar* bezieht. Der Gegenstand und Inhalt dieser Lehre, diese konkrete Totalität der Erfahrung ist die Religion, die aber der Philosophie zunächst nur als Lehre gegeben ist. Die Quelle des Daseins liegt nun aber in der Totalität der Erfahrung und erst in der Lehre stößt die Philosophie auf ein Absolutes, als Dasein, und damit auf jene Kontinuität im Wesen der Erfahrung in deren Vernachlässigung der Mangel des Neukantianismus zu vermuten ist. In *rein* metaphysischer Hinsicht geht der Stammbegriff der Erfahrung in deren Totalität in einem ganz anderen Sinne über als in seine einzelnen Spezifikationen, die Wissenschaften: nämlich unmittelbar, wobei der Sinn dieser Unmittelbarkeit gegenüber jener Mittelbarkeit noch zu bestimmen bleibt. Eine Erkenntnis ist metaphysisch heißt im strengen Sinne: sie bezieht sich durch den Stammbegriff der Erkenntnis auf die konkrete Totalität der Erfahrung, das heißt aber auf *Dasein*. Der philosophische Daseinsbegriff muß sich dem religiösen Lehrbegriff, dieser aber dem erkenntnistheoretischen Stammbegriff ausweisen. Dies alles ist nur skizzenhafte Andeutung. Die Grundtendenz dieser Bestimmung vom Verhältnis zwischen Religion und Philosophie ist aber: gleichmäßig zu erfüllen die Forderungen erstens der virtuellen Einheit von Religion und Philosophie, zweitens der Einordnung der Erkenntnis von der Religion in die Philosophie, drittens der Integrität der Dreiteilung des Systems.

Zur Kritik der Gewalt

Die Aufgabe einer Kritik der Gewalt läßt sich als die Darstellung ihres Verhältnisses zu Recht und Gerechtigkeit umschreiben. Denn zur Gewalt im prägnanten Sinne des Wortes wird eine wie immer wirksame Ursache erst dann, wenn sie in sittliche Verhältnisse eingreift. Die Sphäre dieser Verhältnisse wird durch die Begriffe Recht und Gerechtigkeit bezeichnet. Was zunächst den ersten von ihnen angeht, so ist klar, daß das elementarste Grundverhältnis einer jeden Rechtsordnung dasjenige von Zweck und Mittel ist. Ferner, daß Gewalt zunächst nur im Bereich der Mittel, nicht der Zwecke aufgesucht werden kann. Mit diesen Feststellungen ist für die Kritik der Gewalt mehr, und freilich auch anderes, als es vielleicht den Anschein hat, gegeben. Ist nämlich Gewalt Mittel, so könnte ein Maßstab für ihre Kritik ohne weiteres gegeben erscheinen. Er drängt sich in der Frage auf, ob Gewalt jeweils in bestimmten Fällen Mittel zu gerechten oder ungerechten Zwecken sei. Ihre Kritik wäre demnach in einem System gerechter Zwecke implizit gegeben. Dem ist aber nicht so. Denn was ein solches System, angenommen es sei gegen alle Zweifel sichergestellt, enthielte, ist nicht ein Kriterium der Gewalt selbst als eines Prinzips, sondern eines für die Fälle ihrer Anwendung. Offen bliebe immer noch die Frage, ob Gewalt überhaupt, als Prinzip, selbst als Mittel zu gerechten Zwecken sittlich sei. Diese Frage bedarf zu ihrer Entscheidung denn doch eines näheren Kriteriums, einer Unterscheidung in der Sphäre der Mittel selbst, ohne Ansehung der Zwecke, denen sie dienen.

Die Ausschaltung dieser genaueren kritischen Fragestellung charakterisiert eine große Richtung in der Rechtsphilosophie vielleicht als ihr hervorstechendstes Merkmal: das Naturrecht. Es sieht in der Anwendung gewaltsamer Mittel zu gerechten Zwekken so wenig ein Problem, wie der Mensch eines im »Recht«, seinen Körper auf das erstrebte Ziel hinzubewegen, findet. Nach seiner Anschauung (die dem Terrorismus in der Französischen Revolution zur ideologischen Grundlage diente) ist Gewalt ein

Naturprodukt, gleichsam ein Rohstoff, dessen Verwendung keiner Problematik unterliegt, es sei denn, daß man die Gewalt zu ungerechten Zwecken mißbrauche. Wenn nach der Staatstheorie des Naturrechts die Personen aller ihrer Gewalt zugunsten des Staates sich begeben, so geschieht das unter der Voraussetzung (die beispielsweise Spinoza im theologisch-politischen Traktat ausdrücklich feststellt), daß der einzelne an und für sich und vor Abschluß eines solchen vernunftgemäßen Vertrages jede beliebige Gewalt, die er de facto innehabe, auch de jure ausübe. Vielleicht sind diese Anschauungen noch spät durch Darwins Biologie belebt worden, die in durchaus dogmatischer Weise neben der natürlichen Zuchtwahl nur die Gewalt als ursprüngliches und allen vitalen Zwecken der Natur allein angemessenes Mittel ansieht. Die darwinistische Popularphilosophie hat oft gezeigt, wie klein von diesem naturgeschichtlichen Dogma der Schritt zu dem noch gröberen rechtsphilosophischen ist, daß jene Gewalt, welche fast allein natürlichen Zwecken angemessen, darum auch schon rechtmäßig sei.

Dieser naturrechtlichen These von der Gewalt als natürlicher Gegebenheit tritt die positiv-rechtliche von der Gewalt als historischer Gewordenheit diametral entgegen. Kann das Naturrecht jedes bestehende Recht nur beurteilen in der Kritik seiner Zwecke, so das positive jedes werdende nur in der Kritik seiner Mittel. Ist Gerechtigkeit das Kriterium der Zwecke, so Rechtmäßigkeit das der Mittel. Unbeschadet dieses Gegensatzes aber begegnen beide Schulen sich in dem gemeinsamen Grunddogma: Gerechte Zwecke können durch berechtigte Mittel erreicht, berechtigte Mittel an gerechte Zwecke gewendet werden. Das Naturrecht strebt, durch die Gerechtigkeit der Zwecke die Mittel zu »rechtfertigen«, das positive Recht durch die Berechtigung der Mittel die Gerechtigkeit der Zwecke zu »garantieren«. Die Antinomie würde sich als unlösbar erweisen, wenn die gemeinsame dogmatische Voraussetzung falsch ist, wenn berechtigte Mittel einerseits und gerechte Zwecke andrerseits in unvereinbarem Widerstreit liegen. Die Einsicht hierein könnte sich aber keinesfalls ergeben, bevor der Zirkel verlassen und voneinander unabhängige Kriterien für gerechte Zwecke sowohl als für berechtigte Mittel aufgestellt wären.

Das Bereich der Zwecke, und damit auch die Frage nach einem Kriterium der Gerechtigkeit, schaltet für diese Untersuchung zunächst aus. Dagegen fällt in ihr Zentrum die Frage nach der Berechtigung gewisser Mittel, welche die Gewalt ausmachen. Naturrechtliche Prinzipien können sie nicht entscheiden, sondern nur in eine bodenlose Kasuistik führen. Denn wenn das positive Recht blind ist für die Unbedingtheit der Zwecke, so das Naturrecht für die Bedingtheit der Mittel. Dagegen ist die positive Rechtstheorie als hypothetische Grundlage im Ausgangspunkt der Untersuchung annehmbar, weil sie eine grundsätzliche Unterscheidung hinsichtlich der Arten der Gewalt vornimmt, unabhängig von den Fällen ihrer Anwendung. Diese findet zwischen der historisch anerkannten, der sogenannten sanktionierten, und der nicht sanktionierten Gewalt statt. Wenn die folgenden Überlegungen von ihr ausgehen, so kann das natürlich nicht heißen, daß gegebene Gewalten danach klassifiziert werden, ob sie sanktioniert sind oder nicht. Denn in einer Kritik der Gewalt kann deren positiv-rechtlicher Maßstab nicht seine Anwendung, sondern vielmehr nur seine Beurteilung erfahren. Es handelt sich um die Frage, was denn für das Wesen der Gewalt daraus folge, daß ein solcher Maßstab oder Unterschied an ihr überhaupt möglich sei, oder mit anderen Worten um den Sinn jener Unterscheidung. Denn daß jene positiv-rechtliche Unterscheidung sinnvoll, in sich vollkommen gegründet und durch keine andere ersetzbar sei, wird sich bald genug zeigen, zugleich aber damit ein Licht auf diejenige Sphäre fallen, in der diese Unterscheidung allein stattfinden kann. Mit einem Wort: kann der Maßstab, den das positive Recht für die Rechtmäßigkeit der Gewalt aufstellt, nur nach seinem Sinn analysiert, so muß die Sphäre seiner Anwendung nach ihrem Wert kritisiert werden. Für diese Kritik gilt es dann den Standpunkt außerhalb der positiven Rechtsphilosophie, aber auch außerhalb des Naturrechts zu finden. Inwiefern allein die geschichtsphilosophische Rechtsberatung ihn abgeben kann, wird sich herausstellen.

Der Sinn der Unterscheidung der Gewalt in rechtmäßige und unrechtmäßige liegt nicht ohne weiteres auf der Hand. Ganz entschieden ist das naturrechtliche Mißverständnis abzuwehren, als bestehe er in der Unterscheidung von Gewalt zu gerechten und ungerechten Zwecken. Vielmehr wurde schon angedeutet, daß das positive Recht von jeder Gewalt einen Ausweis über ihren historischen Ursprung verlangt, welcher unter gewissen Bedingungen ihre Rechtmäßigkeit, ihre Sanktion erhält. Da die Anerkennung von Rechtsgewalten sich am greifbarsten in der grundsätzlich widerstandslosen Beugung unter ihre Zwecke bekundet, so ist als hypothetischer Einteilungsgrund der Gewalten das Bestehen oder der Mangel einer allgemeinen historischen Anerkennung ihrer Zwecke zugrunde zu legen. Zwecke, welche dieser Anerkennung entbehren, mögen Naturzwecke, die anderen Rechtszwecke genannt werden. Und zwar ist die verschiedenartige Funktion der Gewalt, je nachdem sie Natur- oder Rechtszwecken dient, am anschaulichsten unter Zugrundelegung irgendwelcher bestimmter Rechtsverhältnisse zu entwickeln. Der Einfachheit halber mögen die folgenden Ausführungen auf die gegenwärtigen europäischen sich beziehen.

Für diese Rechtsverhältnisse ist, was die einzelne Person als Rechtssubjekt betrifft, die Tendenz bezeichnend, Naturzwecke dieser einzelnen Personen in allen den Fällen nicht zuzulassen, in denen solche Zwecke gegebenenfalls zweckmäßigerweise gewaltsam erstrebt werden könnten. Das heißt: diese Rechtsordnung drängt darauf, in allen Gebieten, in denen Zwecke von Einzelpersonen zweckmäßigerweise mit Gewalt erstrebt werden könnten, Rechtszwecke aufzurichten, welche eben nur die Rechtsgewalt auf diese Weise zu verwirklichen vermag. Ja, sie drängt darauf, auch Gebiete, für welche Naturzwecke prinzipiell in weiten Grenzen freigegeben werden, wie das der Erziehung, durch Rechtszwecke einzuschränken, sobald jene Naturzwecke mit einem übergroßen Maß von Gewalttätigkeit erstrebt werden, wie sie dies in den Gesetzen über die Grenzen der erzieherischen Strafbefugnis tut. Es kann als eine allgemeine Maxime gegenwärtiger europäischer Gesetzgebung formuliert werden: alle Naturzwecke einzelner Personen müssen mit Rechtszwecken in Kollision geraten, wenn sie mit mehr oder minder großer Gewalt verfolgt werden. (Der Widerspruch, in welchem das Recht auf Notwehr hierzu steht, dürfte im Laufe der folgenden Betrachtungen von selbst seine Erklärung finden.) Aus dieser Maxime folgt, daß das Recht die Gewalt in den Händen der einzelnen Person als eine Gefahr ansieht, die Rechtsordnung zu untergraben. Als eine Gefahr, die Rechtszwecke und die Rechtsexekutive zu vereiteln? Doch nicht; denn dann würde nicht Gewalt schlechthin, sondern nur die auf rechtswidrige Zwecke gewendete verurteilt werden. Man wird sagen, daß ein System der Rechtszwecke sich nicht halten könne, wenn irgendwo Naturzwecke noch gewaltsam erstrebt werden dürfen. Das ist aber zunächst ein bloßes Dogma. Dagegen wird man vielleicht die überraschende Möglichkeit in Betracht zu ziehen haben, daß das Interesse des Rechts an der Monopolisierung der Gewalt gegenüber der Einzelperson sich nicht durch die Absicht erkläre, die Rechtszwecke, sondern vielmehr durch die, das Recht selbst zu wahren. Daß die Gewalt, wo sie nicht in den Händen des jeweiligen Rechtes liegt, ihm Gefahr droht, nicht durch die Zwecke, welche sie erstreben mag, sondern durch ihr bloßes Dasein außerhalb des Rechts. Drastischer mag die gleiche Vermutung durch die Besinnung darauf nahegelegt werden, wie oft schon die Gestalt des »großen« Verbrechers, mögen auch seine Zwecke abstoßend gewesen sein, die heimliche Bewunderung des Volkes erregt hat. Das kann nicht um seiner Tat, sondern nur um der Gewalt willen, von der sie zeugt, möglich sein. In diesem Fall tritt also wirklich die Gewalt, welche das heutige Recht in allen Bezirken des Handelns dem einzelnen zu nehmen sucht, bedrohlich auf und erregt noch im Unterliegen die Sympathie der Menge gegen das Recht. Durch welche Funktion die Gewalt mit Grund dem Recht so bedrohlich scheinen, so sehr von ihm gefürchtet werden kann, muß sich gerade da zeigen, wo selbst nach der gegenwärtigen Rechtsordnung ihre Entfaltung noch zulässig ist.

Dies ist zunächst im Klassenkampf in Gestalt des garantierten Streikrechts der Arbeiter der Fall. Die organisierte Arbeiterschaft ist neben den Staaten heute wohl das einzige Rechtssubjekt, dem ein Recht auf Gewalt zusteht. Gegen diese Anschauung liegt freilich der Einwand bereit, daß die Unterlassung von Handlungen, ein Nicht-Handeln, wie es der Streik letzten Endes doch ist, überhaupt nicht als Gewalt bezeichnet werden dürfe. Solche Überlegung hat auch wohl der Staatsgewalt die

Einräumung des Streikrechts, als sie nicht mehr zu umgehen war, erleichtert. Sie gilt aber nicht uneingeschränkt, weil nicht unbedingt. Zwar kann das Unterlassen einer Handlung, auch eines Dienstes, wo es einfach einem »Abbruch von Beziehungen« gleichkommt, ein völlig gewaltloses, reines Mittel sein. Und wie nach Anschauung des Staates (oder des Rechts) im Streikrecht der Arbeiterschaft überhaupt nicht sowohl ein Recht auf Gewalt zugestanden ist, als eines sich derselben zu entziehen, wo sie vom Arbeitgeber mittelbar ausgeübt werden sollte, so mag freilich hin und wieder ein Streikfall vorkommen, der dem entspricht und nur eine »Abkehr« oder »Entfremdung« vom Arbeitgeber bekunden soll. Das Moment der Gewalt aber tritt, und zwar als Erpressung, in eine solche Unterlassung unbedingt dann ein, wenn sie in der prinzipiellen Bereitschaft geschieht, die unterlassene Handlung unter gewissen Bedingungen, welche, sei es überhaupt nichts mit ihr zu tun haben, sei es nur etwas Äußerliches an ihr modifizieren, wieder so wie vorher auszuüben. Und in diesem Sinne bildet nach der Anschauung der Arbeiterschaft, welche der des Staates entgegengesetzt ist, das Streikrecht das Recht, Gewalt zur Durchsetzung gewisser Zwecke anzuwenden. Der Gegensatz in beiden Auffassungen zeigt sich in voller Schärfe angesichts des revolutionären Generalstreiks. In ihm wird die Arbeiterschaft jedesmal sich auf ihr Streikrecht berufen, der Staat aber diese Berufung einen Mißbrauch nennen, da das Streikrecht »so« nicht gemeint gewesen sei, und seine Sonderverfügungen erlassen. Denn es bleibt ihm unbenommen zu erklären, daß eine gleichzeitige Ausübung des Streiks in allen Betrieben, da er nicht in jedem seinen vom Gesetzgeber vorausgesetzten besonderen Anlaß habe, widerrechtlich sei. In dieser Differenz der Interpretation drückt sich der sachliche Widerspruch der Rechtslage aus, nach der der Staat eine Gewalt anerkennt, deren Zwecken er als Naturzwecken bisweilen indifferent, im Ernstfall (des revolutionären Generalstreiks) aber feindlich gegenübersteht. Als Gewalt nämlich ist, wiewohl dies auf den ersten Blick paradox scheint, dennoch auch ein Verhalten, das in Ausübung eines Rechts eingenommen wird, unter gewissen Bedingungen zu bezeichnen. Und zwar wird ein solches Verhalten, wo es aktiv ist, Gewalt heißen dürfen, wenn es ein ihm zustehendes Recht ausübt, um die Rechtsordnung, kraft deren es ihm verliehen ist, zu stürzen; wo es passiv ist, aber nichtsdestoweniger ebenso zu bezeichnen sein, wo es im Sinne der oben entwickelten Überlegung Erpressung wäre. Daher zeugt es nur von einem sachlichen Widerspruch in der Rechtslage, nicht aber von einem logischen Widerspruch im Recht, wenn es den Streikenden als Gewalttätigen unter gewissen Bedingungen mit Gewalt entgegentritt. Denn im Streik fürchtet der Staat mehr als alles andere diejenige Funktion der Gewalt, deren Ermittlung diese Untersuchung als einzig sicheres Fundament ihrer Kritik sich vorsetzt. Wäre nämlich Gewalt, was sie zunächst scheint, das bloße Mittel, eines Beliebigen, das gerade erstrebt wird, unmittelbar sich zu versichern, so könnte sie nur als raubende Gewalt ihren Zweck erfüllen. Sie wäre völlig untauglich, auf relativ beständige Art Verhältnisse zu begründen oder zu modifizieren. Der Streik aber zeigt, daß sie dies vermag, daß sie imstande ist, Rechtsverhältnisse zu begründen und zu modifizieren, wie sehr das Gerechtigkeitsgefühl sich auch dadurch beleidigt finden möge. Der Einwand liegt nahe, daß eine solche Funktion der Gewalt zufällig und vereinzelt sei. Die Betrachtung der kriegerischen Gewalt wird ihn zurückweisen.

Die Möglichkeit eines Kriegsrechts beruht auf genau denselben sachlichen Widersprüchen in der Rechtslage wie die eines Streikrechts, nämlich darauf, daß Rechtssubjekte Gewalten sanktionieren, deren Zwecke für die Sanktionierenden Naturzwecke bleiben und daher mit ihren eigenen Rechts- oder Naturzwecken im Ernstfall in Konflikt geraten können. Die Kriegsgewalt richtet allerdings zunächst ganz unmittelbar und als raubende Gewalt sich auf ihre Zwecke. Aber es ist doch höchst auffallend, daß selbst – oder vielmehr gerade – in primitiven Verhältnissen, die von staatsrechtlichen Beziehungen sonst kaum Anfänge kennen, und selbst in solchen Fällen, wo der Sieger in einen nunmehr unangreifbaren Besitz sich gesetzt hat, ein Friede zeremoniell durchaus erforderlich ist. Ja, das Wort »Friede« bezeichnet in seiner Bedeutung, in welcher es Korrelat zur Bedeutung »Krieg« ist (es gibt nämlich noch eine ganz andere, ebenfalls unmetaphorische und politische, diejenige, in welcher Kant vom »Ewigen Frieden« spricht), geradezu eine solche a priori und von allen übrigen Rechtsverhältnissen unabhängige notwendige Sanktionierung eines jeden Sieges. Diese besteht eben darin, daß die neuen Verhältnisse als neues »Recht« anerkannt werden, ganz unabhängig davon, ob sie de facto irgendeiner Garantie für ihren Fortbestand bedürfen oder nicht. Es wohnt also, wenn nach der kriegerischen Gewalt als einer ursprünglichen und urbildlichen für jede Gewalt zu Naturzwekken geschlossen werden darf, aller derartigen Gewalt ein rechtsetzender Charakter bei. Auf die Tragweite dieser Erkenntnis wird später zurückzukommen sein. Sie erklärt die genannte Tendenz des modernen Rechts, jede auch nur auf Naturzwecke gerichtete Gewalt zumindest der Einzelperson als Rechtssubjekt zu nehmen. Im großen Verbrecher tritt ihm diese Gewalt entgegen mit der Drohung: neues Recht zu setzen, vor der das Volk trotz ihrer Ohnmacht in bedeutenden Fällen noch heute wie in Urzeiten erschauert. Der Staat aber fürchtet diese Gewalt schlechterdings als rechtsetzend, wie er sie als rechtsetzend anerkennen muß, wo auswärtige Mächte ihn dazu zwingen, das Recht zur Kriegführung, Klassen, das Recht zum Streik ihnen zuzugestehen.

Wenn im letzten Kriege die Kritik der Militärgewalt der Ausgangspunkt für eine leidenschaftliche Kritik der Gewalt im allgemeinen geworden ist, welche wenigstens das eine lehrt, daß sie naiv nicht mehr ausgeübt noch geduldet wird, so ist sie doch nicht nur als rechtsetzende Gegenstand der Kritik gewesen, sondern sie ist vernichtender vielleicht noch in einer anderen Funktion beurteilt worden. Eine Doppelheit in der Funktion der Gewalt ist nämlich für den Militarismus, der erst durch die allgemeine Wehrpflicht sich bilden konnte, charakteristisch. Militarismus ist der Zwang zur allgemeinen Anwendung von Gewalt als Mittel zu Zwecken des Staates. Dieser Zwang zur Gewaltanwendung ist neuerdings mit gleichem oder größerem Nachdruck beurteilt worden als die Gewaltanwendung selbst. In ihm zeigt sich die Gewalt in einer ganz anderen Funktion als in ihrer einfachen Anwendung zu Naturzwecken. Er besteht in einer Anwendung von Gewalt als Mittel zu Rechtszwecken. Denn die Unterordnung der Bürger unter die Gesetze – in gedachtem

Falle unter das Gesetz der allgemeinen Wehrpflicht – ist ein Rechtszweck. Wird jene erste Funktion der Gewalt die rechtsetzende, so darf diese zweite die rechtserhaltende genannt werden. Weil nun die Wehrpflicht ein durch nichts prinzipiell unterschiedener Anwendungsfall der rechtserhaltenden Gewalt ist, darum ist ihre wirklich durchschlagende Kritik bei weitem nicht so leicht, wie die Deklamationen der Pazifisten und Aktivisten sie sich machen. Sie fällt vielmehr mit der Kritik aller Rechtsgewalt, das heißt mit der Kritik der legalen oder exekutiven Gewalt, zusammen und ist bei einem minderen Programm gar nicht zu leisten. Sie ist auch, will man nicht einen geradezu kindischen Anarchismus proklamieren, selbstverständlich nicht damit geliefert, daß man keinerlei Zwang der Person gegenüber anerkennt und erklärt »Erlaubt ist was gefällt«. Eine solche Maxime schaltet nur die Reflektion auf die sittlich-historische Sphäre und damit auf jeden Sinn von Handlung, weiterhin aber auf jeden Sinn der Wirklichkeit überhaupt aus, der nicht zu konstituieren ist, wenn »Handlung« aus ihrem Bereich herausgebrochen ist. Wichtiger dürfte sein, daß auch die so häufig versuchte Berufung auf den kategorischen Imperativ mit seinem wohl unbezweifelbaren Minimalprogramm: Handle so, daß du die Menschheit sowohl in deiner Person als in der Person eines jeden anderen jederzeit zugleich als Zweck, niemals bloß als Mittel brauchest, zu dieser Kritik an sich nicht ausreicht.[1] Denn das positive Recht wird, wo es seiner Wurzeln sich bewußt ist, durchaus beanspruchen, das Interesse der Menschheit in der Person jedes einzelnen anzuerkennen und zu fördern. Es erblickt dieses Interesse in der Darstellung und Erhaltung einer schicksalhaften Ordnung. So wenig dieser, die das Recht im Grund zu wahren behauptet, eine Kritik erspart bleiben darf, so ohnmächtig ist doch ihr gegenüber jede Anfechtung, die nur im Namen einer gestaltlosen »Freiheit« auftritt, ohne jene höhere Ordnung der Freiheit bezeichnen zu können. Vollends ohnmächtig aber, wenn sie nicht die Rechtsordnung selbst an Haupt und Gliedern anficht, sondern einzelne Gesetze oder Rechtsbräuche, welche denn freilich das Recht in den Schutz seiner Macht nimmt, die darin besteht, daß es nur ein einziges Schicksal gibt und daß gerade das Bestehende und zumal das Drohende unverbrüchlich seiner Ordnung angehört. Denn die rechtserhaltende Gewalt ist eine drohende. Und zwar hat ihre Drohung nicht den Sinn der Abschreckung, in dem ununterrichtete liberale Theoretiker sie interpretieren. Zur Abschreckung im exakten Sinn würde eine Bestimmtheit gehören, welche dem Wesen der Drohung widerspricht, auch von keinem Gesetz erreicht wird, da die Hoffnung besteht, seinem Arm zu entgehen. Um so mehr erweist es sich drohend wie das Schicksal, bei dem es ja steht, ob ihm der Verbrecher verfällt. Den tiefsten Sinn in der Unbestimmtheit der Rechtsdrohung wird erst die spätere Betrachtung der Sphäre des Schicksals, aus der sie stammt, erschließen. Ein wertvoller Hinweis auf sie liegt im Bereich der Strafen. Unter ihnen hat, seitdem die Geltung des positiven Rechts in Frage gezogen wurde, die Todesstrafe mehr als alles andere die Kritik herausgefordert. So wenig grundsätzlich auch in den meisten Fällen deren Argumente gewesen sind, so prinzipiell waren und sind ihre Motive. Ihre Kritiker fühlten, vielleicht ohne es begründen zu können, ja wahrscheinlich ohne es fühlen zu wollen, daß eine Anfechtung der Todesstrafe nicht ein Strafmaß, nicht Gesetze, sondern das Recht selbst in seinem Ursprung angreift. Ist nämlich Gewalt, schicksalhaft gekrönte Gewalt, dessen Ursprung, so liegt die Vermutung nicht fern, daß in der höchsten Gewalt, in der über Leben und Tod, wo sie in der Rechtsordnung auftritt, deren Ursprünge repräsentativ in das Bestehende hineinragen und in ihm sich furchtbar manifestieren. Hiermit stimmt überein, daß die Todesstrafe in primitiven Rechtsverhältnissen auch auf Delikte wie Eigentumsvergehen gesetzt ist, zu denen sie ganz außer »Verhältnis« zu stehen scheint. Ihr Sinn ist denn auch nicht, den Rechtsbruch zu strafen, sondern das neue Recht zu statuieren. Denn in der Ausübung der Gewalt über Leben und Tod bekräftigt mehr als in irgendeinem anderen Rechtsvollzug das Recht sich selbst. Eben in ihr aber kündigt zugleich irgend etwas Morsches im Recht am vornehmlichsten dem feineren Gefühl sich an, weil dieses sich von Verhältnissen, in welchen das Schicksal in eigner Majestät in einem solchen Vollzug sich gezeigt hätte, unendlich fern weiß. Der Verstand aber muß diesen Verhältnissen sich um so entschiedener zu nähern suchen, wenn er die Kritik der rechtsetzenden wie der rechtserhaltenden Gewalt zum Abschluß bringen will.

In einer weit widernatürlicheren Verbindung als in der Todesstrafe, in einer gleichsam gespentischen Vermischung, sind diese beiden Arten der Gewalt in einer andern Institution des modernen Staats, der Polizei, gegenwärtig. Diese ist zwar eine Gewalt zu Rechtszwecken (mit Verfügungsrecht), aber mit der gleichzeitigen Befugnis, diese in weiten Grenzen selbst zu setzen (mit Verordnungsrecht). Das Schmachvolle einer solchen Behörde, das nur deshalb von wenigen gefühlt wird, weil ihre Befugnisse zu den gröblichsten Eingriffen nur selten ausreichen, desto blinder freilich in den verletzbarsten Bezirken und gegen Besonnene, vor denen den Staat nicht die Gesetze schützen, schalten dürfen, liegt darin, daß in ihr die Trennung von rechtsetzender und rechtserhaltender Gewalt aufgehoben ist. Wird von der ersten verlangt, daß sie im Siege sich ausweise, so unterliegt die zweite der Einschränkung, daß sie nicht neue Zwekke sich setze. Von beiden Bedingungen ist die Polizeigewalt emanzipiert. Sie ist rechtsetzende – denn deren charakteristische Funktion ist ja nicht die Promulgation von Gesetzen, sondern jedweder Erlaß, den sie mit Rechtsanspruch ergehen läßt –, und sie ist rechtserhaltende, weil sie sich jenen Zwecken zur Verfügung stellt. Die Behauptung, daß die Zwecke der Polizeigewalt mit denen des übrigen Rechts stets identisch oder auch nur verbunden wären, ist durchaus unwahr. Vielmehr bezeichnet das »Recht« der Polizei im Grunde den Punkt, an welchem der Staat, sei es aus Ohnmacht, sei es wegen der immanenten Zusammenhänge jeder Rechtsordnung, seine empirischen Zwecke, die er um jeden Preis zu erreichen wünscht, nicht mehr durch die Rechtsordnung sich garantieren kann. Daher greift »der Sicherheit wegen« die Polizei in zahllosen Fällen ein, wo keine klare Rechtslage vorliegt, wenn sie nicht ohne jegliche Beziehung auf Rechtszwecke den Bürger als eine brutale Belästigung durch das von Verordnungen geregelte Leben begleitet oder ihn schlechtweg überwacht. Im Gegensatz zum Recht, welches in der nach Ort und Zeit fixierten »Entscheidung« eine metaphysische Kategorie anerkennt, durch die es Anspruch auf Kritik erhebt, trifft die Betrachtung des Polizeiinstituts auf nichts Wesenhaftes. Seine Gewalt ist gestaltlos wie seine nirgends faßbare, allverbreitete gespenstische Erscheinung im Leben der zivilisierten Staaten. Und mag Polizei auch im einzelnen sich überall gleichsehen, so ist zuletzt doch nicht zu verkennen, daß ihr Geist weniger verheerend ist, wo sie in der absoluten Monarchie die Gewalt des Herrschers, in welcher sich legislative und exekutive Machtvollkommenheit vereinigt, repräsentiert, als in Demokratien, wo ihr Bestehen, durch keine derartige Beziehung gehoben, die denkbar größte Entartung der Gewalt bezeugt.

Alle Gewalt ist als Mittel entweder rechtsetzend oder rechtserhaltend. Wenn sie auf keines dieser beiden Prädikate Anspruch erhebt, so verzichtet sie damit selbst auf jede Geltung. Daraus aber folgt, daß jede Gewalt als Mittel selbst im günstigsten Falle an der Problematik des Rechts überhaupt teilhat. Und wenn auch deren Bedeutung an dieser Stelle der Untersuchung noch nicht mit Gewißheit abzusehen ist, so erscheint doch nach dem Ausgeführten das Recht in so zweideutiger sittlicher Beleuchtung, daß die Frage sich von selbst aufdrängt, ob es zur Regelung widerstreitender menschlicher Interessen keine anderen Mittel als gewaltsame gebe. Vor allem nötigt sie festzustellen, daß eine völlig gewaltlose Beilegung von Konflikten niemals auf einen Rechtsvertrag hinauslaufen kann. Dieser nämlich führt, wie sehr er auch friedlich von den Vertragschließenden eingegangen sein mag, doch zuletzt auf mögliche Gewalt. Denn er verleiht jedem Teil das Recht, gegen den andern Gewalt in irgendeiner Art in Anspruch zu nehmen, falls dieser vertragsbrüchig werden sollte. Nicht allein das: wie der Ausgang, so verweist auch der Ursprung jeden Vertrages auf Gewalt. Sie braucht als rechtsetzende zwar nicht unmittelbar in ihm gegenwärtig zu sein, aber vertreten ist sie in ihm, sofern die Macht, welche den Rechtsvertrag garantiert, ihrerseits gewaltsamen Ursprungs ist, wenn nicht eben in jenem Vertrag selbst durch Gewalt eingesetzt wird. Schwindet das Bewußtsein von der latenten Anwesenheit der Gewalt in einem Rechtsinstitut, so verfällt es. Dafür bilden in dieser Zeit die Parlamente ein Beispiel. Sie bieten das bekannte jammervolle Schauspiel, weil sie sich der revolutionären Kräfte, denen sie ihr Dasein verdanken, nicht bewußt geblieben sind. In Deutschland insbesondere ist denn auch die letzte Manifestation solcher Gewalten für die Parlamente folgenlos verlaufen. Ihnen fehlt der Sinn für die rechtsetzende Gewalt, die in ihnen repräsentiert ist; kein Wunder, daß sie zu Beschlüssen, welche dieser Gewalt würdig wären, nicht gelangen, sondern im Kompromiß eine vermeintlich gewaltlose Behandlungsweise politischer Angelegenheiten pflegen. Dieses aber bleibt ein »wenn auch noch so sehr alle offene Gewalt verschmähendes, dennoch in der Mentalität der Gewalt liegendes Produkt, weil die zum Kompromiß führende Strebung nicht von sich aus, sondern von außen, eben von der Gegenstrebung motiviert wird, weil aus jedem Kompromiß, wie freilich auch immer aufgenommen, der Zwangscharakter nicht weggedacht werden kann. ›Besser wäre es anders‹ ist das Grundempfinden jedes Kompromisses«.[2] – Bezeichnenderweise hat der Verfall der Parlamente von dem Ideal einer gewaltlosen Schlichtung politischer Konflikte vielleicht ebenso viele Geister abwendig gemacht, wie der Krieg ihm zugeführt hat. Den Pazifisten stehen die Bolschewisten und Syndikalisten gegenüber. Sie haben eine vernichtende und im ganzen treffende Kritik an den heutigen Parlamenten geübt. So wünschenswert und erfreulich dennoch vergleichsweise ein hochstehendes Parlament sein mag, so wird man bei der Erörterung prinzipiell gewaltloser Mittel politischer Übereinkunft nicht vom Parlamentarismus handeln können. Denn was er in vitalen Angelegenheiten erreicht, können nur jene im Ursprung und Ausgang mit Gewalt behafteten Rechtsordnungen sein.

Ist überhaupt gewaltlose Beilegung von Konflikten möglich? Ohne Zweifel. Die Verhältnisse zwischen Privatpersonen sind voll von Beispielen dafür. Gewaltlose Einigung findet sich überall, wo die Kultur des Herzens den Menschen reine Mittel der Übereinkunft an die Hand gegeben hat. Den rechtmäßigen und rechtswidrigen Mitteln aller Art, die doch samt und sonders Gewalt sind, dürfen nämlich als reine Mittel die gewaltlosen gegenübergestellt werden. Herzenshöflichkeit, Neigung, Friedensliebe, Vertrauen und was sich sonst hier noch nennen ließe, sind deren subjektive Voraussetzung. Ihre objektive Erscheinung aber bestimmt das Gesetz (dessen gewaltige Tragweite hier nicht zu erörtern ist), daß reine Mittel niemals solche unmittelbarer, sondern stets mittelbarer Lösungen sind. Sie beziehen sich daher niemals unmittelbar auf die Schlichtung der Konflikte zwischen Mensch und Mensch, sondern nur auf dem Weg über die Sachen. In der sachlichsten Beziehung menschlicher Konflikte auf Güter eröffnet sich das Gebiet der reinen Mittel. Darum ist Technik im weitesten Sinne des Wortes deren eigenstes Bereich. Ihr tiefgreifendstes Beispiel ist vielleicht die Unterredung, als eine Technik ziviler Übereinkunft betrachtet. In ihr ist nämlich gewaltlose Einigung nicht allein möglich, sondern die prinzipielle Ausschaltung der Gewalt ist ganz ausdrücklich an einem bedeutenden Verhältnis zu belegen: an der Straflosigkeit der Lüge. Es gibt vielleicht keine Gesetzgebung auf der Erde, welche sie ursprünglich bestraft. Darin spricht sich aus, daß es eine in dem Grade gewaltlose Sphäre menschlicher Übereinkunft gibt, daß sie der Gewalt vollständig unzugänglich ist: die eigentliche Sphäre der »Verständigung«, die Sprache. Erst spät und in einem eigentümlichen Verfallsprozeß ist die Rechtsgewalt dennoch in sie eingedrungen, indem sie den Betrug unter Strafe stellte. Während nämlich die Rechtsordnung an ihrem Ursprung im Vertrauen auf ihre siegreiche Gewalt sich begnügt, die rechtswidrige zu schlagen, wo sie sich gerade zeigt, und der Betrug, da er selbst nichts von Gewalt an sich hat, nach dem Grundsatz ius civile vigilantibus scriptum est beziehungsweise Augen für Geld im römischen und altgermanischen Recht straffrei war, fühlte das Recht einer späteren Zeit, dem es an Vertrauen in seine eigene Gewalt gebrach, nicht mehr wie das frühere aller fremden sich gewachsen. Vielmehr bezeichnet Furcht vor ihr und Mißtrauen in sich selbst seine Erschütterung. Es beginnt, sich Zwecke in der Absicht zu setzen, der rechtserhaltenden Gewalt stärkere Manifestationen zu ersparen. Es wendet sich also gegen den Betrug nicht aus moralischen Erwägungen, sondern aus Furcht vor den Gewalttätigkeiten, die er im Betrogenen auslösen könnte. Da solche Furcht im Widerstreit mit der eigenen Gewaltnatur des Rechts aus seinen Ursprüngen her liegt, so sind derartige Zwecke den berechtigten Mitteln des Rechts unangemessen. In ihnen bekundet sich nicht nur der Verfall seiner eigenen Sphäre, sondern zugleich auch eine Minderung der reinen Mittel. Denn im Verbot des Betrugs schränkt das Recht den

Gebrauch völlig gewaltloser Mittel ein, weil diese reaktiv Gewalt erzeugen könnten. Die gedachte Tendenz des Rechts hat auch bei der Einräumung des Streikrechts, das den Interessen des Staates widerspricht, mitgewirkt. Das Recht gibt es frei, weil es gewaltsame Handlungen, denen entgegenzutreten es fürchtet, hintan hält. Griffen doch vordem die Arbeiter sogleich zur Sabotage und steckten die Fabriken an. – Um Menschen zum friedlichen Ausgleich ihrer Interessen diesseits aller Rechtsordnung zu bewegen, gibt es abgesehen von allen Tugenden zuletzt ein wirksames Motiv, das auch dem sprödesten Willen jene reinen Mittel statt gewaltsamer oft genug in die Hand gibt, in der Furcht vor gemeinsamen Nachteilen, die aus der gewaltsamen Auseinandersetzung zu entstehen drohen, wie auch immer sie ausfalle. Solche liegen beim Interessenkonflikt zwischen Privatpersonen in zahllosen Fällen klar zutage. Anders, wenn Klassen und Nationen im Streit liegen, wobei jene höheren Ordnungen, welche den Sieger und den Besiegten gleichermaßen zu überwältigen drohen, den meisten dem Gefühl und fast allen der Einsicht nach noch verborgen sind. Hier würde das Aufsuchen solcher höheren Ordnungen und der ihnen entsprechenden gemeinsamen Interessen, welche das nachhaltigste Motiv für eine Politik der reinen Mittel abgeben, zu weit führen.[3] Daher möge nur auf reine Mittel der Politik selbst als Analogon zu denen, die den friedlichen Umgang zwischen Privatpersonen beherrschen, hingewiesen werden.

Was die Klassenkämpfe betrifft, so muß in ihnen der Streik unter gewissen Bedingungen als ein reines Mittel gelten. Zwei wesentlich verschiedene Arten des Streiks, deren Möglichkeiten schon erwogen wurden, sind hier eingehender zu kennzeichnen. Sorel hat das Verdienst, sie – mehr auf Grund politischer als rein theoretischer Erwägungen – zuerst unterschieden zu haben. Er stellt sie als politischen und proletarischen Generalstreik einander gegenüber. Zwischen ihnen besteht auch in der Beziehung auf die Gewalt ein Gegensatz. Von den Parteigängern des ersteren gilt: »Stärkung der Staatsgewalt ist die Grundlage ihrer Konzeptionen; in ihren gegenwärtigen Organisationen bereiten die Politiker (sc. die gemäßigt sozialistischen) schon die Anlage einer starken zentralisierten und disziplinierten Gewalt vor, die durch die Kritik der Opposition sich nicht beirren lassen wird, die Schweigen aufzuerlegen wissen und ihre verlogenen Dekrete erlassen wird.«[4] »Der politische Generalstreik demonstriert, wie der Staat nichts von seiner Kraft verlieren wird, wie die Macht von Privilegierten auf Privilegierte übergeht, wie die Masse der Produzenten ihre Herren wechseln wird.« Diesem politischen Generalstreik gegenüber (dessen Formel übrigens die der verflossenen deutschen Revolution zu sein scheint) setzt der proletarische sich die eine einzige Aufgabe der Vernichtung der Staatsgewalt. Er »schaltet alle ideologischen Konsequenzen jeder möglichen Sozialpolitik aus; seine Parteigänger sehen auch die populärsten Reformen als bürgerlich an«. »Dieser Generalstreik bekundet ganz deutlich seine Gleichgültigkeit gegen den materiellen Gewinn der Eroberung, indem er erklärt, daß er den Staat aufheben will; der Staat war wirklich ... der Daseinsgrund der herrschenden Gruppen, die von allen Unternehmungen, deren Lasten die Gesamtheit trägt, den Nutzen haben.« Während die erste Form der Arbeitseinstellung Gewalt ist, da sie nur eine äußerliche Modifikation der Arbeitsbedingungen veranlaßt, so ist die zweite als reines Mittel gewaltlos. Denn sie geschieht nicht in der Bereitschaft, nach äußerlichen Konzessionen und irgendwelcher Modifikation der Arbeitsbedingungen wieder die Arbeit aufzunehmen, sondern im Entschluß, nur eine gänzlich veränderte Arbeit, eine nicht staatlich erzwungene, wieder aufzunehmen, ein Umsturz, den diese Art des Streiks nicht sowohl veranlaßt als vielmehr vollzieht. Daher denn auch die erste dieser Unternehmungen rechtsetzend, die zweite dagegen anarchistisch ist. Im Anschluß an gelegentliche Äußerungen von Marx weist Sorel jede Art von Programmen, Utopien, mit einem Wort von Rechtsetzungen für die revolutionäre Bewegung zurück: »Mit dem Generalstreik verschwinden alle diese schönen Dinge; die Revolution erscheint als eine klare, einfache Revolte und es ist ein Platz weder den Soziologen vorbehalten noch den eleganten Amateuren von Sozialreformern, noch den Intellektuellen, die es sich zum Beruf gemacht haben, für das Proletariat zu denken.« Dieser tiefen, sittlichen und echt revolutionären Konzeption kann auch keine Erwägung gegenübertreten, die wegen seiner möglichen katastrophalen Folgen einen solchen Generalstreik als Gewalt brandmarken möchte. Wenn man auch mit Recht sagen dürfte, daß die heutige Wirtschaft als Ganzes angesehen viel weniger einer Maschine vergleichbar ist, die stillsteht, wenn ihr Heizer sie verläßt, als einer Bestie, die rast, sobald ihr Bändiger ihr den Rücken gekehrt hat, so darf dennoch über die Gewaltsamkeit einer Handlung ebensowenig nach ihren Wirkungen wie nach ihren Zwecken, sondern allein nach dem Gesetz ihrer Mittel geurteilt werden. Die Staatsgewalt freilich, welche nur die Wirkungen ins Auge faßt, tritt gerade solchem Streik im Gegensatz zu den meist tatsächlich erpresserischen Partialstreiken als angeblicher Gewalt entgegen. Inwiefern übrigens eine so rigorose Konzeption des Generalstreiks als solche die Entfaltung eigentlicher Gewalt in den Revolutionen zu vermindern geeignet ist, hat Sorel mit sehr geistvollen Gründen ausgeführt. – Dagegen ist ein hervorragender Fall gewalttätiger Unterlassung, unsittlicher und roher als der politische Generalstreik, verwandt der Blockade, der Streik der Ärzte, wie mehrere deutsche Städte ihn gesehen haben. In ihm zeigt sich aufs abstoßendste skrupellose Gewaltanwendung, die geradezu verworfen ist bei einer Berufsklasse, die jahrelang ohne den leisesten Versuch eines Widerstandes »dem Tod seine Beute gesichert hat«, um danach bei der ersten Gelegenheit das Leben aus freien Stücken preiszugeben. – Deutlicher als in den jungen Klassenkämpfen haben in der jahrtausendealten Geschichte von Staaten sich Mittel gewaltloser Übereinkunft herausgebildet. Nur gelegentlich besteht die Aufgabe der Diplomaten im gegenseitigen Verkehr in der Modifikation von Rechtsordnungen. Im wesentlichen haben sie ganz nach Analogie der Übereinkunft zwischen Privatpersonen im Namen ihrer Staaten friedlich und ohne Verträge von Fall zu Fall deren Konflikte beizulegen. Eine zarte Aufgabe, die resoluter von Schiedsgerichten gelöst wird, eine Methode der Lösung aber, welche grundsätzlich höher steht als die schiedsgerichtliche, weil jenseits aller Rechtsordnung und also Gewalt. So hat denn wie der Umgang von Privatpersonen auch der der Diplomaten eigene Formen und Tugenden hervorgebracht, die, weil sie äußerlich geworden, es darum nicht immer gewesen sind.

Im ganzen Bereich der Gewalten, die Naturrecht wie positives Recht absehen, findet sich keine, welche von der angedeuteten schweren Problematik jeder Rechtsgewalt frei wäre. Da dennoch jede Vorstellung einer irgendwie denkbaren Lösung menschlicher Aufgaben, ganz zu geschweigen einer Erlösung aus dem Bannkreis aller bisherigen weltgeschichtlichen Daseinslagen, unter völliger und prinzipieller Ausschaltung jedweder Gewalt unvollziehbar bleibt, so nötigt sich die Frage nach andern Arten der Gewalt auf, als alle Rechtstheorie ins Auge faßt. Zugleich die Frage nach der Wahrheit des jenen Theorien gemeinsamen Grunddogmas: Gerechte Zwecke können durch berechtigte Mittel erreicht, berechtigte Mittel an gerechte Zwecke gewendet werden. Wie also, wenn jede Art schicksalsmäßiger Gewalt, wie sie berechtigte Mittel einsetzt, mit gerechten Zwekken an sich in unversöhnlichem Widerstreit liegen würde, und wenn zugleich eine Gewalt anderer Art absehbar werden sollte, die dann freilich zu jenen Zwecken nicht das berechtigte noch das unberechtigte Mittel sein könnte, sondern überhaupt nicht als Mittel zu ihnen, vielmehr irgendwie anders, sich verhalten würde? Damit würde ein Licht auf die seltsame und zunächst entmutigende Erfahrung von der letztlichen Unentscheidbarkeit aller Rechtsprobleme fallen (welche vielleicht in ihrer Aussichtslosigkeit nur mit der Unmöglichkeit bündiger Entscheidung über »richtig« und »falsch« in werdenden Sprachen zu vergleichen ist). Entscheidet doch über Berechtigung von Mitteln und Gerechtigkeit von Zwecken niemals die Vernunft, sondern schicksalhafte Gewalt über jene, über diese aber Gott. Eine Einsicht, die nur deshalb selten ist, weil die hartnäckige Gewohnheit herrscht, jene gerechten Zwecke als Zwecke eines möglichen Rechts, das heißt nicht nur als allgemeingültig (was analytisch aus dem Merkmal der Gerechtigkeit folgt), sondern auch als verallgemeinerungsfähig zu denken was diesem Merkmal, wie sich zeigen ließe, widerspricht. Denn Zwecke, welche für eine Situation gerecht, allgemein anzuerkennen, allgemeingültig sind, sind dies für keine andere, wenn auch in anderen Beziehungen noch so ähnliche Lage. – Eine nicht mittelbare Funktion der Gewalt, wie sie hier in Frage steht, zeigt schon die tägliche Lebenserfahrung. Was den Menschen angeht, so führt ihn zum

Beispiel der Zorn zu den sichtbarsten Ausbrüchen von Gewalt, die sich nicht als Mittel auf einen vorgesetzten Zweck bezieht. Sie ist nicht Mittel, sondern Manifestation. Und zwar kennt diese Gewalt durchaus objektive Manifestationen, in denen sie der Kritik unterworfen werden kann. Diese finden sich höchst bedeutend zunächst im Mythos.

Die mythische Gewalt in ihrer urbildlichen Form ist bloße Manifestation der Götter. Nicht Mittel ihrer Zwecke, kaum Manifestationen ihres Willens, am ersten Manifestation ihres Daseins. Die Niobesage enthält von ihr ein hervorragendes Beispiel. Zwar könnte es scheinen, die Handlung Apollons und der Artemis sei nur eine Strafe. Aber ihre Gewalt richtet viel mehr ein Recht auf, als für Übertretung eines bestehenden zu strafen. Niobes Hochmut beschwört das Verhängnis über sich herauf, nicht weil er das Recht verletzt, sondern weil er das Schicksal herausfordert – zu einem Kampf, in dem es siegen muß und ein Recht erst allenfalls im Siege zutage fördert. Wie wenig solche göttliche Gewalt im antiken Sinne die rechtserhaltende der Strafe war, zeigen die Heroensagen, in denen der Held, wie zum Beispiel Prometheus, mit würdigem Mute das Schicksal herausfordert, wechselnden Glückes mit ihm kämpft und von der Sage nicht ohne Hoffnung gelassen wird, ein neues Recht dereinst den Menschen zu bringen. Dieser Heros und die Rechtsgewalt des ihm eingeborenen Mythos ist es eigentlich, die das Volk noch heute, wenn es den Missetäter bewundert, sich zu vergegenwärtigen sucht. Die Gewalt bricht also aus der unsicheren, zweideutigen Sphäre des Schicksals über Niobe herein. Sie ist nicht eigentlich zerstörend. Trotzdem sie Niobes Kindern den blutigen Tod bringt, hält sie vor dem Leben der Mutter ein, welches sie durch das Ende der Kinder nur verschuldeter als vordem als ewigen stummen Träger der Schuld wie auch als Markstein der Grenze zwischen Menschen und Göttern zurückläßt. Wenn diese unmittelbare Gewalt in mythischen Manifestationen der rechtsetzenden sich nächstverwandt, ja identisch erweisen möchte, so fällt von ihr aus eine Problematik auf die rechtsetzende zurück, sofern diese oben in der Darstellung der kriegerischen Gewalt als eine nur mittelartige charakterisiert wurde. Zugleich verspricht dann dieser Zusammenhang mehr Licht über das

Schicksal, das der Rechtsgewalt in allen Fällen zugrunde liegt, zu verbreiten und deren Kritik in großen Zügen zu Ende zu führen. Die Funktion der Gewalt in der Rechtsetzung ist nämlich zwiefach in dem Sinne, daß die Rechtsetzung zwar dasjenige, *was* als Recht eingesetzt wird, als ihren Zweck mit der Gewalt als Mittel erstrebt, im Augenblick der Einsetzung des Bezweckten als Recht aber die Gewalt nicht abdankt, sondern sie nun erst im strengen Sinne, und zwar unmittelbar, zur rechtsetzenden macht, indem sie nicht einen von Gewalt freien und unabhängigen, sondern notwendig und innig an sie gebundenen Zweck als Recht unter dem Namen der Macht einsetzt. Rechtsetzung ist Machtsetzung und insofern ein Akt von unmittelbarer Manifestation der Gewalt. Gerechtigkeit ist das Prinzip aller göttlichen Zwecksetzung, Macht das Prinzip aller mythischen Rechtsetzung.

Dieses letztere erfährt eine ungeheuer folgenschwere Anwendung im Staatsrecht. In seinem Bereich nämlich ist die Grenzsetzung, wie sie der »Friede« aller Kriege des mythischen Zeitalters vornimmt, das Urphänomen rechtsetzender Gewalt überhaupt. Auf das deutlichste zeigt sich in ihr, daß Macht mehr als der überschwenglichste Gewinn an Besitz von aller rechtsetzenden Gewalt gewährleistet werden soll. Wo Grenzen festgesetzt werden, da wird der Gegner nicht schlechterdings vernichtet, ja es werden ihm, auch wo beim Sieger die überlegenste Gewalt steht, Rechte zuerkannt. Und zwar in dämonisch-zweideutiger Weise »gleiche« Rechte: Für beide Vertragschließenden ist es die gleiche Linie, die nicht überschritten werden darf. Hiermit tritt in furchtbarer Ursprünglichkeit dieselbe mythische Zweideutigkeit der Gesetze, die nicht »übertreten« werden dürfen, in Erscheinung, von der Anatole France satirisch spricht, wenn er sagt: Sie verbieten es Armen und Reichen gleichermaßen, unter Brückenbogen zu nächtigen. Auch scheint es, daß Sorel an eine nicht nur kulturhistorische, sondern metaphysische Wahrheit rührt, wenn er vermutet, daß in den Anfängen alles Recht »Vor«recht der Könige oder der Großen, kurz der Mächtigen gewesen sei. Das wird es nämlich mutatis mutandis bleiben, solange es besteht. Denn unter dem Gesichtspunkt der Gewalt, welche das Recht allein garantieren kann, gibt es keine Gleichheit, sondern bestenfalls gleich große Gewalten. Der Akt der Grenzsetzung aber ist für die Erkenntnis des Rechts noch in anderer Hinsicht bedeutungsvoll. Gesetzte und umschriebene Grenzen bleiben, wenigstens in Urzeiten, ungeschriebene Gesetze. Der Mensch kann sie ahnungslos überschreiten und so der Sühne verfallen. Denn jeder Eingriff des Rechts, den die Verletzung des ungeschriebenen und unbekannten Gesetzes heraufbeschwört, heißt zum Unterschied von der Strafe die Sühne. Aber so unglücklich sie den Ahnungslosen treffen mag, ihr Eintritt ist im Sinne des Rechts nicht Zufall, sondern Schicksal, das sich hier nochmals in seiner planvollen Zweideutigkeit darstellt. Schon Hermann Cohen hat es in einer flüchtigen Betrachtung der antiken Schicksalsvorstellung eine »Einsicht, die unausweichlich wird«, genannt, daß es seine »Ordnungen selbst sind, welche dieses Heraustreten, diesen Abfall zu veranlassen und herbeizuführen scheinen«.[5] Von diesem Geiste des Rechts legt noch der moderne Grundsatz, daß Unkenntnis des Gesetzes nicht vor Strafe schützt, Zeugnis ab, wie auch der Kampf um das geschriebene Recht in der Frühzeit der antiken Gemeinwesen als Rebellion gegen den Geist mythischer Satzungen zu verstehen ist.

Weit entfernt, eine reinere Sphäre zu eröffnen, zeigt die mythische Manifestation der unmittelbaren Gewalt sich im tiefsten mit aller Rechtsgewalt identisch und macht die Ahnung von deren Problematik zur Gewißheit von der Verderblichkeit ihrer geschichtlichen Funktion, deren Vernichtung damit zur Aufgabe wird. Gerade diese Aufgabe legt in letzter Instanz noch einmal die Frage nach einer reinen unmittelbaren Gewalt vor, welche der mythischen Einhalt zu gebieten vermöchte. Wie in allen Bereichen dem Mythos Gott, so tritt der mythischen Gewalt die göttliche entgegen. Und zwar bezeichnet sie zu ihr den Gegensatz in allen Stücken. Ist die mythische Gewalt rechtsetzend, so die göttliche rechtsvernichtend, setzt jene Grenzen, so vernichtet diese grenzenlos, ist die mythische verschuldend und sühnend zugleich, so die göttliche entsühnend, ist jene drohend, so diese schlagend, jene blutig, so diese auf unblutige Weise letal. Der Niobesage mag als Exempel dieser Gewalt Gottes Gericht an der Rotte Korah gegenübertreten. Es trifft Bevorrechtete Leviten, trifft sie unangekündigt, ohne Drohung, schlagend und macht nicht halt vor der Vernichtung. Aber es ist zugleich eben in ihr entsühnend und ein tiefer Zusammenhang zwischen dem unblutigen und entsühnenden Charakter dieser Gewalt nicht zu verkennen. Denn Blut ist das Symbol des bloßen Lebens. Die Auflösung der Rechtsgewalt geht nun, wie hier nicht genauer dargelegt werden kann, auf die Verschuldung des bloßen natürlichen Lebens zurück, welche den Lebenden unschuldig und unglücklich der Sühne überantwortet, die seine Verschuldung »sühnt« – und auch wohl den Schuldigen entsühnt, nicht aber von einer Schuld, sondern vom Recht. Denn mit dem bloßen Leben hört die Herrschaft des Rechtes über den Lebendigen auf. Die mythische Gewalt ist Blutgewalt über das bloße Leben um ihrer selbst, die göttliche reine Gewalt über alles Leben um des Lebendigen willen. Die erste fordert Opfer, die zweite nimmt sie an.

Diese göttliche Gewalt bezeugt sich nicht durch die religiöse Überlieferung allein, vielmehr findet sie mindestens in einer geheiligten Manifestation sich auch im gegenwärtigen Leben vor. Was als erzieherische Gewalt in ihrer vollendeten Form außerhalb des Rechtes steht, ist eine ihrer Erscheinungsformen. Diese definieren sich also nicht dadurch, daß Gott selber unmittelbar sie in Wundern ausübt, sondern durch jene Momente des unblutigen, schlagenden, entsühnenden Vollzuges. Endlich durch die Abwesenheit jeder Rechtsetzung. Insofern ist es zwar berechtigt, diese Gewalt auch vernichtend zu nennen; sie ist dies aber nur relativ, in Rücksicht auf Güter, Recht, Leben und dergleichen, niemals absolut in Rücksicht auf die Seele des Lebendigen. – Eine solche Ausdehnung reiner oder göttlicher Gewalt wird freilich gerade gegenwärtig die heftigsten Angriffe herausfordern, und man wird ihr mit dem Hinweis entgegentreten, daß sie nach ihrer Deduktion folgerecht auch die letale Gewalt den Menschen bedingungsweise gegeneinander freigebe. Das wird nicht eingeräumt. Denn auf die Frage »Darf ich töten?« ergeht die unverrückbare Antwort als Gebot »Du sollst nicht töten«. Dieses Gebot steht vor der Tat, wie Gott »davor sei«, daß sie geschehe. Aber es bleibt freilich, so wahr es nicht Furcht vor Strafe sein darf, die zu einer Befolgung anhält, unanwendbar, inkommensurabel gegenüber der vollbrachten Tat. Aus ihm folgt über diese kein Urteil. Und so ist denn im vorhinein weder das göttliche Urteil über sie abzusehen noch dessen Grund. Darum sind die nicht im Recht, welche die Verurteilung einer jeden gewaltsamen Tötung des Menschen durch den Mitmenschen aus dem Gebot begründen. Dieses steht nicht als Maßstab des Urteils, sondern als Richtschnur des Handelns für die handelnde Person oder Gemeinschaft, die mit ihm in ihrer Einsamkeit sich auseinanderzusetzen und in ungeheuren Fällen die Verantwortung, von ihm abzusehen, auf sich zu nehmen haben. So verstand es auch das Judentum, welches die Verurteilung der Tötung in der Notwehr ausdrücklich abwies. – Aber jene Denker gehen auf ein ferneres Theorem zurück, aus dem sie vielleicht sogar das Gebot seinerseits zu begründen gedenken. Dieses ist der Satz von der Heiligkeit des Lebens, den sie entweder auf alles animalische oder gar vegetabile Leben beziehen oder auf das menschliche einschränken. Ihre Argumentation sieht in einem extremen Fall, der auf die revolutionäre Tötung der Unterdrücker exemplifiziert, folgendermaßen aus: »Töte ich nicht, so errichte ich nimmermehr das Weltreich der Gerechtigkeit ... so denkt der geistige Terrorist ... Wir aber bekennen, daß höher noch als Glück und Gerechtigkeit eines Daseins – Dasein an sich steht.«[6] So gewiß dieser letzte Satz falsch, sogar unedel ist, so gewiß deckt er die Verpflichtung auf, nicht länger den Grund des Gebotes in dem zu suchen, was die Tat am Gemordeten, sondern in dem, was sie an Gott und am Täter selbst tut. Falsch und niedrig ist der Satz, daß Dasein höher als gerechtes Dasein stehe, wenn Dasein nichts als bloßes Leben bedeuten soll – und in dieser Bedeutung steht er in der genannten Überlegung. Eine gewaltige Wahrheit aber enthält er, wenn Dasein (oder besser Leben) – Worte, deren Doppelsinn durchaus dem des Wortes Frieden analog aus ihrer Beziehung auf je zwei Sphären aufzulösen ist – den unverrückbaren Aggregatzustand von »Mensch« bedeutet. Wenn der Satz sagen will, das Nichtsein des Menschen sei etwas Furchtbareres als das (unbedingt: bloße) Nochnichtsein des gerechten Menschen. Dieser Zweideutigkeit verdankt der genannte Satz seine Scheinbarkeit. Der Mensch fällt eben um keinen Preis zusammen mit dem bloßen Leben des Menschen, so wenig mit dem bloßen Leben in ihm wie mit irgendwelchen andern seiner Zustände und Eigenschaften, ja nicht einmal mit der Einzigkeit seiner leiblichen Person. So heilig der Mensch ist (oder auch dasjenige Leben in ihm, welches identisch in Erdenleben, Tod und Fortleben liegt), so wenig sind es seine Zustände, so wenig ist es sein leibliches, durch Mitmenschen verletzliches Leben. Was unterscheidet es denn wesentlich von dem der Tiere und Pflanzen? Und selbst wenn diese heilig wären, könnten sie es doch nicht um ihres bloßen Lebens willen, nicht in ihm sein. Dem Ursprung des Dogmas von der Heiligkeit des Lebens nachzuforschen möchte sich verlohnen. Vielleicht, ja, wahrscheinlich ist es jung, als die letzte Verirrung der geschwächten abendländischen Tradition, den Heiligen, den sie verlor, im kosmologisch Undurchdringlichen zu suchen. (Das Alter aller religiösen Gebote gegen den Mord besagt hiergegen nichts, weil diesen andere Gedanken als dem modernen Theorem zugrunde liegen.) Zuletzt gibt es zu denken, daß, was hier heilig gesprochen wird, dem alten mythischen Denken nach der gezeichnete Träger der Verschuldung ist: das bloße Leben.

Die Kritik der Gewalt ist die Philosophie ihrer Geschichte. Die »Philosophie« dieser Geschichte deswegen, weil die Idee ihres Ausgangs allein eine kritische, scheidende und entscheidende Einstellung auf ihre zeitlichen Data ermöglicht. Ein nur aufs Nächste gerichteter Blick vermag höchstens ein dialektisches Auf und Ab in den Gestaltungen der Gewalt als rechtsetzender und rechtserhaltender zu gewahren. Dessen Schwankungsgesetz beruht darauf, daß jede rechtserhaltende Gewalt in ihrer Dauer die rechtsetzende, welche in ihr repräsentiert ist, durch die Unterdrückung der feindlichen Gegengewalten indirekt selbst schwächt. (Auf einige Symptome hiervon ist im Laufe der Untersuchung verwiesen worden.) Dies währt so lange, bis entweder neue Gewalten oder die früher unterdrückten über die bisher rechtsetzende Gewalt siegen und damit ein neues Recht zu neuem Verfall begründen. Auf der Durchbrechung dieses Umlaufs im Banne der mythischen Rechtsformen auf der Entsetzung des Rechts samt den Gewalten, auf die es angewiesen ist wie sie auf jenes, zuletzt also der Staatsgewalt, begründet sich ein neues geschichtliches Zeitalter. Wenn die Herrschaft des Mythos hie und da im Gegenwärtigen schon gebrochen ist, so liegt jenes Neue nicht in so unvorstellbarer Fernflucht, daß ein Wort gegen das Recht sich von selbst erledigte. Ist aber der Gewalt auch jenseits des Rechtes ihr Bestand als reine unmittelbare gesichert, so ist damit erwiesen, daß und wie auch die revolutionäre Gewalt möglich ist, mit welchem Namen die höchste Manifestation reiner Gewalt durch den Menschen zu belegen ist. Nicht gleich möglich noch auch gleich dringend ist aber für Menschen die Entscheidung, wann reine Gewalt in einem bestimmten Falle wirklich war. Denn nur die mythische, nicht die göttliche, wird sich als solche mit Gewißheit erkennen lassen, es sei denn in unvergleichlichen Wirkungen, weil die entsühnende Kraft der Gewalt für Menschen nicht zutage liegt. Von neuem stehen der reinen göttlichen Gewalt alle ewigen Formen frei, die der Mythos mit dem Recht bastardierte. Sie vermag im wahren Kriege genau so zu erscheinen wie im Gottesgericht der Menge am Verbrecher. Verwerflich aber ist alle mythische Gewalt, die rechtsetzende, welche die schaltende genannt werden darf. Verwerflich auch die rechtserhaltende, die verwaltete Gewalt, die ihr dient. Die göttliche Gewalt, welche Insignium und Siegel, niemals Mittel heiliger Vollstreckung ist, mag die waltende heißen.

Anmerkungen

1 Bezweifeln ließe sich an dieser berühmten Forderung vielmehr, ob sie nicht zu wenig enthält, nämlich, ob es erlaubt sei, seiner selbst oder eines andern in irgendwelcher Hinsicht auch als eines Mittels sich bedienen zu lassen oder zu bedienen. Diesem Zweifel ließen sich sehr gute Gründe leihen.

2 Unger: Politik und Metaphysik. Berlin 1921. S. 8.

3 Siehe aber Unger S. 18 ff.

4 Sorel: Réflexions sur la violence. V[e] édition. Paris 1919. p. 250.

5 Hermann Cohen: Ethik des reinen Willens. 2. Auflage. Berlin 1907. S. 362.

6 Kurt Hiller in einem Jahrbuch des »Ziel«.

Problem der Sprachsoziologie

Ist von der Sprachsoziologie als einem Grenzgebiet die Rede, so denkt man zunächst wohl nur an ein Gebiet, das jenen Wissenschaften gemeinsam ist, an die das Wort unmittelbar erinnert: der Sprachwissenschaft und der Soziologie. Tritt man dem Problemkreis näher, ergibt sich, daß er auf eine ganze Anzahl anderer Disziplinen übergreift. Um hier nur solche Fragen zu erwähnen, die die Forschung letzthin besonders beschäftigt haben und daher Gegenstand des folgenden Berichts sind, so gehört die Einwirkung der Sprachgemeinschaft auf die Sprache des Einzelnen als Kernproblem der Kinderspychologie an; die immer noch zur Verhandlung stehende Frage des Verhältnisses von Sprache und Denken ist, wie sich zeigen wird, ohne die Materialien der Tierpsychologie kaum in Angriff zu nehmen; die neuen Auseinandersetzungen über Hand- und Lautsprache sind der Ethnologie verpflichtet; und endlich hat die Psychopathologie mit der Lehre von der Aphasie, der schon Bergson weittragende Aufschlüsse abzugewinnen suchte, auf Fragen, die für die Sprachsoziologie von Bedeutung sind, Licht geworfen.

Am ungezwungensten und sinnfälligsten berühren die Kardinalprobleme der Sprachwissenschaft so gut wie der Soziologie einander in der Frage nach dem Ursprung der Sprache. Und unbeschadet der methodischen Vorbehalte, welche vielfach ihr gegenüber erhoben werden, konvergieren in diesem Punkt zahlreiche ihrer wichtigsten Untersuchungen. Zumindest wird sich diese Fragestellung als Fluchtpunkt erweisen, auf den die verschiedensten Theorien sich ungezwungen ausrichten lassen. Zunächst ein Wort über die Vorbehalte. Wir entnehmen es dem Standardwerk von Henri Delacroix »Le langage et la pensée«, das eine Art Enzyklopädie der allgemeinen Sprachpsychologie darstellt. »Ursprünge pflegen, wie man weiß, im Dunkel zu liegen ... Die Sprachgeschichte führt nicht zu den Ursprüngen zurück, da Sprache ja die Vorbedingung der Geschichte darstellt. Die Sprachgeschichte hat es immer nur mit sehr entwickelten

Sprachen zu tun, die eine gewichtige Vergangenheit, von welcher wir nichts wissen, hinter sich haben. Der Ursprung von bestimmten Sprachen ist nicht identisch mit dem Ursprung der Sprache selbst. Die ältesten bekannten Sprachen haben nichts Primitives. Sie zeigen uns nur die Veränderungen, denen die Sprache unterworfen ist; wie sie entstanden ist, das lehren sie uns nicht... Die einzige Grundlage, über welche wir verfügen, ist die Analyse der Bedingungen der Möglichkeit der Sprache, sind die Gesetze sprachlichen Werdens, die Beobachtung über die Entwicklung der Sprache... Das Problem muß also vertagt werden.«[1] An diese vorsichtigen Überlegungen schließt der Autor ein kurzes Résumé der Konstruktionen, mit denen seit jeher die Forscher diese Kluft des Nichtbekannten zu überbrücken versucht haben. Unter diesen ist es die populärste, die ungeachtet ihrer primitiven Form, die längst der wissenschaftlichen Kritik erlag, den Zugang zu zentralen Fragen der gegenwärtigen Forschung darstellt.

»Der Mensch erfand sich selbst Sprache aus Tönen lebender Natur« sagt Herder. Und damit greift er nur auf Überlegungen des siebzehnten Jahrhunderts zurück, dessen geschichtliche Bewegtheit er als erster ahnte und das in seinen Spekulationen über die Ursprache und den Ursprung aller Sprache von Hankamer[2] in einem beachtenswerten Werk behandelt wurde. Man braucht nur Gryphius und die anderen Schlesier, Harsdoerffer, Rist und ihre Nürnberger Gefolgsleute aufzuschlagen, um zu erkennen, welche Resonanz in jenem Zeitraum die rein phonetische Seite der Sprache gefunden hat. Von jeher ist im übrigen für jede weniger kritische Überlegung die onomatopoetische Theorie vom Ursprung der Sprache die nächstliegende gewesen. Demgegenüber hat die wissenschaftliche Kritik die Bedeutung des onomatopoetischen Faktors wesentlich einzuschränken gesucht, ohne damit freilich in jedem Betracht schon das letzte Wort zum Ursprungsproblem überhaupt gesprochen zu haben.

Eine besondere Abhandlung ist dieser Frage unlängst von Karl Bühler gewidmet worden. Dort heißt es von der Sprache: »Herder und andere haben behauptet, daß sie ehemals dem Malen diente.«[3] Diese Behauptung hat Bühler zu seinem Gegenstand gemacht und sich bemüht, diejenigen Umstände aufzuweisen, die den gelegentlichen onomatopoetischen Anwandlungen der Sprachen einen gewichtigen Riegel vorschoben. Wenn er dabei im Vorübergehen auf sprachgeschichtliche Tatsachen verweist und Lazarus Geigers Behauptung aufnimmt, daß die Sprache »erst in ziemlich späten Schichten einer gewissen Neigung, den Objekten schildernd nahezutreten«[4] überführt werden kann, so ist Bühlers Beweisführung doch vor allem systematischer Art. Es kommt ihm nicht in den Sinn, die onomatopoetischen Möglichkeiten der menschlichen Stimme zu leugnen. Er schlägt sie vielmehr so hoch wie irgend denkbar an. Nur daß die Liste dieser Möglichkeiten ihm im ganzen als eine von »versäumten Gelegenheiten« erscheint. Die onomatopoetische Aktivität der historischen Sprache ist, wie Bühler feststellt, von einer Einwirkung auf die Totalität des Wortes verbannt. Nur an einzelnen Stellen seines Innern kann sie zum Ausdruck kommen. So heute. Und so war es auch früher: »Denken wir uns links den Weg, der zur Herrschaft des onomatopoetischen Prinzips führt, rechts den zur symbolischen Repräsentation leitenden. Niemand bestreitet, daß alle bekannten Sprachen, selbst die der heutigen Pygmäen, onomatopoetische Elemente nur eben dulden. Mithin ist es durchaus unwahrscheinlich, daß man etwa eine gewisse Zeit lang die linke Straße verfolgt habe, um dann umzukehren, so daß – wie man es nach dem Zeugnis aller bekannten Sprachen anzunehmen gezwungen wäre – die Spuren der ersten Tendenz vollkommen verwischt worden wären.«[5] So gelangt Bühler zur Ansicht, die Charles Callet in einem ansprechenden Bilde festgehalten hat: »Onomatopoetische Prägungen erklären keine einzige Sprache; höchstens erklären sie die Empfindungsweise, den Geschmack einer Rasse oder eines Volkes ... Sie finden sich in einem durchgebildeten Idiom, wie Lampions und Papierschlangen sich am Tage eines Volksfestes im Laub eines Baumes finden können.«[6]

Stimulierender als die vorsichtigen Überlegungen Karl Bühlers haben auf die wissenschaftliche Debatte gewisse Varianten der onomatopoetischen Theorie gewirkt, die Lévy-Bruhl in seinen Untersuchungen zur Geisteshaltung der Primitiven zu begründen gesucht hat. Nachdrücklich verweist er auf die Drastik ihrer Sprache; er spricht von deren zeichnerischem Habitus, auf dessen Ursprünge noch zurückzukommen sein wird. »Das Bedürfnis zeichnerischer Beschreibung kann seinen Ausdruck ... in dem Verfahren finden, das die deutschen Entdeckungsreisenden das der ›Lautbilder‹ nannten, das heißt in Zeichnungen und Abbildungen des Gemeinten, die mit der Stimme zustande kommen. Die Sprache der Eve, sagt Westermann, verfügt über außerordentlich zahlreiche Mittel, einen Eindruck unmittelbar durch Töne wiederzugeben. Dieser Reichtum rührt von ihrer fast unwiderstehlichen Neigung, alles Hörbare nachzumachen. Desgleichen alles, was man sieht, und überhaupt, was wahrgenommen wird ... in erster Linie die Bewegungen. Aber diese stimmlichen Nachahmungen oder Reproduktionen, diese ›Lautbilder‹ erstrecken sich ebenfalls auf Töne, Farben, Geschmackswahrnehmungen und taktische Eindrücke ... Man kann hier nicht von onomatopoetischen Schöpfungen im strengen Sinn reden. Es handelt sich mehr um beschreibende Stimmgebärden.«[7] Die Auffassung der primitiven Sprachen als beschreibender Stimmgebärden eröffnet nach der Überzeugung dieses Forschers erst das Verständnis für die magischen Qualitäten, die ihr im Sinn der Primitiven eignen und deren Darlegung das Zentrum seiner Theorie der primitiven Sprachen ausmacht.

Die Lehrmeinungen Lévy-Bruhls haben weit über Frankreich hinaus gewirkt und auch in Deutschland einen Niederschlag gefunden. Es genügt, hier an die Sprachphilosophie Ernst Cassirers[8] zu erinnern. Ihr Versuch, die primitiven Sprachbegriffe, statt sie der Form der logischen Begriffe zu vergleichen, vielmehr mit der Form der mythischen Begriffe zusammenzufassen, ist offenbar von Lévy-Bruhl beeinflußt. »Was beide, die mythischen und die sprachlichen Begriffe, von den logischen Begriffen unterscheidet und was sie zu einer selbständigen Gattung zusammenzulegen gestattet, das ist zunächst der Umstand, daß in ihnen beiden ein und dieselbe Richtung der geistigen Auffassung sich zu bekunden scheint, die der Richtung, in der unsere theoretische Denkbewegung läuft, entgegengesetzt ist ... Hier herrscht ... statt der Erweiterung der Anschauung vielmehr deren äußerste Verengung; statt der Ausdehnung, die sie allmählich durch immer neue Kreise des Seins hindurchführt, der Trieb zur Konzentration; statt ihrer extensiven Verbreitung ihre intensive Zusammendrängung. In der Sammlung aller Kräfte auf einen Punkt liegt die Vorbedingung für alles mythische Denken und mythische Gestalten.«[9] Es ist die gleiche Konzentration und Zusammendrängung, die Lévy-Bruhl veranlaßt hat, den Sprachen der Primitiven einen besonderen Zug ins Konkrete zuzuschreiben. »Da hier alles in Bildbegriffen zum Ausdruck kommt, ... so muß der Wortschatz dieser ›primitiven‹ Sprachen über einen Reichtum verfügen, von dem die unsrigen uns nur noch einen sehr entfernten Begriff geben.«[10] Und wiederum die gleichen Komplexe sind es, in denen die Sprachmagie der Primitiven wurzelt, welcher Cassirer seine Aufmerksamkeit besonders zugewandt hat. »Man hat ... die mythische Auffassung als ›komplexe‹ Auffassung bezeichnet, um sie durch dieses Kennzeichen von unserer theoretisch-analytischen Betrachtungsweise zu scheiden. Preuß, der diesen Ausdruck geprägt hat, weist zum Beispiel darauf hin, daß in der Mythologie der Cora-Indianer ... die Anschauungen des Nachthimmels und des Taghimmels als Ganzes der Anschauung der Sonne, des Mondes und einzelner Sternbilder vorausgegangen sein müsse.«[11] So Cassirer; so aber auch Lévy-Bruhl, der in der gleichen Richtung weitergeht und von der Welt des Primitiven sagt, sie kenne keine Wahrnehmung, »die nicht in einem mystischen Komplex begriffen sei; kein Phänomen, das nur ein Phänomen, kein Zeichen, das nur Zeichen sei; wie könnte ein Wort nichts als ein Wort sein? Jede Gegenstandsform, jedes plastische Bild, jede Zeichnung hat mystische Qualitäten: der sprachliche Ausdruck, der ein mündliches Zeichnen ist, hat sie mithin notwendig ebenfalls. Und diese Macht kommt nicht nur den Eigennamen zu, sondern allen Wörtern, gleichviel von welcher Art sie sind«.[12]

Die Auseinandersetzung mit Lévy-Bruhl hatte zwischen zwei Ausgangspunkten die Wahl. Man konnte die Unterscheidung, die er zwischen der höheren und der primitiven Mentalität zu fundieren sucht, durch die Kritik an jenem überkommenen Begriff der höheren erschüttern, der die Züge eines positivistischen trägt; man konnte aber auch die besondere Prägung in Zweifel ziehen, die der Begriff der primitiven Mentalität bei diesem Forscher gefunden hat. Den ersten Weg ging Bartlett in seiner »Psychology and Primitive Culture«[13], den zweiten Leroy in seiner »Raison primitive«. Leroys Schrift ist von vornherein dadurch interessant, daß er die induktive Methode mit höchster Präzision handhabt, ohne sich die positivistische Denkweise zu eigen zu machen, die für Lévy-Bruhl den nächstliegenden Maßstab zur Beurteilung der Erscheinungen abgibt. Seine Kritik weist zunächst auf die Schwankungen hin, mit welchen die sprachlichen Äquivalente einer »primitiven« Geisteshaltung im Laufe der ethnologischen Forschung bestimmt worden sind. »Es ist noch nicht lange her, daß der Begriff des Primitiven in Umriß und Gebaren einen sagenhaften Pithekanthropus vor Augen stellte, dem die Sorge um seine Nahrung näher lag als ›mystische Partizipationen‹. Diesem Wilden, dessen Sprache den onomatopoetischen Äußerungen des Gibbon nahestehen mußte, wollte man nur beschränkte sprachliche Ausdrucksmittel zugestehen; und in der angeblichen Dürftigkeit seines Wortschatzes erblickte man ein Kennzeichen der primitiven Mentalität. Heute dagegen weiß man, daß die Sprachen der Primitiven sich durch Reichtum des Vokabulars sowie durch Formenfülle auszeichnen; und nun gilt wieder dieser Reichtum als ein Zeichen, gewissermaßen als ein Brandmal des primitiven Verhaltens.«[14]

Im übrigen ist es Leroy in diesem sprachtheoretischen Zusammenhang weniger darum zu tun, die tatsächlichen Aufstellungen bei Lévy-Bruhl als ihre Interpretation durch diesen Autor anzufechten. So sagt er über den Versuch, die auffallende Konkretion der Sprache einer primitiven Geisteshaltung zur Last zu legen: »Wenn der Lappe besondere Wörter hat, um ein-, zwei-, drei-, fünf-, sechs- und siebenjährige Rentiere zu bezeichnen; wenn er zwanzig Wörter für Eis, elf für Kälte, einundvierzig für die verschiedenen Arten von Schnee hat; sechsundvierzig Verben für die verschiedenen Arten von Frost und Tauwetter, so ist dieser Reichtum nicht das Ergebnis einer besonderen Absicht, sondern der vitalen Notwendigkeit einen Wortschatz zu schaffen, der den Erfordernissen einer arktischen Zivilisation entspricht. Nur weil in Wirklichkeit für sein Verhalten harter, lockerer oder schmelzender Schnee verschiedenwertige Umstände darstellen, unterscheidet der Lappe sie sprachlich.«[15] Leroy wird nicht müde, das Bedenkliche eines Vergleichs von bloßen Sitten, Vorstellungsweisen, Riten mit den entsprechenden zivilisierterer Völker ins Licht zu rücken; er drängt darauf, die ganz besonderen Verhältnisse der Wirtschaftsform, der Umwelt, der Sozialverfassung zu untersuchen, in deren Rahmen manches, was auf den ersten Blick im Gegensatz zu einem rationalen Verhalten zu stehen scheint, als zweckentsprechend sich zu erkennen gibt. Er tut dies mit um so viel größerem Recht, als das Bestreben, in sehr divergenten sprachlichen Erscheinungen von vornherein Symptome prälogischen Verhaltens nachzuweisen, den Blick auf einfachere, darum aber nicht minder aufschlußreiche Verhaltungsweisen versperren kann. Demnach zitiert er gegen Lévy-Bruhl, was Bally[16] über die besondere Sprache sagt, die Kaffernfrauen sprechen, wenn sie unter sich sind: Ist es so sicher, daß dieser Fall anders liegt als der eines französischen Gerichtsvollziehers, der, wenn er zu Haus ist, so spricht, wie alle andern Leute sprechen, wenn er aber ein Protokoll aufsetzt, ein Kauderwelsch schreibt, das viele seiner Mitbürger nicht verstehen?

Das bedeutende Werk von Leroy ist von rein kritischer Natur. Sein Einspruch zielt, wie schon bemerkt, zuletzt gegen den Positivismus, zu dem ihm der »soziologische Mystizismus« der Schule Durkheims nur das unvermeidliche Korrelat zu sein scheint. Besonders greifbar wird diese Haltung in dem Kapitel über »Zauberei«, das der psychologischen Auswertung gewisser magischer Vorstellungen bei den Primitiven mit einer ebenso einfachen wie überraschenden Reflexion sich widersetzt. Der Autor fordert Feststellungen über den Grad von Wirklichkeit, beziehungsweise von Evidenz, den die Objekte des Zauberglaubens für die Gemeinschaft, die ihm anhängt, haben. Für diese Gemeinschaft – doch vielleicht nicht nur für die allein. Leroy macht das Zeugnis geltend, das Europäer von gewissen magischen Begebenheiten geliefert haben. Mit Recht hält er es hier für schlüssig. Denn wenn auch dieses Zeugnis auf entstellten, etwa durch Suggestion veränderten Wahrnehmungen beruhen mag, so wäre damit die spezifisch primitive Bedingtheit solchen Glaubens widerlegt. Wenn also Leroy nichts ferner liegt, als eine eigene Lehre zu umreißen, so blickt an mehr als einer Stelle sein Bestreben durch, die ethnologischen Befunde vorerst gegen jedwede Interpretation offen zu halten, einschließlich der romantischen und von gewissen Theologen begünstigten, derzufolge die sogenannten »Primitiven« nichts sind als eine abgesunkene Spezies des ursprünglich integren Menschenwesens oder – vorsichtiger gesagt – verkommene Nachfahren hoher Kulturepochen.

Indessen ist nicht anzunehmen, daß mit Leroys scharfsinniger und oft begründeter Kritik die Lehren Lévy-Bruhls spurlos aus der Debatte verschwinden werden. Mit keinem ihrer Gegenstände kann sich die Soziologie methodisch abkapseln; an ihrer jedem sind eine Reihe von Disziplinen interessiert. Und an dem hier verhandelten der Wortmagie nicht zum wenigsten die Psychopathologie. Nun aber ist unleugbar, daß Lévy-Bruhls Auffassung – daher auch die große Beachtung, welche sie gefunden hat – mit den wissenschaftlichen Problemstellungen dieses Gebietes die denkbar engste Fühlung unterhält. Die Lehre von der Wortmagie ist ja bei ihm nicht abzulösen von dem Hauptsatz seiner Lehre, die Geltung des Identitätsbewußtseins sei bei den Primitiven eingeschränkt. Einschränkungen des Identitätsbewußtseins – wie immer man sie auch erklären mag – sind in Psychosen häufig anzutreffen. Und wenn bei Lévy-Bruhl von einer Zeremonie die Rede ist, in der von Angehörigen ein und desselben Stamms zu gleicher Zeit ein und derselbe Vogel geopfert werde – ein Vogel, der ausdrücklich als der gleiche an den verschiedenen Stellen bezeichnet wird –, so ist das eine Art von Überzeugung, die weder im Traum noch in der Psychose vereinzelt dasteht. Die Identität – nicht Gleichheit oder Ähnlichkeit – von zwei verschiedenen Objekten oder Situationen ist ihnen vollziehbar. In dieser Feststellung bleibt ein Vorbehalt freilich eingeschlossen. Sind wir nicht wie der Psychose die psychologische, so der primitiven Mentalität (und damit vielleicht mittelbar auch der Psychose) die historische Erklärung schuldig? Diese hat Lévy-Bruhl nicht versucht. Und bedenklicher als seine Konfrontation zwischen primitiver und geschichtlicher Geisteshaltung, die Leroy rückgängig machen will, dürfte bei Lévy-Bruhl das Fehlen der Vermittlung zwischen beiden erscheinen. Die verhängnisvollste Einwirkung der Schule Frazers auf sein Werk liegt darin, daß sie ihm die geschichtliche Dimension verschlossen hat.

In der Kontroverse der beiden Forscher ist ein Punkt von besonderer Tragweite. Es handelt sich um das Problem der Gebärdensprache. Ihr wichtigstes Vehikel ist die Hand: die Sprache der Hand, nach Lévy-Bruhl die älteste, auf die wir stoßen. Leroy ist hier viel zurückhaltender. Nicht nur erblickt er in der Gebärdensprache eine weniger pittoreske als konventionelle Ausdrucksform, sondern er sieht ihre Verbreitung selbst als Folge sekundärer Umstände an, so der Notwendigkeit, auf weite Strecken, über die der Schall nicht trägt, sich zu verständigen oder sich angesichts des Wildes auf der Jagd lautlos mit einem Partner ins Benehmen zu setzen. Nachdrücklich macht er geltend, daß die Gebärdensprache nicht ausnahmslos verbreitet sei, als Glied in einer Kette frühester Ausdrucksbewegung, welche zur Sprache führt, demnach nicht dienen könne. Den Aufstellungen Lévys-Bruhls gegenüber, die vielfach zu weit zu gehen scheinen, hat Leroy leichtes Spiel. Nicht ganz so läge es, wenn man mit Marr die einfachere und nüchternere Überlegung anstellt: »Tatsächlich war der Urmensch, der keine artikulierte Lautsprache beherrscht, froh, wenn er irgendwie auf einen Gegenstand hinweisen oder ihn vorzeigen konnte, und dazu verfügte er über ein besonderes, diesem Behufe angepaßtes Werkzeug, über die Hand, die den Menschen so sehr vor der übrigen Tierwelt auszeichnet... Die Hand oder die Hände waren die Zunge des Menschen. Handbewegungen, Mienenspiel und in einigen Fällen überhaupt Körperbewegungen erschöpften die Mittel sprachlichen Schaffens.«[17] Von hier aus kommt Marr zu einer Aufstellung, welche die phantastischen Elemente der Theorie von Lévy-Bruhl durch konstruktive ersetzen will. Es sei nämlich, so meint er, »völlig undenkbar, daß die Hand, ehe Werkzeuge sie als Erzeuger materieller Güter ablösten, als Erzeugerin eines geistigen Werts, der Sprache, ersetzt werden und daß damals schon eine artikulierte Lautsprache an die Stelle der Handsprache treten konnte. Es mußte vielmehr der Grund zur Schöpfung der Lautsprache ›durch irgendeinen produktiven Arbeitsprozeß‹ gelegt werden. Ohne die Art der genannten Arbeit genauer zu bestimmen, kann man jetzt schon ganz allgemein den Satz verfechten, daß die Entstehung der artikulierten Sprache selbst nicht erfolgen konnte vor dem Übergang der Menschheit zur produktiven Arbeit mit Hilfe künstlich bearbeiteter Werkzeuge«.[18]

Marrs Schriften haben eine Anzahl neuer, zum größten Teil befremdender Ideen in die Sprachwissenschaft einzuführen gesucht. Da diese Ideen einerseits von zu großer Tragweite sind, um übergangen werden zu dürfen, auf der andern Seite jedoch zu umstritten erscheinen, als daß ihre Debatte an dieser Stelle am Platz wäre, so ist es zweckmäßig, die straffe Skizze, die Vendryes von ihnen gegeben hat, heranzuziehen. »Diese Theorie«, sagt Vendryes, »ist im Kaukasus entstanden, dessen Sprachen Marr besser als irgendein anderer kennt. Er hat versucht, sie zu gruppieren und ihre Verwandtschaften zu ermitteln. Diese Arbeit führte ihn über den Kaukasus hinaus, und er hat feststellen zu können geglaubt, daß diesen Sprachen eine überraschende Verwandtschaft mit dem Baskischen eignete. Daraus hat er geschlossen, daß die Sprachen des Kaukasus und das Baskische, die in bergigen, Einfällen wenig ausgesetzten Gegenden sich erhalten haben, heute die isolierten Reste einer großen Sprachfamilie darstellen, die vor der Einwanderung der Indoeuropäer in Europa gesessen hat. Er hat vorgeschlagen, diese Sprachfamilie als die japhetitische zu bezeichnen ... In unvordenklichen Zeiten hätten die Völkermassen dieser Sprachfamilie als ununterbrochene Kette verwandter Stämme sich von den Pyrenäen ... bis in die entferntesten Gegenden von Asien gezogen. In diesem gewaltigen Gebiet seien die japhetitischen Sprachen die Vorgänger der indoeuropäischen gewesen ... Die Tragweite dieser Hypothese ist offenkundig.«[19]

Marrs Lehre verleugnet nirgends ihre Beziehungen zum dialektischen Materialismus. Entscheidend ist in dieser Hinsicht ihr Bestreben, die Geltung des Rassen-, ja des Volksbegriffs in der Sprachwissenschaft zugunsten einer auf den Bewegungen der Klassen begründeten Sprachgeschichte außer Kraft zu setzen. Die indoeuropäischen Sprachen, meint Marr, seien überhaupt nicht die Sprachen irgendeiner besonderen Rasse. Sie stellen vielmehr »den historischen Zustand, die japhetitischen den vorhistorischen ein und derselben Sprache dar ... Wo auch immer die indoeuropäische Sprache entstanden ist, ihr Träger war nur eine bestimmte, herrschende Klasse ... und mit ihr, mit einer derartigen herrschenden Klasse verbreitete sich allem Anschein nach nicht eine konkrete, fertige indoeuropäische Sprache oder eine gemeinsame Ursprache, die es nie gegeben hat, sondern eine neue typologische Formation der Sprache, die den Übergang vermittelt von den vorgeschichtlichen, japhetitischen zu den geschichtlichen, indoeuropäischen Sprachen.«[20] Somit erscheint als das Wesentliche im Leben der Sprache die Verbindung ihres Werdens mit bestimmten sozialen, wirtschaftlichen Gruppierungen, die den Gruppierungen von Ständen und Stämmen zugrunde liegen. Es entfällt die Möglichkeit, von ganzen Volkssprachen in der Vergangenheit zu reden. Vielmehr sind typologisch verschiedene Sprachen bei ein und demselben nationalen Gebilde zu beobachten. »Mit einem Wort, es ist unwissenschaftlich und entbehrt des realen Bodens, wenn man an die eine oder andere Sprache einer sogenannten nationalen Kultur herantritt als an die von der Masse gebrauchte Muttersprache der gesamten Bevölkerung; die nationale Sprache als eine von Ständen und Klassen unabhängige Erscheinung ist vorerst noch eine Fiktion.«[21]

Die landläufige Sprachwissenschaft, darauf kommt der Autor immer wieder zurück, sei wenig geneigt, die soziologischen Probleme aufzusuchen, die in den Sprachen unterdrückter Bevölkerungsschichten verborgen liegen. In der Tat ist bemerkenswert, wie selten die Sprachwissenschaft, einschließlich der jüngsten, dem Studium der Argots sich zugewandt hat, es sei denn mit rein philosophischen Interessen. Ein Werk, das solchem Studium die Wege wiese, liegt, wenig beachtet, seit nun zwanzig Jahren vor. Wir sprechen von Alfredo Niceforos »Génie de l'argot«. Der methodische Grundgedanke des Werkes besteht in der Abgrenzung des Argots gegen die Umgangssprache des niederen Volkes; den soziologischen Kern der Schrift aber macht gerade die Charakteristik dieser letzteren aus. »Die Umgangssprache des gemeinen Volks ist in gewissem Sinne ein Klassenmerkmal, auf das die Gruppe, der es eignet, stolz ist; sie ist gleichzeitig eine von den Waffen, mit deren Hilfe das Volk, das unterdrückt ist, die Herrscherklasse angreift, an deren Stelle es sich setzen will.«[22] »Mehr als in anderen Zusammenhängen kommt gerade in dem Ausdruck, den der Haß hier findet, die ganze strotzende, gesammelte Kraft in der Sprache des gemeinen Volkes zur Geltung. Von Tacitus hat Victor Hugo gesagt, daß seine Sprache eine tödliche Ätzkraft hat. Aber liegt nicht in einem einzigen Satze der niederen Volkssprache mehr Ätzkraft und mehr Gift als in der gesamten Prosa des Tacitus?«[23] Die niedere Umgangssprache erscheint demnach bei Niceforo als ein Klassenmerkmal und ist eine Waffe im Klassenkampf. »Methodisch ist ihr beherrschendes Kennzeichen einerseits in der Verschiebung der Bilder und der Worte in der Richtung der materiellen Drastik zu suchen, andrerseits in der Neigung, analogisch Übergänge von einer Idee zur anderen, von einem Wort zum anderen zu bahnen.«[24] Schon 1909 hat ja Raoul de la Grasserie[25] auf die volkstümliche Tendenz hingewiesen, im Ausdruck des Abstrakten Bilder aus der Welt des Menschen, des Tiers, der Pflanze und selbst der unbelebten Dinge zu bevorzugen. Der Fortschritt bei Niceforo liegt darin, daß er den Argot (das Wort im weiteren Sinne verstanden) in seiner Funktion als Instrument des Klassenkampfes erkennt.

Einen vermittelteren Zugang zur Soziologie hat die moderne Sprachwissenschaft in der sogenanntenWort-Sach-Forschung gefunden. Ihrer Einführung galt die von Rudolf Meringer gegründete Zeitschrift »Wörter und Sachen«, die gegenwärtig in ihrem 16. Jahrgang steht. Das Verfahren des von Meringer geleiteten Forscherkreises unterscheidet sich von dem überkommenen durch ganz besonders eingehende Berücksichtigung der von den Wörtern bezeichneten Sachen. Dabei steht oft das technologische Interesse im Vordergrund. Wir haben von dieser Schule sprachwissenschaftliche Studien über die Bodenbestellung und Brotbereitung, über das Spinnen und Weben, über Gespann und Viehzucht – um nur die primitiveren Wirtschaftsvorgänge zu nennen.[26] Wenn oft das Augenmerk dabei zunächst weniger der Sprachgemeinschaft als ihren Produktionsmitteln gilt, so ergibt sich der Übergang von diesen zu jener doch zwangsläufig. Abschließend sagt Gerig in seiner Studie: »Wörter und Sachen wandern zusammen ... Durch Vermittlung der wandernden Arbeitskräfte kann auch das Wort getrennt von der Sache weiterdringen ... Diese wandernden Arbeitskräfte sind zum Teil und waren schon früher ein so bedeutender Faktor imWirtschaftsleben jedes Landes, daß eine Fülle technischer Ausdrücke mit ihnen von Land zu Land wandern mußte. Alle Studien landwirtschaftlicher handwerklicher Terminologie werden sich mit dem Umfang dieser Einwirkung näher zu befassen haben ... Mit den Arbeitern verpflanzen sich nicht nur Wörter ihrer Heimat in die fremden Gegenden, sondern fremde Ausdrücke kehren mit ihnen in die Heimat zurück.«[27]

Den Gegenständen und Problemen, die in solchen Arbeiten historisch erörtert werden, begegnet die Forschung aber auch in deren heutiger aktueller Gestalt. Diese erhalten sie nun nicht allein durch die Wissenschaft, sondern entschiedener noch durch die Praxis. An erster Stelle stehen hier die Normungsbestrebungen der Techniker, die an der Eindeutigkeit ihres Vokabulars besonders interessiert sind. Um 1900 nahm der Verband deutscher Ingenieure die Arbeit an einem umfassenden technologischen Lexikon auf. In drei Jahren waren über dreieinhalb Millionen Wortzettel gesammelt. Aber »1907 berechnete der Vorstand, daß vierzig Jahre erforderlich seien, um bei derselben Besetzung der Schriftleitung das Manuskript des Technolexikons druckfertig zu machen. Die Arbeiten wurden eingestellt, nachdem sie eine halbe Million verschlungen hatten«.[28] Es hatte sich ergeben, daß ein technologisches Wörterbuch die Ausrichtung auf die Sachen in Gestalt einer systematischen Ordnung zugrunde zu legen hat; die alphabetische ist für diesen Gegenstand überholt. Weiter ist erwähnenswert, daß diese neuesten Grenzprobleme der Sprachwissenschaft in deren jüngstem Abriß ausführlich zu Worte gekommen sind. In der Abhandlung »Die Sprache im Aufbau der Gesamtkultur«[29] hat Leo Weisberger – derzeitiger Herausgeber der »Wörter und Sachen« – den Zusammenhängen zwischen Sprache und materieller Kultur eingehende Beachtung zukommen lassen. Übrigens gehen von den Normungsbestrebungen der Technik die ernsthaftesten Bemühungen um eine Weltsprache aus, deren Idee freilich einen Jahrhunderte alten Stammbaum hat. Dieser wiederum stellt, zumal in seinen logistischen Ästen, einen Gegenstand dar, der einer gesonderten Betrachtung auch für den Soziologen wert wäre. Der Wiener Kreis der »Gesellschaft für empirische Philosophie« hat der Logistik neue Antriebe gegeben.

Man findet darüber neuerdings bei Carnap[30] eingehende Auskunft. Der Soziologe, der sich nach den Befunden der Logistiker umsieht, wird von Anfang an im Auge behalten, daß deren Interesse sich ausschließlich auf die Darstellungsfunktionen von Zeichen richtet. »Wenn wir«, heißt es bei Carnap, »sagen, daß die logische Syntax die Sprache als einen Kalkül behandelt, so ist damit nicht gesagt, ... die Sprache sei nichts weiter als ein Kalkül. Es ist nur gesagt, daß die Syntax sich auf die Behandlung der kalkülmäßigen, das heißt formalen Seite der Sprache beschränkt. Eine eigentliche Sprache hat darüber hinaus andere Seiten.«[31] Die Logistik hat es mit der Darstellungsform der Sprache als einem Kalkül zu tun. Das Eigentümliche ist, daß sie trotzdem beansprucht, ihren Namen – Logistik – zu Recht zu tragen. »Nach üblicher Auffassung sind Syntax und Logik ... im Grunde Theorien sehr verschiedener Art ... Im Gegensatz zu den Regeln der Syntax seien die der Logik nicht-formal. Demgegenüber soll hier die Auffassung durchgeführt werden, daß auch die Logik die Sätze formal zu behandeln hat. Wir werden sehen, daß die logischen Eigenschaften von Sätzen ... nur von der syntaktischen Struktur der Sätze abhängen ... Der Unterschied zwischen den syntaktischen Regeln im engeren Sinne und den logischen Schlußregeln ist nur der Unterschied zwischen Formregeln und Umformungsregeln; beide aber verwenden keine anderen als syntaktische Bestimmungen.«[32] Die hier angekündigte Beweiskette wählt ihre Glieder allerdings nicht in der Wortsprache. Vielmehr arbeitet Carnaps »Logische Syntax« mit sogenannten Koordinatensprachen, unter denen er zwei so herausgegriffen hat, daß die erste – es ist die »Sprache« der elementaren Arithmetik – nur logische, die zweite – die »Sprache« der klassischen Mathematik – auch deskriptive Zeichen umfaßt. Die Darstellung dieser beiden Kalküle bildet die Grundlage für eine »Syntax beliebiger Sprachen«, die mit der allgemeinen Wissenschaftslogik zusammenfällt. In deren Überlegungen wird die Übersetzbarkeit in die formale Redeweise, also in syntaktische Sätze als ›Kriterium‹ erwiesen, das die echten wissenschaftslogischen Sätze auf der einen Seite natürlich von den Protokollsätzen der empirischen Wissenschaft, auf der andern Seite jedoch von den sonstigen »philosophischen Sätzen«

– man mag sie metaphysische nennen – trennt. »Die Sätze der Wissenschaftslogik werden als syntaktische Sätze ... formuliert; aber dadurch wird kein neues Gebiet aufgetan. Denn die Sätze der Syntax sind ja teils Sätze der Arithmetik, teils Sätze der Physik, die nur deshalb syntaktische Sätze genannt werden, weil sie auf sprachliche Gebilde bezogen werden. Reine und deskriptive Syntax ist nichts anderes als Mathematik und Physik der Sprache.«[33] Ergänzend gehört zu der so definierten Aufteilung der Philosophie in Wissenschaftslogik und Metaphysik die weitere Bestimmung der Logistiker: »Die vermeintlichen Sätze der Metaphysik ... sind Scheinsätze; sie haben keinen theoretischen Gehalt.«[34]

Die logische Syntax der Sprachen ist nicht erst von den Logistikern zur Debatte gestellt worden; vor ihnen hat Husserl einen ersten, gleichzeitig mit ihnen einen zweiten Ansatz[35] gemacht, diese Probleme zu klären. Was bei Husserl als »reine Grammatik« auftritt, heißt in dem mehrfach auf ihn rückverweisenden Fundamentalwerk Bühlers »Sematologie«. Ihr Programm erheischt »eine Beschäftigung mit den Axiomen, die ... aus dem Bestande der erfolgreichen Sprachforschung ... durch Reduktion zu gewinnen sind. D. Hilbert nennt dies Vorgehen axiomatisches Denken und fordert es ... für alle Wissenschaften«[36]. Wenn Bühlers axiomatisches Interesse zuletzt auf Husserl zurückverweist, so zitiert er als Werkmeister einer »erfolgreichen Sprachforschung« an der Schwelle seines Buches Hermann Paul und de Saussure. Dem ersten gewinnt er die Einsicht ab, welche Förderung selbst der bedeutendste Empiriker von einer sachgerechteren Fundierung der Sprachwissenschaft zu erwarten hätte, als Paul sie zu geben wußte; sein Versuch, dies Fundament auf Physik und Psychologie zu reduzieren, gehört einer überwundenen Epoche an. Der Hinweis auf de Saussure visiert nicht sowohl dessen grundlegende Unterscheidung einer linguistique de la parole von einer linguistique de la langue als dessen »Methodenklage«. »Er weiß, daß die Sprachwissenschaften das Kernstück einer allgemeinen Sematologie ausmachen ... Nur vermag er dieser erlösenden Idee noch nicht die Kraft abzugewinnen, um ... zu erklären, daß schon in den Ausgangsdaten der Linguistik nicht Physik, Physiologie,

Psyochlogie, sondern linguistische Fakta und gar nichts anderes vorliegen.«[37]

Um diese Fakta aufzuweisen, konstruiert der Verfasser ein »Organonmodell der Sprache«, mit dem er gegenüber dem Individualismus und Psychologismus des vergangenen Jahrhunderts die durch Platon und Aristoteles fundierte objektive Sprachbetrachtung wieder aufnimmt, die den Interessen der Soziologie weit entgegenkommt. Am Organonmodell der Sprache weist Bühler ihre drei Urfunktionen als Kundgabe, Auslösung und Darstellung auf. So die Termini seiner im Jahre 1918 erschienenen Arbeit über den Satz[38]. In der neuen »Sprachtheorie« heißt es statt dessen: Ausdruck, Appell und Darstellung. Der Schwerpunkt des Werkes liegt auf der Behandlung des dritten Faktors. »Wundt hat vor einem Menschenalter die menschliche Lautsprache mitten hineingestellt unter alles, was bei Tieren und Menschen zum Ausdruck gehört ... Wer sich zur Einsicht durchgerungen hat, daß Ausdruck und Darstellung verschiedene Strukturen aufweisen, sieht sich ... vor die Aufgabe gestellt, eine zweite vergleichende Betrachtung durchzuführen, um die Sprache mitten hineinzustellen unter alles andere, was mit ihr zur Darstellung berufen ist.«[39] Es wird sogleich von dem Fundamentalbegriff, auf den Bühler mit dieser Betrachtung gerät, zu sprechen sein. – Welche Bedeutung hat aber in dem erwähnten Organonmodell der Begriff der Auslösung oder des Appells?

Bühler geht dem im Anschluß an Brugmann[40] nach, der sich die Aufgabe gestellt hatte, analog zu denAktionsarten, die beim Verbum zu unterscheiden sind, Zeigarten, deren Verschiedenheit an den Demonstrativpronomina zum Ausdruck kommt, nachzuweisen. Diesem Ansatze folgend, weist der Autor der Auslösungs-, Appell- oder Signalfunktion des Sprechens eine eigene Ebene zu, die er als Zeigfeld definiert. In welcher Weise er dessen Zentrum durch die Markierungen des »Hier«, des »Jetzt« und des »Ich« bestimmt, wie er den Weg der Sprache vom realen Gegenstand des Hinweisens zur »Deixis am Phantasma« begleitet – das entzieht sich kurzer Zusammenfassung. Genug, »daß der Zeigefinger, das natürliche Werkzeug der demonstratio ad oculos zwar ersetzt wird durch andere Zeighilfen ... Doch kann die Hilfe, die er und seine Äquivalente leisten, niemals schlechterdings wegfallen und entbehrt werden«.[41] Auf der anderen Seite ist eine Einschränkung ihrer Tragweite am Platze. »Man begegnet heute da und dort einem modernen Mythos über den Sprachursprung, der ... das Thema von den Zeigwörtern so aufnimmt ..., daß sie als die Urwörter der Menschensprache schlechthin erscheinen ... Es muß aber betont werden, daß Deixis und Nennen zwei scharf zu trennende Wortklassen sind, von denen man zum Beispiel für das Indogermanische nicht anzunehmen berechtigt ist, die eine sei aus der andern entstanden ... Man muß ... Zeigwörter und Nennwörter voneinander trennen, und ihr Unterschied kann durch keine Ursprungsspekulation aufgehoben werden.«[42]

Die Bühlersche Theorie der Nennwörter ist wie die der Zeigwörter eine Feldtheorie. »Die Nennwörter fungieren als Symbole und erhalten ihre spezifische Bedeutungserfüllung ... im synsemantischen Umfeld. Es ist eine Zweifelderlehre, die in diesem Buche vorgetragen wird.«[43] Dessen Bedeutung liegt nicht zum wenigstens in der besonderen Fruchtbarkeit, die Bühlers in methodischem Interesse ermittelte Kategorien innerhalb der geschichtlichen Betrachtung entwickeln. Es ist der größte Prozeß der Sprachgeschichte, der seinen Schauplatz in jenen Feldern findet. »Man kann sich im großen Entwicklungsgang der Menschensprache Einklassensysteme deiktischer Rufe als das erste vorstellen. Dann aber kam einmal das Bedürfnis, Abwesendes einzubeziehen, und das hieß, die Äußerungen von der Situationsgebundenheit zu befreien ... Die Enthebung einer sprachlichen Äußerung aus dem Zeigfeld der demonstratio ad oculos beginnt.«[44] Genau in dem Ausmaße aber, wie »sprachliche Äußerungen frei werden ihrem Darstellungsgehalt nach von den Momenten der konkreten Sprachsituation, unterstehen die Sprachzeichen einer neuen Ordnung, sie erhalten ihre Feldwerte im Symbolfeld«.[45] Die Emanzipierung der sprachlichen Darstellung von der jeweils gegebenen Sprechsituation stellt den Gesichtspunkt dar, unter dem der Verfasser den Sprachursprung einheitlich zu begreifen sucht. Er bricht mit der ostentativen Zurückhaltung, die in der französischen Schule – man denke an Delacroix – diesem Problem gegenüber die Regel ist. Dem modernen »Mythos vom Ursprung der Sprache«, den er auf

Grund der Erkenntnisse seiner Sprachtheorie für die nächste Zukunft ankündigt, wird man mit Interesse entgegensehen.

Wenn die dargestellten Forschungen näher oder ferner einer fortschrittlichen Gesellschaftswissenschaft sich zuordnen lassen, so ist es unter den gegenwärtigen Verhältnissen selbstverständlich, daß auch rückläufige Tendenzen sich geltend zu machen suchen. Wir lassen es dahingestellt, ob es ein Zufall ist, daß diese seltener an der Soziologie der Sprache sich versuchen. Man wird kaum leugnen können, daß Wahlverwandtschaften zwischen gewissen wissenschaftlichen Disziplinen auf der einen, politischen Attitüden auf der andern Seite bestehen. Rassenfanatiker zählen unter den Mathematikern zu den Seltenheiten. Und auch am entgegengesetzten Pol des orbis scientiarum, in der Sprachwissenschaft, scheint sich die konservative Haltung, die als solche häufig begegnet, zumeist mit jener vornehmen Gelassenheit zu paaren, deren menschliche Würde die Brüder Grimm so ergreifend ausgeprägt haben. Selbst ein Werk wie das von Schmidt-Rohr »Die Sprache als Bildnerin der Völker«[46] hat sich dieser Tradition nicht ganz entziehen können, wiewohl es nationalistischen Gedankengängen soweit entgegenkommt, als irgend mit ihr vereinbar ist. Der Verfasser hat sein Werk in zwei große Teile gegliedert, deren erster »Das Sein«, deren zweiter »Das Sollen« betitelt ist. Das hindert freilich nicht, daß die Haltung des zweiten Teils, dessen Forderung sich in dem Satz konzentriert, »Volk« – das ist das Naturgegebene – »soll Nation« – das ist sprachlich begründete Kultureinheit – »werden«, die Haltung des ersten Teils auf das nachhaltigste beeinflußt. Und zwar tritt dies in Gestalt jenes Irrationalismus zutage, der in der nationalistisch gerichteten Literatur die Regel ist. Er drängt dem Verfasser eine voluntaristische Sprachphilosophie auf, in der Willkür und Schicksal als Nothelfer eintreten, ehe noch die Erkenntnis aus dem Studium des geschichtlichen Sprachlebens sich für die Aufgaben einer echten Sprachphilosophie vorbereitet hätte. Die vergleichende Analyse des Wortschatzes der verschiedenen Sprachen erweist sich als zu schmale Grundlage der universalen Thematik, die der Verfasser sich vorgesetzt hat. So gelingt es ihm nicht, seine Gesamtansichten zu derjenigen Konkretion zu bringen, die wir in den besten Arbeiten des Archivs »Wörter und Sachen« finden. Der folgende Satz bezeichnet nicht nur die Grenzen der gesellschaftlichen, sondern gleich einschneidend auch die der sprachtheoretischen Erkenntnisse von Schmidt-Rohr, der zwar von Humboldt einiges, von Herder aber nichts gelernt hat: »Im Körper, im Volk vollzieht sich ein höheres Leben als in der Einzelzelle. Menschheit ist demgegenüber in der Tat nichts als die Summe aller Völker, wenn man will aller Menschen, aber nicht Summe im Sinne einer Ganzheit. Menschheit ist wesentlich nur ein Sprachbegriff, ein Sprachbegriff, der seine denkwirtschaftliche Bedeutung hat, ein Sprachbegriff, der die Gesamtheit der Menschen und ihre Eigenart zusammenzugreifen und abzusondern erlaubt vom Reiche der Tiere, von der Tierheit.«

Derart weitmaschige Spekulationen werden an Tragweite durch Spezialstudien auf eng umrissenen Gebieten übertroffen. In die vorderste Phalanx zeitgenössischer Forscher läßt ein Autor wie Schmidt-Rohr sich viel weniger einordnen als Köhler oder Bühler mit ihren Einzeluntersuchungen zur Schimpansensprache. Denn diese Forschungen kommen, mittelbar zwar, aber entscheidend, Hauptproblemen der Sprachwissenschaft zugute. Und zwar ebensowohl der alten Frage nach dem Ursprung der Sprache wie der neueren nach dem Verhältnis von Sprache und Denken. Es ist das besondere Verdienst von Wygotski, den Ertrag dieser Forschungen über die Schimpansen in seiner Bedeutung für die Grundlagen der Sprachwissenschaft dargestellt zu haben. Wir dürfen unmittelbar an die Lehre von Marr anschließen, derzufolge die Handhabung von Werkzeugen der Handhabung von Sprache müsse vorangegangen sein. Da nun die erstere nicht ohne Denken möglich ist, so heißt das, es müsse eine Art von Denken geben, die früher sei als das Sprechen. Dieses Denken ist in der Tat neuerdings mehrfach gewürdigt worden; Bühler belegte es mit dem Namen des Werkzeugdenkens. Das Werkzeugdenken ist unabhängig von der Sprache. Es ist ein Denken, das sich in verhältnismäßig ausgebildeter Gestalt, – über die man das Nähere bei Köhler[47] findet – beim Schimpansen nachweisen läßt. »Das Vorhandensein eines menschenähnlichen Intellekts bei gleichzeitigem Fehlen einer auch nur einigermaßen in dieser Hinsicht menschenähnlichen Sprache und

Unabhängigkeit der intellektuellen Operationen ... von ihrer ›Sprache‹«[48] – das ist die wichtigste Feststellung, die Köhler seinen Schimpansen abgewinnt. Wenn so die Linie der frühesten Intelligenz – des Werkzeugdenkens – von den einfachsten improvisierten Auskunftsmitteln bis zur Erzeugung des Werkzeuges führt, welches nach Marr die Hand für Aufgaben der Sprache freimacht, so entspricht diesem Lehrgang des Intellekts allerdings auf der andern Seite ein Lehrgang des gestischen oder akustischen Ausdrucksvermögens, welches aber als ein vorsprachliches ganz und gar im Banne des reaktiven Verhaltens bleibt. Gerade die Unabhängigkeit der frühesten »sprachlichen« Regungen vom Intellekt führt im übrigen aus dem Bereich der Schimpansensprache in den weiteren der Tiersprache überhaupt. Es kann kaum bezweifelt werden, daß die emotionell-reaktive Funktion der Sprache, um die es sich hier im wesentlichen handelt, »zu den biologisch ältesten Verwaltungsformen gehört und mit den optischen und Lautsignalen der Führer in Tierverbänden in genetischer Verwandtschaft steht«.[49] Das Ergebnis dieser Überlegungen ist die Fixierung des geometrischen Punktes, an dem die Sprache im Schnittpunkt einer Intelligenz- und einer gestischen (Hand- oder Laut-) Koordinate ihren Ursprung hat.

Die Frage nach dem Ursprung der Sprache hat ihre ontogenetische Entsprechung im Umkreis der Kindersprache. Die letztere ist im übrigen geeignet, Licht auf die phylogenetischen Probleme zu werfen, wie das Delacroix in seiner Arbeit »Au seuil du langage« sich zu Nutze gemacht hat. Delacroix geht von einer Bemerkung des englischen Schimpansenforschers Yerkes aus, der gemeint hat, wenn der Schimpanse außer seinem Intelligenzgrad einen akustisch-motorischen Nachahmungstrieb besäße, wie wir ihn bei den Papageien kennen, so würde er sprechen können. Delacroix wendet sich gegen diese Aufstellung mit Hinweis auf die Psychologie der Kindersprache. »Das Kind«, erklärt er, »lernt nur darum sprechen, weil es in einer Sprachwelt lebt und jeden Augenblick sprechen hört. Der Spracherwerb setzt einen sehr umfassenden und stetigen Anreiz voraus. Er hat die menschliche Gesellschaft zur Bedingung. Im übrigen entspricht das Kind dem in gleich umfangreichem Maße. Es lernt nicht nur die Sprache, die man zu ihm, sondern ebensowohl die, welche man in seiner Gegenwart spricht... Es lernt in der Gesellschaft, und es lernt allein. Diese Bedingungen fehlen dem Experiment von Yerkes... Und wenn sein Tier, das sogar bisweilen in einer menschlichen Umwelt lebt, im Gegensatz zum Kind gleichgültig gegen die Laute verbleibt, welche die Menschen in seiner Gegenwart vernehmen lassen, und die Sprache nicht bei sich im Stillen lernt, so muß das seinen guten Grund besitzen.«[50] Kurz: »Der menschliche Gehörsinn ist ein intellektueller und sozialer, welcher auf dem bloß physischen fundiert ist. Den größten Bezirk, auf welchen der Gehörsinn sich bezieht, stellt beim Menschen die Welt der sprachlichen Beziehungen dar.« Woran der Autor die aufschlußreiche Bemerkung knüpft: »Daher ist der Gehörsinn so besonders leicht den Auswirkungen des Beziehungswahns ausgesetzt.«[51] Die akustisch-motorische Reaktion, die dem Spracherwerb beim Menschen zugrunde liegt, ist demnach von der des Papageien grundverschieden. Sie ist eine sozial gerichtete. »Sie besteht in einer Ausrichtung auf das Verstandenwerden.«[52] Schon Humboldt hat ja die Absicht, verstanden zu werden, an den Beginn der artikulierten Verlautbarung gestellt.

Die Einsicht in die Kindersprache wurde in den letzten Jahren entscheidend durch die Forschungen von Piaget[53] gefördert. Die sprachpsychologischen Untersuchungen an Kindern, die Piaget mit Umsicht und Ausdauer vorgenommen hat, sind für eine Reihe von Streitfragen von Bedeutung geworden. Nur im Vorübergehen sei auf die Ausführungen hingewiesen, mit denen Weisgerber in seinem schon erwähnten Überblick die Ermittelungen Piagets gegen Cassirers Sprachmythologie[54] verwertet. Der gegenwärtige Zusammenhang verlangt vor allem, auf Piagets Begriff der egozentrischen Kindersprache einzugehen. Die Kindersprache, so behauptet Piaget, bewegt sich in zwei verschiedenen Bahnen. Sie existiert als sozialisierte Sprache auf der einen, als egozentrische auf der andern Seite. Diese letztere ist eigentliche Sprache nur für das sprechende Subjekt selbst. Sie hat keine mitteilende Funktion. Vielmehr haben Piagets Protokolle bewiesen, daß diese Sprache in ihrem stenographisch aufgezeichneten Wortlaut solange unverständlich bleibt, als nicht die Situation, in welcher sie veranlaßt wurde, mitgegeben wird. Weiter aber ist diese egozentrische Funktion nicht ohne enge Beziehung zum Denkvorgang aufzufassen. Dafür spricht der bedeutsame Sachverhalt, daß sie am häufigsten bei Störungen im Ablauf eines Verhaltens, bei Hindernissen in der Lösung einer Aufgabe sich bemerkbar macht. Das hat Wygotski, der seinerseits mit ähnlichen Methoden wie Piaget an Kindern Versuche vornahm, zu wichtigen Schlüssen geführt. »Unsre Untersuchungen«, sagt er, »zeigten, daß der Koeffizient egozentrischer Sprache bei ... Erschwerungsfällen fast auf das Doppelte des normalen Koeffizienten Piagets ansteigt. Unsere Kinder zeigten jedesmal, wenn sie auf eine Schwierigkeit trafen, eine Steigerung der egozentrischen Sprache ... Wir halten deshalb die Annahme für berechtigt, daß die Erschwerung oder Unterbrechung einer glatt verlaufenden Beschäftigung ein wichtiger Faktor bei der Erzeugung der egozentrischen Sprache ist ... Das Denken tritt erst in Aktion, wenn die bis dahin störungslos verlaufene Tätigkeit unterbrochen wird.«[55] Mit anderen Worten: die egozentrische Sprache nimmt im Kindesalter genau den Platz ein, der späterhin dem eigentlichen Denkvorgang vorbehalten bleibt. Sie ist Vorläuferin, ja Lehrerin des Denkens. »Das Kind lernt die Syntax der Sprache früher als die Syntax des Denkens. Die Untersuchungen Piagets haben unzweifelhaft bewiesen, daß die grammatikalische Entwicklung des Kindes seiner logischen Entwicklung vorangeht.«[56]

Von hier aus ergeben sich Korrekturen der Ansätze, die der Behaviorismus zur Lösung des Problems »Sprache und Denken« unternommen hat. In dem Bemühen, eine Theorie des Denkens im Rahmen ihrer Lehre vom Verhalten zu konstruieren, haben die Behavioristen begreiflicherweise auf das Sprechen zurückgegriffen und im Grunde ohne etwas Neues zutage zu fördern, vielmehr im wesentlichen sich darauf beschränkt, die umstrittenen Theorien Lazarus Geigers, Max Müllers und anderer sich zu eigen zu machen. Diese Theorien laufen darauf hinaus, das Denken als eine »innere Rede« zu konstruieren – eine Rede, die in einer minimalen Innervation des Artikulationsapparats bestünde, welche nur schwer und nicht ohne Hilfe besonders präziser Meßinstrumente sich feststellen ließe. Von der These, daß Denken objektiv lediglich ein inneres Sprechen sei, ist Watson dazu übergegangen, ein Mittelglied zwischen Sprache und Denken zu suchen. Dieses Mittelglied erblickt er in einer »Flüstersprache«. Dagegen hat Wygotski darauf hingewiesen, alles, was wir vom Flüstern der Kinder wissen, spreche »gegen die Annahme, daß das Flüstern einen Übergangsprozeß zwischen äußerer und innerer Sprache darstelle«.[57] Es ergibt sich aus dem oben Gesagten, in welchem Sinne die behavioristische Theorie durch die Untersuchungen über die egozentrische Kindersprache zu berichtigen ist. Wertvolle Auseinandersetzungen mit dem Behaviorismus sind, wie hier kurz angemerkt sei, neuerdings bei Bühler[58] zu finden. Im Anschluß an Tolmans »Purposive Behavior in Animals and Men«[59] besteht er darauf, im Sprachursprung neben dem Reiz dem Signal eine entscheidende Stelle einzuräumen.

So führt bei Watson die improvisierte Reflexion auf Sachverhalte der Phonetik nicht weiter. Dagegen sind der gleichen Reflexion beträchtliche Aufschlüsse abzugewinnen, wo sie methodisch vorgenommen wird. Das ist durch Richard Paget geschehen. Dieser Forscher geht von einer zunächst recht überraschenden Definition der Sprache aus. Er faßt sie als eine Gestikulation der Sprachwerkzeuge. Primär ist hier der Gestus, nicht der Laut. Auch ändert sich der erstere nicht mit Verstärkungen des letzteren. In den meisten europäischen wie in den indischen Sprachen kann alles im Flüsterton gesprochen werden, ohne an Verständlichkeit einzubüßen. »Die Verständlichkeit des Gesprochenen erfordert keineswegs eine Inanspruchnahme des Kehlkopfmechanismus und die Erschütterung der Luft in den vokalischen Resonnanzböden des Gaumens, des Mundes oder der Nase, wie das beim Sprechen mit erhobener Stimme der Fall ist.«[60] Nach Paget ist das phonetische Element ein auf dem mimischgestischen fundiertes. Daß er mit dieser Anschauung sich in einem Brennpunkt der gegenwärtigen Forschung befindet, ergibt sich aus dem Werk des Jesuitenpaters Marcel Jousse. Es kommt zu durchaus verwandten Ergebnissen: »Der charakteristische Ton ist nicht notwendigerweise onomatopoetischer Art, wie man dies allzu oft behauptet hat. Die Aufgabe des Tons ist es vielmehr zunächst, die Bedeutung einer bestimmten mimischen Gebärde zu vervollkommnen. Aber er ist lediglich Begleiterscheinung, akustische Unterstützung einer optischen, in sich verständlichen Gebärdensprache. Allmählich trat zu jeder charakteristischen Gebärde ein ihr entsprechender Ton. Und wenn solche durch Mund und Kehle vermittelte Gestikulation weniger ausdrucksvoll war, so war sie auch minder anstrengend, forderte weniger Energie als die Gebärde des Körpers oder selbst der Hand. So kam sie mit der Zeit zur Vorherrschaft ... Das vermindert aber nicht ... die außerordentliche Bedeutung, die in der Erforschung des Ursprungssinnes dessen liegt, was man bisher als die Wurzeln bezeichnete. Wurzeln nämlich wären in diesem Sinne nichts anderes als akustische Transponierungen alter spontaner mimischer Ausdrucksbewegungen.«[61] Aufschlußreich versprechen in diesem Zusammenhang eingehende Protokolle über das sprachliche Verhalten dreier Kinder zu werden, die Bühler in Aussicht stellt und denen er den sehr bezeichnenden Befund entnommen hat, daß »die to-Deixis Brugmanns ... wirklich von Dentallauten übernommen wird«.[62] Hierzu vergleiche man Paget: »Das unhörbare Lächeln wurde zu einem ausgestoßenen oder geflüsterten ›haha‹, der Gestus des Essens wurde ein hörbares (geflüstertes) ›mnya mnya‹, der des Einschlürfens kleiner Mengen Flüssigkeit wurde der Ahnherr unseres heutigen Wortes ›Suppe‹! Endlich trat die wichtige Entdeckung hinzu, daß die brüllenden oder grunzenden Kehllaute sich mit der Mundbewegung verbinden ließen, und die geflüsterte Sprache wurde, wenn sie mit einem Kehllaut verbunden war, auf zehn- bis zwanzigmal so großen Abstand als vorher hörbar und verständlich.«[63] So schließt sich, nach Paget, die Artikulation als Gestus des Sprachapparates dem großen Umkreis der körperlichen Mimik an. Ihr phonetisches Element ist der Träger einer Mitteilung, deren ursprüngliches Substrat eine Ausdrucksgebärde war.

Mit den Aufstellungen von Paget und Jousse tritt der überholten onomatopoetischen Theorie, die man als eine mimetische im engeren Sinne bezeichnen kann, eine mimetische in sehr viel weiterem Sinne entgegen. Es ist ein großer Bogen, den die Theorie der Sprache von den metaphysischen Spekulationen Platons bis zu den Zeugnissen der Neueren wölbt. »Worin also besteht die wahre Natur der gesprochenen Sprache? Die Antwort, vorgebildet bei Platon, angeregt ... von dem Abbé Sabatier de Castre, formuliert von Dr. J. Rae aus Honolulu 1862, im Jahre 1895 von Alfred Russel Wallace erneuert ... und schließlich vom Verfasser der gegenwärtigen Abhandlung wieder aufgenommen, geht dahin, daß die gesprochene Sprache nur eine Form eines fundamentalen animalischen Instinktes ist: des Instinkts mimischer Ausdrucksbewegung durch den Körper.«[64] Hierzu ein Wort von Mallarmé, das als Motiv Valérys »L'âme et la danse« zugrunde liegen mag: »Die Tänzerin«, heißt es bei Mallarmé, »ist nicht eine Frau, sondern eine Metapher, die aus den elementaren Formen unseres Daseins einen Aspekt zum Ausdruck bringen kann: Schwert, Becher, Blume oder andere.« Mit solcher Anschauung, die die Wurzeln des sprachlichen und tänzerischen Ausdrucks in ein und demselben mimetischen Vermögen erblickt, ist die Schwelle einer Sprachphysiognomik beschritten, die weit über die primitiven Versuche der Onomatopoetiker hinausführt, ihrer Tragweite wie ihrer wissenschaftlichen Dignität nach. An dieser Stelle muß es genügen, auf das Werk hinzuweisen, das diesen Problemen ihre derzeit vorgeschrittenste Gestalt abgewonnen hat: die »Grundfragen der Sprachphysiognomik« von Heinz Werner[65]. Es läßt erkennen, daß die Ausdrucksmittel der Sprache so unerschöpflich wie ihre Darstellungfähigkeit sind. In gleicher Richtung hat Rudolf Leonhard[66] gearbeitet. Diese physiognomische Phonetik eröffnet Ausblicke auch in die Zukunft der Sprachentwicklung: »Merkwürdig«, heißt es bei Paget, »und ein Zeichen dafür, wie außerordentlich langsam die menschliche Entwicklung vonstatten geht, ist, daß der zivilisierte Mensch bisher nicht gelernt hat, auf Kopf- und Handbewegungen als Ausdruckselemente seiner Meinungen zu verzichten ... Wann werden wir lernen, auf jenem wunderbaren Instrument der Stimme so kunstvoll und so rationell zu spielen, daß wir eine Reihe von Tönen von gleicher Reichweite und gleicher Vollkommenheit besitzen werden? Fest steht: wir haben diesen Lehrgang noch nicht durchgemacht ... Noch sind alle bestehenden Produktionen der Literatur und Beredsamkeit nur elegante, einfallsreiche Gestaltungen formaler oder phonetischer Sprachelemente, die ihrerseits völlig wild und unkultiviert sind, wie sie sich auch auf natürlichem Wege ohne jedwede bewußte Einwirkung der Menschheit gebildet haben.«[67]

Dieser Ausblick in eine Ferne, in der die Einsichten der Sprachsoziologie nicht dem Begreifen der Sprache allein, sondern ihrer Veränderung zugute kommen, mag den vorliegenden Überblick abschließen. Im übrigen ist es bekannt, daß mit Bestrebungen, wie Paget sie zum Ausdruck bringt, die Sprachsoziologie auf alte und bedeutungsvolle Neigungen zurückgreift. Die Bemühungen um eine technische Vervollkommnung der Sprache haben seit jeher in den Entwürfen einer lingua universalis ihren Niederschlag gefunden. In Deutschland ist Leipniz ihr bekanntester Repräsentant, in England gehen sie bis auf Bacon zurück. Was Paget auszeichnet, ist die Weitherzigkeit, mit der er die Entwicklung der gesamten sprachlichen Energien ins Auge faßt. Wenn andere über der semantischen Funktion der Sprache den ihr innewohnenden Ausdruckscharakter, ihre physiognomischen Kräfte vergessen haben, so scheinen diese Paget einer ferneren Entfaltung nicht minder wert und fähig als jene erste. Er bringt damit die alte Wahrheit zu Ehren, die erst vor kurzem Goldstein um so eindrücklicher formulieren konnte, als er ihr auf dem Umweg induktiver Forschung in seinem abgelegenen Spezialgebiet begegnete. Die Sprache einer von der Aphasie betroffenen Patienten gilt ihm als lehrreichstes Modell für eine Sprache, die nichts als Instrument wäre. »Man könnte kein besseres Beispiel finden, um zu zeigen, wie falsch es ist, die Sprache als ein Instrument zu betrachten. Was wir gesehen haben, ist die Entstehung der Sprache in den Fällen, in denen sie nur noch zum Instrument taugt. Auch beim normalen Menschen kommt es vor, daß die Sprache nur als Instrument gebraucht wird ... Aber diese instrumentale Funktion setzt voraus, daß die Sprache im Grunde etwas ganz anderes darstellt, wie sie auch für den Kranken ehemals, vor der Krankheit, etwas ganz anderes dargestellt hat ... Sobald der Mensch sich der Sprache bedient, um eine lebendige Beziehung zu sich selbst oder zu seinesgleichen herzustellen, ist die Sprache nicht mehr ein Instrument, nicht mehr ein Mittel, sondern eine Manifestation, eine Offenbarung unseres innersten Wesens und des psychologischen Bandes, das uns mit uns selbst und unseresgleichen verbindet.«[68]

Diese Einsicht ist es, die ausdrücklich oder stillschweigend am Anfang der Sprachsoziologie steht.

Anmerkungen

1 Henri Delacroix, Le langage et la pensée. Paris 1930, S. 128/129.
2 Paul Hankamer, Die Sprache, ihr Begriff und ihre Deutung im sechzehnten und siebzehnten Jahrhundert. Bonn 1924.
3 Karl Bühler, L'onomatopée et la fonction du langage (in: Psychologie du langage. Paris 1933, S. 103); siehe auch: Karl Bühler, Sprachtheorie. Jena 1934, S. 195–216.
4 Lazarus Geiger, Ursprung und Entwicklung der menschlichen Sprache und Vernunft. Stuttgart 1868, Band I, S. 168.
5 Bühler, L'onomatopée, a. a. O., S. 114.
6 Charles Callet, Le mystère du langage. Paris 1929, S. 115.
7 L. Lévy-Bruhl, Les fonctions mentales dans les sociétés inférieures. Paris 1918, S. 183 ff.
8 Ernst Cassirer, Philosophie der symbolischen Formen, 3 Bde. Berlin 1923/1929.
9 Ernst Cassirer, Sprache und Mythos. Leipzig 1929, S. 28/29.
10 Lévy-Bruhl, a. a. O., S. 192.
11 Cassirer, Sprache und Mythos, S. 10/11.
12 Lévy-Bruhl, a. a. O., S. 199.
13 F. C. Bartlett, Psychology and Primitive Culture. Cambridge 1923.
14 Olivier Leroy, La raison primitive. Paris 1927, S. 94.
15 Leroy, a. a. O., S. 100.
16 Charles Bally, Le langage et la vie. Paris 1926, S. 90.
17 Nikolaus Marr, Über die Entstehung der Sprache (in: Unter dem Banner des Marxismus. Band I, S. 587/588).
18 Marr, a. a. O., S. 593.
19 J. Vendryes, Chroniques (in: Revue celtique, Band XLI, S. 291 f.).
20 Marr, a. a. O., S. 578.
21 Marr, a. a. O., S. 583.
22 Alfredo Niceforo, Le génie de l'argot. Paris 1912.
23 Niceforo, a. a. O., S. 74.
24 Niceforo, a. a. O., S. 90.
25 Raoul de la Grasserie, Des parlers des différentes classes sociales.
26 Walther Gerig, Die Terminologie der Hanf- und Flachskultur in den franko-provenzalischen Mundarten. (Wörter und Sachen, Beiheft 1) Heidelberg 1913.
Max Lohss, Beiträge aus dem landwirtschaftlichen Wortschatz Württembergs. (Wörter und Sachen, Beiheft 2) Heidelberg 1921.

Gustave Huber, Les appellations du traîneau et de ses parties dans les dialectes de la Suisse romande. (Wörter und Sachen, Beiheft 3), Heidelberg 1919.

Max Leopold Wagner, Das ländliche Leben Sardiniens im Spiegel der Sprache. (Wörter und Sachen, Beiheft 4), Heidelberg 1921.

[27] Gerig, a. a. O., S. 91 f.

[28] E. Wüster, Internationale Sprachnormung in der Technik. Berlin 1931.

[29] Leo Weisgerber, Die Sprache im Aufbau der Gesamtkultur. Zweiter Teil. Heidelberg 1934. (Wörter und Sachen, Band XVI, S. 97–138.)

[30] Rudolf Carnap, Logische Syntax der Sprache. (Schriften zur wissenschaftlichen Weltauffassung. Herausgegeben von Philipp Frank und Moritz Schlick, Band 8), Wien 1934.

[31] Carnap, a. a. O., S. 5.

[32] Carnap, a. a. O., S. 1 f.

[33] Carnap, a. a. O., S. 210.

[34] Carnap, a. a. O., S. 204.

[35] Edmund Husserl, Logische Untersuchungen. Band II. Halle 1901.

Edmund Husserl, Méditations Cartésiennes. Paris 1931.

[36] Bühler, Sprachtheorie, S. 20.

[37] Bühler, Sprachtheorie, S. 9.

[38] Bühler, Kritische Musterung der neueren Theorien des Satzes (in: Indogermanisches Jahrbuch. Herausgegeben von Streitberg 1918).

[39] Bühler, Sprachtheorie, S. 150.

[40] K. Brugmann, Die Demonstrativpronomina der indogermanischen Sprachen. (Abhandlungen der sächsischen Gesellschaft der Wissenschaften, Band XXII), Dresden 1904.

[41] Bühler, Sprachtheorie, S. 80.

[42] Bühler, Sprachtheorie, S. 86 ff.

[43] Bühler, Sprachtheorie, S. 81.

[44] Bühler, Sprachtheorie, S. 379.

[45] Bühler, Sprachtheorie, S. 372.

[46] Georg Schmidt-Rohr, Die Sprache als Bildnerin der Völker. Jena 1932.

[47] W. Köhler, Intelligenzprüfungen an Menschenaffen. Berlin 1921.

[48] L. S. Wygotski, Die genetischen Wurzeln des Denkens und der Sprache (in: Unter dem Banner des Marxismus, Band III, S. 454).

[49] Wygotski, a. a. O., S. 465.

[50] Henri Delacroix, Au seuil du langage (in: Psychologie du langage. Paris 1933, S. 14/15).

[51] Delacroix, a. a. O., S. 16.

[52] Delacroix, a. a. O., S. 16.

[53] Jean Piaget, Le langage et la pensée chez l'enfant. Le jugement et le raisonnement chez l'enfant. Neuchâtel 1923.

[54] Weisgerber, a. a. O., S. 32.

[55] Wygotski, a. a. O., S. 612.

[56] Wygotski, a. a. O., S. 614.

[57] Wygotski, a. a. O., S. 609.

[58] Bühler, Sprachtheorie, S. 38.
[59] E. C. Tolman, Purposive behavior in animals and men. New York 1932.
[60] Richard Paget, Nature et origine du langage humain. Paris 1925, S. 3.
[61] Frédéric Lefèvre, Marcel Jousse, une nouvelle psychologie du langage (in: Les cahiers d'Occident, Band I, 10, S. 77).
[62] Bühler, a. a. O., S. 219.
[63] Paget, a. a. O., S. 12 f.
[64] Paget, L'évolution du langage (in: Psychologie du langage. Paris 1933, S. 93).
[65] Heinz Werner, Grundfragen der Sprachphysiognomik. Leipzig 1932.
[66] Rudolf Leonhard, Das Wort. Berlin-Charlottenburg.
[67] Paget, Nature et origine du langage humain, S. 14 f.
[68] Kurt Goldstein, L'analyse de l'aphasie et l'étude de l'essence du langage (in: Psychologie du langage. Paris 1933, S. 495/496).

Über das mimetische Vermögen

Die Natur erzeugt Ähnlichkeiten. Man braucht nur an die Mimikry zu denken. Die höchste Fähigkeit im Produzieren von Ähnlichkeiten aber hat der Mensch. Die Gabe, Ähnlichkeit zu sehen, die er besitzt, ist nichts als ein Rudiment des ehemals gewaltigen Zwanges, ähnlich zu werden und sich zu verhalten. Vielleicht besitzt er keine höhere Funktion, die nicht entscheidend durch mimetisches Vermögen mitbedingt ist.

Dieses Vermögen hat aber eine Geschichte, und zwar im phylogenetischen so gut wie im ontogenetischen Sinne. Was letzteren angeht, ist das Spiel in vielen seine Schule. Das Kinderspiel ist überall durchzogen von mometischen Verhaltungsweisen, und ihr Bereich ist keineswegs auf das beschränkt, was wohl ein Mensch dem anderen nachmacht. Das Kind spielt nicht nur Kaufmann oder Lehrer sondern auch Windmühle und Eisenbahn. Was bringt ihm diese Schulung des mimetischen Vermögens eigentlich für einen Nutzen?

Die Antwort setzt die Einsicht in die phylogenetische Bedeutung des mimetischen Vermögens voraus. Dabei ist es nun nicht genug, an das zu denken, was wir heutzutage in dem Begriff der Ähnlichkeit erfassen. Bekanntlich war der Lebenskreis, der ehemals von dem Gesetz der Ähnlichkeit durchwaltet schien, umfassend; im Mikrokosmos wie im Makrokosmos regierte sie. Jene natürlichen Korrespondenzen aber erhalten erst ihr eigentliches Gewicht mit der Erkenntnis, daß sie samt und sonders Stimulanten und Erwecker des mimetischen Vermögens sind, welches im Menschen ihnen Antwort gibt. Dabei ist zu bedenken, daß weder die mimetischen Kräfte, noch die mimetischen Objekte, oder Gegenstände, im Laufe der Jahrtausende die gleichen blieben. Vielmehr ist anzunehmen, daß die Gabe, Ähnlichkeiten hervorzubringen – zum Beispiel in den Tänzen, deren älteste Funktion das ist – und daher auch die Gabe, solche zu erkennen, sich im Wandel der Geschichte verändert hat.

Die Richtung dieser Änderung scheint durch die wachsende

Hinfälligkeit des mimetischen Vermögens bestimmt zu sein. Denn offenbar enthält die Merkwelt des modernen Menschen von jenen magischen Korrespondenzen und Analogien, welche den alten Völkern geläufig waren, nur noch geringe Rückstände. Die Frage ist, ob es sich dabei um den Verfall dieses Vermögens oder aber um dessen Transformierung handelt. In welcher Richtung eine solche aber liegen könnte, darüber läßt sich, wenn auch indirekt, einiges der Astrologie entnehmen.

Man muß grundsätzlich damit rechnen, daß in einer entlegeneren Vergangenheit zu den Vorgängen, die als nachahmbar betrachtet wurden, auch die am Himmel zählten. Im Tanz, in anderen kultischen Veranstaltungen, konnte so eine Nachahmung erzeugt, so eine Ähnlichkeit gehandhabt werden. Wenn aber wirklich das mimetische Genie eine lebensbestimmende Kraft der Alten gewesen ist, dann ist es nicht schwer vorzustellen, daß im Vollbesitz dieser Gabe, insbesondere in vollendeter Anbildung an die kosmische Seinsgestalt, das Neugeborene gedacht wurde.

Der Hinweis auf den astrologischen Bereich mag einen ersten Anhaltspunkt für das gewähren, was unter dem Begriff einer unsinnlichen Ähnlichkeit zu verstehen ist. In unserem Dasein findet sich zwar nicht mehr, was einmal möglich machte, von einer solchen Ähnlichkeit zu sprechen, vor allem: sie hervorzurufen. Jedoch auch wir besitzen einen Kanon nach dem das, was unsinnliche Ähnlichkeit bedeutet, sich einer Klärung näherführen läßt. Und dieser Kanon ist die Sprache.

Von jeher hat man dem mimetischen Vermögen einigen Einfluß auf die Sprache zugebilligt. Jedoch geschah das ohne Grundsatz: ohne daß dabei an eine fernere Bedeutung, geschweige denn Geschichte des mimetischen Vermögens wäre gedacht worden. Vor allem aber blieben solche Überlegungen aufs engste an den geläufigen, sinnlichen Bereich der Ähnlichkeit gebunden. Immerhin hat man nachahmendem Verhalten bei der Sprachentstehung unterm Namen des Onomatopoetischen einen Platz gegeben. Wenn nun die Sprache, wie es auf der Hand liegt, nicht ein verabredetes System von Zeichen ist, so wird man immer wieder auf Gedanken zurückgreifen müssen, wie sie in ihrer primitivsten Form als onomatopoetische Erklärungsweise auftreten. Die Frage ist: Kann diese ausgebildet und einer besseren Einsicht angeglichen werden?

»Jedes Wort – und die ganze Sprache, so hat man wohl behauptet, ist onomatopoetisch.« Schwer, auch nur das Programm zu präzisieren, welches in diesem Satze liegen könnte. Indessen bietet der Begriff der unsinnlichen Ähnlichkeit gewisse Handhaben. Ordnet man nämlich Wörter der verschiedenen Sprache, die ein Gleiches bedeuten, um jenes Bedeutete als ihren Mittelpunkt, so wäre zu erforschen, wie sie alle – die miteinander oft nicht die geringste Ähnlichkeit besitzen mögen – ähnlich einem Bedeuteten in ihrer Mitte sind. Jedoch ist diese Art von Ähnlichkeit nicht nur an den Verhältnissen der Wörter für Gleiches in den verschiedenen Sprachen zu erläutern. Wie sich denn überhaupt die Überlegung nicht aufs gesprochene Wort beschränken kann. Sie hat es vielmehr ganz genau so sehr mit dem geschriebenen zu tun. Und da ist es beachtenswert, daß dieses – in manchen Fällen vielleicht prägnanter als das gesprochene – durch das Verhältnis seines Schriftbildes zu dem Bedeuteten das Wesen der unsinnlichen Ähnlichkeit erhellt. Kurz, es ist unsinnliche Ähnlichkeit, die die Verspannungen nicht nur zwischen dem Gesprochenen und Gemeinten sondern auch zwischen dem Geschriebenen und Gemeinten und gleichfalls zwischen dem Gesprochenen und Geschriebenen stiftet.

Die Graphologie hat gelehrt, in den Handschriften Bilder zu erkennen, die das Unbewußte des Schreibers darinnen versteckt. Es ist anzunehmen, daß der mimetische Vorgang, welcher dergestalt in der Aktivität des Schreibenden zum Ausdruck kommt, in sehr entrückten Zeiten als die Schrift entstand, von größter Bedeutung für das Schreiben gewesen ist. Die Schrift ist so, neben der Sprache, ein Archiv unsinnlicher Ähnlichkeiten, unsinnlicher Korrespondenzen geworden.

Diese Seite der Sprache wie die Schrift läuft aber nicht beziehungslos neben der anderen, der semiotischen einher. Alles Mimetische der Sprache kann vielmehr, der Flamme ähnlich, nur an einer Art von Träger in Erscheinung treten. Dieser Träger ist das Semiotische. So ist der Sinnzusammenhang der Wörter oder Sätze der Träger, an dem erst, blitzartig, die Ähnlichkeit in Erscheinung tritt. Denn ihre Erzeugung durch den

Menschen ist – ebenso wie ihre Wahrnehmung durch ihn – in vielen und zumal den wichtigen Fällen an ein Aufblitzen gebunden. Sie huscht vorbei. Nicht unwahrscheinlich, daß die Schnelligkeit des Schreibens und des Lesens die Verschmelzung des Semiotischen und des Mimetischen im Sprachbereiche steigert.

»Was nie geschrieben wurde, lesen.« Dies Lesen ist das älteste: das Lesen vor aller Sprache, aus den Eingeweiden, den Sternen oder Tänzen. Später kamen Vermittlungsglieder eines neuen Lesens, Runen und Hieroglyphen in Gebrauch. Die Annahme liegt nahe, daß dies die Stationen wurden, über welche jene mimetische Begabung, die einst das Fundament der okulten Praxis gewesen ist in Schrift und Sprache ihren Eingang fand. Dergestalt wäre die Sprache die höchste Stufe des mimetischen Verhaltens und das vollkommenste Archiv der unsinnlichen Ähnlichkeit: ein Medium, in welches ohne Rest die früheren Kräfte mimetischer Hervorbringung und Auffassung hineingewandert sind, bis sie soweit gelangten, die der Magie zu liquidieren.

Lesestücke

Städtebilder

Moskau

I. – Schneller als Moskau selber lernt man Berlin von Moskau aus sehen. Für einen, der aus Rußland heimkehrt, ist die Stadt wie frisch gewaschen. Es liegt kein Schmutz, aber es liegt auch kein Schnee. Die Straßen kommen ihm in Wirklichkeit so trostlos sauber und gekehrt vor, wie auf Zeichnungen von Grosz. Und auch die Lebenswahrheit seiner Typen ist ihm evidenter. Es ist mit dem Bilde der Stadt und der Menschen nicht anders als mit dem der geistigen Zustände: die neue Optik, die man auf sie gewinnt, ist der unzweifelhafteste Ertrag eines russischen Aufenthaltes. Mag man auch Rußland noch so wenig kennen – was man lernt, ist, Europa mit dem bewußten Wissen von dem, was sich in Rußland abspielt, zu beobachten und zu beurteilen. Das fällt dem einsichtsvollen Europäer als erstes in Rußland zu. Darum ist andrerseits der Aufenthalt für Fremde ein so sehr genauer Prüfstein. Jeden nötigt er, seinen Standpunkt zu wählen. Im Grunde freilich ist die einzige Gewähr der rechten Einsicht, Stellung gewählt zu haben, ehe man kommt. Sehen kann gerade in Rußland nur der Entschiedene. An einem Wendepunkt historischen Geschehens, wie ihn das Faktum »Sowjet-Rußland« wenn nicht setzt, so anzeigt, steht gar nicht zur Debatte, welche Wirklichkeit die bessere, noch welcher Wille auf dem besseren Wege sei. Es geht nur darum: Welche Wirklichkeit wird innerlich der Wahrheit konvergent? Welche Wahrheit bereitet mit dem Wirklichen zu konvergieren innerlich sich vor? Nur wer hier deutlich Antwort gibt ist »objektiv«. Nicht seinen Zeitgenossen gegenüber (darauf kommt es nicht an), sondern dem Zeitgeschehen gegenüber (das ist entscheidend). Nur wer, in der Entscheidung, mit der Welt seinen dialektischen Frieden gemacht hat, der kann das Konkrete erfassen. Doch wer »an Hand der Fakten« sich entscheiden will, dem werden diese Fakten ihre Hand nicht bieten. – Heimkehrend findet man vor allem eins: Berlin ist eine menschenleere Stadt. Menschen und Gruppen, die in seinen Straßen sich bewegen, haben die Einsamkeit um sich. Unaussprechlich scheint der Berliner Luxus. Und er beginnt schon auf dem Asphalt. Denn die Breite der Bürgersteige ist fürstlich. Sie machen aus dem ärmsten Schlucker einen Grandseigneur, welcher auf der Estrade seines Schlosses wandelt. Fürstlich vereinsamt, fürstlich verödet sind die Berliner Straßen. Nicht nur im Westen. In Moskau gibt es drei, vier Stellen, an denen ohne jene Strategie des Drängens und Sichwindens nicht vorwärts zu gelangen ist, die man sich in der ersten Woche (gleichzeitig also mit der Technik, sich auf Glatteis zu bewegen) aneignet. Tritt man auf den Staleschnykow, so atmet man auf: hier endlich darf man unbedenklich vor Auslagen haltmachen und seiner Wege gehen, ohne an dem schlenderhaften Serpentinengange teilzunehmen, an den der schmale Bürgersteig die meisten gewöhnt hat. Aber welch eine Fülle hat diese nicht nur von Menschen überschwemmte Zeile und wie ausgestorben und leer ist Berlin! In Moskau drängt die Ware überall aus den Häusern, sie hängt an Zäunen, lehnt an Gattern, liegt auf dem Pflaster. Alle fünfzig Schritt stehen Weiber mit Zigaretten, Weiber mit Obst, Weiber mit Zuckerwerk. Sie haben ihren Waschkorb mit der Ware neben sich, manchmal auch einen kleinen Schlitten. Ein buntes Tuch aus Wolle schützt Äpfel und Apfelsinen vor der Kälte, zwei Musterexemplare liegen obenauf. Daneben Zukkerfiguren, Nüsse, Bonbons. Man denkt, eine Großmutter hat vor dem Weggehen im Hause Umschau gehalten nach allem, womit sie ihre Enkel überraschen könnte. Nun bleibt sie unterwegs, um sich ein bißchen auszuruhen, an der Straße stehen. Berliner Straßen kennen solche Posten mit Schlitten, Säcken, Wägelchen und Körben nicht. Verglichen mit den Moskauer sind sie wie eine frisch gefegte leere Rennbahn, auf der ein Feld von Sechstagefahrern trostlos voranhastet.

II. – Die Stadt scheint schon am Bahnhof sich herzugeben. Kioske, Bogenlampen, Häuserblöcke kristallisieren zu niewiederkehrenden Figuren. Doch das zerstiebt, sowie ich nach Namen suche. Ich muß mich trollen ... Zu Anfang gibt es nichts als Schnee zu sehen, den schmutzigen, der schon Quartier bezogen hat, und den reinen, der langsam nachrückt. Gleich mit der Ankunft setzt das Kinderstadium ein. Gehen will auf dem dicken Glatteis dieser Straßen neu erlernt sein. Die Häuserwildnis ist so undurchdringlich, daß nur das Blendende im Blick erfaßt wird. Ein Transparent mit Inschrift »Kefir« leuchtet in den Abend. Ich merke mir's, als wäre die Twerskaja, die alte Straße nach Twer, auf der ich jetzt bin, noch wirklich Chaussee und weit und breit nichts zu sehen als Ebene. Ehe ich Moskaus wirkliche Landschaft entdeckt, seinen wirklichen Fluß gesehen, seine wirklichen Höhen gefunden habe, ist jeder Straßendamm schon ein umstrittener Fluß, jede Hausnummer ein trigonometrisches Signal und jeder seiner Riesenplätze mir ein See geworden. Nur eben, daß ein jeder Schritt und Tritt hier auf benanntem Grunde getan wird. Und wo nun einer dieser Namen fällt, da baut sich Phantasie um diesen Laut im Handumdrehen ein ganzes Viertel auf. Das wird der späteren Wirklichkeit noch lange trotzen und spröd wie gläsernes Gemäuer darin steckenbleiben. Die Stadt hat in der ersten Zeit noch hundert Grenzbarrieren. Doch eines Tages sind das Tor, die Kirche, die Grenze einer Gegend waren, unversehens Mitte. Nun wird die Stadt dem Neuling Labyrinth. Straßen, die er weit voneinander angesiedelt hat, reißt eine Ecke ihm zusammen, wie die Faust eines Kutschers ein Zweigespann. Wie vielen topographischen Attrappen er verfällt, ließe in seinem ganzen passionierenden Verlauf sich einzig und allein im Film entrollen: die Großstadt setzt sich gegen ihn zur Wehr, maskiert sich, flüchtet, intrigiert, verlockt, bis zur Erschöpfung ihre Kreise zu durchirren. (Das kann zunächst sehr praktisch angegriffen werden; für Fremde sollten während der Saison in großen Städten »Orientierungsfilme« laufen.) Am Ende aber siegen Karten und Pläne: abends im Bett jongliert die Phantasie mit wirklichen Gebäuden, Parks und Straßen.

III. – Das winterliche Moskau ist eine stille Stadt. Leise spielt sich das ungeheure Getriebe der Straßen ab. Das macht der Schnee. Aber das macht auch die Rückständigkeit des Verkehrs. Autosignale beherrschen das Großstadtorchester. Aber in Moskau gibt es erst wenig Autos. Sie werden nur bei Hochzeiten und Todesfällen und zum beschleunigten Regieren aufgeboten. Freilich setzen sie abends hellere Lichter auf, als sie in irgendeiner andern Großstadt es dürfen. Und die Lichtkegel stoßen so blendend vor, daß wer einmal davon ergriffen ist, hilflos sich nicht von der Stelle wagt. Vorm Kremltor stehen im blendenden Licht die Posten in den frechen ockergelben Pelzen. Über ihnen funkelt das rote Signal, das den Verkehr in der Durchfahrt regelt. Alle Farben von Moskau schießen hier, im Zentrum der russischen Macht, prismatisch zusammen. Lichtbündel aus den überstarken Autolampen jagen durchs Dunkel. In ihrem Schein scheuen die Pferde der Kavalleristen, die im Kreml ein großes Übungsfeld haben. Fußgänger schlagen sich zwischen Autos und zwischen ungebärdigen Gäulen durch. Lange Folgen von Schlitten, auf denen man Schnee abführt. Einzelne Reiter. Stumme Rabenschwärme haben im Schnee sich niedergelassen. Das Auge ist unendlich mehr beschäftigt als das Ohr. Die Farben bieten ihr Äußerstes gegen das Weiß auf. Der kleinste bunte Fetzen glüht im Freien. Bilderbücher liegen im Schnee; Chinesen verkaufen kunstvolle papierne Fächer, häufiger noch papierne Drachen in der Form exotischer Tiefseefische. Tagaus, tagein ist man auf Kinderfest eingerichtet. Es gibt Männer, die Körbe voll Holzspielzeug haben, Wagen und Spaten; gelb und rot sind die Wagen, gelb oder rot die Schaufeln der Kinder. All dies geschnitzte und gezimmerte Gerät ist schlichter und solider als in Deutschland, sein bäuerlicher Ursprung ist deutlich sichtbar. Eines Morgens stehen am Straßenrand winzige Häuschen mit blitzenden Fenstern und einem Zaun um den Vorplatz: Holzspielzeug aus dem Gouvernement Wladimir. Das heißt: ein neuer Warenschub ist eingetroffen. Ernsthafte, nüchterne Bedarfsartikel werden im Straßenhandel verwegen. Ein Korbverkäufer mit allerhand Ware, bunter, wie man sie überall auf Capri kaufen kann, doppelten Henkelkörben mit quadratisch strengen Mustern, trägt auf der Spitze seiner Stange glanzpapierne Bauer mit glanzpapiernen Vögelchen im Innern. Aber auch ein wirklicher Papagei, ein weißer Ara, ist manchmal zu sehen. In der Mjassnitzkaja steht eine Frau mit Weißwaren, auf Tablett oder Schulter hockt ihr der Vogel. Den malerischen Hintergrund zu solchen Tieren muß man sich anderswo, beim Stand der Photographen, suchen. Unter den kahlen Bäumen der Boulevards stehen Paravents mit Palmen, Marmortreppen und südlichen Meeren. Und noch ein anderes gemahnt hier an den Süden. Das ist die wilde Mannigfaltigkeit des Straßenhandels. Schuhkrem und Schreibzeug, Handtücher, Puppenschlitten, Schaukeln für Kinder, Damenwäsche, ausgestopfte Vögel, Kleiderbügel – alles drängt auf die offene Straße, als wären nicht 25° unter Null, sondern voller neapolitanischer Sommer. Lange war mir ein Mann geheimnisvoll, der vor sich eine dicht beschriftete Tafel hatte. Ich wollte einen Wahrsager in ihm sehen. Endlich einmal gelang mir, ihn bei seinem Treiben zu belauschen. Ich sah, daß er von seinen Lettern zwei verkaufte und einem Kunden sie als Initialen in den Galoschen befestigte. Dann die breiten Schlitten mit den drei Fächern für Cacaouettes, Haselnüsse und Semitschky (Sonnenblumenkerne, die nun nach einer Verfügung der Sowjets an öffentlichen Orten nicht mehr gekaut werden dürfen). Garköche sammeln sich in der Nähe der Arbeitsbörse. Sie haben heiße Kuchen zu verkaufen und in Scheiben gebratene Wurst. All das geht aber lautlos vor sich, Rufe, wie sie im Süden jeder Händler hat, sind unbekannt. Die Leute wenden sich an den Passanten eher mit Reden, gesetzten, wenn nicht geflüsterten, in denen etwas von der Bettlerdemut liegt. Nur eine Kaste zieht hier laut durch die Straßen, das sind die Lumpensammler mit ihrem Sack auf dem Rücken; ihr melancholischer Ruf durchklingt ein oder mehrmals wöchentlich jedes Viertel. Der Straßenhandel ist zum Teil illegal und vermeidet dann jedes Aufsehen. Frauen, in offener Hand auf einer Lage Stroh ein rohes Stück Fleisch, ein Huhn, einen Schinken, stehen und bieten es den Passanten an. Das sind Verkäuferinnen ohne Erlaubnis. Sie sind zu arm, um die Gebühr für einen Warenstand zu zahlen, und haben keine Zeit, um eine Wochenkonzession auf einem Amt sich viele Stunden anzustellen. Kommt ein Milizionär, dann laufen sie einfach davon. Der Straßenhandel gipfelt in den großen Märkten, an der Smolenskaja und am Arbat. Und an der Sucharewskaja. Dieser berühmteste liegt unter einer Kirche, die sich mit blauen Kuppeln über den Buden aufhebt. Zuerst passiert man das Viertel der Alteisenhändler. Die Leute haben ihre Ware einfach im Schnee liegen. Man findet alte Schlösser, Meterstäbe, Handwerkszeug, Küchengerät, elektrotechnisches Material. An Ort und Stelle führt man Reparaturen aus; ich sah über einer Stichflamme löten. Sitze gibt es hier nirgends, alles steht aufrecht, schwatzt oder handelt. Auf diesem Markt läßt die architektonische Funktion der Ware sich erkennen: Tücher und Stoffe bilden Pilaster und Säulen; Schuhe, Walinki, die an Schnüren gereiht überm Verkaufstische hängen, werden zu Dächern der Bude; große Garmoschkas (Ziehharmoniken) bilden tönende Mauern, also gewissermaßen Memnonsmauern. Ob in den wenigen Ständen mit Heiligenbildern noch heute im geheimen jene seltsamen Ikonen, deren Verkauf schon der Zarismus unter Strafe stellte, zu bekommen sind, weiß ich nicht. Da gab es die Muttergottes mit den drei Händen. Sie ist halbnackt. Aus dem Nabel steigt eine kräftige, wohlgebildete Hand. Rechts und links breiten die beiden andern in der Gebärde des Segnens sich aus. Die Dreiheit dieser Hände wird für ein Symbol der heiligen Dreifaltigkeit erachtet. Es gab ein anderes Andachtsbild der Gottesmutter, das sie mit offenem Unterleibe darstellt; Wolken treten daraus statt der Eingeweide; in ihrer Mitte tanzt das Christuskind und hält in der Hand eine Geige. Da der Verkaufszweig der Ikonen zum Papier- und Bilderhandel rechnet, so kommen diese Buden mit Heiligenbildern neben die Stände mit Papierwaren zu stehen, so daß sie überall von Lenin-Bildern flankiert sind, wie ein Verhafteter von zwei Gendarmen. Das Straßenleben setzt auch nachts nicht völlig aus. In dunklen Torwegen stößt man auf Pelze wie Häuser. Nachtwächter hokken darin auf ihren Stühlen und machen von Zeit zu Zeit sich schwerfällig auf.

IV. – Im Straßenbilde aller Proletarierviertel sind die Kinder wichtig. Sie sind zahlreicher dort als in den andern, sie bewegen sich zielsicherer und geschäftiger. Moskau wimmelt von Kindern in allen Quartieren. Schon unter ihnen gibt es eine kommunistische Hierarchie. Die Komsomolsen als die ältesten stehen an der Spitze. Sie haben ihre Klubs in allen Städten und sind der eigentliche geschulte Nachwuchs der Partei. Die Kleineren werden – mit sechs Jahren – »Pioniere«. Auch sie sind wieder in Klubs zusammengeschlossen, tragen als ein stolzes Abzeichen den roten Schlips. »Oktjabr« (»Oktobers«) endlich – oder auch »Wölfe« – heißen die kleinen Babys vom

Augenblick an, wo sie aufs Lenin-Bildnis deuten können. Aber noch immer trifft man auch auf die verkommenen namenlos traurigen Besprisorny. Tagsüber sieht man sie meistens allein; sie gehen jedes seinen eigenen Kriegspfad. Am Abend aber stoßen sie vor grell beleuchteten Kinofassaden zu Trupps zusammen und man erzählt den Fremden, es sei nicht gut, auf einsamem Nachhausewege solcher Bande zu begegnen. Um diese durch und durch Verwilderten, Mißtrauischen, Verbitterten zu erfassen, blieb dem Erzieher gar nichts anderes übrig, als selber auf die Straße zu gehen. Man hat in jedem Moskauer Rayon bereits seit Jahren »Kinderplätze« eingerichtet. Sie unterstehen einer Angestellten, die selten mehr als eine Hilfskraft hat. Ihre Sache, wie sie es fertig bringt, an die Kinder ihres Rayons heranzukommen. Essen wird ausgegeben, es wird gespielt. Zu Anfang kommen zwanzig oder vierzig, greift aber eine Leiterin es richtig an, so können nach zwei Wochen hunderte von Kindern den Platz erfüllen. Daß hergebrachte pädagogische Methoden mit diesen Kindermassen nie zu Rande kämen, versteht sich. Um überhaupt zu ihnen vorzustoßen, gehört zu werden, muß man schon an die Parolen der Straße selber, des ganzen kollektiven Lebens sich so dicht und so deutlich wie möglich anschließen. Die Politik ist bei der Organisation von Scharen solcher Kinder nicht Tendenz, sondern so selbstverständlicher Beschäftigungsgegenstand, so evidentes Anschauungsmaterial wie Kaufmannsladen oder Puppenstube für die Bürgerkinder. Wenn man dann weiter sich vergegenwärtigt, daß eine Leiterin die Kinder acht Stunden lang zu überwachen, zu beschäftigen, zu speisen hat, dazu die Buchhaltung aller Ausgaben führt, die für Milch, Brot und Materialien erfordert werden, daß sie verantwortlich für alles dies ist, muß drastisch werden, wieviel solche Arbeit von dem privaten Dasein derer, die sie ausübt, übrig läßt. Mitten in allen Bildern eines noch längst nicht bezwungenen Kinderelends wird aber der, der aufmerkt, eins gewahr: wie der befreite Stolz der Proletarier mit der befreiten Haltung der Kinder zusammenstimmt. Nichts überrascht auf einem Studiengang durch Moskauer Museen mehr und schöner, als anzusehen, wie durch diese Räume in Gruppen, manchesmal um einen Führer, oder vereinzelt, Kinder und Arbeiter in aller Unbefangenheit sich bewegen. Hier ist nichts von der trostlosen Gedrücktheit der seltenen Proletarier, die in unseren Museen sich anderen Besuchern kaum zu zeigen wagen. In Rußland hat das Proletariat wirklich Besitz von der bürgerlichen Kultur zu nehmen begonnen, bei uns kommt es mit solchem Unternehmen sich so vor, als ob es einen Einbruchsdiebstahl plant. Es gibt nun freilich gerade in Moskau Sammlungen, in welchen Arbeiter und Kinder sich wirklich bald vertraut und heimisch finden können. Da ist das Polytechnische Museum mit seinen vielen tausenden von Proben, Apparaten, Dokumenten und Modellen zur Geschichte der Urproduktion und der verarbeitenden Industrie. Da ist das hervorragend geleitete Spielzeugmuseum, das unter seinem Direktor Bartram eine kostbare, instruktive Sammlung russischen Spielzeugs vereinigt hat und ebenso dem Forscher wie den Kindern dient, die stundenlang in diesen Sälen herumspazieren (gegen Mittag gibt es dazu dann großes, unentgeltliches Puppentheater, so schön wie nur eines im Luxembourg). Da ist die berühmte Tretjakoff-Galerie, in der man erst begreift, was Genremalerei bedeutet und wie gemäß sie gerade dem Russen ist. Der Proletarier findet hier Sujets aus der Geschichte seiner Bewegung: »Ein Konspirator von Gendarmen überrascht«, »Rückkehr eines Verbannten aus Sibirien«, »Die arme Gouvernante tritt den Dienst in einem reichen Kaufmannshause an«. Und daß dergleichen Szenen ganz im Geist der bürgerlichen Malerei gehalten sind, das schadet nicht nur nicht – es bringt sie diesem Publikum nur näher. Kunsterziehung wird ja (wie Proust bisweilen sehr gut zu verstehen gibt) nicht gerade durch Betrachtung von »Meisterwerken« gefördert. Vielmehr, das Kind oder der Proletarier, der sich eben bildet, erkennt mit Recht ganz anderes als Meisterwerk an denn ein Sammler. Solche Bilder haben für ihn eine sehr vorübergehende aber solide Bedeutung, und der strengere Maßstab tut nur den aktuellen Werken gegenüber not, die sich auf ihn, seine Arbeit und seine Klasse beziehen.

V. – Der Bettel ist nicht aggressiv wie im Süden, wo die Aufdringlichkeit des Zerlumpten noch immer einen Rest von Vitalität verrät. Hier ist er eine Korporation von Sterbenden. Die Straßenecken mancher Viertel sind mit Lumpenbündeln belegt – Betten in dem riesigen Lazarett »Moskau«, das unter freiem Himmel daliegt. Lange flehende Reden gehen die Leute an. Da ist ein Bettler, der beginnt immer, wenn ein Passant, von dem er sich etwas verspricht, ihm näher kommt, ein leises, ausdauerndes Heulen; das richtet sich an Fremde, die nicht Russisch können. Ein anderer hat genau die Haltung des Armen, für den der heilige Martin auf alten Bildern mit dem Schwert seinen Mantel durchschneidet. Er kniet mit beiden vorgestreckten Armen. Kurz vor Weihnachten saßen tagtäglich im Schnee zwei Kinder an der Mauer des Revolutionsmuseums, mit einem Fetzen bedeckt, und sie wimmerten. (Aber vor dem Englischen Klub, dem vornehmsten Moskaus, dem früher dieses Gebäude gehörte, wäre ihnen auch das nicht möglich gewesen.) Moskau müßte man kennen, wie solche Bettelkinder es tun. Die wissen zu bestimmter Zeit in einem ganz bestimmten Laden eine Ecke neben der Tür, wo sie sich zehn Minuten wärmen dürfen, wissen, wo sie an einem Tag der Woche sich zu bestimmter Stunde Krusten holen können und wo in aufgestapelten Leitungsröhren ein Schlafplatz frei ist. Den Bettel haben sie zu einer großen Kunst mit hundert Schematismen und Varianten entwikkelt. Sie kontrollieren an belebten Ecken die Kundschaft eines Pastetenbäckers, gehen den Käufer an und begleiten ihn winselnd und bittend, bis er ein Stück von seinem heißen Kuchen an sie abgetreten hat. Andere haben bei einer Kopfstation der Trambahn ihren Stand, treten in einen Wagen, singen ein Lied und sammeln Kopeken. Und es gibt Stellen, freilich nur wenige, an denen selbst der Straßenhandel das Gesicht des Bettels hat. Ein paar Mongolen stehen an der Mauer von Kitai Gorod. Sie sind nicht mehr als fünf Schritt einer vom andern entfernt und handeln mit Ledermappen; ein jeder mit genau der gleichen Ware wie sein Nebenmann. Es muß dahinter wohl eine Abmachung stecken, denn so einander aussichtslose Konkurrenz zu machen, kann nicht ihr Ernst sein. Wahrscheinlich ist in ihrer Heimat der Winter nicht weniger rauh und sind auch ihre zerlumpten Pelze nicht schlechter als die Pelze der Eingeborenen. Dennoch sind sie die einzigen in Moskau, mit denen man des Klimas wegen Mitleid hat. Selbst Priester, die für ihre Kirche betteln gehen, gibt es noch. Aber sehr selten sieht man jemanden geben. Der Bettel hat die stärkste Grundlage verloren, das schlechte gesellschaftliche Gewissen, das so viel weiter als das Mitleid die Taschen öffnet. Im übrigen erscheint es ein Ausdruck des wandellosen Elends dieser Bettelnden, vielleicht ist es auch nur die Folge einer klugen Organisation, daß unter sämtlichen Institutionen Moskaus sie die allein Verläßlichen sind und unverändert ihren Platz behaupten, während ringsumher sich alles verschiebt.

VI. – Jeder Gedanke, jeder Tag und jedes Leben liegt hier wie auf dem Tisch eines Laboratoriums. Und als wäre es ein Metall, welchem man einen unbekannten Stoff mit allen Mitteln abgewinnen will, muß er bis zur Erschöpfung mit sich experimentieren lassen. Kein Organismus, keine Organisation kann sich diesem Vorgang entziehen. Die Angestellten werden in den Betrieben, die Ämter in den Gebäuden, die Möbel in den Wohnungen umgruppiert, versetzt und umhergerückt. Neue Zeremonien für die Namengebung, die Eheschließung werden in den Klubs als in Versuchsanstalten vorgeführt. Verordnungen werden verändert von Tag zu Tag, aber auch Trambahnhaltestellen wandern, Läden werden zu Restaurants und ein paar Wochen später zu Büros. Diese erstaunliche Versuchsanordnung – man nennt sie hier »Remonte« – betrifft nicht Moskau allein, sie ist russisch. Es steckt in dieser herrschenden Passion ebensoviel naiver Wille zum Guten wie uferlose Neugier und Verspieltheit. Weniges bestimmt heute Rußland stärker. Das Land ist Tag und Nacht mobilisiert, allen voran natürlich die Partei. Ja, was den Bolschewik, den russischen Kommunisten, von seinen westlichen Genossen unterscheidet, ist diese unbedingte Mobilbereitschaft. Seine Existenzbasis ist so schmal, daß er jahraus, jahrein zum Aufbruch fertig ist. Er wäre diesem Leben anders nicht gewachsen. Wo sonst ist denkbar, daß man eines Tages einen verdienten Militär zum Leiter eines großen Staatstheaters macht? Der gegenwärtige

Direktor des Revolutionstheaters ist ein ehemaliger General. Es ist wahr: er war Literat, ehe er siegreicher Feldherr wurde. Oder in welchem Lande sonst kann man Geschichten hören wie sie mir der »Schwejzar« meines Hotels von sich erzählte? Bis 1924 saß er im Kreml. Dann befiel eines Tages ihn schwere Ischias. Die Partei ließ ihn von ihren besten Ärzten behandeln, sandte ihn in die Krim, ließ ihn Moorbäder nehmen, Strahlenbehandlung versuchen. Als alles vergeblich blieb, sagte man ihm: »Sie brauchen einen Posten, auf dem Sie sich schonen können, warm sitzen, keine Bewegung machen.« Am andern Tage war er Hotelportier. Wenn er kuriert ist, kommt er wieder in den Kreml. – Am Ende ist auch die Gesundheit der Genossen vor allem kostbarstes Besitztum der Partei, die im gegebenen Falle über die Person hinweg, veranlaßt, was zu deren Konservierung ihr erfordert scheint. So stellt es jedenfalls in einer ausgezeichneten Novelle Boris Pilnak dar. An einem hohen Funktionär wird gegen dessen Willen ein Eingriff vorgenommen, der letal verläuft. (Man nennt hier einen sehr berühmten Namen unter den Toten der letzten Jahre.) Keine Kenntnis und keine Fähigkeit, die nicht vom kollektiven Leben irgendwie ergriffen und ihm dienstbar gemacht würde. Der »Spez« – so nennt man allgemein den Spezialisten – ist Vorbildung der Versachlichung und der einzige Bürger, der unabhängig vom politischen Aktionskreis etwas vorstellt. Gelegentlich streift der Respekt vor diesem Typ den Fetischismus. So wurde an der roten Kriegsakademie ein General als Lehrer angestellt, der durch sein Auftreten im Bürgerkrieg berüchtigt ist. Jeden gefangenen Bolschewisten ließ er ohne Umstände hängen. Für Europäer ist ein solcher Standpunkt, der das Prestige der Ideologie dem sachlichen Gesichtspunkt unnachsichtlich unterordnet, kaum verständlich. Aber auch für die Gegenseite ist der Vorfall bezeichnend. Es sind ja nicht nur Militärs des Zarenreiches, die, wie bekannt, sich in den Dienst der Bolschewisten stellten. Auch Intellektuelle kehren mit der Zeit als Spezialisten auf die Posten zurück, die sie im Bürgerkrieg sabotiert haben. Opposition, wie man im Westen sie sich denken möchte – Intelligenz, die abseits steht, und unterm Joche schmachtet – gibt es nicht oder besser gesagt: gibt es nicht mehr. Sie ist – mit welchen Reservaten immer – den Waffenstillstand mit den Bolschewisten eingegangen oder sie ist vernichtet. Es gibt in Rußland – gerade außerhalb der Partei – keine andere Opposition, als die loyalste. Auf keinem lastet nämlich dieses neue Leben schwerer als auf dem betrachtenden Außenseiter. Als Müßiggänger dieses Dasein zu ertragen ist unmöglich, weil es in jedem mindesten Detail schön und verständlich nur durch Arbeit wird. Eigene Gedanken in ein vorgegebenes Kraftfeld einzutragen, ein wenn auch noch so virtuelles Mandat, organisierter, garantierter Kontakt mit Genossen – daran ist dieses Leben so sehr gebunden, daß, wer darauf verzichtet, oder sich das nicht verschaffen kann, geistig verkommt als säße er in jahrelanger Einzelhaft.

VII. – Der Bolschewismus hat das Privatleben abgeschafft. Das Ämterwesen, der politische Betrieb, die Presse sind so mächtig, daß für Interessen, die mit ihnen nicht zusammenfließen, gar keine Zeit bleibt. Es bleibt auch kein Raum. Wohnungen, die früher in ihren fünf bis acht Zimmern eine einzige Familie aufnahmen, beherbergen jetzt oft deren acht. Durch die Flurtür tritt man in eine kleine Stadt. Öfter noch in ein Feldlager. Schon im Vorraum kann man auf Betten stoßen. Zwischen vier Wänden wird ja nur kampiert, und meist ist das geringe Inventar nur Restbestand kleinbürgerlicher Habseligkeiten, die noch um vieles niederschlagender wirken, weil das Zimmer so dürftig möbliert ist. Zum kleinbürgerlichen Einrichtungsstil aber gehört das Komplette: Bilder müssen die Wände bedekken, Kissen das Sofa, Decken die Kissen, Nippes die Konsolen, bunte Scheiben die Fenster. (Solche Kleinbürgerzimmer sind Schlachtfelder, über die der Ansturm des Warenkapitals siegreich dahingegangen ist; es kann nichts Menschliches mehr da gedeihen.) Von alledem ist wahllos nur das eine oder andere erhalten. Allwöchentlich werden die Möbel in den kahlen Zimmern umgestellt – das ist der einzige Luxus, den man mit ihnen sich gestattet, zugleich ein radikales Mittel, die »Gemütlichkeit« samt der Melancholie, mit der sie bezahlt wird, aus dem Haus zu vertreiben. Darinnen halten die Menschen das Dasein aus, weil sie durch ihre Lebensweise ihm entfremdet sind. Ihr Aufenthalt ist das Büro, der Klub, die Straße. Von der mobilen Beamtenarmee findet man hier nur den Train vor. Vorhänge und Verschläge, oft nur bis zu halber Zimmerhöhe, haben die Zahl der Räume vervielfachen müssen. Denn jedem Bürger stehen von Rechts wegen nur dreizehn Quadratmeter Wohnfläche zur Verfügung. Für die Wohnung zahlt er nach seinem Einkommen. Der Staat – aller Hausbesitz ist verstaatlicht – erhebt von Arbeitslosen für dieselben Flächen einen Rubel monatlich, für die Wohlhabendere sechzig oder mehr bezahlen. Wer mehr als diesen vorgeschriebenen Einheitsraum beansprucht, muß, wenn er das beruflich nicht begründen kann, ein Vielfaches entrichten. Seitab vom vorgezeichneten Weg stößt jeder Schritt auf einen unabsehbaren bürokratischen Apparat und auf unerschwingliche Kosten. Das Mitglied der Gewerkschaft, das ein Krankheitszeugnis beibringt, den vorgeschriebenen Instanzenweg durchläuft, kann im modernsten Sanatorium unterkommen, an die Kurorte der Krim verschickt werden, kostspielige Strahlenbehandlung genießen, ohne für all dies einen Pfennig aufzuwenden. Der Außenseiter kann betteln gehen und im Elend verkommen, wenn er nicht in der Lage ist, als Angehöriger der neuen Bourgeoisie für Tausende von Rubeln sich das alles zu erkaufen. Dinge, die sich im kollektiven Rahmen nicht begründen lassen, erfordern einen unverhältnismäßigen Kraftaufwand. Aus diesem Grunde gibt es keine »Häuslichkeit«. Aber es gibt auch keine Cafés. Der freie Handel und die freie Intelligenz sind abgeschafft. Dadurch ist den Cafés ihr Publikum entzogen. Es bleiben also der Erledigung, selbst von privateren Angelegenheiten, nur Büro und Klub. Hier aber handelt man im Bann des neuen »Byt« – der neuen Umwelt, vor der nichts besteht als die Funktion des Schaffenden im Kollektivum. Die neuen Russen nennen das Milieu den einzig zuverlässigen Erzieher.

VIII. – Für jeden Bürger Moskaus sind die Tage randvoll. Sitzungen, Kommissionen sind zu jeder Stunde in Ämtern, Klubs, Fabriken anberaumt, haben oft keine eigene Stätte zur Verfügung, tagen in Ecken lärmender Redaktionen, am abgeräumten Tisch in einer Kantine. Es gibt eine Art natürlicher Auslese und einen Kampf ums Dasein unter diesen Veranstaltungen. Die Gesellschaft entwirft sie gewissermaßen, plant sie, sie werden einberufen. Aber wie oft muß sich das wiederholen, bis endlich eine von den vielen glückt, lebensfähig, angepaßt ist, stattfindet. Daß nichts so eintrifft, wie es angesetzt war und man es erwartet – dieser banale Ausdruck für die Wirklichkeit des Lebens kommt hier in jedem Einzelfall so unverbrüchlich und so intensiv zu seinem Recht, daß der russische Fatalismus begreiflich wird. Wenn langsam sich im Kollektivum zivilisatorische Berechnung durchsetzt, so wird das vorderhand die Sache nur verwickeln. (In einem Hause, das nur Kerzen hat, ist man besser versehen, als wo elektrisches Licht angelegt, aber die Kraftzentrale allstündlich gestört ist.) Gefühl für einen Wert der Zeit begegnet, aller »Rationalisierung« ungeachtet, nicht einmal in der Hauptstadt Rußlands selbst. »Trud«, das gewerkschaftliche Institut für Arbeitswissenschaft, hat unter seinem Leiter Gastjeff mit Plakaten eine Kampagne für die Pünktlichkeit geführt. Seit jeher sind viele Uhrmacher in Moskau ansässig. Sie drängen mittelalterlich und zunftgerecht in einzelnen Straßen, am Kosnetzky Most, in der Uliza Gerzena sich zusammen. Man fragt sich, wer sie eigentlich nötig hat. »Zeit ist Geld« – für diesen erstaunlichen Satz wird auf Anschlägen Lenins Autorität beansprucht; so fremd ist das Gefühl dafür den Russen. Sie verspielen sich über allem. (Man möchte sagen, die Minuten sind ein Fusel, von dem sie nie genug bekommen können, sie sind angeheitert von Zeit.) Wenn auf der Straße eine Szene für den Film gekurbelt wird, vergessen sie, warum, wohin sie unterwegs sind, laufen stundenlang mit und kommen verstört ins Amt. Im Zeitgebrauche wird daher der Russe am allerlängsten »asiatisch« bleiben. – Einmal muß ich mich früh um sieben wecken lassen: »Morgen klopfen Sie bitte um sieben.« Damit löse ich bei dem »Schwejzar« – so werden die Hausdiener hier genannt – folgenden Shakespeareschen Monolog aus: »Wenn wir daran denken, dann werden wir wekken, wenn wir aber nicht daran denken, dann werden wir nicht wecken. Eigentlich, meistens denken wir ja daran, dann wekken wir eben. Aber gewiß, wir vergessen auch manchmal, wenn wir nicht daran denken. Dann wecken wir nicht. Verpflichtet sind wir ja nicht, aber wenn es uns richtig einfällt, dann tun wir es doch. Wann wollen Sie denn geweckt werden? Um sieben? Dann wollen wir das aufschreiben. Sie sehen, den Zettel tue ich dahin, da wird er ihn finden. Natürlich, wenn er ihn nicht findet, dann weckt er Sie nicht. Aber meistens wekken wir ja.« – Zeiteinheit ist im Grunde das »Ssitschass«. Das bedeutet »sofort«. Man kann es je nachdem zehn-, zwanzig-, dreißigmal zur Antwort hören und Stunden, Tage oder Wochen daran wenden, bis das derart Versprochene eintrifft. Wie man denn überhaupt nicht leicht die Antwort »Nein« hört. Abschlägiger Bescheid bleibt der Zeit überlassen. Zeitkatastrophen Zeitzusammenstöße sind daher an der Tagesordnung wie die »Remonte«. Sie machen jede Stunde überreich, jeden Tag erschöpfend, jedes Leben zum Augenblick.

IX. – Beförderung in der Trambahn ist in Moskau vor allem eine taktische Erfahrung. Hier lernt der Neuling sich vielleicht am ersten ins sonderbare Tempo dieser Stadt und in den Rhythmus ihrer bäurischen Bevölkerung schicken. Auch wie einander technischer Betrieb und primitive Existenzform ganz und gar durchdringen, dies weltgeschichtliche Experiment im neuen Rußland stellt eine Trambahnfahrt im kleinen an. Die Schaffnerinnen stehen angepelzt auf ihrem Platz in der Elektrischen wie Samojedenfrauen auf dem Schlitten. Ein zähes Stoßen, Drängen, Gegenstoßen bei dem Besteigen eines meistenteils schon bis zum Bersten überfüllten Wagens geht lautlos und in aller Herzlichkeit vonstatten. (Nie habe ich bei der Gelegenheit ein böses Wort vernommen.) Ist man im Innern, so beginnt die Wanderung erst. Durch die vereisten Scheiben kann man nie erkennen, an welcher Stelle sich der Wagen gerade befindet. Erfährt man es, so hilft es noch nicht viel. Der Weg zum Ausgang ist durch einen Menschenkeil verrammelt. Da man nun hinten einzusteigen hat, aber vorn den Wagen verläßt, so hat man sich durch diese Masse durchzufinden. Meist spielt sich die Beförderung freilich schubweise ab; an wichtigen Stationen wird der Wagen beinahe ganz geräumt. Also ist selbst der Moskauer Verkehr zum guten Teil ein Massenphänomen. So kann man denn auf ganze Schlittenkarawanen stoßen, die in langer Reihe die Straße versperren, weil Fuhren, die ein

Lastauto erfordern, auf fünf, sechs große Schlitten verladen werden. Die Schlitten hier bedenken erst das Pferd, danach den Fahrgast. Sie kennen nicht den kleinsten Überfluß. Ein Futtersack für den Gaul, eine Decke für den Benutzer – und das ist alles. Mehr als zwei haben nicht Platz auf der schmalen Bank, und da es keine Lehne gibt (wenn man nicht eine niedrige Kante so nennen will) muß man bei plötzlichen Kurven gut balancieren. Alles ist auf die schnellste Gangart berechnet; lange Fahrten bei Kälte verträgt man nicht gut, und ohnehin sind die Entfernungen in diesem Riesendorfe unabsehbar. Dicht am Bürgersteig lenkt der Iswoschtschik entlang. Der Fahrgast thront nicht, sieht nicht höher hinaus als alle anderen und streift mit seinem Ärmel die Passanten. Auch dies ist für den Tastsinn eine unvergleichliche Erfahrung. Wo Europäer in geschwinder Fahrt Überlegenheit, Herrschaft über die Menge genießen, ist der Moskowiter im kleinen Schlitten dicht unter Menschen und Dinge gemischt. Hat er dann noch ein Kistchen, ein Kind oder einen Korb mitzuführen – für all dies ist der Schlitten das erschwinglichste Beförderungsmittel –, so ist er wahrhaft eingekeilt ins Treiben der Straße. Kein Blick von oben herab: ein zärtliches, geschwindes Streifen an Steinen, Menschen und Pferden entlang. Man fühlt sich wie ein Kind, das auf dem Stühlchen durch die Wohnung rutscht.

X. – Weihnachten ist ein Fest des russischen Waldes. Es siedelt sich mit Tannen, Kerzen, Baumschmuck für viele Wochen in den Straßen an. Denn die Adventszeit griechisch-orthodoxer Christen überschneidet sich mit der Weihnacht derjenigen Russen, die das Fest nach westlichem, das heißt nach neuem, staatlichem Kalender feiern. Nirgends sieht man an Tannenbäumen schöneren Behang. Schiffchen, Vögel, Fische, Häuser und Früchte drängen sich bei den Straßenhändlern und in den Läden, und das Kustarny-Museum für Heimatkunst hält jedes Jahr um diese Zeit für all dies eine Art von Mustermesse. An einer Straßenkreuzung fand ich eine Frau, die Baumschmuck verkaufte. Die Glaskugeln, gelbe und rote, funkelten in der Sonne; es war wie ein verzauberter Apfelkorb, wo Rot und Gelb sich in verschiedene Früchte teilen. Tannen durchfahren die Straßen auf niedrigen Schlitten. Die kleinen putzt man nur mit Seidenschleifen; blau, rosa, grün bezopfte Tännchen stehen an den Ecken. Den Kindern aber sagt das weihnachtliche Spielzeug auch ohne einen heiligen Nikolaus, wie es tief aus den Wäldern Rußlands herkommt. Es ist, als ob nur unter russischen Händen das Holz grünt. Grünt – und sich rötet und golden sich überzieht, himmelblau anläuft und schwärzlich erstarrt. »Rot« und »schön« ist russisch *ein* Wort. Gewiß sind die glühenden Scheiter im Ofen die zauberhafteste Verwandlung des russischen Waldes. Nirgends scheint der Kamin so herrlich zu glühen wie hier. Glut aber fängt sich in allen den Hölzern, an denen der Bauer schnitzelt und pinselt. Und wenn der Lack sich dann darüberlegt, ist es gefrorenes Feuer in allen Farben. Gelb und rot auf der Balalaika, schwarz und grün auf der kleinen Garmoschka für Kinder und alle abgestuften Töne in den sechsunddreißig Eiern, von denen immer eines im andern steckt. Aber auch Waldnacht wohnt in dem Holz. Da sind die schweren kleinen Kästen mit dem scharlachroten Innern: außen auf schwarzem, glänzendem Grunde ein Bild. Unter dem Zarentum stand diese Industrie vor dem Erlöschen. Jetzt kommen neben neuen Miniaturen die alten, goldverbrämten Bilder aus dem Bauerndasein wiederum zum Vorschein. Eine Troika mit den drei Rossen jagt in das Dunkel, oder ein Mädchen in meerblauem Rock steht neben dem Gebüsch, das grün aufflammt, und wartet in der Nacht auf den Geliebten. Keine Schreckensnacht ist so dunkel wie diese handfeste Lacknacht, in deren Schoß alles, was aus ihr auftaucht, geborgen ist. Ich sah einen Kasten mit einer Frau, die sitzend Zigaretten verkauft. Neben ihr steht ein Kind und will davon holen. Stockdunkle Nacht auch hier. Aber rechts ist ein Stein und links ein blätterloses Bäumchen zu erkennen. Auf der Schürze der Frau liest man »Mosselprom«. Das ist die sowjetische »Madonna mit den Zigaretten«.

XI. – Grün ist der höchste Luxus des Moskauer Winters. Es leuchtet aber aus dem Laden in der Petrowka nicht halb so schön wie die papiernen Bündel künstlicher Nelken, Rosen, Lilien auf der Straße. Auf Märkten haben sie als einzige keinen festen Stand und tauchen bald zwischen Lebensmitteln, bald zwischen Webwaren und Geschirrbuden auf. Aber sie überstrahlen alles, rohes Fleisch, bunte Wolle und glänzende Schüsseln. Andere Sträuße kennt man zu Neujahr. Auf dem Straßnojplatz sah ich im Vorübergehen lange Gerten, beklebt mit roten, weißen, blauen, grünen Blüten, ein jeder Zweig von einer anderen Farbe. Wenn von Moskauer Blumen die Rede ist, darf man nicht die heroischen Weihnachtsrosen vergessen. Und nicht die riesenhohen Stockrosen aus Lampenschirmen, die der Verkäufer durch die Straßen führt. Auch nicht die gläsernen Kästchen voll Blumen, zwischen denen das Haupt eines Heiligen durchblickt. Und nicht das, was der Frost hier eingibt, die bäuerischen Tücher, auf denen die Muster, die mit blauer Wolle ausgenäht sind, Eisblumen an den Scheiben nachbilden. Endlich die glühenden Zuckerbeete auf Torten. Der »Zuckerbäcker« aus den Kindermärchen scheint nur in Moskau noch zu überleben. Nur hier gibt es Gebilde aus nichts als gesponnenem Zucker, süße Zapfen, an denen die Zunge für die bittere Kälte sich schadlos hält. Am innigsten vereinen Schnee und Blüten sich im Zuckerguß; da endlich scheint die marzipanene Flora den Wintertraum von Moskau, aus dem Weiß zu blühen, ganz erfüllt zu haben.

XII. – Unter dem Kapitalismus sind Macht und Geld kommensurable Größen geworden. Jede gegebene Menge Geldes ist in eine ganz bestimmte Macht zu konvertieren und der Verkaufswert jeder Macht läßt sich errechnen. So steht es im großen gesehen. Von Korruption kann hierbei nur die Rede sein, wo dieser Vorgang allzu abgekürzt gehandhabt wird. Er hat in sicherem Ineinanderspiel von Presse, Ämtern, Trusts sein Schaltsystem, in dessen Grenzen er durchaus legal bleibt. Der Sowjetstaat hat diese Kommunikation von Geld und Macht unterbunden. Sich selber behält die Partei die Macht vor, das Geld überläßt sie dem NEP-Mann[1]. In der Wahrnehmung irgendwelcher Parteifunktionen, und sei es der höchsten, sich etwas zurückzulegen, die »Zukunft«, wenn auch nur »für die Kinder« sicherzustellen, ist ganz undenkbar. Mitgliedern garantiert die Kommunistische Partei ein allerschmalstes Minimum

[1] NEP – Neue Ökonomische Politik.

der Existenz – sie tut es praktisch, ohne eigentliche Verpflichtung. Dagegen kontrolliert sie deren ferneren Erwerb und setzt mit 250 Rubeln monatlich die Höchstgrenze ihres Einkommens fest. Zu mehr kann man es einzig und allein durch literarische Betätigung neben dem Berufe bringen. Solcher Disziplin unterliegt das Leben der herrschenden Klasse. Mit dem Besitze der regierenden Gewalt ist aber deren Macht durchaus noch nicht umschrieben. Rußland ist heute nicht nur Klassen- sondern Kastenstaat. Kastenstaat – das will besagen, daß die gesellschaftliche Geltung eines Bürgers nicht von der repräsentativen Außenseite seiner Existenz – als Kleidung oder Wohnung – sondern einzig von dem Verhältnis zur Partei bestimmt wird. Maßgeblich ist es auch für alle die, die nicht unmittelbar ihr angehören. Auch ihnen stehen Arbeitsfelder offen, sofern sie nicht demonstrativ sich dem Regime versagen. Auch unter ihnen finden die genauesten Unterschiede statt. Aber so übertrieben – oder so überholt – auf der einen Seite die europäische Vorstellung von der staatlichen Unterdrückung Andersgesinnter in Rußland ist, so wenig hat man andrerseits im Ausland von jener furchtbaren gesellschaftlichen Ächtung, welcher der NEP-Mann hier verfällt, Begriff. Es wäre anders auch die Schweigsamkeit, das Mißtrauen nicht zu erklären, das nicht allein dem Fremden gegenüber fühlbar wird. Fragt man hier einen oberflächlichen Bekannten nach seinem Eindruck von einem noch so unwichtigen Stück, einem noch so belanglosen Film, so hat man meist die formelhafte Antwort zu erwarten: »Hier wird gesagt ...« oder: »Hier herrscht ganz allgemein die Überzeugung ...« Man dreht das Urteil zehnmal auf der Zunge um, bevor man es vor Fernstehenden verlautbart. Denn jederzeit kann die Partei beiläufig, unversehens in der »Prawda« Stellung nehmen und niemand will sich gern desavouiert sehen. Weil zuverlässige Gesinnung, wenn nicht das alleinige Gut, so für die meisten einzige Bürgschaft anderer Güter ist, geht jedermann mit seinem Namen und mit seiner Stimme so behutsam um, daß Bürger demokratischer Verfassung ihn nicht begreifen. – Es unterhalten sich zwei gute Bekannte. Im Laufe des Gesprächs sagt der eine: »Da war gestern dieser Michailowitsch bei mir und wollte in meinem Büro eine Stelle haben. Er sagte, er kennt dich.« »Ein tüchtiger Genosse ist er, pünktlich und fleißig.« Und damit reden sie von etwas anderem. Beim Auseinandergehen aber sagt der erste: »Könntest du so gut sein und mir die Auskunft über diesen Michailowitsch mit ein paar Worten bitte schriftlich geben?« – Die Klassenherrschaft hat Symbole aufgegriffen, die der Charakteristik ihres Klassengegners dienen. Und unter ihnen ist vielleicht der Jazz das populärste. Daß man ihn auch in Rußland mit Vergnügen hört, ist nicht erstaunlich. Aber danach zu tanzen ist verboten. Man hat ihn wie ein buntes, giftiges Reptil gewissermaßen hinter Glas verwahrt und so erscheint er denn als Attraktion in den Revuen. Doch immer ein Symbol des »Bourgeois«. Er zählt zu jenen primitiven Requisiten, mit deren Hilfe man in Rußland zu Propagandazwecken ein groteskes Bild des bürgerlichen Typus konstruiert. In Wahrheit ist es öfters nur ein lächerliches, in dem die Disziplin und Überlegenheit des Gegners übersehen wird. In solche schiefe Optik auf den Bürger spielt ein nationalistisches Moment hinein. Rußland war das Besitztum des Zaren. (Ja, wer die unabsehbar gestapelten Kostbarkeiten der Sammlungen im Kreml durchgeht, der ist versucht zu sagen: *ein* Besitztum.) Das Volk aber ist über Nacht zu dessen unermeßlich vermögendem Erben geworden. Es geht jetzt an die große Inventur seines Menschen- und Bodenreichtums. Und diese Arbeit unternimmt es im Bewußtsein, unvorstellbar Schweres bereits geleistet, gegen die Feindschaft eines halben Erdteils die neue Herrschaftsordnung aufgebaut zu haben. In der Bewunderung dieser nationalen Leistung verbinden sich alle Russen. Diese Umformung einer Herrschaftsgewalt macht ja das Leben hier so inhaltschwer. Es ist so in sich abgeschlossen und ereignisreich, arm und im gleichen Atem voller Perspektiven wie ein Goldgräberleben in Klondyke. Es wird von früh bis spät nach Macht gegraben. Die ganze Kombinatorik wesentlicher Existenzen ist überaus ärmlich im Vergleich zu den zahllosen Konstellationen, die hier im Lauf eines Monats den Einzelnen antreten. Freilich kann ein gewisser Rauschzustand die Folge sein, so daß ein Leben ohne Sitzungen und Kommissionen, Debatten, Resolutionen und Abstimmungen (und das alles sind Kriege oder zumindest Manöver des Machtwillens) sich gar nicht mehr vorstellen läßt. Was tut's – die nächsten Generationen Rußlands werden auf dieses Dasein eingestellt sein. Seine Gesundheit aber hat die eine unerläßliche Voraussetzung: daß nicht (so wie es eines Tages selbst der Kirche widerfuhr) eine schwarze Börse der Macht sich eröffne. Dränge die europäische Korrelation von Macht und Geld auch in Rußland ein, so wäre zwar nicht das Land, vielleicht nicht einmal die Partei, aber der Kommunismus in Rußland verloren. Noch hat man hier nicht europäische Konsumbegriffe und Konsumbedürfnisse. Das hat vor allem wirtschaftliche Gründe. Doch ist es möglich, daß zudem darin noch eine kluge Absicht der Partei sich durchsetzt: Ausgleichung des Konsumniveaus mit Westeuropa, die Feuerprobe für das bolschewistische Beamtentum, in einem freigewählten Augenblick, gestählt und mit der unbedingten Sicherheit des Sieges durchzuführen.

XIII. – Im Klub der Rotarmisten im Kreml hängt an der Wand die Karte von Europa. Daneben befindet sich eine Kurbel. Wenn man an dieser Kurbel dreht, sieht man folgendes: eine nach der andern leuchtet an allen Orten, die Lenin im Lauf seines Lebens passiert hat, eine kleine elektrische Lampe auf. In Simbirsk, wo er geboren ist, in Kasan, Petersburg, Genf, Paris, Krakau, Zürich, Moskau bis zu seinem Sterbeort Gorki. Andere Städte sind nicht verzeichnet. Die Konturen dieser hölzernen Reliefkarte sind geradlinig, eckig, schematisch gehalten. Auf ihr gleicht Lenins Leben einem kolonisatorischen Eroberungszuge durch Europa. Rußland beginnt dem Manne aus dem Volke Gestalt anzunehmen. Auf der Straße, im Schnee, liegen Landkarten von FSSR[2], aufgestapelt von Straßenhändlern, welche sie ausbieten. Meyerhold verwendet die Landkarte in »D. E.« (»Her mit Europa«!) – der Westen ist darauf ein kompliziertes System kleiner russischer Halbinseln. Die Landkarte ist fast so nahe daran, Zentrum des neuen russischen Ikonenkults zu werden wie Lenins Porträt. Ganz sicher hat das starke Nationalgefühl, welches der Bolschewismus allen Russen ohne Unterschied geschenkt hat, der Karte von Europa

[2] FSSR – Föderation Sozialistischer Sowjet-Republiken.

neue Aktualität gegeben. Man will abmessen, will vergleichen und will vielleicht auch jenen Größenrausch genießen, in den der bloße Blick auf Rußland schon versetzt, Staatsbürgern kann nur dringend angeraten werden, ihr Land sich auf der Karte ihrer Nachbarstaaten anzusehen, Deutschland auf einer Karte Polens, Frankreichs, ja selbst Dänemarks zu studieren; allen Europäern aber, auf einer Karte Rußlands ihr Ländchen als ein zerfasertes, nervöses Territorium weit draußen im Westen liegen zu sehen.

XIV. – Wie sieht der Literat in einem Lande aus, in dem sein Auftraggeber das Proletariat ist? – Die Theoretiker des Bolschewismus betonen, wie sehr die Lage des Proletariats in Rußland nach dieser siegreichen Revolution von der der Bourgeoisie im Jahre 1789 unterschieden sei. Damals hatte die siegreiche Klasse, bevor die Macht ihr zufiel, in jahrzehntelangen Auseinandersetzungen die Beherrschung des geistigen Apparats sich gesichert. Die intellektuelle Organisation, die Bildung war längst mit der Ideenwelt des tiers état durchsetzt und der geistige Emanzipationskampf vor dem politischen durchgefochten. Im heutigen Rußland liegt das ganz anders. Für Millionen und Abermillionen von Analphabeten sollen die Fundamente einer allgemeinen Bildung erst gelegt werden. Das ist eine nationalrussische Aufgabe. Die vorrevolutionäre Bildung Rußlands war aber durchaus unspezifisch, europäisch. Das europäische Moment der höheren Bildung, das nationale der elementaren suchen in Rußland den Ausgleich. Das ist die eine Seite der Bildungsfrage. Andrerseits hat der Sieg der Revolution in vielen Gebieten das Tempo der Angleichung an Europa beschleunigt. Gibt es doch Literaten wie Pilnak, welche im Bolschewismus die Bekrönung des Werkes Peters des Großen sehen. Auf technischem Gebiet ist diesem Kurs, trotz aller Abenteuer seiner ersten Jahre, vermutlich früher oder später der Erfolg gewiß. Anders auf geistigem und wissenschaftlichem. Jetzt zeigt sich in Rußland, daß die europäischen Werte in eben der entstellten, trostlosen Gestaltung popularisiert werden, die sie zuletzt dem Imperialismus zu danken haben. Das zweite akademische Theater – ein staatlich unterstütztes Institut – bringt eine Aufführung der »Orestie«, in der verstaubtes Griechentum sich so verlogen wie auf der Bühne eines deutschen Hoftheaters spreizt. Und da die marmorstarre Geste nicht allein in sich verderbt, sondern dazu Kopie der Hofschauspielerei im revolutionären Moskau ist, wirkt sie noch trister als in Stuttgart oder in Anhalt. Die russische Akademie der Wissenschaften ihrerseits hat einen Mann wie Walzel – Durchschnittstyp des neueren schöngeistigen Hochschullehrers – zu ihrem Mitglied gemacht. Wahrscheinlich sind die einzigen Kulturverhältnisse des Westens, für welche Rußland so lebendiges Verständnis mitbringt, daß sich die Auseinandersetzung mit ihnen verlohnt, die von Amerika. Dagegen ist die kulturelle »Annäherung« als solche (ohne das Fundament konkretester wirtschaftlicher, politischer Gemeinschaft) ein Interesse der pazifistischen Spielart des Imperialismus, kommt nur betriebsamen Schwätzern zustatten und ist für Rußland Restaurationserscheinung. Das Land ist weniger noch durch Grenzen und Zensur vom Westen abgeschlossen als durch die Intensität eines Daseins, das ohne Vergleich mit dem europäischen ist. Genauer gesagt: die Fühlung mit dem Ausland geht durch die Partei und betrifft hauptsächlich politische Fragen. Die alte Bourgeoisie ist vernichtet; die neue ist materiell und geistig nicht in der Lage, Beziehungen zum Ausland zu vermitteln. Unzweifelhaft weiß man in Rußland vom Ausland weit weniger als man im Ausland (etwa mit Ausnahme der romanischen Länder) von Rußland weiß. Wenn eine große russische Kapazität im gleichen Atem Proust und Bronnen als Autoren nennt, welche im Umkreise sexueller Problematik ihre Stoffe wählen, so zeigt das deutlich die verkürzte Perspektive, in der von hier aus Europäisches erscheint. Wenn aber einer unter Rußlands führenden Autoren gesprächsweise als einen von den großen Dichtern, die vor der Erfindung der Buchdruckerkunst geschaffen haben, Shakespeare anführt, so kann ein solcher Mangel an Schulung nur aus den ganz veränderten Bedingungen russischen Schrifttums überhaupt begriffen werden. Thesen und Dogmen, welche in Europa – freilich nur erst seit zwei Jahrhunderten – als kunstfremd und indiskutabel unter Literaten gelten, sind in Kritik und Produktion des neuen Rußlands ausschlaggebend.

Tendenz und Stoffkreis werden für das Wichtigste erklärt. Formale Kontroversen spielten noch zur Zeit des Bürgerkriegs bisweilen eine nicht geringe Rolle. Nun sind sie verstummt. Und heute ist die Lehre offiziell, daß Stoff, nicht Form über die revolutionäre oder die konterrevolutionäre Haltung eines Werkes entscheide. Durch solche Lehren wird dem Literaten genau so unwiderruflich der Boden entzogen, wie das die Wirtschaft materiell getan hat. Rußland ist hier der westlichen Entwicklung voraus – nicht aber so weit wie man glaubt. Denn früher oder später muß mit dem Mittelstande, der im Ringen von Kapital und Arbeit zerrieben wird, auch der »freie« Schriftsteller untergehen. In Rußland ist der Vorgang abgeschlossen: der Intellektuelle ist vor allem Funktionär, arbeitet im Zensur-, Justiz-, Finanzdepartement, ist, wo er nicht dem Untergang verfällt, Teilhaber an der Arbeit – das heißt aber, in Rußland, an der Macht. Er ist ein Angehöriger der herrschenden Klasse. Unter seinen verschiedenen Organisationen ist die vorgeschobenste WAPP, der allgemeine russische Verband der proletarischen Schriftsteller. Sie bekennt sich zum Gedanken der Diktatur auch im Gebiete des geistigen Schaffens. Damit trägt sie der russischen Wirklichkeit Rechnung: die Überführung der geistigen Produktionsmittel in den Besitz der Allgemeinheit läßt nur scheinbar von der der materiellen sich sondern. Fürs erste kann der Proletarier sich an beiden nur unterm Schutz der Diktatur ausbilden.

XV. – Hin und wieder stößt man auf Trambahnwagen, die ringsherum mit Bildern und Betrieben, von Massenmeetings, Roten Regimentern, kommunistischen Agitatoren bemalt sind. Das sind Geschenke, die von der Belegschaft irgendeiner Fabrik dem Moskauer Sowjet gemacht worden sind. Auf diesen Wagen laufen nun die einzigen politischen Plakate, die heute noch in Moskau zu sehen sind. Aber es sind bei weitem die interessantesten. Denn unbeholfenere Geschäftsplakate als hier sieht man nirgends. Das trostlose Niveau der Bildreklame ist die einzige Ähnlichkeit zwischen Paris und Moskau. Zahllose Mauern um Kirchen und Klöster bieten ringsum die schönsten Anschlagflächen. Aber längst sind die Konstruktivisten, Suprematisten, Abstraktivisten, die während des Kriegskommunismus ihre graphische Propaganda in den Dienst der Revolution gestellt haben, entlassen. Heute verlangt man nur banale Deutlichkeit. Die meisten dieser Plakate stoßen den Westler ab. Moskauer Läden aber laden wirklich ein; sie haben etwas von Wirtshäusern an sich. Die Firmenschilder weisen senkrecht in die Straßen, wie sonst nur alte Gasthausembleme, goldene Friseurbecken oder allenfalls vor einem Hutgeschäfte ein Zylinder. Auch finden sich vereinzelt hier am ehesten noch hübsche, unverdorbene Motive: Schuhe fallen aus einem Korb; mit einer Sandale im Maul rennt ein Spitz davon. Vorm Eingang einer türkischen Küche Pendants: Herren mit fezgeschmücktem Haupte je vor einem Tischchen. Für einen primitiven Geschmack ist Anpreisung noch immer an Erzählung, an Beispiel oder Anekdote gebunden. Dagegen überzeugt die westliche Reklame in erster Linie durch den Kostenaufwand, welchem die Firma sich gewachsen zeigt. Hier gibt fast jede Aufschrift noch die Ware an. Die große schlagende Devise ist dem Handel fremd. Die Stadt, die so erfinderisch in Abkürzungen aller Art ist, besitzt noch nicht die einfachste – den Firmennamen. Oft leuchtet Moskaus Abendhimmel in erschreckendem Blau: dann hat man, ohne es zu merken, durch eine der riesigen blauen Brillen dareingesehen, die von den Optikerläden wie Wegweiser vorstoßen. Aus den Torbogen, an den Rahmen der Hausportale springt in verschieden großen schwarzen, blauen, gelben und roten Buchstaben, als Pfeil, als Bild von Stiefeln oder frisch gebügelter Wäsche, als ausgetretene Stufe oder als solider Treppenabsatz ein stumm in sich verbissenes, streitendes Leben die Passanten an. Man muß in der Tram die Straßen durchfahren haben, um aufzufangen, wie sich dieser Kampf durch die Etagen fortsetzt, um endlich auf Dächern in sein entscheidendes Stadium zu treten. Bis dort hinauf halten allein die stärksten, jüngsten Parolen und Wahrzeichen durch. Erst vom Flugzeug aus hat man die industrielle Elite der Stadt, Kino- und Auto-Industrie, vor Augen. Meist aber sind die Dächer Moskaus unbelebtes Ödland und haben weder die strahlende Laufschrift der Berliner, noch den Schornsteinwald der Pariser oder die sonnige Einsamkeit südlicher Großstadtdächer.

XVI. – Wer ein russisches Klassenzimmer zum erstenmal betritt, wird überrascht stehenbleiben. Die Wände starren von Bildern, Zeichnungen und Pappmodellen. Es sind Tempelmauern, an die die Kinder als Geschenke an das Kolektivum tagtäglich ihre eigenen Werke stiften. Das Rot herrscht vor; sie sind durchsetzt von Sowjet-Emblemen und Leninköpfen. Ähnliches kann man in vielen Klubs sehen. Wandzeitungen sind für Erwachsene Schemata derselben kollektiven Äußerungsform. Sie sind entstanden aus der Not des Bürgerkrieges, als es an vielen Orten weder Druckpapier noch Druckerschwärze mehr gab. Heute sind sie im öffentlichen Leben der Betriebe obligat. Jede Leninecke hat ihre Wandzeitung, die je nach den Betrieben und Verfassern ihre Art verändert. Durchgehend ist nur die naive Freudigkeit: farbige Bilder und dazwischen Prosa oder Vers. Die Zeitung ist die Chronik des Kollektivs. Sie gibt statistische Erhebungen aber auch scherzhafte Kritik an Genossen, mischt darunter Vorschläge zur Betriebsverbesserung oder Aufrufe zu gemeinsamen Hilfsaktionen. Aufschriften, Warnungstafeln und Lehrbilder bedecken auch sonst die Wände der Leninecke. Selbst im Betrieb ist jeder wie umstellt von farbigen Plakaten, die alle Schrecken der Maschine beschwören. Da ist ein Arbeiter dargestellt, wie sein Arm zwischen die Speichen eines Triebrads gerät, ein anderer, wie er in der Trunkenheit durch Kurzschluß eine Explosion hervorruft, ein dritter, wie er mit dem Knie zwischen zwei Kolben kommt. Im Ausleihraum der Rotarmistenbücherei hängt eine Tafel, deren kurzer Text mit vielen hübschen Zeichnungen verdeutlicht, auf wieviel Arten sich ein Buch verderben läßt. In Hunderttausenden von Exemplaren ist durch ganz Rußland ein Plakat zur Einführung der Maße, welche in Europa üblich sind, verbreitet. Meter, Liter, Kilogramm usw. müssen in jeder Gastwirtschaft plakatiert werden. Auch in dem Lesesaal des Bauernklubs an der Trubnaja Ploschtschad sind die Wände mit Anschauungsmaterial überdeckt. Dorfchronik, landwirtschaftliche Entwicklung, Produktionstechnik, kulturelle Institutionen sind graphisch in Entwicklungslinien festgehalten, daneben Werkzeugbestandteile, Maschinenstücke, Retorten mit Chemikalien überall an den Wänden zur Schau gestellt. Neugierig trat ich vor eine Konsole, von der zwei Negerfratzen mir entgegengrinsten. Aber beim Näherkommen erwiesen sie sich als Gasmasken. Früher war das Gebäude dieses Klubs eines der ersten Restaurants von Moskau. Die ehemaligen Separées sind heute Schlafräume für die Bauern und Bäuerinnen, die eine »Kommandirowka« in die Stadt bekommen haben. Dort führt man sie durch Sammlungen und Kasernen, hält Kurse und Bildungsabende für sie ab. Bisweilen gibt es auch ein pädagogisches Theater in der Form der »Gerichtsverhandlung«. Da füllen dann etwa dreihundert Menschen, sitzend und stehend, den rotausgeschlagenen Saal bis hinein in die letzten Winkel. In einer Nische die Leninbüste. Verhandelt wird auf einer Bühne, vor welcher rechts und links gemalte Proletariertypen – ein Bauer und ein Industriearbeiter – die »Smitschka« (»Klammer«), die Verklammerung von Stadt und Land verkörpern. Die Beweisaufnahme ist eben beendet, ein Sachverständiger hat das Wort. Er hat mit seinem Assistenten ein Sondertischchen, ihm gegenüber der Tisch des Verteidigers, beide die Schmalseite zum Publikum gewandt. Im Hintergrunde, frontal, der Richtertisch. Davor, in schwarzer Kleidung, sitzt, in ihren Händen einen dicken Ast, die Angeklagte, eine Bäuerin. Sie wird beschuldigt der Kurpfuscherei mit tödlichem Ausgang. Durch einen falschen Eingriff hat sie eine Frau bei der Entbindung ums Leben gebracht. Die Argumentation umkreist nun diesen Fall in monotonen, einfachen Gedankengängen. Der Sachverständige gibt sein Gutachten ab: Schuld an dem Tode der Mutter sei nur der falsche Eingriff. Der Verteidiger aber plädiert: Kein böser Wille; auf dem Lande fehle es an sanitärer Hilfe und hygienischer Belehrung. Schlußwort der Angeklagten: Nitschewo, es haben immer Menschen dabei sterben müssen. Der Staatsanwalt beantragt Todesstrafe. Dann wendet sich der Vorsitzende an die Versammlung: Sind Fragen zu stellen? Aber auf der Estrade erscheint nur ein Komsomols und fordert unnachsichtliche Bestrafung. Das Gericht zieht sich zur Beratung zurück. Nach kurzer Pause folgt das Urteil, das im Stehen vernommen wird: zwei Jahre Gefängnis unter Zubilligung mildernder Umstände. Von Einzelhaft wird daher abgesehen. Zum Schluß weist seinerseits der Präsident auf die Notwendigkeit, hygienische und Bildungs-Zentren auf dem flachen Lande zu errichten, hin. Solche Demonstrationen sind sorgfältig vorbereitet; von Improvisationen kann hier nicht die Rede sein. Um für die Fragen bolschewistischer Moral das Publikum im Sinne der Partei mobil zu machen, kann es kein wirksameres Mittel geben. Einmal wird dergestalt die Trunksucht abgehandelt, ein andermal das Defraudantentum, die Prostitution, der Hooliganismus. Die strengen Formen solcher Bildungsarbeit sind ganz und gar dem Sowjetleben angemssen, sind Niederschläge einer Existenz, die hundertmal am Tage Stellungnahme fordert.

XVII. – Mit Moskaus Straßen hat es eine eigentümliche Bewandtnis: das russische Dorf spielt in ihnen Versteck. Tritt man durch irgendeine der großen Torfahrten – oft sind sie durch schmiedeeiserne Gitter verschließbar, aber ich habe nie eins versperrt gefunden –, dann steht man am Beginn einer geräumigen Siedlung. Da öffnet, breit und ausladend, sich ein Gutshof oder ein Dorf, der Grund ist uneben, Kinder fahren im Schlitten, Schuppen für Holz und Geräte füllen die Winkel. Bäume stehen verstreut, hölzerne Stiegen geben der Hinterfront von Häusern, welche von der Straße her städtisch wirken, das Äußere eines russischen Bauernhauses. Kirchen stehen häufig auf diesen Höfen, nicht anders wie auf einem weiten Dorfplatz. So wächst die Straße um die Dimension der Landschaft. Auch gibt es keine westliche Stadt, die in ihren riesenhaften Plätzen so dörflich gestaltlos und immer wie von schlechtem Wetter, tauendem Schnee oder Regen aufgeweicht daliegt. Kaum einer dieser weiten Plätze trägt ein Denkmal. (Dagegen gibt es in Europa beinahe keinen, dem nicht im neunzehnten Jahrhundert die geheime Struktur durch ein Denkmal profaniert und zerstört worden wäre.) Wie jede andere Stadt, so baut auch Moskau mit Namen eine kleine Welt im Innern auf. Da gibt es ein Kasino, das »Alkasar« heißt, ein Hotel namens »Liverpool«, ein Logierhaus »Tirol«. Bis zu den Zentren des städtischen Wintersports braucht es von da noch immer eine halbe Stunde. Man trifft zwar Schlittschuhläufer, Skifahrer in der ganzen Stadt, aber die Rodelbahn liegt mehr im Innern. Hier starten Schlitten verschiedenster Konstruktion: von einem

Brett, das vorn auf Schlittschuhkufen läuft und hinten im Schnee schurrt, bis zu den komfortabelsten Bobsleighs. Nirgends sieht Moskau aus wie die Stadt selber; am ehesten noch wie sein Weichbild. Der nasse Grund, die Bretterbuden, lange Transporte von Rohmaterial, Vieh, das zum Schlächter getrieben wird, dürftige Schenken trifft man in den belebtesten Teilen an. Noch ist die Stadt durchsetzt von hölzernen Häuschen, genau der gleichen slawischen Bauart, wie man sie überall im Umkreis von Berlin trifft. Was als märkischer Steinbau so trostlos wirkt, lockt hier mit schönen Farben aus dem warmen Holz. In den Vorstadtstraßen zu seiten der breiten Alleen wechseln Bauernhütten mit Jugendstilvillen oder der nüchternen Fassade eines achtstöckigen Hauses. Der Schnee liegt hoch, und entsteht mit einmal eine Stille, so kann man glauben, tief im Innern Rußlands in einem Dorf zu sein, das überwintert. Sehnsucht nach Moskau macht nicht nur der Schnee mit seinem Sternenglanz bei Nacht und seinen blumenähnlichen Kristallen tags. Das tut auch der Himmel. Denn immer tritt zwischen geduckten Dächern der Horizont der weiten Ebenen in die Stadt. Nur gegen Abend wird er unsichtbar. Dann aber bringt die Wohnungsnot in Moskau ihren erstaunlichsten Effekt hervor. Durchstreift man in der frühen Dunkelheit die Straßen, so sieht man in den großen und den kleinen Häusern beinahe jedes Fenster hell erleuchtet. Wäre der Lichtschein, der von ihnen ausgeht, nicht so ungleichmäßig, man glaubte, eine Illumination vor sich zu haben.

XVIII. – Die Kirchen sind fast verstummt. Die Stadt ist so gut wie befreit von dem Glockengeläut, das sonntags über unsere großen Städte eine so tiefe Traurigkeit verbreitet. Aber noch gibt es in ganz Moskau vielleicht keine Stelle, von der aus nicht zumindest *eine* Kirche sichtbar ist. Genauer: auf welcher man nicht mindestens von *einer* Kirche überwacht würde. Der Untertan des Zaren war in dieser Stadt von mehr als vierhundert Kapellen und Kirchen, will sagen von zweitausend Kuppeln rings umstellt, die allerorten in den Ecken sich verborgen halten, einander decken, über Mauern lugen. Eine Ochrana der Architektur war um ihn. All diese Kirchen wahrten ihr Inkognito. Es stoßen nirgends hohe Türme in den Himmel. Mit der Zeit erst gewöhnt man sich, die langen Mauern und Haufen von niedrigen Kuppeln zum Komplexe von Klosterkirchen zusammenzufassen. Dann wird auch klar, warum an vielen Stellen Moskau so abgedichtet wirkt wie eine Festung; die Klöster tragen heute noch die Spuren der alten wehrhaften Bestimmung an sich. Hier ist Byzanz mit seinen tausend Kuppeln nicht das Wunder, das sich der Europäer von ihm erträumt. Die meisten Kirchen sind nach einer schalen und süßlichen Schablone aufgeführt: ihre blauen, grünen und goldenen Kuppeln sind ein kandierter Orient. Betritt man eine dieser Kirchen, so findet man zuerst ein geräumiges Vorzimmer mit einigen spärlichen Heiligenbildern. Es ist düster, sein Halbdunkel eignet sich zu Konspirationen. In solchen Räumen kann man sich über die bedenklichsten Geschäfte, wenn es sich trifft auch über Pogrome, beraten. Daran stößt der einzige Andachtsraum. Im Hintergrunde hat er ein paar Treppchen, die zu der schmalen, niedrigen Estrade führen, auf der man an den Heiligenbildern sich entlangschiebt, zu der Ikonostase. In kurzem Abstand folgt Altar auf Altar, ein glimmendes, rotes Lichtchen bezeichnet jeden. Die Seitenflächen werden von großen Heiligenbildern eingenommen. Alle Teile der Wand, die so nicht mit Bildern bedeckt sind, sind mit leuchtendem Goldblech bezogen. Von der kitschig gemalten Decke hängt ein kristallner Kronleuchter herab. Dennoch beleuchten immer nur Kerzen den Raum, einen Salon mit geheiligten Wänden, vor denen das Zeremoniell sich abrollt. Die großen Bilder werden durch Bekreuzigen gegrüßt, dann folgt ein Kniefall, bei dem die Stirn den Boden berühren muß, und unter neuer Bekreuzigung wendet der Betende oder Büßende sich zu dem nächsten. Vor kleinen, verglasten Bildern, welche gereiht oder vereinzelt auf Pulten liegen, unterbleibt der Kniefall. Man beugt sich über sie und küßt das Glas. Auf solchen Pulten sind neben kostbarsten alten Ikonen Serien der schreiendsten Öldrucke ausgelegt. Viele Heiligenbilder haben außen an der Fassade Posten bezogen und blicken von den obersten Gesimsen unter dem blechernen Wetterdach wie geflüchtete Vögel hinunter. Aus ihren geneigten Retortenköpfen spricht Trübsal. Byzanz scheint keine eigene Form des Kirchenfensters zu kennen.

Ein zauberischer Eindruck, der nicht anheimelnd ist: die profanen, unscheinbaren Fenster, die aus Versammlungsräumen und Türmen der Kirche wie aus Wohnräumen auf die Straße gehen. Dahinter haust der orthodoxe Priester wie der Bonze in seiner Pagode. Die unteren Teile der Basilius-Kathedrale könnten der Grundstock eines herrlichen Bojaren-Hauses sein. Wenn man jedoch von Westen her den Roten Platz betritt, erheben ihre Kuppeln sich allmählich am Himmel wie ein Rudel feuriger Sonnen. Immer behält dieser Bau sich etwas zurück, und überrumpeln könnte die Betrachtung ihn einzig von der Höhe des Flugzeuges aus, gegen das die Erbauer sich zu salvieren vergaßen. Man hat das Innere nicht nur ausgeräumt, sondern wie ein erlegtes Wild es ausgeweidet. (Und anders konnte es wohl auch nicht enden, denn selbst im Jahre 1920 hat man hier noch mit fanatischer Inbrunst gebetet.) Mit der Entfernung des gesamten Inventars ist das bunte vegetabilische Geschlinge, das durch alle Gänge und Wölbungen als Wandmalerei fortwuchert, hoffnungslos bloßgestellt; eine gewiß viel ältere Bemalung, die sparsam in den Innenräumen die Erinnerung an die farbigen Spiralen der Kuppeln wachhielt, verzerrt sie nun in eine triste Spielerei des Rokoko. Die gewölbten Gänge sind eng, weiten sich plötzlich zu Altarnischen oder runden Kapellen, in die von oben aus den hohen Fenstern so wenig Licht dringt, daß einzelne Devotionalien, die man stehen ließ, kaum erkennbar sind. Viele Kirchen stehen so ungepflegt und so leer. Aber die Glut, die von Altären nur vereinzelt noch in den Schnee hinausleuchtet, ist wohlbewahrt geblieben in den hölzernen Budenstädten. In ihren schneebedeckten engen Gängen ist es still. Man hört nur den leisen Jargon der Kleiderjuden, die da ihren Stand neben dem Kram der Papierhändlerin haben, die versteckt hinter silbernen Ketten thront, Lametta und wattierte Weihnachtsmänner vors Gesicht gezogen hat wie eine Orientalin ihren Schleier.

XIX. – Noch der mühseligste Moskauer Werktag hat zwei Koordinaten, welche jeden Augenblick in ihm sinnlich bestimmen werden als Erwartung und Erfüllung. Das ist die Vertikale der Mahlzeiten, gekreuzt von der abendlichen Horizontale des Schauspiels. Man ist von beiden niemals weit entfernt. Moskau steht voller Wirtschaften und Theater. Posten mit Näschereien patrouillieren durch die Straßen, viele der großen Lebensmittelhäuser schließen erst gegen elf Uhr in der Nacht, und an den Ecken öffnen sich Tee- und Bierstuben. »Tschainaja«, »Piwnaja« – meist aber beides – hat man auf einen Hintergrund gepinselt, auf dem ein stumpfes Grün vom oberen Rand her allmählich und verdrossen in ein schmutziges Gelb verläuft. Zum Bier gibt es eigentümliche Zukost: winzige Stückchen getrocknetes Weißbrot, Schwarzbrot mit einer Salzkruste überbacken und getrocknete Erbsen in Salzwasser. In gewissen Kneipen kann man so tafeln, und noch dazu an einer primitiven »Inszenirowka« seine Freude haben. Man nennt so einen epischen oder lyrischen Stoff, der für das Theater verarbeitet wurde. Oft sind es schnöd in Chöre aufgeteilte Volksgesänge. In dem Orchester solcher Volksmusik lassen sich neben Ziehharmoniken und Geigen manchmal als Instrumente Rechenbretter hören. (Sie stehen in allen Läden und Büros. Nicht die kleinste Verrechnung ist ohne sie denkbar.) Der Wärmerausch, der beim Betreten dieser Stuben, beim Tee, beim Genuß der scharfen Sakuska den Gast überkommt, ist Moskaus heimlichste Winterwollust. Darum kennt der die Stadt nicht, der sie nicht im Schnee kennt. Denn es will jede Gegend in der Jahreszeit bereist sein, in welche das Extrem ihres Klimas fällt. Ihm ist sie ja vor allem angepaßt, und erst aus dieser Anpassung versteht man sie. In Moskau ist das Leben im Winter um eine Dimension reicher. Der Raum verändert sich buchstäblich, je nachdem er heiß oder kalt ist. Man lebt auf der Straße wie in einem frostigen Spiegelsaal, jedes Einhalten und Besinnen fällt unglaublich schwer. Es braucht schon einen halbtägigen Vorsatz, um einen fertig adressierten Brief in den Kasten zu stecken, und trotz der strengen Kälte bedeutet es eine Willensleistung, in ein Geschäft zu gehen, um etwas zu kaufen. Doch hat man endlich ein Lokal gefunden, dann mag der Tisch bestellt sein wie er will – mit Wodka, der hier mit Kräutern versetzt wird, mit Kuchen oder einer Tasse Tee: Wärme macht Zeit im Verrinnen selber zum Rauschtrank. Sie fließt in den Ermüdeten hinein wie Honig.

XX. – Am Todestag Lenins zeigen sich viele mit Trauerbinden. Die ganze Stadt flaggt mindestens drei Tage Halbmast. Viele der schwarzumflorten Fähnchen aber bleiben, da sie nun einmal hängen, ein, zwei Wochen draußen. Die Trauer Rußlands um den toten Führer ist sicher nicht vergleichbar mit der Haltung, die anderswo das Volk an solchen Tagen einnimmt. Die Generation, die in den Bürgerkriegen aktiv war, wird alt, wenn nicht den Jahren so der Spannkraft nach. Es ist, als hätte die Stabilisierung auch in ihr eigenes Leben eine Ruhe, ja manchmal eine Apathie einziehen lassen, wie sie gewöhnlich erst das Alter bringt. Das »Halt«, das eines Tages mit der NEP die Partei dem Kriegskommunismus entgegensetzte, hat einen fürchterlichen Gegenstoß hervorgerufen, der viele Kämpfer der Bewegung niederwarf. Tausende gaben damals der Partei ihr Mitgliedsbuch zurück. Man weiß von Fällen so vollständiger Deroute, daß aus erprobten Stützen der Partei in wenigen Wochen Defraudanten wurden. Die Trauer um Lenin ist für die Bolschewisten zugleich die Trauer um den heroischen Kommunismus. Die wenigen Jahre, die er nun zurückliegt, sind für das russische Bewußtsein lange Zeit. Das Wirken Lenins hat den Ablauf der Geschehnisse in seiner Ära so beschleunigt, daß sein Erscheinen schnell Vergangenheit, sein Bild schnell fern wird. Jedoch bedeutet in der Optik der Geschichte – darin das Gegenbild der räumlichen – Bewegung in die Ferne Größerwerden. Jetzt gelten andere Befehle als zu Lenins Zeiten, freilich Parolen, die er selbst noch angab. Jetzt macht man jedem Kommunisten klar, die revolutionäre Arbeit dieser Stunde sei nicht Kampf, sei nicht der Bürgerkrieg sondern Kanalbau, Elektrifizierung und Fabrikbau. Das revolutionäre Wesen echter Technik wird immer deutlicher herausgestellt. Wie alles, so auch dies (mit Grund) in Lenins Namen. Dieser Name wächst fort und fort. Es ist bezeichnend, daß dem nüchternen und mit Prognosen sparsamen Bericht der englischen Gewerkschaftsdelegation die Möglichkeit erwähnenswert erschienen ist, »daß, wenn das Andenken Lenins seinen Platz in der Geschichte gefunden hat, dieser große, russische revolutionäre Reformer, selbst heilig gesprochen werden wird«. Schon heute geht der Kultus seines Bildes unabsehbar weit. Man findet ein Geschäft, in dem es als Spezialartikel in allen Größen, Haltungen und Materialien käuflich ist. Als Büste steht es in den Leninecken, als Bronzestatue oder Relief in größeren Klubs, als lebensgroßes Brustbild in den Büros, als kleines Photo in Küchen, Wäschekammern, Vorratsräumen. Es hängt im Vestibül der Orushaja Palata im Kreml, wie an einem ehemals gottlosen Orte von bekehrten Heiden das Kreuz erstellt wurde. Auch bildet es allmählich seine kanonischen Formen aus. Das allbekannte Bild des Redners ist das häufigste. Doch noch ergreifender und näher spricht vielleicht ein anderes: Lenin am Tisch, gebeugt über ein Exemplar der »Prawda«. So hingegeben an ein ephemeres Blatt erscheint es in der dialektischen Verspannung seines Wesens: den Blick gewiß dem Fernen zugewandt, aber die unermüdete Sorge des Herzens dem Augenblick.

Weimar

I. – In deutschen Kleinstädten kann man sich die Zimmer ohne Fensterbretter gar nicht vorstellen. Selten aber habe ich so breite gesehen wie am Weimarer Marktplatz, im »Elefanten«, wo sie das Zimmer zur Loge machten, aus der mir der Ausblick auf ein Ballett wurde, wie es selbst Ludwig dem Zweiten die Bühnen von Neuschwanstein und Herrenchiemsee nicht bieten konnten. Denn es war ein Ballett in der Frühe. Gegen halb sieben begann man zu stimmen: balkene Bässe, schattende Violinschirme, Blumenflöten und Fruchtpauken. Die Bühne noch fast leer; Marktweiber, keine Käufer. Ich schlief wieder ein. Gegen neun Uhr, als ich erwachte, war's eine Orgie: Märkte sind die Orgien der Morgenstunden, und Hunger läutet, würde Jean Paul gesagt haben, den Tag ein wie Liebe ihn aus. Münzen fuhren synkopierend darein, und langsam schoben und stießen sich Mädchen mit Netzen, die schwellend von allen Seiten zum Genusse ihrer Rundungen luden. Kaum aber fand ich mich angekleidet zu ebener Erde und wollte die Bühne betreten, waren Glanz und Frische dahin. Ich begriff, daß alle Gaben des Morgens wie Sonnenaufgang auf Höhen empfangen sein wollen. Und war nicht, was dies zart gewürfelte Pflaster noch eben beglänzte, ein merkantiles Frührot gewesen? Nun lag es unter Papier und Abfall begraben. Statt Tanz und Musik nur Tausch und Betrieb. Nichts kann so unwiederbringlich wie ein Morgen dahin sein.

II. – Im Goethe-Schiller-Archiv sind Treppenhaus, Säle, Schaukästen, Bibliotheken weiß. Das Auge trifft nicht einen Zoll, wo es ausruhen könnte. Wie Kranke in Hospitälern liegen die Handschriften hingebettet. Aber je länger man diesem barschen Lichte sich aussetzt, desto mehr glaubt man, eine ihrer selbst unbewußte Vernunft auf dem Grunde dieser Anstalten zu erkennen. Wenn langes Krankenlager die Mienen geräumig und still macht und sie zum Spiegel von Regungen werden läßt, die ein gesunder Körper in Entschlüssen, in tausend Arten auszugreifen, zu befehlen zum Ausdruck bringt, kurz, wenn ein Krankenlager den ganzen Menschen in Mimik zurückverwandelt, so liegen diese Blätter nicht umsonst wie Leidende auf ihren Repositorien. Daß alles, was uns heut bewußt und stämmig als Goethes »Werke« in ungezählten Buch-Gestalten entgegentritt, einmal in dieser einzigen, gebrechlichsten, der Schrift, bestanden hat, und daß, was von ihr ausging, nur das Strenge, Läuternde kann gewesen sein, was um Genesende oder Sterbende für die wenigen, die ihnen nahe sind, waltet – wir denken nicht gerne daran. Aber standen nicht auch diese Blätter in einer Krisis? Lief nicht ein Schauer über sie hin, und niemand wußte, ob vom Nahen der Vernichtung oder des Nachruhms? Und sind nicht sie die Einsamkeit der Dichtung? Und das Lager, auf dem sie Einkehr hielt? Sind unter ihren Blättern nicht manche, deren unnennbarer Text nur als Blick oder Hauch aus den stummen, erschütterten Zügen aufsteigt?

III. – Man weiß, wie primitiv das Arbeitszimmer Goethes gewesen ist. Es ist niedrig, es hat keinen Teppich, keine Doppelfenster. Die Möbel sind unansehnlich. Leicht hätte er es anders haben können. Lederne Sessel und Polster gab es auch damals. Dies Zimmer ist in nichts seiner Zeit voraus. Ein Wille hat Figur und Formen in Schranken gehalten; keine sollte des Kerzenlichtes sich schämen müssen, bei dem der alte Mann abends im Schlafrock, die Arme auf ein mißfarbenes Kissen gebreitet, am mittleren Tisch saß und studierte. Zu denken, daß die Stille solcher Stunden sich heute nur in den Nächten wiederversammelt. Dürfte man ihr aber lauschen, man verstände die Lebensführung, bestimmt und geschaffen, die nie wiederkehrende Gunst, das gereifteste Gut dieser letzten Jahrzehnte zu ernten, in denen auch der Reiche die Härte des Lebens noch am eigenen Leibe zu spüren hatte. Hier hat der Greis mit der Sorge, der Schuld, der Not die ungeheuren Nächte gefeiert, ehe das höllische Frührot des bürgerlichen Komforts zum Fenster hineinschien. Noch warten wir auf eine Philologie, die diese nächste, bestimmendste Umwelt – die wahrhafte Antike des Dichters – vor uns eröffne. Dies Arbeitszimmer war die cella des kleinen Baus, den Goethe zwei Dingen ganz ausschließlich bestimmt hatte: dem Schlaf und der Arbeit. Man kann gar nicht ermessen, was die Nachbarschaft der winzigen Schlafkammer und dieses einem Schlafgemache gleich abgeschiedenen Arbeitszimmers bedeutet hat. Nur die Schwelle trennte, gleich einer Stufe, bei der Arbeit ihn von dem thronenden Bett. Und schlief er, so wartete daneben sein Werk, um ihn allnächtlich von den Toten loszubitten. Wem ein glücklicher Zufall erlaubt, in diesem Raume sich zu sammeln, erfährt in der Anordnung der vier Stuben, in denen Goethe schlief, las, diktierte und schrieb, die Kräfte, die eine Welt ihm Antwort geben hießen, wenn er das Innerste anschlug. Wir aber müssen eine Welt zum Tönen bringen, um den schwachen Oberton eines Innern erklingen zu lassen.

Marseille

La rue ... seul champ d'expérience valable.
André Breton

Marseille – gelbes, angestocktes Seehundsgebiß, dem das salzige Wasser zwischen den Zähnen herausfließt. Schnappt dieser Rachen nach den schwarzen und braunen Proletenleibern, mit denen die Schiffkompanien ihn nach dem Fahrplan füttern, so dringt ein Gestank von Öl, Urin und Druckerschwärze daraus hervor. Der ist vom Zahnstein, der an den wuchtigen Kiefern festbackt: Zeitungskioske, Retiraden und Austernstände. Das Hafenvolk ist eine Bazillenkultur; Lastträger und Huren menschenähnliche Fäulnisprodukte. Im Gaumen aber sieht es rosa aus. Das ist hier die Farbe der Schande, des Elends. Bucklige kleiden sich so und Bettlerinnen. Und den entfärbten Weibern der rue Bouterie gibt das einzige Kleidungsstück die einzige Farbe: rosa Hemden.

»*Les bricks*« – so heißt das Hurenviertel nach den Leichtern, die hundert Schritt davon an der Mole des alten Hafens vertäut sind. Ein unübersehbarer Fundus von Stufen, Bögen, Brükken, Erkern und Kellern. Er scheint auf seinen richtigen Gebrauch, die zweckentsprechende Verwendung, noch zu warten. Allein er hat sie. Denn dies Depot von ausgedienten Gassen ist das Hurenviertel. Unsichtbar verlaufen die Striche, die das Terrain scharf und eckig wie afrikanische Kolonien unter die Berechtigten abteilen. Die Huren sind strategisch placiert, auf einen Wink bereit, Unschlüssige zu umzingeln, den Widerspenstigen wie einen Ball von einer Straßenseite zur anderen sich zuzuspielen. Wenn er sonst nichts bei diesem Spiele einbüßt, ist es sein Hut. Ist einer schon so tief in diesen Häuserkehricht eingedrungen, um auf das Innerste im Gynäzeum, die Kammer zu geraten, wo die erbeuteten Embleme der Männlichkeit: Canots, Melonen, Jägerhüte, Borsalinos, Jockeimützen auf Konsolen gereiht oder an Rechen geschichtet hängen? – Durch Kneipen hindurch trifft der Blick auf die See. So zieht die Gasse durch eine Reihe unbescholtener Häuser wie von schämiger Hand gegen den Hafen gedeckt sich dahin. An dieser schämigen, triefenden Hand aber glänzt, ein Siegelring am harten Finger eines Fischerweibs, das alte hôtel de ville. Hier haben vor zweihundert Jahren Patrizierhäuser gestanden. Ihre hochbusigen Nymphen, ihre schlangenumwundenen Medusenhäupter überm verwitterten Türrahmen sind jetzt erst deutlich, Zunft- und Gildenzeichen geworden. Es sei denn, man hätte Schilder darüber gehängt, wie die Hebamme Bianchamori das ihre, auf dem sie, an eine Säule gelehnt, allen Kupplerinnen des Viertels die Stirne bietet und lässig auf ein stämmiges Bübchen weist, das im Begriff steht, sich aus einer Eierschale zu befreien.

Geräusche. – Oben in den menschenleeren Straßen des Hafenviertels sitzen sie so dicht und so locker wie in heißen Beeten die Schmetterlinge. Jeder Schritt schreckt ein Lied, einen Streit, Klatschen triefenden Leinzeugs, Brettergerassel, Säuglingsgejammer, Klirren von Eimern auf. Nur muß man sich allein hierher verloren haben, um ihnen mit dem Kescher nachzufolgen, wenn sie taumelnd in die Stille entflattern. Denn noch haben in diesen verlassenen Winkeln alle Laute und Dinge ihr eigenes Schweigen, wie es um Mittag auf Höhen ein Schweigen der Hähne, ein Schweigen der Axt, ein Schweigen der Grillen gibt. Aber die Jagd ist gefährlich, und zuletzt bricht der Häscher zusammen, wenn ihn wie eine riesenhafte Hornisse von hinten ein Schleifstein mit dem zischenden Stachel durchbohrt.

Notre Dame de la Garde. – Der Hügel, von dem sie herabblickt, ist der Sternenmantel der Gottesmutter, in den die Häuser der Cité Chabas sich einschmiegen. Nachts bilden die Laternen in seinem samtenen Innern Sternenbilder, die noch keinen Namen haben. Er hat einen Reißverschluß: die Kabine unten am stählernen Bande der Zahnradbahn ist das Kleinod, aus dessen gefärbten Butzenscheiben die Welt zurückstrahlt. Ein ausgedientes Fort ist ihr heiliger Fußschemel, und ihren Hals umgibt ein Oval wächserner, verglaster Votivkränze, die wie Reliefprofile ihrer Vorfahren aussehen. Kettchen von Dampfern und Segeln bilden die Ohrgehänge, und aus den schattigen Lippen der Krypta drängt sich ein Schmuck rubin- und goldfarbener Kugeln, an dem die Pilgerschwärme wie Fliegen hängen.

Kathedrale. – Auf dem unbetretensten, sonnigsten Platz steht die Kathedrale. Hier ist es ausgestorben, trotzdem im Süden, zu ihren Füßen, La Joliette, der Hafen, im Norden ein Proletarierviertel dicht anstößt. Als Umschlagplatz für ungreifbare, undurchschaubare Ware steht da das öde Bauwerk zwischen Mole und Speicher. An vierzig Jahre hat man darangesetzt. Doch als dann 1893 alles fertig war, da hatten Ort und Zeit an diesem Monument sich gegen Architekten und Bauherrn siegreich verschworen, und aus den reichen Mitteln des Klerus war ein Riesenbahnhof entstanden, der niemals dem Verkehr konnte übergeben werden. An der Fassade sind die Wartesäle im Innern kenntlich, wo Reisende I.–IV. Klasse (doch vor Gott sind sie alle gleich), eingeklemmt wie zwischen Koffer in ihre geistige Habe, sitzen und in Gesangbüchern lesen, die mit ihren Konkordanzen und Korrespondenzen den internationalen Kursbüchern sehr ähnlich sehen. Auszüge aus der Eisenbahnverkehrsordnung hängen als Hirtenbriefe an den Wänden, Tarife für den Ablaß auf die Sonderfahrten im Luxuszug des Satan werden eingesehen, und Kabinette, wo der Weitgereiste diskret sich reinwaschen kann, als Beichtstühle in Bereitschaft gehalten. Das ist der Religionsbahnhof zu Marseille. Schlafwagenzüge in die Ewigkeit werden zur Messezeit hier abgefertigt.

Das Licht von Grünkramläden, das in den Bildern Monticellis ist, kommt aus den Innenstraßen seiner Stadt, den monotonen Wohnvierteln der Eingesessenen, die etwas von der Traurigkeit von Marseille wissen. Denn die Kindheit ist der Quellenfinder der Trübsal, und um die Trauer so ruhmreich strahlender Städte zu kennen, muß man mit ihnen Kind gewesen sein. Dem Reisenden werden die grauen Häuser des Boulevard de Longchamp, die Fenstergatter des Cours Puget und die Bäume der Allées de Meilhan nichts verraten, wenn ihn nicht ein Zufall in die Totenkammer der Stadt, den Passage de Lorette führt, den schmalen Hof, wo im schläfrigen Beisein einiger Frauen und Männer die ganze Welt zu einem einzigen Sonntagnachmittag zusammenschrumpft. Eine Immobiliengesellschaft hat ihren Namen in das Portal gemeißelt. Entspricht nicht dieser Binnenraum genau dem weißen angepflockten Rätselschiff im Hafen – »Nautique«, die nie ins Meer sticht, um dafür alltäglich an weißen Tischen Fremde mit Gerichten, die viel zu sauber und wie ausgewaschen sind, zu speisen?

Muscheln- und Austernstände. – Unergründliches Naß, das als schmutziger Guß reinigend über schmutzige Balken strömt, übers Warzengebirge rosiger Muscheln von der höchsten Konsole herab, zwischen Schenkeln und Bäuchen glasierter Buddhas, an gelben Zitronenkuppeln vorüber, ins Sumpfland der Kressen und durch die Waldung französischer Fähnchen sprudelt, um endlich als die beste Würze des zuckenden Tiers unsern Schlund zu berieseln. Oursins de l'Estaque, Portugaises, Marennes, Clovisses, Moules marinières – all das wird unaufhörlich gesiebt, gruppiert, gezählt, geknackt, verworfen, angerichtet, verkostet. Und der träge, stupide Makler des Binnenhandels, Papier, hat nichts in dem entfesselten Element, der Brandung schäumender Lippen zu suchen, die immer gegen die triefenden Stufen ansteigt. – Aber drüben, am andern Quai, zieht der Gebirgszug der »Andenken« sich entlang, das mineralische Jenseits der Muscheln. Seismische Kräfte haben dies Massiv von Glasfluß, Muschelkalk, Emaille aufgetürmt, in dem die Tintenfässer, Dampfer, Anker, Quecksilbersäulen und Sirenen ineinanderstecken. Der Druck von tausend Atmosphären, unter dem hier diese Bilderwelt sich drängt und bäumt und staffelt, ist die gleiche Kraft, die sich in harten Schifferhänden nach langer Fahrt an Frauenschenkeln und Frauenbrüsten erprobt, und die Wollust, die auf den Muschelkästen ein rotes oder blaues Sammetherz aus der Steinwelt heraustreibt, um es mit Nadeln und Broschen spicken zu lassen, die gleiche, die am Zahltage diese Gassen erschüttert.

Mauern. – Zu bewundern die Disziplin, der sie in dieser Stadt unterworfen sind. Die besseren im Zentrum tragen Livrée und stehen im Solde der herrschenden Klasse. Sie sind mit schreienden Mustern bedeckt und haben sich in ihrer ganzen Länge vielhundertmal dem neuesten Anis, den »Dames de France«, dem »Chocolat Menier« oder Dolores del Rio verschrieben. In den ärmeren Vierteln sind sie politisch mobilisiert und stellen ihre geräumigen roten Lettern als Vorläufer roter Garden vor Werften und Arsenale.

Der Verkommene – der nach Einbruch der Nacht an der Ecke der rue de la République und des Vieux Port seine Bücher verkauft, ruft in den Passanten schlechte Instinkte auf. Es kitzelt sie, sich so viel frisches Elend zunutze zu machen. Und es gelüstet sie, mehr von solch namenlosem Unglück zu erfahren, als das Bild der Katastrophe, die es uns vorstellt. Denn wohin muß es mit einem gekommen sein, der, was ihm von Büchern geblieben ist, vor sich auf den Asphalt geschüttet hat und nun hofft, einen, der hier spät noch vorbeikommt, möchte ein Sehnen nach Lektüre beschleichen? Oder ist alles ganz anders? Und hält hier eine arme Seele Wacht, die uns stumm anfleht, den Schatz aus dem Trümmerhaufen zu heben? Wir hasten vorbei. Aber wir werden an jeder Ecke von neuem stutzen, denn immer hat der südliche Händler den Bettlermantel so um sich geschlagen, daß mit tausend Augen das Schicksal uns daraus ansieht. Wie fern sind wir der tristen Würde unserer Armen, der Kriegsbeschädigten des Konkurrenzkampfs, an denen Senkel und Dosen mit Stiefelwichse wie Kordons und Medaillen hängen.

Vorstädte. – Je weiter wir aus dem Innern heraustreten, desto politischer wird die Atmosphäre. Es kommen die Docks, die Binnenhäfen, die Speicher, die Quartiere der Armut, die zerstreuten Asyle des Elends: das Weichbild. Weichbilder sind der Ausnahmezustand der Stadt, das Terrain, auf dem ununterbrochen die große Entscheidungsschlacht zwischen Stadt und Land tobt. Sie ist nirgends erbitterter als zwischen Marsaille und der provençalischen Landschaft. Es ist der Nahkampf von Telegraphenstangen gegen Agaven, Stacheldraht gegen stachlige Palmen, Nebelschwaden stinkender Korridore gegen feuchtes Platanendunkel brütender Plätze, kurzatmigen Freitreppen gegen die mächtigen Hügel. Die lange rue de Lyon ist der Pulvergang, den Marsaille in die Landschaft grub, um sie in Saint-Lazare, Saint-Antoine, Arenc, Septêmes auffliegen und mit Granatsplittern aller Völker- und Firmensprachen überschütten zu lassen. Alimentation Moderne, Rue de Jamaïca, Comptoir de la Limite, Savon Abat-Jour, Minoterie de la Campagne, Bar du Gaz, Bar Facultatif – und über all dem der Staub, der hier aus Meersalz, Kalk und Glimmer sich zusammenballt und dessen Bitternis im Munde dessen, der es mit der Stadt versucht hat, länger vorhält als der Abglanz von Sonne und Meer in den Augen ihrer Verehrer.

San Gimignano

Dem Andenken an Hugo von Hofmannsthal

Worte zu dem zu finden, was man vor Augen hat – wie schwer kann das sein. Wenn sie dann aber kommen, stoßen sie mit kleinen Hämmern gegen das Wirkliche, bis sie das Bild aus ihm wie aus einer kupfernen Platte getrieben haben. »Abends versammeln sich die Frauen am Brunnen vorm Stadttor, um in großen Krügen Wasser zu holen« – erst als ich diese Worte gefunden hatte, trat aus dem allzublendenden Erlebten mit harten Beulen und mit tiefen Schatten das Bild. Was hatte ich vorher von den weißflammenden Weiden gewußt, die am Nachmittage mit ihren Flämmchen vor dem Stadtwalle wachen? Wie enge mußten sich vordem die dreizehn Türme behelfen, und wie besonnen nahmen sie von nun ab jeder seinen Platz ein, und zwischen ihnen war es noch sehr geräumig.

Kommt man von fern, so ist die Stadt plötzlich so unhörbar wie durch eine Tür in die Landschaft getreten. Sie sieht nicht danach aus, als solle man ihr je näherkommen. Ist es aber gelungen, so fällt man in ihren Schoß und kann vor Grillengesumm und Kinderschreien nicht zu sich finden.

Wie sich im Lauf von vielen Jahrhunderten ihr Gemäuer immer dichter zusammenzog; kaum ein Haus ohne die Spuren großgerundeter Bogen über der schmalen Pforte. Die Öffnungen, aus denen jetzt schmutzige Leinentücher zum Schutze gegen Insekten wehen, waren bronzene Tore. Reste der alten Steinornamentik ließ man gottverloren im Mauerwerk stecken, das ein heraldisches Aussehen davon bekam. Ist man durch die Porta Giovanni getreten, so fühlt man sich in einem Hofe, nicht auf der Straße. Selbst die Plätze sind Höfe, und man scheint sich auf allen geborgen. Was so oft in der südlichen Stadt begegnet, wird doch nirgends spürbar wie hier: daß ihr Mensch, was er zum Leben braucht, sich erst mühsam vergegenwärtigen muß, so sehr macht die Linie dieser Bogen und Zinnen, der Schatten und der Flug der Tauben und Krähen ihn das Bedürfnis vergessen. Ihm wird schwer, sich dieser übertriebenen Gegenwart zu entringen, des Morgens den Abend und in der Nacht den Tag vor sich zu haben.

Überall wo man stehen kann, kann man auch sitzen. Nicht Kinder allein, sondern alle Frauen haben ihren Platz auf der Schwelle, ganz körpernah am Grund und Boden, seinen Sitten und vielleicht seinen Göttern. Der Stuhl vor der Haustür ist schon Wahrzeichen städtischer Neuerungen. Von den krassen Sitzgelegenheiten der Cafés vollends machen einzig und allein die Männer Gebrauch.

So habe ich nie vorher Sonnen- und Mondaufgang in meinem Fenster gehabt. Wenn ich nachts oder nachmittags auf dem Bett liege, gibt's nur Himmel. Ich beginne, gewohnheitsmäßig kurz vor Sonnenaufgang zu erwachen. Dann erwarte ich, wie die Sonne hinterm Gebirge emporkommt. Da gibt es diesen ersten flüchtigen Augenblick, in dem sie nicht größer ist als ein Stein, ein glühendes Steinchen auf dem Gebirgskamm. Was Goethe vom Monde sagte: »Glänzt dein Rand herauf als Stern« – hat noch niemand von der Sonne begriffen. Ihrer aber ist nicht Stern, sondern Stein. Die Früheren müssen die Kunst besessen haben, diesen Stein als Talisman bei sich zu bergen und damit die Stunden zum Glück zu wenden.

Ich schaue von der Mauer der Stadt. Das Land brüstet sich nicht mit Bauten und Siedlungen. Es ist viel da, aber beschirmt und beschattet. Die Höfe, an denen nichts als die Notdurft gebaut hat, sind nicht nur in der Zeichnung, sondern in jedem Ton von Ziegel und Fensterglas so vornehm wie kein Herrenhaus in der Parktiefe. Die Mauer aber, an die ich lehne, teilt das Geheimnis des Ölbaums, dessen Krone als harter brüchiger Kranz sich mit tausend Breschen dem Himmel öffnet.

Nordische See

»Die Zeit, in welcher selbst der lebt, der keine Wohnung hat«, wird dem Reisenden, der keine hinter sich ließ, ein Palais. Drei Wochen lang reihten seine vom Geräusch der Wogen erfüllten Hallen nordwärts sich aneinander. Möwen und Städte, Blumen, Möbel und Statuen erschienen auf ihren Wänden, und durch ihre Fenster fiel Tag und Nacht Licht.

Stadt. Wenn dies Meer die Campagna ist, liegt Bergen im Sabinergebirge. Und so ist es; denn das Meer ruht im tiefen Fjord immer glatt, und die Berge haben die Formen der römischen. Die Stadt aber ist nordisch. Überall gibt es Gebälk und Knacken darin. Die Dinge sind blank: Holz ist Holz, Messing ist Messing, Ziegel Ziegel. Sauberkeit treibt sie in sich zurück, macht sie mit sich bis ins Mark identisch. So werden sie stolz, wollen draußen nicht viel. Wie die Bewohner entlegener Bergdörfer einander bis auf Tod und Siechtum versippt sein können, so haben sich die Häuser vertreppt und verwinkelt. Und wo noch ein bißchen Himmel zu sehen wäre, sind grade zwei Fahnenstangen von jeder Seite der Straße im Begriff, sich zu senken. »Halt, wenn das Nahen der Wolke bemerkbar wird!« Sonst ist der Himmel in Sakramentshäuschen eingefangen, hölzerne Zellchen, gotische, rote, in denen ein Klingelzug hängt, mit dem man die Feuerwehr herbeirufen kann. Muße im Freien ist nirgendwo vorgesehen; wo Bürgerhäuser vorn einen Garten haben, ist er so dicht bestellt, daß niemand in Versuchung kommt, sich drin aufzuhalten. Vielleicht ist es daher, daß die Mädchen hier auf der Schwelle zu stehen, in der Türe zu lehnen wissen wie kaum im Süden. Das Haus hat noch strenge Grenzen. Eine Frau, die wollte wohl vor der Tür sitzen, ihren Stuhl aber hatte sie nicht lotrecht, sondern zur Hausfront parallel in die Nische der Tür gestellt, Tochter eines Geschlechts, das noch vor zweihundert Jahren in Schränken schlief. Schränke bald mit drehbaren Türen und bald mit Schiebladen, bis zu vier Stätten in ein und derselben Truhe. Für die Liebe war damit schlecht gesorgt – für die glückliche nämlich. Desto besser für die unglückliche bisweilen, wenn es nämlich ein vergeblich Liebender war, an dessen Bettstatt ich die Innenseite der Tür mit einem großen Frauenbildnis ausgefüllt sah. Eine Frau trennte ihn von der Welt: mehr hat noch keiner von seiner besten Nacht sagen können.

Blumen. Während die Bäume schüchtern werden, nirgends sich uneingefriedet mehr sehen lassen, kann man in Blumen einer ungeahnten Härte begegnen. Sie sind gewiß nicht heftiger als im gemäßigten Klima gefärbt, eher blasser. Aber wieviel entschiedener hebt sich ihre Farbe von allem Umgebenden ab. Die kleinen, Stiefmütterchen und Reseden, sind wilder, die großen, und vor allem die Rosen, bedeutungsvoller. Behutsam befördern Weiber sie durch die große Öde von einem Hafen zum andern. Stehen sie dann aber in Töpfen gegen die Scheiben der hölzernen Häuser gedrängt, sind sie weniger ein Gruß der Natur als ein Wall gegen das Außen. Wenn die Sonne durchbricht, hört alle Gemütlichkeit auf. Man kann auf Norwegisch wohl nicht sagen, daß sie es gut meint. Sie nutzt die Augenblicke ihrer wolkenlosen Herrschaft despotisch. Zehn Monate im Jahr gehört hier alles dem Dunkel. Kommt sie, so herrscht sie die Dinge an, entreißt sie, als ihr Eigentum, der Nacht und ruft in Gärten – Blau, Rot und Gelb – die Farben zum Apell, die blanke Garde der Blumen, die von keinem Wipfel beschattet werden.

Möbel. Um von den alten Bewohnern aus dem Anblick ihrer Schiffe viel zu erfahren, müßte man wenigstens rudern können. In Oslo sind zwei Wikingerschiffe zu sehen; wer aber nicht rudert, hält sich besser an die Betrachtung der Stühle, die er unweit des einen im Museum für Volkskunde findet. Sitzen kann jeder, und mancher wird es an jenen Stühlen auch innewerden, was es damit für eine Bewandtnis hat. Es ist ein gewaltiger Irrtum zu meinen, Rücken- und Seitenlehne seien ursprünglich für die Bequemlichkeit dagewesen. Sie sind Gehege, nämlich des Platzes, den der Sitzende einnimmt. Unter diesen Holzgestellen aus frühester Zeit war eins, dessen unwahrscheinlich geräumiger Sitz mit einem Gatter so umzäunt war, als sei der Hintern eine strotzende Menge, die in Schranken müsse gehalten werden. Wer da saß, tat es für viele. Alle Flächen der alten Sitze sind dem Boden näher als die unsern. Wieviel mehr halten sie aber auf diesen geringeren Abstand, während zugleich die Fläche noch die Muttererde vertritt. Allen sieht man's an, wie sehr sie zu jeder Zeit Haltung, Wissen, Ansehen und Rat dessen, der sie einnahm, bestimmten. So diesem: einem kleinen, sehr niedrigen Stühlchen, die Sitzfläche eine Mulde, die Lehne eine Mulde, alles drängt, wogt nach vorn. Das war, als hätte das Geschick auf einer Welle den, der hier saß, in den Raum gespült. Oder dem Lehnstuhl mit einer Truhe unter dem Sitz. Kein schönes Möbel, eher ein aufdringliches; Sitz eines Armen vielleicht – wer aber drin saß, wußte, was später Pascal erkannt hat: »Es stirbt niemand so arm, daß er nicht etwas hinterließe.« Und jenem Thron: hinter der kreisrunden Sitzfläche ohne Armstützen ragt die glatt gescheuerte, konkave Wölbung der Lehne auf wie die Apsis eines romantischen Doms, aus deren Höhe der Thronende niederblickt. In diesem Lande, das später als alle andern »bildende Künste« – Plastik und Malerei – bei sich aufnahm, hat bauender Geist den Hausrat – Schrank, Tisch und Bett bis zum niedersten Schemel – bestimmt. Sie alle sind unnahbar; als genius loci hausen in ihnen noch heute Besitzer, von denen sie vor Jahrhunderten wahrhaft besessen waren.

Licht. Die Straßen von Svolvaer sind leer. Und hinter den Fenstern sind die Papierrouleaus heruntergelassen. Schlafen die Menschen? Es ist nach Mitternacht; aus einer Wohnung kommen Stimmen, aus einer anderen Geräusche von einer Mahlzeit. Und jeder Ton, der über die Straße hallt, macht diese Nacht in einen Tag umschlagen, der nicht im Kalender steht. Du bist ins Magazin der Zeit gedrungen und blickst auf Stapel unbenutzter Tage, die sich die Erde vor Jahrtausenden auf dies Eis legte. Der Mensch verbraucht in vierundzwanzig Stunden seinen Tag – diese Erde den ihren nur alle Halbjahr. Darum blieben die Dinge so unverletzt. Weder Zeit noch Hände haben die Sträucher in dem windstillen Garten und die Boote im glatten Wasser berührt. Zwei Dämmerungen begegnen sich über ihnen, teilen sich in ihren Besitz wie in den der Wolken, und schicken dich mit leeren Händen nach Hause.

Möwen. Abends, das Herz bleischwer, voller Beklemmung, auf Deck. Lange verfolge ich das Spiel der Möwen. Immer sitzt eine auf dem höchsten Mast und beschreibt die Pendelbewegungen mit, die er stoßweise in den Himmel zeichnet. Aber es ist nie auf lange Zeit ein und dieselbe. Eine andere kommt, mit zwei Flügelschlägen hat sie die erste, – ich weiß es nicht: erbeten oder verjagt. Bis mit einem Male die Spitze leer bleibt. Aber die Möwen haben nicht aufgehört, dem Schiffe zu folgen. Unübersehbar wie immer, beschreiben sie ihre Kreise. Etwas anderes ist es, was eine Ordnung in sie hineinbringt. Die Sonne ist längst untergegangen, im Osten ist es sehr dunkel. Das Schiff fährt südwärts. Einige Helle ist im Westen geblieben. Was sich nun an den Vögeln vollzog – oder an mir? – das geschah kraft des Platzes, den ich so beherrschend, so einsam in der Mitte des Achterdecks mir aus Schwermütigkeit gewählt hatte. Mit einem Male gab es zwei Möwenvölker, eines die östlichen, eines die westlichen, linke und rechte, so ganz verschieden, daß der Name Möwen von ihnen abfiel. Die linken Vögel behielten gegen den Grund des erstorbenen Himmels etwas von ihrer Helle, blitzten mit jeder Wendung auf und unter, vertrugen oder mieden sich und schienen nicht aufzuhören, eine ununterbrochene, unabsehbare Folge von Zeichen, ein ganzes, unsäglich veränderliches, flüchtiges Schwingengeflecht – aber ein lesbares – vor mich hinzuweben. Nur daß ich abglitt, um mich stets von neuem bei den andern zurückzufinden. Hier stand mir nichts mehr bevor, nichts sprach zu mir. Kaum war ich denen im Osten gefolgt, wie sie, im Fluge gegen einen letzten Schimmer, ein paar tiefschwarzer, scharfer Schwingen, sich in die Ferne verloren und wiederkehrten, so hätte ich ihren Zug schon nicht mehr beschreiben können. So ganz ergriff er mich, daß ich mir selber, schwarz vom Erlittenen, eine lautlose Flügelschar, aus der Ferne zurückkam. Links hatte noch alles sich zu enträtseln, und mein Geschick hing an jedem Wink, rechts war es schon vorzeiten gewesen, und ein einziges stilles Winken. Lange dauerte dieses Widerspiel, bis ich selbst nur noch die Schwelle war, über der die unnennbaren Boten schwarz und weiß in den Lüften tauschten.

Statuen. Eine Kammer mit moosgrünen Wänden. Alle vier sind mit Statuen bedeckt. Dazwischen einige verzierte Balken, die auf Spuren von Farbe mit Spuren von Gold »Jason« oder »Bruxelles« oder »Malvina« entziffern lassen. Linker Hand, wenn man eintritt, ein Holzmännchen, eine Art Magister im Leibrock, einen Dreimaster auf dem Kopf. Den linken Unterarm hat er lehrhaft erhoben, aber kurz unter dem Ellenbogen bricht er ab, auch die rechte Hand und der linke Fuß fehlen. Ein Nagel geht durch den Mann, der starr in die Höhe blickt. Derbe, unscheinbare, gewöhnliche Kisten begleiten, aneinandergereiht, die Wände. Auf manchen steht »Livbaelter«, auf den meisten gar nichts. Man kann den Raum nach ihnen ausmessen. Zwei oder drei Kisten weiter und eine ragende Frau im reichbesetzten, weißen Gesellschaftskleid, das den üppigen Busen halb frei läßt. Auf mächtigem Ansatz ein voller holziger Hals. Voll geborstene Lippen. Unterhalb des Gürtels zwei Löcher. Eines durchs Schambein, eins tiefer in der bauschigen Robe, die keine Beine erkennen läßt. Wie sie, so wachsen all die Gestalten ringsum aus vagen, wenig gegliederten Formen auf. Mit dem Boden stehen sie auf schlechtem Fuß, ihr Halt liegt im Rücken. Ganz bunt steht zwischen den entfärbten rissigen Büsten und Statuen einer von aller Witterung unbescholten, sein gelber Mantel ist grün gefüttert, sein rotes Gewand blau gesäumt, sein Schwert grün und grau, sein Horn gelb, er trägt eine phrygische Mütze, und spähend hält er über die Augen die Hand – Heimdall. Und wieder eine Frauengestalt, damenhafter noch als die erste. Eine Alonge-Perücke läßt ihre Locken auf ein blaues Mieder herabfallen. Statt der Arme Voluten. – Den Mann zu denken, der sie alle gesammelt, um sich gesammelt, über Länder und Meere ihnen nachgeforscht hätte im Wissen, nur bei ihm fänden sie, nur bei ihnen fände er Ruhe. Kein Liebhaber der bildenden Kunst, nein, ein Reisender, der das Glück in der Ferne suchte, als es noch in der Heimat zu finden war, und dann später sein Heim bei diesen von Ferne und Fahrt Geschundensten aufschlug. Sie alle, das Antlitz von salzigen Tränen verwittert, die Blicke aus zerstoßenen, hölzernen Höhlen nach oben gerichtet, die Arme, wenn sie noch da sind, beschwörend über der Brust gekreuzt – wer sind sie, – so unsagbar hilflos und aufbegehrend – diese Niobiden des Meeres? Oder seine Mänaden? Denn sie sind über weißere Kämme gestürmt als die von Thrakien und von wilderen Pranken geschlagen worden als den Bestien, der Gefolgschaft der Artemis – sie, die Galionen. Galionen sind es. Sie stehen in der Kammer der Galionen im Schiffahrts-Museum zu Oslo. Genau in der Mitte der Kammer aber erhebt sich auf einer Estrade ein Steuerrad. Werden auch hier diese Fahrenden keine Ruhe finden, und soll es mit ihnen wieder hinaus in den Wogenschlag, der ewig ist wie das Höllenfeuer?

Aussicht ins Kinderbuch

Grüne Schimmer schon im Abendrot
C. F. Heinle

In einer Geschichte von Andersen kommt ein Bilderbuch vor, das »für das halbe Königreich« erkauft war. Darin war alles lebendig. »Die Vögel sangen und die Menschen gingen aus dem Buche heraus und sprachen.« Wenn aber die Prinzessin das Blatt umwandte, »sprangen sie gleich wieder hinein, damit keine Unordnung entstehe«. Niedlich und unscharf, wie so vieles, was er geschrieben hat, geht auch diese kleine Erdichtung haargenau an dem vorbei, worauf es hier ankommt. Nicht die Dinge treten dem bildernden Kind aus den Seiten heraus – im Schauen dringt es selber als Gewölk, das mit dem Farbenglanz der Bilderwelt sich sättigt, in sie ein. Es macht vor seinem ausgemalten Buche die Kunst der taoistischen Vollendeten wahr: es meistert die Trugwand der Fläche und zwischen farbigen Geweben, bunten Verschlägen betritt es eine Bühne, wo das Märchen lebt. Hoa, das chinesische »tuschen«, ist soviel wie kua, »anhängen«: man hängt fünf Farben an die Dinge. Farben »anlegen« sagt das Deutsche. In solch farbenbehängte, undichte Welt, wo bei jedem Schritt sich alles verschiebt, wird das Kind als Mitspieler aufgenommen. Drapiert mit allen Farben, welche es beim Lesen und Betrachten aufgreift, steht es in einer Maskerade mitten inne und tut mit. Beim Lesen – denn es haben auch die Worte zu diesem Maskenball sich eingefunden, sind mit von der Partie und wirbeln, tönende Schneeflocken, durcheinander. »Prinz ist ein Wort mit einem umgebundenen Stern«, sagte ein Junge von sieben Jahren. Kinder, wenn sie Geschichten sich ausdenken, sind Regisseure, die sich vom »Sinn« nicht zensieren lassen. Man kann darauf sehr leicht die Probe machen. Gibt man vier oder fünf bestimmte Worte an und läßt sie schnell zu einem kurzen Satz zusammenfügen, so wird die erstaunlichste Prosa zum Vorschein kommen: nicht Aussicht, sondern Wegweiser ins Kinderbuch. Da werfen sich mit einem Schlag die Worte ins Kostüm und sind im Handumdrehen in Gefechte, in Liebesszenen oder

Balgereien verwickelt. So schreiben, so aber lesen auch die Kinder ihre Texte. Und es gibt seltene, passionierende ABC-Bücher, welche in Bildern ein verwandtes Spiel treiben. Da findet man z. B. auf der Tafel A ein Stilleben aufgetürmt, das sehr rätselhaft wirkt, bis man dahinter kommt, daß hier Aal, ABC-Buch, Adler, Apfel, Affe, Ambos, Ampel, Anker, Armbrust, Arznei, Ast, Aster, Axt sich versammelt haben. Solche Bilder kennen Kinder wie ihre Tasche, sie haben sie genau so durchwühlt und das Innerste zu äußerst gekehrt, ohne das kleinste Fetzchen oder Fädchen zu vergessen. Und wenn im kolorierten Kupferstich die Phantasie des Kindes träumerisch in sich selber versinkt, führt der schwarzweiße Holzschnitt, die nüchterne prosaische Abbildung, es aus sich heraus. Mit der zwingenden Aufforderung zur Beschreibung, die in dergleichen Bildern liegt, rufen sie im Kinde das Wort wach. Wie es aber diese Bilder mit Worten beschreibt, so »beschreibt« es sie in der Tat. Es bekritzelt sie. Anders als jede farbige ist ihre Fläche gleichsam nur andeutend bestellt und einer gewissen Verdichtung fähig. So dichtet denn das Kind in sie hinein. Es lernt an ihnen zugleich mit der Sprache die Schrift: Hieroglyphik. In deren Zeichen gibt man heute noch den ersten Fibelworten das Linienbild der Dinge, welche sie bedeuten mit: Ei, Hut. Der echte Wert solch schlichter graphischer Kinderbücher liegt also weit ab von der stumpfen Drastik, um derentwillen die rationalistische Pädagogik sie empfahl. – »Wie das Kind ein Plätzlein sich merkt«, mit Auge und Finger seine Bilderlandschaft durchquert, sagt dieser musterhafte Kinderreim aus einem alten Anschauungsbuch:

Vor dem Städtlein sitzt ein Zwerglein,
Hinterm Zwerglein steht ein Berglein,
Aus dem Berglein fließt ein Bächlein,
Auf dem Bächlein schwimmt ein Dächlein.
Unterm Dächlein steckt ein Stüblein,
In dem Stüblein sitzt ein Büblein,
Hinterm Büblein steht ein Bänklein,
Auf dem Bänklein ruht ein Schränklein,
In dem Schränklein steht ein Kästlein,
In dem Kästlein liegt ein Nestlein,

Vor dem Nestlein sitzt ein Kästlein,
Merken will ich mir das Plätzlein.«

J. P. Wich: Steckenpferd und Puppe,
Nördlingen 1843

Weniger systematisch, launenhafter und wilder geht im Vexierbild das Kind dem »Dieb«, dem »faulen Schüler« oder dem »versteckten Lehrer« nach. Auch diese Bilder, welche den Zeichnungen mit Widersprüchen und Unmöglichkeiten, die heut als Tests zu Ehren kommen, verwandt erscheinen, sind ja nur Maskerade, übermütige Stegreifposse, in welcher Menschen sich auf den Kopf stellen, Beine und Arme zwischen Äste stecken und ein Hausdach als Mantel umnehmen. Bis in den ernsteren Raum der Buchstabier- und Lesebücher tollt dieser Karneval hinein. Renner in Nürnberg ließ in der ersten Hälfte des vorigen Jahrhunderts eine Folge von vierundzwanzig Blättern erscheinen, die die Buchstaben selber vermummt – wenn man so sagen darf – vorführten. F tritt in der Verkleidung eines Franziskaners, K als Kanzlist, T als Träger auf. Das Spiel hat soviel Gefallen erweckt, daß man bis auf den heutigen Tag diesen alten Motiven in allerlei Abwandlungen begegnen kann. Der Rebus endlich läutet den Aschermittwoch dieses Wort- und Letternfaschings ein. Er ist die Demaskierung: aus dem glänzenden Aufzug blickt der Sinnspruch, die hagere Vernunft, den Kindern entgegen. Dieser Rebus (kurioserweise früher aus rêver anstatt aus res erklärt) hat die allervornehmste Abkunft, stammt geradenwegs aus der Hieroglyphik der Renaissance und einer ihrer kostbarsten Drucke, die »Hypnerotomachia Poliphili, ist gewissermaßen seine Adelsurkunde«. In Deutschland ist er vielleicht nie so ungemein wie in Frankreich verbreitet gewesen, wo gegen 1840 reizende Oblatenserien Mode gewesen sind, die den Text in Bilderschrift trugen. Immerhin hatten auch deutsche Kinder sehr reizende »pädagogische« Rebusbücher. Spätestens aus dem Ende des achtzehnten Jahrhunderts stammen die *»Sittensprüche des Buchs Jesus Sirach für Kinder und junge Leute aus allen Ständen mit Bildern, welche die vornehmsten Wörter ausdrücken«*. Der Text ist zierlich in Kupfer gestochen und alle Substantiva, die das irgend zulassen, sind durch schön ausgemalte sachliche oder allegorische Bildchen bedeutet. Noch 1842 gab Teubner eine »Kleine Bibel für Kinder« mit 460 derartigen Illustrationen heraus. Und wie dem Denken und der Phantasie war ehemals selbst der tätigen Hand im Kinderbuch ein weites Feld bereitet. Da gibt es die bekannten Ziehbilderbücher (die am schnellsten entartet sind und überhaupt als Gattung wie auch in den Exemplaren das kürzeste Leben scheinen gehabt zu haben). Ein reizendes Stück ist das »Livre jou-jou« gewesen, das – in den vierziger Jahren vermutlich – in Paris bei Janet erschienen ist. Es ist der Roman eines persischen Prinzen. Alle Wechselfälle seiner Geschichte sind in Bildern festgehalten, auf deren jedem sich ein freudiges und rettendes Ereignis mit einem Zauberschlage einstellt, wenn man den Streifen am Rande bewegt. Ähnlich sind Bücher eingerichtet, bei denen die auf den Bildern dargestellten Türen, Vorhänge usw. aufklappbar sind und Bildchen dahinter erscheinen lassen. Und endlich werden – so wie die Anziehpuppe ihren Roman gefunden hat (»Isabellens Verwandlungen oder das Mädchen in sechs Gestalten. Ein unterhaltendes Buch für Mädchen mit sieben kolorierten beweglichen Kupfern«, Wien) – ins Buch auch jene schönen Spielbogen gewandert sein, in denen beigegebene kleine Pappfiguren durch heimliche Ritzen befestigt und auf die mannigfachste Weise angeordnet werden konnten. So ließ nach den verschiedenen Situationen einer Erzählung die Landschaft oder Stube sich ausgestalten. Den wenigen aber, denen als Kindern – oder als Sammlern gar – das Glück geworden ist, auf ein Zauber- oder Vexierbuch zu stoßen, wird all dies andere dagegen verblaßt sein. Diese geistvoll eingerichteten Bände zeigten, je nach der Stellung der in ihr blätternden Hand, wechselnde Blattfolgen. Dem Eingeweihten, der es handhabt, zeigt ein solches Werk zehnmal das gleiche Bild auf immer neuen Seiten, bis sich die Hand verschiebt, und nun, als habe unter ihren Griffen sich das Buch verwandelt, ganz andere Bilder, ebensooft erscheinen. Ein solcher Band (wie er als Quarto aus dem achtzehnten Jahrhundert dem Schreiber vorliegt) scheint, je nachdem, bald nichts als eine Blumenvase, dann immer wieder eine Teufelsfratze, dann Papageien, dann nur weiße oder schwarze Blätter, Windmühle, Hofnarr, Pierrot usw. zu enthalten. Ein anderes zeigte, je nachdem man darin blätterte, Serien von Spielzeug, Näschereien für das artige Kind, dann wieder, wenn man das Orakelbuch auf andere Weise durchging, eine Reihe von Strafwerkzeugen und von Schreckgesichtern für das böse.

Die hohe Blüte des Kinderbuchs in der ersten Hälfte des vorigen Jahrhunderts ging nicht sowohl aus der konkreten (und der heutigen in manchem überlegenen) pädagogischen Einsicht, denn als Moment des bürgerlichen Lebens jener Tage aus ihm selber hervor. Mit einem Worte: aus dem Biedermeier. Es saßen in den kleinsten Städten Verleger, deren landläufigste Erzeugnisse so anmutig waren, wie die bescheidenen Gebrauchsmöbel von damals, in deren Schubladen sie hundert Jahre lang geschlafen haben. Daher gibt es nicht nur Berliner, Leipziger, Nürnberger, Wiener Kinderbücher; im Geist des Sammlers haben vielmehr Namen wie Meißen, Grimma, Gotha, Pira, Plauen, Magdeburg, Neuhaldensleben als Verlagsort weit verheißungsvolleren Klang. In fast allen haben Illustratoren gearbeitet, nur sind die meistens namenlos geblieben. Von Zeit zu Zeit aber wird einer unter ihnen entdeckt und erhält seinen Biographen. So ist es Johann Peter Lyser, dem Maler, Musiker und Journalisten ergangen. Das Fabelbuch von A. I. Grimm (Grimma 1827) mit Lysers Bildern, das *»Buch der Mährchen für Söhne und Töchter gebildeter Stände«* (Leipzig 1834), Text und Bilder von Lyser, und »Linas Märchenbuch« (Grimma o. J.), Text von A. I. Grimm, Bilder von Lyser, enthalten seine schönsten Arbeiten für Kinder. Das Kolorit dieser Lithographien verblaßt dem brennenden des Biedermeier gegenüber und stimmt um so besser zu den hageren, oft verhärmten Gesellen, der schattenhaften Landschaft, der Märchenstimmung, die nicht frei ist von einem ironisch-satanischen Einschlag. Die handwerkliche Kunst in diesen Büchern hatte dem kleinbürgerlichen Alltag sich völlig verbunden, sie wurde nicht genossen, sondern gebraucht wie Kochrezepte oder wie Sprichwörter. Von dem, was die Romantik Überschwänglichstes sich je erträumte, stellt sie die volkstümliche, ja die kindliche Variante dar. Jean Paul ist darum ihr Schutzpatron. Die mitteldeutsche Feenwelt seiner Geschichten hat in jenen Bildchen sich niedergeschlagen. Deren selbstgenügsam prangender Farbenwelt ist keine Dichtung näher als die seine verwandt. Denn sein Ingenium ruht, so gut wie das der Farbe, in Phantasie, nicht in der Schöpferkraft. Im Farbensehen läßt die Phantasieanschauung im Gegensatz zur schöpferischen Einbildung sich als Urphänomen gewahren. Aller Form nämlich, allem Umriß, den der Mensch wahrnimmt, entspricht er selbst in dem Vermögen, ihn hervorzubringen. Der Körper selbst im Tanz, die Hand im Zeichnen bildet ihn nach und eignet ihn sich an. Dieses Vermögen aber hat an der Welt der Farbe seine Grenze; der Menschenkörper kann die Farbe nicht erzeugen. Er entspricht ihr nicht schöpferisch, sondern empfangend: im farbig schimmernden Auge. (Auch ist ja, anthropologisch gesprochen, das Sehen die Wasserscheide der Sinne, weil es Form und Farbe zugleich auffaßt. Und so gehören ihm zu rechter Hand die Vermögen aktiver Korrespondenzen an: Formsehen und Bewegung, Gehör und Stimme, zur Linken aber die passiven: Farbsehen gehört zu den Sinnesbereichen von Riechen und Schmecken. Die Sprache selber faßt in »(aus-)sehen«, »riechen«, »schmecken«, die vom Objekt (intransitiv) wie (transitiv) vom menschlichen Subjekte gelten, diese Gruppe zur Einheit zusammen.) Kurz: reine Farbe ist das Medium der Phantasie, die Wolkenheimat des verspielten Kindes, nicht der strenge Kanon des bauenden Künstlers. Hiermit hängt ihre »sinnlich-sittliche« Wirkung zusammen, die Goethe ganz im Sinne der Romantik erfaßte. »Die durchsichtigen Farben sind in ihrer Erleuchtung wie in ihrer Dunkelheit grenzenlos, wie Feuer und Wasser als ihre Höhe und ihre Tiefe angesehen werden kann ... Das Verhältnis des Lichts zur durchsichtigen Farbe ist, wenn man sich darein vertieft, unendlich reizend, und das Entzünden der Farben und das Verschwimmen ineinander und Wiederauferstehen und Verschwinden ist wie das Odemholen in großen Pausen von Ewigkeit zu Ewigkeit vom höchsten Licht bis in die einsame und ewige Stille in den allertiefsten Tönen. Die undurchsichtigen Farben stehen wie Blumen dagegen, die es nicht wagen, sich mit dem Himmel zu messen, und doch mit der Schwachheit von der einen Seite, dem Weißen, und dem Bösen, dem Schwarzen, von der andern zu tun haben. Diese sind aber gerade fähig ... so anmutige Variationen und so natürliche Effekte hervorzubringen, daß ... die durchsichtigen, am Ende nur wie Geister ihr

Spiel darüber haben und nur dienen, um sie zu heben.« Mit diesen Worten wird die »Zugabe« der »Farbenlehre« dem Fühlen dieser braven Koloristen und damit auch dem Geist der Kinderspiele selber gerecht. Man denke an die vielen, welche alle auf die reine Anschauung in der Phantasie gehen: Seifenblasen, Teespiele, die feuchte Farbigkeit der Laterna magica, das Tuschen, die Abziehbilder. In ihnen allen schwebt geflügelt über den Dingen die Farbe. Denn nicht am farbigen Ding oder an bloßer toter Farbe hängt ihr Zauber, sondern am farbigen Schein, am farbigen Glanz, am farbigen Strahl. Am Ende ihres Panoramas mündet die Aussicht in das Kinderbuch auf einen biedermeierlich beblümten Felsen. Gelehnt an eine himmelblaue Göttin, lagert dort der Dichter mit den melodischen Händen. Was ihm die Muse eingibt, zeichnet ein Flügelkind neben ihm auf. Verstreut umher liegen Harfe und Laute. Zwerge im Schoß des Berges blasen und geigen. Am Himmel aber geht die Sonne unter. So hat Lyser einmal die Landschaft gemalt, in deren buntem Feuer Blick und Wangen der Kinder über Büchern widerstrahlen.

Traumkitsch

Es träumt sich nicht mehr recht von der blauen Blume. Wer heut' als Heinrich von Ofterdingen erwacht, muß verschlafen haben. Die Geschichte des Traumes bleibt noch zu schreiben, und Einsicht in sie eröffnen, hieße, den Aberglauben der Naturbefangenheit durch die historische Erleuchtung entscheidend schlagen. Das Träumen hat an der Geschichte teil. Die Traumstatistik würde jenseits der Lieblichkeit der anekdotischen Landschaft in die Dürre eines Schlachtfeldes vorstoßen. Träume haben Kriege befohlen und Kriege vor Urzeiten Recht und Unrecht, ja Grenzen der Träume gesetzt.

Der Traum eröffnet nicht mehr eine blaue Ferne. Er ist grau geworden. Die graue Staubschicht auf den Dingen ist sein bestes Teil. Die Träume sind nun Richtweg ins Banale. Auf Nimmerwiedersehen kassiert die Technik das Außenbild der Dinge wie Banknoten, die ihre Gültigkeit verlieren sollen. Jetzt greift die Hand es noch einmal im Traum und tastet vertraute Konturen zum Abschied ab. Sie faßt die Gegenstände an der abgegriffensten Stelle. Das ist nicht immer die schicklichste: Kinder umfassen ein Glas nicht, sie greifen hinein. Und welche Seite kehrt das Ding den Träumen zu? Welches ist diese abgegriffenste Stelle? Es ist die Seite, welche von Gewöhnung abgescheuert und mit billigen Sinnsprüchen garniert ist. Die Seite, die das Ding dem Traume zukehrt, ist der Kitsch.

Klatschend fallen die Phantasiebilder der Dinge als Blätter eines Leporello-Bilderbuchs »Der Traum« zu Boden. Sinnsprüche stehen unter jedem Blatt. »Ma plus belle maîtresse c'est la paresse« und »Une médaille vernie pour le plus grand ennui« und »Dans le corridor il y a quelqu'un qui me veut à la mort«. Die Sürrealisten haben solche Verse verfaßt, und befreundete Künstler haben das Bilderbuch nachgezeichnet. »Répétition« nennt Paul Eluard eines, auf dessen Titelbild Max Ernst vier kleine Jungen gezeichnet hat. Sie wenden dem Leser, dem Lehrer und dem Katheder den Rücken und blicken über eine Balustrade hinaus, wo in der Luft ein Ballon steht. Mit seiner Spitze wiegt auf der Brüstung sich ein riesiger Bleistift. Die Repetition der kindlichen Erfahrung gibt zu bedenken: Als wir klein waren, gab es noch den beklemmenden Protest gegen die Welt unserer Eltern nicht. Als Kinder mitten in ihr zeigten wir uns überlegen. Mit dem Banalen, wenn wir es ergreifen, ergreifen wir das Gute, das, sieh, so nah liegt.

Denn die Sentimentalität unserer Eltern, vielfach destilliert, ist gerade gut, das sachlichste Bild unseres Fühlens zu stellen. Die Weitschweifigkeit ihrer Rede zieht gallebitter uns sich zum krausen Rätselbild zusammen; das Ornament des Gesprächs ward innerlichster Verschlingungen voll. Darinnen ist seelische Zuneigung, Liebe, der Kitsch. »Der Sürrealismus ist berufen, in seiner essentiellen Wahrheit den Dialog wiederherzustellen. Die Partner sind vom Zwang des Höflichseins entbunden. Wer spricht, wird keine Thesen deduzieren. Die Antwort aber schiert aus Grundsatz sich nicht um die Eigenliebe dessen, der sprach. Denn Wort und Bilder gelten dem Geist des Hörers nur als Sprungbrett.« Schöne Erkenntnisse aus Bretons sürrealistischem Manifest. Sie bilden die Formel des dialogischen Mißverständnisses, will sagen, des Lebendigen im Dialog. Denn »Mißverständnis« heißt die Rhythmik, mit welcher die allein wahre Wirklichkeit sich ins Gespräch drängt. Je wirklicher ein Mensch zu reden weiß, desto geglückter mißversteht man ihn.

In »Vague de rêves« berichtet Louis Aragon, wie die Manie zu träumen in Paris um sich griff. Die jungen Leute glaubten, ein Geheimnis der Dichtung gefunden zu haben – in Wahrheit stellten sie das Dichten ab, wie alle intensivsten Kräfte dieser Zeit. Saint Paul-Roux befestigt vor dem Schlafengehen am frühen Morgen ein Schild an seiner Türe: »Le poète travaille.« – Dies alles, um ins Herz der abgeschafften Dinge vorzustoßen. Um die Konturen des Banalen als Vexierbild zu entziffern, aus den waldigen Eingeweiden einen versteckten »Wilhelm Tell« aufzustören, oder auf die Fragen »Wo ist die Braut?« erwidern zu können. Vexierbilder als Schematismen der Traumarbeit hat längst die Psychoanalyse aufgedeckt. Die Sürrealisten sind mit solcher Gewißheit der Seele weniger als den Dingen auf der Spur. Den Totembaum der Gegenstände suchen sie im Dickicht der Urgeschichte auf. Die oberste, die allerletzte Fratze dieses Totembaumes ist der Kitsch. Er ist die letzte Maske des Banalen, mit der wir uns im Traum und im Gespräch bekleiden, um die Kraft der ausgestorbenen Dingwelt in uns zu nehmen.

Was wir Kunst nannten, beginnt erst zwei Meter vom Körper entfernt. Nun aber rückt im Kitsch die Dingwelt auf den Menschen zu; sie ergibt sich seinem tastenden Griff und bildet schließlich in seinem Innern ihre Figuren. Der neue Mensch hat alle Quintessenz der alten Formen in sich, und was in der Auseinandersetzung mit einer Umwelt aus der zweiten Hälfte des neunzehnten Jahrhunderts sich bildet, in Träumen wie in Satz und Bild gewisser Künstler, ist ein Wesen, das der »möblierte Mensch« zu nennen wäre.

Essen

Frische Feigen

Der hat noch niemals eine Speise erfahren, nie eine Speise durchgemacht, der immer Maß mit ihr hielt. So lernt man allenfalls den Genuß an ihr, nie aber die Gier nach ihr kennen, den Abweg von der ebenen Straße des Appetits, der in den Urwald des Fraßes führt. Im Fraße nämlich kommen die beiden zusammen: die Maßlosigkeit des Verlangens und die Gleichförmigkeit dessen, woran es sich stillt. Fressen, das meint vor allem: Eines, mit Stumpf und Stiel. Kein Zweifel, daß es tiefer ins Vertilgte hineinlangt als der Genuß. So wenn man in die Mortadella hineinbeißt wie in ein Brot, in die Melone sich hineinwühlt wie in ein Kissen, Kaviar aus knisterndem Papier schleckt und über einer Kugel von Edamer Käse alles, was sonst auf Erden eßbar ist, einfach vergißt. Wie ich das zum ersten Male erfuhr? Es war vor einer der schwersten Entscheidungen. Ein Brief war einzuwerfen oder zu zerreißen. Seit zwei Tagen trug ich ihn bei mir, seit einigen Stunden aber, ohne daran zu denken. Denn mit der lärmenden Kleinbahn war ich durch die sonnenzerfressene Landschaft nach Secondigliano hinaufgefahren. Feierlich lag das Dorf in der Alltagsstille. Einzige Spur vom verrauschten Sonntag die Stangen, an denen leuchtende Räder geschwungen, Raketenkreuze sich entzündet hatten. Nun standen sie nackt da. Einige trugen auf halber Höhe ein Schild mit der Figur eines Heiligen aus Neapel oder der eines Tiers. Weiber saßen in den geöffneten Scheuern und klaubten Mais. Ich schlenderte betäubt meines Weges, da sah ich im Schatten einen Karren mit *Feigen* stehen. Es war Müßiggang, daß ich drauf zuging, Verschwendung, daß ich für wenige Soldi mir ein halbes Pfund geben ließ. Die Frau wog reichlich. Als aber die schwarzen, blauen, hellgrünen, violetten und braunen Früchte auf der Schale der Handwaage lagen, zeigte es sich, daß sie kein Papier zum Einschlagen hatte. Die Hausfrauen von Secondigliano bringen ihre Gefäße mit und auf Globetrotter war sie nicht eingerichtet. Ich aber schämte mich, die Früchte im Stich zu lassen. Und so ging ich,

Feigen in den Hosentaschen und im Jackett, Feigen in beiden vor mich hingestreckten Händen, Feigen im Munde, von dannen. Ich konnte jetzt mit essen nicht aufhören, mußte versuchen, so schnell wie möglich der Masse von drallen Früchten, die mich befallen hatten, mich zu erwehren. Aber das war kein Essen mehr, eher ein Bad, so drang das harzige Aroma durch meine Sachen, so haftete es an meinen Händen, so schwängerte es die Luft, durch die ich meine Last vor mich hintrug. Und dann kam die Paßhöhe des Geschmacks, auf der, wenn Überdruß und Ekel, die letzten Kehren, bezwungen sind, der Ausblick in eine ungeahnte Gaumenlandschaft sich öffnet: eine fade, schwellenlose, grünliche Flut der Gier, die von nichts mehr weiß als vom strähnigen, faserigen Wogen des offenen Fruchtfleisches, die restlose Verwandlung von Genuß in Gewohnheit, von Gewohnheit in Laster. Haß gegen diese Feigen stieg in mir auf, ich hatte es eilig aufzuräumen, frei zu werden, all dies Strotzende, Platzende von mir abzutun, ich aß, um es zu vernichten. Der Biß hatte seinen ältesten Willen wiedergefunden. Als ich die letzte Feige vom Grund meiner Tasche losriß, klebte an ihr der Brief. Sein Schicksal war besiegelt, auch er mußte der großen Reinigung zum Opfer fallen; ich nahm ihn und zerriß ihn in tausend Stücke.

Cafécrème

Wer sich auf silbernem Brettchen, mit Butterkugeln und Marmelade garniert, den Morgenkaffe auf seinem *Pariser* Zimmer servieren läßt, weiß nichts von ihm. Im bistro muß man ihn nehmen, wo zwischen den Spiegeln das petit dejeuner selber ein Hohlspiegel ist, in dem das kleinste Bild dieser Stadt erscheint. Bei keiner Mahlzeit sind die Tempi verschiedener, vom mechanischen Handgriff des Angestellten, der am Zinc sein Glas Melange herunterstürzt, bis zum beschaulichen Genusse, mit dem, in der Pause zwischen zwei Zügen, ein Reisender langsam die Tasse leert. Und selber sitzest du vielleicht neben ihm, am gleichen Tische, auf der gleichen Bank und bist doch weit entfernt und für dich. Deine morgendliche Nüchternheit opferst du, um etwas zu dir zu nehmen. Und was nimmst du mit diesem Kaffee nicht alles zu dir: den ganzen Morgen, den Morgen von diesem Tag und manchmal auch den verlorenen des Lebens. Hättest du als Kind an diesem Tische gesessen, wieviel Schiffe wären nicht über das Eismeer der Marmorplatte gezogen. Du hättest gewußt, wie es auf dem Marmara-Meere aussieht. Den Blick auf einen Eisberg oder ein Segel hättest du einen Schluck für den Vater und einen für den Onkel und einen für den Bruder genommen, bis an den dicken Rand deiner Tasse, breites Vorgebirge, auf welchem die Lippen ruhten, langsam die Sahne wäre angeschwemmt gekommen. Wie schwach ist dein Ekel geworden. Wie schnell und wie hygienisch geht es zu: du trinkst; du tunkst nicht, du brockst nicht ein. Verschlafen greifst du nach der madeleine im Brotkorb, brichst sie und merkst nicht einmal, wie es dich traurig macht, sie nicht teilen zu können.

Falerner und Stockfisch

Fasten ist Initiation in viele Geheimnisse, nicht zuletzt ins Geheimnis des Essens. Und wenn Hunger der beste Koch ist, ist Fasten der König unter den Besten. Ich lernte ihn eines Nachmittags in *Rom* kennen, als ich von Fontäne zu Fontäne gewandert, von Treppe zu Treppe geklettert war. Auf dem Heimweg war es, um vier, in Trastevere, wo die Straßen breit und die Häuser armselig sind. Kantinen lagen genug am Weg. Mir aber schwebte ein schattiger Saal, marmorgetäfelter Boden, schneeweißes Tischtuch und Silberbesteck vor, der Speisesaal eines großen Hotels, wo ich um diese Zeit Aussicht gehabt hätte, der einzige Gast zu sein. Das Flußbett war ausgetrocknet, Staubwolken gingen über die Tiberinsel, und am anderen Ufer nahm mich die ausgestorbene Via Aranula auf. Ich zählte die Osterien nicht, die ich zurückließ. Je hungriger ich aber wurde, desto weniger schienen sie mir einladend oder auch nur betretbar. Hier floh ich die Gäste, deren Stimmen zu mir hinausdrangen, dort die Unsauberkeit des Vorhangs, der in der Türöffnung schwankte; schließlich drückte ich mich verstohlen an den ferneren Schänken vorbei, so sicher war ich, daß jeder Blick meine Abneigung nur vermehren werde. Dazu trat – ganz verschieden vom Hunger – eine wachsende Bereitschaft der Nerven; kein Platz schien mir geborgen, keine Speise lauter genug. Und nicht, daß hier nun Phantasmagorien der erlesensten Delikatessen, Kaviar, Langusten, Bekassinen vor mir gestanden hätten, nein, mir wäre nur eben das Schlichteste, Einfältigste reinlich genug gewesen. Hier war, ich fühlte es, die nie wiederkehrende Chance, meine Sinne, die an der Koppel lagen, wie Hunde in die Falten und Schluchten der unscheinbarsten Rohkost, der Melone, des Weins, der zehnerlei Brote, der Nüsse zu senden, um ein niegespürtes Aroma in ihnen zu stellen. So war es fünf geworden, als ich mich auf einem weiten, unebenen Pflastergelände, der Piazza Montanara, befand. Eine unter den schmalen Gassen, welche hier mündeten, schien mir genau meine Richtung zu weisen. Denn so viel war mir nun klar geworden, daß es das klügste sei, auf mein Zimmer zu gehen und vor der Haustür mein Essen zu kaufen. Da traf mich der Schein von einem erhellten Fenster, dem ersten an diesem Abend. Es war eine Osteria, in der man früher als in den Wohnungen und den Geschäftsräumen Licht gemacht hatte. Im Fenster war ein einziger Gast zu sehen, der erhob sich gerade zum Gehen. Auf einmal schien mir, ich müsse seine Stelle einnehmen. Ich trat ein und ließ mich in einer Ecke nieder; nun plötzlich war es mir gleich in welcher, während ich vor kurzem noch der Wählerischste, Unschlüssigste gewesen war. Ein Bursche fragte nur eben nach dem Maße; welchen *Wein* man trank, schien sich hier von selbst zu verstehen. Ich begann mich einsam zu fühlen und holte das schwarze Zauberstäbchen hervor, das schon so oft den Buchstabenflor mit jenem Namen in seiner Mitte um mich gewirkt hatte, welcher den Duft, den er in meine Einsamkeit sandte, nun mit dem des Falerner mischte. Und ich verlor mich an ihn – den Flor, den Namen, den Duft, den Wein – bis ein Rauschen mich aufblicken ließ. Die Stube war voll geworden: Arbeiter aus der Nähe, die hier mit ihren Frauen, viele sogar mit den Kindern, sich trafen, um die Mahlzeit, nach Feierabend, außer Hause zu nehmen. Denn sie aßen auch, und zwar von dem getrockneten *Stockfisch*, dem einzigen Gerichte, das es hier gab. Nun sah ich, ein Teller voll stand auch auf meinem Platz, und ein Schauer des Widerwillens lief mir über den Rücken. Dann betrachtete ich die Leute näher. Es war die scharf bestimmte, einander eng verbundene Einwohnerschaft des Quartiers, und weil es ein kleinbürgerliches war, sah man niemand aus den höheren Ständen, geschweige denn Fremde. Wie ich da saß, hätte ich nach Kleidung und Aussehen von rechtswegen auffallen müssen. Aber seltsam – mich streifte kein Blick. Bemerkte mich keiner, oder schien der ganz an die Süßigkeit des Weines Verlorene, der ich mehr und mehr wurde, ihnen allen hierher zu gehören? Bei diesem Gedanken erfaßte mich Stolz; eine große Beglückung kam über mich. Nichts sollte mich von der Menge mehr unterscheiden. Ich tat die Feder weg. Dabei spürte ich in der Tasche ein Knistern. Es war der »Impero«, eine faschistische Zeitung, die ich unterwegs zu mir gesteckt hatte. Ich ließ ein neues Viertel Falerner kommen, schlug das Blatt auf, hüllte mich ganz in seinen schmutzigen Mantel, der mit den Begebenheiten des Tages gefüttert war wie der der Madonna mit den Sternen der Nacht, und langsam schob ich ein Stück nach dem andern von dem getrockneten Stockfisch in meinen Mund, bis der Hunger gestillt war.

Borscht

Zuerst legt er eine Dampfmaske über deine Züge. Lange, ehe deine Zunge den Löffel netzt, tränen schon deine Augen, triefen schon deine Nüstern von Borscht. Lange, ehe deine Eingeweide aufhorchen und dein Blut eine Woge ist, die mit der duftenden Gischt deinen Leib überspült, haben deine Augen schon von dem roten Überfluß dieses Tellers getrunken. Nun sind sie blind für alles, was nicht der Borscht ist oder dessen Widerschein in den Augen der Tischgenossin. Das ist Schmand, denkst du, was dieser Suppe ihren sämigen Schmelz gibt. Vielleicht. Aber ich habe sie im *Moskauer* Winter gegessen, und da weiß ich das eine: Schnee ist drinnen, geschmolzene rötliche Flocken, Wolkenkost von der Gattung des Manna, der ja auch eines Tages von oben herunterkam. Und wie lockert der warme Guß nicht die Krume Fleisches, daß es wie ein Sturzacker in dir daliegt, aus dem du das Kräutlein »Trauer« leicht mit der Wurzel jätest. Laß den

Wotka daneben nur unberührt, schneide die Piroggen nicht an. Dann wirst du das Geheimnis der Suppe erfahren, die als einzige unter den Speisen die Gabe hat, sanft zu sättigen, allmählich dich zu durchdringen, wo über andern plötzlich ein barsches »Genug« unfreundlich deinen ganzen Körper erschüttert.

Pranzo caprese

Das war die berühmte Dorfkokotte von *Capri* gewesen, jetzt die sechzigjährige Mutter des kleinen Gennaro, den sie in der Trunkenheit schlug. Sie lebte in einem ockerfarbenen Haus auf der steilen Berglehne mitten in einem Weingarten. Ich kam, um die Freundin zu suchen, an die sie vermietet hatte. Droben von Capri schlug es zwölf Uhr. Niemand war zu sehen; der Garten stand leer. Ich stieg die Stufen, die ich eben gekommen war, wieder hinan. Da hörte ich dicht in meinem Rücken die Alte. Auf der Küchenschwelle stand sie in Rock und Bluse, mißfarbenen Kleidungsstücken, an denen man Flecken wohl vergebens gesucht hätte, so gleichmäßig, so gerecht waren sie verschmutzt. »Voi cercate la signora. E partita colla piccola.« Und sie müsse gleich wiederkommen. Das war aber nur der Ursprung, von dem aus ihre schrille, spritzige Stimme sich in einen Schwall einladender Worte ergoß, zu denen ihr herrischer Kopf sich in Rhythmen bewegte, die vor Jahrzehnten eine aufregende Bedeutung gehabt haben mußten. Man hätte ein vollendeter galant huomo sein müssen, um sich ihr zu entziehen, und ich war nicht einmal des Italienischen mächtig. So viel verstand ich: es war eine Aufforderung, bei ihrem *Mittagessen* mitzuhalten. Jetzt sah ich auch den kümmerlichen Gatten drinnen am Herde aus einer Schüssel löffeln. Auf diese Schüssel ging sie zu. Und gleich darauf erschien sie von neuem vor mir auf der Schwelle mit einem Teller, den sie mir unter ununterbrochenem Schwatzen entgegenhielt. Mich aber verließ der Rest meiner Auffassungskraft für das Italienische. Augenblicks fühlte ich, daß es zum Gehen zu spät war. In einem Brodem von Knoblauch, Bohnen, Hammelfett, Tomaten, Zwiebeln, Oel erschien mir die gebieterische Hand, aus der ich den zinnernen Löffel entgegennahm. Nun meint ihr wohl, dies schluckend müsse mich der Ekel gewürgt haben und der Magen hätte nichts Eiligeres zu tun gehabt, als diesen Brei wieder abzugeben? Wie wenig wißt ihr von der Magie der Speise, und wie wenig wußte ich selbst davon bis zu dem Augenblick, von dem ich hier spreche. Dies zu schmekken war gar nichts, war nur der entscheidende, geringfügige Übergang zwischen jenen beiden: erst, es zu riechen, dann aber, davon gepackt, gewalkt zu werden, ganz und gar, von Kopf zu Fuß, von dieser Speise durchgeknetet, von ihr wie von den Händen dieser alten Hure ergriffen, gepreßt und mit ihrem Safte – dem Saft der Speise oder dem der Frau, das hätte ich nicht mehr sagen können – eingerieben zu werden. Der Pflicht der Höflichkeit war Genüge getan, aber dem Verlangen der Hexe auch, und ich stieg bergan, um das Wissen des Odysseus bereichert, als er seine Gefährten hatte in Schweine verwandeln sehen.

Maulbeer-Omelette

Diese alte Geschichte erzähle ich denen, die es nun mit Feigen oder Falerner, Borscht oder einem Capreser Bauernessen würden versuchen wollen. Es war einmal ein König, der alle Macht und alle Schätze der Erde sein Eigen nannte, bei alledem aber nicht froh ward, sondern trübsinniger von Jahr zu Jahr. Da ließ er eines Tages seinen Leibkoch kommen und sagte ihm: »Du hast mir nun lange Zeit treu gedient und meinen Tisch mit den herrlichsten Speisen bestellt, und ich bin dir gewogen. Nun aber begehre ich eine letzte Probe von deiner Kunst. Du sollst mir die Maulbeer-Omelette machen, so wie ich sie vor fünfzig Jahren in meiner frühesten Jugend genossen habe. Damals führte mein Vater Krieg gegen seinen bösen Nachbar im Osten. Der hatte gesiegt und wir mußten fliehen. Und so flohen wir Tag und Nacht, mein Vater und ich, bis wir in einen finsteren Wald gerieten. Den durchirrten wir und waren vor Hunger und vor Erschöpfung nahe am Verenden, als wir endlich auf eine Hütte stießen. Ein altes Mütterchen hauste drinnen, das hieß uns freundlich rasten, selber aber machte es sich am Herde zu schaffen und nicht lange, so stand die Maulbeer-Omelette vor uns.

Kaum aber hatte ich davon den ersten Bissen zum Munde geführt, so war ich wundervoll getröstet und neue Hoffnung kam mir ins Herz. Damals war ich ein unmündiges Kind, und lange dachte ich nicht mehr an die Wohltat dieser köstlichen Speise. Als ich aber später in meinem ganzen Reich nach ihr forschen ließ, fand sich weder die Alte noch irgend einer, der die Maulbeer-Omelette zu bereiten gewußt hätte. Dich will ich nun, wenn du diesen letzten Wunsch mir erfüllst, zu meinem Eidam und zum Erben des Reiches machen. Wirst du mich aber nicht zufriedenstellen, so mußt du sterben.« Da sagte der Koch: »Herr, so möget ihr nur den Henker sogleich rufen. Denn wohl kenne ich das Geheimnis der Maulbeer-Omelette und alle Zutaten, von der gemeinen Kresse bis zum edlen Thymian. Wohl weiß ich den Vers, den man beim Rühren zu sprechen hat und wie der Quirl aus Buchsbaumholz immer nach rechts muß gedreht werden, damit er uns nicht zuletzt um den Lohn aller Mühe bringt. Aber dennoch, o König, werde ich sterben müssen. Dennoch wird meine Omelette dir nicht munden. Denn wie sollte ich sie mit alledem würzen, was du damals in ihr genossen hast: der Gefahr der Schlacht und der Wachsamkeit des Verfolgten, der Wärme des Herdes und der Süße der Rast, der fremden Gegenwart und der dunklen Zukunft.« So sprach der Koch. Der König aber schwieg eine Weile und soll ihn nicht lange danach, reich mit Geschenken beladen, aus seinen Diensten entlassen haben.

Ich packe meine Bibliothek aus

Eine Rede über das Sammeln

Ich packe meine Bibliothek aus. Ja. Sie steht also noch nicht auf den Regalen, die leise Langeweile der Ordnung umwittert sie noch nicht. Ich kann auch nicht an ihren Reihen entlang schreiten, um im Beisein freundlicher Hörer ihnen die Parade abzunehmen. Das alles haben Sie nicht zu befürchten. Ich muß Sie bitten, mit mir in die Unordnung aufgebrochener Kisten, in die von Holzstaub erfüllte Luft, auf den von zerrissenen Papieren bedeckten Boden, unter die Stapel eben nach zweijähriger Dunkelheit wieder ans Tageslicht beförderter Bände sich zu versetzen, um von vornherein ein wenig die Stimmung, die ganz und gar nicht elegische, viel eher gespannte zu teilen, die sie in einem echten Sammler erwecken. Denn ein solcher spricht zu Ihnen und im großen und ganzen auch nur von sich. Wäre es nicht anmaßend, hier auf eine scheinbare Objektivität und Sachlichkeit pochend die Hauptstücke oder Hauptabteilungen einer Bücherei Ihnen aufzuzählen, oder deren Entstehungsgeschichte, oder selbst deren Nutzen für den Schriftsteller Ihnen darzulegen? Ich jedenfalls habe es mit den folgenden Worten auf etwas Unverhüllteres, Handgreiflicheres abgesehen; am Herzen liegt mir, Ihnen einen Einblick in das Verhältnis eines Sammlers zu seinen Beständen, einen Einblick ins Sammeln viel mehr als in eine Sammlung zu geben. Es ist ganz willkürlich, daß ich das an Hand einer Betrachtung über die verschiedenen Erwerbungsarten von Büchern tue. Solche Anordnung oder jede andere ist nur ein Damm gegen die Springflut von Erinnerungen, die gegen jeden Sammler anrollt, der sich mit dem Seinen befaßt. Jede Leidenschaft grenzt ja ans Chaos, die sammlerische aber an das der Erinnerungen. Doch ich will mehr sagen: Zufall, Schicksal, die das Vergangene vor meinem Blick durchfärben, sie sind zugleich in dem gewohnten Durcheinander dieser Bücher sinnenfällig da. Denn was ist dieser Besitz anderes als eine Unordnung, in der Gewohnheit sich so heimisch machte, daß sie als Ordnung erscheinen kann? Sie haben schon von Leuten gehört, die am Verlust ihrer Bücher zu Kranken, von anderen, die an ihrem Erwerb zu Verbrechern geworden sind. Jede Ordnung ist gerade in diesen Bereichen nichts als ein Schwebezustand überm Abgrund. »Das einzige exakte Wissen, das es gibt«, hat Anatole France gesagt, »ist das Wissen um das Erscheinungsjahr und das Format der Bücher.« In der Tat, gibt es ein Gegenstück zur Regellosigkeit einer Bibliothek, so ist es die Regelrechtheit ihres Verzeichnisses.

So ist das Dasein des Sammlers dialektisch gespannt zwischen den Polen der Unordnung und der Ordnung.

Es ist natürlich noch an vieles andere gebunden. An ein sehr rätselhaftes Verhältnis zum Besitz, über das nachher noch einige Worte zu sagen sein werden. Sodann: an ein Verhältnis zu den Dingen, das in ihnen nicht den Funktionswert, also ihren Nutzen, ihre Brauchbarkeit in den Vordergrund rückt, sondern sie als den Schauplatz, das Theater ihres Schicksals studiert und liebt. Es ist die tiefste Bezauberung des Sammlers, das einzelne in einen Bannkreis einzuschließen, in dem es, während der letzte Schauer – der Schauer des Erworbenwerdens – darüber hinläuft, erstarrt. Alles Erinnerte, Gedachte, Bewußte wird Sockel, Rahmen, Postament, Verschluß seines Besitztums. Zeitalter, Landschaft, Handwerk, Besitzer, von denen es stammt – sie alle rücken für den wahren Sammler in jedem einzelnen seiner Besitztümer zu einer magischen Enzyklopädie zusammen, deren Inbegriff das Schicksal seines Gegenstandes ist. Hier also, auf diesem engen Felde läßt sich mutmaßen, wie die großen Physiognomiker – und Sammler sind Physiognomiker der Dingwelt – zu Schicksalsdeutern werden. Man hat nur einen Sammler zu beobachten, wie er die Gegenstände seiner Vitrine handhabt. Kaum hält er sie in Händen, so scheint er inspiriert durch sie hindurch, in ihre Ferne zu schauen. Soviel von der magischen Seite des Sammlers, von seinem Greisenbilde könnte ich sagen. – Habent sua fata libelli – das war vielleicht gedacht als ein allgemeiner Satz über *Bücher*. Bücher, also »Die Göttliche Komödie« oder »Die Ethik des Spinoza« oder »Die Entstehung der Arten«, haben ihre Schicksale. Der Sammler aber legt diesen lateinischen Spruch anders aus. Ihm haben nicht sowohl Bücher als *Exemplare* ihre Schicksale. Und in seinem Sinn ist das wichtigste Schicksal jedes Exemplars der Zusammenstoß mit ihm selber, mit seiner eigenen Sammlung. Ich sage nicht zuviel: für den wahren Sammler ist die Erwerbung eines alten Buches dessen Wiedergeburt. Und eben darin liegt das Kindhafte, das im Sammler sich mit dem Greisenhaften durchdringt. Die Kinder nämlich verfügen über die Erneuerung des Daseins als über eine hundertfältige, nie verlegene Praxis. Dort, bei den Kindern, ist das Sammeln nur *ein* Verfahren der Erneuerung, ein anderes ist das Bemalen der Gegenstände, wieder eines das Ausschneiden, noch eines das Abziehen und so die ganze Skala kindlicher Aneignungsarten vom Anfassen bis hinauf zum Benennen. Die alte Welt erneuern – das ist der tiefste Trieb im Wunsch des Sammlers, Neues zu erwerben, und darum steht der Sammler älterer Bücher dem Quell des Sammelns näher als der Interessent für bibliophile Neudrucke. Wie Bücher nun die Schwelle einer Sammlung überschreiten, wie sie Besitz eines Sammlers werden, kurz, über ihre Erwerbsgeschichte jetzt einige Worte.

Von allen Arten sich Bücher zu verschaffen, wird als die rühmlichste betrachtet, sie selbst zu schreiben. Manche von Ihnen werden an dieser Stelle vergnügt der großen Bücherei gedenken, die Jean Pauls armes Schulmeisterlein Wutz mit der Zeit sich auf die Art zulegte, daß es alle Werke, von denen die Titel in den Meßkatalogen es interessierten, weil es sie ja nicht kaufen konnte, sich selber schrieb. Schriftsteller sind eigentlich Leute, die Bücher nicht aus Armut sondern aus Unzufriedenheit mit den Büchern schreiben, welche sie kaufen könnten, und die ihnen nicht gefallen. Das werden Sie, meine Damen und Herren, für eine schrullige Definition des Schriftstellers halten; schrullig aber ist alles, was aus dem Sehwinkel eines echten Sammlers gesagt wird. – Von den landläufigen Erwerbsarten wäre für Sammler die schicklichste das Ausleihen mit anschließendem Nichtzurückgeben. Der Buchausleiher großen Formats, wie wir ihn hier vor Augen haben, erweist sich als eingefleischter Büchersammler nicht etwa nur durch die Inbrunst, mit der er den zusammengeborgten Schatz behütet und allen Mahnungen aus dem Alltag des Rechtslebens mit Taubheit begegnet, sondern weit mehr dadurch, daß auch er die Bücher nicht liest. Wenn Sie meiner Erfahrung glauben wollen, so geschah es immer noch eher, daß einer mir gelegentlich ein entliehenes Buch zurückbrachte, als daß er es etwa gelesen hätte. Und das – werden Sie fragen – wäre eine Eigenart der Sammler, Bücher nicht zu lesen? Das wäre ja das Neueste. Nein. Sachkundige werden Ihnen bestätigen, daß es das Älteste ist, und ich nenne hier nur die Antwort, die, wiederum, France für den Banausen in Bereitschaft hatte, der seine Bibliothek bewunderte, um sodann bei der obligaten Frage zu enden: »Und das haben Sie alles gelesen, Herr France?« – »Nicht ein Zehntel. Oder speisen Sie vielleicht täglich von Ihrem Sèvre?«

Ich habe übrigens auf das Recht einer solchen Haltung die Gegenprobe gemacht. Jahrelang – gut während des ersten Drittels ihres bisherigen Daseins – hat meine Bibliothek aus nicht mehr als zwei bis drei Reihen bestanden, die jährlich nur um Zentimeter wuchsen. Das war ihr martialisches Zeitalter, da kein Buch in sie eintreten durfte, dem ich nicht die Parole abgenommen, das ich nicht gelesen hatte. Und so wäre ich vielleicht nie zu etwas, was dem Umfang nach eine Bibliothek genannt werden kann, gekommen ohne die Inflation, die mit einmal den Akzent auf den Dingen umschlagen, die Bücher zu Sachwerten, mindestens schwer erhältlich werden ließ. So wenigstens schien es in der Schweiz. Und wirklich machte ich von dort in zwölfter Stunde meine ersten größeren Bücherbestellungen und konnte noch so unersetzliche Dinge bergen, wie den »Blauen Reiter« oder Bachofens »Sage von Tanaquil«, die damals noch beim Verleger zu haben waren. – Nun, meinen Sie, müßten wir nach soviel Kreuz- und Querzügen endlich auf die breite Straße des Bucherwerbs kommen, welche der Kauf ist. Jawohl, eine breite Straße, aber keine gemächliche. Der Kauf des Büchersammlers hat sehr wenig Ähnlichkeit mit denen, die ein Student, um sich ein Lehrbuch anzuschaffen, ein Herr von Welt, um seiner Dame ein Geschenk zu machen, ein Geschäftsreisender, um sich die nächste Eisenbahnfahrt zu verkürzen, in einer Buchhandlung vornimmt. Meine denkwürdigsten habe ich auf Reisen, als Passant gemacht. Besitz und Haben sind dem Taktischen zugeordnet. Sammler sind Menschen mit taktischem Instinkt; ihrer Erfahrung nach kann, wenn sie eine fremde Stadt erobern, der kleinste Antiquitätenladen ein Fort, das entlegenste Papiergeschäft eine Schlüsselstellung bedeuten. Wie viele Städte haben sich mir nicht in den Märschen erschlossen, mit denen ich auf Eroberung von Büchern ausging.

Von den wichtigsten Ankäufen geht freilich über den Besuch eines Händlers gewiß nur ein Teil. Kataloge spielen eine viel größere Rolle. Und wenn der Käufer ein Buch, das er so nach dem Katalog bestellt, auch noch so gut kennt: das Exemplar bleibt immer eine Überraschung und der Bestellung immer etwas vom Hasard. Da gibt es neben empfindlichen Enttäuschungen die beglückender Funde. So entsinne ich mich, eines Tages ein Buch mit farbigen Bildern für meine alte Sammlung von Kinderbüchern nur darum bestellt zu haben, weil es Märchen von Albert Ludwig Grimm hatte und sein Erscheinungsort Grimma in Thüringen war. Aus Grimma aber stammte ein Fabelbuch, das eben dieser Albert Ludwig Grimm herausgegeben hatte. Und dieses Fabelbuch war in dem Exemplar, das ich besaß, mit seinen 16 Bildern das einzige erhaltene Zeugnis der Anfänge des großen deutschen Illustrators Lyser, der um die Mitte des vorigen Jahrhunderts in Hamburg gelebt hat. Nun, meine Reaktion auf den Zusammenklang der Namen war präzis gewesen. Auch hier wieder entdeckte ich Arbeiten von Lyser, und zwar ein Werk – »Linas Märchenbuch« – das allen seinen Bibliographen unbekannt geblieben ist und einen ausführlicheren Hinweis als diesen, den ersten, den ich darauf gebe, verdient.

Auf keinen Fall ist es beim Bucherwerb mit Geld allein oder allein mit Sachkunde getan. Und selbst beide zusammen genügen zur Begründung einer echten Bibliothek, die immer etwas Undurchschaubares und Unverwechselbares zugleich hat, nicht. Wer nach Katalogen kauft, muß zu den genannten Dingen noch eine feine Witterung besitzen. Jahreszahlen, Ortsnamen, Formate, Vorbesitzer, Einbände usw., all dieses muß ihm etwas sagen und nicht nur so im dürren Anundfürsich, sondern diese Dinge müssen zusammenklingen und nach der Harmonie und Schärfe des Zusammenklangs muß er erkennen können, ob so ein Buch zu ihm gehört oder nicht. – Wieder ganz andere Fähigkeiten sind es, die eine Auktion vom Sammler verlangt. Zum Katalogleser muß das Buch allein und allenfalls sein Vorbesitzer, wenn die Provenienz des Exemplares feststeht, sprechen. Wer auf einer Auktion eingreifen will, der muß sein Augenmerk zu gleichen Teilen auf das Buch und auf die Konkurrenten richten, und außerdem noch kühlen Kopf genug behalten, um nicht – wie es doch alltäglich geschieht – sich in den Konkurrenzkampf zu verbeißen und so zuletzt an einer Stelle, an welcher er mehr mitbot, um seinen Mann zu stehen, als um das Buch sich zu erwerben, mit einem hohen Ankaufpreis hängen zu bleiben. Dafür zählt aber zu den schönsten Erinnerungen des Sammlers der Augenblick, wo er einem Buch, an das er vielleicht nie im Leben einen Gedanken, geschweige einen Wunsch gewendet hat, beisprang, weil es so preisgegeben und verlassen auf dem offenen Markt stand und es, wie in den Märchen aus Tausendundeiner Nacht der Prinz eine schöne Sklavin, kaufte, um ihm die Freiheit zu geben. Für den Büchersammler ist nämlich die wahre Freiheit aller Bücher irgendwo auf seinen Regalen.

Als Denkmal meines aufregendsten Auktionserlebnisses ragt über langen Reihen französischer Bände noch heute in meiner Bibliothek Balzacs »Peau de chagrin«. Das war 1915 auf der Auktion Rümann bei Emil Hirsch, einem der größten Bücherkenner und zugleich vornehmsten Kaufleute. Die Ausgabe, um die es sich handelt, ist 1838 in Paris Place de la Burse erschienen. Eben, da ich mein Exemplar zur Hand nehme, sehe ich nicht nur die Nummer der Rümannschen Sammlung, sondern sogar die Etikette der Buchhandlung vor mir, in der vor über 90 Jahren der erste Erwerber es ungefähr zu einem Achtzigstel des heutigen Preises gekauft hat. Papeterie I. Flanneau heißt es da. Eine schöne Zeit, da man solche Prachtwerke – denn die Stahlstiche dieses Buches sind von dem größten französischen Zeichner entworfen und von den größten Stechern ausgeführt worden – wo man ein solches Buch noch in einer Papeterie kaufen konnte. Aber ich wollte die Erwerbungsgeschichte erzählen. Ich war zur Vorbesichtigung zu Emil Hirsch gekommen, hatte mir 40 oder 50 Bände durch die Hand gehen lassen, diesen aber mit dem glühenden Wunsch, ihn nie mehr aus ihr geben zu müssen. Der Tag der Auktion kam. Ein Zufall wollte, daß in der Versteigerungsordnung vor diesem Exemplar der »Peau de chagrin« die komplette Folge ihrer Illustrationen in Sonderabzügen auf China erschien. Die Bieter saßen an einer langen Tafel; schräg gegenüber von mir der Mann, der bei dem nun folgenden Ausgebot alle Blicke auf sich vereinigte: der berühmte Münchener Sammler, Freiherr vom Simolin. Es ging ihm um diese Folge, er hatte Konkurrenten, kurz es kam zu einem scharfen Kampf, dessen Ergebnis das Höchstgebot der ganzen Auktion, ein Preis weit über 3000 RM war. Niemand schien einen so hohen Betrag erwartet zu haben, eine Bewegung ging durch die Anwesenden. Emil Hirsch gab nicht darauf acht und sei es, um Zeit zu sparen, sei es aus anderen Erwägungen, ging er unter allgemeiner Unaufmerksamkeit der Versammlung zur folgenden Nummer über. Er rief den Preis aus, ich ging mit Herzklopfen bis zum Halse und in dem klaren Bewußtsein, mit keinem der anwesenden großen Sammler den Wettbewerb aufnehmen zu können, etwas darüber. Der Auktionator aber, ohne die Beachtung der Versammlung zu erzwingen, schritt mit den üblichen Formeln »niemand mehr« und drei Schlägen – mir schienen sie wie durch eine Ewigkeit voneinander getrennt – zum Zuschlag. Für mich als Studenten war die Summe immer noch hoch genug. Der folgende Vormittag im Leihhaus aber gehört nicht mehr zu dieser Geschichte, und anstatt dessen spreche ich lieber von einer Begebenheit, die ich das Negativ einer Auktion nennen möchte. Das war auf einer Berliner Versteigerung des vorigen Jahres. Ausgeboten wurde eine nach Qualität und Stoffgebiet recht gemischte Reihe von Büchern, unter denen nur eine Anzahl seltener okkultistischer und naturphilosophischer Werke bemerkenswert waren. Ich bot auf eine Anzahl von ihnen, bemerkte aber, so oft ich eingriff, einen Herrn in den vorderen Reihen, der nur auf mein Gebot gewartet zu haben schien, um mit dem seinigen bis zu beliebiger Höhe einzusetzen. Nachdem ich diese Erfahrung hinreichend wiederholt hatte, gab ich für den Erwerb des Buches, an dem mir an diesem Tage am meisten lag, alle Hoffnung auf. Es waren die seltenen »Fragmente aus dem Nachlaß eines jungen Physikers«, die Johann Wilhelm Ritter 1810 in 2 Bänden in Heidelberg hatte erscheinen lassen. Das Werk ist nie wieder gedruckt worden, die Vorrede aber, in welcher der Herausgeber als Nachruf auf seinen angeblich verstorbenen ungenannten Freund, der doch niemand ist als er selber, die Darstellung des eigenen Lebens gegeben hat, ist mir von jeher als die bedeutendste persönliche Prosa der deutschen Romantik erschienen. Im Augenblick, da man die Nummer ausrief, kam mir eine Erleuchtung. Einfach genug: Da mein Gebot die Nummer unfehlbar dem andern zuschanzen mußte, durfte ich gar nicht bieten. Ich bezwang mich, blieb stumm. Was ich erhofft hatte, trat nun ein: Kein Interesse, kein Gebot, das Buch ging zurück. Ich hielt es für klug, noch einige Tage verstreichen zu lassen. In der Tat, als ich nach einer Woche erschien, fand ich das Buch beim Antiquar vor, und der Mangel an Interesse, welchen man ihm bewiesen hatte, kam mir nun bei der Erwerbung zustatten.

Was drängt nicht alles an Erinnerung herbei, hat man sich einmal in das Kistengebirge begeben, um die Bücher im Tag- oder besser im Nachtbau aus ihm herauszuholen. Nichts könnte die Faszination dieses Auspackens deutlicher machen, als wie schwer es ist, damit aufzuhören. Mittags hatte ich begonnen, und es war Mitternacht, ehe ich an die letzten Kisten mich herangearbeitet hatte. Hier aber fielen mir nun am Ende zwei verschossene Pappbände in die Hand, die streng genommen gar nicht in eine Bücherkiste gehören: zwei Alben mit Oblaten, die meine Mutter als Kind geklebt hat, und die ich geerbt habe. Sie sind die Samen einer Sammlung von Kinderbüchern, die noch heut ständig fortwächst, wenn auch nicht mehr in meinem Garten. – Es gibt keine lebendige Bibliothek, die nicht eine Anzahl von Buchgeschöpfen aus Grenzgebieten bei sich beherbergte. Es brauchen nicht Oblatenalben oder Stammbücher zu sein, weder Autographen noch Einbände mit Pandekten oder Erbauungstexten im Innern: manche werden an Flugblättern und Prospekten, andere an Handschriftfaksimiles oder Schreibmaschinenabschriften unauffindbarer Bücher hängen, und erst recht können Zeitschriften die prismatischen Ränder einer Bibliothek bilden. Um aber auf jene Alben zurückzukommen, so ist eigentlich Erbschaft die triftigste Art und Weise zu einer Sammlung zu kommen. Denn die Haltung des Sammlers seinen Besitztümern gegenüber stammt aus dem Gefühl der Verpflichtung des Besitzenden gegen seinen Besitz. Sie ist also im höchsten Sinne die Haltung des Erben. Den vornehmsten Titel einer Sammlung wird darum immer ihre Vererbbarkeit bilden. Wenn ich das sage, so bin ich – das sollen Sie wissen – mir recht genau darüber im klaren, wie sehr solche Entwicklung der im Sammeln enthaltenen Vorstellungswelt viele von Ihnen in Ihrer Überzeugung vom Unzeitgemäßen dieser Passion, in ihrem Mißtrauen gegen den Typus des Sammlers bestärken wird. Nichts liegt mir ferner, als Sie zu erschüttern, weder in jener Anschauung noch diesem Mißtrauen. Und nur das eine wäre anzumerken: Das Phänomen der Sammlung verliert, indem es sein Subjekt verliert, seinen Sinn. Wenn öffentliche Sammlungen nach der sozialen Seite hin unanstößiger, nach der wissenschaftlichen nützlicher sein mögen als die privaten – die Gegenstände kommen nur in diesen zu ihrem Recht. Im übrigen weiß ich, daß für den Typus, von dem ich hier spreche und den ich, ein wenig ex officio, vor Ihnen vertreten habe, die Nacht hereinbricht. Aber wie Hegel sagt: erst mit der Dunkelheit beginnt die Eule der Minerva ihren Flug. Erst im Aussterben wird der Sammler begriffen.

Nun ist es vor der letzten halbgeleerten Kiste schon längst nach Mitternacht geworden. Andere Gedanken erfüllen mich als von denen ich sprach. Nicht Gedanken; Bilder, Erinnerungen. Erinnerungen an die Städte, in denen ich so vieles gefunden habe: Riga, Neapel, München, Danzig, Moskau, Florenz, Basel, Paris; Erinnerungen an die Münchener Prachträume Rosenthals, an den Danziger Stockturm, wo der verstorbene Hans Rhaue hauste, an den muffigen Bücherkeller von Süßengut, Berlin N; Erinnerungen an die Stuben, wo diese Bücher gestanden haben, meine Studentenbude in München, mein Berner Zimmer, an die Einsamkeit von Iseltwald am Brienzer See und schließlich mein Knabenzimmer, aus dem nur noch vier oder fünf der mehreren tausend Bände, die sich um mich zu türmen beginnen, stammen. Glück des Sammlers, Glück des Privatmanns! Hinter niemandem hat man weniger gesucht und keiner befand sich wohler dabei als er, der in der Spitzwegmaske sein verrufenes Dasein weiterführen konnte: Denn in seinem Innern haben ja Geister, mindestens Geisterchen, sich angesiedelt, die es bewirken, daß für den Sammler, ich verstehe den rechten, den Sammler wie er sein soll, der Besitz das allertiefste Verhältnis ist, das man zu Dingen überhaupt haben kann: nicht daß sie in ihm lebendig wären, er selber ist es, der in ihnen wohnt. So habe ich eines seiner Gehäuse, dessen Bausteine Bücher sind, vor Ihnen aufgeführt und nun verschwindet er drinnen, wie recht und billig.

In der Sonne

Siebzehn Arten von Feigen gibt es, wie es heißt, auf der Insel. Ihre Namen – sagt sich der Mann, der in der Sonne seinen Weg macht – müßte man kennen. Ja man müßte die Gräser und die Tiere nicht allein gesehen haben, die der Insel Gesicht, Laut und Geruch geben, die Schichtungen des Gebirges und die Arten des Bodens, der vom staubigen Gelb bis zum violetten Braun geht, mit den breiten Zinnoberflächen dazwischen – sondern vor allem ihren Namen müßte man wissen. Ist nicht jeder Erdstrich Gesetz einer nie wiederkehrenden Begegnung von Gewächsen und Tieren und also jede Ortsbezeichnung eine Chiffre, hinter welcher Flora und Fauna ein erstes und ein letztes Mal aufeinandertreffen? Aber der Bauer hat ja den Schlüssel der Chiffreschrift. Er kennt die Namen. Dennoch ist es ihm nicht gegeben, über seinen Sitz etwas auszusagen. Sollten die Namen ihn wortkarg machen? Dann fällt die Fülle des Worts nur dem zu, der das Wissen ohne die Namen hat, die Fülle des Schweigens aber dem, der nichts hat als sie?

Gewiß stammt der, der so im Gehen vor sich hin sinnt, nicht von hier, und kamen ihm daheim Gedanken unter freiem Himmel, so war es Nacht. Nur mit Befremden ruft er sich ins Gedächtnis, daß ganze Völker – Juden, Inder, Mauren – ihr Lehrgebäude unter einer Sonne sich errichtet haben, die ihm das Denken zu wehren scheint. Diese Sonne steht sengend in seinem Rücken. Harz und Thymian schwängern die Luft, in der er, atemholend, zu ersticken glaubt. Eine Hummel schlägt an sein Ohr. Noch hat er ihre Nähe kaum erfaßt, da hat der Strudel der Stille sie schon wieder fortgezogen. Die achtlos preisgegebene Botschaft vieler Sommer – zum erstenmal stand sein Ohr ihr offen, und da brach sie ab. Der fast verwischte Pfad wird breiter; Spuren führen auf einen Meiler. Dahinter duckt im Dunst sich das Gebirge, nach dem die Blicke des Steigenden Ausschau hielten.

Auf seiner Wange wird etwas Kaltes spürbar. Er hält es für eine Fliege und schlägt danach. Aber es ist nur der erste Schweißtropfen. Bald kommt der Durst. Er kommt nicht aus dem Gaumen, sondern aus dem Bauch. Von dort verbreitet er sich überall, den Leib, so groß er ist, in dem Vermögen unterweisend, den kümmerlichsten Hauch aus allen Poren einzusaugen und zu trinken. Das Hemd ist längst von seiner Schulter abgeglitten, und wenn er, um sie vor dem Sonnenbrand zu schützen, es an sich zieht, ist ihm, als ob er einen nassen Umhang handhabt. In eine Senkung werfen Mandelbäume ihren Schatten dem Stamm zu Füßen. Mandeln sind der Reichtum des Landes. Keine Frucht erhält der Bauer besser bezahlt. Um diese Zeit ist es die einzig reife und angenehm im Schreiten, nach den Zweigen auszugreifen. Die Hand trennt sich nur schwer auch von entkernten Schalen. Sie führt sie eine Zeitlang mit, läßt sie in einer Strömung treiben, die sie selbst dahin reißt. Reif sind die Kerne, doch nicht ganz; der Saft in ihnen ist frischer als nachher, wenn ihre Haut braun und nicht mehr zu lockern ist. Jetzt hat sie noch die Farbe des Elfenbeins, wie die Ziegenkäse und Frauenmieder. Elfenbeinern ist ihr Geschmack. Wer sie zwischen den Zähnen hat, hört ungerührt im Laub der Feigenbäume Quellen rauschen. Die Feigen aber stecken, grün und hart, kaum sichtbar, in den Blattachseln. Der Augenblick ist gekommen, da nur die Bäume zu leben scheinen. In den Pinien klirren Zikaden; ihr Lärm klingt aus den staubigen Feldern wider. Die liegen nun abgeerntet mit dem plumpen Ausdruck derer, die alles weggegeben haben. Ihre letzte Habe, der Schatten, schrumpft, eingesammelt, am Fuße der hohen Mieten. Denn es ist die Stunde der Sammlung.

Die Wälder selber liegen um die Kuppen, als hätte die Harke des Sommers sie eingebracht. Nur Weiden stehen vereinzelt in den Stoppeln, und ihr Laub glänzt schwarz und weißlich wie Tulasilber. Keins ist bewimpelter und dennoch spröder, reicher an Winken, die kaum mehr vernommen werden. Dennoch trifft ihrer einer den Vorübergehenden. Der Tag, da er mit einem Baum gefühlt hat, kommt ihm in den Sinn. Damals bedurfte es nur derer, die er liebte – sie stand, um ihn recht unbekümmert, auf dem Rasen – und seiner Trauer oder seiner Müdigkeit. Da lehnte er den Rücken gegen einen Stamm, und nun nahm der sein Fühlen in die Leere. Er lernte mit ihm, wenn er zu schwanken anfing, Luft zu schöpfen und auszuatmen, wenn der Stamm zurückschwang. Freilich war das nur der gepflegte von einem Zierbaum und unausdenkbar das Leben dessen, der von diesem rissigen lernen könnte, der, weitgespalten, dreifach überm Boden auslädt und eine unerforschte Welt begründet, die in drei Himmelsrichtungen sich aufteilt. Kein Pfad erschließt sie. Doch während er unschlüssig einem folgt, der jeden Augenblick ihn zu verraten droht, bald Miene macht als Feldweg auszulaufen, bald vor einem Dornverhau abzubrechen, hat er als Mann sich wieder in der Hand, wenn sich die Quadern zu Terrassen stufen und Wagenspuren, darin eingedrückt, auf eine Hofstatt in der Nähe deuten.

Kein Laut macht die Nachbarschaft solcher Siedlungen kenntlich. In ihrem Umkreis scheint die Mittagsstille verdoppelt. Aber nun lichten sich die Felder, treten, um einer zweiten, einer dritten Bahn die Gegend freizugeben, auseinander, und während längst die Mauern und die Tennen sich hinter Kuppen Landes oder Laubes verborgen haben, eröffnet in der Verlassenheit der Äcker sich der Kreuzweg, welcher die Mitte stiftet. Nicht Chausseen und Poststraßen sind es, die sie heraufführen, aber auch nicht Schneisen und Wildpfade, sondern da ist ihr Ort, wo im offnen Land sich die Wege begegnen, auf denen seit Jahrhunderten Bauern und ihre Frauen, Kinder und Herden von Feld zu Feld, von Haus zu Haus, von Weideplatz zu Weideplatz sind unterwegs gewesen und selten so, daß sie am gleichen Tag nicht wieder unter ihrem Dach geschlafen hatten. Der Boden hier klingt hohl, der Laut, mit welchem er dem Tritt erwidert, tut dem wohl, der unterwegs ist. Mit diesem Klange legt ihm die Einsamkeit das Land zu Füßen. Wenn er an Stellen, die ihm gut sind, kommt, weiß er, sie ist es, welche sie ihm angewiesen hat; sie hat ihm diesen Stein zum Sitz, diese Mulde zum Nest für seine Glieder angewiesen. Aber ist schon zu müde, um inne zu halten, und während er die Gewalt über seine Füße verliert, die ihn viel zu schnell tragen, gewahrt er, wie sich seine Phantasie von ihm gelöst hat und, gegen jenen breiten Hang gelehnt, der in der Ferne seinen Weg begleitet, nach eignem Sinn auf ihm zu schalten anfängt. Verrückt sie Felsen und Kuppen? Oder berührt sie sie nur wie mit einem Anhauch? Läßt sie keinen Stein auf dem andern oder alles beim alten?

Es gibt bei den Chassidim einen Spruch von der kommenden Welt, der besagt: es wird dort alles eingerichtet sein wie bei uns. Wie unsre Stube jetzt ist, so wird sie auch in der kommenden Welt sein; wo unser Kind jetzt schläft, da wird es auch in der kommenden Welt schlafen. Was wir in dieser Welt am Leibe tragen, das werden wir auch in der kommenden Welt anhaben. Alles wird sein wie hier – nur ein klein wenig anders. So hält es die Phantasie. Es ist nur ein Schleier, den sie über die Ferne zieht. Alles mag da stehen wie es stand, aber der Schleier wallt, und unmerklich verschiebt sich's darunter.

Es ist ein Wechseln und Vertauschen; nichts bleibt und nichts verschwindet. Aus diesem Weben aber lösen mit einmal sich Namen, wortlos treten sie in den Schreitenden ein, und während seine Lippen sie formen, erkennt er sie. Sie tauchen auf, und was bedarf es länger dieser Landschaft? Auf jeder namenlosen Ferne drüben ziehen sie vorüber, ohne eine Spur zu hinterlassen. Namen der Inseln, die dem ersten Anblick wie Marmorgruppen aus dem Meer sich hoben, der Schroffen, die den Horizont schartig machten, der Sterne, die im Boot ihn überraschten, wenn sie im frühen Dunkel auf Posten treten. Das Schwirren der Zikaden ist verstummt, der Durst vergangen, der Tag verpraßt. Von unten aus der Tiefe schlägt es an. Ein Hundebellen, ein Steinfall oder ein ferner Zuruf? Während der Lauschende es noch zu sondern trachtet, sammelt sich Ton für Ton in seinem Innern, die Glockentraube. Nun reift und schwillt sie in seinem Blut. Lilien blühen im Winkel der Kaktushecke. In der Ferne zieht auf den Feldern zwischen Oliven- und Mandelbäumen ein Wagen vorüber, aber geräuschlos, und wenn die Räder hinterm Laub verschwinden, so scheinen überlebensgroße Frauen, mit dem Gesicht ihm zugewandt, reglos durch das reglose Land zu wallen.

Literarische Essays

»Der Idiot« von Dostojewskij

Das Schicksal der Welt stellt sich Dostojewskij im Medium des Schicksals seines Volkes dar. Das ist die typische Anschauungsweise der großen Nationalisten, nach der die Humanität nur im Medium des Volkstums sich entfalten kann. Die Größe des Romans offenbart sich in der absoluten gegenseitigen Abhängigkeit, in der die metaphysischen Gesetze der Entfaltung der Menschheit und der Nation dargestellt werden. Es findet sich daher keine Regung des tiefen menschlichen Lebens, die nicht in der Aura des russischen Geistes ihren entscheidenden Ort fände. Diese menschliche Regung inmitten ihrer Aura, gelockert frei im Nationellen schwebend und doch untrennbar von ihm als von seinem Orte darzustellen ist vielleicht die Quintessenz der Freiheit in der großen Kunst dieses Dichters. Man kann das nur erkennen, wenn man sich der fürchterlichen Zusammenstoppelung verschiedener Elemente bewußt wird, die schlecht und recht die Romanfilter des niedrigen Genres ausmachen. Da ist die nationelle Person, der Mensch der Heimat, die individuelle und die soziale Person kindisch miteinander verklebt und die widerliche Kruste des psychologisch Palpablen darüber vervollständigt den Mannequin. Die Psychologie der Dostojewskischen Personen ist dagegen gar nicht das, wovon der Dichter wirklich ausgeht. Sie ist gleichsam nur die zarte Sphäre, in der aus dem feurigen Urgas des Nationellen im Übergange sich die reine Menschlichkeit erzeugt. Psychologie ist nur der Ausdruck des Grenzdaseins des Menschen. Wirklich ist alles das, was sich im Kopf unserer Kritiker als psychologisches Problem darstellt, gerade ein solches nicht: als ob es sich um die russische »Psyche« oder die »Psyche« des Epileptikers handle. Die Kritik weist ihr Recht an das Kunstwerk heranzutreten erst darin aus, daß sie den ihm eigenen Boden respektiert, ihn zu betreten sich hütet. Eine solche unverschämte Grenzüberschreitung ist das Lob, das man einem Autor um der Psychologie seiner Personen willen erteilt und nur darum sind Kritiker und Verfasser meistens einander würdig, weil der durchschnittliche Romanschreiber jene verwaschenen Schablonen benützt, die dann die Kritik freilich benennen kann *und eben weil sie sie benennen kann*, auch lobt. Gerade von dieser Sphäre muß die Kritik sich fernhalten, es wäre schamlos und falsch mit solchen Begriffen Dostojewskijs Werk zu messen. Dagegen gilt es die metaphysische Identität des Nationellen wie des Humanen in der Idee der Schöpfung Dostojewskijs zu erfassen.

Denn dieser Roman wie jedes Kunstwerk beruht auf einer Idee, »führt eine Notwendigkeit a priori mit sich, da zu sein«, – wie Novalis sagt, und eben diese Notwendigkeit und nichts anderes hat die Kritik aufzuzeigen. Das gesamte Geschehen des Romans erhält seinen Grundcharakter indem es Episode ist. Es ist Episode im Leben der Hauptperson, des Fürsten Myschkin. Sein Leben liegt im wesentlichen im Dunkel vor wie nach dieser Episode, sogar in dem Sinne, daß er in den unmittelbar ihr vorhergehenden wie auch in den darauffolgenden Jahren im Ausland weilt. Welche Notwendigkeit führt diesen Menschen nach Rußland? Sein russisches Leben hebt sich aus der düstren Zeit in der Fremde wie das sichtbare Band des Spektrums aus dem Dunkel steigt. Welches Licht aber zerlegt sich während dieses seines russischen Lebens? Es wäre unmöglich zu sagen, was außer den vielen Irrtümern und mancherlei Tugenden seines Verhaltens er eigentlich in dieser Zeit beginnt. Sein Leben verstreicht nutzlos, auch noch in seiner besten Zeit gleich dem eines untüchtigen kränkelnden Menschen. Es versagt nicht allein am Maßstab der Gesellschaft, auch sein nächster Freund – wenn es nicht so tief in dem Geschehen begründet wäre, daß er keinen hat – könnte keine Idee und kein richtendes Ziel in seinem Leben finden. Dagegen umgibt ihn fast ohne daß es auffällt die völligste Einsamkeit: alle Beziehungen, die ihn betreffen, scheinen bald in das Feld einer Kraft einzutreten, die ihnen das Nähern verbietet. Bei völligster Bescheidenheit, ja Demut dieses Menschen ist er ganz unnahbar und sein Leben strahlt eine Ordnung aus, deren Mitte eben die eigene, bis zum Verschwinden reife Einsamkeit ist. In der Tat ist damit ganz Seltsames gegeben: alle Geschehnisse, so entfernt sie auch von ihm verlaufen mögen, besitzen eine Gravitation auf ihn zu, und dieses Gravitieren aller Dinge und Menschen gegen den Einen macht den Inhalt des Buches aus. Dabei sind sie so wenig, ihn zu erreichen, wie er geneigt, sich ihnen zu entziehen. Die Spannung ist eine gleichsam unauslöschliche und einfache, die des Lebens auf seine immer bewegtere Entfaltung ins Unendliche, die dennoch nicht zerfließt. Warum ist das Haus des Fürsten und nicht das der Epantschin der Mittelpunkt des Geschehens in Pawlowsk?

Das Leben des Fürsten Myschkin liegt als Episode vor nur um die Unsterblichkeit dieses Lebens symbolisch sichtbar zu machen. Sein Leben kann in der Tat nicht erlöschen, so wenig – nein weniger als das natürliche Leben selbst, zu dem es gleichwohl tiefe Beziehung hat. Die Natur ist vielleicht ewig, das Leben des Fürsten aber ganz gewiß – und dies ist innerlich und geistig zu verstehen – unsterblich. Sein Leben wie das Leben aller in seiner Gravitation auf ihn zu. Das unsterbliche Leben ist nicht das ewige der Natur, wie nahe es ihm auch zu stehen scheint, denn im Begriffe der Ewigkeit ist die Unendlichkeit aufgehoben, in der Unsterblichkeit aber gelangt sie zum höchsten Glanze. Das unsterbliche Leben, von dem dieser Roman das Zeugnis ablegt, ist nichts weniger als die Unsterblichkeit im gewöhnlichen Sinn. Denn in der ist gerade das Leben sterblich, unsterblich aber ist Fleisch, Kraft, Person, Geist in ihren verschiedenen Fassungen. So hat Goethe von einer Unsterblichkeit des Wirkenden in seinem Wort zu Eckermann gesprochen, wonach die Natur verpflichtet sei uns einen neuen Wirkungsraum zu geben wenn dieser hier uns genommen sei. Das alles ist weit entfernt von der Unsterblichkeit des Lebens, von dem Leben, das seine Unsterblichkeit im Sinne unendlich fortschwingt, und dem die Unsterblichkeit die Gestalt gibt. Denn hier ist von Dauer nicht die Rede. Welches Leben aber ist das Unsterbliche, wenn es doch nicht das der Natur ist, auch nicht das der Person? Vom Fürsten Myschkin darf man im Gegenteil sagen, daß seine Person hinter seinem Leben zurücktritt wie die Blume hinter ihrem Duft oder der Stern hinter seinem Flimmern. Das unsterbliche Leben ist unvergeßlich, das ist das Zeichen, an dem wir es erkennen. Es ist das Leben, das ohne Denkmal und ohne Andenken, ja vielleicht ohne Zeugnis unvergessen sein müßte. Es kann nicht vergessen werden. Dies Leben bleibt gleichsam ohne Gefäß und Form das unvergängliche. Und »unvergeßlich« sagt seinem Sinn nach mehr als daß wir es nicht vergessen können; es deutet auf etwas im Wesen des Unvergeßlichen selbst, wodurch es unvergeßlich ist. Selbst die Erinnerungslosigkeit des Fürsten in seiner spätern Krankheit ist Symbol des Unvergeßlichen seines Lebens; denn das liegt nun scheinbar im Abgrund seines Selbstgedankens versunken aus dem es nicht mehr emporsteigt. Die andern besuchen ihn. Der kurze Schlußbericht des Romans stempelt alle Personen für immer mit diesem Leben, an dem sie teilhatten, sie wissen nicht wie.

Das reine Wort für das Leben in seiner Unsterblichkeit ist aber: Jugend. Das ist die große Klage Dostojewskijs in diesem Buche: das Scheitern der Bewegung der Jugend. Ihr Leben bleibt unsterblich, aber es verliert sich im eigenen Licht: »der Idiot«. Dostojewskij klagt, daß Rußland sein eigenes unsterbliches Leben – denn diese Menschen tragen das jugendliche Herz von Rußland in sich – nicht bei sich behalten, in sich aufsaugen kann. Es fällt auf fremdem Boden nieder, es tritt über seinen Rand und versandet in Europa, »in diesem windigen Europa«. Wie die politische Lehre Dostojewskijs immer wieder die Regeneration im reinen Volkstum für die letzte Hoffnung erklärt, so erkennt der Dichter dieses Buches im Kinde das einzige Heil für die jungen Menschen und ihr Land. Das würde schon aus diesem Buche, in dem die Gestalt des Kolja wie des Fürsten in dem kindlichen Wesen die reinsten sind, hervorgehen, auch ohne daß Dostojewskij in den »Brüdern Karamasoff« die unbegrenzte heilende Macht des kindlichen Lebens entwickelt hätte. Verletzte Kindheit ist das Leid dieser Jugend, weil eben die verletzte Kindheit des russischen Menschen und des russischen Landes seine Kraft lähmte. Es ist immer wieder bei Dostojewskij deutlich, daß nur im Geiste des Kindes die edle Entfaltung des menschlichen Lebens aus dem Leben des Volkes hervorgeht. An der fehlenden Sprache des Kindes zersetzt sich gleichsam das Sprechen der dostojewskischen Menschen und in einer überreizten Sehnsucht nach Kindheit – im modernen Sprachgebrauch: in Hysterie – verzehren sich vor allem die Frauen dieses Romans: Lisaweta Prokowjewna, Aglaja und Nastassja Philippowna. Die gesamte Bewegung des Buches gleicht einem ungeheuren Kratereinsturz. Weil Natur und Kindheit fehlen, ist das Menschentum nur in einer katastrophalen Selbstvernichtung zu erreichen. Die Beziehung des menschlichen Lebens auf den Lebenden noch bis in seinen Untergang hinein, der unermeßliche Abgrund des Kraters, aus dem gewaltige Kräfte sich einmal menschlich groß entladen könnten, ist die Hoffnung des russischen Volkes.

Die politische Gruppierung der russischen Schriftsteller

Was am schlagendsten die Stellung des sowjetrussischen Schriftstellers von der seiner sämtlichen europäischen Kollegen unterscheidet, ist die absolute Öffentlichkeit seines Wirkens. Seine Chancen sind daher ungleich größer, seine Kontrolle ist ungleich strenger als die der westlichen Literaten. Diese seine öffentliche Kontrolle durch Presse, Publikum und Partei ist politisch. Die eigentliche offizielle Zensur – bekanntlich eine Präventivzensur – ist also für die Bücher, die erscheinen, nur ein Vorspiel jener politischen Debatte, als welche ihre Rezensionen zum größten Teil sich darstellen. Farbe zu bekennen ist für den russischen Schriftsteller unter diesen Umständen eine Lebensfrage.

Die Auseinandersetzung mit den jeweils aktuellen politischen Parolen und Problemen kann niemals intensiv genug sein, dergestalt, daß jede wichtige Entschließung der Partei den Schriftstellern die unmittelbarste Aufgabe stellt, und Romane und Novellen in vielen Fällen zum Staat in einem ähnlichen Verhältnis stehen, wie vor Jahrhunderten die Produktion eines Autors zu der Gesinnung seines fürstlichen Mäzens. Diese Verhältnisse haben in wenigen Jahren eindeutige und weithin sichtbare politische Gruppierungen unter den Schriftstellern notwendig gemacht. Diese Gruppenbildungen haben Autorität, sind ausschließend und einzig. Nichts kann dem Literaten in Europa ihren Charakter heller ins Licht setzen als der Umstand, daß künstlerische Schulen und artistische Cenacles in Rußland augenblicklich fast vom Erdboden verschwunden sind.

WAPP, der allrussische Verband proletarischer Schriftsteller, ist die führende Organisation. Sie umfaßt 7000 Mitglieder. Ihr Standpunkt: Mit Eroberung der politischen Macht hat das russische Proletariat zugleich den Anspruch auf die intellektuelle und die künstlerische Vorherrschaft gewonnen. Da andererseits dank einer jahrhundertelangen Entwicklung die organisatorischen und produktiven Mittel des Kunstschaffens noch durchaus im Besitze der Bourgeoisie sind, so lassen vorderhand die Rechte des Proletariats auch auf dem Gebiet der Kunst und Literatur nur in der Form der Diktatur sich vertreten. Daß dies Programm sich, wenn auch nur sehr eingeschränkt, in der Öffentlichkeit hat durchsetzen können, ist noch durchaus nicht lange her. Der intensive Rückschlag in der Kulturpolitik, der mit der Liquidierung des Kriegskommunismus auch die »linke Kulturfront« ins Wanken brachte, vereitelte zunächst die offizielle Anerkennung eines »proletarischen Schrifttums« durch die Partei. Vor einem Jahre hat dann WAPP die ersten öffentlichen Erfolge errungen. Innerhalb dieser Gruppe ist die extreme doch zugleich die führende Partei, die »Napostowzen« – genannt nach ihrer Zeitschrift »Na Postu« (»Auf dem Posten«). Sie stellten unter Führung Awerbachs die eigentliche Parteiorthodoxie dar. Theoretisch wird diese Gruppe von Lelewitsch und Besymenski vertreten. Oder genauer gesagt: sie wurde es. Vor kurzem nämlich wurde Lelewitsch, der offen seine Sympathie zur Opposition (Sinowjew, Kamenew) bekannt und einer »linken Abweichung« sich schuldig gemacht hatte, seines Einflusses beraubt und aus Moskau entfernt. Dem ungeachtet bleibt dieser ehemalige Schlosser der erste Kunsttheoretiker des neuen Rußland. Seine Arbeiten bemühen sich um die Ausgestaltung der von Plechanow stammenden Grundlagen der materialistischen Ästhetik. Unter den führenden Dichtern der Gruppe sind Demjan Bedny, der erste volkstümliche große revolutionäre Lyriker, sowie die Erzähler Libedinski und Serafimowitsch die bekanntesten. »Chronisten« müßte man vielleicht die beiden letzten nennen. Ihre auch in Deutschland bekannten Hauptwerke »Die Woche«, »Der eiserne Sturm« sind Referate aus den Tagen des Bürgerkrieges. Die Darstellung ist durchaus naturalistisch.

Dieser neue russische Naturalismus ist interessant in mehr als einer Hinsicht. Vorläufer hat er nicht nur im sozialen Naturalismus der neunziger Jahre, sondern seltsamere und bemerkenswertere in dem pathetischen Naturalismus des Barock. Nicht anders denn als *barock* ist die gehäufte Kraßheit seiner Stoffe, die unbedingte Präsenz des politischen Details, die Vorherrschaft des Stofflichen zu bezeichnen. So wenig wie es für die Dichtung des deutschen Barock Formprobleme gegeben hat, so wenig existieren sie im heutigen Rußland. Zwei Jahre lang hat der Streit darüber gewährt, ob revolutionäre Form oder ein revolutionärer Inhalt das eigentliche Verdienst einer neuen Dichtung bestimmt. Mangels eigentümlicher revolutionärer Formgestaltung ist dieser Streit dann vor kurzem zugunsten einzig und allein des revolutionären Inhalts entschieden worden.

Bemerkenswert ist in der Tat, daß all die radikalen »linken« Formtendenzen, die in Plakaten, Dichtungen und Prozessionen während des »heroischen Kommunismus« sich kundgaben, geradlinig von den letzten westlichen, bürgerlichen Parolen der Vorkriegszeit abstammen: vom Futurismus, Konstruktivismus, Unanimismus usw. Heute noch haben diese Bewegungen ein gewisses Wirkungsbereich in der zweiten unter den drei großen Gruppen: den *Linken Poputschiki*. Diese Gruppe – wörtlich: »Linke Mitläufer« – bildet nicht einen organisierten Verband wie WAPP. Ursprünglich allerdings ging sie aus solchem hervor. *»LEW«* – »Linke Front« – war eine Vereinigung von Künstlern, die die Entwicklung revolutionärer Formen sich zur Aufgabe gestellt hatten. Ihr Mittelpunkt Wladimir Majakowski. Auch in den ersten »Proletkult«-Gruppen hatte Majakowski die Führung. Im übrigen sind es gerade die Mitglieder dieser Schule, deren Werk und Person in Deutschland am bekanntesten sind: Babel, Seifulina, der Theaterdirektor Meyerhold. Einen seiner größten Erfolge hat Meyerhold vor mehr als einem Jahr mit einem Stück »Ritschi Kitai« (»Brülle China«) davongetragen. Der Autor Tretjakow ist ebenfalls in die Gruppe einzustellen, die zwar durchaus uneingeschränkt den Sowjetstaat bejaht, die literarische Hegemonie des Proletariats aber nicht anerkennt.

Als verklausulierte Bejahung des neuen Regimes: de facto, nicht de iure –, so ließe sich der Standpunkt in der dritten Gruppe formulieren. Es ist der im engeren Sinne nationalistische, ja »vaterländische« der *»Rechten Poputschki«*. Unter seinen Vertretern sind so unähnliche wie Jessenin und Ehrenburg. Man kann sagen, daß Jessenin, seit er sich das Leben nahm, die literarische Öffentlichkeit in Rußland ununterbrochen in Atem hält. Es ist noch nicht vier Wochen her, daß in der »Prawda«

Bucharin, der nur selten in literarischen Dingen das Wort nimmt, einen langen Aufsatz über den Dichter erscheinen ließ. Das erklärt sich. Jessenin stellt die glänzende und wirkungsreiche Verkörperung eines »alten« russischen Typus dar, des schmerzlich aufgewühlten, tief und chaotisch der russischen Erde verfallenen Träumers, der unvereinbar mit dem neuen Menschen ist, welchen die Revolution in Rußland erschuf. Der Kampf gegen Jessenins Schatten und seinen ungeheuren Einfluß könnte ganz von fern an die neuerlich sehr aktuell gewordene Abwehr des Hooligantums erinnern. Jedenfalls geht es in beiden Fällen um die Vernichtung eines asozialen Typus, in welchem Rußland das Gespenst seiner Vergangenheit erblickt, welches den Weg ins neue Eden der Maschinen ihm vertritt. Im übrigen zählt man die große Mehrzahl der 6000 russischen *Bauerschriftsteller* zu dieser rechten Richtung. Ihre Theoretiker sind Woronski und Efros. Woronski hat die Trotzki'sche Theorie sich zu eigen gemacht, die lange parteioffiziell war: Das Proletariat hat noch längst nicht die Umwelt so gestaltet, daß im Ernste von proletarischer Dichtung die Rede sein kann. Ihr Anspruch auf Hegemonie fällt damit zusammen. Heute ist, wie gesagt, dieser Standpunkt nicht der der Partei. Endlich wären hier die sogenannten Schriftsteller der *»Neuen Bourgeoisi«* zu zählen, die aus der NEP hervorgeht. Um Namen zu nennen: Pilnak, der Novellist und die bekannten Dramatiker A. Tolstoi und Bulgakoff. Der letztere erscheint augenblicklich mit zwei Dramen auf den Moskauer Bühnen: »Soykina Quartira«, einem Bordellstück, und »Dni Turbini« (»Die Tage der Turbin«), einem Stück aus dem Bürgerkrieg. Seit Monaten behauptet sich dies Drama auf dem Programm von Stanislawski und hat die Publizität, welche nur ein Skandal verleihen kann. Die Tendenz ist rein konterrevolutionär. Das Publikum, die alte Bourgeoisie – »gewesene Leute«, wie man in Rußland so schön sagt – quittiert dafür dankend, indem es Abend für Abend das Theater füllt. Die erste Aufführung des mehrfach von der Zensur verbotenen, mehrfach abgeänderten Dramas brachte einen großen Theaterskandal. Jedoch die radikalen Elemente vermochten ihren Willen nicht durchzusetzen und so hat nun Moskau ein reaktionäres Geschichtsdrama, das in der Minderwertigkeit von Mache und

Gesinnung sogar sich auf Berliner Bühnen schwerlich halten würde.

Aber das besagt nichts. Weniger als in irgendeiner anderen kommt es in der heutigen Literatur Sowjetrußlands auf Einzelfälle an. Es gibt Augenblicke, in denen die Dinge und Gedanken gewogen werden und nicht gezählt. Aber nicht weniger – wenn auch weniger beachtet – gibt es solche, in denen gezählt wird und nicht gewogen. Rußlands Literatur ist zur Zeit – und das von Rechts wegen – ein größerer Gegenstand für Statistiker als für Ästhetiker. Tausende von neuen Autoren und Hunderttausende von neuen Lesern wollen vor allem einmal gezählt und dann in Kadres neuer ABC-Schützen eingeteilt sein, die nach politischem Kommando exerzieren und deren Munition das Alphabet ist. Lesen ist heut in Rußland wichtiger als schreiben, Zeitungslektüre wichtiger als Bücherlesen und buchstabieren wichtiger als Zeitungslektüre. Die beste russische Literatur kann darum, wenn sie ist, was sie sein soll, nur das farbige Bild in der Fibel sein, aus der die Bauern in dem Schatten Lenins lesen lernen.

Zur Lage der russischen Filmkunst

Die Spitzenleistungen der russischen Filmindustrie bekommt man in Berlin bequemer zu sehen als in Moskau. Nach Berlin kommt bereits eine Auslese, die man in Moskau selber zu treffen hat. Man kann sich auch dabei nicht leicht beraten lassen: die Russen stehen ihrem eigenen Film ziemlich unkritisch gegenüber. (Daß zum Beispiel der große Erfolg des »Potemkin« in Deutschland entschieden wurde, ist ja bekannt), Grund dieser Unsicherheit im Urteil: es fehlt der europäische Vergleichsmaßstab. Gute Filme des Auslands sieht man in Rußland selten. Bei ihren Einkäufen steht die Regierung auf dem Standpunkt, für die konkurrierenden Weltfirmen sei der russische Markt so wichtig, daß sie gewissermaßen mit Reklamemustern zu reduzierten Preisen ihn beschicken müßten. Auf diese Weise bleiben selbstverständlich die guten, hochbezahlten Filme draußen. Für den einzelnen russischen Künstler hat die daraus folgende Uninformiertheit des Publikums ihre Annehmlichkeiten. *Iljinsky* arbeitet mit einer sehr unexakten Chaplin-Kopie und gilt als Komiker, nur weil Chaplin hier unbekannt ist.

Ernsthafter, allgemeiner, drücken interne russische Verhältnisse den Durchschnittsfilm. Geeignete Szenarien zu beschaffen ist nicht leicht, weil die Stoffwahl strenger Kontrolle unterliegt. Die größte Zensurfreiheit genießt in Rußland die Literatur. Weit genauer beaufsichtigt man das Theater und am schärfsten den Film. Diese Skala ist proportional der Größe der jeweiligen Zuschauermasse. Unter diesem Regime liegt zur Zeit das Leistungsmaximum in Episoden aus der russischen Revolution, Filme, die weiter ins Vergangene zurückgreifen, bilden den belanglosen Durchschnitt und die Lustspiele kommen für europäischen Maßstab überhaupt nicht in Frage. Der Kern aller gegenwärtigen Schwierigkeiten der russischen Filmproduzenten liegt nun darin, daß die Öffentlichkeit in deren eigentlichen Domäne, das politische Stück aus dem Bürgerkrieg, ihnen weniger und weniger folgt. Mit einer Hochflut von Todes- und Schreckkensdramen erreichte vor etwa anderthalb Jahren die politisch-naturalistische Periode des russischen Films ihren Höhepunkt. Überall Solche Themen haben inzwischen den Reiz verloren. Überall gilt die Parole der inneren Befriedung. Film, Rundfunk, Theater rücken von jeder Propaganda ab.

Der Versuch, an friedlich gestimmte Stoffe heranzukommen, hat zu einem merkwürdigen technischen Kunstgriff geführt. Da aus politischen und artistischen Gründen die Verfilmung der großen russischen Romane sich meist verbietet, so hat man ihnen einzelne bekannte Typen entnommen, und sie in eine aktuelle, frei erfundene Handlung »montiert«. Aus Puschkin, Gogol, Gontscharow, Tolstoi, entlehnt man Figuren oft unter Beibehaltung des Namens. Mit Vorliebe sucht dieser neue russische Film das ferne östliche Rußland auf. »Für uns« – will man damit sagen – »gibt es keine ›Exotik‹«. Dieser Begriff gilt nämlich als Bestandteil der konterrevolutionären Ideologie eines kolonisierenden Volkes. Rußland kann den romantischen Begriff von einem »fernen Orient« nicht gebrauchen. Ihm ist er nah und ökonomisch verbunden. Zugleich besagt das: wir sind auf fremde Länder und Naturen nicht angewiesen – ist Rußland doch der sechste Teil der Erde! Wir haben alles Irdische auf eigenem Grund und Boden.

So hat man denn jetzt eben den *»Sechsten Teil der Erde«*, ein Filmepos vom neuen Rußland, herausgebracht. Die Hauptaufgabe, in charakteristischen Bildern das ganze ungeheure Rußland in seiner Umprägung durch die neue Gesellschaftsordnung zu zeigen, hat der Regisseur *Wertloff* allerdings nicht gelöst. Die filmische Kolonisierung Rußlands ist fehlgeschlagen, hervorragend gelungen aber die Grenzmarkierung gegen Europa. Mit ihr setzt dieser Film ein. In Bruchteilen von Sekunden folgen einander Bilder aus Arbeitsstätten (kreisende Kolben, Kulis bei der Ernte, Transportarbeiten) und aus Genußstätten des Kapitals (Bars, Dielen, Klubs). Gesellschaftsfilmen der letzten Jahre hat man einzelne, winzige Ausschnitte (oft nur Details einer kosenden Hand oder tanzende Füße, ein Stück Frisur oder einen Streifen Hals mit Collier) entnommen und so montiert, daß ununterbrochen sie zwischen Bilder frohnender Proletarier sich schieben. Leider läßt der Film dieses Schema schnell fallen, um einer Beschreibung der russischen Völker und Landschaften sich zu widmen, deren Zusammenhang mit ihrer wirtschaftlichen Produktionsbasis viel zu schattenhaft angedeutet ist. Wie unsicher man noch tastet, beweist der einzige Umstand, daß zu dem Bild der Krane, Hebel und Transmissionen eine Kapelle Tannhäuser- und Lohengrinmotive spielt. Immerhin sind die Aufnahmen charakteristisch für das Bestreben, Filme ohne dekorativen und schauspielerischen Apparat schlechtweg dem Leben selber abzugewinnen. Man arbeitet mit dem maskierten Apparat. Während vor einer Atrappe die Primitiven irgendwelche Posen annehmen, werden sie kurze Zeit nachher, wenn sie alles beendet glauben, wirklich gefilmt. Die gute neue Parole »Los von der Maske!« hat nirgends mehr Geltung als im russischen Film. Nirgends ist daher die Bedeutung des Filmstars geringer. Man sucht nicht ein für allemal einen Akteur, sondern von Fall zu Fall die erforderten Typen. Ja, man geht weiter. *Eisenstein*, der Regisseur des »Potemkin«, bereitet einen Film aus dem Leben der Bauern vor, in dem es überhaupt keine Schauspieler geben soll.

Nicht nur eines der interessantesten Objekte, sondern das wichtigste Publikum des russischen Kulturfilms sind die Bauern. Ihnen sucht man historische, politische, technische und hygienische Kenntnisse durch den Film näher zu bringen. Aber noch steht man ziemlich ratlos vor den Schwierigkeiten, auf die das stößt. Die Auffassungsart der Bauern ist grundverschieden von der der städtischen Massen. Es hat sich beispielsweise gezeigt, daß ländliches Publikum nicht imstande ist, *zwei simultane Handlungsreihen* aufzufassen, wie jeder Film sie hundertfach enthält. Es folgt nur einer einzigen Bilderreihe, die chronologisch ganz wie Moritaten-Bilder sich vor ihm abrollen muß. Nachdem man weiter wiederholt erfahren hatte, daß ernstgemeinte Stellen unwiderstehlich komisch, und umgekehrt komische ernst bis zur Rührung auf sie wirken, hat man begonnen, Produktionen eigens für jene Wanderkinos herzustellen, die gelegentlich bis an die äußersten Grenzen Rußlands zu Völkern vordringen, die weder Städte noch moderne Verkehrsmittel je erblickt haben. Auf solche Kollektiva Film und Radio einwirken zu lassen, ist eines der großartigsten völkerpsychologischen

Experimente, die in dem Riesenlaboratorium Rußland jetzt angestellt werden. Natürlich spielen in ländlichen Kinos Aufklärungsfilme aller Art die Hauptrolle. Praktiken, wie die Abwehr der Heuschreckenplage, Traktorenbedienung, Heilung der Trunksucht stehen im Vordergrund. Vieles aus dem Programm solcher Wanderkinos bleibt dennoch für die große Masse unverständlich und dient als Ausbildungsmaterial für die Fortgeschrittenen: Mitglieder der dörflichen Sowjets, Bauernkorrespondenten usw. Zur Zeit denkt man in diesem Zusammenhang an die Gründung eines »Instituts zum Studium des Zuschauers«, in dem man experimentell und theoretisch Reaktionen des Publikums zu erforschen sucht.

So also hat sich eine der letzten großen Losungen »Mit dem Gesicht zum Dorfe!« im Film ausgewirkt. Politik gibt hier wie im Schrifttum die kräftigsten Impulse mit den Direktiven, welche das *Z.K.* der Partei der Presse, die Presse den Klubs, die Klubs den Theatern und Filmen wie Stafetten allmonatlich weitergeben. Es kann aber auch geschehen, daß von dergleichen Devisen ernstliche Hemmnisse ausgehen. Ein paradoxes Beispiel bietet das Schlagwort »Industrialisierung«. Bei dem leidenschaftlichen Interesse, das man für alles Technische hat, müßte, so sollte man meinen, der Groteskfilm beliebt sein. In Wirklichkeit schließt aber eben diese Leidenschaft vorläufig alles Technische gegen die Komik ab und die exentrischen Komödien, die man aus Amerika einführte, sind ein ganz offenbarer *Mißerfolg* gewesen. Ironische und skeptische Gesinnung in technischen Dingen kann der neue Russe nicht fassen. Verloren gehen ferner dem russischen Film sämtliche Stoffe und Probleme aus dem bourgeoisen Leben, das heißt vor allem: *man duldet keine Liebesdramen im Film. Dramatische oder gar tragische Akzentuierung von Liebesangelegenheiten ist im ganzen russischen Leben verpönt.* Selbstmorde aus getäuschter oder unglücklicher Liebe, wie sie auch jetzt noch hie und da vorkommen, werden von der öffentlichen Meinung des Kommunismus nicht anders beurteilt als die gröbsten Exzesse.

Alle Probleme, die im Mittelpunkt der Diskussionen stehen, sind für den Film – genau wie für die Literatur – Probleme des Stoffkreises. Durch die neue Aera des Burgfriedens sind sie in ein schwieriges Stadium getreten. Auf einer sicheren Basis kann der russische Film erst stehen, wenn die Verhältnisse der bolschewistischen Gesellschaft (nicht nur des Staatslebens!) stabil genug sind, eine neue »Gesellschaftskomödie« neue Chargen und typische Situationen zu tragen.

Der Sürrealismus

Die letzte Momentaufnahme der europäischen Intelligenz

Geistige Strömungen können ein Gefälle erreichen, scharf genug, daß der Kritiker seine Kraftstation an ihnen errichten kann. Solches Gefälle schafft für den Sürrealismus der Niveauunterschied Frankreich–Deutschland. Was da im Jahre 1919 in Frankreich im Kreise einiger Literaten – wir nennen gleich hier die wichtigsten Namen: André Breton, Louis Aragon, Philippe Soupault, Robert Desnos, Paul Eluard – entsprungen ist, mag ein dünnes Bächlein gewesen sein, gespeist von der feuchten Langeweile des Nachkriegs-Europa und den letzten Rinnsalen der französischen Dekadenz. Die Neunmalweisen, die noch heute nicht über die »authentischen Ursprünge« der Bewegung hinauskommen, und auch noch heute nichts davon zu sagen wissen, als daß hier wieder einmal eine Clique von Literaten die ehrwürdige Öffentlichkeit mystifiziere, sind ein wenig wie eine Expertenversammlung, die an einer Quelle nach reiflicher Überlegung zur Überzeugung kommt, der kleine Bach da werde niemals Turbinen treiben.

Der deutsche Betrachter steht nicht an der Quelle. Das ist seine Chance. Er steht im Tal. Er kann die Energien der Bewegung abschätzen. Für ihn, der als Deutscher längst mit der Krisis der Intelligenz, genauer gesagt, des humanistischen Freiheitsbegriffs vertraut ist, der weiß, welch frenetischer Wille in ihr erwacht ist, aus dem Stadium der ewigen Diskussionen heraus und um jeden Preis zur Entscheidung zu kommen, der ihre äußerst exponierte Stellung zwischen anarchistischer Fronde und revolutionärer Disziplin am eignen Leib hat erfahren müssen, für den gibt es keine Entschuldigung, wenn er auf oberflächlichsten Augenschein die Bewegung für eine »künstlerische«, »poetische« halten sollte. Wenn sie dies im Anfang gewesen ist, so hat doch eben im Anfang Breton schon erklärt, mit einer Praxis brechen zu wollen, die dem Publikum die literarischen Niederschläge einer bestimmten Existenzform vorlegt und diese

Existenzform selber vorenthält. Kürzer und dialektischer gefaßt aber heißt das: Hier wurde der Bereich der Dichtung von innen gesprengt, indem ein Kreis von engverbundenen Menschen »Dichterisches Leben« bis an die äußersten Grenzen des Möglichen trieb. Und man kann es ihnen aufs Wort glauben, wenn sie behaupten, Rimbauds »Saison en Enter« habe keine Geheimnisse für sie mehr gehabt. Denn dieses Buch ist in der Tat die erste Urkunde einer solchen Bewegung. (Aus neueren Zeiten. Von älteren Vorgängern wird noch gesprochen werden.) Kann man, worum es hier geht, endgültiger und schneidender vorbringen als Rimbaud es in seinem Handexemplar des genannten Buches getan hat? Da schreibt er, wo es heißt: »auf der Seide der Meere und der arktischen Blumen«, späterhin an den Rand: »Gibt's nicht« (»Elles n'existent pas«).

In wie unscheinbare, abseitige Substanz der dialektische Kern, der sich im Sürrealismus entfaltet hat, ursprünglich eingebettet lag, hat, zu einer Zeit, da die Entwicklung sich noch nicht absehen ließ, 1924, Aragon in seiner »Vague de Rêves« gezeigt. Heute läßt sie sich absehen. Denn es ist kein Zweifel, daß das heroische Stadium, von dem dort Aragon den Heldenkatalog uns hinterlassen hat, beendet ist. Es gibt in solchen Bewegungen immer einen Augenblick, da die ursprüngliche Spannung des Geheimbundes im sachlichen, profanen Kampf um Macht und Herrschaft explodieren oder als öffentliche Manifestation zerfallen und sich transformieren muß. In dieser Transformationsphase steht augenblicklich der Sürrealismus. Damals aber, als er in Gestalt einer inspirierenden Traumwelle über seine Stifter hereinbrach, schien er das Integralste, Abschließendste, Absoluteste. Alles, womit er in Berührung kam, integrierte sich. Das Leben schien nur lebenswert, wo die Schwelle, die zwischen Wachen und Schlaf ist, in jedem ausgetreten war, wie von Tritten massenhafter hin und wider flutender Bilder, die Sprache nur sie selbst, wo Laut und Bild und Bild und Laut mit automatischer Exaktheit derart glücklich ineinandergriffen, daß für den Groschen »Sinn« kein Spalt mehr übrigblieb. Bild und Sprache haben den Vortritt. Saint Paul Roux befestigt, wenn er gegen Morgen sich zum Schlafe niederlegt, an seiner Tür ein Schild: Le poète travaille. Breton notiert: »Still. Ich will, wo keiner noch hindurchgegangen ist, hindurchgehen, still! – Nach Ihnen, liebste Sprache.« Die hat den Vortritt.

Nicht nur vor dem Sinn. Auch vor dem Ich. Im Weltgefüge lockert der Traum die Individualität wie einen hohlen Zahn. Diese Lockerung des Ich durch den Rausch ist eben zugleich die fruchtbare, lebendige Erfahrung, die diese Menschen aus dem Bannkreis des Rausches heraustreten ließ. Es ist hier nicht der Ort, die sürrealistische Erfahrung in ihrer ganzen Bestimmtheit zu umreißen. Wer aber erkannt hat, daß es in den Schriften dieses Kreises sich nicht um Literatur, sondern um anderes: Manifestation, Parole, Dokument, Bluff, Fälschung wenn man will, nur eben nicht um Literatur handelt, weiß damit auch, daß hier buchstäblich von Erfahrungen, nicht von Theorien, noch weniger von Phantasmen die Rede ist. Und diese Erfahrungen beschränken sich durchaus nicht auf den Traum auf Stunden des Haschischessens oder des Opiumrauchens. Es ist ja ein so großer Irrtum, zu meinen, von »sürrealistischen Erfahrungen« kennten wir nur die religiösen Ekstasen oder die Ekstasen der Drogen. Opium fürs Volk hat Lenin die Religion genannt und damit diese beiden Dinge näher zusammengerückt, als es den Sürrealisten lieb sein dürfte. Es wird noch von dem bitteren, leidenschaftlichen Aufstand gegen den Katholizismus die Rede sein, als in welchem Rimbaud, Lautréamont, Apollinaire den Sürrealismus zur Welt brachten. Die wahre, schöpferische Überwindung religiöser Erleuchtung aber liegt nun wahrhaftig nicht bei den Rauschgiften. Sie liegt in einer *profanen Erleuchtung* einer materialistischen, anthropologischen Inspiration, zu der Haschisch, Opium und was immer sonst die Vorschule abgeben können. (Aber eine gefährliche. Und die der Religionen ist strenger.) Diese profane Erleuchtung hat den Sürrealismus nicht immer auf ihrer, seiner Höhe gefunden, und gerade die Schriften, die sie am kräftigsten bekunden, Aragons unvergleichlicher »Paysan de Paris« und Bretons »Nadja« zeigen da sehr störende Ausfallserscheinungen. So findet sich in der »Nadja« eine ausgezeichnete Stelle über die »hinreißenden Pariser Plünderungstage im Zeichen Saccos und Vanzettis«, und Breton schließt daran die Versicherung, der Boulevard Bonne-Nouvelle habe an diesen Tagen das strategische Versprechen der Revolte eingelöst, das sein Name schon immer gegeben habe. Es kommt aber auch Mde. Sacco vor, und das ist nicht die Frau von Fullers Opfer, sondern eine voyante, eine Hellseherin, die 3 Rue des Usines wohnt und Paul Eluard zu erzählen weiß, daß ihm von Nadja nichts Gutes bevorstehe. Nun gestehen wir dem halsbrecherischen Wege des Sürrealismus, der über Dächer, Blitzableiter, Regenrinnen, Veranden, Wetterfahnen, Stukkaturen geht, – dem Fassadenkletterer müssen alle Ornamente zum Besten dienen – wir gestehen ihm zu, daß er auch ins feuchte Hinterzimmer des Spiritismus hineinlange. Aber nicht gern hören wir ihn behutsam gegen die Scheiben klopfen, um wegen seiner Zukunft nachzufragen. Wer möchte nicht diese Adoptivkinder der Revolution aufs genaueste von allem geschieden wissen, was in den Konventikeln von abgetakelten Stiftsdamen, pensionierten Majoren, emigrierten Schiebern sich abspielt?

Im übrigen ist Bretons Buch wohl geschaffen, einige Grundzüge dieser »profanen Erleuchtung« daran zu erläutern. Er nennt »Nadja« ein »livre à porte battante« ein »Buch, wo die Tür klappt«. (In Moskau wohnte ich in einem Hotel, in dem fast alle Zimmer von tibetanischen Lamas belegt waren, die zu einem Kongreß der gesamten buddhistischen Kirchen nach Moskau gekommen waren. Es fiel mir auf, wieviele Türen in den Gängen des Hauses stets angelehnt standen. Was erst ein Zufall schien, wurde mir unheimlich. Ich erfuhr: in solchen Zimmern wohnten Angehörige einer Sekte, die gelobt hatten, nie in geschlossenen Räumen sich aufzuhalten. Den Chock, den ich damals erfuhr, muß der Leser von »Nadja« verspüren.) Im Glashaus zu leben ist eine revolutionäre Tugend par excellence. Auch das ist ein Rausch, ist ein moralischer Exhibitionismus, den wir sehr nötig haben. Die Diskretion in Sachen eigener Existenz ist aus einer aristokratischen Tugend mehr und mehr zu einer Angelegenheit arrivierter Kleinbürger geworden. »Nadja« hat die wahre, schöpferische Synthese zwischen Kunstroman und Schlüsselroman gefunden.

Man braucht übrigens – und auch darauf führt »Nadja« – nur mit der Liebe Ernst zu machen, um auch in ihr eine »profane Erleuchtung« zu erkennen. »Ich habe«, erzählt der Verfasser, »mich gerade damals (d. h. zur Zeit des Umgangs mit Nadja) viel mit der Epoche Ludwigs VII. beschäftigt, weil es die Zeit der ›Liebeshöfe‹ war, und ich suchte mir mit großer Intensität zu vergegenwärtigen, wie man damals das Leben angesehen hat.« Über die provençalische Minne wissen wir nun von einem neuen Autor einiges Genauere, das überraschend nah an die sürrealistische Konzeption der Liebe heranführt. »Alle Dichter des ›neuen Stils‹ besitzen« – so heißt es in Erich Auerbachs ausgezeichnetem »Dante als Dichter der irdischen Welt« – »eine mystische Geliebte, ihnen allen geschehen ungefähr die gleichen sehr sonderbaren Liebesabenteuer, ihnen allen schenkt oder versagt Amore Gaben, die mehr einer Erleuchtung als einem sinnlichen Genuß gleichen; sie alle sind einer Art geheimer Verbindung angehörig, die ihr inneres und vielleicht auch ihr äußeres Leben bestimmt.« Es ist ja eigentümlich mit der Dialektik des Rausches bestellt. Ist nicht vielleicht jede Ekstase in einer Welt beschämende Nüchternheit in der komplementären? Worauf sonst will Minne – und sie, nicht Liebe, bindet Breton an das telepathische Mädchen – hinaus, als daß Keuschheit auch eine Entrücktheit ist? In eine Welt, die nicht nur an Herz-Jesu-Grüfte oder Marien-Altäre grenzt, sondern auch an den Morgen vor einer Schlacht oder nach einem Siege.

Die Dame ist in der esoterischen Liebe das Unwesentlichste. So auch bei Breton. Er ist mehr den Dingen nahe, denen Nadja nahe ist, als ihr selber. Welches sind nun die Dinge, denen sie nahe ist? Deren Kanon ist für den Sürrealismus so aufschlußreich wie nur möglich. Wo beginnen? Er hat sich einer erstaunlichen Entdeckung zu rühmen. Er zuerst stieß auf die revolutionären Energien, die im »Veralteten« erscheinen, in den ersten Eisenkonstruktionen, den ersten Fabrikgebäuden, den frühesten Photos, den Gegenständen, die anfangen auszusterben, den Salonflügeln, den Kleidern von vor fünf Jahren, den mondänen Versammlungslokalen, wenn die vogue beginnt sich von ihnen zurückzuziehen. Wie diese Dinge zur Revolution stehen – niemand kann einen genaueren Begriff davon haben, als diese Autoren. Wie das Elend, nicht nur das soziale sondern genau so das architektonische, das Elend des Interieurs, die versklavten und versklavenden Dinge in revolutionären Nihilismus umschlagen, das hat vor diesen Sehern und Zeichendeutern noch niemand gewahrt. Um von Aragons »Passage de l'Opéra« zu schweigen: Breton und Nadja sind das Liebespaar, das alles, was wir auf traurigen Eisenbahnfahrten (die Eisenbahnen beginnen zu altern), an gottverlassenen Sonntagnachmittagen in den Proletariervierteln der großen Städte, im ersten Blick durchs regennasse Fenster einer neuen Wohnung erfuhren, in revolutionärer Erfahrung, wenn nicht Handlung, einlösen. Sie bringen die gewaltigen Kräfte der »Stimmung« zur Explosion, die in diesen Dingen verborgen sind. Was glauben Sie wohl wie sich ein Leben gestalten würde, das in einem entscheidenden Augenblick sich gerade durch den letzten beliebtesten Gassenhauer bestimmen ließe?

Der Trick, der diese Dingwelt bewältigt – es ist anständiger hier von einem Trick als von einer Methode zu reden – besteht in der Auswechslung des historischen Blicks aufs Gewesene gegen den politischen. »Tut Euch auf, Gräber, Ihr, Tote der Pinakotheken, Leichname hinter spanischen Wänden, in Palästen, Schlössern und Klöstern, hier steht der fabelhafte Schlüsselbewahrer, der einen Bund mit Schlüsseln aller Zeiten in Händen hält, der weiß, wie man auf die verschlagensten Schlösser zu drücken hat und der Euch einlädt, mitten hinein in die Welt von heute zu treten, Euch unter die Lastträger, die Mechaniker zu mischen, die das Geld adelt, Euch häuslich in ihren Automobilen niederzulassen, die schön sind wie Rüstungen aus der Ritterzeit, in den internationalen Schlafwagen Platz zu nehmen und Euch mit all den Leuten zusammenzuschweißen, die heut noch stolz auf ihre Vorrechte sind. Aber die Zivilisation wird kurzen Prozeß mit ihnen machen.« Diese Rede hat sein Freund Henri Hertz Apollinaire in den Mund gelegt. Von Apollinaire geht diese Technik aus. Er hat sie in seinem Novellenband »L'Hérésiarque« mit machiavellistischer Berechnung verwendet, um den Katholizismus (an dem er innerlich hing) in die Luft gehen zu lassen.

Im Mittelpunkt dieser Dingwelt steht das Geträumteste ihrer Objekte, die Stadt Paris selbst. Aber erst die Revolte treibt ihr sürrealistisches Gesicht restlos heraus. (Menschenleere Straßen, in denen Pfiffe und Schüsse die Entscheidung diktieren.) Und kein Gesicht ist in dem Grade sürrealistisch wie das wahre Gesicht einer Stadt. Kein Bild von Chirico oder Max Ernst kann mit den scharfen Aufrissen ihrer inneren Forts sich messen, die erst erobert und besetzt sein müssen, um ihr Geschick und in ihrem Geschick, im Geschick ihrer Massen, das eigene zu meistern. Nadja ist ein Exponent dieser Massen und dessen, was sie revolutionär inspiriert: »La grande inconsciance vive et sonore qui m'inspire mes seuls actes probants dans le sens ou toujours je veux prouver, qu'elle dispose à tout jamais de tout ce qui est à moi.« Hier also findet man das Verzeichnis dieser Befestigungen, angefangen von jener Place Maubert, wo wie nirgends sonst der Schmutz seine ganze symbolische Gewalt sich bewahrt hat, bis zu jenem »Théâtre Moderne«, das ich untröstlich bin, nicht mehr gekannt zu haben. Aber in Bretons Schilderung der Bar im Obergeschoß – »ganz dunkel ist's, tunnelartige Lauben, durch die man nicht durchfindet – ein Salon auf dem Grund eines Sees« – ist etwas, was mir jenen unverstandensten Raum des alten Prinzeß-Cafés in Erinnerung bringt. Es war das Hinterzimmer im ersten Stock mit seinen Paaren im blauen Lichte. Wir nannten es »die Anatomie«; es war das letzte Lokal für die Liebe. An solchen Stellen greift bei Breton auf sehr merkwürdige Weise die Photographie ein. Sie macht die Straßen, Tore, Plätze der Stadt zu Illustrationen eines Kolportageromans, zapft diesen jahrhundertealten Architekturen ihre banale Evidenz ab, um sie mit allerursprünglichster Intensität dem dargestellten Geschehen zuzuwenden, auf das genau wie in alten Dienstmädchenbüchern wortgetreue Zitate mit Seitenzahlen verweisen. Und all die Orte von Paris, die hier auftauchen, sind Stellen, an denen das, was zwischen diesen Menschen ist, sich wie eine Drehtür bewegt.

Auch das Paris der Sürrealisten ist eine »kleine Welt«. Das heißt in der großen, im Kosmos, sieht es nicht anders aus. Auch dort gibt es carrefours, an denen geisterhafte Signale aus dem Verkehr aufblitzen, unerdenkliche Analogien und Verschränkungen von Geschehnissen an der Tagesordnung sind. Es ist der Raum, von dem die Lyrik des Sürrealismus Bericht gibt. Und das ist anzumerken, wäre es auch nur, um dem obligaten Mißverständnis des »l'art pour l'art« zu begegnen. Denn das l'art pour l'art ist ja fast niemals buchstäblich zu nehmen gewesen, fast immer eine Flagge, unter der ein Gut segelt, das man nicht deklarieren kann, weil der Name noch fehlt. Es wäre der Augenblick, an ein Werk zu gehen, das wie kein anderes die Krisis der Künste, von der wir Zeuge sind, erhellen würde: eine Geschichte der esoterischen Dichtung. Auch ist es keineswegs Zufall, daß sie noch fehlt. Denn sie zu schreiben, wie sie geschrieben zu werden verlangt – also nicht als Sammelwerk, zu dem die einzelnen »Fachleute«, ein jeder auf seinem Gebiet »das Wissenswerteste beisteuern« –, sondern als fundierte Schrift eines einzelnen, der aus innerer Nötigung heraus weniger die Entwicklungsgeschichte als ein immer wieder erneutes ursprüngliches Aufleben der esoterischen Dichtung darstellte – so geschrieben wäre sie eine jener gelehrten Bekenntnisschriften, die in jedem Jahrhundert zu zählen sind. Auf ihrem letzten Blatte müßte man das Röntgenbild des Sürrealismus finden. Breton deutet in der »Introduction au discours sur le peu de réalité« an, wie der philosophische Realismus des Mittelalters der poetischen Erfahrung zugrunde liegt. Dieser Realismus aber – der Glaube also an eine wirkliche Sonderexistenz der Begriffe, sei es außerhalb der Dinge, sei es innerhalb ihrer – hat immer sehr schnell den Übergang aus dem logischen Begriffsreich ins magische Wortreich gefunden. Und magische Wortexperimente, nicht artistische Spielereien sind die passionierten phonetischen und graphischen Verwandlungsspiele, die nun schon fünfzehn Jahre sich durch die gesamte Literatur der Avantgarde ziehen, sie möge Futurismus, Dadaismus oder Sürrealismus heißen. Wie hier Parole, Zauberformel und Begriff durcheinandergehen, das zeigen die folgenden Worte Apollinaires aus seinem letzten Manifest: »L'esprit nouveau et les poètes.« Da sagt er, 1918: »Für die Geschwindigkeit und die Einfachheit, mit der wir alle uns daran gewöhnt haben, durch ein einziges Wort so komplexe Wesenheiten wie eine Menge, ein Volk, wie das Universum zu bezeichnen, gibt es nicht modernes Entsprechendes in der Dichtung. Die heutigen Dichter aber füllen diese Lücke aus; ihre synthetischen Dichtungen schaffen neue Wesen, deren plastische Erscheinung ebenso komplex ist wie die der Worte für Kollektiva.« Wenn nun freilich Apollinaire und Breton in gleicher Richtung noch energischer vorstoßen, und den Anschluß des Sürrealismus an die Umwelt mit der Erklärung vollziehen: »Die Eroberungen der Wissenschaft beruhen viel mehr auf einem sürrealistischen als auf einem logischen Denken«, wenn sie mit andern Worten die Mystifikation, deren Gipfel Breton in der Poesie sieht (das läßt sich verteidigen), zur Grundlage auch wissenschaftlicher und technischer Entwicklung machen, so ist solche Integration zu stürmisch. Es ist sehr lehrreich, den überstürzten Anschluß dieser Bewegung an das unverstandene Maschinenwunder – Apollinaire: »Die alten Fabeln sind zum großen Teil realisiert, nun ist es an den Dichtern, neue zu erdenken, die die Erfinder ihrerseits dann wieder verwirklichen mögen« – diese schwülen Phantasien mit den ventilierten Utopien eines Scheerbart zu vergleichen.

»Der Gedanke an alle menschliche Aktivität macht mich lachen«, diese Äußerung von Aragon bezeichnet recht deutlich, welchen Weg der Sürrealismus von seinen Ursprüngen bis zu seiner Politisierung zu machen hatte. Mit Recht hat Pierre Naville, der dieser Gruppe ursprünglich angehörte, in seiner ausgezeichneten Schrift »La revolution et les intellectuels« diese Entwicklung dialektisch genannt. Bei dieser Umwandlung einer extrem kontemplativen Haltung in die revolutionäre Opposition spielt die Feindschaft der Bourgeoisie gegen jedwede Bekundung radikaler geistiger Freiheit eine Hauptrolle. Diese Feindschaft drängte den Sürrealismus nach links. Politische Ereignisse, vor allem der Marokkokrieg, beschleunigten diese Entwicklung. Mit dem Manifest »Die Intellektuellen gegen den Marokkokrieg«, das in der »Humanité« erschien, war eine grundsätzlich andere Plattform gewonnen, als etwa der berühmte Skandal bei dem Bankett Saint-Paul-Roux sie bezeichnet.

Damals, kurz nach dem Kriege, als die Sürrealisten, die die Feier eines von ihnen verehrten Dichters durch die Anwesenheit nationalistischer Elemente kompromittiert fanden, in den Ruf »Es lebe Deutschland« ausbrachen, blieben sie in den Grenzen des Skandals, gegen den die Bourgeoisie bekanntlich ebenso dickfellig wie empfindlich gegen jede Aktion ist. Merkwürdig die Übereinstimmung, in der unter dem Einfluß solcher politischen Witterungen Apollinaire und Aragon die Zukunft des Dichters gesehen haben. Die Kapitel »Verfolgung« und »Mord« des »Poète assassiné« bei Apollinaire enthalten die berühmte Schilderung eines Dichter-Pogroms. Die Verlagshäuser werden gestürmt, die Gedichtbücher ins Feuer geworfen, die Dichter erschlagen. Und die gleichen Szenen spielen zu gleicher Zeit auf der ganzen Erde sich ab. Bei Aragon ruft in der Vorahnung solcher Greuel die »Imagination« ihre Mannschaft zu einem letzten Kreuzzuge auf.

Man muß, um solche Prophetien zu verstehen und die Linie, die vom Sürrealismus erreicht wurde, strategisch zu ermessen, sich danach umsehen, welche Denkart in der sogenannten wohlgesinnten linksbürgerlichen Intelligenz verbreitet ist. Sie bekundet sich deutlich genug in der gegenwärtigen Rußland-Orientierung dieser Kreise. Wir reden hier natürlich nicht von Béraud, der der Lüge über Rußland die Bahn gebrochen hat, oder von Fabre-Luce, der ihm auf diesem gebahnten Wege als braver Esel, bepackt mit allen bürgerlichen Ressentiments, nachtrottet. Aber wie problematisch ist selbst das typische Vermittlerbuch Duhamels. Wie schwer erträglich die forciert aufrechte, forciert beherzte und herzliche Sprache des protestantischen Theologen, die es durchzieht. Wie verbraucht die von Verlegenheit und Sprachunkenntnis diktierte Methode, die Dinge in irgendeine symbolische Beleuchtung zu rücken. Wie verräterisch sein Resümee: »Die wahre, tiefere Revolution, die, welche in gewissem Sinne die Substanz der slawischen Seele selbst wandeln könnte, ist noch nicht erfolgt.« Es ist das Typische dieser linken französischen Intelligenz – genau wie der entsprechenden russischen auch – daß ihre positive Funktion ganz und gar aus einem Gefühl der Verpflichtung, nicht gegen die Revolution, sondern gegen die überkommene Kultur hervorgeht. Ihre kollektive Leistung, soweit sie positiv ist, nähert sich der von Konservatoren. Politisch und wirtschaftlich aber wird man bei ihnen mit der Gefahr der Sabotage immer rechnen müssen.

Das Charakteristische dieser ganzen linksbürgerlichen Position ist ihre unheilbare Verkupplung von idealistischer Moral mit politischer Praxis. Nur im Kontrast gegen die hilflosen Kompromisse der »Gesinnung« sind gewisse Kernstücke des Sürrealismus, ja der sürrealistischen Tradition, zu verstehen.

Viel ist für dies Verständnis noch nicht geschehen. Zu verführerisch war es, den Satanismus eines Rimbaud und Lautréamont als Pendant zum l'art pour l'art in einem Inventar des Snobismus zu fassen. Entschließt man sich aber, diese romantische Attrappe zu öffnen, so findet man darin etwas Brauchbares. Man findet den Kult des Bösen als einen wie auch immer romantischen Desinfektions- und Isolierungsapparat der Politik gegen jeden moralisierenden Dilettantismus. In dieser Überzeugung wird man, stößt man bei Breton auf das Szenar von einem Schauerstück, in dessen Mittelpunkt eine Kinderschändung steht, vielleicht um ein paar Jahrzehnte zurückgreifen. Es haben in den Jahren 1865 bis 1875 einige große Anarchisten, ohne voneinander zu wissen, an ihren Höllenmaschinen gearbeitet. Und das Erstaunliche ist: sie haben unabhängig voneinander deren Uhr genau auf die gleiche Stunde gestellt, und vierzig Jahre später explodierten in Westeuropa die Schriften Dostojewskijs, Rimbauds und Lautréamonts zu gleicher Zeit. Man könnte, um genauer zu sein, aus dem Gesamtwerk Dostojewskijs die eine Stelle herausgreifen, die wirklich erst um 1915 veröffentlicht wurde: »Stavrogins Beichte« aus den »Dämonen«. Dieses Kapitel, das sich aufs engste mit dem dritten Gesang der »Chants de Maldoror« berührt, enthält eine Rechtfertigung des Bösen, die gewisse Motive des Sürrealismus gewaltiger ausprägt als es irgendeinem seiner heutigen Wortführer gelungen ist. Denn Stavrogin ist ein Sürrealist avant la lettre. Es hat keiner so wie er begriffen, wie ahnungslos die Meinung der Spießer ist, das Gute sei zwar bei aller männlichen Tugend dessen, der es übt, von Gott inspiriert; das Böse aber, das stamme ganz aus unserer Spontaneität, darin seien wir selbständig und ganz und gar auf uns gestellte Wesen. Keiner hat wie er auch in dem gemeinsten Tun und gerade in ihm die Inspiration gesehen. Er hat noch die Niedertracht als etwas so im Weltlauf, doch auch in uns selber Präformiertes, uns Nahgelegtes, wenn nicht Aufgegebenes erkannt, wie der idealistische Bourgeois die Tugend. Dostojewskijs Gott hat nicht nur Himmel und Erde und Mensch und Tier geschaffen, sondern auch die Gemeinheit, die Rache, die Grausamkeit. Und auch hier ließ er sich nicht vom Teufel ins Handwerk pfuschen. Darum sind sie alle bei ihm ganz ursprünglich, vielleicht nicht »herrlich«, aber ewig neu »wie am ersten Tag«, und himmelweit entfernt von den Klischees, unter denen dem Philister die Sünde erscheint.

Wie groß die Spannung ist, die die erwähnten Dichter zu ihrer erstaunlichen Fernwirkung befähigt, belegt auf geradezu skurrile Art der Brief, den Isidore Ducasse am 23. Oktober 1869 an seinen Verleger richtet, um ihm sein Dichten plausibel zu machen. Da stellt er sich in eine Reihe mit Minckiewickz, Milton, Southey, Alfred de Musset, Baudelaire und sagt: »Natürlich habe ich den Ton etwas voller genommen, um etwas Neues in diese Literatur einzuführen, die doch die Verzweiflung nur singt, um den Leser niederzudrücken und auf daß er dann das Gute als Heilmittel desto stärker ersehne. So singt man also schließlich doch immer nur das Gute, nur die Methode ist philosophischer und weniger naiv als die der alten Schule, von der nur Victor Hugo und einige andere sich noch am Leben befinden.« Steht aber Lautréamonts erratisches Buch überhaupt in irgendeinem Zusammenhang, läßt es sich vielmehr in einen stellen, so ist es der der Insurrektion. Es war darum ein sehr begreiflicher und an sich nicht einsichtsloser Versuch, den Soupault 1927 in seiner Ausgabe der sämtlichen Werke machte, Isidore Ducasse eine politische Vita zu schreiben. Leider gibt es keine Dokumente für sie, und daß Soupault welche heranzog, beruhte auf einer Verwechslung. Dagegen ist erfreulicherweise ein ein entsprechender Versuch bei Rimbaud geglückt, und es ist das Verdienst von Marcel Coulon, sein wahres Bild gegen die katholische Usurpation durch Claudel und Berrichon verteidigt zu haben. Rimbaud ist Katholik, jawohl, aber er ist es, seiner Selbstdarstellung nach, an seinem elendesten Teil, den er nicht müde wird zu denunzieren , seinem und jedem Haß, seiner und jeglicher Verachtung auszuliefern: dem Teil, der ihn zu dem Bekenntnis zwingt, die Revolte nicht zu verstehen. Aber das ist das Bekenntnis eines Kommunarden, der sich selbst nicht genug tun konnte, und als er der Dichtung den Rücken kehrte, der Religion schon längst in seiner frühesten Dichtung den Abschied gegeben hatte. »Haß, dir habe ich meinen Schatz anvertraut«, schreibt er in der »Saison en enfer«. Auch an diesem Wort könnte eine Poetik des Sürrealismus sich hochranken und die würde sogar ihre Wurzeln tiefer als jene Theorie der »Surprise«, des überraschten Dichtens, die von Apollinaire stammt, bis in die Tiefe Poescher Gedanken hinabsenken.

Seit Bakunin hat es in Europa keinen radikalen Begriff von Freiheit mehr gegeben. Die Sürrealisten haben ihn. Sie sind die ersten, das liberale moralisch-humanistisch verkalkte Freiheitsideal zu erledigen, weil ihnen feststeht, daß »die Freiheit, die auf dieser Erde nur mit tausend härtesten Opfern erkauft werden kann, uneingeschränkt, in ihrer Fülle und ohne jegliche pragmatische Berechnung will genossen werden, solange sie dauert«. Und das beweist ihnen, »daß der Befreiungskampf der Menschheit in seiner schlichtesten revolutionären Gestalt (die doch, und gerade, die Befreiung in jeder Hinsicht ist), die einzige Sache bleibt, der zu dienen sich lohnt«. Aber gelingt es ihnen, diese Erfahrung von Freiheit mit der anderen revolutionären Erfahrung zu verschweißen, die wir doch anerkennen müssen, weil wir sie hatten: mit dem Konstruktiven, Diktatorischen der Revolution? Kurz – die Revolte an die Revolution zu binden? Wie haben wir ein Dasein, das ganz und gar auf den Boulevard Bonne-Nouvelle sich ausrichtet, in Räumen von Le Corbusier und Oud uns vorzustellen?

Die Kräfte des Rausches für die Revolution zu gewinnen, darum kreist der Sürrealismus in allen Büchern und Unternehmen. Das darf er seine eigenste Aufgabe nennen. Für die ist's nicht damit getan, daß, wie wir wissen, eine rauschhafte Komponente in jedem revolutionären Akt lebendig ist. Sie ist identisch mit der anarchischen. Den Akzent aber ausschließlich auf diese setzen, das hieße die methodische und disziplinäre Vorbereitung der Revolution völlig zugunsten einer zwischen Übung und Vorfeier schwankenden Praxis hintansetzen. Hinzu kommt eine allzu kurz gefaßte, undialektische Anschauung vom Wesen des Rausches. Die Ästhetik des peintre, des poète »en état de surprise«, der Kunst als Reaktion des Überraschten, ist in einigen sehr verhängnisvollen romantischen Vorurteilen befangen. Jede ernsthafte Ergründung der okkulten, sürrealistischen, phantasmagorischen Gaben und Phänomene hat eine dialektische Verschränkung zur Voraussetzung, die ein romantischer Kopf sich niemals aneignen wird. Es bringt uns nämlich nicht weiter, die rätselhafte Seite am Rätselhaften pathetisch oder fanatisch zu unterstreichen; vielmehr durchdringen wir das Geheimnis nur in dem Grade, als wir es im Alltäglichen wiederfinden, kraft einer dialektischen Optik, die das Alltägliche als undurchdringlich, das Undurchdringliche als alltäglich erkennt. Die passionierteste Untersuchung telepathischer Phänomene zum Beispiel wird einen über das Lesen (das ein eminent telepathischer Vorgang ist) nicht halb so viel lehren, wie die profane Erleuchtung des Lesens über die telepathischen Phänomene. Oder: die passionierteste Untersuchung des Haschischrausches wird einen über das Denken (das ein eminentes Narkotikum ist) nicht halb so viel lehren, wie die profane Erleuchtung des Denkens über den Haschischrausch. Der Leser, der Denkende, der Wartende, der Flaneur, sind ebensowohl Typen des Erleuchteten wie der Opiummesser, der Träumer, der Berauschte. Und sind profanere. Ganz zu schweigen von jener fürchterlichsten Droge – uns selber –, die wir in der Einsamkeit zu uns nehmen.

»Die Kräfte des Rausches für die Revolution zu gewinnen« – mit andern Worten: Dichterische Politik? »Nous en avons soupé. Alles lieber als das!« Nun – es wird Sie um so mehr interessieren, wie sehr ein Exkurs in die Dichtung die Dinge klärt. Denn: was ist das Programm der bürgerlichen Parteien? Ein schlechtes Frühlingsgedicht. Mit Vergleichen bis zum Platzen gefüllt. Der Sozialist sieht jene »schönere Zukunft unserer Kinder und Enkel« darin, daß alle handeln, »als wären sie Engel« und jeder so viel hat, »als wäre er reich« und jeder so lebt, »als wäre er frei«. Von Engeln, Reichtum, Freiheit keine Spur. Alles nur Bilder. Und der Bilderschatz dieser sozialdemokratischen Vereinsdichter? Ihre »Gradus ad parnassum«? Der Optimismus. Da spürt man denn doch andere Luft in der Schrift von Naville, die die »Organisierung des Pessimismus« zur Forderung des Tages macht. Im Namen seiner literarischen Freunde stellt er ein Ultimatum, an dem unfehlbar dieser gewissenlose, dieser dilettantische Optimismus Farbe bekennen muß: Wo liegen die Voraussetzungen der Revolution? In der Änderung der Gesinnung oder der äußeren Verhältnisse? Das ist die Kardinalfrage, die das Verhältnis von Politik und Moral bestimmt und die keine Vertuschung zuläßt. Der Sürrealismus ist ihrer kommunistischen Beantwortung immer näher gekommen. Und das bedeutet: Pessimismus auf der ganzen Linie. Jawohl und durchaus. Mißtrauen in das Geschick der Literatur, Mißtrauen in das Geschick der Freiheit, Mißtrauen in das Geschick der europäischen Menschheit, vor allem aber Mißtrauen, Mißtrauen und Mißtrauen in alle Verständigung: zwischen den Klassen, zwischen den Völkern, zwischen den Einzelnen. Und unbegrenztes Vertrauen allein in I. G. Farben und die friedliche Vervollkommnung der Luftwaffe. Aber was nun, was dann?

Hier tritt die Einsicht in ihr Recht, die im »Traité du style«, Aragons letztem Buche, die Unterscheidung von Vergleich und Bild verlangt. Eine glückliche Einsicht in Stilfragen, die erweitert sein will. Erweiterung: Nirgends treffen diese beiden – Vergleich und Bild – so drastisch und so unversöhnlich wie in der Politik aufeinander. Den Pessimismus organisieren heißt nämlich nichts anderes als die moralische Metapher aus der Politik herausbefördern und im Raum des politischen Handelns den hundertprozentigen Bildraum entdecken. Dieser Bildraum aber ist kontemplativ überhaupt nicht mehr auszumessen. Wenn es die doppelte Aufgabe der revolutionären Intelligenz ist, die intellektuelle Vorherrschaft der Bourgeoisie zu stürzen und den Kontakt mit den proletarischen Massen zu gewinnen, so hat sie vor dem zweiten Teil dieser Aufgabe fast völlig versagt, weil er nicht mehr kontemplativ zu bewältigen ist. Und doch hat das die wenigsten gehindert, sie immer wieder so zu stellen, als wäre sie es und nach proletarischen Dichtern, Denkern und Künstlern zu rufen. Dagegen mußte schon Trotzki – in »Literatur und Revolution« – darauf verweisen, daß sie nur aus einer siegreichen Revolution hervorgehen werden. In Wahrheit handelt es sich viel weniger darum, den Künstler bürgerlicher Abkunft zum Meister der »Proletarischen Kunst« zu machen, als ihn, und sei es auf Kosten seines künstlerischen Wirkens, an wichtigen Orten dieses Bildraums in Funktion zu setzen. Ja, sollte nicht vielleicht die Unterbrechung seiner »Künstlerlaufbahn« ein wesentlicher Teil dieser Funktion sein?

Desto besser werden die Witze, die er erzählt. Und desto besser erzählt er sie. Denn auch im Witz, in der Beschimpfung, im

Mißverständnis, überall, wo ein Handeln selber das Bild aus sich herausstellt und ist, in sich hineinreißt und frißt, wo die Nähe sich selbst aus den Augen sieht, tut dieser gesuchte Bildraum sich auf, die Welt allseitiger und integraler Aktualität, in der die »gute Stube« ausfällt, der Raum mit einem Wort, in welchem der politische Materialismus und die physische Kreatur den inneren Menschen, die Psyche, das Individuum oder was sonst wir ihnen vorwerfen wollen, nach dialektischer Gerechtigkeit, so daß kein Glied ihm unzerrissen bleibt, miteinander teilen. Dennoch aber – ja gerade nach solch dialektischer Vernichtung – wird dieser Raum noch Bildraum, und konkreter: Leibraum sein. Denn es hilft nichts, das Eingeständnis ist fällig: Der metaphysische Materialismus Vogtscher und Bucharinscher Observanz läßt sich in den anthropologischen Materialismus, wie die Erfahrung der Sürrealisten und früher eines Hebel, Georg Büchner, Nietzsche, Rimbaud ihn belegt, nicht bruchlos überführen. Es bleibt ein Rest. Auch das Kollektivum ist leibhaft. Und die Physis, die sich in der Technik ihm organisiert, ist nach ihrer ganzen politischen und sachlichen Wirklichkeit nur in jenem Bildraume zu erzeugen, in welchem die profane Erleuchtung uns heimisch macht. Erst wenn in ihr sich Leib und Bildraum so tief durchdringen, daß alle revolutionäre Spannung leibliche kollektive Innervation, alle leiblichen Innervationen des Kollektivs revolutionäre Entladung werden, hat die Wirklichkeit so sehr sich selbst übertroffen, wie das kommunistische Manifest es fordert. Für den Augenblick sind die Sürrealisten die einzigen, die seine heutige Order begriffen haben. Sie geben, Mann für Mann, ihr Mienenspiel im Tausch gegen das Zifferblatt eines Weckers, der jede Minute sechzig Sekunden lang anschlägt.

Julien Green

»Nous qui sommes bornés en tout comment le sommes-nous si peu lorsqu'il s'agit de souffrir?« Diese Frage von Marivaux war eine jener glänzenden Formulierungen, mit denen das Detachement von der Sache, derAbstand manchmal den Geist beschenkt. Denn keiner Epoche lag die Kontemplation des Leidens ferner als der französischen Aufklärung. Aus diesem Abstand heraus formulierte Marivaux so überzeugend. Julien Green aber, der diese Worte als Motto vor seine *Adrienne Mesurat* stellte, weiß, worum es hier geht. Nämlich um den Passionsgedanken. Und damit nicht nur um diesen Roman, sondern um sein gesamtes œuvre, in dem das Leiden durchaus der herrschende, ja der einzige Vorwurf ist. Wer aber nachzuforschen beginnt, auf welche Weise überhaupt das Leiden in dieser Ausschließlichkeit zum Gegenstand des dichterischen Schaffens werden kann, stößt bald darauf, wie fremd Julien Green nicht nur der analytischen Psychologie eines Marivaux, sondern jeder psychologischen Ansicht vom Menschen sein muß. Wer vom humanen, humanistischen Standpunkt – fast möchte man sagen: vom Standpunkt des Laien – den Menschen studieren will, der hätte ihn gewiß in seiner sogenannten Fülle, gewiß auch als genießenden, gesunden und herrschenden darzustellen. Dem theologischen Ingenium aber erschließt allerdings und seit jeher das Menschenwesen sich an der passio am tiefsten. Nicht freilich ohne den gewaltigen Doppelsinn des Lateinischen in Anspruch zu nehmen: jene Verschränkung von Leiden und Leidenschaft, mit welcher die passio zum welthistorischen Massiv, zur Wasserscheide der Religionen sich auftürmt. In dieser unwirtlichen Höhe hat das bestürzende, spröde Werk von Greeen seinen Ursprung. Hier entsprang der tragische wie der katholische Mythos, die fromme heidnische passio des König Ödipus, der Elektra, des Aias, wie die fromme, christliche Jesu. Hier geht, im Indifferenzpunkt, auf der Paßhöhe der Mythen, der Dichter daran, den Stand des gegenwärtigen Menschen in den Spuren seiner passio zu zeichnen.

Das kreatürliche Leiden als solches ist zeitlos. Nicht aber sind es die Leidenschaften, an denen die passio sich nährt. Geiz, Herrschsucht, Trägheit des Herzens, Stolz – jedes von diesen Lastern steht in Figuren von allegorischer Schärfe in diesem Werk auf, und doch ist, was seine Menschen im Innersten peitscht, im alten christlichen Kanon der Todsünden nicht zu finden. Wohl aber stieße, wer Genie und Fluch der Lebenden in theologischen Begriffen umreißen wollte, auf dieses neueste und im höllischen Sinne moderne Laster: die Ungeduld. Emily Fletscher, Adrienne Mesurat, Paul Guéret – Stichflammen der Ungeduld, die den Windzug des Schicksals züngeln. Will Green – so könnte man seine Werke apologetisch ausdeuten – zeigen, was aus diesem Geschlechte geworden wäre, wenn es nicht an ungeheuren Geschwindigkeiten der Bewegung, der Mitteilung, des Genusses seine zehrende Ungeduld hätte ersättigen können? Oder will er vielmehr die gefährlichen Energien beschwören, die im Innern dieses Geschlechts seinen stolzesten Errungenschaften entsprechen und nur auf die Gelegenheit warten, in Zerstörungsprozessen von niegeahnter Geschwindigkeit dieses Tempo noch zu vertausendfachen? Denn die Leidenschaft – das ist ein Grundmotiv der passio – vergeht sich nicht nur wider die Gebote Gottes, sie frevelt wider die natürliche Ordnung. Darum weckt sie die zerstörenden Kräfte des ganzen Kosmos. Was dem Leidenschaftlichen zustößt, ist nicht so sehr Strafgericht Gottes, als Aufruhr der Natur gegen den, der ihren Frieden stört und ihr Antlitz entstellt. Dies profane Verhängnis vollzieht sich an der Leidenschaft durch sie selbst. Und zwar ist es das Werk des Zufalls. In seinem letzten und reifsten Buche, dem *Léviathan*, hat Green die Vernichtung des Leidenden weniger innerlich, schärfer in der Verstrickung vollzogen. Er hat damit diesem Äußersten, Äußerlichsten mit demselben Rechte die Ehre gegeben wie Calderon, der Meister der dramatischen Passion, in seinen Dramen die barockste Verwicklung, die maschinellste Schicksalsfügung dem Aufbau zugrunde legt. Zufall ist die gottverlassene Figur der Notwendigkeit. Darum steht bei Green das verworfene Innen der Leidenschaft in Wahrheit so völlig unter der Herrschaft des Außen, daß Leidenschaft im Grunde gar nichts anderes als der Agent des Zufalls in der Kreatur ist.

Von ihm ist die Geschwindigkeit ein Teil, die die Verzweiflung den Geschicken mitteilt. Die Hoffnung ist das Ritardando des Schicksals. Seine Menschen sind außerstande zu hoffen; sie nehmen sich nicht die Zeit. Sie sind exaspiriert.

Geduld, das ist das Wort, das alle Tugenden dieses Autors und zugleich alles in sich schließt, was seinen Menschen fehlt. Der Mann, der soviel von diesen Rasenden weiß, blickt unverwandt und aus großen Augen. Sein Gesicht hat das Ebenmaß und den blassen Olivton des Spaniers. Im unbescholtenen Adel der Stimme ist etwas, das vielen Worten zu wehren scheint, und genau so wie sie, auf leisen Sohlen, kommt die Handschrift mit ihren transparenten, schmucklosen Zeichen. Man möchte von Buchstaben sprechen, die gelernt haben, zu verzichten. Am schwersten aber läßt sich ein Begriff von der kindlichen Fassung geben wie sie sich in solchem Geständnis bekundet: Es sei ihm nicht gegeben, hat er einmal gesagt, auch nur den allereinfachsten Vorfall zu schildern, den er selber erlebt habe. Nichts unverständlicher für jeden, der hier noch irgendeine Brücke zum landläufigen Begriff des Romans sucht, diesem zusammengestoppelten Unding aus Erlebtem und Ausgedachtem. Green steht jenseits von dieser tauben, unfruchtbaren Zweiheit. Er schreibt nichts Erlebtes. Sein Erlebnis heißt Schreiben. Er denkt aber auch nichts aus. Denn was er schreibt, das duldet keinen Spielraum. Nichts sei ihm, fährt er fort, im Verlaufe seiner Arbeit fragwürdiger, als die einfache Handlung, der Gang der Fabel. Sie läßt sich nicht ausdenken. Er geht ans Manuskript, um das Leben seiner Personen weiter, so weit zu führen, wie es die nächsten Seiten erfordern. Und ohne in der Zwischenzeit es bedenken oder ergründen zu können, kehrt er am nächsten Tag dahin, wo er abbrach, zurück. Das ist, man darf es ohne Fahrlässigkeit so nennen, ein visionäres Verfahren und der Ursprung der übermäßig strengen, halluzinatorischen Deutlichkeit, mit der sich seine Menschen bewegen. Greens Abstand vom üblichen Typus des Romanciers ist in der Kluft zwischen Vergegenwärtigung und Schilderung einbegriffen.

Vergegenwärtigung – nicht das magische Element dieses Worts, sondern sein zeitliches sei zuerst angesprochen. Zweierlei Naturalismus zwingt es zu unterscheiden: Zolas, der die

Menschen und Verhältnisse schildert, wie nur der Zeitgenosse sie sehen konnte; und Greens, welcher sie vergegenwärtigt, wie sie sich nie einem Zeitgenossen hätten darstellen können. Wo er es tut? – In unserer Phantasie? – Das sagt wenig. In unserm Zeitraum tut ers, der ihnen fremd ist und sie wie ein Gewölbe hohler Jahre einschließt, in dem das Echo ihre Flüsterworte und ihre Schreie ihnen wiedergibt. Erst diese zweite Gegenwart verewigt was war; und darum ist Vergegenwärtigung ein Akt der Magie. Green schildert die Menschen nicht, er vergegenwärtigt sie in schicksalhaften Momenten. Das heißt: sie gebärden sich ganz so, wie wenn sie Erscheinungen wären. Adrienne Mesurat, die am Fenster haftet, um einen Blick auf Maurecourts Villa zu tun; der alte Mesurat, der sich den Bart streicht; Madame Legras, die mit Adriennes Kette das Weite sucht – so und nicht anders wären jede ihrer Gebärden, müßten sie als arme Seelen jenseits des Grabes diese Augenblicke von neuem durchleben. In der trostlosen Stereotypie aller wahrhaft schicksalhaften Momente stehen sie vor dem Leser wie die Figur der danteschen Hölle in der Unwiderruflichkeit eines Daseins nach dem Jüngsten Gericht. Diese Stereotypie ist das Signum des Höllenstadiums. Geht man ihr auf den Grund, enthüllt sich was Schicksal heißt als die vollkommene, gnadenlose Form, in der der Zufall sein Regiment führt. Und zwar als die trostloseste. Denn die vollkommene Trostlosigkeit ist die Trostlosigkeit in der Vollkommenheit. Wie Pascal aus dem gestirnten Himmel, dem Urbild mathematischer Vollkommenheit, nichts als die Öde ewigen Schweigens entgegenschlug, so tritt dem großen Schicksalskundigen, diesem Dichter, in der vollkommenen Verkettung der Geschicke, die er ergründet, nur die desolate Verlassenheit aller Kreaturen entgegen.

Nun aber ist die visionäre Aura, in der sie stehen, nichts weniger als »plastische, lebenswahre Gestaltung«. Solch schablonenhafte Vorstellung von Vision liebt die Berufung auf den Traum, auf die Evidenz und Bildkraft der Geschichte. Gesetzt aber, einer liege im Alptraum und erleide eines der Schreckensbilder, an denen die Bücher dieses Autors so reich sind. Was wird er tun, wenn er aufwacht? Licht machen und aufatmen. Ganz anders, wem eine Vision wird. Sie mag so furchtbar sein, wie sie wolle, der Höhepunkt, der Schrecken der Schrecken, für ihn wird er stets im Augenblick des Erwachens aus seinem Schauen liegen. Denn das Diesseits ist das Echtheitssiegel, das an jeder Vision hängt, das Diesseits, das wir nun auf einmal, auf immer, von ihren Gesichten besiedelt, bevölkert, erobert finden. Ein phasisches Versinken und Aufwachen, so hat man die Arbeit dieses Autors sich vorzustellen; ein Durchschüttertwerden von tausend Schrecken, und ihrer jeder ist ein Geburtsschrecken. In einem unwillkommenen Lichte liegt mit zerrissnen, tiefen Schatten die Umwelt da. Ein »Tal der Tränen« öffnet sich dem Erwachenden. Und vielleicht heißt das: Wenn längst der Mensch schon keine Träne hat, dann netzt die Welt ringsum sich im Schweiße oder im Tau des Jammers. Da liegen auf dem Stapelplatze einer Kohlenhandlung, auf den Guéret sich über eine Mauer flüchtet, drei gewaltige Haufen Kohle. Von diesen schwarzen, im Mondschein schimmernden Bergen gibt Green eine sehr genaue Beschreibung. Ich kannte sie, als ich eines Tages den Dichter fragte, ob er vom Ursprung seiner Werke etwas wisse. Ein Charakter? Eine Erfahrung? Eine Idee? Er erwiderte aber nur: »Von meinem letzten Buche kann ich Ihnen den Ursprung ganz genau sagen. Er war ein Haufen Kohle, auf den ich eines Tages gestoßen bin.« Alles ist ihm um solche Bilder gruppiert, wie sie für immer vor dem erschreckten Blick des Erwachenden stehen. Nirgends sichtbarer als im Anfang der Werke. Die erste Figur, mit welcher der Leser Bekanntschaft macht, ist in allen seinen Romanen die Hauptperson. Sie ist vertieft, Guéret im Blick auf seine Uhr, Adrienne in die Betrachtung der Daguerrotypien ihrer Voreltern, Emily in die Landschaft vor ihrem Fenster. Es ist der Augenblick einer seltsamen Geistesabwesenheit, einer banalen Versunkenheit, da an seinen Figuren das Schicksal auftritt wie eine Krankheit. So sieht er sie, wie wir uns selber nach vielen Jahren in der Erinnerung – die auch ein Erwachen ist – in Beschäftigungen, an denen nichts Rechtes scheint bemerkbar zu sein. Das sind die Augenblicke für immer. An sie, und nur an sie, schließt Green an. »Trojours, semblait-il, murmura la rivière, toute la vie de même, toute la vie.« Das ist das Lebenslied dieser Menschen, denen ihre schicksalhaften Momente bis an ihr Ende gelten. Entwicklung kennen sie nicht.

Wenn man nicht dies Entwicklung nennen will, daß sie von Mißgeschick zu Mißgeschick stürzen, wie ein Körper im Fallen von den Steinstufen einer Treppe nicht eine ausläßt.

So fallen sie sich zu Tode. Und es vollzieht sich an ihnen das irdische Verhängnis der passio: die Zerstörung von Leib und Leben. Ohnmacht, Schlaf und endlich der Tod – immer wieder ist es die Antwort des Leibes, die hier am äußersten Ende des Leidens steht. Das Bett ist diesem Romancier der angestammte Platz, der Thron der Kreatur. »Une passion par personne, cela suffit« – das genügt, weil die Leidenschaft auch der Leidensweg und die geregelte Abfolge seiner Stationen schon in ihr vorbestimmt ist. Ist aber diese Regel auszusprechen? Betrifft sie den gegenwärtigen Menschen wirklich? Greens Figuren sind gar nicht modern. Starr wie die maskenhafte persona der Tragiker tönen sie sich im Interieur der französischen Kleinstadt aus. Tracht und Alltag an ihnen sind verkümmert und altmodisch; in ihren Gebärden aber leben uralte Herrscher, Frevler, Besessene. Zwischen Schnitzwerk und Plüsch sind in ihren Stuben Ahnen seßhaft wie im Baumstrunk oder im Schilf. Die Verschmelzung des Altmodischen mit der Urgeschichte, das Trauma des Elternanblicks in seiner doppelten Figur als urgeschichtliches und geschichtliches Phänomen ist das bleibende Motiv dieses Dichters. Der Zwienacht, in die die Welt hier gebettet ist, enttauchen die Häuser und Zimmer, in denen die Generation unserer Väter hinging. Ja die drei Hauptwerke spielen, recht betrachtet, alle im gleichen Hause, mag es Frau Fletscher, dem alten Mesurat oder Frau Grosgeorges gehören; so spielen die Dramen der Tragiker vor dem gleichen Palastprospekt, der einmal Agamemnons, ein andermal Kreons oder des Theseus ist. Wohnen – das ist hier noch immer ein Hausen, ein Geschehen voller Angst und Magie, das vielleicht niemals verzehrender war, als unter der Decke des zivilisierten Daseins und der bürgerlich-christlichen Kleinwelt. Das Haus der Väter, das in der zwiefachen Finsternis des kaum Vergangenen und des Unvordenklichen dasteht, ist hier, von Schicksalsblitzen auf Sekunden ganz erhellt, durchsichtig wie ein Gewitterhimmel und eine Abflucht von Höhlen, Kammern und Galerien geworden, die sich in die Urzeit der Menschheit verlieren. Gewiß ist, daß ein Stück

Urgeschichte für jedes Geschlecht mit dem Dasein, den Lebensformen des ihm unmittelbar vorgehenden verschmolzen ist, für die Lebenden also mit der Mitte und dem Ausgang des vorigen Jahrhunderts. Green ist nicht der einzige, der es fühlt. Cocteaus *Enfants terribles* sind eine mit allen technischen Mitteln ausgerüstete Expedition in die unterseeischen Tiefen der Kinderstube, ganz zu schweigen vom Werke Prousts, das der verlorenen Zeit und ihren Zellen, in denen wir Kinder waren, gewidmet ist. Proust ruft die Zauberstunde der Kindheit herauf, Green bringt Ordnung in unsere frühesten Schrecken. Im ausgeräumten Domizil der Kindheit kehrt er die Spuren, die das Dasein unserer Eltern ließ, zusammen. Und aus dem Berg von Leid und Grauen, den er häuft, trifft uns ihr unbegrabener Leichnam plötzlich so durchbohrend wie vor Jahrhunderten der Leib den Frommen, den er stigmatisierte.

Anmerkung

Adrienne Mesurat und *Leviathan* sind im Verlag Plon, Paris, erschienen. Eine deutsche Übersetzung von *Leviathan* kam im Verlag G. Kiepenheuer, Berlin, heraus.

Paul Valéry

Zu seinem 60. Geburtstag

»Langage chargé de sel,
et paroles véritablement marines«

Seeoffizier hat Valéry einmal werden wollen. In dem, der er geworden ist, sind die Züge dieses Jugendtraumes noch immer kenntlich. Da ist zum ersten seine Dichtung, von der gehaltenen Formenfülle, die die Sprache dem Denken abgewinnt wie das Meer der Windstille; und zweitens ist da dieses Denken, ein durch und durch mathematisch gerichtetes, das sich über die Sachverhalte wie über Seekarten beugt und ohne im Anblick von »Tiefen« sich zu gefallen schon glücklich ist, einen ungefährdeten Kurs zu halten. Das Meer und die Mathematik: sie treten an einer der schönsten Stellen, die er geschrieben hat, im erzählenden Sokrates, der der Phaedra von dem Funde berichtet, den er am Ufer machte, in bestrickende Ideenverbindung. Es ist ein zweifelhaftes Gebilde – Elfenbein oder Marmor oder ein Tierknochen –, das da, fast wie ein Haupt mit Zügen des Apollon, die Brandung ans Ufer spülte. Und Sokrates fragt sich, ob das das Werk der Wellen sei oder des Künstlers; er wägt es ab: wie lange der Ozean wohl braucht, bis unter Milliarden Formen ein Zufall diese eine bilden mag, wie lange der Künstler, und er kann wohl sagen, »daß ein Künstler tausend Jahrhunderte wert ist oder hunderttausend oder noch sehr viel mehr. Da liegt ein sonderbarer Maßstab für Werke.« Hätte man am sechzigsten Geburtstag den Verfasser dieses großartigen Werks, des »Eupalinos oder der Architekt« mit einem Exlibris zu überraschen: es könnte einen gewaltigen Zirkel darstellen, den einen Schenkel fest in den Meeresboden gerammt, den andern weit zum Horizont ausgespannt. Es wäre ein Gleichnis auch für die Spannweite dieses Mannes. Spannung ist der beherrschende Eindruck seiner körperlichen Erscheinung, Spannung der Ausdruck seines Hauptes, dessen tiefgelegene Augen eine Entrücktheit von irdischen Bildern andeuten, die es dem Mann erlaubt, den Kurs seines Innenlebens nach diesen wie nach den von Sternen zu bestimmen. Einsamkeit ist die Nacht, aus der solche Bilder strahlen, und von ihr hat Valéry eine lange Erfahrung. Als er mit fünfundzwanzig Jahren seine ersten Gedichte und die beiden ersten Essays herausgegeben hatte, begann die zwanzigjährige Pause seiner öffentlichen Wirksamkeit, aus der er 1917 mit dem Gedicht »Die junge Parze« so glänzend hervortrat. Acht Jahre später hatte eine Reihe hervorragender Werke und sinnreicher Manöver in der Gesellschaft ihm die Aufnahme in die Académie Française erwirkt. Nicht ohne feine Bosheit bestimmte man ihn dort für den Fauteuil von Anatole France. Valéry parierte den Hieb mit einer ungemein eleganten Ansprache – dem obligaten Lob seines Vorgängers –, in welcher der Name France kein einziges Mal genannt wurde. Im übrigen enthält diese Rede einen Ausblick auf die Schriftstellerei, der ungewöhnlich genug ist, um den Verfasser zu kennzeichnen. Es ist die Rede von einem »Tale Josaphat«, in dem die Menge der Schreibenden, einstiger und jetziger, sich drängt: »Alles Neue verliert sich in anderm Neuen. Jede Illusion, original zu sein, schwindet. Die Seele wird betrübt und wendet in Gedanken, zwar mit Schmerz, jedoch mit sonderbarem, der mit tiefem Mitleid und Ironie versetzt ist, jenen Millionen federbewehrter Geschöpfe sich zu, jenen zahllosen Agenten des Geistes, deren jeder zu seiner Stunde sich als freier Schöpfer, als erste bewegende Ursache, als Besitzer einer unumstößlichen Gewißheit, als einziger unverwechselbarer Quell vorkam, und er, der seine Tage so mit Mühsal zugebracht und die besten Stunden darauf verwandt hatte, in Ewigkeit ein Unterschiedener zu bleiben, ist nun durch die Vielzahl zunichte geworden und von der immerwachsenden Schar ihm Gleicher verschlungen.« Bei Valéry ist an die Stelle dieses ganz und gar vergeblichen Willens, sich zu unterscheiden, ein anderer getreten – der Wille zur Dauer, zu der Dauer des Geschriebenen. Dauer des Geschriebenen jedoch ist etwas durchaus anderes als Unsterblichkeit des Schreibers, hat in vielen Fällen ohne sie bestanden. Dauer, nicht Originalität ist es, die das Klassische im Schrifttum kennzeichnet, und Valéry ist nicht müde geworden, ihren Bedingungen nachzugehen. »Ein klassischer Schriftsteller«, sagt er, »ist ein Schriftsteller, der seine Ideenassoziationen verbirgt oder absorbiert.« An jenen Stellen, wo der Schwung den Autor aufs Ganze gehen ließ, wo er sich der Fügung überhoben glaubte, keine Fugen sah und weil er sie nicht sah, sie auch nicht füllte – an jenen Stellen setzt der Schimmel des Veraltens an. Um Fugen, Grenzen des Gedankens zu erkennen, braucht es Selbstkritik. Valéry geht der Intelligenz des Schreibenden, zumal des Dichters, inquisitorisch nach, verlangt den Bruch mit der weitverbreiteten Auffassung, daß sie beim Schreibenden sich von selbst verstehe, geschweige mit der noch viel weiter verbreiteten, daß sie beim Dichter nichts zu sagen habe. Er selbst hat eine und von einer Art, die sich durchaus nicht von selbst versteht. Nichts kann befremdender sein als ihre Verkörperung, Herr Teste. Immer wieder, vom frühesten Schaffen bis zum späten, greift er auf die sonderbare Gestalt zurück, um welche so sich ein ganzer Kreis kleiner Schriften – ein Abend mit Monsieur Teste, ein Brief seiner Frau, eine Vorrede und, wie es sich versteht, auch ein Logbuch – gruppiert hat. Monsieur Teste – zu deutsch: Herr Kopf – ist eine Personifikation des Intellekts, die sehr an den Gott erinnert, von dem die negative Theologie des Nicolaus Cusanus handelt. Auf Negation läuft alles, was man von Teste erfahren kann, hinaus. Das überaus Reizvolle seiner Darstellung liegt denn auch nicht in Theoremen, sondern in den Tricks einer Verhaltungsweise, die dem Nichtsein so wenig Abbruch wie möglich und der Maxime Genüge tut: »Jede Erregung, jedes Gefühl ist Anzeichen eines Fehlers in der Konstruktion und der Anpassung.« Mag Herr Teste sich von Hause aus Mensch fühlen – er hat sich Valérys Weisheit zu Herzen genommen, die wichtigsten Gedanken seien die, die unserm Gefühl widersprechen. Er ist denn auch die Negation des »Menschlichen«: »Sieh, die Dämmerung des Ungefähr bricht herein, und vor der Tür steht die Herrschaft des Entmenschten, welche hervorgehen wird aus der Genauigkeit, der Strenge und der Reinheit in den Angelegenheiten der Menschen.« Nichts Ausladendes, Pathetisches, nichts »Menschliches« geht in den Umkreis dieses valérischen Sonderlings ein, dem der Gedanke die einzige Substanz darstellt, aus welcher das Vollkommene sich bilden läßt. Von dessen Attributen eines ist die Kontinuität. So sind auch Wissenschaft und Kunst im reinen

Geiste ein Kontinuum, durch welches die Methode Lionardos – der im Erstlingswerk des Dichters, der »Einleitung in die Methode Lionardo da Vincis«, als ein Vorläufer des Herrn Teste auftritt – Wege bahnt, welche in keinem Fall als Grenzen mißverstanden werden dürfen. Die Methode ist es, die in ihrer Anwendung auf die Dichtung Valérys zum berühmten Begriff der poésie pure geführt hat, welcher gewiß nicht dazu geschaffen war, von einem schöngeistigen Abbé monatelang durch die literarischen Zeitschriften Frankreichs geschleift zu werden, um ihm das Eingeständnis seiner Identität mit dem Begriff des Gebets abzunötigen. Immer wieder, und mit erstaunlichem Gelingen, hat Valéry selbst die einzelnen Stationen in der Geschichte der poetischen Theorien – die Thesen Poes und Baudelaires und Mallarmés – bezeichnet, in denen das Konstruktive und das Musikalische der Lyrik ihre Kompetenzen gegeneinander abzugrenzen suchten, bis sie bei ihm selber in Reflexionen, deren Mitte seine lyrischen Meisterwerke – »Le cimetière marin«, »La jeune parque«, »Le serpent« – bilden, sich selbst als das vollendete Ineinanderspiel von Intelligenz und Stimme begreift. Die Ideen seiner Gedichte heben sich wie Inseln aus dem Meer der Stimme. Das ist es, was diese Gedankenlyrik von allem trennt, was wir im Deutschen so nennen: nirgends stößt die Idee in ihr mit dem »Leben« zusammen oder der »Wirklichkeit«. Der Gedanke hat es mit nichts zu tun als der Stimme: das ist die Quintessenz der poésie pure. »Die Lyrik ist diejenige Dichtungsart, welche die Stimme in Aktion zu ihrer Voraussetzung hat, – die Stimme wie sie unmittelbar ausgeht oder erweckt wird von den Dingen, die man sieht oder die man in ihrer Gegenwart fühlt.« Und: »Die Forderungen einer strengen Prosodie sind der Kunstgriff, kraft dessen die natürliche Redeweise die Eigenschaften eines Widerstand leistenden Materials bekommt, das unserer Seele fremd und unseren Wünschen wie taub gegenübersteht.« Und eben dies ist das Eigentümliche der reinen Intelligenz. Diese intelligence pure aber, die bei Valéry auf den unwirtlichen Gipfeln einer esoterischen Dichtung Winterquartiere bezogen hat, ist doch dieselbe, unter deren Führung das europäische Bürgertum im Zeitalter der Entdeckungen auf seine Eroberungen ausging. Der cartesianische Zweifel am Wissen hat sich bei

Valéry fast abenteuerlich und dennoch methodisch vertieft zu einem Zweifel an den Fragen selbst: »Nichts anderes als unsere geistigen Ausfallerscheinungen sind der Bereich der Mächte des Zufalls, der Götter und des Schicksals. Besäßen wir auf alles eine Antwort – will sagen eine exakte Antwort – so würden diese Mächte nicht existieren. Wir fühlen das auch genau, und dies ist der Grund, warum wir uns am Ende gegen unsere eigenen Fragen wenden. Das müßte aber den Anfang darstellen. Man muß im Innern bei sich selber eine Frage formen, die allen andern vorhergeht und ihrer jeder abfragt, was sie taugt.« Die strickte Rückbeziehung solcher Gedanken auf die heroische Periode des europäischen Bürgertums gestattet es, der Überraschung Herr zu werden, mit der wir hier auf einem vorgeschobensten Punkte des alten europäischen Humanismus noch einmal der Idee des Fortschritts begegnen. Und zwar ist es die stichhaltige und echte: die des übertragbaren in den Methoden, welche dem Begriff der Konstruktion bei Valéry so handgreiflich korrespondiert, wie sie der Zwangsvorstellung der Inspiration zuwiderläuft. »Das Kunstwerk«, hat einer seiner Interpreten gesagt, »ist keine Schöpfung: es ist eine Konstruktion, in der die Analyse, die Berechnung, die Planung die Hauptrolle spielen.« Die letzte Tugend des methodischen Prozesses, den Forschenden über sich selbst hinauszuführen, hat sich dabei an Valéry bewährt. Denn wer ist Monsieur Teste, wenn nicht das Individuum, welches, schon bereit die Schwelle des geschichtlichen Verschwindens zu überschreiten, noch einmal, schattenhaft, auf den Appell sich einstellt, um sogleich unterzutauchen, wo es, von keinem mehr betroffen, in eine Ordnung eingeht, deren Nahen Valéry folgendermaßen umschreibt: »Im Zeitalter Napoleons hatte die Elektrizität ungefähr die Bedeutung, die man zur Zeit des Tiberius dem Christentum beimessen konnte. Allmählich wurde es offenkundig, daß diese allgemeine Innervation der Welt folgenschwerer und besser imstande war, das künftige Leben zu ändern als alle ›politischen‹ Ereignisse von Ampère bis auf den heutigen Tag.« Der Blick, den er auf diese kommende Welt wirft, ist nicht mehr der des Offiziers, sondern nur noch der des wetterkundigen Seemanns, der den großen Sturm nahen fühlt und die veränderten Bedingungen des Weltgeschehens – »zunehmende Präzision und Genauigkeit, zunehmende Wirkungsstärke« – zu gut erkannt hat, um nicht zu wissen, daß ihnen gegenüber selbst »die tiefsten Gedanken eines Machiavell oder Richelieu heute nur die Zuverlässigkeit und den Wert von Börsentips« haben. So steht er »aufrecht da, der Mann auf dem Kap des Denkens, Ausschau haltend, so scharf er kann, nach den Grenzen der Dinge oder der Sehkraft«.

Kleine Geschichte der Photographie

Der Nebel, der über den Anfängen der Photographie liegt, ist nicht ganz so dicht wie jener, der über den Beginn des Buchdrucks sich lagert; kenntlicher vielleicht als für diesen ist, daß die Stunde für die Erfindung gekommen war und von mehr als einem verspürt wurde; Männern, die unabhängig voneinander dem gleichen Ziele zustrebten: die Bilder in der camera obscura, die spätestens seit Lionardo bekannt waren, festzuhalten. Als das nach ungefähr fünfjährigen Bemühungen Niépce und Daguerre zu gleicher Zeit geglückt war, griff der Staat, begünstigt durch patentrechtliche Schwierigkeiten, auf die die Erfinder stießen, die Sache auf und machte sie unter deren Schadloshaltung zu einer öffentlichen. Damit waren die Bedingungen einer fortdauernd beschleunigten Entwicklung gegeben, die für lange Zeit jeden Rückblick ausschloß. So kommt es, daß die historischen oder, wenn man will, philosophischen Fragen, die Aufstieg und Verfall der Photographie nahelegen, jahrzehntelang unbeachtet geblieben sind. Und wenn sie heute beginnen, ins Bewußtsein zu treten, so hat das einen genauen Grund. Die jüngste Literatur schließt an den auffallenden Tatbestand an, daß die Blüte der Photographie – die Wirksamkeit der Hill und Cameron, der Hugo und Nadar – in ihr erstes Jahrzehnt fällt. Das ist nun aber das Jahrzehnt, welches ihrer Industrialisierung vorausging. Nicht als ob nicht bereits in dieser Frühzeit Marktschreier und Scharlatane der neuen Technik aus Erwerbsgründen sich bemächtigt hätten; sie taten das sogar massenweise. Aber das stand den Künsten des Jahrmarkts, auf dem die Photographie ja bis heute heimisch gewesen ist, näher als der Industrie. Die eroberte sich das Feld erst mit der Visitkarten-Aufnahme, deren erster Hersteller bezeichnenderweise zum Millionär wurde. Es wäre nicht zu verwundern, wenn die photographischen Praktiken, die heut zum erstenmal den Blick auf jene vorindustrielle Blütezeit zurücklenken, in unterirdischem Zusammenhang mit der Erschütterung der kapitalistischen Industrie stünden. Darum jedoch ist es um nichts leichter, den Reiz der Bilder, die in den schönen jüngst erschienenen Publikationen alter Photographie[1] vorliegen, für wirkliche Einsichten in deren Wesen nutzbar zu machen. Überaus rudimentär sind die Versuche, der Sache theoretisch Herr zu werden. Und so viele Debatten im vorigen Jahrhundert über sie geführt wurden, im Grunde haben sie sich nicht von dem skurrilen Schema freigemacht, mit dem ein chauvinistisches Blättchen, der ›Leipziger Stadtanzeiger‹, glaubte, beizeiten der französischen Teufelskunst entgegentreten zu müssen. »Flüchtige Spiegelbilder festhalten zu wollen«, heißt es da, »dies ist nicht bloß ein Ding der Unmöglichkeit, wie es sich nach gründlicher deutscher Untersuchung herausgestellt hat, sondern schon der Wunsch, dies zu wollen, ist eine Gotteslästerung. Der Mensch ist nach dem Ebenbilde Gottes geschaffen, und Gottes Bild kann durch keine menschliche Maschine festgehalten werden. Höchstens der göttliche Künstler darf, begeistert von himmlischer Eingebung, es wagen, die gottmenschlichen Züge, im Augenblick höchster Weihe, auf den höheren Befehl seines Genius, ohne jede Maschinenhilfe wiederzugeben.« Hier tritt mit dem Schwergewicht seiner Plumpheit der Banausenbegriff von der *Kunst* auf, dem jede technische Erwägung fremd ist und welcher mit dem provozierenden Erscheinen der neuen Technik sein Ende gekommen fühlt. Demungeachtet ist es dieser fetischistische, von Grund auf antitechnische Begriff von Kunst, mit dem die Theoretiker der Photographie fast hundert Jahre lang die Auseinandersetzung suchten, natürlich ohne zum geringsten Ergebnis zu kommen. Denn sie unternahmen nichts anderes, als den Photographen vor eben jenem Richterstuhl zu beglaubigen, den er umwarf. Da weht eine ganz andere Luft aus dem Exposé, mit dem der Physiker Arago als Fürsprecher der Daguerreschen Erfindung am 3. Juli 1839 vor die Kammer der Deputierten trat. Es ist das Schöne an dieser Rede, wie sie an alle Seiten menschlicher Tätigkeit den Anschluß findet. Das Panorama, das sie entwirft, ist groß genug, um die zweifelhafte Beglaubigung der Photographie vor der Malerei, die auch in ihr nicht fehlt, belanglos erscheinen, vielmehr die Ahnung von der wirklichen Tragweite der Erfindung sich entfalten zu lassen. »Wenn Erfinder eines neuen Instrumentes«, sagte Arago, »dieses zur Beobachtung der Natur anwenden, so ist das, was sie davon gehofft haben, immer eine Kleinigkeit im Vergleich zu der Reihe nachfolgender Entdeckungen, wovon das Instrument der Ursprung war.« In großem Bogen umspannt diese Rede das Gebiet der neuen Technik von der Astrophysik bis zur Philologie: neben dem Ausblick auf die Sternphotographie steht die Idee, ein corpus der ägyptischen Hieroglyphen aufzunehmen.

Daguerres Lichtbilder waren jodierte und in der camera obscura belichtete Silberplatten, die hin- und hergewendet sein wollten, bis man in richtiger Beleuchtung ein zartgraues Bild darauf erkennen konnte. Sie waren unica, im Durchschnitt bezahlte man im Jahre 1839 für eine Platte 25 Goldfrank. Nicht selten wurden sie wie Schmuck in Etuis verwahrt. In der Hand mancher Maler aber verwandelten sie sich in technische Hilfsmittel. Wie siebzig Jahre später Utrillo seine faszinierenden Ansichten von den Häusern der Bannmeile von Paris nicht nach der Natur, sondern nach Ansichtskarten verfertigte, so legte der geschätzte englische Porträtmaler David Octavius Hill seinem Fresko der ersten Generalsynode der schottischen Kirche im Jahre 1843 eine große Reihe von Porträtaufnahmen zugrunde. Diese Aufnahmen aber machte er selbst. Und sie, anspruchslose, zum internen Gebrauch bestimmte Behelfe, sind es, die seinem Namen die historische Stelle geben, während er als Maler verschollen ist. Freilich führen tiefer noch als die Reihen dieser Porträtköpfe in die neue Technik einige Studien ein: namenlose Menschenbilder, nicht Porträts. Solche Köpfe gab es längst auf Gemälden. Blieben sie im Familienbesitz, fragte man hin und wieder noch nach den Dargestellten. Nach zwei, drei Generationen aber ist dies Interesse verstummt: die Bilder, soweit sie dauern, tun es nur als Zeugnis für die Kunst dessen, der sie gemalt hat. Bei der Photographie aber begegnet man etwas Neuem und Sonderbarem: in jenem Fischweib aus New Haven, das mit so lässiger, verführerischer Scham zu Boden blickt, bleibt etwas, was im Zeugnis für die Kunst des Photographen Hill nicht aufgeht, etwas, was nicht zum Schweigen zu bringen ist, ungebärdig nach dem Namen derer verlangend, die da gelebt hat, die auch hier noch wirklich ist und niemals gänzlich in die *Kunst* wird eingehen wollen. »Und ich frage: wie hat dieser haare zier / und dieses blickes die früheren wesen umzingelt: / wie dieser mund hier geküßt zu dem die begier / sinnlos hinan als rauch ohne flamme sich ringelt.« Oder man schlägt das Bild von Dauthendey, dem Photographen, auf, dem Vater des Dichters, aus der Zeit des Brautstands mit jener Frau, die er dann eines Tages, kurz nach der Geburt ihres sechsten Kindes, im Schlafzimmer seines Moskauer Hauses mit durchschnittenen Pulsadern liegen fand. Sie ist hier neben ihm zu sehen, er scheint sie zu halten; ihr Blick aber geht an ihm vorüber, saugend an eine unheilvolle Ferne geheftet. Hat man sich lange genug in so ein Bild vertieft, erkennt man, wie sehr auch hier die Gegensätze sich berühren: die exakteste Technik kann ihren Hervorbringungen einen magischen Wert geben, wie für uns ihn ein gemaltes Bild nie mehr besitzen kann. Aller Kunstfertigkeit des Photographen und aller Planmäßigkeit in der Haltung seines Modells zum Trotz fühlt der Beschauer unwiderstehlich den Zwang, in solchem Bild das winzige Fünkchen Zufall, Hier und Jetzt, zu suchen, mit dem die Wirklichkeit den Bildcharakter gleichsam durchgesengt hat, die unscheinbare Stelle zu finden, in welcher, im Sosein jener längstvergangenen Minute das Künftige noch heut und so beredt nistet, daß wir, rückblickend, es entdecken können. Es ist ja eine andere Natur, welche zur Kamera als welche zum Auge spricht; anders vor allem so, daß an die Stelle eines vom Menschen mit Bewußtsein durchwirkten Raums ein unbewußt durchwirkter tritt. Ist es schon üblich, daß einer, beispielsweise, vom Gang der Leute, sei es auch nur im groben, sich Rechenschaft gibt, so weiß er bestimmt nichts mehr von ihrer Haltung im Sekundenbruchteil des *Ausschreitens*. Die Photographie mit ihren Hilfsmitteln: Zeitlupen, Vergrößerungen erschließt sie ihm. Von diesem Optisch-Unbewußten erfährt er erst durch sie, wie von dem Triebhaft-Unbewußten durch die Psychoanalyse. Strukturbeschaffenheiten, Zellgewebe, mit denen Technik, Medizin zu rechnen pflegen – all dieses ist der Kamera ursprünglich verwandter als die stimmungsvolle Landschaft oder das seelenvolle Porträt. Zugleich aber eröffnet die Photographie in diesem Material die physiognomischen Aspekte von Bildwelten, welche im Kleinsten wohnen, deutbar und verborgen genug, um in Wachträumen Unterschlupf gefunden zu haben, nun aber, groß und formulierbar wie sie geworden sind, die Differenz von Technik und Magie als durch und durch historische Variable ersichtlich zu machen. So hat Bloßfeldt[2] mit seinen erstaunlichen Pflanzenphotos in Schachtelhalmen älteste Säulenformen, im Straußfarn den Bischofsstab, im zehnfach vergrößerten Kastanien- und Ahornsproß Totembäume, in der Weberkarde gotisches Maßwerk zum Vorschein gebracht. Darum sind wohl auch die Modelle eines Hill nicht weit von der Wahrheit entfernt gewesen, wenn ihnen »das Phänomen der Photographie« noch »ein großes geheimnisvolles Erlebnis« war; mag das für sie auch nichts als das Bewußtsein gewesen sein, »vor einem Apparat zu stehen, der in kürzester Zeit ein Bild der sichtbaren Umwelt erzeugen konnte, das so lebendig und wahrhaft wirkte wie die Natur selbst«. Man hat von der Kamera Hills gesagt, daß sie diskrete Zurückhaltung wahre. Seine Modelle ihrerseits sind aber nicht weniger reserviert; sie behalten eine gewisse Scheu vor dem Apparat und der Leitsatz eines späteren Photographen aus der Blütezeit: »Sieh nie in die Kamera« könnte aus ihrem Verhalten abgeleitet sein. Doch war damit nicht jenes »sehen dich an« von Tieren, Menschen oder Babys gemeint, das den Käufer auf so unsaubere Weise einmengt und dem nichts besseres entgegenzusetzen ist als die Wendung, mit welcher der alte Dauthendey von der Daguerreotypie spricht: »Man getraute sich zuerst nicht«, so berichtete er, »die ersten Bilder, die er anfertigte, lange anzusehen. Man scheute sich vor der Deutlichkeit dieser Menschen und glaubte, daß die kleinen, winzigen Gesichter der Personen, die auf dem Bilde waren, einen selbst sehen könnten, so verblüffend wirkte die ungewohnte Deutlichkeit und die ungewohnte Naturtreue der ersten Daguerreotypbilder auf jeden.«

Diese ersten reproduzierten Menschen traten in den Blickraum der Photographie unbescholten oder besser gesagt unbeschriftet. Noch waren Zeitungen Luxusgegenstände, die man selten käuflich erwarb, eher in Caféhäusern einsah, noch war das photographische Verfahren nicht zu ihrem Werkzeug geworden, noch sahen die wenigsten Menschen ihren Namen gedruckt. Das menschliche Antlitz hatte ein Schweigen um sich, in dem der Blick ruhte. Kurz, alle Möglichkeiten dieser Porträtkunst beruhen darauf, daß noch die Berührung zwischen Aktualität und Photo nicht eingetreten ist. Auf dem Edinburgher Friedhof von Greyfriars sind viele Bildnisse Hills entstanden – nichts ist für diese Frühzeit bezeichnender, es sei denn, wie die Modelle auf ihm zu Hause waren. Und wirklich ist dieser Friedhof nach einem Bilde, das Hill gemacht hat, selbst wie ein Interieur, ein abgeschiedener, eingehegter Raum, wo, an Brandmauern gelehnt, aus dem Grasboden Grabmäler aufsteigen, die, ausgehöhlt wie Kamine, in ihrem Innern Schriftzüge statt der Flammenzungen zeigen. Nie aber hätte dies Lokal zu seiner großen Wirkung kommen können, wäre seine Wahl nicht technisch begründet gewesen. Geringere Lichtempfindlichkeit der frühen Platten machte eine lange Belichtung im Freien erforderlich. Diese wiederum ließ es wünschenswert scheinen, den Aufzunehmenden in möglichster Abgeschiedenheit an einem Orte unterzubringen, wo ruhiger Sammlung nichts im Wege stand. »Die Synthese des Ausdrucks, die durch das lange Stillhalten des Modells erzwungen wird«, sagte Orlik von der frühen Photographie, »ist der Hauptgrund, weshalb diese Lichtbilder neben ihrer Schlichtheit gleich guten gezeichneten oder gemalten Bildnissen eine eindringlichere und länger andauernde Wirkung auf den Beschauer ausüben als neuere Photographien.« Das Verfahren selbst veranlaßte die Modelle, nicht aus dem Augenblick heraus, sondern in ihn hinein zu leben; während der langen Dauer dieser Aufnahmen wuchsen sie gleichsam in das Bild hinein und traten so in den entschiedensten Kontrast zu den Erscheinungen auf einer Momentaufnahme, die jener veränderten Umwelt entspricht, in der es, wie Kracauer treffend bemerkt hat, von demselben Bruchteil einer Sekunde, den die Belichtung dauert, abhängt, »ob ein Sportsmann so berühmt wird, daß ihn im Auftrag der Illustrierten die Photographen belichten«. Alles an diesen frühen Bildern war angelegt zu dauern; nicht nur die unvergleichlichen Gruppen, zu denen die Leute zusammentraten – und deren Verschwinden gewiß eins der präzisesten Symptome dessen war, was in der zweiten Hälfte des Jahrhunderts in der Gesellschaft vorging – selbst die Falten, die ein Gewand auf diesen Bildern wirft, halten länger. Man betrachte nur Schellings

Rock; der kann recht zuversichtlich mit in die Unsterblichkeit hinübergehen; die Formen, die er an seinem Träger annahm, sind der Falten in dessen Antlitz nicht unwert. Kurz, alles spricht dafür, Bernhard von Brentano habe mit seiner Vermutung recht, »daß ein Photograph von 1850 auf der gleichen Höhe mit seinem Instrument stand« – zum ersten- und für lange zum letztenmal.

Man muß im übrigen, um sich die gewaltige Wirkung der Daguerreotypie im Zeitalter ihrer Entdeckung ganz gegenwärtig zu machen, bedenken, daß die Pleinairmalerei damals den vorgeschrittensten unter den Malern ganz neue Perspektiven zu entdecken begonnen hatte. Im Bewußtsein, daß gerade in dieser Sache die Photographie von der Malerei die Stafette zu übernehmen habe, heißt es denn auch bei Arago im historischen Rückblick auf die frühen Versuche Giovanni Battista Portas ausdrücklich: »Was die Wirkung betrifft, welche von der unvollkommenen Durchsichtigkeit unserer Atmosphäre abhängt (und welche man durch den uneigentlichen Ausdruck *Luftperspektive* charakterisiert hat), so hoffen selbst die geübten Maler nicht, daß die camera obscura« – will sagen das Kopieren der in ihr erscheinenden Bilder – »ihnen dazu behilflich sein könnte, dieselben mit Genauigkeit hervorzubringen.« Im Augenblick, da es Daguerre geglückt war, die Bilder der camera obscura zu fixieren, waren die Maler an diesem Punkte vom Techniker verabschiedet worden. Das eigentliche Opfer der Photographie aber wurde nicht die Landschaftsmalerei, sondern die Porträtminiatur. Die Dinge entwickelten sich so schnell, daß schon um 1840 die meisten unter den zahllosen Miniaturmalern Berufsphotographen wurden, zunächst nur nebenher, bald aber ausschließlich. Dabei kamen ihnen die Erfahrungen ihrer ursprünglichen Brotarbeit zustatten, und nicht ihre künstlerische, sondern ihre handwerkliche Vorbildung ist es, der man das hohe Niveau ihrer photographischen Leistungen zu verdanken hat. Sehr allmählich verschwand diese Generation des Übergangs; ja es scheint eine Art von biblischem Segen auf jenen ersten Photographen geruht zu haben: die Nadar, Stelzner, Pierson, Bayard sind alle an die Neunzig oder Hundert herangerückt. Schließlich aber drangen von überallher Geschäftsleute in den Stand der Berufsphotographen ein, und als dann späterhin die Negativretusche, mit welcher der schlechte Maler sich an der Photographie rächte, allgemein üblich wurde, setzte ein jäher Verfall des Geschmacks ein. Das war die Zeit, da die Photographiealben sich zu füllen begannen. An den frostigsten Stellen der Wohnung, auf Konsolen oder Gueridons im Besuchszimmer, fanden sie sich am liebsten: Lederschwarten mit abstoßenden Metallbeschlägen und den fingerdicken goldumrandeten Blättern, auf denen närrisch drapierte oder verschnürte Figuren – Onkel Alex und Tante Riekchen, Trudchen wie sie noch klein war, Papa im ersten Semester – verteilt waren und endlich, um die Schande voll zu machen, wir selbst: als Salontiroler, jodelnd, den Hut gegen gepinselte Firnen schwingend, oder als adretter Matrose, Standbein und Spielbein, wie es sich gehört, gegen einen polierten Pfosten gelehnt. Noch erinnert die Staffage solcher Porträts mit ihren Postamenten, Balustraden und ovalen Tischchen an die Zeit, da man der langen Expositionsdauer wegen den Modellen Stützpunkte geben mußte, damit sie fixiert blieben. Hatte man anfangs mit *Kopfhalter* oder *Kniebrille* sich begnügt, so folgte bald weiteres Beiwerk, wie es in berühmten Gemälden vorkam und darum *künstlerisch* sein mußte. Zunächst war es die Säule oder der Vorhang. Gegen diesen Unfug mußten sich fähigere Männer schon in den sechziger Jahren wenden. So heißt es damals in einem englischen Fachblatt: »In gemalten Bildern hat die Säule einen Schein von Möglichkeit, die Art aber, wie sie in der Photographie angewendet wird, ist absurd, denn sie steht gewöhnlich auf einem Teppich. Nun wird aber jedermann überzeugt sein, daß Marmor- oder Steinsäulen nicht mit einem Teppich als Fundament aufgebaut werden.« Damals sind jene Ateliers mit ihren Draperien und Palmen, Gobelins und Staffeleien entstanden, die so zweideutig zwischen Exekution und Repräsentation, Folterkammer und Thronsaal standen und aus denen ein erschütterndes Zeugnis ein frühes Bildnis von Kafka bringt. Da steht in einem engen, gleichsam demütigenden, mit Postamenten überladenen Kinderanzug der ungefähr sechsjährige Knabe in einer Art von Wintergartenlandschaft. Palmenwedel starren im Hintergrund. Und als gelte es, diese gepolsterten Tropen noch stickiger und schwüler zu machen, trägt das Modell in der Linken einen unmäßig großen Hut mit breiter Krempe, wie ihn Spanier haben. Gewiß, daß es in diesem Arrangement verschwände, wenn nicht die unermeßlich traurigen Augen diese ihnen vorbestimmte Landschaft beherrschen würden.

Dies Bild in seiner uferlosen Trauer ist ein Pendant der frühen Photographie, auf welcher die Menschen noch nicht abgesprengt und gottverloren in die Welt sahen wie hier der Knabe. Es war eine Aura um sie, ein Medium, das ihrem Blick, indem er es durchdringt, die Fülle und die Sicherheit gibt. Und wieder liegt das technische Äquivalent davon auf der Hand: es besteht in dem absoluten Kontinuum von hellstem Licht zu dunkelstem Schatten. Auch hier bewährt sich im übrigen das Gesetz der Vorverkündung neuerer Errungenschaften in älterer Technik, indem die ehemalige Porträtmalerei vor ihrem Niedergange eine einzigartige Blüte der Schabkunst heraufgeführt hatte. Freilich handelte es sich in diesem Schabkunstverfahren um eine Reproduktionstechnik, wie sie sich mit der neuen photographischen erst später vereinigte. Wie auf Schabkunstblättern ringt sich bei einem Hill mühsam das Licht aus dem Dunkel: Orlik spricht von der durch die lange Expositionsdauer veranlaßten »zusammenhängenden Lichtführung«, die »diesen frühen Lichtbildern ihre Größe« gibt. Und unter den Zeitgenossen der Erfindung bemerkte schon Delaroche den »früher nie erreichten, köstlichen, in nichts die Ruhe der Massen störenden« allgemeinen Eindruck. Soviel vom technischen Bedingtsein der auratischen Erscheinung. Besonders manche Gruppenaufnahmen halten ein beschwingtes Miteinander noch einmal fest, wie es hier für eine kurze Spanne auf der Platte erscheint, bevor es an der *Originalaufnahme* zugrunde geht. Es ist dieser Hauchkreis, der schön und sinnvoll bisweilen durch die nunmehr altmodische ovale Form des Bildausschnitts umschrieben wird. Darum heißt es, diese Inkunabeln der Photographie mißdeuten, in ihnen die *künstlerische Vollendung* oder den *Geschmack* zu betonen. Diese Bilder sind in Räumen entstanden, in denen jedem Kunden im Photographen vorab ein Techniker nach der neuesten Schule entgegentrat, dem Photographen aber in jedem Kunden der Angehörige einer im Aufstieg befindlichen Klasse mit einer Aura, die bis in die Falten des Bürgerrocks oder der Lavallière sich eingenistet hatte. Denn das bloße Erzeugnis einer primitiven Kamera ist jene Aura ja nicht. Vielmehr entsprechen sich in jener Frühzeit Objekt und Technik genau so scharf, wie sie in der anschließenden Verfallsperiode auseinandertreten. Bald nämlich verfügte eine fortgeschrittene Optik über Instrumente, die das Dunkel ganz überwanden und die Erscheinungen spiegelhaft aufzeichneten. Die Photographen jedoch sahen in der Zeit nach 1880 ihre Aufgabe vielmehr darin, die Aura, die von Hause aus mit der Verdrängung des Dunkels durch lichtstärkere Objektive aus dem Bilde genau so verdrängt wurde wie durch die zunehmende Entartung des imperialistischen Bürgertums aus der Wirklichkeit – sie sahen es als ihre Aufgabe an, diese Aura durch alle Künste der Retusche, insbesondere jedoch durch sogenannte Gummidrucke vorzutäuschen. So wurde, zumal im Jugendstil, ein schummeriger Ton, von künstlichen Reflexen unterbrochen, Mode; dem Zwielicht zum Trotz aber zeichnete immer klarer eine Pose sich ab, deren Starrheit die Ohnmacht jener Generation im Angesicht des technischen Fortschritts verriet.

Und doch ist, was über die Photographie entscheidet, immer wieder das Verhältnis des Photographen zu seiner Technik. Camille Recht hat es in einem hübschen Bilde gekennzeichnet. »Der Geigenspieler«, sagt er, »muß den Ton erst bilden, muß ihn suchen, blitzschnell finden, der Klavierspieler schlägt die Taste an: der Ton erklingt. Das Instrument steht dem Maler wie dem Photographen zur Verfügung. Zeichnung und Farbengebung des Malers entsprechen der Tonbildung des Geigenspiels; der Photograph hat mit dem Klavierspieler das Maschinelle voraus, das einschränkenden Gesetzen unterworfen ist, die dem Geiger lange nicht den gleichen Zwang auferlegen. Kein Paderewski wird jemals den Ruhm ernten, den beinahe sagenhaften Zauber ausüben, den ein Paganini geerntet, den er ausgeübt hat.« Es gibt aber, um im Bilde zu bleiben, einen Busoni der Photographie, und der ist Atget. Beide waren Virtuosen, zugleich aber Vorläufer. Das beispiellose Aufgehen in der Sache, verbunden mit der höchsten Präzision, ist ihnen gemeinsam. Sogar in ihren Zügen gibt es Verwandtes. Atget war ein Schauspieler, der, angewidert vom Betrieb, die Maske abwischte und dann daran ging, auch die Wirklichkeit abzuschminken. Arm und unbekannt lebte er in Paris, seine Photographien schlug er an Liebhaber los, die kaum weniger exzentrisch sein konnten als er, und vor kurzem ist er, unter Hinterlassung eines œuvres von mehr als viertausend Bildern, gestorben. Berenice Abbot aus New York hat diese Blätter gesammelt, und eine Auswahl von ihnen erscheint soeben in einem hervorragend schönen Bande[3], den Camille Recht herausgegeben hat. Die zeitgenössische Publizistik »wußte nichts von dem Mann, der mit seinen Bildern zumeist in den Ateliers herumzog, sie für wenige Groschen verschleuderte, oft nur für den Preis einer von jenen Ansichtskarten, wie sie um 1900 die Städtebilder so schön zeigten, in blaue Nacht getaucht, mit retuschiertem Mond. Er hat den Pol höchster Meisterschaft erreicht; aber in der verbissenen Meisterschaft eines großen Könners, der immer im Schatten lebt, hat er es unterlassen, seine Fahne dort aufzupflanzen. So kann mancher glauben, den Pol entdeckt zu haben, den Atget vor ihm betreten hat.« In der Tat: Atgets Pariser Photos sind die Vorläufer der surrealistischen Photographie; Vortrupps der einzigen wirklich breiten Kolonne, die der Surrealismus hat in Bewegung setzen können. Als erster desinfiziert er die stickige Atmosphäre, die die konventionelle Porträtphotographie der Verfallsepoche verbreitet hat. Er reinigt diese Atmosphäre, ja bereinigt sie: er leitet die Befreiung des Objekts von der Aura ein, die das unbezweifelbarste Verdienst der jüngsten Photographenschule ist. Wenn ›Bifur‹ oder ›Variété‹, Zeitschriften der Avantgarde, unter der Beschriftung *Westminster*, *Lille*, *Antwerpen* oder *Breslau* nur Details bringen, einmal ein Stück von einer Balustrade, dann einen kahlen Wipfel, dessen Äste vielfältig eine Gaslaterne überschneiden, ein andermal eine Brandmauer oder einen Kandelaber mit einem Rettungsring, auf dem der Name der Stadt steht, so sind das nichts als literarische Pointierungen von Motiven, die Atget entdeckte. Er suchte das Verschollene und Verschlagene, und so wenden auch solche Bilder sich gegen den exotischen, prunkenden, romantischen Klang der Stadtnamen; sie saugen die Aura aus der Wirklichkeit wie Wasser aus einem sinkenden Schiff. – Was ist eigentlich Aura? Ein sonderbares Gespinst von Raum und Zeit: einmalige Erscheinung einer Ferne, so nah sie sein mag. An einem Sommermittag ruhend einem

Gebirgszug am Horizont oder einem Zweig folgen, der seinen Schatten auf den Betrachter wirft, bis der Augenblick oder die Stunde Teil an ihrer Erscheinung hat – das heißt die Aura dieser Berge, dieses Zweiges atmen. Nun ist, die Dinge sich, vielmehr den Massen *näherzubringen*, eine genau so leidenschaftliche Neigung der Heutigen wie die Überwindung des Einmaligen in jeder Lage durch deren Reproduzierung. Tagtäglich macht sich unabweisbarer das Bedürfnis geltend, des Gegenstands aus nächster Nähe im Bild, vielmehr im Abbild habhaft zu werden. Und unverkennbar unterscheidet sich das Abbild, wie illustrierte Zeitung und Wochenschau es in Bereitschaft halten, vom Bilde. Einmaligkeit und Dauer sind in diesem so eng verschränkt wie Flüchtigkeit und Wiederholbarkeit in jenem. Die Entschälung des Gegenstands aus seiner Hülle, die Zertrümmerung der Aura ist die Signatur einer Wahrnehmung, deren Sinn für alles Gleichartige auf der Welt so gewachsen ist, daß sie es mittels der Reproduktion auch dem Einmaligen abgewinnt. Atget ist »an den großen Sichten und an den sogenannten Wahrzeichen« fast immer vorübergegangen; nicht aber an einer langen Reihe von Stiefelleisten; nicht an den Pariser Höfen, wo von abends bis morgens die Handwagen in Reih und Glied stehen; nicht an den abgegessenen Tischen und den unaufgeräumten Waschgeschirren, wie sie zu gleicher Zeit zu Hunderttausenden da sind; nicht am Bordell rue ... no 5, dessen Fünf an vier verschiedenen Stellen der Fassade riesengroß erscheint. Merkwürdigerweise sind aber fast alle diese Bilder leer. Leer die Porte d'Arcueil an den fortifs, leer die Prunktreppen, leer die Höfe, leer die Caféhausterrassen, leer, wie es sich gehört, die Place du Tertre. Sie sind nicht einsam, sondern stimmungslos; die Stadt auf diesen Bildern ist ausgeräumt wie eine Wohnung, die noch keinen neuen Mieter gefunden hat. Diese Leistungen sind es, in denen die surrealistische Photographie eine heilsame Entfremdung zwischen Umwelt und Mensch vorbereitet. Sie macht dem politisch geschulten Blick das Feld frei, dem alle Intimitäten zugunsten der Erhellung des Details fallen.

Auf der Hand liegt, daß dieser neue Blick am wenigsten da einzuheimsen hat, wo man sich sonst am läßlichsten erging: in der entgeltlichen, repräsentativen Porträtaufnahme. Andererseits ist der Verzicht auf den Menschen für die Photographie der unvollziehbarste unter allen. Und wer es nicht gewußt hat, den haben die besten Russenfilme es gelehrt, daß auch Milieu und Landschaft unter den Photographen erst dem sich erschließen, der sie in der namenlosen Erscheinung, die sie im Antlitz haben, aufzufassen weiß. Jedoch die Möglichkeit davon ist wieder in hohem Grad bedingt durch den Aufgenommenen. Die Generation, die nicht darauf versessen war, in Aufnahmen auf die Nachwelt zu kommen, eher im Angesicht solcher Veranstaltungen sich etwas scheu in ihren Lebensraum zurückzog – wie Schopenhauer auf dem Frankfurter Bilde um 1850 in die Tiefen des Sessels –, eben darum aber diesen Lebensraum mit auf die Platte gelangen ließ: diese Generation hat ihre Tugenden nicht vererbt. Da gab zum erstenmal seit Jahrzehnten der Spielfilm der Russen Gelegenheit, Menschen vor der Kamera erscheinen zu lassen, die für ihr Photo keine Verwendung haben. Und augenblicklich trat das menschliche Gesicht mit neuer, unermeßlicher Bedeutung auf die Platte. Aber es war kein Porträt mehr. Was war es? Es ist das eminente Verdienst eines deutschen Photographen, diese Frage beantwortet zu haben. August Sander[4] hat eine Reihe von Köpfen zusammengestellt, die der gewaltigen physiognomischen Galerie, die ein Eisenstein oder Pudowkin eröffnet haben, in gar nichts nachsteht, und er tat es unter wissenschaftlichem Gesichtspunkt. »Sein Gesamtwerk ist aufgebaut in sieben Gruppen, die der bestehenden Gesellschaftsordnung entsprechen, und soll in etwa fünfundvierzig Mappen zu je zwölf Lichtbildern veröffentlicht werden.« Bisher liegt davon ein Auswahlband mit sechzig Reproduktionen vor, die unerschöpflichen Stoff zur Betrachtung bieten. »Sander geht vom Bauern, dem erdgebundenen Menschen aus, führt den Betrachter durch alle Schichten und Berufsarten bis zu den Repräsentanten der höchsten Zivilisation und abwärts bis zum Idioten.« Der Autor ist an diese ungeheure Aufgabe nicht als Gelehrter herangetreten, nicht von Rassentheoretikern oder Sozialforschern beraten, sondern, wie der Verlag sagt, »aus der unmittelbaren Beobachtung«. Sie ist bestimmt eine sehr vorurteilslose, ja kühne, zugleich aber auch zarte gewesen, nämlich im Sinne des goethischen Wortes: »Es gibt eine zarte Empirie, die sich mit dem Gegenstande innigst identisch macht und dadurch zur eigentlichen Theorie wird.« Demnach ist es ganz in der Ordnung, daß ein Betrachter wie Döblin gerade auf die wissenschaftlichen Momente in diesem Werk gestoßen ist und bemerkt: »Wie es eine vergleichende Anatomie gibt, aus der man erst zu einer Auffassung der Natur und der Geschichte der Organe kommt, so hat dieser Photograph vergleichende Photographie getrieben und hat damit einen wissenschaftlichen Standpunkt oberhalb des Detailphotographen gewonnen.« Es wäre ein Jammer, wenn die wirtschaftlichen Verhältnisse die weitere Veröffentlichung dieses außerordentlichen corpus verhinderten. Dem Verlag aber kann man neben dieser grundsätzlichen noch eine genauere Aufmunterung zuteil werden lassen. Über Nacht könnte Werken wie dem von Sander eine unvermutete Aktualität zuwachsen. Machtverschiebungen, wie sie bei uns fällig geworden sind, pflegen die Ausbildung, Schärfung der physiognomischen Auffassung zur vitalen Notwendigkeit werden zu lassen. Man mag von rechts kommen oder von links – man wird sich daran gewöhnen müssen, darauf angesehen zu werden, woher man kommt. Man wird es, seinerseits, den andern anzusehen haben. Sanders Werk ist mehr als ein Bildbuch: ein Übungsatlas.

»Es gibt in unserem Zeitalter kein Kunstwerk, das so aufmerksam betrachtet würde, wie die Bildnisphotographie des eigenen Selbst, der nächsten Verwandten und Freunde, der Geliebten«, hat schon im Jahre 1907 Lichtwark geschrieben und damit die Untersuchung aus dem Bereich ästhetischer Distinktionen in den sozialer Funktionen gerückt. Nur von hier aus kann sie weiter vorstoßen. Es ist ja bezeichnend, daß die Debatte sich da am meisten versteift hat, wo es um die Ästhetik der *Photographie als Kunst* ging, indes man beispielsweise dem soviel fragloseren sozialen Tatbestand der *Kunst als Photographie* kaum einen Blick gönnte. Und doch ist die Wirkung der photographischen Reproduktion von Kunstwerken für die Funktion der Kunst von sehr viel größerer Wichtigkeit als die mehr oder minder künstlerische Gestaltung einer Photographie, der das Erlebnis zur *Kamerabeute* wird. In der Tat ist der heimkehrende Amateur mit seiner Unzahl künstlerischer Originalaufnahmen nicht erfreulicher als ein Jäger, der vom Anstand mit Massen von Wild zurückkommt, die nur für den Händler verwertbar sind. Und wirklich scheint der Tag vor der Tür zu stehen, da es mehr illustrierte Blätter als Wild- und Geflügelhandlungen geben wird. Soviel vom *Knipsen*. Doch die Akzente springen völlig um, wendet man sich von der Photographie als Kunst zur Kunst als Photographie. Jeder wird die Beobachtung haben machen können, wieviel leichter ein Bild, vor allem aber eine Plastik, und nun gar Architektur, im Photo sich erfassen lassen als in der Wirklichkeit. Die Versuchung liegt nahe genug, das schlechterdings auf den Verfall des Kunstsinns, auf ein Versagen der Zeitgenossen zu schieben. Dem aber stellt sich die Erkenntnis in den Weg, wie ungefähr zu gleicher Zeit mit der Ausbildung reproduktiver Techniken die Auffassung von großen Werken sich gewandelt hat. Man kann sie nicht mehr als Hervorbringungen Einzelner ansehen; sie sind kollektive Gebilde geworden, so mächtig, daß, sie zu assimilieren, geradezu an die Bedingung geknüpft ist, sie zu verkleinern. Im Endeffekt sind die mechanischen Reproduktionsmethoden eine Verkleinerungstechnik und verhelfen dem Menschen zu jenem Grad von Herrschaft über die Werke, ohne welchen sie gar nicht mehr zur Verwendung kommen.

Wenn eins die heutigen Beziehungen zwischen Kunst und Photographie kennzeichnet, so ist es die unausgetragene Spannung, welche durch die Photographie der Kunstwerke zwischen den beiden eintrat. Viele von denen, die als Photographen das heutige Gesicht dieser Technik bestimmen, sind von der Malerei ausgegangen. Sie haben ihr den Rücken gekehrt nach Versuchen, deren Ausdrucksmittel in einen lebendigen, eindeutigen Zusammenhang mit dem heutigen Leben zu rücken. Je wacher ihr Sinn für die Signatur der Zeit war, desto problematischer ist ihnen nach und nach ihr Ausgangspunkt geworden. Denn wieder wie vor achtzig Jahren hat die Photographie von der Malerei die Stafette sich geben lassen. »Die schöpferischen Möglichkeiten des Neuen«, sagt Moholy-Nagy, »werden meist langsam durch solche alten Formen, alten Instrumente und Gestaltungsgebiete aufgedeckt, welche durch das Erscheinen des Neuen im Grunde schon erledigt sind, aber unter dem Druck des sich vorbereitenden Neuen sich zu einem euphorischen Aufblühen treiben lassen. So lieferte z. B. die futuristische (statische) Malerei die später sie selbst vernichtende, festumrissene Problematik der Bewegungssimultaneität, die Gestaltung des Zeitmomentes; und zwar dies in einer Zeit, da der Film schon bekannt, aber noch lange nicht erfaßt war ... Ebenso kann man – mit Vorsicht – einige von den heute mit darstellerisch-gegenständlichen Mitteln arbeitenden Malern (Neoklassizisten und Veristen) als Vorbereiter einer neuen darstellerischen optischen Gestaltung, die sich bald nur mechanisch technischer Mittel bedienen wird, betrachten.« Und Tristan Tzara, 1922: »Als alles, was sich Kunst nannte, gichtbrüchig geworden war, entzündete der Photograph seine tausendkerzige Lampe und stufenweise absorbierte das lichtempfindliche Papier die Schwärze einiger Gebrauchsgegenstände. Er hatte die Tragweite eines zarten, unberührten Aufblitzens entdeckt, das wichtiger war als alle Konstellationen, die uns zur Augenweide gestellt werden.« Die Photographen, die nicht aus opportunistischen Erwägungen, nicht zufällig, nicht aus Bequemlichkeit von der bildenden Kunst zum Photo gekommen sind, bilden heute die Avantgarde unter den Fachgenossen, weil sie durch ihren Entwicklungsgang gegen die größte Gefahr der heutigen Photographie, den kunstgewerblichen Einschlag, einigermaßen gesichert sind. »Photographie als Kunst«, sagt Sasha Stone, »ist ein sehr gefährliches Gebiet.«

Hat die Photographie sich aus Zusammenhängen herausbegeben, wie sie ein Sander, eine Germaine Krull, ein Bloßfeldt geben, vom physiognomischen, politischen, wissenschaftlichen Interesse sich emanzipiert, so wird sie *schöpferisch*. Angelegenheit des Objektivs wird die *Zusammenschau*; der photographische Schmock tritt auf. »Der Geist, überwindend die Mechanik, deutet ihre exakten Ergebnisse zu Gleichnissen des Lebens um.« Je mehr die Krise der heutigen Gesellschaftsordnung um sich greift, je starrer ihre einzelnen Momente einander in toter Gegensätzlichkeit gegenübertreten, desto mehr ist das Schöpferische – dem tiefsten Wesen nach Variante; der Widerspruch sein Vater und die Nachahmung seine Mutter – zum Fetisch geworden, dessen Züge ihr Leben nur dem Wechsel modischer Beleuchtung danken. Das Schöpferische am Photographieren ist dessen

Überantwortung an die Mode. *Die Welt ist schön* – genau das ist ihre Devise. In ihr entlarvt sich die Haltung einer Photographie, die jede Konservenbüchse ins All montieren, aber nicht einen der menschlichen Zusammenhänge fassen kann, in denen sie auftritt, und sie damit noch in ihren traumverlorensten Sujets mehr ein Vorläufer von deren Verkäuflichkeit als von deren Erkenntnis ist. Weil aber das wahre Gesicht dieses photographischen Schöpfertums die Reklame oder die Assoziation ist, darum ist ihr rechtmäßiger Gegenpart die Entlarvung oder die Konstruktion. Denn die Lage, sagt Brecht, wird »dadurch kompliziert, daß weniger denn je eine einfache *Wiedergabe der Realität* etwas über die Realität aussagt. Eine Photographie der Kruppwerke oder der A.E.G. ergibt beinahe nichts über diese Institute. Die eigentliche Realität ist in die Funktionale gerutscht. Die Verdinglichung der menschlichen Beziehungen, also etwa die Fabrik, gibt die letzteren nicht mehr heraus. Es ist also tatsächlich *etwas aufzubauen*, etwas Künstliches, Gestelltes.« Wegbereiter einer solchen photographischen Konstruktion herangebildet zu haben, ist das Verdienst der Surrealisten. Eine weitere Etappe in dieser Auseinandersetzung zwischen schöpferischer und konstruktiver Photographie bezeichnet der Russenfilm. Es ist nicht zuviel gesagt: die großen Leistungen seiner Regisseure waren nur möglich in einem Lande, wo die Photographie nicht auf Reiz und Suggestion, sondern auf Experiment und Belehrung ausgeht. In diesem Sinne, und nur in ihm, läßt sich der imposanten Begrüßung, mit der im Jahre 1855 der ungeschlachte Ideenmaler Antoine Wiertz der Photographie entgegenkam, auch heut noch ein Sinn abgewinnen. »Vor einigen Jahren ist uns der Ruhm unseres Zeitalters, eine Maschine geboren worden, die tagtäglich das Staunen unserer Gedanken und der Schrecken unserer Augen ist. Ehe noch ein Jahrhundert um ist, wird diese Maschine der Pinsel, die Palette, die Farben, die Geschicklichkeit, die Erfahrung, die Geduld, die Behendigkeit, die Treffsicherheit, das Kolorit, die Glasur, das Vorbild, die Vollendung, der Extrakt der Malerei sein ... Glaube man nicht, daß die Daguerreotypie die Kunst töte ... Wenn die Daguerreotypie, dieses Riesenkind, herangewachsen sein wird, wenn all seine Kunst und Stärke sich wird entfaltet haben, dann wird der Genius es plötzlich mit der Hand am Genick packen und laut rufen: Hierher! Mir gehörst du jetzt! Wir werden zusammen arbeiten.« Wie nüchtern, ja pessimistisch dagegen die Worte, in denen zwei Jahre später im *Salon von 1875* Baudelaire die neue Technik seinen Lesern ankündigt. Sie lassen sich so wenig wie die eben angeführten heute ohne eine leise Akzentverschiebung mehr lesen. Aber indem sie von jenen das Gegenstück sind, haben sie ihren guten Sinn behalten als schärfste Abwehr aller Usurpationen künstlerischer Photographie. »In diesen kläglichen Tagen ist eine neue Industrie hervorgetreten, die nicht wenig dazu beitrug, die platte Dummheit in ihrem Glauben zu bestärken ..., daß die Kunst nichts anderes ist und sein kann als die genaue Wiedergabe der Natur ... Ein rächerischer Gott hat die Stimme dieser Menge gehört. Daguerre ward sein Messias.« Und: »Wird es der Photographie erlaubt, die Kunst in einigen ihrer Funktionen zu ergänzen, so wird diese alsbald völlig von ihr verdrängt und verderbt sein, dank der natürlichen Bundesgenossenschaft, die aus der Menge ihr erwachsen wird. Sie muß daher zu ihrer eigentlichen Pflicht zurückkehren, die darin besteht, der Wissenschaften und der Künste Dienerin zu sein.«

Eins aber ist damals von beiden – Wiertz und Baudelaire – nicht erfaßt worden, das sind die Weisungen, die in der Authentizität der Photographie liegen. Nicht immer wird es gelingen, mit einer Reportage sie zu umgehen, deren Klischees nur die Wirkung haben, sprachlich im Betrachter sich zu assoziieren. Immer kleiner wird die Kamera, immer mehr bereit, flüchtige und geheime Bilder festzuhalten, deren Chok im Betrachter den Assoziationsmechanismus zum Stehen bringt. An dieser Stelle hat die Beschriftung einzusetzen, welche die Photographie der Literarisierung aller Lebensverhältnisse einbegreift, und ohne die alle photographische Konstruktion im Ungefähren stecken bleiben muß. Nicht umsonst hat man Aufnahmen von Atget mit denen eines Tatorts verglichen. Aber ist nicht jeder Fleck unserer Städte ein Tatort? nicht jeder ihrer Passanten ein Täter? Hat nicht der Photograph – Nachfahr der Augurn und der Haruspexe – die Schuld auf seinen Bildern aufzudecken und den Schuldigen zu bezeichnen? »Nicht der Schrift-, sondern der Photographierunkundige wird«, so hat man gesagt, »der Analphabet der Zukunft sein.« Aber muß nicht weniger als ein Analphabet ein Photograph gelten, der seine eigenen Bilder nicht lesen kann? Wird die Beschriftung nicht zum wesentlichsten Bestandteil der Aufnahme werden? Das sind die Fragen, in welchen der Abstand von neunzig Jahren, der die Heutigen von der Daguerreotypie trennt, seiner historischen Spannungen sich entlädt. Im Scheine dieser Funken ist es, daß die ersten Photographien so schön und unnahbar aus dem Dunkel der Großvätertage heraustreten.

Anmerkungen

1 Helmuth Th. Bossert und Heinrich Guttmann, Aus der Frühzeit der Photographie, 1840–1870. Ein Bildband nach 200 Originalen. Frankfurt a. M. 1930 – Heinrich Schwarz, David Octavius Hill, der Meister der Photographie. Mit 80 Bildtafeln. Leipzig 1931.

2 Karl Bloßfeldt, Urformen der Kunst. Photographische Pflanzenbilder. Herausgegeben mit einer Einleitung von Karl Nierendorf. 120 Bildtafeln. Berlin 1928.

3 Atget, Lichtbilder. Herausgegeben von Camille Recht. Paris und Leipzig 1931.

4 August Sander, Das Antlitz der Zeit. Berlin 1930.

Franz Kafka

Potemkin

Es wird erzählt: Potemkin litt an schweren mehr oder weniger regelmäßig wiederkehrenden Depressionen, während deren sich niemand ihm nähern durfte und der Zugang zu seinem Zimmer aufs strengste verboten war. Am Hofe wurde dieses Leiden nicht erwähnt, insbesondere wußte man, daß jede Anspielung darauf die Ungnade der Kaiserin Katharina nach sich zog. Eine dieser Depressionen des Kanzlers nun dauerte außergewöhnlich lange. Ernste Mißstände waren die Folgen; in den Registraturen häuften sich Akten, deren Erledigung, die ohne Unterschrift Potemkins unmöglich war, von der Zarin gefordert wurde. Die hohen Beamten wußten sich keinen Rat. In dieser Zeit geriet durch einen Zufall der unbedeutende kleine Kanzlist Schuwalkin in die Vorzimmer des Kanzlerpalais, wo die Staatsräte wie gewöhnlich jammernd und klagend beisammen standen. »Was gibt es, Exzellenzen? Womit kann ich den Exzellenzen dienen?« bemerkte der eilfertige Schuwalkin. Man erklärte ihm den Fall und bedauerte, von seinen Diensten keinen Gebrauch machen zu können. »Wenn es weiter nichts ist, meine Herren«, antwortete Schuwalkin, »überlassen Sie mir die Akten. Ich bitte darum.« Die Staatsräte, die nichts zu verlieren hatten, ließen sich dazu bewegen, und Schuwalkin schlug, das Aktenbündel unterm Arm, durch Galerien und Korridore den Weg zum Schlafzimmer Potemkins ein. Ohne anzuklopfen, ja ohne haltzumachen, drückte er die Türklinke nieder. Das Zimmer war nicht verschlossen. Im Halbdunkel saß Potemkin auf seinem Bett, nägelkauend, in einem verschlissenen Schlafrock. Schuwalkin trat zum Schreibtisch, tauchte die Feder ein und, ohne ein Wort zu verlieren, schob er sie Potemkin in die Hand, den erstbesten Akt auf seine Knie. Nach einem abwesenden Blick auf den Eindringling, wie im Schlaf, vollzog Potemkin die Unterschrift; dann eine zweite; weiter die sämtlichen. Als die letzte geborgen war, verließ Schuwalkin ohne Umstände, wie er gekommen war, sein Dossier unterm Arm, das Gemach. Triumphierend die Akten schwenkend, trat er in das Vorzimmer. Ihm entgegen stürzten die Staatsräte, rissen die Papiere aus seinen Händen. Atemlos beugten sie sich darüber. Niemand sagte ein Wort; die Gruppe erstarrte. Wieder trat Schuwalkin näher, wieder erkundigte er sich eilfertig nach dem Grund der Bestürzung der Herren. Da fiel auch sein Blick auf die Unterschrift. Ein Akt wie der andere war unterfertigt: Schuwalkin, Schuwalkin, Schuwalkin ...

Diese Geschichte ist wie ein Herold, der dem Werke Kafkas zweihundert Jahre vorausstürmt. Die Rätselfrage, die sich in ihr wölkt, ist Kafkas. Die Welt der Kanzleien und Registraturen, der muffigen, verwohnten dunklen Zimmer ist Kafkas Welt. Der eilfertige Schuwalkin, der alles so leicht nimmt und zuletzt mit leeren Händen dasteht, ist Kafkas K. Potemkin aber, der halb schlafend und verwahrlost in einem abgelegenen Raum, zu dem der Zugang untersagt ist, dahindämmert, ist ein Ahn jener Gewalthaber, die bei Kafka als Richter in Dachböden, als Sekretäre im Schloß hausen, und die, so hoch sie stehen mögen, immer Gesunkene oder vielmehr Versinkende sind, dafür aber noch in den Untersten und in den Verkommensten – den Türhütern und den altersschwachen Beamten – auf einmal unvermittelt in ihrer ganzen Machtfülle auftauchen können. Worüber dämmern sie dahin? Vielleicht sind sie Nachkommen der Atlanten, die die Weltkugel in ihrem Nacken tragen? Vielleicht halten sie darum den Kopf »so tief auf die Brust gesenkt, daß man kaum etwas von den Augen« sieht, wie der Schloßkastellan auf seinem Porträt oder Klamm, wenn er mit sich allein ist? Die Weltkugel aber ist es nicht, die sie tragen, nur daß schon das Alltäglichste ihr Gewicht hat: »Sein Ermatten ist das des Gladiators nach dem Kampf, seine Arbeit war das Weißtünchen eines Winkels in der Beamtenstube« – Georg Lukacs hat einmal gesagt: um heute einen anständigen Tisch zu bauen, muß einer das architektonische Genie von Michel Angelo haben. Wie Lukacs in Zeitaltern, so denkt Kafka in Weltaltern. Weltalter hat der Mann beim Tünchen zu bewegen. Und so noch in der unscheinbarsten Geste. Vielfach und oft aus sonderbarem Anlaß klatschen Kafkas Figuren in die Hände. Einmal jedoch wird beiläufig gesagt, daß diese Hände »eigentlich Dampfhämmer« sind.

In ständiger und langsamer Bewegung – versinkend oder

steigend – lernen wir diese Machthaber kennen. Furchtbarer aber sind sie nirgends, als wo sie aus der tiefsten Verkommenheit sich heben: aus den Vätern. Den stumpfen, altersschwachen Vater, den er soeben sanft gebettet hat, beruhigt der Sohn: »Sei nur ruhig, du bist gut zugedeckt.« – »Nein!« rief der Vater, daß die Antwort an die Frage stieß, warf die Decke zurück mit einer Kraft, daß sie einen Augenblick im Fluge sich ganz entfaltete, und stand aufrecht im Bett. Nur eine Hand hielt er leicht an den Plafond. »Du wolltest mich zudecken, das weiß ich, mein Früchtchen, aber zugedeckt bin ich noch nicht. Und ist es auch die letzte Kraft, genug für dich, zuviel für dich! ... Den Vater muß glücklicherweise niemand lehren, den Sohn zu durchschauen.« ... Und er stand vollkommen frei und warf die Beine. Er strahlte vor Einsicht ...

»Jetzt weißt du also, was es noch außer dir gab, bisher wußtest du nur von dir! Ein unschuldiges Kind warst du ja eigentlich, aber noch eigentlicher warst du ein teuflischer Mensch!« Der Vater, der die Last des Deckbetts abwirft, wirft eine Weltlast mit ihr ab. Weltalter muß er in Bewegung setzen, um das uralte Vater-Sohn-Verhältnis lebendig, folgenreich zu machen. Doch reich an welchen Folgen! Er verurteilt den Sohn zum Tode des Ertrinkens. Der Vater ist der Strafende. Ihn zieht die Schuld wie die Gerichtsbeamten an. Viel deutet darauf hin, daß die Beamtenwelt und die Welt der Väter für Kafka die gleiche ist. Die Ähnlichkeit ist nicht zu ihrer Ehre. Stumpfheit, Verkommenheit, Schmutz macht sie aus. Die Uniform des Vaters ist über und über fleckig; seine Unterwäsche ist unsauber. Schmutz ist das Lebenselement der Beamten. »Es war ihr unverständlich, wozu es überhaupt Parteienverkehr gab.« »Um vorn die Haustreppe schmutzig zu machen«, hatte ihr einmal ein Beamter auf ihre Frage, wahrscheinlich im Ärger gesagt, ihr aber war das sehr einleuchtend gewesen.« In dem Grade ist Unsauberkeit das Attribut der Beamten, daß man sie geradezu als riesenhafte Parasiten ansehen könnte. Das betrifft natürlich nicht die wirtschaftlichen Zusammenhänge, sondern die Kräfte der Vernunft und der Menschlichkeit, von denen diese Sippe ihr Leben fristet. So fristet aber auch der Vater in den sonderbaren Familien Kafkas von dem Sohn sein Leben, liegt wie ein ungeheurer Parasit auf ihm. Er zehrt nicht nur an seiner Kraft, er zehrt an seinem Rechte dazusein. Der Vater, der der Strafende ist, ist zugleich auch der Ankläger. Die Sünde, deren er den Sohn bezichtigt, scheint eine Art von Erbsünde zu sein. Denn wen trifft die Bestimmung, welche Kafka von ihr gegeben hat, mehr als den Sohn: »Die Erbsünde, das alte Unrecht, das der Mensch begangen hat, besteht in dem Vorwurf, den der Mensch macht und von dem er nicht abläßt, daß ihm ein Unrecht geschehen ist, daß an ihm die Erbsünde begangen wurde.« Wer aber wird dieser Erbsünde – der Sünde, einen Erben gemacht zu haben – bezichtigt, wenn nicht der Vater durch den Sohn? Somit wäre der Sündige der Sohn. Nicht aber darf man aus dem Satze Kafkas schließen, daß die Bezichtigung sündig sei, weil falsch. Nirgends steht bei Kafka, daß sie zu Unrecht erfolgt. Es ist ein immerwährender Prozeß, der hier anhängig ist, und es kann auf keine Sache ein schlechteres Licht fallen als auf die, für die der Vater die Solidarität dieser Beamten, dieser Gerichtskanzleien in Anspruch nimmt. An ihnen ist eine grenzenlose Korrumpierbarkeit nicht das Schlechteste. Denn ihr Kern ist von solcher Beschaffenheit, daß ihre Bestechlichkeit die einzige Hoffnung ist, die die Menschlichkeit in ihrem Angesicht hegen kann. Zwar verfügen die Gerichte über Gesetzbücher. Man darf sie aber nicht sehen. »Es gehört zu der Art dieses Gerichtswesens, daß man nicht nur unschuldig, sondern auch unwissend verurteilt wird«, mutmaßt K. Gesetzte und umschriebene Normen bleiben in der Vorwelt ungeschriebene Gesetze. Der Mensch kann sie ahnungslos überschreiten und so der Sühne verfallen. Aber so unglücklich sie den Ahnungslosen treffen mag, ihr Eintritt ist im Sinne des Rechts nicht Zufall, sondern Schicksal, das sich hier in seiner Zweideutigkeit darstellt. Schon Hermann Cohen hat es in einer flüchtigen Betrachtung der alten Schicksalsvorstellung eine »Einsicht, die unausweichlich wird«, genannt, daß es seine »Ordnungen selbst sind, welche dieses Heraustreten, diesen Abfall, zu veranlassen und herbeizuführen scheinen«. So steht es auch mit der Gerichtsbarkeit, deren Verfahren sich gegen K. richtet. Es führt weit hinter die Zeit der Zwölf-Tafel-Gesetzgebung in eine Vorwelt zurück, über die einer der ersten Siege geschriebenes Recht war. Hier steht zwar das geschriebene

Recht in Gesetzbüchern, jedoch geheim, und auf sie gestützt, übt die Vorwelt ihre Herrschaft nur schrankenloser.

Die Zustände in Amt und Familie berühren sich bei Kafka mannigfaltig. Im Dorf am Schloßberg kennt man eine Wendung, die darein leuchtet. »Es ist hier eine Redensart, vielleicht kennst du sie: ›Amtliche Entscheidungen sind scheu wie junge Mädchen‹.« »Das ist eine gute Beobachtung, sagte K. . . ., eine gute Beobachtung, die Entscheidungen mögen noch andere Eigenschaften mit Mädchen gemeinsam haben.« Deren bemerkenswerteste ist wohl, zu allem sich zu leihen, wie die scheuen Mädchen, die K. im »Schloß« und im »Prozeß« begegnen, und die der Unzucht im Familienschoß sich wie in einem Bette anheimgeben. Er findet sie auf seinem Weg auf Schritt und Tritt; das weitere macht so wenig Umstände wie die Eroberung des Ausschankmädchens. »Sie umfaßten einander, der kleine Körper brannte in K.s Händen, sie rollten in eine Besinnungslosigkeit, aus der sich K. fortwährend, aber vergeblich zu retten suchte, ein paar Schritte weit, schlugen dumpf an Klamms Tür und lagen dann in den kleinen Pfützen Biers und dem sonstigen Unrat, von dem der Boden bedeckt war. Dort vergingen Stunden, . . . in denen K. immerfort das Gefühl hatte, er verirre sich oder er sei soweit in der Fremde, wie vor ihm noch kein Mensch, einer Fremde, in der selbst die Luft keinen Bestandteil der Heimatluft habe, in der man vor Fremdheit ersticken müsse und in deren unsinnigen Verlockungen man doch nichts tun könne als weitergehen, weiter sich verirren.« Von dieser Fremde werden wir noch hören. Bemerkenswert ist aber, daß diese hurenhaften Frauen nie schön erscheinen. Vielmehr taucht Schönheit in der Welt von Kafka nur an den versteckten Stellen auf: bei den Angeklagten zum Beispiel. »Das allerdings ist eine merkwürdige, gewissermaßen naturwissenschaftliche Erscheinung . . . Es kann nicht die Schuld sein, die sie schön macht . . . es kann auch nicht die richtige Strafe sein, die sie jetzt schon schön macht . . . es kann also nur an dem gegen sie erhobenen Verfahren liegen, das ihnen irgendwie anhaftet.«

Aus dem »Prozeß« läßt sich entnehmen, daß dieses Verfahren hoffnungslos für die Angeklagten zu sein pflegt – selbst dann hoffnungslos, wenn ihnen die Hoffnung auf Freispruch bleibt. Diese Hoffnungslosigkeit mag es sein, die an ihnen als den einzigen Kafkaschen Kreaturen Schönheit zum Vorschein bringt. Zumindest würde das sehr gut mit einem Gesprächsfragment übereinstimmen, das durch Max Brod überliefert wurde. »Ich entsinne mich«, schreibt er, »eines Gesprächs mit Kafka, das von dem heutigen Europa und dem Verfall der Menschheit ausging. ›Wir sind‹, so sagte er, ›nihilistische Gedanken, Selbstmordgedanken, die in Gottes Kopf aufsteigen.‹ Mich erinnerte das zuerst an das Weltbild der Gnosis. – Gott als böser Demiurg, die Welt sein Sündenfall. ›Oh nein‹, meinte er, ›unsere Welt ist nur eine schlechte Laune Gottes, ein schlechter Tag.‹ – ›So gäbe es außerhalb dieser Erscheinungsform Welt, die wir kennen, Hoffnung?‹ – Er lächelte: ›Oh, Hoffnung genug, unendlich viel Hoffnung – nur nicht für uns.‹« Diese Worte schlagen eine Brücke zu jenen sonderbarsten Gestalten Kafkas, die als einzige dem Schoße der Familie entronnen sind und für die es vielleicht Hoffnung gibt. Das sind nicht die Tiere; nicht einmal jene Kreuzungen oder Gespinstwesen, wie das Katzenlamm oder Odradek. Alle diese vielmehr leben noch im Bann der Familie. Nicht umsonst erwacht Gregor Samsa gerade in der elterlichen Wohnung als Ungeziefer, nicht umsonst ist das eigentümliche Tier, halb Kätzchen, halb Lamm, ein Erbstück aus des Vaters Besitz, nicht umsonst Odradek die Sorge des Hausvaters. Die »Gehilfen« aber fallen in der Tat aus diesem Ringe heraus.

Diese Gehilfen gehören einem Gestaltenkreis an, der das ganze Werk Kafkas durchzieht. Von ihrer Sippe ist so gut der Bauernfänger, der in der »Betrachtung« entlarvt wird, wie der Student, der nachts auf dem Balkon als Nachbar Karl Roßmanns zum Vorschein kommt, wie auch die Narren, die in jener Stadt im Süden wohnen und nicht müde werden. Das Zwielicht über ihrem Dasein erinnert an die schwankende Beleuchtung, in der die kleinen Stücke Robert Walsers – Verfasser des Romans »Der Gehilfe«, den Kafka sehr geliebt hat – ihre Figurinen erscheinen lassen. Von ihrer Art sind die Gehilfen Kafkas; keinem der anderen Gestaltenkreise zugehörig, keinem fremd: die Boten, die zwischen ihnen geschäftig sind. Sie sehen, wie Kafka sagt, dem Barnabas ähnlich, und der ist ein Bote. Noch sind sie aus dem Mutterschoße der Natur nicht voll entlassen und haben darum »sich in einer Ecke auf dem Boden auf zwei alten Frauenröcken eingerichtet. Es war ... ihr Ehrgeiz ... möglichst wenig Raum zu brauchen. Sie machten in dieser Hinsicht immer freilich unter Lispeln und Kichern verschiedene Versuche, verschränkten Arme und Beine, kauerten sich gemeinsam zusammen, in der Dämmerung sah man in ihrer Ecke nur ein großes Knäuel.« Für sie und ihresgleichen, die Unfertigen und Ungeschickten, ist noch Hoffnung da.

Was zart und unverbindlich am Walten dieser Boten erkennbar wird, das ist auf lastende und düstere Art Gesetz für diese ganze Welt von Kreaturen. Keine hat ihre feste Stelle, ihren festen, nicht eintauschbaren Umriß; keine, die nicht im Steigen oder Fallen begriffen ist; keine, die nicht mit ihrem Feinde oder Nachbarn tauscht; keine, welche nicht ihre Zeit vollbracht und dennoch unreif, keine, welche nicht tief erschöpft und dennoch erst am Anfang einer langen Dauer wäre. Von Ordnungen und Hierarchien zu sprechen, ist hier nicht möglich. Die Welt des Mythos, die das nahelegt, ist unvergleichlich jünger als Kafkas Welt, der schon der Mythos die Erlösung versprochen hat. Wissen wir aber eins, so ist es dies: daß Kafka seiner Lockung nicht gefolgt ist. Ein anderer Odysseus, ließ er sie »an seinen in die Ferne gerichteten Blicken« abgleiten, »die Sirenen verschwanden förmlich vor seiner Entschlossenheit, und gerade als er ihnen am nächsten war, wußte er nichts mehr von ihnen«. Unter den Ahnen, die Kafka in der Antike hat, den jüdischen und den chinesischen, auf die wir noch stoßen werden, ist dieser griechische nicht zu vergessen. Odysseus steht ja an der Schwelle, die Mythos und Märchen trennt. Vernunft und List hat Finten in den Mythos eingelegt; seine Gewalten hören auf, unbezwinglich zu sein. Das Märchen ist die Überlieferung vom Siege über sie. Und Märchen für Dialektiker schrieb Kafka, wenn er sich Sagen vornahm. Er setzte kleine Tricks in sie hinein; dann las er aus ihnen den Beweis davon, »daß auch unzulängliche, ja kindische Mittel zur Rettung dienen können«. Mit diesen Worten leitet er seine Erzählung von dem »Schweigen der Sirenen« ein. Die Sirenen schweigen nämlich bei ihm; sie haben »eine noch schrecklichere Waffe als den Gesang ... ihr Schweigen«. Dieses brachten sie bei Odysseus zur Anwendung. Er aber, überliefert Kafka, »war so listenreich, war ein solcher Fuchs, daß selbst die Schicksalsgöttin nicht in sein Innerstes dringen konnte. Vielleicht hat er, obwohl das mit Menschenverstand nicht mehr zu begreifen ist, wirklich bemerkt, daß die Sirenen schwiegen und hat ihnen und den Göttern den »überlieferten« Scheinvorgang nur gewissermaßen als Schild entgegengehalten.

Bei Kafka schweigen die Sirenen. Vielleicht auch darum, weil die Musik und der Gesang bei ihm ein Ausdruck oder wenigstens ein Pfand des Entrinnens sind. Ein Pfand der Hoffnung, das wir aus jener kleinen, zugleich unfertigen und alltäglichen, zugleich tröstlichen und albernen Mittelwelt haben, in welcher die Gehilfen zu Hause sind. Kafka ist wie der Bursche, der auszog, das Fürchten zu lernen. Er ist in Potemkins Palast geraten, zuletzt aber, in dessen Kellerlöchern, auf Josephine, jene singende Maus gestoßen, deren Weise er so beschreibt: »Etwas von der armen kurzen Kindheit ist darin, etwas von verlorenem, nie wieder aufzufindendem Glück, aber auch etwas vom tätigen heutigen Leben ist darin, von seiner kleinen, unbegreiflichen und dennoch bestehenden und nicht zu ertötenden Munterkeit.«

Das bucklichte Männlein

Knut Hamsun, so erfuhr man vor längerer Zeit, habe die Gepflogenheit, hin und wieder den Briefkasten des Lokalblatts der kleinen Stadt, in deren Nähe er wohnt, mit seinen Ansichten zu beschicken. Es fand vor Jahren in dieser Stadt ein Schwurgerichtsprozeß gegen eine Magd statt, die ihr neugeborenes Kind umgebracht hatte. Sie wurde zu einer Gefängnisstrafe verurteilt. Bald darauf erschien im Lokalblatt eine Meinungsäußerung von Hamsun. Er sagte an, er werde einer Stadt den Rükken kehren, welche für eine Mutter, die ihr Neugeborenes töte, eine andere Strafe kenne als die schwerste; wenn schon nicht den Galgen, dann das lebenslängliche Zuchthaus. Es vergingen einige Jahre. »Segen der Erde« erschien und darinnen die Geschichte einer Dienstmagd, die das gleiche Verbrechen begeht, die gleiche Strafe erleidet und, wie der Leser deutlich erkennt, gewiß keine schwerere verdient hatte.

Die nachgelassenen Reflexionen Kafkas, die im »Bau der Chinesischen Mauer« enthalten sind, geben Anlaß, sich dieses Hergangs zu erinnern. Denn kaum war dieser Nachlaßband erschienen, als sich, gestützt auf seine Reflexionen, eine *Deutung Kafkas* hervortat, die sich in deren Auslegung gefiel, um mit seinen eigentlichen Werken desto weniger Umstände zu machen. Zwei Wege gibt es, Kafkas Schrifttum grundsätzlich zu verfehlen. Die natürliche Auslegung ist der eine, die übernatürliche ist der andere; am Wesentlichen gehen beide – die psychoanalytische wie die theologische – in gleicher Weise vorbei. Die erste ist vertreten von Hellmuth Kaiser; die zweite von nun schon zahlreichen Autoren, wie H. J. Schoeps, Bernhard Rang, Groethuysen. Zu ihnen ist auch Willy *Haas* zu rechnen, der freilich in ferneren Zusammenhängen, auf die wir noch stoßen werden, Aufschlußreiches über Kafka bemerkt hat. Das hat ihn nicht davor bewahren können, das Gesamtwerk im Sinne einer theologischen Schablone auszudeuten. »Die obere Macht«, so schreibt er über ›Kafka‹, »den Bereich der Gnade hat er dargestellt in seinem großen Roman ›Das Schloß‹, die untere, den Bereich des Gerichts und der Verdammnis, in seinem ebenso großen Roman ›Der Prozeß‹. Die Erde zwischen beiden, das irdische Schicksal und seine schwierigen Forderungen hat er in strenger Stilisierung zu geben versucht in einem dritten Roman ›Amerika‹. Das erste Drittel dieser Interpretation kann man, seit Brod, wohl als Gemeingut der Kafka-Interpretation betrachten. In diesem Sinne, schreibt z. B. Bernhard Rang: »Sofern man ›Das Schloß‹ als den Sitz der Gnade ansehen darf, so bedeutet, theologisch gesprochen, eben dieses vergebliche Bemühen und Versuchen, daß sich die Gnade Gottes nicht willkürlich und willentlich vom Menschen herbeiführen und erzwingen läßt. Die Unruhe und Ungeduld verhindert und verwirrt nur die erhabene Stille des Göttlichen.« Bequem ist diese Deutung; daß sie *unhaltbar* ist, erscheint, je weiter sie sich vorwagt, desto klarer. Am klarsten daher vielleicht bei Willy Haas, wenn er erklärt: »Kafka kommt ... von Kierkegaard wie von Pascal, man kann ihn wohl den einzigen legitimen Enkel Kierkegaards und Pascals nennen. Alle drei haben das harte, blutig harte religiöse Grundmotiv: daß der Mensch immer im Unrecht ist vor Gott ... Kafkas ... Oberwelt, sein sogenanntes ›Schloß‹ mit seinem unabsehbaren, kleinlichen, verzwickten und recht lüsternen Beamtenstab, sein merkwürdiger Himmel treibt ein fürchterliches Spiel mit den Menschen ...; und doch ist der Mensch ganz tief im Unrecht sogar vor diesem Gott.« Diese Theologie fällt weit hinter die Rechtfertigungslehre Anselms von Canterbury in barbarische Spekulationen zurück, die im übrigen nicht einmal mit dem Wortlaut des Kafkaschen Textes vereinbar scheinen. »Kann denn«, heißt es gerade im ›Schloß‹, »ein einzelner Beamter verzeihen? Das kann doch höchstens Sache der Gesamtbehörde sein, aber selbst diese kann wahrscheinlich nicht verzeihen, sondern nur richten.« Der Weg, der so beschritten worden ist, hat sich schnell totgelaufen. »Das alles«, sagt Denis de Rougemont, »ist nicht der elende Stand des Menschen, der ohne Gott ist, sondern der Elendsstand des Menschen, der einem Gott verhaftet ist, den er nicht kennt, weil er Christum nicht kennt.«

Es ist leichter, aus der nachgelassenen Notizensammlung Kafkas spekulative Schlüsse zu ziehen, als auch nur eines der *Motive* zu ergründen, die in seinen Geschichten und Romanen auftreten. Aber nur sie geben einigen Aufschluß über die vorweltlichen Gewalten, von denen Kafkas Schaffen beansprucht wurde; Gewalten, die man freilich mit gleichem Recht auch als weltliche unserer Tage betrachten kann. Und wer will sagen, unter welchem Namen sie Kafka selbst erschienen sind. Fest steht nur dies: er hat in ihnen sich nicht zurechtgefunden. Er hat sie nicht gekannt. Er hat nur in dem Spiegel, den die Vorwelt ihm in Gestalt der Schuld entgegenhielt, die Zukunft in Gestalt eines Gerichtes, das diese Kräfte ins Werk setzt, erscheinen sehen. Wie man sich dieses aber zu denken hat – ist es nicht das jüngste? macht es nicht aus dem Richter den Angeklagten? ist nicht das Verfahren die Strafe? –, darauf hat Kafka keine Antwort gegeben. Versprach er sich etwas von ihr? Oder war es ihm nicht vielmehr darum zu tun, sie hintan zu halten? In den Geschichten, die wir von ihm haben, gewinnt die Epik die Bedeutung wieder, die sie im Mund Scheherazades hat: das Kommende hinauszuschieben. Aufschub ist im »Prozeß« die Hoffnung des Angeklagten – ginge nur das Verfahren nicht allmählich ins Urteil über. Dem Erzvater selbst soll Aufschub zugute kommen, und müßte er seinen Platz in der Tradition dafür hergeben. »*Ich könnte mir einen anderen Abraham denken*, der – freilich würde er es nicht bis zum Erzvater bringen, nicht einmal bis zum Altkleiderhändler – die Forderung des Opfers sofort, bereitwillig wie ein Kellner, zu erfüllen bereit wäre. Der das Opfer aber doch nicht zustande brächte, weil er von zu Hause nicht fort kann, er ist unentbehrlich, die Wirtschaft benötigt ihn, immerfort ist noch etwas anzuordnen, das Haus ist nicht fertig, aber ohne daß sein Haus fertig ist, ohne diesen Rückhalt, kann er nicht fort, das sieht auch die Bibel ein, denn sie sagt: ›Er bestellte sein Haus.‹«

»Bereitwillig wie ein Kellner« erscheint dieser Abraham. Etwas war immer nur im Gestus für Kafka faßbar. Und dieser Gestus, den er nicht verstand, bildet die wolkige Stelle der Parabel. Aus ihm geht Kafkas Dichtung hervor. Es ist bekannt, wie er mit ihr zurückhielt. Sein Testament befiehlt sie der Vernichtung an. Dies Testament, das keine Befassung mit Kafka umgehen kann, sagt, daß sie ihren Autor nicht zufrieden stellte; daß er seine Bemühungen als verfehlt ansah; daß er sich selbst zu denen rechnete, die scheitern mußten. Gescheitert ist sein großartiger Versuch, die Dichtung in die Lehre zu überführen und als Parabel ihr die Haltbarkeit und die Unscheinbarkeit zurückzugeben, die im Angesicht der Vernunft ihm als die einzig geziemende erschienen ist. Kein Dichter hat das »Du sollst Dir kein Bildnis machen« so genau befolgt.

»Es war, als sollte die Scham ihn überleben« – das sind die Worte, die den »Prozeß« beschließen. Die Scham, die seiner »elementaren Reinheit des Gefühls« entspricht, ist die stärkste Gebärde Kafkas. Sie hat aber ein doppeltes Gesicht. Die Scham, die eine intime Reaktion des Menschen ist, ist zugleich eine gesellschaftlich anspruchsvolle. Scham ist nicht nur Scham vor den anderen, sondern kann auch Scham für sie sein. So ist Kafkas Scham nicht persönlicher als das Leben und Denken, das sie regiert und von dem er gesagt hat: »Er lebt nicht wegen seines persönlichen Lebens, er denkt nicht wegen seines persönlichen Denkens. Ihm ist, als lebe und denke er unter der Nötigung einer Familie ... Wegen dieser unbekannten Familie ... kann er nicht entlassen werden.« Wir wissen nicht, wie diese unbekannte Familie – aus Menschen und aus Tieren – sich zusammensetzt. Nur soviel ist klar, daß sie es ist, die Kafka zwingt, Weltalter im Schreiben zu bewegen. Dem Geheiß dieser Familie folgend, wälzt er den Block des geschichtlichen Geschehens wie Sisyphos den Stein. Dabei geschieht es, daß dessen untere Seite ans Licht gerät. Sie ist nicht angenehm zu sehen. Doch Kafka ist imstande, ihren Anblick zu ertragen. »An Fortschritt glauben heißt nicht glauben, daß ein Fortschritt schon geschehen ist. Das wäre kein Glauben.« Das Zeitalter, in dem Kafka lebt, bedeutet ihm keinen Fortschritt über die Uranfänge. Seine Romane spielen in einer Sumpfwelt. Die Kreatur erscheint bei ihm auf der Stufe, die Bachofen als die hetärische bezeichnet. Daß diese Stufe vergessen ist, besagt nicht, daß sie in die Gegenwart nicht hineinragt. Vielmehr: gegenwärtig ist sie durch diese Vergessenheit. Eine Erfahrung, die tiefer geht als die des Durchschnittsbürgers, trifft auf sie auf. »Ich habe Erfahrung«, lautet eine der frühesten Aufzeichnungen Kafkas, »und es ist nicht scherzend gemeint, wenn ich sage, daß es eine Seekrankheit auf festem Lande ist.« Nicht umsonst erfolgt die erste »Betrachtung« von einer Schaukel aus. Und unerschöpflich ergeht sich Kafka über die schwankende Natur der Erfahrungen. Jede gibt nach, jede vermischt sich mit der entgegengesetzten. »Es war im Sommer«, so beginnt der ›Schlag ans Hoftor‹, »ein heißer Tag. Ich kam auf dem Nachhauseweg mit meiner Schwester an einem Hoftor vorüber. Ich weiß nicht, schlug sie aus Mutwillen ans Tor oder aus Zerstreutheit oder drohte sie nur mit der Faust und schlug gar nicht.« Die bloße Möglichkeit des an der dritten Stelle erwähnten Vorgangs läßt die vorangehenden, die zunächst harmlos erschienen, in ein anderes Licht treten. Es ist der Moorboden solcher Erfahrungen, aus denen die Kafkaschen Frauengestalten aufsteigen. Sie sind Sumpfgeschöpfe, wie Leni, die »den Mittel- und Ringfinger ihrer rechten Hand« auseinander spannt, »zwischen denen das Verbindungshäutchen fast bis zum obersten Gelenk der kurzen Finger« reicht. »Schöne Zeiten«, erinnert die zweideutige Frieda sich ihres Vorlebens, »du hast mich niemals nach meiner Vergangenheit gefragt.« Diese führt eben in den finsteren Schoß der Tiefe zurück, wo sich jene Paarung vollzieht, »deren regellose Üppigkeit«, um mit Bachofen zu reden, »den reinen Mächten des himmlischen Lichts verhaßt ist und die Bezeichnung luteae voluptates, deren sich Arnobias bedient, rechtfertigt«.

Von hier aus erst läßt sich die Technik, die Kafka als Erzähler hat, begreifen. Wenn andere Romanfiguren dem K. etwas zu sagen haben, so tun sie das – mag es das Wichtigste, mag es das Überraschendste sein – beiläufig und auf eine Weise, als müßte er es im Grunde längst gewußt haben. Es ist, als wäre da nichts Neues, als ergehe nur unauffällig an den Helden die Aufforderung, sich doch einfallen zu lassen, was er vergessen habe. In diesem Sinn hat Willy Haas mit Recht den Hergang des »Prozesses« verstehen wollen und ausgesprochen, »daß der Gegenstand des ›Prozesses‹, ja der eigentliche Held dieses unglaublichen Buches das Vergessen ist . . ., dessen . . . Haupteigenschaft ja ist, daß es sich selbst vergißt . . . Es ist hier selbst geradezu stumme Gestalt geworden, in dieser Figur des Angeklagten, und zwar Gestalt von großartigster Intensität.« Daß »dieses geheimnisvolle Zentrum . . . der jüdischen Religion« entstammt, ist wohl nicht von der Hand zu weisen. »Hier spielt das Gedächtnis als Frömmigkeit eine ganz geheimnisvolle Rolle. Es ist . . . nicht eine, sondern . . . die tiefste Eigenschaft Jehovas, daß er gedenkt, daß er ein untrügliches Gedächtnis ›bis ins dritte und vierte Geschlecht‹, ja bis ins ›hundertste‹ bewahrt. Der heiligste . . . Akt des . . . Ritus ist die Auslöschung der Sünden aus dem Buch des Gedächtnisses.«

Das Vergessene – mit dieser Erkenntnis stehen wir vor einer weiteren Schwelle von Kafkas Werk – ist niemals ein nur individuelles. Jedes Vergessene mischt sich mit dem Vergessenen der Vorwelt, geht mit ihm zahllose, ungewisse, wechselnde Verbindungen zu immer wieder neuen Ausgeburten ein. Vergessenheit ist das Behältnis, aus dem die unerschöpfliche Zwischenwelt in Kafkas Geschichten ans Licht drängt. »Ihm gilt gerade die Fülle der Welt als das allein Wirkliche. Aller Geist muß dinglich, gesondert sein, um hier Platz und Daseinsrecht zu bekommen. Das Geistige, insofern es noch eine Rolle spielt, wird zu Geistern. Die Geister werden zu ganz individuellen Individuen, selber benannt und dem Namen des Verehrers aufs besonderste verbunden . . . Unbedenklich wird mit ihrer Fülle die Fülle der Welt noch überfüllt ... Unbekümmert mehrt sich hier das Gedränge der Geister; ... immer neue zu den alten, alle eigennamlich voneinander geschieden.« Es ist nun freilich nicht Kafka, von dem hier die Rede ist – es ist China. So beschreibt Franz Rosenzweig im »Stern der Erlösung« den chinesischen Ahnenkult. Unabsehbar wie die Welt der für ihn wichtigen Tatsachen aber war für Kafka auch die seiner Ahnen und gewiß ist, daß sie, wie die Totembäume der Primitiven, zu den Tieren hinunterführte. Übrigens sind die Tiere nicht allein bei Kafka Behältnisse des Vergessenen. Im tiefsinnigen »Blonden Eckbert« Tiecks steht der vergessene Name eines Hündchens – Strohmi – als Chiffer einer rätselhaften Schuld. So kann man verstehen, daß Kafka nicht müde wurde, den Tieren das Vergessene abzulauschen. Sie sind wohl nicht das Ziel; aber ohne sie geht es nicht. Man denke an den »Hungerkünstler«, der, »genau genommen, nur ein Hindernis auf dem Weg zu den Ställen war«. Sieht man das Tier im »Bau« oder den »Riesenmaulwurf« nicht grübeln, wie man sie wühlen sieht? Und doch ist auf der anderen Seite dieses Denken wiederum etwas sehr Zerfahrenes. Unschlüssig schaukelt es von einer Sorge zur anderen, es nippt an allen Ängsten und hat die Flatterhaftigkeit der Verzweiflung. So gibt es denn bei Kafka auch Schmetterlinge; aus dem schuldbeladenen »Jäger Gracchus«, der von seiner Schuld nichts wissen will, »ist ein Schmetterling geworden«. »Lachen Sie nicht«, sagte der Jäger Gracchus. – Soviel ist sicher: unter allen Geschöpfen Kafkas kommen am meisten die Tiere zum Nachdenken. Was die Korruption im Recht ist, das ist in ihrem Denken die Angst. Sie verpfuscht den Vorgang und ist doch das einzig Hoffnungsvolle in ihm. Weil aber die vergessenste Fremde unser Körper – der eigene Körper – ist, versteht man, wie Kafka den Husten, der aus seinem Innern brach, »das Tier« genannt hat. Er war der vorgeschobenste Posten der großen Herde.

Der sonderbarste Bastard, den die Vorwelt bei Kafka mit der Schuld bezeugt hat, ist Odradek. »Es sieht zunächst aus wie eine flache, sternartige Zwirnspule, und tatsächlich scheint es auch mit Zwirn bezogen; allerdings dürften es nur abgerissene, alte, aneinander geknotete, aber auch ineinander verfitzte Zwirnstücke von verschiedenster Art und Farbe sein. Es ist aber nicht nur eine Spule, sondern aus der Mitte des Sternes kommt ein kleines Querstäbchen hervor und an dieses Stäbchen fügt sich dann im rechten Winkel noch eines. Mit Hilfe dieses letzteren Stäbchens auf der einen Seite und einer der Ausstrahlungen des Sternes auf der anderen Seite kann das Ganze wie auf zwei Beinen aufrecht stehen.« Odradek »hält sich abwechselnd auf dem Dachboden, im Treppenhaus, auf den Gängen, im Flur auf«. Es bevorzugt also die gleichen Orte wie das Gericht, welches der Schuld nachgeht. Die Böden sind der Ort der ausrangierten, vergessenen Effekten. Vielleicht ruft der Zwang, vor dem Gericht sich einzufinden, ein ähnliches Gefühl hervor wie der, an jahrelang verschlossene Truhen auf dem Boden heranzugehen. Gern würde man das Unternehmen bis ans Ende der Tage aufschieben, so wie K. seine Verteidigungsschrift geeignet findet, »einmal nach der Pensionierung den kindisch gewordenen Geist zu beschäftigen«.

Odradek ist die Form, die die Dinge in der Vergessenheit annehmen. Sie sind entstellt. Entstellt ist die »Sorge des Hausvaters«, von der niemand weiß, was sie ist, entstellt das Ungeziefer, von dem wir nur allzu gut wissen, daß es den Gregor Samsa darstellt, entstellt das große Tier, halb Lamm halb Kätzchen, für das vielleicht »das Messer des Fleischers eine Erlösung« wäre. Diese Figuren Kafkas aber sind durch eine lange Reihe von Gestalten verbunden mit dem Urbilde der Entstellung, den Buckligen. Unter den Gebärden Kafkascher Erzählungen begegnet keine häufiger als die des Mannes, der den Kopf tief auf die Brust herunterbeugt. Das ist die Müdigkeit bei den Gerichtsherren, der Lärm bei den Portiers in dem Hotel, die niedere Decke bei den Galeriebesuchern. In der »Strafkolonie« aber bedienen sich die Gewalthaber einer altertümlichen Maschinerie, die verschnörkelte Lettern in den Rücken der Schuldigen eingraviert, die Stiche mehrt, die Ornamente häuft, solange, bis der Rücken der Schuldigen hellsehend wird, selber diese Schrift entziffern kann, aus deren Lettern er den Namen seiner unbekannten Schuld entnehmen muß. Es ist also der Rücken, dem es aufliegt. Und ihm liegt es bei Kafka seit jeher auf. So in der frühen Tagebuchnotiz: »Um möglichst schwer zu sein, was ich für das Einschlafen für gut halte, hatte ich die Arme gekreuzt und die Hände auf die Schultern gelegt, so daß ich dalag wie ein bepackter Soldat.« Handgreiflich geht hier das Beladensein mit dem Vergessen – des Schlafenden – zusammen. Im »Bucklichten Männlein« hat das Volkslied das Gleiche versinnbildlicht. Dies Männlein ist der Insasse des entstellten Lebens; es wird verschwinden, wenn der Messias kommt, von dem ein großer Rabbi gesagt hat, daß er nicht mit Gewalt die Welt verändern wolle, sondern nur um ein Geringes sie zurechtstellen werde.

Geh ich in mein Kämmerlein,
Will mein Bettlein machen,
Steht ein bucklicht Männlein da,
Fängt als an zu lachen.

Das ist das Lachen Odradeks, von dem es heißt: »Es klingt etwa so, wie das Rascheln in gefallenen Blättern.«

Wenn ich an mein Bänklein knie,
Will ein bißlein beten,
Steht ein bucklicht Männlein da,
Fängt als an zu reden:
Liebes Kindlein, ach ich bitt,
Bet fürs bucklicht Männlein mit.

So endet das Volkslied. In seiner Tiefe berührt Kafka den Grund, den weder das »mythische Ahnungswissen« noch die »existenzielle Theologie« ihm gibt. Es ist der Grund des deutschen Volkstums so gut wie des jüdischen. Wenn Kafka nicht gebetet hat – was wir nicht wissen –, so war ihm doch aufs höchste eigen, was Malebranche »das natürliche Gebet der Seele« nennt – die Aufmerksamkeit. Und in sie hat er, wie die Heiligen in ihre Gebete, alle Kreatur eingeschlossen.

Zum gegenwärtigen gesellschaftlichen Standort des französischen Schriftstellers

Als im Jahre 1914 der Krieg ausbrach, lag unter der Presse ein Buch von Guillaume Apollinaire: »Le Poète assassiné.« Man hat Apollinaire den Bellachini der Literatur genannt. Im Stile seines Schreibens und seines Daseins lagen alle Theorien und Parolen, die damals fällig waren, bereit. Er holte sie aus seiner Existenz wie ein Zauberer aus dem Zylinderhut, was man gerade von ihm verlangt: Eierkuchen, Goldfische, Ballkleider, Taschenuhren. So lange dieser Mann lebte – am Tage des Waffenstillstandes ist er gestorben –, ist keine radikale, exzentrische Mode in Malerei oder Schrifttum erschienen, die er nicht geschaffen oder zumindest lanciert hätte. Mit Marinetti gab er, in seinen Anfängen, die Losungen des Futurismus aus; dann propagierte er Dada; die neue Malerei von Picasso bis zu Max Ernst; zuletzt den Surrealismus, dem er den Namen schenkte. In der Erzählung, welche dem Novellenband »Der ermordete Dichter« den Titel gibt, veröffentlicht Apollinaire einen, natürlich apokryphen, Artikel, welcher »am 26. Januar jenes Jahres« in dem Journal »Die Stimme« in Adelaide, Australien, aus der Feder eines deutschen Chemikers erschienen sei. In diesem Artikel heißt es:

»Der wahre Ruhm hat die Dichtung verlassen, um sich der Wissenschaft, der Philosophie, der Akrobatik, der Philantropie, der Soziologie usw. zuzuwenden. Die Dichter sind heute zu nichts weiter gut, als Gelder zu beziehen, die sie im übrigen nicht verdienen, weil sie fast nicht arbeiten und die meisten unter ihnen (ausgenommen die Kabarettisten und einige andere) nicht das geringste Talent und infolgedessen nicht die geringste Entschuldigung haben. Was die halbwegs Begabten angeht, so sind sie noch schädlicher, weil sie nichts beziehen und an nichts Hand legen und jeder doch mehr Lärm als ein ganzes Regiment machen ... All diese Leute haben keinerlei Existenzrecht mehr. Die Preise, die man ihnen verleiht, hat man den Arbeitern, den Erfindern, den Gelehrten, den Philosophen, den Akrobaten, den

Philantropen, den Soziologen usw. gestohlen. Die Dichter müssen unbedingt verschwinden. Lykurg hatte sie aus der Republik vertrieben, man muß sie von der Erde vertreiben.«

Der Verfasser habe dann in der Abendausgabe noch einen Nachtrag erscheinen lassen, in dem es geheißen habe:

»Du hast, Welt, zwischen deinem Leben und der Dichtung zu wählen; wenn man nicht ernstliche Maßnahmen gegen diese ergreifen wird, so wird es um die Zivilisation geschehen sein. Zögern ist nicht gestattet. Morgen schon wird das neue Zeitalter beginnen. Es wird keine Poesie mehr geben ... Man wird die Dichter ausrotten.«

Es ist diesen Worten nicht anzusehen, daß sie vor zwanzig Jahren geschrieben sind. Nicht daß diese beiden Jahrzehnte spurlos an ihnen vorüber gegangen wären. Ihr Werk jedoch hat eben darin bestanden, aus einer Laune, aus einer übermütigen Improvisation die Wahrheit zu entwickeln, die in ihr angelegt war. Die Landschaft, die mit diesen Worten blitzartig erhellt wurde – damals noch eine Ferne – haben wir inzwischen kennen gelernt. Es ist die gesellschaftliche Verfassung des Imperialismus, in der die Position der Intellektuellen immer schwieriger geworden ist. Die Auslese, die unter ihnen von den Herrschenden vorgenommen wird, hat Formen angenommen, die an Unerbittlichkeit dem Vorgang, den Apollinaire beschreibt, kaum etwas nachgeben. Was seitdem an Versuchen unternommen wurde, die Funktion des Intellektuellen in der Gesellschaft zu bestimmen, legt Zeugnis von der Krise ab, in der er lebt. Nicht allzuviele haben die Entschiedenheit, den Scharfblick besessen zu erkennen, daß die Bereinigung, wenn schon nicht seiner wirtschaftlichen, so gewiß seiner moralischen Situation die eingreifendste Veränderung der Gesellschaft zur Voraussetzung hat. Wenn diese Einsicht heute unzweideutig bei André Gide und einigen Jüngeren zum Ausdruck kommt, so kann ihr Wert nur umso größer erscheinen, je genauer man die schwierigen Verhältnisse sich vergegenwärtigt, denen sie abgewonnen wurde.

Im Blitz der Prophetie Apollinaires entlädt sich eine schwüle Atmosphäre. Es ist die Atmosphäre, die dem Werk Maurice Barrès entstammt, dessen Einfluß auf die Intelligenz der Vorkriegsjahre entscheidend war. Barrès war ein romantischer

Nihilist. Die Desorganisation der Intellektuellen, die ihm folgten, mußte weit vorgeschritten sein, wenn die Maximen eines Mannes bei ihnen Anerkennung fanden, der erklärt hat: »Was liegt mir an der Richtigkeit der Lehren; es ist der Enthusiasmus, den ich an ihnen zu schätzen weiß.« Barrès war tief davon durchdrungen, und er hat es bekannt, »daß alles auf eins herauskommt, ausgenommen der Elan, der uns und unseresgleichen aus gewissen Ideen strömt, und daß es für die, die sich den richtigen Gesichtspunkt erobert haben, keine großen Ereignisse, sondern nur großartige Schauspiele gibt«. Je näher man in die Gedankenwelt des Mannes eintritt, desto enger erscheint ihre Verwandtschaft mit den Lehren, die die Gegenwart überall hervorbringt. Es ist der gleiche Nihilismus der Grundgesinnung, der gleiche Idealismus der Geste und der gleiche Konformismus, der die Resultante aus Nihilismus und Idealismus bildet. Wie nach La Rochefoucauld Erziehung nichts kann als einen Menschen lehren, wie er mit Anstand einen Pfirsich schält, so kommt der ganze romantische und schließlich auch politische Apparat, den Barrès in Bewegung setzt, um »den Kult der Erde und der Toten« zu propagieren, am Ende keinem höheren Zweck zugute, als aus »regellosen Empfindungen kultiviertere zu machen«. Nirgends verleugnen diese kultivierten Empfindungen den Ursprung aus einem Ästhetentum, das nur die andere Seite des Nihilismus ist. Und wie heute der italienische Nationalismus aufs imperiale Rom, der deutsche auf das germanische Heidentum sich berufen, so glaubt Barrès die Stunde »der Versöhnung der besiegten Götter und der Heiligen« gekommen. Er will die reinen Quellen und die tiefen Wälder nicht minder als die Kathedralen Frankreichs retten, für welche er im Jahre 1914 in einer berühmten Schrift eingetreten ist: »Und um die Geistigkeit der Rasse aufrecht zu erhalten, fordere ich ein Bündnis zwischen dem katholischen Gefühl und dem Geist des Bodens.«

Seine tiefstgehende Wirkung erreichte Barrès mit dem Roman »Les Déracinés«, welcher die Schicksale von sieben Lothringern, die ihre Studien in Paris verfolgen, schildert. Über diesen Roman hat der Kritiker Thibaudet die aufschlußreiche Bemerkung gemacht:

»Wie von selbst geschieht es, daß vier aus dieser Gruppe es

zu etwas bringen und honette Leute bleiben: die nämlich, die Geld haben. Von jenen beiden aber, welche ein Stipendium bekommen, wird der eine ein Erpresser und der andere ein Mörder. Das ist kein Zufall. Barrès hat zu verstehen geben wollen, daß die große Bedingung der Ehrenhaftigkeit die Unabhängigkeit, das heißt Vermögen, ist.«

Barrès' Philosophie ist eine Philosophie des Erben. Es trifft sich, daß der schwerwiegende Roman, in dem er sie gestaltet hat, in einer der Hauptfiguren eine Studie ist, welche Barrès nach einem seiner Lehrer, nach Jules Lagneau, gefertigt hat. Die beiden, die sich auch im Leben nicht verstanden, standen gesellschaftlich sich auf das schroffste gegenüber. Lagneau war wirklich ein Entwurzelter. Er stammte aus Metz; seine Familie war, nachdem sie 1871 für Frankreich optiert hatte, zugrunde gerichtet worden. Frankreich war für den jungen Lagneau in jeder Hinsicht das Gegenteil einer Erbschaft. Der Philosoph mußte mit zwanzig Jahren die Last für die Familie auf sich nehmen. Mit zwanzig Jahren aber tritt Barrès seine Erbschaft an, die ihm die Muße ließ, den »Culte du Moi« zu schreiben.

Lagneau hat weniges an Schriften hinterlassen. In der Geistesgeschichte der letzten Jahrzehnte aber stellt er einen Wegweiser dar. Von diesem Lehrer sind zwei Schüler ausgegangen, zwei Intellektuelle, deren Werk den Umkreis der bürgerlichen Ideologie von Frankreich einigermaßen vollkommen in sich faßt. Was Barrès' Werk für die Ideologien der Rechten geleistet hat, das tat der andere Schüler, Alain Chartier, für die der Linken. Alains politische Bekenntnisschrift, »Elements d'une doctrine radicale« – das heißt in diesem Fall einer Doktrin der radikalen Partei – stellen eine Art Vermächtnis von Jules Lagneau dar. Die Radikalen sind, was ihre Führung betrifft, eine Partei der Professoren und der Lehrer. Lagneau war ein sehr typischer Vertreter dieser Haltung: »Wir untersagen uns, so schreibt er, alles Haschen nach Popularität, jeden Ehrgeiz, etwas vorzustellen; wir untersagen uns auch die geringste Unwahrheit und, sei es durch Wort, sei es durch Schrift, irrige Vorstellungen über das, was möglich ist, zu schaffen oder zu unterhalten.« Er fügt hinzu: »Wir werden kein Vermögen thesaurieren: wir verzichten auf Ersparnisse, auf Vorsorge für uns und für die unsern: diese Tugend, an der wir sterben werden, bedarf keiner Empfehlung.« Die Züge dieses Intellektuellen stellen – gleichviel wieweit sie dem Leben abgelauscht sein mögen – ein so bestimmtes und eingewurzeltes Ideal der bürgerlichen Führerschichten in der »Republik der Professoren« dar, daß es nicht überflüssig ist, so scharf wie möglich sie zu beleuchten. Das mag durch einen Absatz von Jacques Chardonne geschehen, in welchem dieser Typ des bürgerlichen Intellektuellen sogar als Typ des kleinen Bürgers schlechtweg ausgegeben wird. Daß diese Schilderung sichbtar übertrieben und schablonisiert ist, macht sie an dieser Stelle nur brauchbarer.

»Der Bürger – es ist vom Kleinbürger im angegebenen Sinn die Rede – ist ein Künstler. Er ist ein kultiviertes Geschöpf, aber unabhängig genug von den Büchern, um seine eigenen Gedanken zu haben; er hat, sei es aus Erfahrung, sei es aus der Nähe, hinreichend Reichtümer gekannt, um nicht mehr an sie zu denken, er ist von Grund auf gleichgültig gegen gleichgültige Dinge und für die Armut geschaffen wie kein anderer; ohne Vorurteile und seien sie sehr edel, ohne Illusionen, ohne Hoffnung; der erste, wenn es gilt, für andere Gerechtigkeit zu fordern, der erste, wenn es gilt, ihren Vollzug zu leiden; auf Erden, wo er alles außer seinem gerechten Lohn empfangen hat, erwartet er nichts mehr und nichts im Jenseits; und dennoch hat er sein Gefallen an einem so anspruchslosen Leben und weiß, ohne es schlecht zu machen, das, was es an Gutem bietet, zu genießen. Die Erde, die diese Wesen hervorgebracht hat, hat ihre Aufgabe nicht verfehlt. Der Weg, der zu dieser Lebensweisheit führt, ist kein schlechter. Darum gibt es noch eine Hoffnung für die Enterbten. Darum muß man niemandem im voraus all das streitig machen, was die Gesellschaft einem Menschen geben kann.«

Der Radikalismus als politische Partei hat Barrès beimWort genommen. Er stellt sich die Probleme so wie dieser, nur daß er sie im entgegengesetzten Sinne beantwortet. Dem Erbrecht der Traditionalisten stellt er das Recht des Kindes, den Privilegien der Geburt und des Vermögens das persönliche Verdienst des einzelnen und die Erfolge in den Staatsprüfungen gegenüber. »Und warum nicht, schließt Thibaudet, die chinesische Zivilisation hat sich jahrtausendelang auf Grund der Examinokratie erhalten«. Der Vergleich mit China, so befremdend er ist, kann einigen Aufschluß geben. Er zählt seit langem zum eisernen Bestand der Essayisten. Paul Morand hat ihn auch gewagt und von den frappanten Ähnlichkeiten zwischen dem Chinesen und dem Kleinbürger von Frankreich gesprochen. Bei beiden »fanatische Sparsamkeit, die Kunst, die Dinge immer wieder auszubessern und so ihre Lebensdauer zu verlängern ..., Mißtrauen, jahrhundertalte Höflichkeit, tief eingewurzelter, aber passiver Fremdenhaß, Konservatismus, welcher von sozialen Sturmböen unterbrochen wird, Mangel an Gemeinsinn und Zähigkeit der alten Leute, welche über Krankheiten hinaus sind. Man sollte meinen, alle alten Zivilisationen ähneln sich«. Jener gesellschaftliche Untergrund, auf dem die größte Partei von Frankreich – denn das ist die Radikale – erwachsen ist, ist ganz gewiß nicht mit der Gesamtstruktur des Landes identisch. Wohl aber bilden die Organisationen und die Klubs – die sogenannten cadres –, welche diese Partei im ganzen Lande zur Verfügung hat, die Luft, in der die wesentlichsten Ideologien der Intelligenz sich entfaltet haben und aus der nur die fortgeschrittensten herausgewachsen sind. Das Buch, das André Siegfried vor drei Jahren unter dem Titel »Tableau des Partis en France« hat erscheinen lassen, ist ein wertvolles Instrument zum Studium dieser cadres. Alain ist keineswegs ihr Führer, aber der klügste Interpret dieser Gruppen. Er definiert ihre Aktion als eine »beständige Bekämpfung der Großen durch die Kleinen«. Und in der Tat hat man behaupten können, das ganze ökonomische Programm des Radikalismus bestehe darin, eine Aureole um das Wörtchen »klein« zu weben: den kleinen Ackerbauer, den kleinen Kaufmann, den kleinen Eigentümer und den kleinen Sparer in Schutz zu nehmen.

Soweit Alain. Er ist mehr Interpret als Kämpfer. Es liegt in der Natur des gesellschaftlichen Unterbaus, auf welchem die Aktion der bürgerlichen Intellektuellen sich abspielt, daß eine entschiedenere Aktion sogleich in das Sektierische und Romantische zu gleiten droht. Bendas und Péguys Ideologien sind dafür ein Beispiel.

In die durch Barrès und Maurras geschaffene, von der Nachkriegsentwicklung sanktionierte geistige Situation schlug vor fünf Jahren Bendas »Trahison des clers«. Benda beschäftigt sich in diesem Buch mit der Stellung, die im Laufe der letzten Jahrzehnte die Intellektuellen zur Politik einzunehmen begannen. Und er sagt: Von jeher ist, seitdem es Intellektuelle gibt, ihr weltgeschichtliches Amt gewesen, die allgemeinen und abstrakten Menschheitswerte: Freiheit und Recht und Menschlichkeit zu lehren. Nun aber haben sie mit Maurras und Barrès, mit d'Annuncio und Marinetti, mit Kipling und Conan Doyle, mit Rudolf Borchardt und Spengler begonnen, die Güter zu verraten, zu deren Wächter Jahrhunderte sie bestellt haben. Zweierlei bezeichnet die neue Wendung. Einmal die beispiellose Aktualität, die das Politische für die Literaten bekommen hat. Politisierende Romanciers, politisierende Lyriker, politisierende Historiker, politisierende Rezensenten, wohin man blickt. – Aber nicht nur die politische Leidenschaft selbst scheint ihm das Unglaubwürdige, das Unerhörte. Befremdender und unheilvoller noch die Richtung, in der sie sich auslebt: die Parolen einer Intelligenz, die die Sache der Nationen gegen die Menschheit, der Parteien gegen das Recht, der Macht gegen den Geist verfechten. Die bitteren Notwendigkeiten des Wirklichen, die Maximen der Realpolitik sind auch früher schon von den »clercs« vertreten worden, aber mit dem Pathos der sittlichen Vorschrift hat nicht einmal ein Machiavell sie hinstellen wollen.

Der Katholizismus schreibt Benda seine Haltung vor. Die These, die er seinem Buch zugrunde legt, behauptet eine doppelte Moral in aller Form: die der Gewalt für die Staaten und Völker, die des christlichen Humanismus für die Intelligenz. Und er beklagt viel weniger, daß die christlich-humanitären Normen keinen entscheidenden Einfluß auf das Weltgeschehen üben, als daß sie sich mehr und mehr dieses Anspruchs begeben müssen, weil die Intelligenz, die sie vertreten hat, zur Partei der Macht überging. Man muß die Virtuosität bewundern, mit der Benda im Vordergrund des Problems sich aufhält. Der Untergang der freien Intelligenz ist, wenn nicht allein, so doch entscheidend, wirtschaftlich bedingt. In diese wirtschaftliche Grundlage ihrer Krise zeigt der Autor genau so wenig Einsicht wie in die der Wissenschaften, die Erschütterung des Dogmas einer voraussetzungslosen Forschung. Und er scheint nicht zu sehen, wie die Verhaftung der Intelligenz an die politischen Vorurteile der Klassen und Völker nur ein meist unheilvoller, meist zu kurz gegriffener Versuch ist, aus den idealistischen Abstraktionen heraus und der Wirklichkeit wieder nah, ja, näher als je, auf den Leib zu rücken. Gewalttätig und krampfhaft fiel dann diese Bewegung freilich aus. Statt aber die ihr angemessene Gestalt zu suchen, sie rückgängig machen, den Literaten wieder der Klausur des utopischen Idealismus überantworten zu wollen, das verrät – darüber kann auch die Berufung auf die Ideale der Demokratie nicht täuschen – eine durchaus romantische Geistesverfassung. Benda hat sie noch kürzlich im »Discours à la Nation Européenne« bekundet, in dem er den geeinten Erdteil – dessen Wirtschaftsformen die alten geblieben sind – mit gewinnender Feder zeichnet:

Dieses Europa »wird mehr ein wissenschaftliches als ein literarisches, mehr ein intellektuelles als ein künstlerisches, mehr ein philosophisches als ein pittoreskes Europa sein. Und nicht wenige unter uns gibt es, denen es eine bittere Lehre sein wird. Denn wieviel anziehender als Gelehrte sind Dichter! wieviel betörender als Denker sind Künstler! Hier aber heißt es sich bescheiden: Europa wird seriös sein, oder es wird überhaupt nicht sein. Es wird sehr viel weniger kurzweilig sein als die Nationen, welche es ihrerseits schon weniger als die Provinzen gewesen sind. So heißt es wählen: entweder werden wir Europa zustande bringen, oder wir werden ewig Kinder bleiben. Die Nationen werden liebliche Clorinden gewesen sein; in dem Gefühl, sinnliche, inbrünstig geliebte Wesen dargestellt zu haben, werden sie glücklich sein. Europa aber wird jener jungen Gelehrten aus dem dreizehnten Jahrhundert ähnlich sehen müssen, die an der Universität Bologna Mathematik dozierte und vor ihren Hörern verschleiert auftrat, um sie nicht durch ihre Schönheit zu verwirren«.

Es ist nicht schwer, in diesem sehr utopischen Europa eine verwandelte und gleichsam überlebensgroße Klosterzelle zu entdecken, in deren Abgeschiedenheit »die Geistigen« sich zurückziehen, um am Text eines Sermons zu weben, von dem Gedanken unangefochten, daß er, wenn überhaupt, so nur vor leeren

Bänken wird verlesen werden. Darum läßt sich kaum etwas gegen Berl einwenden, wenn er sagt: »›Verrat der Geistigen‹? Denkt bei dem Worte ›Geistiger‹ Benda nicht eigentlich an den Pfaffen, der die Sorge für Seelen und für irdische Habe trägt? ... Spricht hier nicht Heimweh nach dem Kloster, nach den Benediktinern, ... ein Heimweh, das in der modernen Welt so stark ist? Will man dem immer noch nachtrauern?«

Der »Geistige«, den Benda so, beschwörend, aufruft, um der Krise zu begegnen, enthüllt sich rasch genug nach seiner wahren Natur, nach der er nichts ist als beschworene Erscheinung eines Abgeschiedenen, des mittelalterlichen Klerikers in seiner Zelle. Nun aber hat es an Versuchen nicht gefehlt, dem Schemen des »Geistigen« Leben einzuflößen. Ihn ins Fleisch zu rufen hat sich niemand inbrünstiger bemüht als Charles Péguy, welcher an die Kräfte des Bodens und des Glaubens appellierte, um dem Intellektuellen seinen Platz in der Nation und der Geschichte anzuweisen, ohne – wie Barrès – auf jene Züge an ihm zu verzichten, die in der Überlieferung der französischen Revolution gelegen sind: die libertären, anarchistischen. Péguy ist zu Anfang des Krieges gefallen. Sein Lebenswerk ist heut jedoch noch durch die Klarheit und durch die Energie belangreich, mit der er die Funktion des Intellektuellen zu definieren suchte. Péguy entspricht, so könnte man versucht sein zu glauben, eigentlich dem Bild, das Benda sich vom clerc trahissant, vom Geistigen als Verräter machte. Doch dieser Anschein hält nicht stand.

»Man kann von Péguy sagen, was man will; niemals, daß er verraten hat. Warum? Weil eine Haltung Verrat erst wird, wenn sie von Faulheit oder Furcht diktiert wird. Der Verrat der Geistigen liegt in der Dienstbarkeit, mit der sie sich Stimmungen und Vorurteilen unterstellen. Nichts derart bei Péguy. Nationalist ist er gewesen, und stand doch auf Seiten Dreyfus'. Katholik ist er gewesen, aber von der Kommunion war er ausgeschlossen.«

Und wenn Berl, anspielend auf den Titel eines Buches von Barrès, einen gewissen Typus des Literaten mit den Worten zeichnet: »Feind der Gesetze – ja, doch Freund der Machthaber«, so gilt das für niemanden weniger als für Péguy. Er stammte aus Orléans.

»Dort war er, so schildern die Tharauds die Herkunft ihres Freundes, in einer Umwelt von alter Zivilisation herangewachsen, deren ursprüngliche Farbe von örtlichen Überlieferungen und einer jahrhundertalten Tradition bestimmt war und keinen, oder beinah keinen Einschlag von Fremden hatte; im Schoß einer Bevölkerung, die der Erde nahe und von halb bäuerlicher Artung war... Kurz, es umgab ihn eine alte Welt, eine Welt von ehedem, die sehr viel mehr dem Frankreich des ancien régime benachbart war als dem der Gegenwart.«

Péguys großer Reformversuch bewahrte in allen Zügen den Stempel seines Ursprungs. Noch ehe er für die Verbreitung seiner Ideen als sein eigener Verleger, sein eigener Drucker, die »Cahiers de la Quinzaine« geschaffen hatte – schon auf der Ecole Normale hielt er mit Bewußtsein heimische Traditionen hoch. Die Generation, welcher er angehörte, gab Frankreich zum ersten Mal seit der Renaissance große Schriftsteller bäuerlicher Herkunft, Sprache, Denkart: Claudel, Jammes, Ramuz. »Péguy als erster bot das anstößige Schauspiel eines Schülers, der Mitglied der Ecole Normale gewesen war und nicht den kleinsten Funken kultivierten, klassischen, überkommenen Stils empfangen hatte.« Péguys Stil kommt vielmehr vom Boden her, man hat ihn in den langen rauhen Sätzen, die ihn formen, der langen rauhen bäuerlichen Furche verglichen, die die Saat empfangen soll.

So sind die Kräfte, an die Péguy appellierte, um den revolutionären Typ des Geistigen zu bilden, von vorrevolutionärer Herkunft. »Der Bauer, der französische Handwerker, heißt es bei André Siegfried, sind uns aus dem Mittelalter überkommen, und wenn wir in uns selbst tief Nachschau halten, so müssen wir wohl oder übel sagen, daß alles Wichtige schon vor der Revolution geformt war. Wir sind also kein junges Land.« Das muß man sich gegenwärtig halten, will man verstehen, daß Péguy seinen Appell nicht, wie es heute gang und gäbe ist, an die Jugend ergehen ließ, sondern an die Vierzigjährigen. Die revolutionäre Aufgabe, die er ihnen stellte, lag nicht in der Defensive, deren Geist Alain vorzüglich festlegt, wenn er sagt: »Die Haltung der Linken ist die einer kontrollierenden Instanz«; vielmehr verwies er die Seinigen auf den Angriff, dessen Stoß sich nicht allein auf die Regierenden, sondern auf jenen Stab von Akademikern und Intellektuellen richtet, die das Volk, aus dem sie stammen, verraten haben. »Ich werde, schreibt er, die große Partei der Vierzigjährigen gründen. Vor kurzem hat mich jemand rücksichtslos zu dieser Kategorie gerechnet, er hat mich temperamentvoll in die Klasse der Vierzigjährigen geworfen. Ich benutze das für mich. Ein alter Politiker benutzt ja alles. Ich gründe die Partei der Vierzigjährigen.« Das war im Jahre 1914. Die aber, die Péguy so aufrief, waren im Jahre 1894 zwanzig alt gewesen; und das war das Jahr, in welchem Dreyfus vor der Front verurteilt und degradiert worden war. Der Kampf um Dreyfus war für Péguys Altersgenossen das, was für Jüngere der Weltkrieg geworden ist. Péguy jedoch suchte in dieser Sache – darin kündigt sich bereits an, was ihn und seine Freunde dann um die Frucht ihres Sieges betrügen sollte – zwei Anliegen zu unterscheiden. Er spricht von »zwei Dreyfusaffairen, deren eine die gute ist, deren andere die schlechte. Die eine ist die reine und die andere die verworfene. Die eine ist religiös, die andere politisch«. Und Péguy verwarf entschieden den politischen Kampf um Dreyfus; den Mitstreitern zur Linken trat er in den Weg, bezichtigte sie »Combescher Demagogie« und wechselte das Lager im Augenblick, als sich die Sieger gegen die religiösen Orden wendeten. Vorm Forum der Geschichte hat darum nicht Péguy, sondern Zola das Zeugnis der Intellektuellen im Dreyfusprozeß abgegeben.

Nicht nur an dieser Stelle gibt noch heute Zola den Maßstab ab, an welchem das Erreichte zu bewerten ist. Ganz besonders gilt dies für einen großen Teil der Belletristik. Bekanntlich ist es nicht eine unmittelbar politische Theorie, auf die das Werk Zolas sich gründet. Doch ist es eine Theorie im vollen Sinn des Worts, insofern der Naturalismus nicht nur den Gegenstand der zolaschen Romane und ihre Form, sondern auch einige der Grundgedanken – wie den, die Erbmasse und die gesellschaftliche Entwicklung einer einzelnen Familie darzustellen – bestimmt hat. Dem gegenüber ist kennzeichnend für den sozialen Roman, dem heute nicht wenige linksgerichtete Autoren ihre Sympathien gewidmet haben, der Mangel jedes theoretischen Fundaments. Die Figuren des sogenannten roman populiste sind, wie ein wohlwollender Kritiker bemerkt hat, vor lauter Unpersönlichkeit und Schlichtheit denen der verflossenen volkstümlichen Feenstücke gleich geworden, und ihre Ausdrucksfähigkeit ist so bescheiden, daß sie das Gestammel dieser vergessenen marionettenähnlichen Gebilde zurückrufen. Es ist die alte und fatale Konfusion – zuerst taucht sie vielleicht bei Rousseau auf –, wonach das Innenleben der Enterbten und Geknechteten durch eine ganz besondere Simplizität sich auszeichnet, der man gern einen Einschlag ins Erbauliche verleiht. Von selbst versteht es sich, daß der Ertrag derartiger Bücher sehr dürftig bleibt. Der roman populiste ist in der Tat viel weniger ein Vorstoß der proletarischen als ein Rückzug der bürgerlichen Belletristik. Im übrigen entspricht das seinem Ursprung. Die Mode – wenn schon nicht der Gattungsname – geht auf Thérive, den heutigen Kritiker des »Temps« zurück. So groß aber der Eifer ist, mit dem er sich für die neue Richtung eingesetzt hat, so ist es doch an ihren Produkten – nicht zuletzt an seinen eigenen – spürbar, daß es sich hier um eine neue Form der alten philanthropischen Impulse handelt. Die einzige Chance für die Gattung liegt denn auch in jenen Gegenständen, die den Mangel an Einsicht und an Schulung auf der Seite des Autors halb und halb verdecken können. Es ist kein Zufall, daß der erste große Erfolg des Genres – *Célines* »Voyage au bout de la nuit«[1] – es mit dem Lumpenproletariat zu tun hat. So wenig wie der Lumpenproletarier Bewußtsein von einer Klasse hat, die ihm eine menschenwürdige Existenz erkämpfen könnte, so wenig macht der Autor, der ihn schildert, diesen Mangel des Modells erkennbar. Zweideutig ist daher von Grund auf die Monotonie, in welche das Geschehen bei Céline gehüllt ist. So gut es ihm gelingt, die Traurigkeit und Öde eines Daseins, für das Unterschiede zwischen Werktag und Feiertag, Geschlechtsakt und Liebeserlebnis, Krieg und Frieden, Stadt und Land ausgelöscht sind, sinnfällig zu machen, so wenig hat er die Gabe, jene Kräfte aufzuweisen, deren Abdruck das Leben seiner Ausgestoßenen ist; noch weniger gelingt es ihm, zu zeigen, wo deren Reaktion beginnen könnte. Darum ist

[1] Soeben auch in deutscher Übersetzung (bei Julius Kittl, M.-Ostrau) erschienen.

nichts verräterischer als das Urteil, mit dem Dabit – selbst ein geschätzter Vertreter dieses Genres – Célines Buch begrüßt:

»Hier haben wir es mit einem Werk zu tun, in welchem die Revolte nicht aus ästhetischen oder symbolischen Diskussionen hervorgeht, in dem es sich nicht mehr um Kunst, Kultur oder Gott, sondern um einen Schrei der Empörung gegen die Lebensbedingungen handelt, denen Menschen eine Mehrheit von anderen unterwerfen können.«

Bardamu – so heißt der Held des Romans – »ist aus dem Stoff gemacht, aus dem die Massen sind. Aus ihrer Feigheit, ihrem panischen Entsetzen, ihren Wünschen, ihren Gewalttätigkeiten«. Und soweit gut. Wenn eben nicht das Eigenste der revolutionären Schulung und Erfahrung darin bestünde, die Klassenschichtungen in Massen zu erkennen und sie zu verwerten.

Wenn Zola das Frankreich der sechziger Jahre hat darstellen können, so darum weil er das Frankreich dieser sechziger Jahre ablehnte. Er lehnte die Planungen Haussmanns und das Palais der Paiva und die Beredsamkeit von Rouher ab. Und wenn es den heutigen französischen Romanciers nicht glückt, das Frankreich unserer Tage darzustellen, so darum, weil sie schließlich alles an ihm in Kauf zu nehmen gesonnen sind.

»Man stelle sich, sagt Berl, einen Leser des Jahres 2200 vor, der sich bestrebe, nach unseren besten Romanen sich das Frankreich unserer Tage vorzustellen. Nicht einmal auf die Wohnungsnot würde er kommen. Die finanziellen Krisen dieser Jahre wären für ihn beinahe nicht wahrnehmbar. Auch weiterhin gedenken ja die Literaten mit Geldfragen sich nicht zu befassen.«

Der Konformismus verbirgt vor ihrem Blick die Welt, in der sie leben. Und er ist ein Produkt der Furcht. Sie wissen: die Funktion der Intelligenz für die Bourgeoisie ist nicht mehr, ihre menschlichsten Interessen auf lange Sicht zu vertreten. Zum zweitenmal im Zeitalter des Bürgertums wird die Funktion seiner Intelligenz die militante. Fand aber von 1789 bis 1848 die Intelligenz einen führenden Platz in der bürgerlichen Offensive, so ist Kennzeichen ihrer gegenwärtigen Situation die defensive Haltung. Je undankbarer diese Haltung in vielen Fällen ist, desto entschiedener ergeht an den Intellektuellen die Forderung klassenmäßiger Zuverlässigkeit.

Auf diese letztere stellt nun der Roman eine so vorzügliche Probe dar, daß die verschiedenen Attituden, in denen sich darin der Autor der Gesellschaft anschmiegt, in das Chaos der Produktion etwas wie einen ordnenden Gesichtspunkt bringen. Das heißt natürlich nicht, daß diese Produktion im tendenziösen Sinne mit dem Bürgertum gehen will. Im Gegenteil; für eine breite Schicht ist eine scheinbar spröde Haltung gegen dieses viel näherliegend. Die Position eines humanistischen Anarchismus, den man ein halbes Jahrhundert lang zu halten glaubte – und in gewissem Sinne wirklich hielt –, ist unrettbar verloren. Daher bildete sich die Fata morgana eines neuen Emanzipiertseins, eieiner Freiheit zwischen den Klassen, will sagen, der des Lumpenproletariats. Der Intellektuelle nimmt die Mimikri der proletarischen Existenz an, ohne darum im mindesten der Arbeiterklasse verbunden zu sein. Damit sucht er den illusorischen Zweck zu erreichen, über den Klassen zu stehen. Während ein Francis Carco der gefühlsselige Schilderer, etwa der Richardson dieser neuen Freiheit wurde, ist ein Mac Orlan ihr ironischer Moralist, sozusagen ihr Sterne.

Es gibt aber entlegenere Verstecke des Konformismus. Und da sich auch der größte Dichter wahrhaft keineswegs erfassen läßt ohne Bestimmung der Funktionen, die sein Werk in der Gesellschaft hat, da andererseits gerade die Höchstbegabten einen Hang verspüren mögen, dem Bewußtsein dieser Funktion sich zu entziehen, und müßten sie bis in die Hölle flüchten –, so ist hier der Ort, von Julien Green zu reden. Green, unter den jüngeren Romanciers von Frankreich ohne Zweifel einer der bedeutendsten, ist wirklich in die Hölle hinabgestiegen. Seine Werke sind Nachtgemälde der Leidenschaften. In jedem Sinne sprengen sie den Kreis des psychologischen Romans. Die Ahnenreihe dieses Dichters führt auf die großen katholischen und schließlich selbst die heidnischen Gestalter und Ausleger der passio zurück: auf Calderon, zuletzt auf Seneca. So tief jedoch der Dichter seine Geschöpfe in der Provinz vergräbt, so unterirdisch auch die Kräfte sind, die sie bewegen –, nicht immer ist es ihm gelungen, gegen unsere Umwelt diese derart abzudichten, daß von ihnen nicht auch ein Wort, das sie betrifft, erwartet werden müßte. Hier setzt nun jenes Schweigen ein, das der

Ausdruck des Konformismus ist. Es sei erlaubt, der Spur dieses Verhaltens in seinem letzten Werke nachzugehen, und wäre es auch nur, weil dessen Vorwurf eine der größten Konzeptionen des Dichters darstellt.

Der Held des Werkes »Épaves« befindet sich zu Anfang des Geschehens auf einem einsamen abendlichen Spaziergang längs der Seinekais der Hauptstadt. An einer entlegenen Stelle in Passy wird er zum unfreiwilligen Zeugen eines Handgemenges, in welches eine alte Frau mit einem angetrunkenen Manne unten am Ufer geraten ist. Es ist eine ganz gewöhnliche Familienszene, »doch der Mann hatte getrunken, und offenbar fürchtete die Frau, von ihm in die Seine geworfen zu werden«. Und weiter: »Der Mann hielt sie am Arm und schüttelte sie hin und her, während er sie mit Beschimpfungen überhäufte. Aber sie läßt Philipp – so heißt der Held – nicht aus den Augen und ruft zu ihm hinauf: Mein Herr! Ihre Stimme war rauh und dabei so leise, daß er vor Schreck erstarrte. Er blieb ohne Bewegung.« Und dann tritt er zurück. Er tritt den Heimweg an. »Er kam fast zur selben Zeit wie sonst nach Hause.« – Das ist alles. Greens Buch entwickelt nun, wie dies Ereignis in dem Mann zu arbeiten beginnt. Es führt ihn, wie der Dichter meint, zur Selbsterkenntnis, es nötigt ihn, seiner Feigheit ins Auge zu sehen, es zersetzt sein ganzes Leben, über das die Seine mehr und mehr eine geheimnisvolle Gewalt gewinnt. Er geht aber nicht ins Wasser. – Dieser Roman bietet – gerade weil ein Dichter wie Green ihn schrieb – ein unbarmherziges Beispiel dafür, wie der Konformismus eine große Konzeption vernichtet. Niemand wird leugnen wollen, daß der Fall, den Green zu Anfang seines Buches darstellt, in unsern großen Städten typisch ist. Niemand kann eben daher bestreiten, daß das, was er enthält und lehrt, kein Beitrag zum psychologischen Charakter dessen sein kann, der da den Ruf so ungehört verhallen läßt. Wohl aber ein Beitrag zu seinem sozialen Charakter. Denn jener unfreiwillige Zeuge, der sich abwendet, ist Bürger. Ein Streit unter zwei Bürgern nähme schwerlich auf offner Straße diese Formen an. Was also Greens Helden lahm setzt, ist der Abgrund, der sich hier vor dem Bürger auftut, jenseits dessen zwei Angehörige der ausgestoßenen Klasse ihren Streit austragen. Es ist kaum Sache der Kritik, Mutmaßungen darüber anzustellen, wie der Dichter diesen verborgenen Sinn der Szene, der ihr eigentlicher ist, zu gestalten gehabt hätte. Der krasse Umstand, der hier kurzerhand dem Bürger die Augen über den Abgrund öffnet, der sein Klassendasein rings umgibt, – der gleiche krasse Umstand könnte ihn sehr wohl dem Wahnsinn ausliefern, welcher die Preisgegebenheit und Einsamkeit der eigenen Klasse zu der seiner privaten Existenz werden ließe. Die Ungewißheit über das Geschick der Frau, die ihn um Hilfe angerufen hat und von der er nichts mehr erfährt, scheint schon bei Green den Keim zu diesem in sich zu enthalten.

Rückständig ist Greens Fragestellung; rückständig der Standpunkt der meisten Romanciers im Technischen.

»Die Mehrzahl der Verfasser setzt einen unerschütterlichen Glauben, der seit Freud als unstatthaft zu gelten hat, in die Bekenntnisse seiner Gestalten oder tut doch so. Sie will es nicht verstehen, daß ein Bericht, den jemand von seiner eigenen Vergangenheit erstattet, mehr verrät über den gegenwärtigen Zustand als von dem vergangenen, von dem er berichtet. Sie bleiben auch dabei, das Leben einer Romanfigur sich als vereinzelten Ablauf zu denken, der im voraus in einer leeren Zeit fixiert ist. Sie trägt weder den Lehren des Behaviorismus Rechnung noch selbst denen der Psychoanalyse.«

Soweit Berl. Es ist, mit einem Wort, bezeichnend für die heutige Situation der französischen Bellestristik, daß eine Trennung zwischen den führenden Intelligenzen und den Romanciers sich zu vollziehen beginnt. Die Ausnahmen – vor allem Proust und Gide – bestätigen die Regel. Denn beide haben die Technik des Romans mehr oder weniger eingreifend verändert. Doch weder Alain noch Péguy, weder Valéry noch Aragon sind mit Romanen hervorgetreten; und die, welche wir von Barrès oder Benda haben, sind Thesenschriften. Für die Masse der Schreibenden jedoch gilt diese Regel: Je mittelmäßiger ein Autor, desto größer sein Verlangen, als »Dichter« von Romanen seiner wahren Verantwortung als Schriftsteller sich zu entziehen.

Es ist darum durchaus nicht ungereimt, die Frage aufzuwerfen, was denn der Roman des letzten Jahrzehnts für die Freiheit geleistet hat. Auf diese Frage läßt sich schwerlich anders erwidern als mit einem Hinweis auf die Verteidigung der Inversion, die Proust als erster in seinem Werk unternommen hat. So sehr jedoch ein solcher Hinweis der dürftigen revolutionären Leistung der Belletristik gerecht würde, so wenig würde er den Sinn von dem erschöpfen, was in der »Recherche du Temps Perdu« die Inversion bedeutet. Vielmehr erscheint die Inversion bei Proust, weil aus der Welt, mit der er es zu tun hat, die entfernteste sowohl wie die primitivste Erinnerung an die Produktivkräfte der Natur verbannt werden sollte. Die Welt, welche Proust schildert, schließt alles von sich aus, was Anteil an der Produktion hat. Die Haltung des Snob, die in ihr tonangebend ist, ist ja nichts anderes als die konsequente, organisierte und gestählte Betrachtung des Daseins vom Standpunkt des reinen Konsumenten. In seinem Werk liegt eine gnadenlose, eindringende Kritik der heutigen Gesellschaft verborgen, und sie aufzuweisen ist bisher noch kaum das Fundament gelegt worden. Nichts desto weniger ist so viel deutlich: vom Aufbau angefangen, welcher Dichtung, Memoirenwerk, Kommentar in Einem darstellt, bis zu der Syntax uferloser Sätze (dem Nil der Sprache, welcher hier befruchtend in die Breiten der Wahrheit hinübertritt) ist überall der Schriftsteller präsent, der stellungnehmend, Rechenschaft erteilend sich dauernd zur Verfügung des Lesers hält. In keinem Falle kann ein Autor, der nicht zuförderst sich als Schriftsteller bekennt, Anspruch auf öffentliche Wirkung machen. Frankreich ist darin glücklich, daß die höchst verdächtige Konfrontation von Dichtung und Schriftstellerei dort niemals wirklich Kurs gewinnen konnte. Heute ist mehr denn je die Vorstellung entscheidend, die sich der Schriftsteller von seiner Arbeit macht. Und umso viel entscheidender, wenn es ein Dichter ist, der diesen Begriff zu seinem Recht zu bringen sucht.

Wir sprechen von Paul Valéry. Symptomatisch ist seine Bedeutung für die Funktion des Schriftstellers in der Gesellschaft. Und diese symptomatische Bedeutung hängt auf das engste mit den fraglosen Qualitäten seiner Produktion zusammen. Unter den Schriftstellern des heutigen Frankreich ist Valéry der größte Techniker des Fachs. Er hat die Technik der Schriftstellerei durchdacht wie kein anderer. Und man würde die Sonderstellung, die er einnimmt, vielleicht hinreichend schon mit der Behauptung treffen, daß Schriftstellerei für ihn in erster Linie eine Technik ist.

Es ist nun wichtig, daß Schriftstellerei in seinem Sinne die Dichtung einschließt. Mit gleicher Entschiedenheit ist er als Essayist wie als Lyriker hervorgetreten, und in beiden Fällen nicht, ohne immer wieder Rechenschaft von seiner Technik zu geben. Valéry geht der Intelligenz des Schreibenden, zumal des Dichters, inquisitorisch nach, verlangt den Bruch mit der weitverbreiteten Auffassung, daß sie beim Schreibenden sich von selbst verstehe, geschweige mit der noch viel weiter verbreiteten, daß sie beim Dichter nichts zu sagen habe. Er selbst hat eine, und von einer Art, die sich durchaus nicht von selbst versteht. Nichts kann befremdender sein als ihre Verkörperung, Herr Teste. Herr Teste ist seinem äußeren Auftreten nach ein Spießer, seinen Lebensbedingungen nach ein Rentier. Er sitzt zu Hause; er kommt wenig unter die Leute, betreut wird er von seiner Frau. Monsieur Teste – zu deutsch: Herr Kopf – ist eine Personifikation des Intellekts, die sehr an den Gott erinnert, von dem die negative Theologie des Nicolaus Cusanus handelt. Auf Negation läuft alles, was man von Teste erfahren kann, hinaus. »Jede Erregung, erklärt er, jedes Gefühl ist Anzeichen eines Fehlers in der Konstruktion und der Anpassung.« Mag Herr Teste sich von Hause aus Mensch fühlen – er hat sich Valérys Weisheit zu Herzen genommen, die wichtigsten Gedanken seien die, die unserem Gefühl widersprechen. Er ist denn auch die Negation des »Menschlichen«: »Sieh, die Dämmerung des Ungefähr bricht herein, und vor der Tür steht die Herrschaft des Entmenschten, welche hervorgehen wird aus der Genauigkeit, der Strenge und der Reinheit in den Angelegenheiten der Menschen.« Nichts Ausladendes, Pathetisches, nichts »Menschliches« geht in den Umkreis dieses Valéryschen Sonderlings ein, nach dessen Bild der reine Schriftsteller geformt sein soll. Der Gedanke soll ihm die einzige Substanz darstellen, aus welcher das Vollkommene sich bilden läßt. »Ein klassischer Schriftsteller, definiert Valéry, ist ein Schriftsteller, der seine Ideenassoziationen verbirgt oder absorbiert.«

Im bürgerlich französischen Maßstab aber stellt Monsieur

Teste nichts anderes dar als die Erfahrung, die Valéry in einigen großen Künstlern, wo sie im Menschheitsmaßstab auftaucht, nachzuzeichnen suchte. In diesem Sinn beschäftigt schon eins seiner frühesten Werke sich mit einer »Einleitung in die Methode Lionardo da Vincis«. Dieser erscheint darinnen als der Künstler, der an keiner Stelle seines Werks darauf verzichtet, sich den genauesten Begriff von seiner Arbeit und Verfahrensweise zu machen. Valéry hat von sich bekannt, daß eine mittelmäßige Seite, auf welcher er von jedem Wort aus seiner Feder sich Rechenschaft zu geben wüßte, ihm lieber sei als ein vollkommenes Werk, das er den Mächten des Zufalls und der Inspiration danke. Sowie an anderer Stelle:

»Nichts anderes als unsere geistigen Ausfallserscheinungen sind der Bereich der Mächte des Zufalls, der Götter und des Schicksals. Besäßen wir auf alles eine Antwort – wir sagen eine exakte Antwort –, so würden diese Mächte nicht existieren. Wir fühlen das auch genau, und dies ist der Grund, warum wir uns am Ende gegen unsere eigenen Fragen wenden. Das müßte aber den Anfang darstellen. Man muß im Innern bei sich selber eine Frage formen, die allen anderen vorhergeht und ihrer jeder abfragt, was sie taugt.«

Die strikte Rückbeziehung solcher Gedanken auf die heroische Periode des europäischen Bürgertums gestattet es, der Überraschung Herr zu werden, mit der wir hier auf einem vorgeschobensten Punkte des alten europäischen Humanismus noch einmal der Idee des Fortschritts begegnen. Und zwar ist es die stichhaltige und echte: die des Übertragbaren in den Methoden, welche dem Begriff der Konstruktion bei Valéry so handgreiflich korrespondiert, wie sie der Zwangsvorstellung der Inspiration zuwider läuft. »Das Kunstwerk, hat einer seiner Interpreten gesagt, ist keine Schöpfung, es ist eine Konstruktion, in der die Analyse, die Berechnung, die Planung die Hauptrolle spielt.« Die letzte Tugend des methodischen Prozesses, den Forschenden über sich hinaus zu führen, hat sich dabei an Valéry bewährt. Denn wer ist Monsieur Teste, wenn nicht das menschliche Subjekt, das schon bereit ist, die geschichtliche Schwelle zu überschreiten, jenseits von welcher das harmonisch durchgebildete, sich selbst genug tuende Individuum im Begriffe ist, sich in den Techniker und Spezialisten zu verwandeln, das bereit ist, an seinem Platze einer großen Planung sich einzufügen? Diesen Gedanken einer Planung aus dem Bereich des Kunstwerks in den der menschlichen Gemeinschaft überzuführen, ist Valéry nicht gelungen. Die Schwelle ist nicht überschritten; der Intellekt bleibt ein privater, und das ist das melancholische Geheimnis des Herrn Teste. Zwei, drei Jahrzehnte vorher hat Lautréamont gesagt: »Die Poesie soll von allen gemacht werden. Nicht von einem.« Diese Worte sind zu Herrn Teste nicht gedrungen.

Die Schwelle, die für Valéry nicht überschreitbar ist, hat Gide vor kurzem überschritten. Er hat sich dem Kommunismus angeschlossen. Für die Entwicklung der Probleme in der vorgeschrittensten Intelligenz Frankreichs, von der wir hier ein Bild zu geben suchen, ist das bezeichnend. Gide hat, so kann man sagen, keine ihrer Etappen in den letzten vierzig Jahren übergangen. Die erste hätte man etwa in der Kritik an Barrès' »Déracinés« zu erblicken. Sie enthielt mehr als eine scharfe Ablehnung dieses Lobgesanges auf die Bodenständigkeit. Sie enthielt eine Umdeutung. Von den vier Hauptpersonen des Romans, an denen Barrès die Thesen seines Nationalismus exemplifiziert, kann Gide Interesse nur derjenigen entgegenbringen, die gesellschaftlich am tiefsten gesunken und zum Mörder geworden ist. »Wenn Racadot Lothringen nie verlassen hätte, sagt er, so wäre er nicht zum Mörder geworden; in dem Fall aber würde er mich überhaupt nicht interessieren.« »Entwurzelt« zu sein, zwingt Racadot zur Originalität; das ist nach Gides Überzeugung der eigentliche Gegenstand des Buches. Im Zeichen der Originalität war es zunächst, daß Gide den ganzen Umkreis der Möglichkeiten auszuschöpfen suchte, die durch Anlage und Entwicklung in ihm lagen; und je befremdender sich diese Möglichkeiten erwiesen, desto rücksichtsloser war er bemüht, in seinem Leben – und zwar vor aller Augen – ihnen Platz zu schaffen. Selbstwidersprüche sind in dieser Haltung das Letzte gewesen, was ihn hätte beirren können. »Ich ging in jeder Richtung, sagt er, die ich einmal einschlug, bis zum äußersten, um sodann mit derselben Entschiedenheit der entgegengesetzten mich zuwenden zu können.« Dies grundsätzliche Verneinen jeder goldenen Mitte, dies Bekenntnis zu den Extremen ist Dialektik, nicht als Methode eines Intellekts, sondern als Lebensatem und Passion. Die Welt ist auch in den Extremen noch ganz, noch gesund, noch Natur. Und was ihn diesen Extremen zutreibt, das ist nicht Neugier oder apologetischer Eifer, sondern dialektische Leidenschaft.

Gides Natur sei nicht reich, hat man gesagt. Diese Bemerkung trifft nicht allein zu; sie ist entscheidend. Auch verrät Gides eigene Haltung einiges Bewußtsein von diesem Umstand.

»Im Ursprung jeder großen sittlichen Reform, sagt er in seinem ›Dostojewski‹, begegnet uns immer ein kleines physiologisches Geheimnis, ein Ungenügen des Fleischs, eine Unruhe, eine Anomalie ... Das Unbehagen, unter dem der Reformator leidet, ist das eines Mangels an innerem Gleichgewicht. Die moralischen Gegebenheiten, Positionen, Werte liegen für ihn in innerem Widerspruch, und er bemüht sich, sie zur Deckung zu bringen; was er verlangt, das ist ein neues Gleichgewicht; sein Werk ist nichts als ein Versuch, der Logik und der Vernunft nach die Verwirrung, die er in seinem Innern fühlt, durch eine Neuordnung zu ersetzen.« »Eine Handlung, in welcher ich nicht alle Widersprüche, die in mir wohnen wieder erkenne, erklärte er an anderer Stelle, verrät mich.«

Unzählige Mal hat man die Haltung, die aus diesen und verwandten Sätzen spricht, verdächtigt. Der Kritiker Massis nennt Gide dämonisch. Doch aufschlußreicher dürfte sein, daß Gide nie jene andere Dämonie, die man dem Künstler gerade von bürgerlicher Seite so gern zubilligt, beansprucht hat: die Freiheit des Genies. Wie Valéry seine gesamte Produktion durchaus in seinem intellektuellen Leben integriert, so Gide die seinige in dem moralischen. Dem dankt er seine pädagogische Bedeutung. Seit Barrès ist er der größte Führer, welchen die Intelligenz in Frankreich gefunden hat.

»Es ist vielleicht nicht richtig, schreibt Malraux, André Gide als einen Philosophen anzusehen. Ich glaube, er ist etwas anderes: ein Gewissensberater. Das ist ein höchst bedeutender und seltsamer Beruf ... Maurice Barrès hat sich ihm lange gewidmet; Gide auch. Es ist bestimmt nichts Geringes, derjenige zu sein, der die Geisteshaltung einer Epoche bestimmt. Während aber Barrès nur Ratschläge geben konnte, hat Gide auf jenen

Zwiespalt zwischen unseren Wünschen und unserer Würde, unseren Strebungen und unseren Willen ihrer Herr zu werden oder sie zu verwerten, uns hingewiesen ... Der Hälfte derer, die man ›die Jugend‹ nennt, hat er ihr intellektuelles Gewissen geweckt.«

Die Wirkung, von der hier die Rede ist, läßt sich aufs engste mit einer ganz bestimmten Figur verbinden, welche in dem Romane »Les caves du Vatican« auftritt. Das Werk erschien am Vorabend des Krieges, als in der Jugend sich zum ersten Male Strömungen geltend machten, welche später über Expressionismus und Dadaismus in den Surrealismus gemündet sind. Gide hatte allen Anlaß, in das Brevier der »Pages choisies«, das er der Jugend Frankreichs zugedacht hat, die Seite der »Verliese des Vatikan« aufzunehmen, in der Lafcadios Entschließung zum Morde dargestellt wird. Gides jugendlicher Held befindet sich da auf der Eisenbahn und fühlt sich im Wagon belästigt durch die Häßlichkeit eines alten Herren, der neben ihm als einziger Fahrgast sitzt. Es kommt ihm der Gedanke, seiner sich zu entledigen.

»Wer sähe es, sagte er, – ganz nahe, in Reichweite der Hand, ist dieser doppelte Riegel, den ich leicht bewegen kann; die Tür, die dann mit einem Mal sich öffnen würde, ließe ihn vornüber fallen; ein kleiner Stoß würde genügen; er würde in die Nacht hinausfallen wie eine Masse; nicht einmal einen Schrei würde man hören ... Es sind nicht so sehr die Begebenheiten, auf die ich neugierig bin; ich bin es auf mich selbst. Mancher glaubt sich zu allem fähig, und wenn er dann handeln soll, zuckt er zurück. ... Wie weit ist doch der Weg zwischen dem Vorsatz und der Tat. Und ein Recht zurückzunehmen, was man tat, hat man genau so wenig wie im Schach. Gleichviel, wenn man alle Gefahren wüßte, hätte das Spiel kein Interesse mehr.«

Und langsam, kaltblütig zählt Lafcadio bis zehn, um sodann seinen Reisegefährten hinauszustoßen, grundlos und nur aus Neugier seiner selbst. In den Surrealisten hat Lafcadio seine gelehrigsten Schüler gefunden. Begonnen haben sie wie er mit einer Reihe von »actions gratuites« – grundlosen oder beinah müßigen Skandalen. Die Entwicklung jedoch, die ihre Aktivität genommen hat, ist ganz geeignet, rückwärts auf die Gestalt Lafcadios Licht zu werfen. Denn immer mehr zeigten sie sich bestrebt, Auftritte, die zunächst vielleicht von ihnen nur spielerisch, aus Neugier ins Werk gesetzt worden waren, mit den Parolen der Internationale in Einklang zu bringen. Und könnte noch ein Zweifel an dem Sinn jenes extremen Individualismus bestehen, in dessen Zeichen Gides Werk begann, so hat er vor dessen letzten Bekenntnissen sein Recht verloren. Denn sie sprechen aus, auf welche Weise dieser ins Extrem gesteigerte Individualismus, indem er auf seine Umwelt die Probe machte, in den Kommunismus umschlagen mußte.

»Was am Geist der Demokratie alles in allem am greifbarsten erscheint, ist, daß er asozial ist.« Das hat nicht Gide geschrieben sondern Alain. Auf diesen Geist der Demokratie ist Gide erst spät gestoßen; er war auch erst spät vorbereitet, ihn zu agnoszieren. Die Darstellungen, die er nach verschiedenen Reisen ins Innere Afrikas von den Lebensbedingungen der Eingeborenen unter dem Regime der Kolonialgesellschaften gegeben hat, brachten Unruhe in die politische Öffentlichkeit. Wenn er einige Jahre früher, als er sich zum Anwalt der Invertierten machte, Anstoß gab, so drohte er nun, da er sich zum Anwalt der Schwarzen machte, Aufruhr zu erregen. Für ihn wie für die, die ihm folgten, haben die politischen Faktoren schließlich den Anlaß zur bestimmten Stellungnahme gegeben. Besondere Bedeutung kommt dabei, gerade für den Nachwuchs, dem Marokkokriege zu.

Es wären dem *Surrealismus* viele Anfeindungen, aus denen er im übrigen den denkbar größten Nutzen gezogen hat, erspart geblieben, wäre sein Ursprung in der Tat eindeutig ein politischer gewesen. Nichts war weniger der Fall. Der Surrealismus ist im engen Raum eines literarischen Zirkels im Umkreis von Apollinaire groß geworden. In wie unscheinbarer, abseitiger Substanz der dialektische Kern, der sich im Surrealismus entfaltet hat, ursprünglich eingebettet lag, hat, 1924, Aragon in seiner »Vague de Rêves« gezeigt. Damals brach die Bewegung in Gestalt einer inspirierenden Traumwelle über ihre Stifter herein. Das Leben schien nur lebenswert, wo die Schwelle, die zwischen Wachen und Schlaf ist, in jedem ausgetreten war wie von Tritten massenhaft hin und wider flutender Bilder; die Sprache nur sie selbst, wo Laut und Bild und Bild mit Laut automatischer Exaktheit derart glücklich ineinander griffen, daß für den »Sinn« kein Spalt mehr übrig blieb. »Die Kräfte des Rausches für die Revolution zu gewinnen« – das war das eigentliche Unternehmen. Die dialektische Entwicklung der Bewegung aber vollzog sich nun darin, daß jener Bildraum, welchen sie sich auf so gewagte Weise erschlossen hatte, sich mehr und mehr mit dem der politischen Praxis identisch erwies. In diesen Raum verlegten jedenfalls die Angehörigen der Gruppe die Heimat einer klassenlosen Gesellschaft. Mag sein, daß die Verheißung einer solchen Gesellschaft ihnen weniger aus dem didaktischen Materialismus eines Plechanow und Bucharin gesprochen hat als aus einem anthropologischen, wie ihre eigenen Erfahrungen und frühere Lautréamonts und Rimbauds ihn enthielten. Wie dem auch sei, – diese Gedankenwelt schrieb der Aktion und Produktion der Gruppe, welche damals von Breton und Aragon geleitet wurde, die Gesetze vor, bis die politische Entwicklung ihr gestattete, sich einfacher, konkreter zu formulieren.

Seit Kriegsende sind die linken Intellektuellen, die revolutionären Künstler tonangebend für einen großen Teil des Publikums gewesen. Es hat sich nun mit aller Deutlichkeit gezeigt, daß dieser öffentlichen Geltung keine tiefere gesellschaftliche Wirksamkeit entsprach. Woraus das eine zu ersehen ist: daß – wie Berl sagt – »ein Künstler, mag er die Kunst auch revolutioniert haben, deshalb nicht revolutionärer als Poiret ist, der seinerseits die Mode revolutioniert hat.« Die vorgeschobensten gewagtesten Produkte der Avantgarde in allen Künsten haben als Publikum – in Frankreich wie in Deutschland, – nur die große Bourgeoisie gehabt. In diesem Faktum liegt – wenn schon gewiß nicht das Urteil über ihren Wert, so doch – ein Hinweis auf die politische Unsicherheit der Gruppen, die hinter diesen Manifestationen standen. Immer wieder wirkte entscheidend in die literarischen Strömungen des dritten Jahrzehnts der Anarchismus; die zunehmende Überwindung des Anarchismus kennzeichnet den Weg des Surrealismus von seinen Anfängen bis zur Gegenwart. Mitte der zwanziger Jahre liegt die entscheidende Wende. Im Jahre 1926 erschien von Blaise Cendrars »Moravagine«. Im Typus des revolutionären Terroristen, den man in diesen Blättern bezeichnet findet, konnten die linken Intellektuellen das Spiegelbild des einstigen, nun bald überwundenen Ideals erblicken.

»Welchem Antrieb gehorchten wir, wenn wir das Attentat auf den Zaren ins Werk setzten und welches war unser Geisteszustand? Ich habe mich das oft gefragt, wenn ich meine Kameraden beobachtete ... Alles in ihnen war verwelkt, war tot. Die Gefühle fielen wie Schuppen nieder, wurden Abfall; die spröden brüchig gewordenen Sinne konnten nichts mehr genießen und zerfielen beim geringsten Versuche, es zu tun, in Staub. Im Innern war jeder von uns angesengt wie von einer Feuersbrunst, und unser Herz war nur noch ein Haufen Asche. Unsere Seele war verwüstet. Seit langem glaubten wir nichts mehr, nicht einmal mehr an das Nichts. Die Nihilisten von 1880 waren eine Sekte von Mystikern, von Träumern, Agenten einer allgemeinen Glückseligkeit. Wir aber waren Antipoden dieser lustigen Gesellen und ihrer undurchsichtigen Theorien. Wir waren Männer der Tat, Techniker, Spezialisten, Pioniere einer neuen Generation, die sich dem Tod verschrieben hatte, Ankündiger der Weltrevolution ... Engel oder Dämonen? Nein, um es mit einem Wort zu sagen: Automaten ... Nicht im Schatten eines Schutzengels oder in den Falten seines Gewandes hausten wir, vielmehr so wie zu Füßen unseres eigenen Doppelgängers, der sich allmählich von uns löste, um Gestalt zu finden und sich zu verkörpern. Seltsame Projektionen unserer selbst, nahmen uns diese neuen Wesen derart in sich auf, daß wir unmerkbar in ihre Haut gerieten und mit ihnen ganz identisch wurden; und unsere letzten Vorbereitungen glichen sehr der abschließenden Herstellung jener schrecklichen, jener hochmütigen Automaten, die in der Magie als Teraphim bekannt sind. Wie sie so gingen wir daran, eine Stadt zu zerstören, ein Land zu verwüsten und zwischen unseren furchtbaren Kinnbacken die kaiserliche Familie zu zermalmen.«

Der Bürgerkrieg in Rußland gehört der Geschichte an. Inzwischen sind an anderen Stellen Bürgerkriege ausgebrochen. Und es entspricht nicht nur dem frühen Stadium politischer Schulung, in dem die literarische Intelligenz des Westens sich befindet, sondern der Situation von Westeuropa, daß die Stimmungen und Fragen des Bürgerkriegs ihr näher liegen als die gewichtigen

Tatsachen des gesellschaftlichen Aufbaus in Sowjet-Rußland. Das Werk Malraux' ist dafür kennzeichnend. Schauplatz des letzten Buches – wie auch seines früheren Romanes »Les Conquérants« – ist das China der Bürgerkriege. Malraux greift in der »Condition humaine« weder dem Historiker noch auch nur dem Chronisten vor. Die Episode des revolutionären Aufstandes in Schanghai, den Tschang-Kai-Chek erfolgreich liquidiert, ist weder ökonomisch noch politisch transparent. Sie dient als Folie, von der sich eine Gruppe Menschen abhebt, die handelnd an den Ereignissen Anteil haben. So unterschiedlich dieser Anteil ist, so grundverschieden diese Menschen nach Natur und Herkunft sind, so gegensätzlich ihr Verhältnis zu der Herrscherklasse ist – gemeinsam haben sie: ihr zu entstammen. Sie arbeiten für diese Klasse oder gegen sie; sie haben diese Klasse hinter sich gelassen oder sind von ihr ausgestoßen worden; sie repräsentieren oder durchschauen sie – jedem von ihnen sitzt sie in den Knochen. Auch den Revolutionären von Beruf, welche im Vordergrund des Buches stehen.

Malraux spricht das nicht aus. Weiß er es? Er beweist es jedenfalls. Denn nur aus dieser geheimen Homogeneität seiner Figuren speist sich das Werk, das mit der dialektischen Spannung geladen ist, aus der das revolutionäre Handeln der Intelligenz hervorgeht. Daß diese Intelligenz ihre Klasse verlassen hat, um die Sache der proletarischen zu ihrer eigenen zu machen, das will nicht heißen, diese letztere habe sie in sich aufgenommen. Sie hat das nicht. Daher die Dialektik, in der die Helden Malraux' sich bewegen. Sie leben für das Proletariat; sie handeln aber nicht als Proletarier. Zumindest handeln sie viel weniger aus dem Bewußtsein einer Klasse als aus dem Bewußtsein ihrer Einsamkeit. Das ist die Qual, der keiner dieser Menschen sich entwindet. Sie macht auch ihre Würde. »Es gibt keine Würde, die nicht im Leiden fußt.« Leiden vereinsamt, und es nährt sich an der Einsamkeit, die es erzeugt. Ihr zu entgehen ist das fanatische Bestreben derer, die in diesem Buche das Wort führen. Das Pathos dieses Buches hängt inniger, als man wohl meint, an seinem Nihilismus.

Welchem Bedürfnis des Menschen die revolutionäre Aktion entspricht? – diese Frage läßt sich erheben einzig aus der ganz besonderen Situation des Intellektuellen. Seiner Einsamkeit allerdings entspricht sie. Indem er aber diese, mit Malraux, zum Wesen der »Condition humaine«, des »Menschenstandes« erhebt, verbaut er sich den Blick auf die ganz anderen, im höchsten Grad des Studiums würdigen Bedingungen, aus denen die revolutionäre Massenaktion hervorgeht. Die Masse hat andere Bedürfnisse, und andere Reaktionen entsprechen ihr, die primitiv nur primitiven Psychologen zu scheinen pflegen. An den Aktionen der Proletariermassen, deren geschichtliche Versuchsanordnung die Revolutionen sind, hat Malraux' Analyse ihre Grenze. Aber – so mag man einwenden – auch seine Fabel. Gewiß. Nur ist es zweifelhaft, wie weit in diesem Stoffgebiet dem Autor die Konstruktion der Fabel freisteht. Darf er sich wirklich bescheiden, dem Historiker nicht vorzugreifen? Gibt es ein wirklich revolutionäres Schrifttum ohne didaktischen Charakter?

Die Klärung dieser Fragen, die die Krisis der Belletristik erst in volles Licht rückt, blieb dem Surrealismus vorbehalten. Die Bedingungen für die Lösung dieser Aufgabe – so wenige sie auch bisher erreichten – waren herangereift. Sie lagen im Entstehen des neuen Nationalismus, der die wahren Züge im Bilde, das Barrès vom »Geistigen« gezeichnet hatte, in Erscheinung treten ließ. Sie lagen in der Krise des Parlamentarismus, die den Zugang der jungen Intellektuellen zu den cadres, deren Geist Alain vertritt, immer prekärer machte. Sie lagen ferner in dem Umstand, daß der Internationalismus als kulturelle Angelegenheit, wie Benda ihn versteht, im Begriff war, eine Reihe der schwersten Belastungsproben durchzumachen. Sie lagen in der Schnelligkeit, mit der das Bild Péguys in die Legende einging; in der Unmöglichkeit, in seinen Schriften Handhaben für die Situation zu finden, vor die die Intellektuellen heute gestellt sind. Sie lagen in der Einsicht, die allmählich für die Gewissenhaften zwingend wurde: daß sie zu lernen hatten, auf ein Publikum Verzicht zu leisten, dessen Bedürfnisse zu befriedigen sich mit ihrer besseren Einsicht nicht mehr vereinbaren ließ. Einen indirekten Hinweis auf diese Bedingungen aber bot ein bedeutender Dichter wie Valéry, der eine problematische Figur nur darum machte, weil er die Kraft nicht hatte, den Widerspruch sich klar zu machen, welcher zwischen seiner Technik und der Gesellschaft, der er sie zur Verfügung hält, besteht. Sie lagen endlich – jene Vorbedingungen – im Beispiel von André Gide.

Es ist bei alledem entscheidend, daß die Surrealisten auf einem Wege an die Lösung des Problems herangegangen sind, der ihnen erlaubte, jene Vorbedingungen erschöpfend auszunutzen. So haben sie die spielerische Tat Lafcadios vielfach nachgeahmt, bevor sie an ernstere gingen. So haben sie dem, was bei Valéry als »reine Dichtung« auftritt, Bestimmtheit durch gewisse Unternehmungen verliehen, in welchen sie die Dichtung als einen Schlüssel für Psychosen gehandhabt haben. So haben sie den Intellektuellen als Techniker an seinen Platz gestellt, indem sie über seine Technik dem Proletariat Verfügung zuerkannten, weil nur diese auf ihren fortgeschrittensten Stand angewiesen ist. Mit einem Wort – und das ist ausschlaggebend – sie haben das, was sie erreichten, kompromißlos, auf Grund der ständigen Kontrolle ihres eigenen Standorts erreicht. Sie haben es als Intellektuelle erreicht – und das heißt auf dem weitesten Wege. Denn der Weg des Intellektuellen zur radikalen Kritik der gesellschaftlichen Ordnung ist der weiteste wie der des Proletariers der kürzeste. Darum der Kampf, den sie Barbusse und allen denen ansagten, die im Zeichen der »Gesinnung« bestrebt sind, diesen Weg abzukürzen. Darum gibt es für sie unter den Arme-Leute-Schilderern keinen Platz.

Der Kleinbürger, der sich entschlossen hat, mit seinen libertären und erotischen Aspirationen Ernst zu machen, hört auf, jenen idyllischen Anblick zu bieten, den Chardonne in ihm begrüßt. Je unerschrockener und entschiedener er jene Ansprüche zur Geltung bringt, desto gewisser trifft er – auf einem Wege, der zugleich der weiteste und der für ihn allein gangbare ist – die Politik. Im gleichen Augenblick hört er auf, der Kleinbürger zu sein, welcher er war. »Die revolutionären Schriftsteller erscheinen, heißt es bei Aragon, falls sie von bürgerlicher Herkunft sind, wesentlich und entscheidend als Verräter an ihrer Ursprungsklasse.« Sie werden zu militanten Politikern: als solche sind die einzigen, die jene dunkle Prophezeiung von Apollinaire, mit welcher wir begonnen haben, deuten können. Sie wissen aus Erfahrung, warum das Dichten – das einzige, dem sie diesen Namen noch zuerkennen – gefährlich ist.

Brechts Dreigroschenroman

Acht Jahre

Zwischen Dreigroschenoper und Dreigroschenroman liegen acht Jahre. Das neue Werk hat sich aus dem alten entwickelt. Aber das geschah nicht in der versponnenen Weise, in der man sich das Reifen des Kunstwerks gewöhnlich vorstellt. Denn diese Jahre waren politisch entscheidende. Ihre Lektion hat der Verfasser sich zu eigen gemacht, ihre Untaten hat er beim Namen genannt, ihren Opfern hat er ein Licht aufgesteckt. Er hat einen satirischen großen Roman großen Formats geschrieben.

Zu diesem Buch hat er weit ausgeholt. Weniges ist von den Grundlagen, weniges von der Handlung der Oper geblieben. Nur die Hauptpersonen sind noch dieselben. Sie waren es ja, die vor unseren Augen begannen in diese Jahre hineinzuwachsen und ihrem Wachstum so blutig Platz schufen. Als die Dreigroschenoper zum ersten Mal in Deutschland über die Bühne ging, war ihm der Gangster noch ein fremdes Gesicht. Inzwischen hat er sich dort heimisch gemacht und die Barbarei eingerichtet. Erst spät weist ja auf seiten der Ausbeuter die Barbarei jene Drastik auf, die das Elend der Ausgebeuteten schon zu Beginn des Kapitalismus kennzeichnet. Brecht hat es mit beiden zu tun; er zieht darum die Epochen zusammen und weist seinen Gangstertypen Quartier in einem London an, das den Rhythmus und das Aussehen der Dickenszeit hat. Die Umstände des Privatlebens sind die früheren, die des Klassenkampfes die heutigen. Diese Londoner haben kein Telephon, aber ihre Polizei hat schon Tanks. Am heutigen London, hat man gesagt, zeigt sich, daß es für den Kapitalismus gut ist, wenn er sich eine gewisse Rückständigkeit bewahrt. Dieser Umstand hat für Brecht seinen Wert gehabt. Die schlechtgelüfteten Kontore, feuchtwarmen Badeanstalten, nebligen Straßen, bevölkert er mit Typen, die in ihrem Auftreten oft altväterisch, in ihren Maßnahmen immer modern sind. Solche Verschiebungen gehören zur Optik der Satire. Brecht unterstreicht sie durch die Freiheiten, die er sich mit der Topographie von London genommen hat. Das Verhalten seiner Figuren, das er der Wirklichkeit abgelauscht hat, ist, so darf sich der Satiriker sagen, um vieles unmöglicher als ein Brobdignag oder London, das er in seinem Kopf erbaut haben mag.

Alte Bekannte

Jene Figuren traten also von neuem vor ihren Dichter. – Da ist Peachum, der immer den Hut aufbehält, weil es kein Dach gibt, von dem er nicht gewärtigt, daß es ihm über dem Kopfe zusammenstürzt. Er hat seinen Instrumentenladen vernachlässigt und ist einem Kriegsgeschäft mit Transportschiffen nähergetreten, in dessen Verlauf seine Bettlergarde in kritischen Augenblicken als »erregte Volksmenge« Verwertung findet. Die Schiffe sollen im Truppentransport während des Burenkrieges eingesetzt werden. Da sie morsch sind, gehen sie mit der Mannschaft unweit der Themsemündung zugrunde. Peachum, der es sich nicht nehmen läßt, zu der Trauerfeier für die ertrunkenen Soldaten zu gehen, hört dort mit vielen anderen, unter denen auch ein gewisser Fewkoombey ist, eine Predigt des Bischofs über die biblische Mahnung, mit dem anvertrauten Pfunde zu wuchern. Vor bedenklichen Folgen des Lieferungsgeschäfts hat er sich zu diesem Zeitpunkt bereits durch Beseitigung seines Partners gesichert. Doch begeht er den Mord nicht selbst. Auch seine Tochter, der Pfirsich, streift kriminelle Verwicklungen – aber nur so, wie es für eine Dame sich machen läßt: in einer Abtreibungssache und einem Ehebruch. Wir lernen den Arzt kennen, dem sie den Eingriff zumutet, und aus seinem Mund eine Rede, die ein Gegenstück zu der des Bischofs ist.

Der Held Macheath stand in der Dreigroschenoper seinen Lehrjahren noch sehr nahe. Der Roman rekapituliert sie nur kurz; er ehrt das Schweigen über ganzen »Gruppen von Jahren ... das die Biographien unserer großen Geschäftsleute auf vielen Seiten so stoffarm macht«, und er läßt es dahingestellt, ob am Anfang der Verwandlung, in deren Abfolge aus dem Holzhändler Beckett der Großkaufmann Macheath geworden ist, der Raubmörder Stanfort Sills, genannt »Das Messer«, gestanden hat. Klar ist nur so viel, daß der Geschäftsmann treu zu gewissen früheren Freunden steht, die den Weg in die Legalität nicht gefunden haben. Das trägt seinen Lohn in sich, da diese durch Diebstahl die Warenmengen beschaffen, die der Ladenkonzern von Macheath konkurrenzlos billig vertreibt.

Macheath' Konzern bilden die B.-Läden, deren Inhaber – selbständige Existenzen – nur zur Abnahme seiner Ware und zur Zahlung der Ladenmiete an ihn verpflichtet sind. In einigen Zeitungsinterviews hat er sich über »seine entscheidende Entdeckung des menschlichen Selbständigkeitstriebes« geäußert. Allerdings stehen sich diese selbständigen Existenzen schlecht, und eine von ihnen geht in die Themse, weil Macheath aus geschäftlichen Gründen die Warenzufuhr zeitweilig einstellt. Es kommt Mordverdacht auf; es entsteht eine Kriminalsache. Aber diese Kriminalsache geht bruchlos in den satirischen Vorwurf ein. Die Gesellschaft, die nach dem Mörder der Frau sucht, welche Selbstmord begangen hat, wird niemals imstande sein, ihn in Macheath zu erkennen, der nur seine vertraglichen Rechte ausgeübt hat. »Die Ermordung der Kleingewerbetreibenden Mary Swayer« steht nicht nur in der Mitte der Handlung, sie enthält auch deren Moral. Die ausgemergelten Ladeninhaber, die Soldaten, die auf lecken Schiffen verstaut werden, die Einbrecher, deren Auftraggeber den Polizeipräsidenten bezahlt – diese graue Masse, die im Roman den Platz des Chors in der Oper einnimmt – stellt den Herrschenden ihre Opfer. An ihr üben sie ihre Verbrechen aus. Ihr gehört Mary Swayer an, die man zwingt, ins Wasser zu gehen, und aus ihrer Mitte ist Fewkoombey, der zu seinem Erstaunen wegen Mordes an ihr gehängt wird.

Ein neues Gesicht

Der Soldat Fewkoombey, dem im Vorspiel in einem Verschlage Peachums »die Bleibe« angewiesen und dem im Nachspiel in einem Traum »das Pfund der Armen« offenbart wird, ist ein neues Gesicht. Oder vielmehr kaum eines, sondern »durchsichtig und gesichtslos« wie die Millionen es sind, die Kasernen und Kellerwohnungen füllen. Hart am Rahmen ist er eine lebensgroße Figur, die ins Bild zeigt. Er zeigt auf die bürgerliche Verbrechergesellschaft im Mittelgrund. Er hat in dieser Gesellschaft das erste Wort, denn ohne ihn würde sie keine Profite machen; darum steht Fewkoombey im Vorspiel. Und er steht im Nachspiel, als Richter, weil sie sonst das letzte behalten würde. Zwischen beiden liegt die kurze Frist eines halben Jahres, die er hintrödelt, während deren aber gewisse Angelegenheiten der Oberen sich so weit und so günstig entwickelt haben, daß sie mit seiner Hinrichtung enden, die von keinem »reitenden Boten des Königs« gestört wird.

Kurz vorher hat er, wie gesagt, einen Traum. Es ist der Traum von einer Gerichtsverhandlung, in der es sich um ein »besonderes Verbrechen« dreht. »Weil niemand einen Träumer davon abhalten kann zu siegen, wurde unser Freund Vorsitzender des größten Gerichts aller Zeiten, des einzig wirklich notwendigen, umfassenden und gerechten ... Nach langem Nachdenken, das allein schon Monate dauerte, beschloß der Oberste Richter, den Anfang mit einem Manne zu machen, der, nach Aussage eines Bischofs in einer Trauerfeier für untergegangene Soldaten, ein Gleichnis erfunden hatte, das zweitausend Jahre lang von allen Kanzeln herab angewendet worden war und nach Ansicht des Obersten Richters ein besonderes Verbrechen darstellte.« Diese Ansicht beweist der Richter, indem er die Folgen des Gleichnisses namhaft macht und die lange Reihe von Zeugen vernimmt, die über *ihr* Pfund aussagen sollen.

»›Hat Euer Pfund sich vermehrt?‹ fragte der Oberste Richter streng. Sie erschraken und sagten ›Nein.‹ ›Hat er‹ – es ist von dem Angeklagten die Rede – ›gesehen, daß es sich nicht vermehrte?‹ Auf diese Frage wußten sie nicht gleich, was sie sagen sollten. Nach einer Zeit des Nachdenkens trat aber einer vor, ein kleiner Junge ... ›Er muß es gesehen haben; denn wir haben gefroren, wenn es kalt war und gehungert vor und nach dem Essen. Sieh selber, ob man es uns ansieht oder nicht.‹ Er streckte zwei Finger in den Mund und pfiff und ... heraus ... trat eine Frauensperson und glich genau der Kleingewerbetreibenden Mary Swayer.« Als dem Angeklagten nun angesichts einer so belastenden Beweisaufnahme ein Verteidiger bewilligt wird – »Aber er muß zu Ihnen passen« sagt Fewkoombey – und

Herr Peachum als solcher sich vorstellt, präzisiert sich die Schuld des Klienten. Er muß der Beihilfe bezichtigt werden. Weil er, sagt der Oberste Richter, seinen Leuten dieses Gleichnis in die Hand gegeben hat, das auch ein Pfund ist. Anschließend verurteilt er ihn zum Tode. – Aber an den Galgen kommt nur der Träumer, der in einer wachen Minute begriffen hat, wie weit die Spuren der Verbrechen zurückführen, denen er und seinesgleichen zum Opfer fallen.

Die Partei des Macheath

In den Handbüchern der Kriminalistik werden Verbrecher als asoziale Elemente gekennzeichnet. Das mag für deren Mehrzahl zutreffen. Für einige aber hat die Zeitgeschichte es widerlegt. Indem sie viele zu Verbrechern machten, wurden sie zu sozialen Vorbildern. So steht es mit Macheath. Er ist aus der neuen Schule, während sein ebenbürtiger, lange ihm verfeindeter Schwiegervater noch zur alten zu zählen ist. Peachum versteht es nicht aufzutreten. Seine Habgier versteckt er hinter Familiensinn, seine Impotenz hinter Askese, seine Erpressertätigkeit hinter Armenpflege. Am liebsten verschwindet er in seinem Kontor. Das kann man von Macheath nicht sagen. Er ist eine Führernatur. Seine Worte haben den staats-, seine Taten den kaufmännischen Einschlag. Die Aufgaben, denen er zu entsprechen hat, sind ja die mannigfachsten. Sie waren für einen Führer nie schwerer als heutzutage. Es genügt nicht, Gewalt zur Erhaltung der Eigentumsverhältnisse aufzubieten. Es genügt nicht, die Enteigneten selbst zu deren Ausübung anzuhalten. Diese praktischen Aufgaben wollen gelöst sein. Aber wie man von einer Balletteuse nicht nur verlangt, daß sie tanzen kann, sondern auch, daß sie hübsch ist, so verlangt der Faschismus nicht nur einen Retter des Kapitals, sondern auch, daß dieser ein Edelmensch ist.

Das ist der Grund, aus dem ein Typ wie Macheath in diesen Zeiten unschätzbar ist. Er versteht es, zur Schau zu tragen, was der verkümmerte Kleinbürger sich unter einer Persönlichkeit vorstellt. Regiert von hunderten von Instanzen, Spielball von

Teuerungswellen, Opfer von Krisen, sucht dieser Habitué von Statistiken einen Einzigen, an den er sich halten kann. Niemand will ihm Rede stehen, Einer soll es. Und der kann es. Denn das ist die Dialektik der Sache: will er die Verantwortung tragen, so danken ihm die Kleinbürger mit dem Versprechen, keinerlei Rechenschaft von ihm zu verlangen. Forderungen zu stellen, lehnen sie ab, »weil das Herrn Macheath zeigen würde, daß wir das Vertrauen zu ihm verloren haben«. Seine Führernatur ist die Kehrseite ihrer Genügsamkeit. Die befriedigt Macheath unermüdlich. Er versäumt keine Gelegenheit hervorzutreten. Und er ist ein anderer vor den Bankdirektoren, ein anderer vor den Inhabern von B.-Läden, ein anderer vor Gericht und ein anderer vor den Mitgliedern seiner Bande. Er beweist, »daß man alles sagen kann, wenn man nur einen unerschütterlichen Willen besitzt«, zum Beispiel das Folgende:

»Meiner Meinung nach, es ist die Meinung eines ernsthaft arbeitenden Geschäftsmannes, haben wir nicht die richtigen Leute an der Spitze des Staates. Sie gehören alle irgendwelchen Parteien an und Parteien sind selbstsüchtig. Ihr Standpunkt ist einseitig. Wir brauchen Männer, die über den Parteien stehen, so wie wir Geschäftsleute. Wir verkaufen unsere Ware an Arm und Reich. Wir verkaufen Jedem ohne Ansehen der Person einen Zentner Kartoffeln, installieren ihm eine Lichtleitung, streichen ihm sein Haus an. Die Leitung des Staates ist eine moralische Aufgabe. Es muß erreicht werden, daß die Unternehmer gute Unternehmer, die Angestellten gute Angestellte, kurz: die Reichen gute Reiche und die Armen gute Arme sind. Ich bin überzeugt, daß die Zeit einer solchen Staatsführung kommen wird. Sie wird mich zu ihren Anhängern zählen.«

Plumpes Denken

Macheath' Programm und zahlreiche andere Betrachtungen hat Brecht kursiv setzen lassen, so daß sie sich aus dem erzählenden Text herausheben. Er hat damit eine Sammlung von Ansprachen und Sentenzen, Bekenntnissen und Plaidoyers geschaffen, die einzig zu nennen ist. Sie allein würde dem Werk seine Dauer sichern. Was da steht hat noch nie jemand ausgesprochen, und doch reden sie alle so. Die Stellen unterbrechen den Text; sie sind – darin der Illustration vergleichbar – eine Einladung an den Leser, hin und wieder auf die Illusion zu verzichten. Nichts ist einem satirischen Roman angemessener. Einige dieser Stellen beleuchten nachhaltig die Voraussetzungen, denen Brecht seine Schlagkraft verdankt. Da heißt es zum Beispiel: »Die Hauptsache ist, plump denken zu lernen. Plumpes, das ist das Denken der Großen.«

Es gibt viele Leute, die unter einem Dialektiker einen Liebhaber von Subtilitäten verstehen. Da ist es ungemein nützlich, daß Brecht auf das »plumpe Denken« den Finger legt, welches die Dialektik als ihren Gegensatz produziert, in sich einschließt und nötig hat. Plumpe Gedanken gehören gerade in den Haushalt des dialektischen Denkens, weil sie gar nichts anderes darstellen als die Anweisung der Theorie auf die Praxis. *Auf* die Praxis, nicht *an* sie: Handeln kann natürlich so fein ausfallen wie Denken. Aber ein Gedanke muß plump sein, um im Handeln zu seinem Recht zu kommen.

Die Formen des plumpen Denkens wechseln langsam, denn sie sind von den Massen geschaffen worden. Aus den abgestorbenen läßt sich noch lernen. Eine von diesen hat man im Sprichwort, und das Sprichwort ist eine Schule des plumpen Denkens. »Hat Herr Macheath Mary Swayer auf dem Gewissen?« fragen die Leute. Brecht stößt sie mit der Nase auf die Antwort und setzt über diesen Abschnitt: »Wo ein Fohlen ersoffen ist, da war Wasser.« Einen anderen könnte er überschreiben: »Wo gehobelt wird, gibt es Späne.« Es ist der Abschnitt, in dem Peachum, »die erste Autorität auf dem Gebiet des Elends«, sich die Grundlagen des Bettelgeschäfts vor Augen führt.

»Es ist mir auch klar« sagt er sich, »warum die Leute die Gebrechen der Bettler nicht schärfer nachprüfen, bevor sie geben. Sie sind ja überzeugt, daß da Wunden sind, wo sie hingeschlagen haben! Sollen keine Ruinierten weggehen, wo sie Geschäfte gemacht haben? Wenn sie für ihre Familien sorgten, sollten da nicht Familien unter die Brückenbögen geraten sein? Alle sind von vornherein überzeugt, daß angesichts ihrer eigenen Lebensweise allüberall tödlich Verwundete und unsäglich Hilfsbedürftige herumkriechen müssen. Wozu sich die Mühe machen zu prüfen. Für die paar Pence, die man zu geben bereit ist!«

Die Verbrecher-Gesellschaft

Peachum ist seit der Dreigroschenoper gewachsen. Vor seinen unbetrüglichen Blicken liegen die Bedingungen seiner erfolgreichen wie die Fehler seiner mißglückten Spekulationen. Kein Schleier, nicht die mindeste Illusion verhüllt ihm die Gesetze der Ausbeutung. Damit beglaubigt sich dieser altmodische, kleine weltabgewandte Mensch als ein höchst aktueller Denker. Er könnte sich ruhig mit Spengler messen, welcher gezeigt hat, wie unbrauchbar die humanitären und philantropischen Ideologien aus den Anfängen des Bürgertums für den heutigen Unternehmer geworden sind. Die Errungenschaften der Technik kommen eben in erster Linie den herrschenden Klassen zugute. Das gilt von den fortgeschrittenen Denkformen so gut wie von den modernen Bewegungsformen. Die Herren im Dreigroschenroman haben zwar keine Autos, aber sie sind sämtlich dialektische Köpfe. Peachum zum Beispiel sagt sich, daß Strafen auf Morden stehen. »Aber auf dem Nichtmorden«, sagt er sich, »stehen auch Strafen und furchtbarere ... Ein Herunterkommen in die Slums, wie es mir mit meiner ganzen Familie drohte, ist nicht weniger als ein Inszuchthauskommen. Das sind Zuchthäuser auf Lebenszeit!«

Der Kriminalroman, der in seiner Frühzeit bei Dostojewski viel für die Psychologie geleistet hat, stellt sich auf dem Höhepunkt seiner Entwicklung der Sozialkritik zur Verfügung. Wenn Brechts Buch die Gattung erschöpfender verwertet als Dostojewski, so kommt das unter anderem daher, daß darin – wie in der Wirklichkeit – der Verbrecher sein Auskommen in der Gesellschaft, die Gesellschaft – wie in der Wirklichkeit – ihren Anteil an seinem Raub hat. Dostojewski ging es um Psychologie; er brachte das Stück Verbrecher, das im Menschen steckt, zum Vorschein. Brecht geht es um Politik; er bringt das Stück Verbrechen, das im Geschäft steckt, zum Vorschein.

Bürgerliche Rechtsordnung und Verbrechen – das sind nach

der Spielregel des Kriminalromans Gegensätze. Brechts Verfahren besteht darin, die hochentwickelte Technik des Kriminalromans beizubehalten, aber dessen Spielregel auszuschalten. Das Verhältnis zwischen bürgerlicher Rechtsordnung und Verbrechen wird in *diesem* Kriminalroman sachgemäß dargestellt. Das letztere erweist sich als ein Sonderfall der Ausbeutung, die von der ersteren sanktioniert wird. Gelegentlich ergeben sich zwischen beiden zwanglose Übergänge. Der nachdenkliche Peachum stellt fest, »wie die komplizierten Geschäfte oft in ganz einfache, seit urdenklichen Zeiten gebräuchliche Handlungsweisen übergehen! ... Mit Verträgen und Regierungsstempeln fing es an und am Ende war Raubmord nötig! Wie sehr bin gerade ich gegen Mord! ... Und wenn man bedenkt: daß wir nur Geschäfte miteinander gemacht haben!«

Es ist natürlich, daß in diesem Grenzfall des Kriminalromans der Detektiv nichts zu suchen hat. Die Rolle, die ihm der Spielregel nach als Sachverwalter der gesetzlichen Ordnung zufällt, übernimmt hier die Konkurrenz. Was sich zwischen Macheath und Peachum abspielt, ist ein Kampf zweier Banden und ein Gentleman's Agreement das Happy-End, das die Verteilung der Beute notariell festlegt.

Die Satire und Marx

Brecht entkleidet die Verhältnisse, unter denen wir leben, ihrer Drapierung durch Rechtsbegriffe. Nackt wie es auf die Nachwelt gelangen wird tritt das Menschliche aus ihnen heraus. Leider wirkt es entmenscht. Aber das ist nicht dem Satiriker zuzuschreiben. Den Mitbürger zu entkleiden ist seine Aufgabe. Wenn er ihn seinerseits neu ausstaffiert, ihn wie Cervantes im Hund Berganza, wie Swift in der Pferdegestalt, wie Hoffmann in einem Kater vorstellt, so kommt es ihm im Grunde dabei doch nur auf die eine Positur an, wo derselbe nackt zwischen seinen Kostümen steht. Der Satiriker hält sich an seine Blöße, die er ihm im Spiegel vor Augen führt. Darüber geht sein Amt nicht hinaus.

So begnügt sich Brecht mit einer kleinen Umkostümierung

der Zeitgenossen. Sie reicht im übrigen gerade aus, um die Kontinuität mit jenem neunzehnten Jahrhundert herzustellen, das nicht nur den Imperialismus, sondern auch den Marxismus hervorgebracht hat, der so nützliche Fragen an diesen zu stellen hat. »Als der deutsche Kaiser an den Präsidenten Krüger telegraphierte, welche Aktien stiegen da und welche fielen? Natürlich fragen das nur die Kommunisten.« Aber Marx, der es zuerst unternahm, die Verhältnisse zwischen Menschen aus ihrer Erniedrigung und Vernebelung in der kapitalistischen Wirtschaft wieder ans Licht der Kritik zu ziehen, ist damit ein Lehrer der Satire geworden, der nicht weit davon entfernt war, ein Meister in ihr zu sein. In seine Schule ist Brecht gegangen. Die Satire, die immer eine materialistische Kunst war, ist bei ihm nun auch eine dialektische. Marx steht im Hintergrund seines Romans – ungefähr so wie Konfuzius und Zoroaster für die Mandarine und Schahs, die in den Satiren der Aufklärung unter den Franzosen sich umsehen. Marx bestimmt hier die Weite des Abstandes, den der große Schriftsteller überhaupt, besonders aber der große Satiriker seinem Objekt gegenüber einnimmt. Es war immer dieser Abstand, den die Nachwelt sich zu eigen gemacht hat, wenn sie einen Schriftsteller klassisch nannte. Vermutlich wird sie sich im Dreigroschenroman ziemlich leicht zurechtfinden.

Eduard Fuchs, der Sammler und der Historiker

Es gibt viele Arten von Sammlern; zudem sind in jeglichem eine Fülle von Impulsen am Werk. Fuchs ist als Sammler vor allem ein Pionier: der Begründer eines einzig dastehenden Archivs zur Geschichte der Karikatur, der erotischen Kunst und des Sittenbildes. Wichtiger ist aber ein anderer und zwar komplementärer Umstand: als Pionier wurde Fuchs zum Sammler. Nämlich als Pionier der materialistischen Kunstbetrachtung. Was jedoch diesen Materialisten zum Sammler machte, war das mehr oder minder klare Gefühl für eine geschichtliche Lage, in die er sich hineingestellt sah. Es war die Lage des historischen Materialismus selbst.

Sie kommt in einem Briefe zum Ausdruck, den Friedrich Engels an Mehring zur gleichen Zeit richtete, da in einem sozialistischen Redaktionsbureau Fuchs seine ersten publizistischen Siege erfocht. Der Brief stammt vom 14. Juli 1893 und führt unter anderem aus: »Es ist dieser Schein einer selbständigen Geschichte der Staatsverfassungen, der Rechtssysteme, der ideologischen Vorstellungen auf jedem Sondergebiete, der die meisten Leute vor allem blendet. Wenn Luther und Calvin die offizielle katholische Religion, wenn Hegel den Fichte und Kant, Rousseau indirekt mit seinem Contrat Social den konstitutionellen Montesquieu *überwindet*, so ist das ein Vorgang, der Theologie, der Philosophie, der Staatswissenschaft bleibt, eine Etappe in der Geschichte dieser Denkgebiete darstellt und gar nicht aus dem Denkgebiete herauskommt. Und seitdem die bürgerliche Illusion von der Ewigkeit und Letztinstanzlichkeit der kapitalistischen Produktion dazugekommen ist, gilt ja sogar die Überwindung der Merkantilisten durch die Physiokraten und Adam Smith als ein bloßer Sieg des Gedankens, nicht als der Gedankenreflex veränderter ökonomischer Tatsachen, sondern als die endlich errungene richtige Einsicht in stets und überall bestehende tatsächliche Beziehungen.«[1]

Engels wendet sich gegen zweierlei: einmal gegen die Gepflogenheit, in der Geistesgeschichte ein neues Dogma als *Entwicklung* eines früheren, eine neue Dichterschule als *Reaktion* auf eine vorangegangene, einen neuen Stil als *Überwindung* eines älteren darzustellen; er wendet sich aber offenbar implizit zugleich gegen den Brauch, solche neuen Gebilde losgelöst von ihrer Wirkung auf die Menschen und deren sowohl geistigen wie ökonomischen Produktionsprozeß darzustellen. Damit ist die Geisteswissenschaft als Geschichte der Staatsverfassungen oder der Naturwissenschaften, der Religion oder der Kunst zerschlagen. Aber die Sprengkraft dieser Gedanken, die Engels ein halbes Jahrhundert mit sich getragen hat[2], reicht tiefer. Sie stellt die Geschlossenheit der Gebiete und ihrer Gebilde in Frage. So, was die Kunst betrifft, deren eigene und die der Werke, welche ihr Begriff zu umfassen beansprucht. Diese Werke integrieren für den, der sich als historischer Dialektiker mit ihnen befaßt, ihre Vor- wie ihre Nachgeschichte – eine Nachgeschichte, kraft deren auch ihre Vorgeschichte als in ständigem Wandel begriffen erkennbar wird. Sie lehren ihn, wie ihre Funktion ihren Schöpfer zu überdauern, seine Intentionen hinter sich zu lassen vermag; wie die Aufnahme durch seine Zeitgenossen ein Bestandteil der Wirkung ist, die das Kunstwerk heute auf uns selber hat, und wie die letztere auf der Begegnung nicht allein mit ihm, sondern mit der Geschichte beruht, die es bis auf unsere Tage hat kommen lassen. Goethe hat dies, verschleiernd wie oft, bedeutet, als er im Gespräch über Shakespeare zu dem Kanzler von Müller äußerte: »Alles, was eine große Wirkung getan hat, kann eigentlich gar nicht mehr beurteilt werden.« Kein Wort ist gemäßer, die Beunruhigung hervorzurufen, die den Anfang jeder Geschichtsbetrachtung macht, welche das Recht hat, dialektisch genannt zu werden. Beunruhigung über die Zumutung an den Forschenden, die gelassene, kontemplative Haltung dem Gegenstand gegenüber aufzugeben, um der kritischen Konstellation sich bewußt zu werden, in der gerade dieses Fragment der Vergangenheit mit gerade dieser Gegenwart sich befindet. »Die Wahrheit wird uns nicht davon laufen« – dieses Wort das bei Gottfried Keller steht, bezeichnet im Geschichtsbild des Historismus genau die Stelle, an welcher es vom historischen Materialismus durchschlagen wird. Denn es ist ein unwiederbringliches

Bild der Vergangenheit, das mit jeder Gegenwart zu verschwinden droht, welche sich nicht als in ihm gemeint erkannte.

Je besser man die Sätze von Engels bedenkt, desto klarer wird, daß jede dialektische Darstellung der Geschichte erkauft wird durch den Verzicht auf eine Beschaulichkeit, die für den Historismus bezeichnend ist. Der historische Materialist muß das epische Element der Geschichte preisgeben. Sie wird ihm Gegenstand einer Konstruktion, deren Ort nicht die leere Zeit, sondern die bestimmte Epoche, das bestimmte Leben, das bestimmte Werk bildet. Er sprengt die Epoche aus der dinghaften *geschichtlichen Kontinuität* heraus, so auch das Leben aus der Epoche, so das Werk aus dem Lebenswerk. Doch der Ertrag dieser Konstruktion ist der, daß im Werke das Lebenswerk, im Lebenswerk die Epoche und in der Epoche der Geschichtsverlauf aufbewahrt und aufgehoben ist.[3]

Der Historismus stellt das ewige Bild der Vergangenheit dar; der historische Materialismus eine jeweilige Erfahrung mit ihr, die einzig dasteht. Der Entsatz des epischen Moments durch das konstruktive erweist sich als Bedingung dieser Erfahrung. In ihr werden die gewaltigen Kräfte frei, die im *Es-war-einmal* des Historismus gebunden liegen. Die Erfahrung mit der Geschichte ins Werk zu setzen, die für jede Gegenwart eine ursprüngliche ist – das ist die Aufgabe des historischen Materialismus. Er wendet sich an ein Bewußtsein der Gegenwart, welches das Kontinuum der Geschichte aufsprengt.

Geschichtliches Verstehen faßt der historische Materialismus als ein Nachleben des Verstandenen auf, dessen Pulse bis in die Gegenwart spürbar sind. Dieses Verstehen hat bei Fuchs seine Stelle; jedoch keine unangefochtene! Eine alte, dogmatische und naive Vorstellung von der Rezeption steht bei ihm neben ihrer neuen und kritischen. Die erste resümiert sich in der Behauptung, maßgebend für unsere Rezeption eines Werkes müsse die Rezeption sein, welche es bei seinen Zeitgenossen gefunden habe. Es ist die genaue Analogie zu Rankes »wie es denn wirklich gewesen sei«, auf das es »doch einzig und allein« ankomme.[4] Daneben aber steht unvermittelt die dialektische und den weitesten Horizont eröffnende Einsicht in die Bedeutung einer Geschichte der Rezeption. Fuchs bemängelt, daß in der Kunstgeschichte die Frage nach dem Erfolg außer acht bleibe. »Diese Unterlassung ist ... ein Defizit unserer gesamten ... Kunstbetrachtung. Und doch dünkt mich die Aufdeckung der wirklichen Ursachen für den größeren oder geringeren Erfolg eines Künstlers, für die Dauer seines Erfolges und ebensosehr für das Gegenteil eines der wichtigsten Probleme, die sich ... an die Kunst knüpfen.«[5] Nicht anders hatte Mehring die Sache verstanden, dessen ›Lessing-Legende‹ die Rezeption des Dichters, so wie sie sich bei Heine und bei Gervinus, bei Stahr und bei Danzel schließlich bei Erich Schmidt vollzogen hatte, zum Ausgangspunkt ihrer Analysen macht. Und nicht umsonst tauchte wenig später die, wenn nicht methodisch so doch ihrem Inhalt nach, schätzbare Untersuchung ›Zur Genesis des Ruhmes‹ von Julian Hirsch auf. Es ist die gleiche Frage, die Fuchs visiert hat. Ihre Lösung gibt ein Kriterium für den Standard des historischen Materialismus ab. Dieser Umstand aber berechtigt nicht, den anderen: daß sie noch aussteht, zu unterschlagen. Vielmehr ist rücksichtslos einzuräumen, daß es nur in vereinzelten Fällen gelungen ist, den geschichtlichen Gehalt eines Kunstwerks so zu erfassen, daß es als *Kunstwerk* für uns transparenter wurde. Alles Werben um ein Kunstwerk muß eitel bleiben, wo nicht sein nüchterner geschichtlicher Gehalt vom dialektischen Erkennen betroffen wird. Das ist nur die erste der Wahrheiten, an denen das Werk des Sammlers Eduard Fuchs sich orientiert. Seine Sammlungen sind die Antwort des Praktikers auf die Aporien der Theorie.

II

Fuchs ist im Jahre 1870 geboren. Er war von Hause aus nicht zum Gelehrten bestimmt worden. Und bei aller Gelehrsamkeit, zu der er im späteren Leben gekommen ist, hat er nie den Gelehrtentyp angenommen. Seine Wirksamkeit ist stets über die Ränder hinausgeschossen, die das Blickfeld des Forschers umgrenzen. So ist es um seine Leistung als Sammler bestellt, so um seine Aktivität als Politiker. Mitte der achtziger Jahre ist Fuchs ins Erwerbsleben eingetreten. Es war unter der Herrschaft des Sozialistengesetzes. Die Lehrstelle führte Fuchs mit politisch interessierten Proletariern zusammen, und bald war er durch sie in den heute idyllisch anmutenden Kampf der damaligen Illegalen hineinbezogen. Diese Lehrjahre endeten 1887. Einige Jahre darauf forderte das bayrische Organ der Sozialdemokraten, die ›Münchener Post‹, den jungen Buchhalter Fuchs von einer Stuttgarter Druckerei an; es glaubte, in ihm den Mann gefunden zu haben, der die administrativen Mängel beheben könne, die sich bei dem Blatte ergeben hatten. Fuchs ging nach München, um dort neben Richard Calver zu arbeiten.

Im Hause der ›Münchener Post‹ erschien ein politisches Witzblatt der Sozialisten, der ›Süddeutsche Postillon‹. Ein Zufall gab, daß Fuchs aushilfsweise den Umbruch einer Nummer des ›Postillon‹ in die Hand nehmen, und ein weiterer, daß er Lükken mit einigen eigenen Beiträgen füllen mußte. Der Erfolg dieser Nummer war ungewöhnlich. Im gleichen Jahre erschien sodann, bunt bebildert – die farbig illustrierte Presse stand eben in ihren Anfängen –, von Fuchs zusammengestellt, die Mainummer dieses Blattes. Sechzigtausend Exemplare wurden verkauft gegen zweieinhalbtausend im Jahresdurchschnitt. Damit war Fuchs Redakteur einer Zeitschrift geworden, die der poetischen Satire gewidmet war. Er wandte sich zugleich der Geschichte seines Tätigkeitsfeldes zu, und es entstanden so, neben der Tagesarbeit, die illustrierten Studien über das Jahr 1848 in der Karikatur und über die Staatsaffäre der Lola Montez. Das waren, im Gegensatz zu den von lebenden Zeichnern illustrierten Historienbüchern (z. B. den von Jentsch bebilderten volkstümlichen Revolutionsbüchern von Wilhelm Blos), die ersten durch dokumentarische Bilder illustrierten Geschichtswerke. Auf Hardens Aufforderung zeigte Fuchs das zweite dieser Werke selbst in der ›Zukunft‹ an, nicht ohne zu bemerken, daß es nur einen Ausschnitt aus dem umfassenden Werk darstelle, das er der Karikatur der europäischen Völker zu widmen vorhabe. Ein Gefängnisaufenthalt von zehn Monaten, den eine Majestätsbeleidigung durch die Presse ihm eintrug, kam den Studien zu diesem Werk zugute. Daß die Idee glücklich sei, erschien einleuchtend. Ein gewisser Hans Kraemer, der sich in der Herstellung illustrierter Hausbücher bereits einige Erfahrung gesichert hatte, trat an Fuchs mit der Nachricht heran, er habe die Geschichte der Karikatur schon in Arbeit; er schlug vor, seine Studien einem gemeinschaftlichen Werk zuzuführen. Seine Beiträge ließen jedoch auf sich warten. Und bald ergab sich, daß die gesamte sehr beträchtliche Arbeitsleistung Fuchs allein zu bewältigen blieb. Der Name des präsumptiven Mitarbeiters, der noch auf dem Titel der ersten Auflage des Karikaturenwerks zu finden war, ist in der zweiten fortgefallen. Fuchs aber hatte von seiner Arbeitskraft wie auch von seiner Materialbeherrschung die erste überzeugende Probe abgelegt. Die lange Reihe der Hauptwerke war eröffnet.[6]

Die Anfänge von Fuchs fallen in die Epoche, da, wie es in der ›Neuen Zeit‹ einmal heißt, »der Stamm der sozialdemokratischen Partei allerorten im organischen Wachstum Ring um Ring« ansetzte[7]. Damit machten sich neue Aufgaben in der Bildungsarbeit der Partei geltend. Je größere Arbeitermassen ihr zuströmten, desto weniger konnte sie sich mit deren bloß politischer und naturwissenschaftlicher Aufklärung, mit einer Vulgarisierung der Mehrwert- und Deszendenztheorie begnügen. Sie mußte ihr Augenmerk darauf richten, auch den historischen Bildungsstoff in ihr Vortragswesen und in das Feuilleton der Parteipresse einzubeziehen. Auf diese Weise stellte sich das Problem der *Popularisierung der Wissenschaft* in seiner ganzen Breite. Es ist nicht gelöst worden. Man konnte auch der Lösung nicht näherkommen, solange man sich das Objekt dieser Bildungsarbeit als *Publikum* statt als Klasse dachte.[8] Wäre die Klasse visiert worden, so hätte die Bildungsarbeit der Partei niemals die enge Fühlung mit den wissenschaftlichen Aufgaben des historischen Materialismus verlieren können. Der historische Stoff wäre, umgepflügt von der marxistischen Dialektik, ein Boden geworden, in dem der Same, den die Gegenwart in ihn warf, hätte aufgehen können. Das geschah nicht. Der Parole *Arbeit und Bildung*, unter der die staatsfrommen Vereine von Schultze-Delitzsch die Arbeiterbildung betrieben hatten, stellte die Sozialdemokratie die Parole *Wissen ist Macht* entgegen. Aber sie durchschaute nicht deren Doppelsinn. Sie meinte, das gleiche Wissen, das die Herrschaft der Bourgeoisie über das Proletariat befestige, werde das Proletariat befähigen, von dieser Herrschaft sich zu befreien. In Wirklichkeit war ein Wissen, das ohne Zugang zur Praxis war und das das Proletariat als Klasse über seine Lage nichts lehren konnte, ungefährlich für dessen Unterdrücker. Das galt von dem geisteswissenschaftlichen ganz besonders. Es lag weit von der Ökonomik ab; es blieb von deren Umwälzung unberührt. Man begnügte sich, in seiner Behandlung *anzuregen, Abwechslung zu bieten, zu interessieren.* Man lockerte die Geschichte auf und erhielt die *Kulturgeschichte.* Hier hat das Werk von Fuchs seinen Ort: in der Reaktion auf diese Sachlage hat es seine Größe, in der Teilhabe an ihr seine Problematik. Die Ausrichtung auf die Lesermassen hat sich Fuchs von Anfang an zum Prinzip gemacht.[9]

Nur wenige haben damals erkannt, wieviel von der materialistischen Bildungsarbeit in Wahrheit abhing. Es sind die Hoffnungen und noch mehr die Befürchtungen dieser wenigen, die in einer Debatte zum Ausdruck kommen, deren Spuren sich in der ›Neuen Zeit‹ finden. Die wichtigste unter ihnen ist ein Aufsatz von Korn, betitelt ›Proletariat und Klassik‹. Er befaßt sich mit dem Begriff des Erbes, der auch heute wieder seine Bedeutung hat. Lassalle sah im deutschen Idealismus, sagt Korn, ein Erbe, das die Arbeiterklasse antrat. Anders als Lassalle aber faßten Marx und Engels die Sache auf. »Nicht ... als ein Erbe leiteten sie den sozialen Vorrang der Arbeiterklasse her, sondern aus ihrer ausschlaggebenden Stellung im Produktionsprozeß selber. Wie braucht auch von Besitz, und sei es vom geistigen Besitz, ... geredet zu werden bei einem Klassenparvenu, wie dem modernen Proletariat, das jeden Tag und jede Stunde durch ... seine den gesamten Kulturapparat immer aufs neue reproduzierende Arbeit sein *Recht* dartut ... So ist für Marx und Engels das Prunkstück des Lassalleschen Bildungsideals, die spekulative Philosophie, kein Tabernakel ... und immer stärker haben sich beide ... zur Naturwissenschaft hingezogen gefühlt ..., die in der Tat für eine Klasse, deren Idee in ihrem Funktionieren besteht, ebenso die Wissenschaft schlechtweg heißen darf, wie für die herrschende und besitzende Klasse alles Historische die gegebene Form ihrer Ideologie ausmacht ... Tatsächlich vertritt die Historik für das Bewußtsein ebenso die Besitzkategorie, wie im Ökonomischen das Kapital die Herrschaft über vergangene Arbeit bedeutet.«[10]

Diese Kritik des Historismus hat ihr Gewicht. Ihr Hinweis auf die Naturwissenschaft jedoch – »die Wissenschaft schlechtweg« – gibt den Blick auf die gefährliche Problematik der Bildungsfrage erst gänzlich frei. Das Prestige der Naturwissenschaften hatte seit Bebel die Debatte beherrscht. Sein Hauptwerk, ›Die Frau und der Sozialismus‹, hat in den dreißig Jahren, die zwischen seinem Erscheinen und dem der Arbeit von Korn vergingen, eine Auflage von 200.000 Exemplaren erreicht. Die Einschätzung der Naturwissenschaften bei Bebel beruht nicht allein auf der rechnerischen Genauigkeit ihrer Ergebnisse, sondern vor allem auf ihrer praktischen Anwendbarkeit.[11] Ähnlich fungieren sie später bei Engels, wenn er den Phänomenalismus von Kant durch den Hinweis auf die Technik zu widerlegen meint, die ja doch durch ihre Erfolge zeige, daß wir die »Dinge an sich« erkennen. Die Naturwissenschaft, die bei Korn als die Wissenschaft schlechtweg auftritt, tut dies also vor allem als Fundament der Technik. Die Technik aber ist offenbar kein rein naturwissenschaftlicher Tatbestand. Sie ist zugleich ein geschichtlicher. Als solcher zwingt sie, die positivistische, undialektische Trennung zu überprüfen, die man zwischen Natur- und Geisteswissenschaften zu etablieren suchte. Die Fragen, die die Menschheit der Natur vorlegt, sind vom Stande ihrer Produktion mitbedingt. Das ist der Punkt, an dem der Positivismus scheitert. Er konnte in der Entwicklung der Technik nur die Fortschritte der Naturwissenschaft, nicht die Rückschritte der Gesellschaft erkennen. Daß diese Entwicklung durch den Kapitalismus entscheidend mitbedingt wurde, übersah er. Und ebenso entging den Positivisten unter den sozialdemokratischen Theoretikern, daß diese Entwicklung den immer dringlicher sich erweisenden Akt, mit dem das Proletariat sich in den Besitz dieser Technik bringen sollte, zu einem immer prekäreren werden ließ. Die destruktive Seite dieser Entwicklung verkannten sie, weil sie der destruktiven Seite der Dialektik entfremdet waren.

Eine Prognose war fällig, und sie blieb aus. Das besiegelte einen Verlauf, der für das vergangene Jahrhundert kennzeichnend ist: nämlich die verunglückte Rezeption der Technik. Sie besteht in einer Folge schwungvoller, immer erneuter Anläufe, die samt und sonders den Umstand zu überspringen suchen, daß dieser Gesellschaft die Technik nur zur Erzeugung von Waren dient. Die Saint-Simonisten mit ihrer Industrie-Dichtung stehen am Anfang; es folgt der Realismus eines Du Camps, der in der Lokomotive die Heilige der Zukunft sieht; den Beschluß macht ein Ludwig Pfau: »Es ist ganz unnötig«, schrieb er, »ein Engel zu werden, und die Lokomotive ist mehr wert als das schönste Paar Flügel.«[12] Dieser Blick auf die Technik fiel aus der ›Gartenlaube‹. Und man mag sich aus solchem Anlaß fragen, ob die *Gemütlichkeit*, der sich das Bürgertum des Jahrhunderts freute, nicht aus dem dumpfen Behagen stammt, niemals erfahren zu müssen, wie sich die Produktivkräfte unter seinen Händen entwickeln mußten. Diese Erfahrung blieb denn auch wirklich dem Jahrhundert, das folgte, vorbehalten. Es erlebt, wie die Schnelligkeit der Verkehrswerkzeuge, wie die Kapazität der Apparaturen, mit denen man Wort und Schrift vervielfältigt, die Bedürfnisse überflügelt. Die Energien, die die Technik jenseits dieser Schwelle entwickelt, sind zerstörende. Sie fördern in erster Linie die Technik des Kriegs und die seiner publizistischen Vorbereitung. Von dieser Entwicklung, die durchaus eine klassenbedingte gewesen ist, darf man sagen, daß sie sich im Rücken des vorigen Jahrhunderts vollzogen hat. Ihm sind die zerstörenden Energien der Technik noch nicht bewußt gewesen. Das gilt zumal von der Sozialdemokratie der Jahrhundertwende. Wenn sie den Illusionen des Positivismus an dieser oder jener Stelle entgegentrat, so blieb sie im ganzen in ihnen befangen. Die Vergangenheit erschien ihr ein für allemal in die Scheuern der Gegenwart eingebracht; mochte die Zukunft Arbeit in Aussicht stellen, so doch die Gewißheit des Erntesegens.

III

In dieser Epoche hat sich Eduard Fuchs gebildet, und entscheidende Züge seines Werkes entstammen ihr. Es nimmt, um das formelhaft auszusprechen, an der Problematik teil, die von der Kulturgeschichte untrennbar ist. Diese Problematik verweist auf den zitierten Engelsschen Text zurück. Man könnte glauben, den locus classicus in ihm zu haben, der den historischen Materialismus als Geschichte der Kultur definiert. Muß nicht das der wahre Sinn dieser Stelle sein? Muß nicht das Studium der einzelnen Disziplinen, denen der Schein ihrer Geschlossenheit nun genommen ist, in dem der Kulturgeschichte als demjenigen des Inventars zusammenfließen, das die Menschheit sich bis heute gesichert hat? In Wahrheit würde der dergestalt Fragende an die Stelle der vielen und problematischen Einheiten, die die Geistesgeschichte (als Geschichte der Literatur und Kunst, des Rechts oder der Religion) umfaßt, nur eine neue, problematischste setzen. Die Abgehobenheit, in der die Kulturgeschichte ihre Inhalte präsentiert, ist für den historischen Materialisten eine scheinhafte und von einem falschen Bewußtsein gestiftet.[13] Er steht ihr zurückhaltend gegenüber. Berechtigen zu solcher Zurückhaltung würde ihn die bloße Inspektion des Gewesenen selbst: was er an Kunst und an Wissenschaft überblickt, ist samt und sonders von einer Abkunft, die er nicht ohne Grauen betrachten kann. Es dankt sein Dasein nicht nur der Mühe der großen Genien, die es geschaffen haben, sondern in mehr oder minderem Grade auch der namenlosen Fron ihrer Zeitgenossen. Es ist niemals ein Dokument der Kultur, ohne zugleich ein solches der Barbarei zu sein. Dem Grundsätzlichen dieses Tatbestandes ist noch keine Kulturgeschichte gerecht geworden, und sie kann das auch schwerlich hoffen.

Dennoch liegt nicht hier das Entscheidende. Ist der Begriff der Kultur für den historischen Materialismus ein problematischer, so ist ihr Zerfall in Güter, die der Menschheit ein Objekt des Besitzes würden, ihm eine unvollziehbare Vorstellung. Das Werk der Vergangenheit ist ihm nicht abgeschlossen. Keiner Epoche sieht er es dinghaft, handlich in den Schoß fallen, und an keinem Teil. Als ein Inbegriff von Gebilden, die unabhängig, wenn nicht von dem Produktionsprozeß, in dem sie entstanden, so doch von dem, in welchem sie überdauern, betrachtet werden, trägt der Begriff der Kultur ihm einen fetischistischen Zug. Sie erscheint verdinglicht. Ihre Geschichte wäre nichts als der Bodensatz, den die durch keinerlei echte, d. i. politische Erfahrung im Bewußtsein der Menschen aufgestöberten Denkwürdigkeiten gebildet haben.

Im übrigen kann man nicht außer acht lassen, daß noch keine Geschichtsdarstellung, die auf kulturhistorischer Grundlage unternommen wurde, dieser Problematik entronnen ist. Sie ist handgreiflich in der groß angelegten ›Deutschen Geschichte‹ von Lamprecht, welche die Kritik der ›Neuen Zeit‹ aus begreiflichen Gründen mehr als einmal beschäftigt hat. »Lamprecht«, schreibt Mehring, »ist bekanntlich unter den bürgerlichen Historikern derjenige, der sich am meisten dem historischen Materialismus genähert hat.« Jedoch »Lamprecht ist auf halbem Weg stehen geblieben ... Jeder Begriff einer historischen Methode hört ... auf, wenn Lamprecht die ökonomische und kulturelle Entwicklung nach einer bestimmten Methode behandeln will, die politische Entwicklung derselben Zeit aber aus einigen andern Historikern kompiliert.«[14] Gewiß ist die Darstellung der Kulturgeschichte auf Basis der pragmatischen Historie ein Widersinn. Tiefer liegt aber der Widersinn einer dialektischen Kulturgeschichte an sich, da das Kontinuum der Geschichte, von der Dialektik gesprengt, an keinem Teil eine weitere Streuung erleidet, als an dem, welchen man Kultur nennt.

Kurz, nur scheinbar stellt die Kulturgeschichte einen Vorstoß der Einsicht dar, nicht einmal scheinbar einen der Dialektik. Denn es fehlt ihr das destruktive Moment, das das dialektische Denken wie die Erfahrung des Dialektikers als authentische sicher stellt. Sie vermehrt wohl die Last der Schätze, die sich auf dem Rücken der Menschheit häufen. Aber sie gibt ihr die Kraft nicht, diese abzuschütteln, um sie dergestalt in die Hand zu bekommen. Das gleiche gilt von der sozialistischen Bildungsarbeit um die Jahrhundertwende, welche die Kulturgeschichte zum Leitstern hatte.

IV

Der geschichtliche Umriß des Werkes von Fuchs profiliert sich vor diesem Hintergrund. Wo es Bestand und Dauer hat, da ist es einer geistigen Konstellation abgerungen, wie sie widriger selten erschienen ist. Und hier ist es der Sammler Fuchs, der den Theoretiker vieles erfassen lehrte, wozu seine Zeit ihm den Zugang sperrte. Es war der Sammler, der auf Grenzgebiete geriet – das Zerrbild, die pornographische Darstellung –, an denen eine Reihe Schablonen aus der überkommenen Kunstgeschichte früher oder später zuschanden werden. Es ist zunächst zu bemerken, daß Fuchs mit der klassizistischen Kunstauffassung, deren Spur auch bei Marx noch erkennbar ist, auf der ganzen Linie gebrochen hat. Die Begriffe, in denen das Bürgertum diese Kunstauffassung entwickelt hatte, sind bei Fuchs nicht mehr im Spiele: nicht der schöne Schein, nicht die Harmonie, nicht die Einheit des Mannigfaltigen. Und die gleiche robuste Selbstbehauptung des Sammlers, die den Autor den klassizistischen Theorien entfremdet hat, macht sich bisweilen, drastisch und brüsk, der Antike selbst gegenüber geltend. Im Jahre 1908 prophezeit er, gestützt auf das Werk der Rodin und Slevogt, eine neue Schönheit, »die in ihren schließlichen Resultaten noch unendlich größer zu werden verspricht als die Antike. Denn wo diese nur höchste animalische Form war, wird die neue Schönheit ausgefüllt sein mit einem grandiosen geistig-seelischen Inhalt«.[15]

Kurz, die Wertordnung, die bei Winckelmann oder Goethe einst die Kunstbetrachtung bestimmte, hat bei Fuchs jeden Einfluß verloren. Freilich wäre es irrig, darum zu meinen, daß so die dialektische Kunstbetrachtung selber aus den Angeln gehoben sei. Das kann früher der Fall nicht sein als die disiecta membra, welche der Idealismus als *geschichtliche Darstellung*, einerseits und als *Würdigung* andererseits in der Hand hält, Eines geworden und als solche überholt worden sind. Das zu leisten, bleibt einer Geschichtswissenschaft vorbehalten, deren Gegenstand nicht von einem Knäuel purer Tatsächlichkeiten, sondern von der gezählten Gruppe von Fäden gebildet wird, die den Einschuß einer Vergangenheit in die Textur der Gegenwart darstellen. (Man würde fehl gehen, diesen Einschuß mit dem bloßen Kausalnexus gleichzusetzen. Er ist vielmehr ein durchaus dialektischer, und jahrhundertelang können Fäden verloren gewesen sein, die der aktuale Geschichtsverlauf sprunghaft und unscheinbar wieder aufgreift.) Der geschichtliche Gegenstand, der der puren Faktizität enthoben ist, bedarf keiner *Würdigung*. Denn er bietet nicht vage Analogien zur Aktualität, sondern konstituiert sich in der präzisen dialektischen Aufgabe, die ihr zu lösen obliegt. Darauf ist es in der Tat abgesehen. Wenn an nichts anderem, so wäre dies an dem pathetischen Zuge fühlbar, der den Text oft dem Vortrag nähert. Doch ist andererseits daran kenntlich, daß nicht weniges in der Absicht und im Anlauf befangen blieb. Das grundsätzlich Neue der Intention kommt zu ungebrochenem Ausdruck vor allem da, wo ihr der stoffliche Vorwurf entgegenkommt. Das geschieht in der Deutung des Ikonographischen, in der Betrachtung der Massenkunst, in dem Studium der Reproduktionstechnik. Diese Teile des Fuchsschen Werkes sind bahnbrechend. Sie sind Bestandteile einer jeden künftigen materialistischen Betrachtung von Kunstwerken.

Den drei genannten Motiven ist eines gemeinsam: sie enthalten eine Anweisung auf Erkenntnisse, die sich an der hergebrachten Kunstauffassung nicht anders erweisen können als destruktiv. Die Befassung mit der Reproduktionstechnik erschließt, wie kaum eine andere Forschungsrichtung, die entscheidende Bedeutung der Rezeption; sie gestattet damit, den Prozeß der Verdinglichung, der am Kunstwerk statthat, in gewissen Grenzen zu korrigieren. Die Betrachtung der Massenkunst führt zur Revision des Geniebegriffs; sie legt nahe, über der Inspiration, die am Werden des Kunstwerks teilhat, die Faktur nicht zu übersehen, die allein ihr gestattet, fruchtbar zu werden. Endlich erweist sich die ikonographische Auslegung nicht allein unentbehrlich für das Studium der Rezeption und der Massenkunst; sie verwehrt vor allem die Übergriffe, zu denen jeder Formalismus alsbald verführt.[16]

Fuchs hat sich mit dem Formalismus befassen müssen. Wölfflins Lehre war im Aufstiege zur gleichen Zeit, als Fuchs die Fundamente seines Werks gründete. In seinem ›Individuellen Problem‹ knüpft er an einen Grundsatz aus der ›Klassischen Kunst‹ Wölfflins an. Dieser Grundsatz lautet: »So sind Quattrocento und Cinquecento als Stilbegriffe mit einer stofflichen Charakteristik nicht zu erledigen. Das Phänomen ... weist auf eine Entwicklung des künstlerischen Sehens, die von einer besonderen Gesinnung und von einem besonderen Schönheitsideal im wesentlichen unabhängig ist.«[17] Gewiß kann diese Formulierung dem historischen Materialismus Anstoß bieten. Aber sie enthält doch auch Förderliches; denn gerade er ist nicht so sehr daran interessiert, die Veränderung des künstlerischen Sehens auf ein gewandeltes Schönheitsideal als auf elementarere Prozesse zurückzuführen – Prozesse, wie sie durch ökonomische und technische Wandlungen in der Produktion angebahnt werden. Was den gegebenen Fall betrifft, so würde der schwerlich leer ausgehen, der sich mit der Frage befassen wollte, welche wirtschaftlich bedingten Veränderungen im Wohnbau die Renaissance mit sich brachte und welche Rolle die Renaissancemalerei als Prospekt der neuen Architektur und als Illustration des durch sie ermöglichten Auftretens denn gespielt habe.[18] Freilich streift Wölfflin diese Frage nur flüchtig. Wenn aber Fuchs gegen ihn geltend macht: »Gerade diese formalen Momente ... sind es, die sich nirgends anders her erklären lassen als aus der veränderten Stimmung der Zeit«[19], so weist das doch in erster Linie auf die erwähnte Bedenklichkeit von kulturhistorischen Kategorien hin.

Es ergibt sich an mehr als einer Stelle, daß Polemik, auch Diskussion, auf dem Wege des Schriftstellers Fuchs nicht liegt. Die eristische Dialektik, die nach Hegels Definition »in die Kraft des Gegners eingeht, um ihn von innen her zu vernichten«, ist, so streitbar Fuchs erscheint, in seinem Arsenal nicht zu finden. Bei den Forschern, die auf Marx und Engels folgten, ließ die destruktive Kraft des Gedankens nach, der nun nicht mehr das Jahrhundert in die Schranken zu fordern wagte. Schon bei Mehring hat sich ihr Tonus in der Fülle der Scharmützel herabgestimmt. Immerhin leistete er mit der ›Lessing-Legende‹ Erhebliches. Er zeigte, welcher Heerbann politischer, aber auch wissenschaftlicher und theoretischer Energien in den großen Werken der Klassik aufgebracht worden war. Er bekräftigte so seine Abneigung gegen den belletristischen Schlendrian seiner Zeitgenossen. Er kam zu der männlichen Erkenntnis, die Kunst habe ihre Wiedergeburt erst von dem ökonomisch-politischen Siege des Proletariats zu erwarten. Und zu der unbestechlichen: »In seinen Befreiungskampf vermag sie nicht tief einzugreifen.«[20] Die Entwicklung der Kunst hat ihm recht gegeben. Seine Erkenntnisse verwiesen Mehring mit verdoppeltem Nachdruck auf das Studium der Wissenschaft. Er erwarb in ihm die Solidarität und Strenge, die ihn gegen den Revisionismus gefeit machten. So formten sich in seinem Charakterbild Züge, die im besten Sinn bürgerliche zu nennen, doch weit entfernt sind, den Dialektiker zu gewährleisten. Sie begegnen bei Fuchs nicht minder. Und vielleicht stechen sie bei ihm mehr hervor, weil sie einer expansiveren und sensualistischer gearteten Veranlagung einverleibt sind. Wie dem auch sei – man könnte sich sein Porträt wohl in eine Galerie bürgerlicher Gelehrtenköpfe versetzt denken. Als Nachbarn mag man ihm Georg Brandes geben, mit dem er den rationalistischen Furor, die Leidenschaft teilt, über weite geschichtliche Räume mit der Fackel des Ideals (des Fortschritts, der Wissenschaft, der Vernunft) Licht zu verbreiten. Auf der anderen Seite mag man sich Adolf Bastian, den Ethnologen denken. An ihn erinnert Fuchs vor allem in seinem unersättlichen Materialhunger. Und wie Bastian zu legendärem Ruf durch seine Bereitschaft gekommen war, jederzeit, wenn es eine Frage zu klären galt, mit dem Handköfferchen aufzubrechen und eine Expedition anzutreten, die ihn monatelang von der Heimat fernhielt, so war auch Fuchs jederzeit den Impulsen hörig, die ihn auf die Suche nach neuen Belegen trieben. Beider Werke werden unerschöpfliche Fundgruben für die Forschung bleiben.

V

Es muß für den Psychologen eine bedeutsame Frage sein, wie ein Enthusiast, eine dem Positiven zugekehrte Natur zur Passion für die Karikatur gelangen kann. Er beantworte sie nach Gefallen – der Tatbestand läßt, was Fuchs angeht, keinen Zweifel zu. Von vornherein unterscheidet sein Kunstinteresse sich von dem, was man wohl *Freude am Schönen* nennt. Von vornherein ist die Wahrheit ins Spiel gemischt. Fuchs wird nicht müde, den Quellenwert, die Autorität der Karikatur zu betonen. »Die Wahrheit liegt im Extrem«, formuliert er gelegentlich. Er geht weiter: die Karikatur ist ihm »gewissermaßen die Form . . ., von der alle objektive Kunst ausgeht. Ein einziger Blick in die ethnologischen Museen belegt diesen Satz.«[21] Wenn Fuchs die prähistorischen Völker, die Kinderzeichnung heranzieht, so tritt vielleicht der Begriff der Karikatur in einen problematischen Zusammenhang – desto ursprünglicher bekundet sich das vehemente Interesse, das er den drastischen Gehalten des Kunstwerks, mögen sie inhaltlicher[22] oder formaler Art sein, entgegenbringt. Dieses Interesse durchzieht sein Werk in der ganzen Breite. Noch in der späten ›Tang-Plastik‹ lesen wir: »Die Groteske ist die höchste Steigerung des Sinnlich-Vorstellbaren ... In diesem Sinne sind die grotesken Gebilde zugleich der Ausdruck der strotzenden Gesundheit einer Zeit ... Gewiß darf nicht bestritten werden, daß es hinsichtlich der Triebkraft des Grotesken auch einen krassen Gegenpol gibt. Auch dekadente Zeiten und kranke Gehirne neigen zu grotesken Gestaltungen. In solchen Fällen ist das Groteske das erschütternde Widerspiel der Tatsache, daß den betreffenden Zeiten und Individuen die Welt- und Daseinsprobleme unlösbar erscheinen ... Welche von diesen beiden Tendenzen hinter einer grotesken Phantasie als schöpferische Antriebskraft steht, ist auf den ersten Blick erkenntlich.«[23]

Die Stelle ist instruktiv. Es kommt in ihr besonders deutlich zum Vorschein, worauf die Wirkung ins Breite, die besondere Popularität der Werke von Fuchs beruht. Das ist die Gabe, die Grundbegriffe, in denen seine Darstellung sich bewegt, alsbald mit Wertungen zu legieren. Das geschieht oft auf massive Art.[24] Zudem sind diese Wertungen stets extrem. Sie treten polar auf und polarisieren derart den Begriff, mit dem sie verschmolzen sind. So in der Darstellung des Grotesken, so in der erotischen Karikatur. In den Zeiten des Niedergangs ist sie »Schmutz« und »kitzelnde Pikanterie«, in den Zeiten des Aufstiegs »Ausdruck überschäumender Lust und strotzender Kraft.«[25] Bald sind es die Wertbegriffe der Blütezeit und des Niederganges, bald die des Gesunden und Kranken, die Fuchs heranzieht. Grenzfällen, an denen sich ihre Problematik erweisen könnte, geht er aus dem Wege. Mit Vorliebe hält er sich an das »ganz Große«, das das Vorrecht hat, »dem Hinreißenden im Einfachsten« Raum zu geben.[26] Gebrochene Kunstepochen, wie das Barock, würdigt er wenig. Die große Zeit ist auch ihm noch die Renaissance.

Hier behält sein Kultus des Schöpfertums über seine Abneigung gegen die Klassik die Oberhand.

Der Begriff des Schöpferischen hat bei Fuchs einen starken Einschlag ins Biologische. Und während das Genie mit Attributen auftritt, die bisweilen das Priapische streifen, erscheinen Künstler, von denen der Autor sich distanziert, gern geschmälert in ihrer Männlichkeit. Es trägt den Stempel solcher biologistischen Anschauungsweise, wenn Fuchs sein Urteil über die Greco, Murillo, Ribera in der Konstatierung zusammenfaßt: »Alle drei wurden speziell deshalb die klassischen Vertreter des Barockgeistes, weil jeder in seiner Art zugleich ein *verkorkster* Erotiker war.«[27] Man darf nicht aus dem Auge verlieren, daß Fuchs seine Grundbegriffe in einer Epoche entwickelte, der die *Pathographie* den letzten Standard der Kunstpsychologie, Lombroso und Möbius Autoritäten vorstellten. Und der Geniebegriff, der durch die einflußreiche ›Kultur der Renaissance‹ von Burckhardt zur gleichen Zeit mit reichem Anschauungsmaterial erfüllt wurde, nährte aus anderen Quellen die gleiche weitverbreitete Überzeugung, Schöpfertum sei vor allem anderen eine Manifestation überschäumender Kraft. Verwandte Tendenzen waren es, die Fuchs später zu Konzeptionen führten, die der Psychoanalyse verwandt sind; er hat sie als erster für die Kunstwissenschaft fruchtbar gemacht.

Das Eruptive, Unmittelbare, das dem künstlerischen Schaffen nach dieser Anschauung das Gepräge gibt, beherrscht für Fuchs nicht minder das Auffassen von Werken der Kunst. So ist es oft nicht mehr als ein Sprung, der bei ihm zwischen Apperzeption und Urteil liegt. In der Tat ist der *Eindruck* ihm nicht nur der selbstverständliche Anstoß, den der Betrachter vom Werk erfährt, sondern Kategorie der Betrachtung selbst. Wenn Fuchs beispielsweise seine kritische Reserve gegen den artistischen Formalismus der Ming-Epoche zu erkennen gibt, so faßt er das dahin zusammen, daß deren Werke »schließlich und endlich ... nicht mehr, sondern sehr oft nicht einmal dasselbe an Eindruck erreichen, was z. B. die Tang-Epoche mit ihren großen Linien erreicht hat«.[28] Derart kommt der Schriftsteller Fuchs zu dem besonderen und apodiktischen, um nicht zu sagen dem rustikalen Stil, dessen Prägung er meisterhaft formuliert, wenn er in der ›Geschichte der Erotischen Kunst‹ erklärt: »Vom richtigen Erfühlen bis zum richtigen und restlosen Entziffern der in einem Kunstwerk wirkenden Kräfte ist immer nur ein einziger Schritt.«[29] Nicht jedem ist dieser Stil erreichbar; Fuchs hat seinen Preis für ihn zahlen müssen. Um den Preis mit einem Wort anzudeuten: die Gabe, Staunen zu erregen, ist dem Schriftsteller versagt geblieben. Kein Zweifel, daß dieser Ausfall ihm fühlbar gewesen ist. Er sucht ihn aufs mannigfachste zu kompensieren und spricht von nichts lieber als von Geheimnissen, denen er in der Psychologie des Schaffens nachgeht, als von Rätseln des Geschichtsverlaufes, die ihre Lösung im Materialismus finden. Aber der Drang nach unmittelbarster Bewältigung der Tatbestände, der schon seine Konzeption des Schaffens bestimmt und die Rezeption ebenso, setzt sich schließlich auch in der Analyse durch. *Notwendig* erscheint der Verlauf der Kunstgeschichte, *organisch* erscheinen die Stilcharaktere, *logisch* erscheinen noch die befremdlichsten Kunstgebilde. Sie werden es seltener im Laufe der Analyse als sie es, dem Eindruck nach, schon zuvor waren, wie jene Fabelwesen der Tang-Epoche, die mit ihren Flammenflügeln und Hörnern *absolut logisch, organisch* wirken. »Logisch wirken selbst die riesigen Elefantenohren; logisch ist auch stets die Haltung ... Es handelt sich nie bloß um konstruierte Begriffe, sondern stets um die zur lebenatmenden Form gewordene Idee.«[30]

Hier kommen Vorstellungsreihen zur Geltung, die mit den sozialdemokratischen Lehren der Epoche aufs engste zusammenhängen. Es ist bekannt, wie tief die Wirkung des Darwinismus auf die Entwicklung der sozialistischen Geschichtsauffassung gewesen ist. In der Zeit der Verfolgung durch Bismarck kam diese Wirkung der ungebrochenen Zuversicht der Partei und der Entschiedenheit ihres Kampfes zugute. Später, im Revisionismus, bürdete die evolutionistische Geschichtsbetrachtung um so mehr der *Entwicklung* auf, je weniger die Partei das Errungene im Einsatz gegen den Kapitalismus aufs Spiel setzen wollte. Die Geschichte nahm deterministische Züge an; der Sieg der Partei »konnte nicht ausbleiben«. Fuchs hat dem Revisionismus stets ferngestanden; sein politischer Instinkt, sein martialisches Naturell führten ihn auf den linken Flügel. Als Theoretiker aber hat er sich jenen Einflüssen nicht entziehen können. Man spürt sie überall am Werk. Damals führte ein Mann wie Ferri nicht nur die Prinzipien, sondern auch die Taktik der Sozialdemokratie auf Naturgesetze zurück. Für die anarchistischen Abweichungen machte er mangelnde Kenntnisse in der Geologie und Biologie haftbar. Gewiß haben Führer wie Kautsky sich mit solchen Abweichungen auseinandergesetzt.[31] Dennoch fanden viele ihr Genüge an Thesen, die die geschichtlichen Vorgänge nach »physiologischen« und »pathologischen« sonderten oder aber den naturwissenschaftlichen Materialismus in den Händen des Proletariats »selbsttätig« zum historischen erhoben zu sehen meinten.[32] Ähnlich stellt sich für Fuchs der Fortschritt der menschlichen Gesellschaft als ein Prozeß dar, der sich »ebensowenig eindämmen läßt, wie man einen Gletscher in seinem steten Vorwärtsdrängen aufhalten kann«.[33] Die deterministische Auffassung paart sich demnach mit einem handfesten Optimismus. Auch wird auf die Dauer ohne Zuversicht keine Klasse mit Erfolg politisch eingreifen können. Aber es macht einen Unterschied, ob der Optimismus der Aktionskraft der Klasse gilt oder den Verhältnissen, unter denen sie operiert. Die Sozialdemokratie neigte dem zweiten, fragwürdigen Optimismus zu. Die Perspektive auf die beginnende Barbarei, die einem Engels in der »Lage der arbeitenden Klasse in England«, einem Marx in der Prognose der kapitalistischen Entwicklung aufgeblitzt war und heute selbst dem mittelmäßigen Staatsmann geläufig ist, war den Epigonen der Jahrhundertwende verbaut. Als Condorcet die Lehre vom Fortschritt verbreitet hatte, da hatte das Bürgertum vor dem Machtantritt gestanden; anders stand ein Jahrhundert später das Proletariat. Ihm konnte sie Illusionen erwecken. Diese bilden in der Tat noch den Hintergrund, in den die Geschichte der Kunst bei Fuchs hin und wieder den Ausblick freigibt: »Die Kunst von heute«, so meint er, »hat uns hundert Erfüllungen gebracht, die in den verschiedensten Richtungen weit über das hinausführen, was die Renaissancekunst erreicht hat, und die Kunst der Zukunft muß wieder unbedingt das Höhere bedeuten.«[34]

Das Pathos, das die Geschichtsauffassung von Fuchs durchzieht, ist das demokratische Pathos von 1830. Dessen Echo ist der Redner Victor Hugo gewesen. Das Echo des Echos sind jene Bücher, in denen Hugo als Redner zur Nachwelt spricht. Die Geschichtsauffassung von Fuchs ist die von Hugo im ›William Shakespeare‹ gefeierte: »Der Fortschritt ist der Schritt Gottes selbst.« Und das allgemeine Stimmrecht erscheint als die Weltenuhr, nach der das Tempo dieser Schritte bemessen wird. »Qui vote règne«, hat Victor Hugo geschrieben, und er hat damit die Tafeln des demokratischen Optimismus aufgerichtet. Dieser Optimismus hat noch spät sonderbare Träumereien gezeitigt. Eine von ihnen gaukelte vor, daß »alle geistigen Arbeiter, somit auch materiell wie sozial sehr hochgestellte Personen als Proletarier« zu betrachten seien. Denn es sei »eine nicht zu leugnende Tatsache, daß von dem in goldstrotzender Uniform sich blähenden Hofrat bis herab zum abgehetzten Lohnarbeiter alle, die für Geld ihre Dienste anbieten ... wehrlose Opfer des Kapitalismus sind«.[35] Die Tafeln, die Victor Hugo aufgerichtet hatte, stehen noch über dem Werk von Fuchs. Übrigens bleibt Fuchs in der demokratischen Tradition, wenn er mit besonderer Liebe an Frankreich hängt: an dem Boden dreier großer Revolutionen, an der Heimat der Exilierten, an dem Ursprung des utopischen Sozialismus, an dem Vaterland der Tyrannenhasser Quinet und Michelet, an der Erde, in der die Kommunarden liegen. So lebte das Bild von Frankreich in Marx und Engels, so ist es auf Mehring gekommen, und so, als »die Avantgarde der Kultur und der Freiheit«[36] ist das Land auch noch Fuchs erschienen. Er vergleicht den geflügelten Spott der Franzosen mit dem schwerfälligen der Deutschen; er vergleicht Heine mit den daheim Verbliebenen; er vergleicht den deutschen Naturalismus mit den satirischen Romanen von France. Und er ist auf diese Weise, wie Mehring, zu stichhaltigen Prognosen geleitet worden, ganz besonders im Falle von Gerhart Hauptmann.[37]

Frankreich ist eine Heimat auch für den Sammler Fuchs. Der Figur des Sammlers, die dem Betrachtenden je länger desto anziehender erscheint, ist bisher das ihre nicht oft geworden. Man sollte meinen, den romantischen Geschichtenerzählern hätte niemand verlockender sich bieten können als sie. Aber man sucht diesen von gefährlichen, wenn auch domestizierten Passionen bewegten Typ umsonst unter den Figurinen eines Hoffmann, Quincey oder Nerval. Romantisch sind die Figuren des Reisenden, des Flaneurs, des Spielers, des Virtuosen. Die des Sammlers findet sich nicht. Und man sucht sie vergeblich in den ›Physiologien‹, die sonst vom Camelot zum Salonlöwen keine Figur des Pariser Panoptikums unter Louis Philippe sich haben entgehen lassen. Desto bedeutsamer ist die Stelle, die der Sammler bei Balzac einnimmt. Balzac hat ihm ein Denkmal gesetzt, das ganz und gar nicht im romantischen Sinne behandelt ist. Er ist der Romantik seit jeher fremd gewesen. Auch gibt es wenige Stücke in seinem Werk, in denen die antiromantische Position sich so überraschend ihr Recht verschafft wie in der Skizze des Cousin Pons. Dies ist vor allem kennzeichnend: so genau wir mit den Beständen der Sammlung, für die Pons lebt, bekannt werden, so wenig erfahren wir von der Geschichte ihres Erwerbs. Es gibt keine Stelle im ›Cousin Pons‹, die man mit den Seiten vergleichen könnte, auf denen die Goncourts in ihren Tagebüchern die Bergung eines seltenen Fundes mit atemraubender Spannung schildern. Balzac stellt nicht den Jäger in den Jagdgründen des Inventars dar, als den man jeden Sammler betrachten kann. Das Hochgefühl, von dem alle Fibern seines Pons, seines Elie Magus zittern, ist der Stolz – Stolz auf die unvergleichlichen Schätze, die sie mit nimmermüder Besorgnis hüten. Balzac legt allen Akzent auf die Darstellung des *Besitzenden*, und das Wort *Millionär* läuft ihm als Synonym für das Wort *Sammle*r unter. Er spricht von Paris. »Man kann da oft«, heißt es, »einem Pons, einem Elie Magus begegnen, die sehr dürftig gekleidet sind ... Sie sehen aus, als wenn sie auf nichts hielten und sich um nichts kümmerten; sie achten weder auf die Frauen noch auf die Auslagen. Sie gehen wie im Traum vor sich hin, ihre Taschen sind leer, ihr Blick ist gedankenlos, und man fragt sich, zu welcher Sorte von Parisern sie eigentlich gehören. – Diese Leute sind Millionäre. Sammler sind es; die leidenschaftlichsten Menschen, die es auf der Welt gibt.«[38]

Der Gestalt von Fuchs, ihrer Aktivität und Fülle, kommt das

Bild, das Balzac vom Sammler entworfen hat, näher als das, welches man von einem Romantiker zu gewärtigen gehabt hätte. Ja man darf, auf den Lebensnerv des Mannes verweisend, sagen: Fuchs als Sammler ist echt balzacisch; er ist eine balzacsche Figur, die über die Konzeption des Dichters hinausgewachsen ist. Was läge mehr in der Linie dieser Konzeption als ein Sammler, dessen Stolz, dessen Expansivität ihn dahin führt, daß er, um nur vor aller Augen mit seinen Sammlungen zu erscheinen, diese in Reproduktionswerken auf den Markt bringt und – eine nicht minder balzacische Wendung – auf diese Weise ein reicher Mann wird. Es ist nicht nur die Gewissenhaftigkeit eines Mannes, der sich einen Konservator von Schätzen weiß, es ist auch der Exhibitionismus des großen Sammlers, der Fuchs veranlaßt hat, in jedem seiner Werke ausschließlich unveröffentlichtes Bildmaterial, fast ausschließlich seinem eigenen Besitz entstammendes, zu veröffentlichen. Allein für den ersten Band der ›Karikatur der Europäischen Völker‹ hat er nicht weniger als 68 000 Blätter kollationiert, um rund fünfhundert davon auszuwählen. Kein Blatt hat er jemals öfter als an einer einzigen Stelle reproduzieren lassen. Die Fülle seiner Dokumentation und die Breite seiner Wirkung gehören zusammen. Beide beglaubigen seine Abkunft von dem bürgerlichen Riesengeschlecht um 1830, wie Drumont es kennzeichnet. »Beinahe alle Führer der Schule von 1830«, schreibt Drumont, »hatten die gleiche außergewöhnliche Konstitution, die gleiche Fruchtbarkeit und den gleichen Hang zum Grandiosen. Delacroix wirft Epen auf die Leinwand, Balzac schildert eine ganze Gesellschaft ab, Dumas umfaßt in seinen Romanen eine viertausendjährige Geschichte des Menschengeschlechts. Sie verfügen allesamt über einen Rücken, dem keine Last zu schwer ist.«[39] Als 1848 die Revolution kam, da veröffentlichte Dumas einen Appell an die Arbeiter von Paris, in dem er sich ihnen als ihresgleichen vorstellt. In zwanzig Jahren habe er vierhundert Romane und fünfunddreißig Dramen gemacht; 8160 Leute habe er in Brot gesetzt: Korrektoren und Setzer, Maschinisten und Garderobieren; er vergißt auch die Claque nicht. Das Gefühl, mit dem der Universalhistoriker Fuchs den ökonomischen Unterbau seiner großartigen Sammlungen sich geschaffen hat, ist dem Dumasschen

Selbstgefühl vielleicht nicht ganz unähnlich. Später erlaubt ihm dieser Unterbau, auf dem Pariser Markt fast ebenso souverän wie in seinen eigenen Beständen zu schalten. Der Senior der Kunsthändler von Paris pflegte um die Jahrhundertwende von ihm zu sagen: »C'est le Monsieur qui mange tout Paris.« Fuchs gehört dem Typus des ramasseur an; er hat eine rabelaisische Freude an Quantitäten, die sich bis in die üppigen Wiederholungen seiner Texte bemerkbar macht.

VII

Die französische Ahnentafel von Fuchs ist die des Sammlers, die deutsche die des Historikers. Die Sittenstrenge, die für den Geschichtsschreiber Fuchs bezeichnend ist, gibt ihm die deutsche Prägung. Sie gab sie bereits Gervinus, dessen ›Geschichte der poetischen Nationalliteratur‹ man einen der ersten Versuche zur deutschen Geistesgeschichte nennen könnte. Es ist für Gervinus wie später für Fuchs kennzeichnend, daß die großen Schöpfer in sozusagen martialischer Gestalt auftreten und das Aktive, Männliche, Spontane ihrer Natur auf Kosten des Kontemplativen, Weiblichen, Rezeptiven sich geltend macht. Freilich geht das Gervinus leichter vonstatten. Als er sein Buch verfaßte, befand die Bourgeoisie sich im Aufstieg; ihre Kunst war von politischen Energien erfüllt. Fuchs schreibt im Zeitalter des Imperialismus; er stellt die politischen Energien der Kunst polemisch einer Epoche dar, in deren Schaffen sie sich von Tag zu Tag minderten. Aber die Maßstäbe von Gervinus sind noch die seinen. Ja, man kann sie weiter, bis ins achtzehnte Jahrhundert, zurückverfolgen. Und zwar an Hand von Gervinus selbst, dessen Gedenkrede auf F. C. Schlosser dem bewehrten Moralismus aus der revolutionären Zeit des Bürgertums großartigen Ausdruck gegeben hat. Man hat Schlosser »grämliche Sittenstrenge« vorgeworfen. »Was Schlosser«, so wendet Gervinus ein, »gegen jene Vorwürfe sagen könnte und sagen würde, wäre dies: daß man in dem Leben im Großen, in der Geschichte, anders als in Roman und Novelle, eine oberflächliche Freude am Leben bei aller Heiterkeit der Sinne und des Geistes nicht lerne; daß man aus ihrer Betrachtung zwar nicht menschenfeindliche Verachtung, wohl aber eine strenge Ansicht von der Welt und ernste Grundsätze über das Leben einsauge; daß wenigstens auf die größten aller Beurteiler von Welt und Menschen, die an einem eigenen inneren Leben das äußere zu messen verstanden, auf einen Shakespeare, Dante, Machiavelli, das Weltwesen stets einen solchen zu Ernst und Strenge bildenden Eindruck gemacht habe.«[40] Das ist der Ursprung des Moralismus von Fuchs: ein deutsches Jakobinertum, dessen Denkstein die Weltgeschichte von Schlosser ist, mit der Fuchs in seiner Jugend bekannt wurde.[41]

Dieser bürgerliche Moralismus enthält, wie das nicht überraschen kann, Bestandteile, die mit den materialistischen bei Fuchs kollidieren. Wäre sich Fuchs darüber klar, so könnte es ihm vielleicht gelingen, diesen Zusammenstoß abzudämpfen. Er ist jedoch davon überzeugt, daß seine moralische Geschichtsbetrachtung und der historische Materialismus miteinander vollkommen harmonieren. Hier waltet eine Illusion. Ihr Substrat ist die weitverbreitete, sehr revisionsbedürftige Anschauung, die bürgerlichen Revolutionen stellten, so wie sie vom Bürgertum selbst gefeiert werden, den Stammbaum einer proletarischen dar.[42] Demgegenüber ist es entscheidend, den Blick auf den Spiritualismus zu lenken, der in diese Revolutionen eingewirkt ist. Seine Goldfäden hat die Moral gesponnen. Die Moral des Bürgertums – davon trägt die ersten Anzeichen schon die Schreckensherrschaft – steht im Zeichen der Innerlichkeit. Ihr Angelpunkt ist das Gewissen – sei es das des robespierreschen citoyens, sei es das des kantischen Weltbürgers. Das Verhalten der Bourgeoisie, das ihren eigenen Interessen zuträglich, aber angewiesen auf ein ihm komplementäres des Proletariats war, das den eigenen Interessen des letzteren nicht entsprach, proklamierte als moralische Instanz das Gewissen. Das Gewissen steht im Zeichen des Altruismus. Es rät dem Eigentümer so zu handeln, wie es Begriffen entspricht, deren Geltung mittelbar seinen Mit-Eigentümern zugute kommt, und es rät den Nicht-Eigentümern leicht das gleiche an. Wenn die letzteren sich diesem Rat anbequemen, ist der Nutzen ihres Verhaltens für die Eigentümer um so unmittelbarer ersichtlich, je fragwürdiger er für die so sich Verhaltenden und ihre Klasse ist. Darum steht auf diesem Verhalten der Preis der Tugend. – So setzt die Klassenmoral sich durch. Aber sie tut es unbewußt. Nicht so sehr hatte das Bürgertum Bewußtsein nötig, um diese Klassenmoral aufzurichten, als das Proletariat Bewußtsein braucht, um sie zu stürzen. Diesem Tatbestand wird Fuchs nicht gerecht, weil er glaubt, seine Angriffe gegen das Gewissen der Bourgeoisie richten zu müssen. Ihre Ideologie erscheint ihm als Ränkespiel. »Das salbadernde Geschwätz«, sagt er, »das auch angesichts der schamlosesten Klassenurteile von der subjektiven Ehrlichkeit der betreffenden Richter faselt, beweist nur die eigene Charakterlosigkeit derer, die so reden oder schreiben; im besten Fall deren Borniertheit.«[43] Auf den Gedanken, dem Begriff der bona fides (des guten Gewissens) selbst den Prozeß zu machen, kommt Fuchs nicht. Und doch wird das dem historischen Materialisten nahe liegen. Nicht nur, weil er in diesem Begriff einen Träger der bürgerlichen Klassenmoral erkennt, sondern auch weil ihm nicht entgehen wird, daß dieser Begriff die Solidarität der moralischen Unordnung mit der ökonomischen Planlosigkeit befördert. Jüngere Marxisten haben den Sachverhalt wenigstens andeutungsweise berührt. So bemerkte man zur Politik Lamartines, der einen exzessiven Gebrauch von der bona fides machte: »Die bürgerliche ... Demokratie ... braucht diesen Wert. Der Demokrat ... ist gewerbemäßig aufrichtig. Damit fühlt er sich der Notwendigkeit überhoben, dem wirklichen Tatbestand nachzugehen.«[44]

Die Betrachtung, die ihr Augenmerk mehr auf die bewußten Interessen der Individuen lenkt als auf die Verhaltungsweise, zu der ihre Klasse oft unbewußt und durch ihre Stellung im Produktionsprozeß veranlaßt wird, führt zu einer Überschätzung des bewußten Moments in der Ideologiebildung. Sie ist bei Fuchs handgreiflich, wenn er erklärt: »Kunst ist in allen ihren wesentlichen Teilen die idealisierte Verkleidung des jeweiligen gesellschaftlichen Zustandes. Denn es ist ein ewiges Gesetz ..., daß jeder herrschende politische oder gesellschaftliche Zustand dazu drängt, sich zu idealisieren, um auf diese Weise seine Existenz sittlich zu rechtfertigen.«[45] Wir nähern uns hier dem Kern des Mißverständnisses. Es besteht in der Auffassung, die Ausbeutung bedinge ein falsches Bewußtsein, zumindest auf der Seite der Ausbeutenden, vor allem deswegen, weil ein richtiges ihnen moralisch lästig sei. Dieser Satz mag für die Gegenwart, in der der Klassenkampf das gesamte bürgerliche Leben in stärkste Mitleidenschaft gezogen hat, eine eingeschränkte Geltung besitzen. Keinesfalls ist das ›schlechte Gewissen‹ der Bevorrechteten für die früheren Formen der Ausbeutung selbstverständlich. Durch die Verdinglichung werden ja nicht nur die Beziehungen zwischen den Menschen unsichtig; es werden darüber hinaus die wirklichen Subjekte der Relationen selbst in Nebel gehüllt. Zwischen die Machthaber des Wirtschaftslebens und die Ausgebeuteten schiebt sich eine Apparatur von Rechts- und Verwaltungsbürokratien, deren Mitglieder nicht mehr als voll verantwortliche moralische Subjekte fungieren; ihr *Verantwortungsbewußtsein* ist gar nichts anderes als der unbewußte Ausdruck dieser Verkrüppelung.

VIII

Den Moralismus, von dem Fuchs' historischer Materialismus die Spuren trägt, hat auch die Psychoanalyse nicht erschüttert. »Berechtigt«, so urteilt er von der Sexualität, »sind alle Formen des sinnlichen Gebarens, in denen das Schöpferische dieses Lebensgesetzes sich offenbart ... Verwerflich sind dagegen jene Formen, die diesen obersten Trieb zum bloßen Mittel raffinierter Genußsucht herabwürdigen.«[46] Ersichtlich ist die Signatur dieses Moralismus die bürgerliche. Das rechte Mißtrauen gegen die bürgerliche Ächtung der rein sexuellen Lust und der mehr oder minder phantastischen Wege ihrer Erzeugung ist Fuchs fremd geblieben. Grundsätzlich erklärt er freilich, daß man »stets nur relativ von Sittlichkeit und Unsittlichkeit« reden könne. Aber er statuiert sogleich an derselben Stelle eine Ausnahme für die »absolute Unsittlichkeit«, bei der »es sich um Verstöße gegen die sozialen Triebe der Gesellschaft, also um Verstöße handelt, die sozusagen wider die Natur sind«. Kennzeichnend für diese Anschauung ist der nach Fuchs historisch gesetzmäßige Sieg der »immer entwicklungsfähigen Masse über die entartete Individualität«.[47] Kurz, von Fuchs gilt, daß er »nicht etwa die Berechtigung eines Verdammungsurteils gegen die angeblich korrupten Triebe, sondern die Ansicht über ihre Geschichte und ihr Ausmaß angreift«.[48]

Dadurch wird die Klärung des sexualpsychologischen Problems beeinträchtigt. Es ist seit der Herrschaft der Bourgeoisie besonders wichtig geworden. Die Tabuierung mehr oder minder weiter Bezirke der sexuellen Lust hat hier ihren Ort. Die durch sie in den Massen erzeugten Verdrängungen fördern masochistische und sadistische Komplexe zutage, denen von den Machthabern diejenigen Objekte geliefert werden, die sich ihrer Politik als die gelegensten darstellen. Ein Altersgenosse von Fuchs, Wedekind, hat in diese Zusammenhänge hineingeblickt. Ihre gesellschaftliche Kritik hat Fuchs versäumt. Desto bedeutender ist die Stelle, an welcher er sie auf einem Umwege über die Naturgeschichte nachholt. Es handelt sich um sein glänzendes Plädoyer der Orgie. Nach Fuchs »gehört die ... Lust am Orgiastischen zu den wertvollsten Tendenzen der Kultur ... Man muß sich darüber klar sein, daß die Orgie zu dem ... gehört, was uns vom Tier unterscheidet. Das Tier kennt im Gegensatz zum Menschen die Orgie nicht ... Das Tier wendet sich vom saftigsten Futter und von der klarsten Quelle ab, wenn sein Hunger und Durst gestillt sind, und sein Geschlechtsdrang ist meist auf ganz bestimmte kurze Perioden des Jahres beschränkt. Ganz anders der Mensch, vor allem der schöpferische Mensch. Dieser kennt den Begriff des Genug überhaupt nicht.«[49] In den Gedankengängen, in denen Fuchs sich kritisch mit den überkommenen Normen befaßt, liegt die Stärke seiner sexualpsychologischen Feststellungen. Sie sind es, die ihn befähigen, gewisse kleinbürgerliche Illusionen zu zerstreuen. So die der Nacktkultur, in der er »eine Revolution der Beschränktheit« mit Recht erkennt. »Der Mensch ist erfreulicherweise kein Waldtier mehr und wir ... wollen, daß die Phantasie, auch die erotische, eine Rolle in der Kleidung spielt. Was wir dagegen nicht wollen, das ist einzig jene soziale Organisation der Menschheit, die alles dies ... depraviert.«[50]

Die psychologische und historische Anschauungsweise von Fuchs ist vielfach für die Geschichte der Kleidung fruchtbar geworden. In der Tat gibt es kaum einen Gegenstand der dem dreifachen Interesse des Autors – dem geschichtlichen, dem gesellschaftlichen und dem erotischen – mehr entgegenkäme als die Mode. Das erweist sich bereits an ihrer Definition, die eine an Karl Kraus gemahnende sprachliche Prägung hat. Die Mode, so heißt es in der Sittengeschichte, gibt an, »wie man das Geschäft der öffentlichen Sittlichkeit ... zu betreiben gedenkt«.[51] Fuchs ist im übrigen dem landläufigen Fehler der Darsteller (man denke an einen Max von Boehn) nicht verfallen, die Mode lediglich nach ästhetischen und erotischen Gesichtspunkten zu durchforschen. Seinem Auge ist ihre Rolle als Herrschaftsinstrument nicht entgangen. Wie sie die feineren Unterschiede der Stände zum Ausdruck bringt, so wacht sie vor allem über die groben der Klassen. Im dritten Band seiner Sittengeschichte hat Fuchs ihr einen großen Essay gewidmet, dessen Gedankengang der Ergänzungsband mit der Aufstellung der für die Mode entscheidenden Elemente zusammenfaßt. Das erste wird von den »Interessen der Klassenscheidung« gebildet; das zweite stellt »die privatkapitalistische Produktionsweise«, die ihre Absatzmöglichkeiten durch vielfachen Wechsel der Mode zu steigern sucht; an dritter Stelle sind »die erotisch stimulierenden Zwecke der Mode« nicht zu vergessen.[52]

Der Kultus des Schöpferischen, der das Gesamtwerk von Fuchs durchzieht, hat aus seinen psychoanalytischen Studien neue Nahrung gezogen. Sie haben seine ursprünglich biologisch bestimmte Konzeption bereichert, freilich nicht darum auch schon berichtigt. Die Lehre von dem erotischen Ursprung der schöpferischen Impulse nahm Fuchs begeistert auf. Seine Vorstellung der Erotik aber haftete weiter eng an der drastischen, biologisch determinierten der Sinnlichkeit. Der Theorie der Verdrängung und der Komplexe, welche seine moralistische Auffassung der gesellschaftlichen und sexuellen Verhältnisse vielleicht modifiziert hätte, ist er, soweit angängig, ausgewichen. Wie der historische Materialismus bei Fuchs eine Herleitung der Dinge mehr aus dem bewußten ökonomischen Interesse des einzelnen als aus dem in dem letzteren unbewußt wirkenden Interesse der Klasse gibt, so ist auch der schöpferische Impuls mehr der bewußten sinnlichen Intention als dem bildschaffenden Unbewußten von ihm genähert worden.[53] Die erotische Bilderwelt als eine symbolische, wie Freuds »Traumdeutung« sie erschlossen hat, kommt bei Fuchs da, und nur da, zur Geltung, wo seine innere Beteiligung die höchste ist. In diesem Falle erfüllt sie seine Darstellung sogar dann, wenn jeder Hinweis auf sie vermieden ist. So in der meisterhaften Charakteristik von der Graphik des Revolutionszeitalters: »Alles ist starr, straff, militärisch. Die Menschen liegen nicht, denn der Exercierplatz duldet kein ›Rührt Euch‹. Selbst wenn sie sitzen, ist es, als wenn sie aufspringen wollten. Ihr ganzer Körper ist in Spannung wie der Pfeil auf der Bogensehne. Wie die Linie, so die Farbe. Wohl wirken die Bilder kalt, blechern ... gegenüber denen des Rokoko ... Die Farbe mußte hart sein ..., metallisch, sollte sie zum Inhalt der Bilder passen.«[54] Expliziter ist eine aufschlußreiche Bemerkung zum Fetischismus. Sie geht seinen historischen Äquivalenten nach. Es ergibt sich, daß »die Zunahme des Schuh- und Beinfetischismus auf die Ablösung des Priapkultus durch den Vulvakultus« hinzuweisen scheint, die Zunahme des Busenfetischismus dagegen auf eine rückläufige Tendenz. »Der Kultus des bekleideten Fußes und Beines spiegelt die Herrschaft des Weibes über den Mann; der Busenkultus spiegelt die Rolle des Weibes als Objekt der Lust des Mannes.«[55] Die tiefsten Blicke in den Symbolbereich tat Fuchs an Daumiers Hand. Was er über die Bäume bei Daumier sagt, ist einer der glücklichsten Funde des ganzen Werks. Er erkennt in ihnen »eine ganz eigenartige symbolische Form ..., in der das soziale Verantwortlichkeitsgefühl Daumiers zum Ausdruck kommt und seine Überzeugung, daß es Pflicht der Gesellschaft sei, den einzelnen zu schützen ... Die für ihn typische Gestaltung von Bäumen ... stellt sie stets mit weitausgreifenden Ästen dar, und zwar vor allem dann, wenn einer darunter steht oder sich lagert. Die Äste recken sich besonders bei solchen Bäumen wie die Arme eines Riesen, sie scheinen förmlich ins Unendliche greifen zu wollen. So formen sie sich zu einem undurchdringlichen Dach, das jede Gefahr von allen denen fernhält, die sich in ihren Schutz begeben haben.«[56] Diese schöne Betrachtung geleitet Fuchs auf die mütterliche Dominante in Daumiers Schaffen.

Keine Gestalt wurde für Fuchs lebendiger als Daumier. Sie hat ihn durch sein Arbeitsleben begleitet. Fast könnte man sagen, an ihr sei Fuchs zum Dialektiker geworden. Zumindest hat er sie in ihrer Fülle und in ihrem lebendigen Widerspruch konzipiert. Wenn er das Mütterliche in seiner Kunst erfaßt und in eindrucksvoller Weise umschrieben hat, so ist ihm nicht minder der andere Pol, das Männliche, Streitbare der Gestalt vertraut gewesen. Mit Recht hat er darauf hingewiesen, daß in Daumiers Werk der idyllische Einschlag fehlt; nicht allein die Landschaft, das Tierstück und das Stilleben, sondern auch das erotische Motiv und das Selbstporträt. Was Fuchs bei Daumier eigentlich mitriß, das ist das agonale Moment gewesen. Oder wäre es zu gewagt, der großen Karikatur von Daumier ihren Ursprung in einer Frage zu suchen? Wie nähmen, so scheint Daumier zu fragen, die bürgerlichen Menschen meiner Zeit sich aus, wollte man sich ihren Kampf ums Dasein gleichsam in einer Palästra denken? Daumier hat das private und öffentliche Leben der Pariser in die Sprache des Agon übersetzt. Seine höchste Begeisterung gilt der athletischen Spannung des ganzen Körpers, seinen muskulären Erregungen. Dem widerspricht es in keiner Weise, daß vielleicht niemand packender als Daumier die tiefste Erschlaffung des Körpers gezeichnet hat. Daumiers Konzeption hat, wie Fuchs bemerkt, tiefe Verwandschaft mit einer plastischen. Und so entführt er die Typen, die seine Zeit ihm bietet, um sie, verzerrte Olympioniken, auf einem Sockel zur Schau zu stellen. Es sind vor allem die Richter- und Advokatenstudien, welche sich so betrachten lassen. Unmittelbarer deutet der elegische Humor, mit dem Daumier das griechische Pantheon zu umspielen liebt, auf diese Inspiration hin. Vielleicht stellt sie die Lösung des Rätsels dar, das schon Baudelaire in dem Meister entgegentrat: wie seine Karikatur bei all ihrer Wucht und Durchschlagskraft von Rankune so frei sein könne.

Spricht er von Daumier, so beleben sich bei Fuchs alle Kräfte. Es gibt keinen anderen Gegenstand, der seiner Kennerschaft derart divinatorische Blitze entlockt hätte. Der kleinste Anstoß wird hier bedeutsam. Ein Blatt, so flüchtig, daß es unvollendet zu nennen ein Euphemismus wäre, reicht Fuchs hin, einen tiefen Einblick in Daumiers produktive Manie zu geben. Es stellt nur die obere Hälfte von einem Kopfe dar, an dem allein sprechend Nase und Auge sind. Daß die Skizze sich auf diese Partie beschränkt, einzig den Schauenden zum Objekt hat, das wird für Fuchs zum Fingerzeig, daß hier das zentrale Interesse des Malers im Spiele ist. Denn bei der Ausführung seiner Bilder setze jeder Maler an eben der Stelle an, an der er triebhaft am meisten beteiligt sei.[7] »Unzählige von Daumiers Gestalten«, so heißt es im Werke über den Maler, »sind mit dem konzentriertesten Schauen beschäftigt, sei es ein Schauen in die Weite, sei es ein Betrachten bestimmter Dinge, sei es ein ebenso konzentrierter Blick in das eigene Innere. Die Daumierschen Menschen schauen förmlich mit der Nasenspitze.«[58]

X

Daumier ist der glücklichste Gegenstand für den Forscher gewesen. Nicht minder war er der glücklichste Griff des Sammlers. Mit berechtigtem Stolz bemerkt Fuchs, daß nicht staatliche Initiative, sondern seine eigene die ersten Mappen von Daumier (und Gavarni) in Deutschland angelegt habe. Er steht mit seiner Abneigung gegen Museen nicht allein unter den großen Sammlern. Die Goncourts sind ihm darin vorangegangen; sie überbieten ihn darin an Heftigkeit. Wenn öffentliche Sammlungen sozial minder problematisch, wissenschaftlich nützlicher sein könnten als private, so entgeht ihnen doch deren größte Chance. Der Sammler hat in seiner Leidenschaft eine Wünschelrute, die ihn zum Finder von neuen Quellen macht. Das gilt von Fuchs, und darum mußte er sich im Gegensatz zu dem Geiste fühlen, der unter Wilhelm II. in den Museen herrschte. Sie hatten es auf die sogenannten Glanzstücke abgesehen. »Gewiß«, sagt Fuchs, »ist diese Art des Sammelns für das heutige Museum schon aus räumlichen Gründen bedingt. Aber diese ... Bedingtheit vermag an der Tatsache nichts zu ändern, daß wir dadurch ganz unvollständige ... Vorstellungen von der Kultur der Vergangenheit bekommen. Wir sehen diese ... im prunkvollenFesttagsgewand und nur sehr selten in ihrem meist dürftigen Werkeltagskleid.«[59]

Die großen Sammler sind meist durch die Originalität ihrer Objektwahl ausgezeichnet. Es gibt Ausnahmen: die Goncourts gingen weniger von den Objekten aus als von dem Ensemble, das diese zu bergen hatte; sie unternahmen die Verklärung des Interieurs, als es gerade eben verschieden war. In der Regel sind aber die Sammler vom Objekt selber geleitet worden. Ein großes Beispiel sind an der Schwelle der Neuzeit die Humanisten, deren griechische Erwerbungen und Reisen von der Zielstrebigkeit Zeugnis geben, mit der sie sammelten. Mit Marolles, dem Vorbild des Damocède, ist der Sammler, von La Bruyère geleitet, in die Literatur eingeführt worden (und zwar sogleich auf unvorteilhafte Art). Marolles hat als erster die Bedeutung der Graphik erkannt; seine Sammlung von 125 000 Blättern bildet den Grundstock des Cabinet des Estampes. Der siebenbändige Katalog, den im folgenden Jahrhundert der Graf Caylus von seinen Sammlungen herausgebracht hat, ist die erste große Leistung der Archäologie. Die Gemmensammlung von Stosch ist im Auftrage des Sammlers von Winckelmann katalogisiert worden. Selbst dort, wo der wissenschaftlichen Konzeption, die in solchen Sammlungen sich verkörpern wollte, keine Dauer beschieden war, war sie es doch bisweilen der Sammlung selbst. So der von Wallraf und Boisserée, deren Begründer, von der romantisch-nazarenischen Theorie ausgehend, die kölnische Kunst sei die Erbin der alten römischen, mit ihren deutschen Gemälden des Mittelalters den Fond des Kölner Museums geschaffen haben. In die Reihe dieser großen und planvollen, unablenkbar der einen Sache zugewandten Sammler ist Fuchs zu stellen. Sein Gedanke ist, dem Kunstwerk das Dasein in der Gesellschaft zurückzugeben, von der es so sehr abgeschnürt worden war, daß der Ort, an dem er es auffand, der Kunstmarkt war, auf dem es, gleich weit von seinen Verfertigern wie von denen, die es verstehen konnten, entfernt, zur Ware eingeschrumpft, überdauerte. Der Fetisch des Kunstmarktes ist der Meistername. Geschichtlich wird es vielleicht als das größte Verdienst von Fuchs erscheinen, die Befreiung der Kunsthistorie von dem Fetisch des Meisternamens in die Wege geleitet zu haben. »Deshalb ist«, heißt es bei Fuchs von der Plastik der Tang-Periode, »die vollständige Namenlosigkeit dieser Grab-Beigaben, die Tatsache, daß man auch nicht in einem einzigen Falle die individuellen Schöpfer eines solchen Werkes kennt, ein wichtiger Beweis dafür, daß es sich in dem allen niemals um einzelne künstlerische Erlebnisse handelte, sondern um die Art und Weise, wie die Welt und die Dinge damals von der Gesamtheit angeschaut wurden.«[60] Als einer der ersten entwickelte Fuchs den besonderen Charakter der Massenkunst und damit Impulse, die er vom historischen Materialismus erhalten hatte.

Das Studium der Massenkunst führt notwendig auf die Frage der technischen Reproduktion des Kunstwerks. »Jeder Zeit entsprechen ganz bestimmte Reproduktionstechniken. Sie repräsentieren die jeweilige technische Entwicklungsmöglichkeit und sind ... Resultat des betreffenden Zeitbedürfnisses. Aus diesem Grunde ist es eine gar nicht verwunderliche Erscheinung, daß jede größere historische Umwälzung, die andere Klassen als die seither herrschenden ... zur Herrschaft ... bringt, regelmäßig auch eine Veränderung der bildlichen Vervielfältigungstechnik resultiert. Auf diese Tatsache muß mit ganz besonderer Deutlichkeit hingewiesen werden.«[61] Mit solchen Einsichten ist Fuchs bahnbrechend gewesen. In ihnen hat er Gegenstände gewiesen, an deren Studium der historische Materialismus sich schulen kann. Der technische Standard der Künste ist einer von deren wichtigsten. Ihm nachzugehen macht manche Schädigung wieder gut, die der vage Kulturbegriff in der landläufigen Geistesgeschichte (und bisweilen auch bei Fuchs selbst) anrichtet. Daß »Tausende der simpelsten Töpfer imstande gewesen sind ..., technisch und künstlerisch gleich kühne ... Gebilde förmlich aus dem Handgelenk zu formen«[62], das erscheint Fuchs mit Recht als eine konkrete Bewährung der altchinesischen Kunst. Technische Erwägungen führen ihn hin und wieder zu lichtvollen, seiner Epoche vorauseilenden Aperçus. Nicht anders ist die Erklärung des Umstandes einzuschätzen, daß das Altertum keine Karikaturen kennt. Welche idealistische Geschichtsdarstellung sähe darin nicht eine Stütze des klassizistischen Griechen-Bildes: seiner edlen Einfalt und stillen Größe? Und wie erklärt Fuchs sich die Sache? Die Karikatur, meint er, ist eine Massenkunst. Keine Karikatur ohne massenweise Verbreitung ihrer Erzeugnisse. Massenweise Verbreitung heißt billige. Nun aber hatte »das Altertum ... außer der Münze keine billige Reproduktionsform.«[63] Die Münzfläche ist zu klein, um einer Karikatur Raum zu geben. Daher kannte das Altertum keine.

Die Karikatur war Massenkunst, auch das Sittenbild. Dieser Charakter trat, diffamierend, für die übliche Kunstgeschichte zu ihrem sonst schon bedenklichen. Anders für Fuchs; der Blick auf die verachteten, apokryphen Dinge macht seine eigentliche Stärke aus. Und den Weg zu ihnen, von welchem ihm der Marxismus kaum mehr als den Anfang gezeigt hatte, bahnte er sich als Sammler auf eigene Faust. Dazu bedurfte es einer an das Maniakalische grenzenden Leidenschaft. Sie hat die Züge von Fuchs geprägt, und in welchem Sinne, erfährt am besten, wer in Daumiers Lithographien die lange Reihe von Kunstfreunden und von Händlern, von Bewunderern der Malerei und von Kennern der Plastik durchgeht. Sie gleichen Fuchs bis in den Körperbau. Es sind hochaufgeschossene, hagere Figuren, und die Blikke schießen aus ihnen wie Flammenzungen. Nicht mit Unrecht hat man gesagt, in ihnen habe Daumier die Nachkömmlinge jener Goldsucher, Nekromanten und Geizhälse konzipiert, die auf den Bildern der alten Meister zu finden sind.[64] Ihrem Geschlecht gehört Fuchs als Sammler an. Und wie der Alchimist mit seinem *niederen* Wunsch, Gold zu machen, die Durchforschung der Chemikalien verbindet, in denen die Planeten und Elemente zu Bildern des spiritualen Menschen zusammentreten, so unternahm dieser Sammler, indem er den *niederen* Wunsch des Besitzes befriedigte, die Durchforschung einer Kunst, in deren Schöpfungen die Produktivkräfte und die Massen zu Bildern des geschichtlichen Menschen zusammentreten. Bis in die späteren Bücher ist der leidenschaftliche Anteil spürbar, mit dem Fuchs diesen Bildern sich zugewandt hat. »Nicht der letzte Ruhm«, schreibt er, »der chinesischen Dachreiter ist es, daß es sich in ihnen um eine ... namenlose Volkskunst handelt. Es gibt kein Heldenbuch, das von ihren Schöpfern zeugt.«[65] Ob aber solche den Namenlosen und dem, was die Spur ihrer Hände bewahrte, zugewandte Betrachtung nicht mehr zur Humanisierung der Menschheit beiträgt als der Führerkult, den man von neuem über sie verhängen zu wollen scheint, das muß wie so manches, worüber die Vergangenheit vergeblich belehrte, immer wieder die Zukunft lehren.

Anmerkungen

[1] Zitiert von Gustav Mayer, Friedrich Engels, II. Bd. Friedrich Engels und der Aufstieg der Arbeiterbewegung in Europa. Berlin, S. 450/451.

[2] Sie tauchen in den ersten Feuerbachstudien auf und finden dabei durch Marx diese Prägung: »Es gibt keine Geschichte der Politik, des Rechts, der Wissenschaft ..., der Kunst, der Religion« (Marx-Engels-Archiv Bd. I. Frankfurt am Main, S. 301).

[3] Es ist die dialektische Konstruktion, die das in der geschichtlichen Erfahrung ursprünglich uns Betreffende gegen die zusammengestoppelten Befunde des Tatsächlichen abhebt. »Im nackten offenkundigen Bestand des Faktischen gibt das Ursprüngliche sich niemals zu erkennen, und einzig einer Doppeleinsicht steht seine Rhythmik offen. Sie ... betrifft dessen Vor- und Nachgeschichte.« (Walter Benjamin, Ursprung des deutschen Trauerspiels. Berlin 1928, S. 32. Jetzt: Schriften. Frankfurt a. M. 1955. Bd. 1, S. 162.)

[4] Erotische Kunst, Bd. I, S. 70.

[5] Gavarni, S. 13.

[6] Hauptwerke: Illustrierte Sittengeschichte vom Mittelalter bis zur Gegenwart. Bd. I: Renaissance, Bd. II: Die galante Zeit, Bd. III: Das bürgerliche Zeitalter. Dazu Ergänzungsbände I–III (zitiert ›Sittengeschichte‹).

Geschichte der erotischen Kunst. Bd. I: Das zeitgeschichtliche Problem, Bd. II: Das individuelle Problem, Erster Teil; Bd. III: Das individuelle Problem, Zweiter Teil (zitiert ›Erotische Kunst‹).

Die Karikatur der europäischen Völker. Bd. I: Vom Altertum bis zum Jahre 1848, Bd. II: Vom Jahre 1848 bis zum Vorabend des Weltkrieges (zitiert ›Karikatur‹).

Honoré Daumier, Holzschnitte und Lithographien. Bd. I: Holzschnitte, Bd. II–IV: Lithographien (zitiert ›Daumier‹).

Der Maler Daumier (zitiert ebenso).

Gavarni (zitiert ebenso).

Die großen Meister der Erotik (zitiert ebenso).

Tang-Plastik. Chinesische Grab-Keramik des 7.–10. Jahrhunderts (zitiert ebenso).

Dachreiter und verwandte chinesische Keramik des 15.–18. Jahrhunderts (zitiert ebenso). Fuchs hat außerdem der Frau, den Juden und dem Weltkrieg als Sujets der Karikatur Sonderwerke gewidmet.

[7] A. Max, Zur Frage der Organisation des Proletariats der Intelligenz. In: Die Neue Zeit. XIII. Stuttgart 1895, I, S. 645.

[8] Nietzsche schrieb, und zwar schon 1874: »Als letztes ... ergiebt sich das allgemein beliebte *Popularisieren* ... in der Wissenschaft, das heißt das berüchtigte Zuschneiden des Rockes der Wissenschaft auf den Leib des *gemischten Publikums*: um uns hier einmal für eine schneidermäßige Tätigkeit eines schneidermäßigen Deutschen (sic!) zu befleißigen« (Friedrich Nietzsche, Unzeitgemäße Betrachtungen Bd. I. Leipzig 1893, S. 168 – ›Vom Nutzen und Nachteil der Historie für das Leben‹).

[9] »Der Kulturgeschichtsschreiber, der es mit seiner Aufgabe ernst nimmt, muß stets für die Massen schreiben« (Erotische Kunst Bd. II, Erster Teil, Vorwort).

[10] C. Korn, Proletariat und Klassik. In: Die Neue Zeit. XXVI. Stuttgart 1908, II, S. 414 f.

[11] Vgl. August Bebel, Die Frau und der Sozialismus. Stuttgart 1891, S. 177/79 und S. 333/36 über die Umwälzung der Hauswirtschaft durch die Technik, S. 200/201 über die Frau als Erfinderin.

[12] Zitiert von D. Bach, John Ruskin. In: Die Neue Zeit. XVIII. Stuttgart 1900, I, S. 728.

[13] Charakteristischen Ausdruck hat dieses scheinhafte Moment in Alfred Webers Begrüßungsansprache auf dem deutschen Soziologentage von 1912 gefunden. Erst »wenn das Leben von seinen Notwendigkeiten und Nützlichkeiten zu einem über diesen stehenden Gebilde geworden ist, erst dann gibt es Kultur«. In diesem Kulturbegriff schlummerten Keime der Barbarei, die sich inzwischen entfaltet haben. Kultur erscheint als etwas »für die Fortexistenz des Lebens Überflüssiges, was wir doch gerade als ... dasjenige, wofür es da ist, fühlen«. Kurz, die Kultur existiert nach Art eines Kunstwerks, »das vielleicht ganze Lebensformen und Lebensgrundsätze in Verwirrung bringt, das zersetzend und zerbrechend wirken kann, und dessen Existenz wir doch als höher fühlen als alles Gesunde und Lebendige, was dadurch zerstört wird«. Fünfundzwanzig Jahre nachdem das gesagt wurde, haben Kulturstaaten es als ihre Ehre in Anspruch genommen, solchen Kunstwerken zu gleichen, solche zu sein. (Verhandlungen des zweiten deutschen Soziologentages. Schriften der deutschen Gesellschaft für Soziologie. Erste Serie, Zweiter Band. Tübingen 1913, S. 11/12. Alfred Weber, Der soziologische Kulturbegriff.)

[14] Franz Mehring, Akademisches. In: Die Neue Zeit. XVI. Stuttgart 1898, I, S. 195–196.

[15] Erotische Kunst Bd. I, S. 125. – Die erste Bezugnahme auf die zeitgenössische Kunst gehört zu den wichtigsten Impulsen des Sammlers Fuchs. Auch sie kommt ihm teilweise von den großen Schöpfungen der Vergangenheit. Seine unvergleichliche Kenntnis der älteren Karikatur erschließt Fuchs früh die Arbeiten eines Toulouse-Lautrec, eines Heartfield und eines George Grosz. Seine Passion für Daumier führt ihn zu Slevogts Werk, dessen Don Quichote-Konzeption ihm als die einzige vor Augen schwebt, die sich neben Daumier halten kann. Seine Studien über Keramik geben

ihm alle Autorität, einen Emil Pottner zu fördern. Sein Leben lang hat Fuchs mit bildenden Künstlern in freundschaftlichem Verkehr gestanden. Es ist daher nicht verwunderlich, daß seine Art, Kunstwerke anzusprechen, oft mehr die des Künstlers als des Historikers ist.

[16] Der Meister ikonographischer Interpretation dürfte Emile Mâle sein. Seine Untersuchungen beschränken sich auf die Plastik der französischen Kathedralen des 12. bis 15. Jahrhunderts und überschneiden sich demnach nicht mit denen von Fuchs.

[17] Heinrich Wölfflin, Die klassische Kunst. München 1899, S. 275.

[18] Die ältere Tafelmalerei gab dem Menschen als Quartier nicht mehr als ein Schilderhäuschen. Die Maler der Frührenaissance haben zum ersten Mal Innenräume ins Bild gesetzt, in denen die dargestellten Figuren Spielraum haben. Das machte die Erfindung der Perspektive durch Ucello den Zeitgenossen und ihm selber so überwältigend. Die Malerei, die von nun ab ihre Schöpfungen mehr als vordem den Wohnenden (statt wie einstmals den Betenden) widmete, gab ihnen Vorlagen ihres Wohnens, wurde nicht müde, Perspektiven der Villa vor ihnen aufzustellen. Die Hochrenaissance, sehr viel sparsamer in der Darstellung des eigentlichen Interieurs, baute doch auf diesen Grund auf. »Das Cinquecento hat ein besonders starkes Gefühl für die Relation zwischen Mensch und Bauwerk, für die Resonanz eines schönen Raumes. Es kann sich fast keine Existenz denken ohne architektonische Fassung und Fundamentierung.« (Wölfflin, a. a. O., S. 227.)

[19] Erotische Kunst Bd. II, Erster Teil, S. 20.

[20] Franz Mehring, Geschichte der deutschen Sozialdemokratie, Zweiter Teil. Von Lassalles Offenem Antwortschreiben bis zum Erfurter Programm. (Geschichte des Sozialismus in Einzeldarstellungen, III, 2) Stuttgart 1898, S. 546.

[21] Karikatur Bd. I, S. 4/5.

[22] Vgl. die schöne Bemerkung zu den Daumierschen Figuren von Proletarierinnen: »Wer solche Stoffe als bloße Bewegungsmotive ansieht, beweist, daß ihm die letzten Triebkräfte, die wirksam werden müssen, um erschütternde Kunst zu gestalten, ein versiegeltes Buch sind ... Gerade deshalb, weil es sich in diesen Bildern um etwas ganz anderes als ... *Bewegungsmotive* handelt, werden diese Werke ewig leben als ... erschütternde Denkmäler der Knechtung des mütterlichen Weibes im neunzehnten Jahrhundert.« (Der Maler Daumier, S. 28.)

[23] Tang-Plastik, S. 44.

[24] Vgl. die These über die erotische Wirkung des Kunstwerks: »Je intensiver diese Wirkung ist, um so größer ist die künstlerische Qualität.« (Erotische Kunst Bd. I, S.68.)

[25] Karikatur, S. 23.

[26] Dachreiter, S. 39.

[27] Die großen Meister der Erotik, S. 115.

[28] Dachreiter, S. 48.

[29] Erotische Kunst Bd. II, erster Teil, S. 186.

[30] Tang-Plastik, S. 30/31. – Problematisch wird diese intuitive, unmittelbare Anschauungsweise dann, wenn sie den Tatbestand einer materialistischen Analyse erfüllen will. Es ist bekannt, daß Marx sich nirgends eingehender darüber ausgelassen hat, wie man sich das Verhältnis des Überbaus zum Unterbau im einzelnen zu denken habe. Feststeht nur, daß er eine Folge von Vermittlungen, gleichsam Transmissionen, im Auge hatte, die sich zwischen die materiellen Produktionsverhältnisse und die entfernteren Domänen des Überbaus, zu denen die Kunst zählt, einschalten. So auch Plechanow: »Wenn die Kunst, die von den höheren Klassen geschaffen wird, in keiner direkten Beziehung zu dem Produktionsprozeß steht, so ist dies in letzter Linie ... aus ökonomischen Ursachen zu erklären. Die materialistische Geschichtserklärung ist ... auch für diesen Fall anwendbar; es ist jedoch selbstverständlich, daß der unzweifelhafte kausale Zusammenhang zwischen Sein und Bewußtsein, zwischen sozialen Verhältnissen, welche die *Arbeit* als Grundlage haben, einerseits und der Kunst in diesem Falle nicht so leicht zutage tritt. Hier entstehen ... einige Zwischenstationen.« (G. Plechanow, Das französische Drama und die französische Malerei im neunzehnten Jahrhundert vom Standpunkte der materialistischen Geschichtsauffassung. In: Die Neue Zeit. XXIX. Stuttgart 1911, S. 544/545.) Soviel ist deutlich, daß die klassische Geschichtsdialektik von Marx hier kausale Abhängigkeiten für gegeben erachtet. In der späteren Praxis ist man laxer vorgegangen und hat sich oft mit Analogien begnügt. Möglich, daß das mit dem Anspruch zusammenhing, die bürgerlichen Literatur- und Kunstgeschichten durch nicht minder großangelegte materialistische zu ersetzen. Dieser Anspruch gehört zur Signatur der Epoche; er ist von wilhelminischem Geist getragen. Er hat auch von Fuchs seinen Tribut gefordert. Ein Lieblingsgedanke des Autors, der in vielen Varianten zum Ausdruck kommt, statuiert realistische Kunstepochen für Handelsstaaten. So für das Holland des siebzehnten wie für das China des achten und neunten Jahrhunderts. Ausgehend von der Analyse der chinesischen Gartenwirtschaft, an der viele Züge des Kaiserreichs erläutert werden, wendet sich Fuchs der neuen Plastik zu, die unter der Herrschaft der Tang entsteht. Die monumentale Erstarrung des Han-Stiles lockert sich; das Interesse der anonymen Meister, die die Töpferarbeiten bildeten, gilt von nun an der Bewegung bei Mensch und Tier. »Die Zeit«, führt Fuchs aus, »ist in jenen Jahrhunderten in China aus ihrer großen Ruhe erwacht ...; denn Handel bedeutet stets gesteigertes Leben und Bewegung. Also mußte in erster Linie Leben und Bewegung in die Kunst der Tang-Zeit kommen ... Und dieses Merkmal ist auch das erste, was einem in die Augen springt. Während zum Beispiel die Tiere der Han-Periode immer noch schwer und wuchtig in ihrem ganzen Habitus sind ..., ist bei denen der Tang-Zeit ... alles Lebendigkeit, jedes Glied in Bewegung.« (Tang-Plastik, S. 41 f.) Diese Betrachtungsweise beruht auf bloßer Analogie – Bewegung im Handel wie in der Plastik – und man könnte sie geradezu nominalistisch nennen. In der Analogie bleibt ebenfalls der Versuch, die Aufnahme der Antike in der Renaissance durchsichtig zu machen, befan-

gen. »Die wirtschaftliche Basis war in beiden Epochen dieselbe, nur daß sie sich in der Renaissance auf einer höheren Stufenleiter der Entwicklung befand. Beide basierten auf dem Warenhandel.« (Erotische Kunst Bd. I, S. 42.) Am Ende erscheint der Handel selbst als Subjekt der Kunstübung, und es heißt: »Der Handel muß mit den gegebenen Größen rechnen, und er kann nur konkrete, nachprüfbare Größen in Rechnung stellen. So muß er der Welt und den Dingen gegenübertreten, wenn er sie wirtschaftlich bewältigen will. Also ist auch seine künstlerische Anschauung von den Dingen eine in jeder Hinsicht reale.« (Tang-Plastik, S. 42.) Man mag davon absehen, daß in der Kunst eine »in jeder Hinsicht reale« Darstellung nicht zu finden ist. Grundsätzlich wäre zu sagen, daß ein Zusammenhang, der in genau gleicher Weise für die Kunst von Altchina und von Altholland Geltung beansprucht, problematisch erscheint. Er besteht in der Tat so nicht; es genügt ein Blick auf die Republik Venedig. Sie blühte durch ihren Handel; die Kunst Palma Vecchios, Tizians oder Veroneses war dennoch schwerlich eine »in jeder Hinsicht« realistische. Der Aspekt des Lebens, der uns in ihr entgegentritt, ist allein der repräsentative und festliche. Auf der andern Seite erfordert das Erwerbsleben auf allen seinen Entwicklungsstufen einen beträchtlichen Sinn für die Realität. Der Materialist kann daraus auf die Stilgebarung keinerlei Schlüsse ziehen.

31 Karl Kautsky, Darwinismus und Marxismus. In: Die Neue Zeit. XIII. Stuttgart 1895, I, S. 710.

32 H. Laufenberg, Dogma und Klassenkampf. In: Die Neue Zeit. XXVII. Stuttgart 1909, I, S. 574. – Der Begriff der Selbsttätigkeit ist hier traurig herabgekommen. Seine große Zeit liegt im achtzehnten Jahrhundert, als der Ausgleich der Märkte begann. Damals feierte er seinen Triumph ebensowohl bei Kant, in Gestalt der Spontaneität, wie in der Technik, in Gestalt der Automaten.

33 Karikatur Bd. I, S. 312.

34 Erotische Kunst Bd. I, S. 3.

35 A. Max, Zur Frage der Organisation des Proletariats der Intelligenz. In: Die Neue Zeit. XIII. Stuttgart 1895, I, S. 652.

36 Karikatur Bd. II, S. 238.

37 Mehring hat den Prozeß, den ›Die Weber‹ zur Folge hatten, in der ›Neuen Zeit‹ kommentiert. Teile des Plädoyers des Verteidigers haben die Aktualität zurückgewonnen, die sie 1893 besessen haben. »Er müsse«, so führte der Anwalt aus, »geltend machen, daß den angezogenen, scheinbar revolutionären Stellen andere von abwiegelndem, besänftigendem Charakter entgegenständen. Der Dichter stehe auch gar nicht auf Seiten des Aufruhrs, er lasse vielmehr die Ordnung durch das Eingreifen einer Handvoll Soldaten siegen.« Franz Mehring, Entweder-Oder. In: Die Neue Zeit. XI. Stuttgart 1893, I, S. 780.

38 Honoré de Balzac, Le Cousin Pons. Paris 1925, S. 162.

39 Edouard Drumont, Les héros et les pitres. Paris, S. 107/108.

40 G. G. Gervinus, Friedrich Christoph Schlosser. Ein Nekrolog. Leipzig 1861, S. 30/31.

[41] Diese Ausrichtung seines œuvres hat sich für Fuchs nützlich erwiesen, als die Anklagen wegen ›Verbreitung unzüchtiger Schriften‹ durch die kaiserlichen Staatsanwälte einsetzten. Wir finden den Moralismus von Fuchs naturgemäß besonders nachdrücklich in einem Sachverständigenvotum dargestellt, das im Zuge eines der sämtlich mit Freispruch endenden Strafverfahren erstattet wurde. Es stammt von Fedor von Zobeltitz und lautet an seiner wichtigsten Stelle: »Fuchs fühlt sich ernsthaft als Moralprediger und Erzieher, und diese tiefernste Lebensauffassung, dies innige Begreifen, daß seine Arbeit im Dienste der Menschheitsgeschichte von höchster Sittlichkeit getragen sein muß, schützt allein ihn schon vor dem Verdacht geschäftseifriger Spekulation, über den jeder lächeln müßte, der den Menschen kennt und seinen leuchtenden Idealismus.«

[42] Diese Revision ist von Max Horkheimer in dem Essay ›Egoismus und Freiheitsbewegung‹ (Zeitschrift für Sozialforschung, Jahrgang V [1936], S. 161 ff.) inauguriert worden. Zu den von Horkheimer versammelten Zeugnissen stimmen eine Reihe von interessanten Belegen, mit denen der Ultra Abel Bonnard seine Anklage gegen jene bürgerlichen Historiker der Revolution belegt, die von Chateaubriand als »l'école admirative de la terreur« zusammengefaßt werden. (Vgl. Abel Bonnard, Les Modérés. Paris, S. 179 ff.)

[43] Der Maler Daumier, S. 30.

[44] N. Guterman et H. Lefebvre, La conscience mystifiée. Paris 1936. S. 151.

[45] Erotische Kunst Bd. II, Erster Teil, S. 11.

[46] Erotische Kunst Bd. I, S. 43. – Die sittengeschichtliche Darstellung des Direktoriums trägt geradezu die Züge der Moralität. »Das entsetzliche Buch des Marquis de Sade mit seinen ebenso schlechten wie infamen Kupfern lag aufgeschlagen in allen Schaufenstern.« Und »die verwüstete Phantasie des schamentwöhnten Wüstlings« spricht aus Barras. (Karikatur Bd. I, S. 202 u. 201.)

[47] Karikatur Bd. I, S. 188.

[48] Max Horkheimer, Egoismus und Freiheitsbewegung, a. a. O., S. 166.

[49] Erotische Kunst Bd. II, Erster Teil, S. 283. – Fuchs ist hier auf der Spur eines bedeutsamen Tatbestandes. Sollte es übereilt sein, die tiermenschliche Schwelle, die Fuchs in der Orgie sieht, in unmittelbaren Zusammenhang mit jener anderen Schwelle zu setzen, die der aufrechte Gang darstellt? Mit ihm tritt in die Naturgeschichte die vordem unerhörte Erscheinung ein, daß die Partner im Orgasmus einander ins Auge sehen können. Damit erst wird die Orgie möglich. Und nicht sowohl durch den Zuwachs an Reizen, auf die der Blick trifft. Entscheidend ist vielmehr, daß der Ausdruck der Übersättigung, ja des Unvermögens nun selbst zu einem erotischen Stimulans werden kann.

[50] Sittengeschichte Bd. III, S. 234. – Wenige Seiten später findet sich dieses sichere Urteil nicht mehr – ein Beweis, mit welcher Kraft es der Konvention abgerungen sein wollte. Dort heißt es vielmehr: »Die Tatsache, daß Tausende von Menschen sich am Anblick einer weiblichen oder männlichen Aktphotographie geschlechtlich erregen ..., beweist, daß das Auge nicht mehr das

harmonische Ganze, sondern nur das pikante Detail zu sehen vermag« (a. a. O., S. 269). Wenn hier etwas geschlechtlich erregend wirkt, so ist es viel mehr die Vorstellung von der Ausstellung des nackten Körpers vor der Kamera als der Anblick der Nacktheit selbst. Auf diese Vorstellung dürfte es denn auch wohl mit den meisten dieser Photographien abgesehen sein.

51 Sittengeschichte Bd. III, S. 189.

52 Sittengeschichte, Ergänzungsband III, S. 53/54.

53 Kunst ist für Fuchs unmittelbare Sinnlichkeit wie die Ideologie unmittelbares Erzeugnis von Interessen. »Das Wesen der Kunst ist: die Sinnlichkeit. Kunst ist Sinnlichkeit. Und zwar Sinnlichkeit in potenziertester Form. Kunst ist Form gewordene, sichtbar gewordene Sinnlichkeit, und sie ist zugleich die höchste und edelste Form der Sinnlichkeit.« (Erotische Kunst Bd. I, S. 61.)

54 Karikatur Bd. I, S. 223.

55 Erotische Kunst Bd. II, Erster Teil, S. 390.

56 Der Maler Daumier, S. 30.

57 Hierzu ist folgende Reflexion zu vergleichen: »Nach meinen ... Beobachtungen dünkt es mich, daß die jeweiligen Dominanten der Palette eines Künstlers in seinen pointiert erotischen Bildern immer besonders klar auftreten und daß sie in diesen ... ihre ... höchste Leuchtkraft erleben.« (Die großen Meister der Erotik, S. 14.)

58 Der Maler Daumier, S. 18. – Zu den in Rede stehenden Gestalten zählt auch der berühmte ›Kunstkenner‹ – ein Aquarell, das in mehreren Versionen vorkommt. Eine bisher nicht bekannte Fassung des Blattes wurde Fuchs eines Tages vorgelegt: ob eine echte, war zu ermitteln. Fuchs nahm die Hauptdarstellung dieses Motivs in einer guten Reproduktion zur Hand und nun ging es an den überaus instruktiven Vergleich. Keine Abweichung, nicht die kleinste, blieb unbeachtet, und von jeder galt es, Rechenschaft abzulegen, ob sie unter einer Meisterhand entsprungen oder ein Erzeugnis der Ohnmacht sei. Immer wieder ging Fuchs auf das Original zurück. Aber die Art und Weise, wie er das tat, schien zu zeigen, daß er wohl davon hätte absehen können; sein Blick erwies sich in ihm so heimisch, wie das nur bei einem Blatte der Fall sein kann, das man jahrelang im Geist vor sich hatte. Unzweifelhaft war das für Fuchs so gewesen. Und nur darum war er imstande, die verborgensten Unsicherheiten des Konturs, die unscheinbarsten Fehlfarben in den Schatten, die kleinsten Entgleisungen in der Strichführung aufzudecken, die das fragliche Blatt an seinen Platz stellten – übrigens nicht den einer Fälschung, sondern einer guten alten Kopie, die von einem Amateur stammen mochte.

59 Dachreiter, S. 5/6.

60 Tang-Plastik, S. 44.

61 Honoré Daumier Bd. I, S. 13. – Man vergleiche mit diesen Gedanken die allegorische Auslegung der Hochzeit von Kana durch Victor Hugo: »Das Wunder der Brote bedeutet die Vermehrung der Leser um ein Vielfaches. An dem Tage, da der Christ auf dieses Symbol geraten war, hatte er die Erfindung der Buchdruckerkunst geahnt.« (Victor Hugo, William Shake-

speare. Zitiert von Georges Batault, Le pontife de la démagogie: Victor Hugo. Paris 1934, S. 142.)

[62] Dachreiter, S. 46.

[63] Karikatur Bd. I, S. 19. – Die Ausnahme bestätigt die Regel. Ein mechanisches Reproduktionsverfahren diente bei der Herstellung der Terrakotta-Figuren. Unter ihnen finden sich viele Karikaturen.

[64] Vgl. Erich Klossowski, Honoré Daumier. München 1908, S. 113.

[65] Dachreiter, S. 45.

Bibliographische Notiz

Der Aufsatz *Das Kunstwerk im Zeitalter seiner technischen Reproduzierbarkeit* wurde zum ersten Male veröffentlicht in der Zeitschrift für Sozialforschung (1, 1936), der Aufsatz *Kleine Geschichte der Photographie* in der Literarischen Welt (18.9., 25.9. und 2.10.1931), der Aufsatz *Eduard Fuchs, der Sammler und der Historiker* in der Zeitschrift für Sozialforschung (6, 1937).

Was ist das epische Theater?

I. *Das entspannte Publikum.* – »Nichts Schöneres als auf dem Sofa liegen und einen Roman lesen«, heißt es bei einem der Epiker des vorigen Jahrhunderts. Damit ist angedeutet, zu wie großer Entspannung der Genießende es vor einem erzählenden Werk bringen kann. Die Vorstellung, die man sich von dem macht, der einem Drama beiwohnt, pflegt etwa die gegenteilige zu sein. Man denkt an einen Mann, der mit allen Fibern, angespannt, einem Vorgang folgt. Der Begriff des epischen Theaters (den Brecht als Theoretiker seiner poetischen Praxis gebildet hat) deutet vor allem an, dieses Theater wünsche sich ein entspanntes, der Handlung gelockert folgendes Publikum. Es wird freilich immer als Kollektiv auftreten, und das unterscheidet es von dem Lesenden, der mit seinem Text allein ist. Auch wird sich dies Publikum, eben als Kollektiv, meist zu prompter Stellungnahme veranlaßt sehen. Aber diese Stellungnahme, so denkt sich Brecht, sollte eine überlegte, damit entspannte, kurz gesagt die von Interessenten sein. Für ihren Anteil ist ein doppelter Gegenstand vorgesehen. Erstens die Vorgänge; sie müssen von der Art sein, daß sie aus der Erfahrung des Publikums an entscheidenden Stellen zu kontrollieren sind. Zweitens die Aufführung; ihrer artistischen Armatur nach ist sie durchsichtig zu gestalten. (Diese Gestaltung steht durchaus im Gegensatz zur »Schlichtheit«; sie setzt in Wirklichkeit Kunstverstand und Scharfsinn beim Regisseur voraus.) Das epische Theater richtet sich an Interessenten, »die ohne Grund nicht denken«. Brecht verliert die Massen nicht aus dem Auge, deren bedingter Gebrauch des Denkens wohl mit dieser Formel zu decken ist. In dem Bestreben, sein Publikum fachmännisch, jedoch ganz und gar nicht auf dem Wege über die bloße Bildung, am Theater zu interessieren, setzt sich ein politischer Wille durch.

II. *Die Fabel.* – Das epische Theater soll »die Bühne ihrer stofflichen Sensation berauben«. Daher wird eine alte Fabel ihm oft mehr als eine neue leisten. Brecht hat sich die Frage vorgelegt, ob nicht die Vorgänge, die das epische Theater darstellt, schon bekannt sein müßten. Es verhielte sich zur Fabel wie der Ballettmeister zur Elevin; sein erstes wäre, ihr die Gelenke bis an die Grenze des Möglichen aufzulockern. (Das chinesische Theater geht in der Tat so vor. Brecht hat in »The fourth wall of China« [Life and Letters to-day Vol. XV, No. 6, 1936] dargestellt, was er ihm zu verdanken hat.) Soll das Theater nach bekannten Ereignissen Ausschau halten, »so wären geschichtliche Vorgänge zunächst am geeignetsten«. Ihre epische Streckung durch die Spielweise, die Plakate und die Beschriftungen geht darauf aus, ihnen den Charakter der Sensation auszutreiben.

Derart macht Brecht in seinem letzten Stück das Leben des Galilei zu seinem Gegenstand. Brecht stellt Galilei vor allem als großen Lehrer dar. Galilei lehrt nicht nur eine neue Physik, sondern er lehrt sie auf neue Weise. Das Experiment wird in seiner Hand nicht nur eine Eroberung der Wissenschaft sondern eine der Pädagogik. Nicht auf dem Widerruf Galileis liegt der Hauptakzent dieses Stücks. Vielmehr ist der wirklich epische Vorgang in dem zu suchen, was aus der Beschriftung des vorletzten Bildes ersichtlich ist: »1633–1642. Als Gefangener der Inquisition setzt Galilei bis zu seinem Tode seine wissenschaftlichen Arbeiten fort. Es gelingt ihm, seine Hauptwerke aus Italien herauszuschmuggeln.«

Dieses Theater ist auf ganz andere Art mit dem Zeitverlaufe im Bund als das tragische. Weil die Spannung weniger dem Ausgang gilt als den Begebenheiten im einzelnen, kann es die weitesten Zeiträume überspannen. (Ebenso geschah das einst im Mysterienspiel. Die Dramaturgie des »Ödipus« oder der »Wildente« bietet den Gegenpol zu der epischen.)

III. *Der untragische Held.* – Die klassische Bühne der Franzosen machte zwischen den Spielern den Standespersonen Platz, welche auf der offenen Szene ihre Fauteuils hatten. Uns kommt das unangebracht vor. Ähnlich unangebracht erschiene es nach dem Begriff vom »Dramatischen«, der uns vom Theater geläufig ist, einen unbeteiligten Dritten als nüchternen Beobachter, als den »Denkenden« den Vorgängen auf der Bühne beizuordnen. Etwas Ähnliches hat Brecht vielfach vorgeschwebt. Man kann weitergehen und sagen, daß der Versuch, den Denkenden, ja den Weisen zum dramatischen Helden selbst zu machen, von Brecht unternommen wurde. Und man kann gerade von hier aus sein Theater als episches definieren. Am weitesten vorgetrieben wurde dieser Versuch in der Figur Galy Gays, des Packers. Galy Gay, der Held des Stückes »Mann ist Mann« ist nichts als ein Schauplatz der Widersprüche, welche unsere Gesellschaft ausmachen. Vielleicht ist es im Sinne Brechts nicht zu kühn, den Weisen als den vollkommenen Schauplatz ihrer Dialektik anzusprechen. Jedenfalls ist Galy Gay ein Weiser. Nun hat schon Platon das Undramatische des höchsten Menschen, des Weisen sehr wohl erkannt. Er hat ihn in seinen Dialogen an die Schwelle des Dramas herangeführt – im »Phädon« an die Schwelle des Passionsspieles. Der mittelalterliche Christus, der, wie wir das bei den Kirchenvätern finden, den Weisen mitvertrat, ist der untragische Held par excellence. Aber auch im weltlichen Drama des Abendlandes hat die Suche nach dem untragischen Helden nie aufgehört. Oft im Zwiespalt mit seinen Theoretikern, hat dieses Drama von der authentischen Gestalt der Tragik, das ist von der griechischen, sich auf immer wieder neue Art abgehoben. Diese wichtige aber schlecht markierte Straße (die hier als Bild einer Tradition stehen mag) zog sich im Mittelalter über Hroswitha und die Mysterien; im Barock über Gryphius und Calderon. Später zeichnete sie sich bei Lenz und Grabbe ab und zuletzt bei Strindberg. Shakespearsche Auftritte stehen als Monumente an ihrem Rand und Goethe hat sie im zweiten Teil des »Faust« gekreuzt. Es ist eine europäische, aber auch eine deutsche Straße. Wenn anders von einer Straße die Rede sein kann, und nicht vielmehr von einem Pasch- und Schleichpfad, auf dem das Vermächtnis des mittelalterlichen und barocken Dramas an uns gelangt ist. Dieser Saumpfad tritt heute, wie struppig und verwildert immer, in den Dramen von Brecht zutage.

IV. *Die Unterbrechung.* – Brecht setzt sein Theater als episches gegen das im engern Sinne dramatische ab, dessen Theorie Aristoteles formulierte. Darum führt Brecht die entsprechende Dramaturgie als die nicht-aristotelische ein wie Riemann eine nicht-euklidische Geometrie einführte. Diese Analogie mag verdeutlichen, daß es sich nicht um ein Konkurrenzverhältnis zwischen den fraglichen Formen der Bühne handelt. Bei Riemann fiel das Parallelenaxiom fort. Was in der Brechtschen Dramatik wegfiel, das war die aristotelische Katharsis, die Abfuhr der Affekte durch Einfühlung in das bewegende Geschick des Helden.

Das entspannte Interesse des Publikums, welchem die Aufführungen des epischen Theaters zugedacht sind, hat seine Besonderheit eben darin, daß an das Einfühlungsvermögen der Zuschauer kaum appelliert wird. Die Kunst des epischen Theaters ist vielmehr, an der Stelle der Einfühlung das Staunen hervorzurufen. Formelhaft ausgedrückt: statt in den Helden sich einzufühlen, soll das Publikum vielmehr das Staunen über die Verhältnisse lernen, in denen er sich bewegt.

Das epische Theater, meint Brecht, hat nicht so sehr Handlungen zu entwickeln, als Zustände darzustellen. Darstellung ist aber hier nicht Wiedergabe im Sinne der naturalistischen Theoretiker. Es handelt sich vielmehr vor allem darum, die Zustände erst einmal zu entdecken. (Man könnte ebensowohl sagen: sie zu verfremden.) Diese Entdeckung (Verfremdung) von Zuständen vollzieht sich mittels der Unterbrechung von Abläufen. Das primitivste Beispiel: eine Familienszene. Plötzlich tritt ein Fremder ein. Die Frau war gerade im Begriff, eine Bronze zu ergreifen, um sie nach der Tochter zu schleudern; der Vater im Begriff, das Fenster zu öffnen, um nach einem Schutzmann zu rufen. In diesem Augenblick erscheint in der Tür der Fremde. »Tableau« – wie man um 1900 zu sagen pflegte. Das heißt: Der Fremde wird mit dem Zustande konfrontiert; verstörte Mienen, offenes Fenster, verwüstetes Mobiliar. Es gibt aber einen Blick, vor dem auch gewohntere Szenen des bürgerlichen Lebens sich nicht soviel anders ausnehmen.

V. *Der zitierbare Gestus.* – »Jedes Satzes Wirkung«, heißt es in einem dramaturgischen Lehrgedicht von Brecht, »wurde abgewartet und aufgedeckt. Und abgewartet wurde, bis die Menge die Sätze auf die Waagschale gelegt hatte.« Kurz, das Spiel wurde unterbrochen. Man darf hier weiter ausgreifen und sich darauf besinnen, daß das Unterbrechen eines der fundamentalen Verfahren aller Formgebung ist. Es reicht über den Bezirk der Kunst weit hinaus. Es liegt, um nur eines herauszugreifen, dem Zitat zugrunde. Einen Text zitieren, schließt ein: seinen Zusammenhang unterbrechen. Es ist daher wohl verständlich, daß das epische Theater, das auf die Unterbrechung gestellt ist, ein in spezifischem Sinne zitierbares ist. Die Zitierbarkeit seiner Texte hätte nichts Besonderes. Anders steht es mit den Gesten, die im Verlaufe des Spiels am Platze sind.

»Gesten zitierbar zu machen« ist eine der wesentlichen Leistungen des epischen Theaters. Seine Gebärden muß der Schauspieler sperren können wie ein Setzer die Worte. Dieser Effekt kann zum Beispiel dadurch erreicht werden, daß auf der Szene der Schauspieler seinen Gestus selbst zitiert. So verfolgte man in »Happy end« wie die Neher in der Rolle einer Sergeantin der Heilsarmee, die in einer Seemannskneipe ein Lied, das besser dorthin als in die Kirche paßt, um Proselyten zu machen, gesungen hatte, dieses Lied und den Gestus, mit dem sie es sang, vor einem Konsilium der Heilsarmee zu zitieren hatte. So wird in der »Maßnahme« nicht nur der Bericht der Kommunisten, sondern durch deren Spiel auch eine Reihe von Gesten des Genossen, gegen den sie vorgingen, vor das Parteitribunal gebracht. Was im epischen Drama überhaupt ein Kunstmittel der subtilsten Art ist, wird im besondern Fall des Lehrstücks zu einem der nächsten Zwecke. Im übrigen ist das epische Theater per definitionem ein gestisches. Denn Gesten erhalten wir umso mehr, je häufiger wir einen Handelnden unterbrechen.

VI. *Das Lehrstück*. – Zugedacht ist das epische Theater in jedem Fall genau so gut den Spielenden wie den Zuschauern. Das Lehrstück hebt sich als Sonderfall im wesentlichen dadurch heraus, daß es durch besondere Armut des Apparates die Auswechslung des Publikums mit den Akteuren, der Akteure mit dem Publikum vereinfacht und nahelegt. Jeder Zuschauer wird Mitspieler werden können. Und in der Tat ist es leichter, den »Lehrer« zu spielen als den »Helden«.

In der ersten Fassung des »Lindberghfluges«, die in einem Magazin publiziert wurde, figurierte der Flieger noch als Held.

Sie war seiner Verherrlichung zugedacht. Die zweite Fassung verdankt – das ist aufschlußreich – ihr Entstehen einer Selbstkorrektur von Brecht. – Welche Begeisterung durchlief nicht die beiden Kontinente in den Tagen, die diesem Fluge folgten. Aber sie verpuffte als Sensation. Brecht bemüht sich, im »Flug der Lindberghs« das Spektrum des »Erlebnisses« zu zerlegen, um ihm die Farben der »Erfahrung« abzugewinnen. Der Erfahrung, die nur aus Lindberghs Arbeit, nicht aus der Erregung des Publikums zu schöpfen war und »den Lindberghs« zugeführt werden sollte.

J. J. Lawrence, der Verfasser der »Sieben Säulen der Weisheit«, schrieb, als er zur Fliegertruppe ging, an Robert Graves, dieser Schritt sei für den Menschen von heute, was für den mittelalterlichen der Eintritt in ein Kloster gewesen sei. In dieser Äußerung findet man die Bogenspannung wieder, die dem »Flug der Lindberghs«, aber auch den späteren Lehrstücken eigen ist. Eine klerikale Strenge wird der Unterweisung in einer neuzeitlichen Technik zugewandt – hier der im Flugwesen, später der im Klassenkampf. Diese zweite Verwertung ist in der »Mutter« am umfassendsten durchgebildet. Es war kühn, gerade ein soziales Drama von den Wirkungen freizuhalten, die die Einfühlung mit sich führt und die sein Publikum so gewohnt war. Brecht weiß das; er spricht es in einem Briefgedicht aus, das er anläßlich der Neuyorker Aufführung dieses Stückes an die dortige Arbeiterbühne gerichtet hat: Es »fragten uns etliche: Wird der Arbeiter euch auch verstehen? Wird er verzichten auf das gewohnte Rauschgift; die Teilnahme im Geiste an fremder Empörung, an dem Aufstieg der andern; auf all die Illusion, die ihn aufpeitscht für zwei Stunden und erschöpfter zurückläßt, erfüllt mit vager Erinnerung und vagerer Hoffnung?«

VII. *Der Schauspieler.* – Das epische Theater rückt, den Bildern des Filmstreifens vergleichbar, in Stößen vor. Seine Grundform ist die des Chocks, mit dem die einzelnen, wohlabgehobenen Situationen des Stücks aufeinandertreffen. Die Songs, die Beschriftungen, die gestischen Konventionen heben eine Situation gegen die andere ab. So entstehen Intervalle, die die Illusion des Publikums eher beeinträchtigen. Sie lähmen seine Bereitschaft zur

Einfühlung. Diese Intervalle sind seiner kritischen Stellungnahme (zum dargestellten Verhalten der Personen und zu der Art, in der es dargestellt wird) vorbehalten. Was die Art der Darstellung angeht, so besteht die Aufgabe des Schauspielers im epischen Theater darin, in seinem Spiel auszuweisen, daß er seinen kühlen Kopf behält. Auch für ihn ist Einfühlung kaum verwendbar. Für solche Spielweise ist der »Schauspieler« des dramatischen Theaters nicht immer in allem vorbereitet. An Hand der Vorstellung des »Theaterspielens« kann man dem epischen Theater vielleicht am unbefangensten nahekommen.

Brecht sagt: »Der Schauspieler muß eine Sache zeigen und er muß sich zeigen. Er zeigt die Sache natürlich, indem er sich zeigt; und er zeigt sich, indem er die Sache zeigt. Obwohl dies zusammenfällt, darf es doch nicht so zusammenfallen, daß der Unterschied zwischen diesen beiden Aufgaben verschwindet.« Mit andern Worten: Der Schauspieler soll sich die Möglichkeit vorbehalten, mit Kunst aus der Rolle zu fallen. Er soll es sich, im gegebenen Moment, nicht nehmen lassen, den (über seinen Part) Nachdenkenden vorzumachen. Mit Unrecht würde man sich in solchem Moment an die romantische Ironie erinnert fühlen, wie zum Beispiel Tieck sie im »Gestiefelten Kater« handhabt. Diese hat kein Lehrziel; sie weist im Grunde nur die philosophische Informiertheit des Autors aus, dem beim Stückeschreiben immer gegenwärtig bleibt: Die Welt mag am Ende wohl auch ein Theater sein.

Zwanglos wird gerade die Art des Spiels auf dem epischen Theater erkennen lassen, wie sehr in diesem Felde das artistische Interesse mit dem politischen identisch ist. Man denke an Brechts Zyklus: »Furcht und Zittern des Dritten Reiches.« Leicht ist einzusehen, daß die Aufgabe, einen SS-Mann oder ein Mitglied des Volksgerichtshofs zu machen, für den deutschen Schauspieler im Exil, dem sie zufiele, etwas grundsätzlich anderes zu bedeuten hätte als etwa für einen guten Familienvater der Auftrag, Molières Don Juan zu verkörpern. Für den ersteren kann die Einfühlung schwerlich als ein geeignetes Verfahren betrachtet werden – wenn es denn eine Einfühlung in den Mörder seiner Mitkämpfer für ihn nicht wird geben können. Einem andern, distanzierenden Modus der Darstellung könnte in solchen

Fällen ein neues Recht und vielleicht ein besonderes Gelingen werden. Dieser Modus wäre der epische.

VIII. *Das Theater auf dem Podium.* – Worum es dem epischen Theater zu tun ist, läßt sich vom Begriff der Bühne her leichter definieren als vom Begriff eines neuen Dramas her. Das epische Theater trägt einem Umstand Rechnung, den man zu wenig beachtet hat. Er kann als die Verschüttung der Orchestra bezeichnet werden. Der Abgrund, der die Spieler vom Publikum wie die Toten von den Lebendigen scheidet, der Abgrund, dessen Schweigen im Schauspiel die Erhabenheit, dessen Klingen in der Oper den Rausch steigert, dieser Abgrund, der unter allen Elementen der Bühne die Spuren ihres sakralen Ursprungs am unverwischbarsten trägt, hat an Bedeutung immer mehr eingebüßt. Noch liegt die Bühne erhöht. Aber sie steigt nicht mehr aus einer unermeßlichen Tiefe auf: sie ist Podium geworden. Lehrstück und episches Theater sind ein Versuch, auf diesem Podium sich einzurichten.

Einleitung zu Carl Gustav Jochmanns Rückschritten der Poesie

In das Verständnis des folgenden Textes einzudringen, kann durch eine Betrachtung der Ursachen erleichtert werden, die seine bisherige Verborgenheit herbeigeführt haben.

Der Platz geistiger Produktionen in der geschichtlichen Überlieferung wird nicht immer allein oder auch nur vorwiegend durch deren unmittelbare Rezeption bestimmt. Sie werden vielmehr oft mittelbar rezipiert, nämlich im Medium von Produktionen, die Wahlverwandte – Vorgänger, Zeitgenossen, Nachfolgende – hinterlassen haben. Das Gedächtnis der Völker ist darauf angewiesen, an den Materien, die ihm die Überlieferung zuführt, Gruppenbildungen vorzunehmen. Solche Gruppierungen sind beweglich; auch wechseln sie in ihren Elementen. Was aber auf die Dauer in sie nicht eingeht, ist der Vergessenheit überantwortet.

Nach Wahlverwandten von Jochmann, sei es unter den Vorgängern, sei es unter den Zeitgenossen, Ausschau haltend, werden wir freilich inne: auch diese sind, wenn nicht dem Namen so ihrem Umriß nach, von Vergessenheit wie umschattet. Da ist, ein Menschenalter vor Jochmann, Georg Forster. Sein Werk ist im Andenken der Deutschen zerniert wie einst er selbst in Koblenz von deutschen Truppen. Kaum seine unschätzbaren Briefe aus dem Paris der großen Revolution haben den Kordon durchbrechen können. Eine Darstellung, der es gelänge, die Kontinuität des revolutionären Gedankens unter der deutschen Emigration in Frankreich von Forster bis Jochmann aufzuzeigen, würde den Vorkämpfern des deutschen Bürgertums die Schuld abstatten, die seine heutigen Nachfahren insolvent findet. Sie würde auf Männer wie den Grafen Schlabrendorf stoßen, dessen Anfänge in die Mitte des achtzehnten Jahrhunderts zurückreichen und der in Paris Jochmanns Freund wurde. Den revolutionsgeschichtlichen Memorabilien, die Jochmann nach dessen Erzählungen abgefaßt hat, ließen sich zweifellos Denkwürdigkeiten über die deutsche Emigration um die Wende des Jahrhunderts zur Seite stellen. Vermutlich hätte, wer ihnen nachgehen will, besonderen Aufschluß aus Varnhagens noch unveröffentlichten Papieren zu erwarten, die auf der Berliner Staatsbibliothek verwahrt werden.

Varnhagen war es, der von Schlabrendorf das taciteïsch gefaßte Porträt gegeben hat: »Amtlos Staatsmann, heimatfremd Bürger, begütert arm.« »Ich habe«, schreibt Jochmann seinerseits am 4. Oktober 1820 an einen Freund, »bisher nur einen einzigen Unabhängigen kennen gelernt: einen Greis von siebzig Jahren, der noch bis jetzt nicht einmal einen Bedienten braucht; der 40 000 Thaler Einkünfte besitzt und kaum 1 000 verzehrt, um mit dem übrigen für die Armen Haus zu halten, einen Grafen, der von jeher nur in Ländern und unter Verhältnissen hat leben wollen, in denen sein Rang nichts galt.« Befreundet mit Jochmann war ferner der Pariser Geschäftsträger der Stadt Frankfurt am Main, Oelsner, der seinerseits in nahen Beziehungen zu Sieyès stand. Daß Überlieferungen aus der Revolutions- und zumal der Konventszeit Jochmann in diesem Kreise anvertraut wurden – Überlieferungen, deren bedeutsamsten Niederschlag ein großer Essay über Robespierre bildet –, fällt als Zeugnis für seine politische Haltung umsomehr ins Gewicht, je weniger der Beginn der Restaurationsperiode danach angetan war, solche Überlieferung zu fördern. Man ging unter Ludwig XVIII. darauf aus, die Ereignisse der Jahre 1789 bis 1815 als eine Kette von Missetaten und von Erniedrigungen bei den Nachgeborenen und Überlebenden in Verruf zu bringen.

Es ist nicht anzunehmen, daß das Bewußtsein, im Paris der großen Revolution vertreten gewesen zu sein und dem Befreiungskampf der Bürgerklasse glaubwürdige Zeugen gestellt zu haben, der deutschen Bourgeoisie unvermittelt abhanden gekommen ist. Um von Gutzkow und Heine zu schweigen – auch für Alexander von Humboldt und Liebig hat Paris die Kapitale des Weltbürgertums dargestellt, und die Hauptstadt der guten Europäer war es wohl noch in Nietzsches Augen. Erst die Reichsgründung bringt das deutsche Bürgertum um sein angestammtes Bild von Paris; das feudale Preußen macht aus der Stadt der großen Revolution und der Kommune ein Babylon, dem es seinen Schaftstiefel in den Nacken setzt. »Berlin soll die heilige

Stadt der Zukunft werden; seine Strahlenkrone soll über der Welt leuchten. Paris ist das freche, verderbte Babylon, die große Hure, die der von Gott gesandte Engel der Vernichtung ... von der Erde austilgen wird. Wißt ihr nicht, daß der Herr die germanische Rasse zu seiner auserwählten gestempelt hat?« So Blanqui in dem vehementen Aufruf zur Verteidigung von Paris, den er im September 1871 geschrieben hat.

Gleichzeitig ging dem deutschen Bürgertum, eben durch die Reichsgründung, ein zweiter, nicht minder inhaltsreicher Traditionszusammenhang verloren, in dem Jochmanns Erscheinung zu bewahren gewesen wäre. Es ist der Zusammenhang mit der Freiheitsbewegung in den baltischen Provinzen. Jochmann war Balte. Er ist 1789 in Pernau geboren. Seine Kindheit verlief in der Abgeschiedenheit dieser Landstadt. Mit dreizehn Jahren kam er nach Riga. Nach den Lehrjahren auf der dortigen Domschule besuchte er die Universitäten Leipzig, Göttingen, Heidelberg. Die Studierenden aus den russischen Ostseeprovinzen hielten auf den deutschen Hochschulen eng zusammen. In Heidelberg befreundete Jochmann sich mit Lövis of Menar. Die Biographie Lövis of Menars von Blum enthält den eingehendsten Bericht über Jochmann, der aus diesen frühen Jahren besteht. Er schließt eine Episode ein, die als einziges Dokument einer politischen Aktivität Jochmanns die angemessene Folie für seine im folgenden Essay niedergelegten Gedanken bildet. »Er gehörte«, heißt es von Jochmann dort, »zu den anziehendsten Erscheinungen, die jene bewegte Zeit aufzuweisen hat. Von Natur höchst begabt, bildet er frühzeitig seinen eigenthümlichen Charakter aus. Er war ein wunderbares Gemisch von scharfem Verstand und phantastischem Wesen, von kühner Tatkraft und ängstlichem Lauern, von praktischem Talent und stiller Beobachtung. Schon in früher Jugend, da er noch in die Schule ging, hatte das bewegte Gemüth des merkwürdigen Menschen über Entwürfe gebrütet, deren Ausführung er zum Theil noch erlebte, doch ohne dabei mitgewirkt zu haben. So nahm er einst einen Freund geheimnisvoll aus der Stadt, um ihm in der Stille des Waldes seine Pläne zur Befreiung Griechenlands auseinanderzusetzen ... Nun er in Deutschland die Siegeszüge der Franzosen erlebte, erwachte in ihm ein alter Lieblingswunsch. Er wollte für die Befreiung Polens wirken. Dazu meinte er am ersten Gelegenheit zu finden, wenn er Napoleons Adlern folgte. Sein Entschluß fand bei dem älteren Freunde«, [Menar] »dem er ihn allein anvertraute, keine Billigung, doch blieb er fest. So speisten beide eines Abends denn noch mit den Freunden und schlichen dann davon. Lövis gab ihm in dunkler Nacht das Geleite. Bald erhielt er einen Brief, der ihm Jochmanns glücklichen Eintritt in ein französisches Regiment meldete. Später schrieb derselbe noch mehrere Male ... Nähere Bekanntschaft mit den Freiheitshelden der großen Armee, von deren Führern er für Polen nichts weiter hoffte, bewogen ihn bald, die Franzosen zu verlassen. Später hielt er die Sache so geheim, daß er selbst dem trefflichen Zschokke, den er doch ungemein schätzte, nichts davon mitgeteilt zu haben scheint.«

Der Gedanke der Bauernbefreiung, der, mit dem der nationalen verbunden, durch die französische Revolution mächtigen Antrieb erhalten hatte, ergriff schließlich, getragen von einigen baltischen Intellektuellen, auch die Letten. Unter ihnen finden sich die Rigaer Freunde Jochmanns; und hier stoßen wir auf den Namen von Garlieb Merkel. Merkel steht den Jahren nach zwischen Forster und Jochmann. Er hat einen schlechten Ruf in der Literaturgeschichte. Die Romantiker, zumal A. W. Schlegel, haben ihm übel mitgespielt; seinerseits hat er sich durch unzulängliche Urteile über große Dichtungen exponiert. Diese Unzulänglichkeit hat die deutsche Literaturgeschichte vermerkt. Was sie mit Stillschweigen überging, ist die Tatsache, daß Merkels Schrift »Die Letten, vorzüglich in Livland, am Ende des philosophischen Jahrhunderts«, erschienen 1796 in Leipzig, den Kampf um die Beseitigung der Leibeigenschaft in Lettland eröffnet hat. Das Buch zeichnet sich nicht nur durch die unerschrokkene Darstellung des Elends unter den lettischen Bauern aus, sondern auch durch wertvolle Angaben zur Folklore der Letten. Aus dem Gedächtnis der Gebildeten ist es noch radikaler getilgt worden als das Werk von Forster, und man kann sich fragen, ob der Verruf, den der Kritiker Merkel auf sich zu ziehen schien, nicht vor allem dem Politiker Merkel gegolten hat.

Wer solchen Fragen Raum gibt, dem stellt sich das deutsche Bürgertum des ausgehenden achtzehnten Jahrhunderts von einer wenig beachteten Seite dar. Er stößt auf jene in ihren produktiven Gaben begrenzten aber im Haushalt der Weltgeschichte so wichtigen Männer, deren Freimut und Überzeugungstreue die unerläßliche und verkannte Grundlage für die weiter ausgreifenden, freilich um so behutsameren revolutionären Formulierungen eines Kant und Schiller gewesen sind. Um die Mitte des vorigen Jahrhunderts waren diese Zusammenhänge noch nicht vergessen. Treffend bemerkte damals der baltische Schriftsteller Julius Eckardt zu Merkels politischer Wirksamkeit: »Wie wohl angebracht war hier jener Enthusiasmus für die Sache des gesunden Menschenverstandes und der aufgeklärten Moral, der als kritischer Maßstab für den Wert eines ›Faust‹ oder auch nur einer ›Genovefa‹ so unerträglich langweilig ist! ... Die Unerschrockenheit und Rücksichtslosigkeit, mit welcher der Jüngling Merkel seine kaum verdaute Weisheit auf die Zustände anwandte, die ihn umgaben, schafft uns ... einen hohen Begriff von der zündenden Kraft, welche ihrerzeit jenem vielberufenen politischen und religiösen Rationalismus innegewohnt hat, der heutzutage den Ultras ... zur Zielscheibe ... schlechter Witze ... gut genug zu sein scheint.«

Als Merkel in gereifterem Alter mit den Romantikern, gar mit Goethe den Kampf aufnahm, waren die Würfel über die revolutionäre Zukunft des deutschen Bürgertums schon gefallen. Anders fünfzehn Jahre zuvor. Hinter dem Balten Merkel stand nur der kleine Zirkel um Nicolai; der Balte Jakob Michael Reinhold Lenz war einer der beherrschenden Geister des Sturmes und Dranges gewesen und ein Wortführer seines revolutionären Empfindens. So hat Büchner seine Gestalt heraufgerufen, und so scheint eine der eindrucksvollsten Stellen des folgenden Essays einen Nachklang von Lenz festzuhalten. Nachklang oder vielleicht nur Anklang – die Rede Jochmanns von den gepriesenen Blüten unserer Poesie, deren »kaum zwei oder drei« aus anderem Samen als dem der Knechtseligkeit entwachsen seien, erinnert an die erschütternden Lenzschen Verse:

> Deutschland, armes Deutschland,
> Die Kunst trieb kranke Stengel aus deinem Boden,
> Höchstens matte Blüten,

Die an den Ähren hingen, vom Winde zerstreut,
Und in der Hülse, wenns hoch kam,
Zwei Körner Genie.

Jochmann ist den Zeitgenossen aus dem Wege gegangen. Wer die sprachliche Gestalt des folgenden Essays in sich aufnimmt, den wird es wenig erstaunen, daß sein Autor nichts, was er veröffentlichte, gezeichnet hat. Auch wählte er kein Pseudonym; namenlos in das Schrifttum eingehend, bettelte er ihm keine Unsterblichkeit ab. Mit ungebrochenerem Rechte als Lichtenberg hätte er seine Schriften »Ihrer Majestät der Vergessenheit« widmen können. Der Zukunft, von welcher er in prophetischen Worten spricht, wendet er gleichsam den Rücken, und sein Seherblick entzündet sich an den immer tiefer ins Vergangene hinschwindenden Gipfeln der früheren heroischen Menschengeschlechter und ihrer Poesie. Desto wichtiger ist es, auf die tiefe Verwandtschaft hinzuweisen, die dieser seherische und in sich verschlossene Geist mit den deutschen Verfechtern der bürgerlichen Revolution gehabt hat. Der soldatischste unter ihnen, Johann Gottfried Seume, führt in den baltischen Kreis zurück. Die Verrottung des Feudalismus ließ sich im Baltikum gut studieren; Seume hat mit kritischem Blick für die Zustände der Gesellschaft Europa durchwandert. Er betrat, so erzählt man von ihm, die Stube lettischer Bauern, und sein Blick fiel sogleich auf die große Peitsche, die an der Wand hing. Er fragte nach ihrer Bedeutung, und hat die Antwort, die er bekam, festgehalten. »Das sind, so lautete der Bescheid, unsere Landesgesetze.« Zu Merkels Schrift für die lettischen Leibeigenen hat Seume aus dem Manuskript ein Gedicht beigesteuert, das den Abschluß des Bandes bildet.

Jochmann hat unter den lettischen Verhältnissen schwer gelitten. Auch hat er Riga, nachdem er die Stadt 1819 im Besitz eines ausreichenden, in seiner Anwaltschaft erworbenen Vermögens verlassen hatte, nicht mehr wiedergesehen. »Jochmann«, so sagt sein Biograph, »hat den Gewinn einer schon in jungen Jahren errungenen höheren Geistesbildung mit einer Heimathlosigkeit erkauft, an der er lebenslang siechte.« Einsichtig aber setzt er hinzu, »daß seine Krankheit seine Gesundheit war und daß seine Zerfallenheit mit dem Vaterlande zu einer Anklage gegen dieses wird«. Jochmann hat bis zu seinem Tode, der schon 1830 eintrat, abwechselnd in Paris, in Baden und in der Schweiz gelebt. In der Schweiz schloß er sich Zschokke an, dem die Erhaltung seines Nachlasses zu verdanken ist.

Die Namen – einschließlich dieses letzten –, die im Wirkungskreise von Jochmann begegnen, zeigen: es bedurfte keiner besonderen Veranstaltung, um ihn zu einem Verschollenen zu machen. Sie alle, die den abgesprengten Vortrupp des Bürgertums in Deutschland gebildet haben, sind mehr oder weniger vergessen, darunter schriftstellerische Talente, die, ohne an Jochmann heranzureichen, sich mit Berühmteren leicht messen konnten. Wenn aber kaum einer dem öffentlichen Bewußtsein so gänzlich wie gerade Jochmann verloren ging, so hat das seine besondere Ursache. Und zwar eine objektive, die ihrerseits die subjektive Scheu vor der Autorschaft dem Verständnis näher bringt. Er ist unter den Versprengten ein Isolierter. Jünger als seine Kampfgenossen, fand Jochmann sich in der Blütezeit der Romantik. Er hat seine Abneigung gegen sie nicht verheimlicht – eher so überschwänglich ausgesprochen, daß man einen Augenblick im Zweifel sein kann, an wen er denkt, wenn er von den »geverselten Schriften« spricht, zu denen »ältere Fundgruben den Stoff hergaben«. Dennoch ist kein Zweifel, daß er sich den »mühseligen Müßiggang ..., den wir Gelehrsamkeit nennen«, von der Verfertigung von Gebilden wie dem »Kaiser Octavianus« von Tieck, den »Romanzen vom Rosenkranz« von Brentano, wenn nicht gar den »Hymnen an die Nacht« von Novalis ausgefüllt dachte. Und wenn er die Stubengelehrten schilt, die sich in das Zeitalter der Pyramiden zurücksehnen, so hat er Lorenz Oken im Auge.

Isoliert stehen die Vorkämpfer des deutschen Bürgertums in ihrer Zeit; unter ihnen ist Jochmann ein Isolierter; und wiederum isoliert steht der Aufsatz »Über die Rückschritte der Poesie« unter Jochmanns Schriften. Der geschichtlichen Konstruktion, die der Essay bietet, ist nichts in den anderen zu vergleichen. In dem Ausmaß seiner philosophischen Spannungen liegt der Grund seiner Bedeutung wie seiner Schönheit. Um von der letzteren zuerst zu sprechen: der Aufsatz ist dadurch ausgezeichnet, daß er, höchsten philosophischen Gehalt bergend, der philosophischen Terminologie sich entäußert hat. Eine seltene schriftstellerische Meisterschaft war Bedingung für die Bergung seines Gedankenguts. »Der konzise Stil«, sagt Joubert, »gehört der Reflexion an. Wer mit Nachdruck gedacht hat, gibt bei der Niederschrift dem Ertrag seiner Überlegungen eine skulpturale Prägung.« Jochmanns Syntax trägt gleichsam Meißelspuren.

Der Essay umgreift die Geschichte der Menschheit von der Urzeit bis in die Zeitenferne. In dieser Spanne entsteht die Poesie und vergeht sie wieder. Vergeht sie wirklich? Jochmann zeigt in dieser Frage eine denkwürdige Unschlüssigkeit. Soweit er Gedanken der Aufklärung fortentwickelt, führen sie ihn dazu, Platos »Verbannungsurtheil« über den Dichter zu bestätigen. Offenbar aber kassiert dieses Urteil der Schlußabsatz. Wenn der Leser eine »belohnendere weil gescheutere« Betätigung der Einbildungskraft, wie sie der Verfasser sich für die Zukunft erhofft, nicht notwendig als eine dichterische sich denken muß – vielmehr solche Wendung sehr wohl als einen Ausblick auf eine humanere Staatswirtschaft interpretieren kann –, so kennt der Schlußabsatz seinerseits einen wiedergeborenen »Dichtergeist«, der nun erst in den »Triumphgesängen des fortschreitenden Glückes« zu seiner Bestimmung kommt. Dieses eigentümliche Schwanken, diese fast eingeständliche Ungewißheit über die fernere Ausbildung des dichterischen Vermögens dürfte bedeutsamer sein als es irgendeine kategorische Aussage über diesen Gegenstand gewesen wäre. Nicht nur daß die hier waltende Besonnenheit auf das engste mit der eigentümlichen Schönheit des Essays zusammenhängt; man darf darüber hinaus vermuten, daß ein Versuch, der mit kategorischen Aussagen über diesen Gegenstand belastet gewesen wäre, schwerlich hätte gelingen können. Es ist demnach zu bewundern, mit welcher Weisheit Jochmann seine Worte gewogen hat, und wie er, sogleich im zweiten Absatz, sich begnügt, die leise und eindringliche Frage aufzuwerfen, ob wir denn recht haben, »alles Vergangene auch für verloren, und alles Verlorene für unersetzt und unersetzlich anzusehen«?

Das tat die Romantik. Von den jochmannschen Überlegungen aus fällt Licht auf vereinzelte denkwürdige Reaktionen, denen die Brüder Schlegel begegnet waren, als sie den humanistischen Enthusiasmus ihrer Jugendjahre mit dem späteren für das christliche Mittelalter vertauschten. Diese Wendung war um 1800 nicht mehr verkennbar. Aus dem Jahre 1803 stammt ein Brief, der nach Geist und Form den Einsichten Jochmanns nicht unwürdig präludiert. Es schreibt ihn A. L. Hülsen an den älteren Gesinnungsfreund A. W. Schlegel. Sein Appell geht von den Neigungen aus, welche um die Jahrhundertwende das europäische Rittertum zu einem bevorzugten Gegenstand der Brüder Schlegel hatten werden lassen. »Behüte uns«, so heißt es bei Hülsen, »der Himmel, daß die alten Burgen nicht wieder aufgebaut werden. Sagt an, lieben Freunde, wie soll ich Euch darin begreifen. Ich weiß es nicht ... Ihr mögt die glänzendste Seite des Ritterwesens hervorsuchen, sie wird so vielfach wieder verdunkelt, wenn wir es im Ganzen nur betrachten wollen. Friedrich möge nach der Schweiz reisen und unter andern nach Wallis. Die Kinder erzählen ihm noch von den ehemaligen Zwingherrn, indem sie die stolzen Burgen benennen, um das Andenken ihrer Tyrannen erscheint in den Trümmern unverwüstlich. Aber dieser Betrachtung bedarf es gar nicht. Es ist genug, daß dies Wesen mit keiner göttlichen Anordnung des Lebens bestehen kann. Viel lieber möchte man auch wünschen, daß der große Haufe, den wir Volk nennen, uns Gelehrte und Ritter sämtlich auf den Kopf schlage, weil wir unsre Größe und Vorzüge auf sein Elend allein gründen können. Armenhäuser, Zuchthäuser, Zeughäuser und Waisenhäuser stehen neben den Tempeln, in welchen wir die Gottheit verehren wollen ... Sprechen wir vom Menschen, so liegt an uns allen qua Philosophen und Künstler durchaus gar nichts; denn das Leben eines einzigen in seinen Anforderungen an die Gesellschaft – möge er der elendeste auch seyn – ist bei weitem mehr werth als der höchste Ruhm, den wir als Gelehrte und Ritter uns erklingen und erfechten mögen.«

Mit der Romantik setzte die Jagd nach dem falschen Reichtum ein. Nach der Einverleibung jeder Vergangenheit, nicht durch die fortschreitende Emanzipation des Menschengeschlechts, kraft deren es seiner eigenen Geschichte immer geistesgegenwärtiger in das Auge sieht und immer neue Winke ihr abgewinnt, sondern durch die Nachahmung, das Ergattern aller

Werke aus abgelebten Völkerkreisen und Weltepochen. Die Romantiker streckten die Hand nach dem Epos des Mittelalters aus – und es war umsonst; die Nazarener nach seiner Heiligenmalerei – und auch das vergeblich. Gewiß können diese Unternehmungen, in andere geschichtliche Zusammenhänge eintretend, glückhafter und gewichtiger sich darstellen. Jochmann sah sie als mißglückte und als bedeutungslose und erschloß eben damit seinem Blick eine historische Perspektive, die seinen Zeitgenossen verstellt geblieben ist. Erst am Jahrhundertende und als das Unheil, in Gestalt der Architektur zumal, in Europa sich eingenistet hatte, begann der Jugendstil gegen diesen immer großspuriger sich gebärdenden, immer billigeren Reichtum sich zu empören. Die Theorien von van der Velde fingen an, ihren Einfluß zu üben, die Düsseldorfer Schule von Olbrich, der Wiener Werkbund, führten diese Reaktion fort, die mit der neuen Sachlichkeit ihre letzten, mit Adolf Loos ihre wichtigsten Thesen aufstellte.

Outsider wie Jochmann es war, ist auch Loos gewesen. Ihn erfüllte das instinktive Bestreben, um jeden Preis den Anschluß an den Rationalismus der bürgerlichen Blütezeit zurückzugewinnen. Sein Satz »Ornament ist Verbrechen« erscheint nicht umsonst als ein Resumé der Jochmannschen Bemerkungen über die Tätowierung. Im Werk von Adolf Loos bereitet ein Bewußtsein von der Problematik der Kunst sich vor, das dem ästhetischen Imperialismus des vergangenen Jahrhunderts, dem Goldrausch an den »ewigen« Werten der Kunst entgegenwirkt. Von Loos fällt auf Jochmann Licht. Der erste schrieb, einen eingewurzelten Unfug abzuschaffen; der zweite bot Palliative eines Übels, das sich eben in seinem Beginn befand. Nach dem Weltkrieg trat die Debatte in ihr entscheidendes Stadium: die Fragestellung mußte theoretisch durchdrungen oder modisch beschönigt werden. Beide Lösungen hatten ihr politisches Äquivalent. Die erste fällt mit neueren Versuchen einer materialistischen Theorie der Kunst zusammen (vgl. Walter Benjamin: L'Œuvre d'art à l'époque de sa reproduction mécanisée, Zeitschrift für Sozialforschung Jahrgang V, 1936, Heft 1). Die zweite wurde von den totalitären Staaten begünstigt und nahm die reaktionären Momente auf, die im Futurismus, im Expressionismus, zum Teil auch im Surrealismus zu finden waren. Sie bestreitet die Problematik der Kunst, um das Prädikat des Ästhetischen noch für ihre blutigsten Vollstreckungen in Anspruch zu nehmen. Zugleich läßt sie erkennen, wie die Begehrlichkeit nach dem Gut der Vergangenheit jedes Maß überschritten hat: nichts Geringeres schwebt den Faschisten vor, als des Mythos sich zu bemächtigen.

Demgegenüber vernehmen wir Jochmanns Rede: »Nicht alles Vergangene ist verloren.« (Wir brauchen's nicht neu zu machen.) »Nicht alles Verlorene ist unersetzt.« (Vieles ist in höhere Formen eingegangen.) »Nicht alles Unersetzte ist unersetzlich.« (Vieles einst Nützliche ist nun unnütz.) Daß Jochmann seiner Zeit hundert Jahre vorausgewesen sei, darf man nahezu mit der gleichen Gewißheit aussprechen wie daß er seinen romantischen Zeitgenossen um ein halbes Jahrhundert in der Entwicklung zurückgeblieben erschienen sein muß. Denn »die Romantiker standen«, wie Paul Valéry schreibt, »gegen das achtzehnte Jahrhundert auf und bezichtigten leichtmütig der Oberflächlichkeit Männer, die unendlich viel unterrichteter waren als sie, unendlich mehr Spürsinn für Fakten und für Ideen hatten und viel mehr auf Vorhersagen und große Gedankenzusammenhänge aus waren als sie – die Romantiker – selbst.«

Jochmann spannt den Bogen seiner Betrachtung zwischen der grauen Vor-Zeit und der goldenen Hoch-Zeit des Menschengeschlechtes aus. Er faßt die Laufbahn ins Auge, die mehreren ihrer Tugenden, vor allem der Kunstfertigkeit in der Poesie, im Laufe solcher Entwicklung beschieden ist; er erkennt, daß der Fortschritt des Menschengeschlechts mit den Rückschritten mehrerer Tugenden, vor allem aber mit dem Rückschritt der poetischen Kunst, auf das engste verbunden ist. Eine Frage liegt nahe. Ruht die Wölbung, die er dergestalt zwischen der Urzeit und der Zukunft der Menschheit spannt, auf dem Pfeiler der Hegelschen Lehre auf? Im Augenblick ist es nicht möglich, etwas Sicheres darüber auszumachen. Gewiß lag die »Phänomenologie des Geistes« schon vor, als Jochmann zu studieren begann. Aber ist sie ihm in die Hand gekommen? Daß die Beziehung, die zwischen den Fortschritten des Menschengeschlechts und den Rückschritten der Poesie nach Jochmann obwaltet, eine dialektische im Sinne Hegels ist, wird man nicht bezweifeln. Aber derart gelegentliche dialektische Konstruktionen kann man gleichzeitig bei Autoren antreffen, die bestimmt keine Kenntnis von Hegel hatten; etwa bei Fourier in der Behauptung, daß alle partialen Verbesserungen in der Sozialverfassung des Menschengeschlechtes während der »Zivilisation« notwendig eine Verschlechterung des gesamten status zur Folge haben. Im übrigen spricht einiges dafür, daß Jochmann mit Fourierschen Gedanken nicht unbekannt war. Zu der bedeutsamen Reflexion über virtus post nummos vergleiche man im »Nouveau monde industriel et sociétaire« die Stelle: »Dieses gemeine – nämlich in den Augen der Moralisten gemeine – Metall wird zu etwas sehr Edlem werden, wenn es der Aufrechterhaltung der einheitlichen Produktionsordnung dienen wird.« Ähnliche Berührungen lassen sich in andern Aufzeichnungen von Jochmann aufweisen. Doch ist es kaum rätlich, den Vergleich fortzuführen, zu fragen, ob sich in die Triumphgesänge des fortschreitenden Glückes, denen Jochmann entgegenlauschte, die Kinderchöre aus den Opern der phalanstères mischten. Das ist, so verlockend es wäre, sich's vorzustellen, doch äußerst ungewiß.

Jochmann stattet die künftige Gesellschaft nicht mit den bunten Farben des Utopisten aus. Vielmehr zeichnet er sie mit dem nüchternen klassizistischen Strich, mit dem Flaxman den Umrissen der Götter folgte. Die strenge private Formulierung, in der die gleiche Sache bei Marx hervortritt: die »klassenlose« Gesellschaft, scheint in dem Jochmannschen Text eher als in denen der Utopisten einen Vorläufer zu besitzen. Noch unabweislicher aber tritt im Begriff der »Gesänge der alten Welt« eine historische Verschränkung zutage. In seinem Gefolge begegnet die Phantasie als das »ursprüngliche Seelenvermögen«, und von ihr hebt die Gabe der vernünftigen Überlegung als eine später erworbene sich deutlich ab. Daher die Poesie die natürliche Sprache der alten Welt ist, die Prosa aber, als die der vernünftigen Überlegung gemäßere, erst später auftritt. »Der Gesang stellt die Elemente der ersten Sprache.« So lesen wir es in der 39. These des ersten Buches von Vico's »Scienza nuova«.

Jochmanns Theorie von der Dichtung als dem ursprünglichen Sprachvermögen der alten Welt stammt von Vico. Die Bildersprache, die lautlos in Winken von hieroglyphischer oder allegorischer Art sich darstellt, ist nach Vico die Sprache des ersten Weltalters: des göttlichen. Es folgt die des Gesangs, des heroischen, die für Vico aus einer doppelten Quelle fließt. Einerseits aus der »Dürftigkeit der Sprache«, andrerseits aus der »Notwendigkeit, demungeachtet einen verständlichen Ausdruck zu erzielen«. Das eben liegt der Ausdruckskraft der heroischen Sprache zugrunde, daß sie, weit entfernt, das prosaische Wort abzulösen, die Stummheit sprengt. Die prosaische Rede macht den Beschluß als die der Spätzeit, die dritte Sprache. Dies ist die entscheidende Konzeption Vicos, die bei Jochmann fruchtbar geworden ist. Daß Jochmann sie in der Tat keinem andren als dem Vico entnommen hat, erweist dessen 58. These, deren genialen Lakonismus Jochmann an einer Stelle seines Essays in einen besonders schönen Periodenbau überführt. Die These lautet: »Die Stummen stoßen unartikulierte Laute aus, die etwas vom Gesang haben. Die Stotterer finden im Gesang Mittel und Wege, die Beweglichkeit ihrer Zunge zu steigern.«

Für Jochmann war, wie für Vico, das Bild der Götter und der Heroen, wie es die Früheren erfüllte, nicht eine Ausgeburt schlauer priesterlicher Betrüger, keine Lügenmär machtlustiger Eroberer; diese Bilder waren die ersten, in denen die Menschheit, wenn auch unklar, ihre eigene Natur ansprach und Kraft für die weite Reise schöpfte, vor der sie stand. Daß, mit Jochmann zu reden, eine »mehr dichterische Beschaffenheit aller Meinungen und Kenntnisse der Menschen« einst ein unerschöpflicher Fundus der Poesie gewesen sei, ist nicht minder eine Vico'sche Anschauung als daß die Unbeholfenheit der frühesten Sprachen diese dem Gesange empfohlen habe. »Das poetische Wissen«, sagt Vico, »das in der Epoche des Heidentums das erste war, beruhte auf einer Metaphysik ..., welche sinnlich geladen und von der Einbildungskraft beherrscht war. Das entsprach den ersten Menschen, deren Sache nicht das Nachdenken war, sondern eine gewaltige Anschauungskraft und eine ursprüngliche Phantasie. Dies bestimmte die Dichtung, die ihnen zu eigen war. Sie entsprang ihrem Wesen und ihrer Unwissenheit.«

Kraft der auf Vico gegründeten Anschauung von der Vorzeit ist Jochmann ebenso entscheidend von der Aufklärung abgesondert, wie er durch seinen Begriff von der Zukunft von den Romantikern isoliert ist. Erst dieser doppelte Umstand läßt die Vereinsamung ganz ermessen, in der die folgenden Aufzeichnungen gemacht wurden. Er läßt erkennen, warum sie vergessen wurden: nichts schien sie dem Überlieferten zu verweben; niemand hat ihren Faden aufzunehmen vermocht. Wir dürfen hoffen, daß ihre gegenwärtige Wiederbelebung ebensowenig zufällig ist wie ihre bisherige Verschollenheit.

Kritiken und Rezensionen

Ankündigung der Zeitschrift: Angelus Novus

Die Zeitschrift, deren Plan hiermit vorliegt, hofft, indem sie Rechenschaft von ihrer Form sucht, Vertrauen zu ihrem Inhalt mitzuteilen. Diese Form entspringt der Besinnung auf das Wesen einer Zeitschrift und mag ein Programm nicht sowohl entbehrlich machen, denn als Anreiz trügerischer Produktivität vermeiden. Nur für zielbewußtes Wirken Einzelner oder Verbundener gelten Programme; eine Zeitschrift, welche als Lebensäußerung einer bestimmten Geistesart immer sehr viel unberechenbarer und unbewußter, aber auch sehr viel zukunftsvoller und entfaltungsreicher ist als jede Willensäußerung, verstünde, in welchen Sätzen immer sich erkennend, schlecht sich selbst. Soweit also Besinnung von ihr gefordert werden kann – und sie kann es im rechten Sinne unbegrenzt – hat sie sich weniger auf ihre Gedanken und Gesinnungen als auf ihre Grundlagen und Gesetze zu beziehen; wie ja auch vom Menschen keineswegs das Bewußtsein seiner innersten Tendenzen, wohl aber das seiner Bestimmung ständig erwartet werden darf.

Die wahre Bestimmung einer Zeitschrift ist, den Geist ihrer Epoche zu bekunden. Dessen Aktualität gilt ihr mehr als selber seine Einheit oder Klarheit, und damit wäre sie – gleich der Zeitung – zur Wesenlosigkeit verurteilt, wenn nicht in ihr ein Leben sich gestaltete, mächtig genug, auch das Fragwürdige, weil es von ihr bejaht wird, noch zu retten. In der Tat: eine Zeitschrift, deren Aktualität ohne historischen Anspruch ist, besteht zu Unrecht. Daß es diesen mit so unvergleichlichem Nachdruck erheben durfte, macht die Vorbildlichkeit des romantischen »Athenäums«. Und zugleich wäre dieses – wenn es not täte – ein Beispiel, wie für die wahre Aktualität der Maßstab ganz und gar nicht beim Publikum ruht. Jede Zeitschrift hätte wie diese, unerbittlich im Denken, unbeirrbar im Sagen und unter gänzlicher Nichtachtung des Publikums, wenn es sein muß, sich an dasjenige zu halten, was als wahrhaft Aktuelles unter der unfruchtbaren Oberfläche jenes Neuen oder Neuesten sich gestaltet, dessen Ausbeutung sie den Zeitungen überlassen soll.

Auch blieb für jede Zeitschrift, die sich so versteht, die Kritik der Hüter der Schwelle. Hatte sie aber in ihrer Frühzeit es mit banaler Niedertracht allein zu tun, so sieht sie nun, da unter den Produkten nicht mehr das Rückständige und Fade, unter den Produzierenden nicht mehr Stümperei und Einfalt das Feld behaupten, überall die talentvolle Fälschung sich gegenüber. Da zudem seit fast hundert Jahren jedes ungewaschene Feuilleton für Kritik sich in Deutschland ausgeben darf, so ist, dem kritischen Wort seine Gewalt zurückzugewinnen, doppelt geboten. Diktum und Verdikt sind zu erneuern. Nur der Terror wird jener Nachäffung großen malerischen Schaffens Herr werden, die den literarischen Expressionismus ausmacht. Ist in solcher annihilierenden Kritik die Darstellung großer Zusammenhänge geboten, – denn wie wollte sie anders zu Rande kommen? – so ist es Sache der positiven Kritik mehr als bisher, mehr auch als es den Romantikern gelang, die Beschränkung auf das einzelne Kunstwerk zu üben. Denn die große Kritik hat nicht, wie man wohl meint, durch geschichtliche Darstellung zu unterrichten oder durch Vergleiche zu bilden, sondern durch Versenkung zu erkennen. Sie hat von der Wahrheit der Werke jene Rechenschaft zu geben, welche die Kunst nicht weniger fordert als die Philosophie. Mit der Bedeutung solcher Kritik verträgt es sich nicht, am Ende des Heftes einige Spalten, wie für ein pflichtmäßig zu füllendes Schema, ihr vorzubehalten. Die Zeitschrift wird keinen »kritischen Teil« haben und durch keinerlei typographische Behelfe ihren kritischen Beiträgen das Kainszeichen aufdrücken.

Gerade weil sie ebensosehr der Dichtung wie der Philosophie und Kritik sich zu widmen gedenkt, darf die letzte von dem nichts verschweigen, was ihr über die erste zu sagen obliegt. Täuscht nicht alles, so hat eine gefährliche, in jedem Sinne entscheidende Zeit für die deutsche Dichtung seit der Jahrhundertwende begonnen. Das Huttensche Wort vom Zeitalter und von der Lust, es zu leben, dessen Ton obligat schien in den Programmen von Zeitschriften, will sich ebensowenig von der Dichtkunst wie von andern Dingen des heutigen Deutschland aussprechen lassen. Seitdem Georges Wirken in seiner letzten Bereicherung deutschen Sprachgutes historisch zu werden beginnt, scheint ein neuer Thesaurus deutscher Dichtersprache das Erstlingswerk jedes jüngern Autors zu bilden. Und so wenig von einer Schule erwartet werden darf, deren nachhaltigste Wirkung bald darin gesehen werden wird, aufdringlich eines großen Meisters Grenzen dargetan zu haben, so wenig läßt die offenkundige Mechanik allerneuester Produktion Zutrauen zu der Sprache ihrer Dichter fassen. Entschiedener als zur Zeit Klopstocks – von dem manche Gedichte lauten, als seien es die heute gesuchten –, restloser als seit Jahrhunderten fällt diese Krisis der deutschen Dichtung zusammen mit der Entscheidung über die deutsche Sprache selbst, in deren Erwägung weder Kenntnis, Bildung noch Geschmack bestimmen, ja deren Ergründung in gewissem Sinn möglich erst nach gewagtem Spruch wird. Ist demnach die Grenze erreicht, über die hinaus eine vorläufige Rechenschaft hierin sich nicht erstrecken kann, so erübrigt die Feststellung, daß alles, was die Zeitschrift an poetischer und prosaischer Dichtung bringen wird, des Gesagten eingedenk erscheint und daß insbesondere schon die Dichtungen des ersten Heftes als Entscheidungen im gedachten Sinne verstanden sein wollen. Neben diesen werden später solche anderer Autoren sich finden, welche ihren Platz im Schatten, ja im Schutz der ersten suchend, frei jedoch von der schemenhaften Gewaltsamkeit unserer gefeierten Hymniker, ein Feuer, das sie selbst nicht entfacht haben, zu hüten suchen.

Von neuem ruft die Lage des deutschen Schrifttums eine Form hervor, welche seit jeher heilsam seine großen Krisen begleitete: die Übersetzung. Freilich wollen die Übersetzungen der Zeitschrift nicht sowohl als Vermittlung von Vorbildern verstanden werden, wie dies früher Brauch war, denn als unersetzlicher und strenger Schulgang werdender Sprache selbst. Wo nämlich dieser noch der eigene Inhalt nicht gegenwärtig ist, an dem sie sich aufbaut, bietet der ihrer würdige verwandte anderer zugleich mit der Aufgabe sich dar, um seinetwillen abgestorbenes Sprachgut aufzugeben und das frische zu entfalten. Diesen formalen Wert der wahren Übersetzung deutlicher zu machen, wird jeder Arbeit, welche nach solcher Erwägung zuvörderst beurteilt sein will, das Original zur Seite gestellt werden. Im übrigen wird auch hiervon das erste Heft ausführlicher Rechenschaft geben.

Die sachliche Universalität, welche im Plan dieser Zeitschrift liegt, wird sie nicht mit einer stofflichen verwechseln. Und da sie einerseits sich gegenwärtig hält, daß die philosophische Behandlung jedem wissenschaftlichen oder praktischen Gegenstand, einem mathematischen Gedankengang so gut wie einem politischen, universale Bedeutung verleiht, wird sie anderseits nicht vergessen, daß auch ihre nächsten literarischen oder philosophischen Gegenstände nur um eben dieser Behandlungsweise und unter deren Bedingung ihr willkommen sind. Diese philosophische Universalität ist die Form, in deren Auslegung am genauesten die Zeitschrift Sinn für wahre Aktualität wird erweisen können. Ihr muß die universale Geltung geistiger Lebensäußerungen an die Frage gebunden sein, ob sie auf einen Ort in werdenden religiösen Ordnungen Anspruch zu erheben vermögen. Nicht als ob solche Ordnungen absehbar wären. Wohl aber ist absehbar, daß nicht ohne sie zum Vorschein kommen wird, was in diesen Tagen als den ersten eines Zeitalters nach Leben ringt. Eben darum aber scheint es an der Zeit, weniger denen ein Ohr zu leihen, die das arcanum selbst gefunden zu haben meinen, als denen, welche am sachlichsten, am ungerührtesten und unaufdringlichsten Drangsal und Not aussprechen und sei's auch nur, weil eine Zeitschrift nicht für die Größten der Ort ist. Weniger noch darf sie für die Kleinsten es sein, vorbehalten also denjenigen, die nicht allein in ihrem Suchen der Seele, sondern zugleich in ihrem Denken den Dingen es abmerken, daß sie nur im Bekenntnis sich erneuern werden. Dieses aber soll nicht erschlichen werden: spiritualistischem Okkultismus, politischem Obskurantismus, katholischem Expressionismus wird man nur als Gegenstand schonungsloser Kritik in diesen Blättern begegnen. Wenn sie demnach auf die bequeme Dunkelheit der Esoterik verzichten, dürfen sie darum doch nicht größere Anmut und Zugänglichkeit für ihre Darlegungen versprechen. Diese werden vielmehr nur um so härter und nüchterner sich geben müssen. Goldene Früchte in silbernen Schalen wird man nicht erwarten. Statt dessen wird Rationalität bis ans Ende erstrebt werden, und weil gerade von der Religion hier nur freie Geister handeln sollen, darf in diesem Sinne aus dem Umkreis ihrer Sprache, ja des Abendlandes hinaus die Zeitschrift auf die übrigen Religionen sich richten. Grundsätzlich hält sie allein für die Dichtungen sich an die deutsche Rede gebunden.

Selbstverständlich verbürgt nichts den vollen Ausdruck der erstrebten Universalität. Denn wie die äußere Form der Zeitschrift jede unmittelbare Manifestation bildender Kunst von ihr ausschließt, ebenso – und weniger offensichtlich – hält sie ihrem Wesen nach Abstand vom Wissenschaftlichen, weil in dessen Erscheinung weit mehr als an der Kunst und Philosophie Aktuelles und Wesentliches fast immer auseinander zu fallen scheinen. Damit bildet die Wissenschaft in der Reihe der Gegenstände einer Zeitschrift den Übergang zu denen des praktischen Lebens. in welchem nur der seltensten philosophischen Konzentration das wahrhaft Aktuelle hinter seinem Anschein sich zeigt.

Wenig wollen doch diese Einschränkungen gegenüber der einen unvermeidlichen besagen, die beim Herausgeber liegt. Darüber seien noch einige Worte erlaubt, die es auszusprechen haben, inwiefern dieser sich der Schranken seines Blickfelds bewußt ist und zu ihnen bekennt. Er erhebt in der Tat nicht den Anspruch, von hoher Warte aus den geistigen Horizont seiner Tage zu beherrschen. Und wenn er im Bilde fortfahren darf, so wird er das eines Mannes vorziehen, der des Abends nach getaner Arbeit und ehe er an sein Werk geht des Morgens, vor die Schwelle tretend, den gewohnten Horizont mit den Augen eher umfaßt als absucht, um, was in dieser Landschaft Neues ihn begrüßte, festzuhalten. Als seine eigene Arbeit sieht der Herausgeber die philosophische an, und jenes Gleichnis sucht es auszusprechen, daß nichts schlechthin Fremdes in den folgenden Blättern als unmaßgebliche Anregung dem Leser begegnen soll, daß dem, was in ihnen sich findet, in irgendeinem Sinne der Herausgeber sich verwandt fühlen wird. Noch nachdrücklicher aber sei es jenem Bilde entnommen, daß Art und Grad dieser Verwandtschaft zu ermessen nicht beim Publikum liegt und daß nichts in deren Gefühl ist, was die Mitarbeiter jenseits ihres eigenen Willens und Bewußtseins einander verbinden könnte. Denn wie von dieser Zeitschrift jedwede Buhlerei um die Gunst des

Publikums fernbleiben soll, so die ebenso unaufrichtige der Mitarbeiter um die gegenseitige Verständigung, Begünstigung, Gemeinschaft. Nichts scheint dem Herausgeber wichtiger zu sein, als daß hierin, in der Abwesenheit jeden Scheins, die Zeitschrift ausspricht was ist, nämlich daß der reinste Wille, das geduldigste Bestreben unter den so Gesinnten keine Einheit, geschweige denn Gemeinschaft zu stiften vermögen, daß also die Zeitschrift in der wechselseitigen Fremdheit ihrer Beiträge es bekunde, wie unaussprechlich in diesen Tagen jede Gemeinsamkeit – auf welche denn ihr Ort zuletzt doch deute – und wie sehr auf Probe diese Verbindung gestellt bleibt, deren Ausweis am Ende beim Herausgeber liegt.

Hiermit ist das Ephemere dieser Zeitschrift berührt, das sie sich von Beginn an bewußt hält. Denn es ist der gerechte Preis, den ihr Werben um die wahre Aktualität so fordert. Werden doch sogar nach einer talmudischen Legende die Engel – neue jeden Augenblick in unzähligen Scharen – geschaffen, um, nachdem sie vor Gott ihren Hymnus gesungen, aufzuhören und in Nichts zu vergehen. Daß der Zeitschrift solche Aktualität zufalle, die allein wahr ist, möge ihr Name bedeuten.

Hugo v. Hofmannsthal: Der Turm

Mit seinem neuen Trauerspiel »Der Turm« greift Hofmannsthal auf die Gestaltenfülle des Barock zurück. Als der geheimnisreichsten einer aus der Menge tritt Calderons Prinz Sigismund in ein neues Leben. Dem Drama liegt ein Stoff im eminenten Sinne, der des spanischen »La vida es sueño« zugrunde: Das Leben ein Traum. Der Künstler aber wirkt nur in den Stoff hinein, indem er ihm gehorcht. Heißt »dichten« einen Stoff zur Auseinandersetzung mit sich selber bringen, so führt es oft durch eine Reihe von Stationen. Die großen Themen staffeln sich in Formen, von denen eine in die andere greift. Und nirgends gilt dies strenger als im Drama. Denn seine Form ist ein sehr wichtiger Index vom schöpferischen Willen eines Kollektivs. Dessen Gesetz aber besagt, daß in der Spannung zwischen Urform und Variante die echte, die produktive Intensität sich ausschwingt. Sie ist zu aller bloßen »Originalität« der Gegensatz. Die Zahl der fruchtbaren dramatischen Stoffe ist begrenzt; unendlich sind nur die Motive, die sie Form gewinnen lassen. Erfindung schlechtweg ist gerade im Dramatischen die Passion des Dilettanten. Der glaubt in ihr die »Originalität« verbürgt. Sie aber liegt, ihrem Begriffe nach, außerhalb des Kraftfeldes der historischen Spannungen, die das eigenste Leben des großen Dramas bestimmen.

Die geschichtliche Spannung, wie dieses neue Werk sowohl in sich wie im Verhältnis zu dem Calderonschen Urbild sie entfaltet, macht ihr höchstes Interesse aus. Man weiß, im Mittelpunkte jenes Dramas steht der Traum. Ein Königreich Polen »mehr der Sage als der Geschichte« ist dort, wie auch bei Hofmannsthal, der Schausplatz. Darinnen herrscht Basilius als König. Von seiner verstorbenen Gemahlin hat er einen Sohn Sigismund. Die Astrologen sehen dessen Horoskop voll Unheil. Der Mutter brachte er im Wochenbett den Tod, der Vater fürchtet weitere Erfüllung jenes Spruchs, der angibt, daß der Sohn die väterliche Krone rauben werde. Daher verbirgt man ihn an einem abgelegenen Ort. In einem Turme wächst der junge Sigismund heran. Mit niemandem als seinem Wärter darf er reden, nicht frei umhergehen, Ketten schmieden ihn an sein Gefängnis. Der väterliche Argwohn des Tyrannen steht bei Calderon, dem hohen Funktionär an Philipps Hofe, nicht außer allem Verhältnis zu Natur- und Staatsrecht. In seiner Weisheit gibt vielmehr der Fürst dem Prinzen die Gelegenheit zu einer Probe. Den Schlafenden entführt man auf das väterliche Schloß, und hier erwacht er, wird als Prinz begrüßt und zeigt in Spiel und Gegenspiel sein wahres Wesen. Zorn, Wollust, Mißgunst, Hochmut, brechen aus dem Innern des fürstlichen Caliban. Es bleibt nichts übrig als ihn zu entfernen und dem von neuem in die Kerkernacht versenkten »Dies alles ist ein Traum gewesen« einzuschärfen. Was kommt, entscheidet sich in dieser zwiefach irrealen Schicht vermeinten Träumens. Der Prinz im Grübeln, dekretiert am Ende: »Doch sei's Traum, sei's Wahrheit eben / Recht tun muß ich, wär es Wahrheit / Deshalb weil sie's ist und wär es / Traum, um Freunde zu gewinnen, / Wenn die Zeit uns wird erwecken.« Da ruft der Vater aus freien Stücken ihn auf den Thron, der Spruch der Weisen erfüllt sich zu aller Glück, die Drohung der dämonischen Natur aber hat christliche Vorsicht vereitelt.

Dies ist der Stoff, der um neues Leben den Dichter anging. Der Traum als Angelpunkt historischen Geschehens – das ist seine faszinierende, befremdliche Formel. Was konnte Hofmannsthal bestimmen, ihrem Aufruf zu entsprechen? Durch das, was nur »Variante« eines Stoffes ist, glückt ihm, aufs tiefste eine Form zu wandeln, zu bewegen. Calderon schrieb ein »Schauspiel«, in dem die spielerischen, die romanisch-romantischen Momente zu erstaunlichster Entfaltung kommen. Der Spanier umreißt die ganze, höchst barocke Spannung seines Stoffes innerlich. Als Reflexion, in der Volute rollt er ihn zusammen. Im »Turm« ist, was sich dort verschlungen, aufgerollt. Die Unnatur jener väterlichen Gewalt, das Martyrium dieses prinzlichen Daseins sind beim Namen genannt. Vielmehr in einer – auch im Theatralischen – unvergleichlichen Hauptszene nennen sie sich selber beim Namen. In den Schranken dieser neuen »Traumszene« rast nicht die blinde Kreatur sich aus, die leidende hält über ihren Peiniger Gericht. Und da der Vater aus Gründen der Staatsräson – um eine Rebellion zu stillen – seinen Sohn zu sich erheben will, schlägt Sigismund ihm ins Gesicht. »Wer bist Du, Satan, der mir Vater und Mutter unterschlägt? Beglaubige Dich?« Damit hat die Funktion jenes Traums sich im tiefsten gewandelt. Wo er bei Calderon, wie ein Hohlspiegel, in einem unermeßlichen Grunde die Innerlichkeit als transzendenten siebenten Himmel aufreißt, da ist bei Hofmannsthal er eine wahrere Welt, in welche ganz und gar die Wachwelt hineinwandert. »Wir wissen von keinem Ding wie es ist, und nichts ist, von dem wir sagen könnten, daß es anderer Natur sei als unsere Träume.« »Sie haben zu mir gesagt: du hast geträumt und immer wieder: du hast geträumt! Dadurch, wie wenn einer einen eisernen Finger unter die Türangel steckt, haben sie vor mir eine Tür ausgehoben und ich bin hinter eine Wand getreten, von wo ich alles höre, was ihr redet, aber ihr könnt nicht zu mir und ich bin sicher vor euren Händen!« Durchaus hat alles sich im Wirklichen zusammengezogen wie unter der Einwirkung einer ätzenden Einsicht. Das breite Liebesspiel der spanischen Bühnentradition ist ebenso dahingefallen wie die transzendente Moralität des Traumlebens. Hofmannsthals Szenar kennt keine bedeutsamere Frauenrolle. Ein männliches Nebenspiel tritt an den Platz der parallelen Liebeshandlung. Julian, der für den Prinzen haftet, ihn bewacht, liebt Sigismund und sucht dennoch zugleich für den Ehrgeiz seines eigenen Strebens ihn auszunutzen. Der Mann, dem nichts als ein winziges Aussetzen des Willens, ein einziger Moment der Hingabe fehlt, um des Höchsten teilhaft zu werden, ist nie so leibhaft über die Bretter gegangen. Sein Gegenspieler, der Arzt, Herr seiner Kunst und Kundiger von ihren tiefsten Gründen, eine paracelsische Erscheinung, der seinesgleichen, seinen Oberen in der blöden Kreatur erkennt, als welche Sigismund am Anfang der Geschehnisse, fast ohne Sprachvermögen, aus dem Turme ihm entgegenkommt.

Dieses Drama ist ein weiteres, entschiedenstes Vordringen in einem Bezirk, der gleich sehr dem dramatischen Gestalten seines Dichters wie der neueren Szene schlechtweg vorbestimmt scheint. Das »Vortragische« mag man ihn nennen. Aus dem Ritual ist das Drama erwachsen, Urtypus der dramatischen Spannung die Spannung zwischen Wort und Aktion. Nicht was man in läßlicher Rede so nennt: nicht eine Spannung im Bereich der Worte selber (nicht die der Debatte) noch auch die des sprachlosen Ringens (des Kampfes schlechthin) ist dramatisch. Das ist allein die Spannung des Rituals, die zwischen Tun und Rede selber, im Polaren, überspringt. Dem so verstandenen innerlichsten Zirkel des Dramatischen ist selbst das Tragische schon äußerlich. Es trägt die Spannung zwischen Leib und Sprache – von Aktion und Wort – rein sprachlich aus und die Debatte als ein Späteres, ein Vereinzeltes und als Variante des Dramatischen schlechtweg kommt auf. Dieses Dramatische selbst aber ist ein Vortragisches. Als »Ödipus«, »Elektra« und »Alkestis« des Dichters vor mehr als zwanzig Jahren erschienen, da drängte eine Auseinandersetzung mit der griechischen Tragödie ans Licht, wie sie der barocken Dramatik in Opitz' »Troerinnen« vorangegangen war. In ganz Europa wuchs damals die neue Form, die sich in Deutschland als das »Trauerspiel« wenn nicht am reinsten so am radikalsten prägte. Ein »Trauerspiel« heißt nicht umsonst der »Turm«. Und so entsagt er der Chimäre einer neuen »Tragik«. Was er im Prinzen Sigismund beschwört, das ist vor allem der geschundene Leib des Märtyrers, dem gerade Sprache – nicht umsonst – sich weigert. Damit nimmt dieses letzte Drama des Dichters die kostbare Tradition der deutschen Bühne so kühn wie sicher an dem Punkte auf, wo sie der Klassizismus unterbrach. Und wenn die Dramaturgen (die doch wahrlich nicht Überfluß an edlen Materialien haben) den Stoffen minder als den Kräften neuer Texte das wahrhaft Rechtzeitige abzumerken trachten würden, so wäre vielleicht gerade dieses Werk heute schon über die deutschen Bühnen gegangen. Es sind Szenen darinnen, welche die gewaltigen Anforderungen an Darsteller und Spielleiter mit der tiefsten Erschütterung des Publikums lohnen würden. Der blutige König, wie er sich, gleich Shakespeares Claudius ins Gebet, in die Schönheit eines Herbstabends verliert; der Prinz, wie er vorm Alkoven seiner Mutter zurückschauert und doch nicht weiß, wovor er sich befindet; Julian, sein Wächter, wie der Arzt ihm die Entscheidungsfrage stellt.

Das alte Trauerspiel schlug seinen Bogen zwischen Kreatur und Christ. In dessen Scheitelhöhe steht der vollkommene

Prinz. Wo Calderons christlicher Optimismus den sah, da zeigt sich der Wahrhaftigkeit des neueren Autors Untergang. Sigismund geht zugrunde. Die dämonischen Gewalten des Turms werden seiner Herr. Die Träume steigen aus der Erde auf und der christliche Himmel ist längst aus ihnen gewichen. Im Aufruhr tritt ein sagenhafter »Kinderkönig« die wahre Erbschaft dieses Prinzen an, wie Fortinbras die Hamlets in der Thronbesteigung. Im Geist des Trauerspiels hat der Dichter den Stoff des Romantischen entkleidet und uns blicken die strengen Züge des deutschen Dramas daraus entgegen.

Johann Peter Hebel

zum 100. Todestag

Wenn man heute, an seinem hundertsten Todestage, J. P. Hebel nicht als »Verkannten« ausgraben und dem öffentlichen Interesse empfehlen kann, ist das weit mehr sein eigenes Verdienst als das der Nachwelt. Verdienst der souveränen Bescheidenheit, die auch posthum in eine solche Rolle sich nicht schicken würde und ein Jahrhundert um die Einsicht betrog, im »Schatzkästlein des rheinischen Hausfreundes« eines der lautersten Werke deutscher Prosa-Gold-Schmiederei zu besitzen. Schuld aber dieses neunzehnten Jahrhunderts, dieser Nachwelt, wenn solche Einsicht neu oder gar paradox klingt – des schauerlichen Bildungshochmuts, der den Schlüssel dieser Schatulle unter Bauern und Kinder verworfen hat, weil Volksschriftsteller nun einmal hinter jedem noch so gottverlassenen »Dichter« rangieren. Zumal, wenn ihre Quelle im Dialekt fließt. Und – zugegeben – eine trübe, im Fall, daß sie verstockt, sich selber genug sei, eitel gegen das Schrifttum der Nation, borniert gegen Gehalte der Menschheit sich abheben will. Doch Hebels aufgeklärter Humanismus schützte ihn davor. Nichts liegt der provinziell beschränkten Heimatkunst ferner als der erklärte Kosmopolitismus seiner Schauplätze. Moskau und Amsterdam, Jerusalem und Mailand bilden den Horizont eines Erdkreises, in dessen Mitte – von Rechts wegen – Segringen, Brassenheim, Tuttlingen liegen. So steht es um alle echte, unreflektierte Volkskunst: sie spricht Exotisches, Monströses mit der gleichen Liebe, in gleicher Zunge aus wie die Angelegenheiten des eigenen Hauswesens. Das schauend aufgerissene Auge dieses Geistlichen und Philanthropen bezieht sogar das Weltgebäude selber der dörflichen Ökonomik noch ein und Hebel handelt von Planeten, Monden und Kometen nicht als Magister, sondern als Chronist. Da heißt es etwa von dem Mond (der nun mit einemmal als Landschaft wie auf dem berühmten Bilde von Chagall vor einem steht): »Der Tag dauert dort an einem Ort so lange als ungefähr zwei von unseren Wochen und ebenso lange die Nacht, und ein Nachtwächter muß sich schon sehr in Acht nehmen, daß er in den Stunden nicht irre wird, wenn es einmal anfängt 223 zu schlagen oder 309.« Daß dieses Mannes Lieblingsschriftsteller Jean Paul war, fällt nach solchen Sätzen nicht schwer, zu erraten. Versteht sich, daß solche Männer, »zarte« Empiriker nach Goethes Wort, weil ihnen alles Faktische schon Theorie, zumal jedoch das anekdotische, das kriminelle, das possierliche, das lokale Faktum als solches schon moralisches Theorem war, einen höchst sprunghaften, skurrilen, unableitbaren Kontakt mit der ganzen Breite des Wirklichen hatten. Jean Paul empfiehlt für Säuglinge in der »Levana« Branntwein, und verlangt, daß sie Bier kriegen. Viel unanfechtbarer aber stellt Hebel Verbrechen, Gaunereien, Bubenstreiche in das Anschauungsmaterial seiner Volkskalender ein. Und hier, wie sonst in allen seinen Sachen, entspringt dann die Moral nie an der Stelle, wo man nach Konventionen sie erwartet. Jeder weiß, wie der Barbierjunge von Wegringen es sich getraut, dem »Fremden von der Armee« den Bart zu scheren, weil doch kein anderer den Mut hat. »Wenn Ihr mich aber schneidet, so stech' ich Euch tot.« Und der dann am Schluß: »Gnädiger Herr, Ihr hättet mich nicht erstochen, sondern, wenn Ihr gezuckt hättet und ich hätt' Euch das Gesicht geschnitten, so wär' ich Euch zuvorgekommen, hätt' Euch augenblicklich die Gurgel abgehaun und wär' auf und davon gesprungen.« Das ist Hebels Art, die Moral zu machen. Zahlreiche Spitzbubengeschichten hat Hebel aus älteren Quellen geschöpft; aber das Gauner- und Vagantentemperament des Zundelfrieders und des Heiners und des roten Dieters ist sein eigenes gewesen. Als Junge war er für seine Streiche berüchtigt und vom erwachsenen Hebel erzählt man, Gall, der berühmte erste Phrenologe, sei einmal ins Badische gekommen; da habe man auch Hebel ihm präsentiert und um ein Gutachten gebeten. Aber unter undeutlichem Gemurmel habe Gall beim Befühlen nichts als die Worte »ungemein stark ausgebildet« vernehmen lassen. Und Hebel selber, fragend: »Das Diebsorgan?« Wieviel Dämonisches in diesem Hebelschen Schwankwesen umgeht, zeigen die großen Steindrucke, die Dambacher im Jahre 1842 einer Ausgabe der »Schwänke des rheinischen Hausfreundes« beigab. Diese ungemein starken Illustrationen sind gleichsam Zinken auf dem Pasch- und

Schleichweg, auf dem die sonnigeren Halunken von Hebel Verkehr mit den düsteren, schrecklichen Kleinbürgern des Büchnerschen »Wozzek« treiben. Denn dieser Pastor, der das Handeln zu schildern verstand wie keiner unter den deutschen Schriftstellern sonst und alle Register vom niedrigsten Schacher bis zur schenkenden Großmut zu ziehen wußte, war nicht der Mann, das Dämonische im bürgerlichen Erwerbsleben zu übersehen. Die Schulung des Theologen brachte er dazu mit. Gradlinig aber wirkt protestantische Disziplin auch in Hebel, dem Prosaiker, fort. Sollte im allgemeinen es zu eng gegriffen sein – auf ihn trifft ohne jeden Zweifel zu, daß neuere deutsche Prosa eine höchst gespannte, höchst dialektische Auseinandersetzung zwischen zwei Polen ist. Einem konstanten und einem variablen: der erste ist das Deutsch der Lutherbibel und der zweite die Mundart. Wie sich bei Hebel beide durchdringen, das ist der Schlüssel seiner artistischen Meisterschaft. Sie ist gewiß nicht einzig sprachlicher Natur. Wenn ihm im »Unverhofften Wiedersehen« die Schilderung eines Zeitverlaufs von fünfzig Jahren, da eine Braut um ihren verunglückten Liebsten trauert, den Bergmann, diese unvergleichliche Stelle eingibt: »Unterdessen wurde die Stadt Lissabon in Portugal durch ein Erdbeben zerstört, und der siebenjährige Krieg ging vorüber, und Kaiser Franz I. starb, und der Jesuiten-Orden wurde aufgehoben und Polen geteilt, und die Kaiserin Maria Theresia starb, und der Strünsee wurde hingerichtet, Amerika wurde frei, und die vereinigte französische und spanische Macht konnte Gibraltar nicht erobern. Die Türken schlossen den General Stein in der Veteraner Höhle in Ungarn ein, und der Kaiser Joseph starb auch. Der König Gustav von Schweden eroberte russisch Finnland, und die französische Revolution und der lange Krieg fing an, und der Kaiser Leopold II. ging auch ins Grab. Napoleon eroberte Preußen, und die Engländer bombardierten Kopenhagen, und die Ackerleute säten und schnitten. Der Müller mahlte, und die Schmiede hämmerten, und die Bergleute gruben nach den Metalladern in ihrer unterirdischen Werkstatt. Als aber die Bergleute in Falun im Jahre 1809 – –« wenn er so den Verlauf von fünfzig Trauerjahren darstellt, so spricht da eine Metaphysik, die erfahren ist und mehr zählt als jede »erlebte«.

In anderen Fällen aber beruht die grenzenlose künstlerische Freiheit doch auf einer Sprache, die stellenweise diktatorisch, wie Goethesche im zweiten Teil des Faust sich vernehmen läßt. Solche Autorität kommt ihr natürlich nicht vom bloßen Dialekt, der immer unmaßgeblich und befangen bleibt, wohl aber aus der kritischen, gespannten Auseinandersetzung des überkommenen Hochdeutsch mit der Mundart, wobei denn für den Wortschatz (wie bei Luther) die krausen Kostbarkeiten Hobelspänen ähnlich abfallen. »Dann geht er (der verständige Mann) mit guten Gedanken seines Weges weiter und kann sich nicht genug erschauen an den blühenden Bäumen und farbigen Matten umher.« Dergleichen Sätze – und das Schatzkästlein ist deren fast ununterbrochene Folge – sollte man endlich in einer Gesamtausgabe bereit wissen, weder als Vorwand modischer Illustrationen noch als billige Schulprämie, sondern als Monument deutscher Prosa gedacht. In solcher Ausgabe, welche noch fehlt, hätte man nachzuschlagen. Denn diesen Hebelschen Geschichten ist eigentümlich, und ein Siegel ihrer Vollkommenheit, wie schnell sie vergessen werden. Glaubt man schon, eine im Sinne zu haben, so wird die Fülle dieser Texte immer eines Besseren belehren. Ein Schluß, den man nie »kennen«, höchstens auswendig wissen kann, wiegt nicht selten alles auf, was vorherging. »Dies Stücklein ist noch ein Vermächtnis von dem Adjunkt, der jetzt in Dresden ist. Hat er nicht dem Hausfreund einen schönen Pfeifenkopf von Dresden zum Andenken geschickt, und ist ein geflügelter Knabe darauf und ein Mägdlein und machen etwas miteinander. Aber er kommt wieder, der Adjunkt.« Damit schließt »Die Probe«. Wem Hebel nicht aus solchem Satze tief entgegen blickt, der wird ihn auch in anderen nicht finden. So als Erzähler sich in die Geschichte einzumischen, ist nicht romantische Art. Eher schon die des unsterblichen Sterne.

Gottfried Keller

Zu Ehren einer kritischen Gesamtausgabe seiner Werke*

»Den Liebhabern sogenannter ›guter Sachen‹ können wir unseres geringen Orts die Versicherung geben, daß hier ernstlich derartiges vorhanden ist.«
Gottfried Keller über Leutholds Gedichte.

Man erzählt von Haydn, es habe ihm einst eine Symphonie sehr große Mühe gemacht. Da hätte er, um weiter zu kommen, eine Geschichte sich vorgestellt: ein Kaufmann, in finanziellen Sorgen, sucht vergeblich sich durchzukämpfen, er macht Fallite – Andante –, entschließt sich – Allegro ma non troppo – nach Amerika auszuwandern, dort – Scherzo – reussiert er und – Finale – heimkehrend wendet er sich strahlend zu den Seinen. Das ist nun ungefähr Vorgeschichte und Anfang des »Martin Salander«. Und gerne wollte man, um einen Ausdruck für die namenlose Süße des Kellerschen Stils und seine klingende Fülle zu haben, im umgekehrten Sinne diese Geschichte erfinden, erzählen, wie er bei dem Niederschreiben seiner Prosa von Melodien sich leiten ließ. Da man dergleichen aber nicht vernimmt, ist man, um etwas von ihr auszusagen, noch immer auf sprödere Mittel verwiesen. Es ist hier nicht der Ort es zu begründen, jedoch es muß als Sachverhalt aufs äußerste frappieren, daß vor zehn Jahren, als die aufhorchende Liebe der Deutschen sich endlich zu Stifter wandte, in die Sommer- und Winterstille von dessen Landschaft kein Ton aus Kellers Pansflöte hinübergedrungen ist. Aber die Deutschen hatten eben – gerade nach geendetem Kriege – politischen Tänzen, zu denen ganz leise bei Keller der Rhythmus mitklingt, auf einige Jahre abgeschworen, und suchten die edle Stiftersche Landschaft mehr als Heilstätte denn als Heimat auf.

Wie dem nun sei – die neu-alte Wahrheit, die Keller unter die

* Gottfried Kellers sämtliche Werke. Auf Grund des Nachlasses herausgegeben von Jonas Fränkel. Von der Verwaltung des Gottfried Kellerschen Nachlasses autorisierte Ausgabe. *Eugen Rentsch* Verlag, Erlenbach-Zürich und München.

drei oder vier größten Prosaiker der deutschen Sprache aufnimmt, hat immer noch einen schweren Stand. Sie ist zu alt um die Leute zu interessieren, und zu neu um sie zu verpflichten. Damit geht es ihr eben ähnlich wie dem neunzehnten Jahrhundert, in dessen »sommerlicher Mitte« Seldwyla – eine civitas dei helvetica – seine Türme errichtet. Erstmalige gültige Einsicht in Kellers Werk ist an eine allgemach fällige Umwertung des neunzehnten Jahrhunderts gebunden, die allein mit den Verlegenheiten der Literaturhistoriker aufzuräumen imstande sein wird. Wem müßte nicht heute schon der grundverschiedene Wertakzent auffallen, den dies Jahrhundert in der bürgerlichen und in der materialistischen Literatur hat? Und wem nicht sicher sein, daß Kellers Werk einer Betrachtung aufbehalten bleibt, die den historischen Grund, auf dem es erbaut ist, für ihr Erbe erklären kann? Das kann die bürgerliche Literarhistorie für den Materialismus und den Atheismus Kellers nicht tun. Nicht mehr tun. Denn allerdings war dieser Atheismus – der ihm bekanntlich in den Heidelberger Jahren von Feuerbach überkommen war – nicht subversiv. Er lag vielmehr im Sinne einer starken, siegreichen Bourgeoisie. Nicht aber auf ihrem Wege zum Imperialismus. Die Reichsgründung bedeutet auch ideologisch in der Geschichte des deutschen Bürgertums einen Bruch. Der Materialismus – der philiströse wie der dichterische – verschwindet. Die Schweiz hat wohl am längsten in ihren oberen Schichten Züge des vorimperialistischen Bürgertums festgehalten. (Und sie tut es noch heute: so fehlt ihr das savoir vivre der Spekulanten, mit dem die imperialistischen Staaten die Sowjetherrschaft rechtlich anerkannt haben.) Auch hat der schweizerische Charakter vielleicht mehr Heimatliebe und weniger nationalistischen Geist in sich genährt als irgendein anderer. Aus Basel sind gegen Ende von Kellers Leben Nietzsches helle Warnungen vor dem Geiste des neuen Reiches ergangen. Und Keller, der in seiner Münchner Zeit zu handwerklichem Nebenerwerb von Hause mehr als ihm lieb war sich aufgefordert sah, repräsentiert eine Klasse, die, was sie mit dem handwerklichen Produktionsprozeß verband, noch nicht völlig durchschnitten hatte. Es ist erstaunlich, mit welcher Beharrlichkeit das Züricher Patriziat diesen Mann in jahrelanger, opferreicher Veranstaltung zum angesehenen

Mitbürger und schließlich zu einem der höchsten Beamten – Staatsschreiber des Kantons – herangebildet hat. Jahre hindurch bestand etwas wie eine Aktiengesellschaft zur Ausbildung und Etablierung Gottfried Kellers, und seit den unergiebigen Anfängen seiner Laufbahn hatte oft und oft das Kapital vermehrt werden müssen, bis er es später mit Zins und Zinseszins seinen Zeichnern zurückgezahlt hat. Als er schließlich über Nacht zum Staatsschreiber war gemacht worden, da hat man diese Neuigkeit, deren sich niemand versah, ausführlich in der städtischen Presse glossiert. Am 20. September 1869 schreibt die »Zürchersche Freitagszeitung«: »Allgemein ist es bekannt, daß Herr Keller bis vor kurzer Zeit sich weder mit Politik im allgemeinen noch viel weniger mit dem Detail der Administration vertraut gemacht hat ... Seither scheint ihn allerdings das Bedürfnis angewandelt zu haben, von Zeit zu Zeit als Korrespondent verschiedener Blätter, mit mehr Witz und Federgewandtheit als mit Sachkenntnis und unter ernstem Studium die politischen Zustände im Kanton Zürich zu kritisieren und zu verhöhnen.« Seiner Natur voll gründlicher Hemmungen und leidenschaftlicher Vorbehalte hat dieser hohe, bürokratische Posten entsprochen. Pädagogisches Wirken hat ihm so nahe wie den meisten großen Autoren seines Volkes gelegen, und die Möglichkeit es vermittelt und im Großen zugleich zu entfalten, war seinem Wesen die gemäßeste. Er konnte in dem, was er öffentlich darstellte, nicht Lehrer sondern einzig Gesetzgeber sein. (Keller hat an einer neuen Verfassung des Kanton Zürich mitgearbeitet.) Man erzählt, das Amt sei bei ihm gut aufgehoben gewesen. Ihn selber mußte die Arbeit in engeren Schranken vollends gegen die idealistische Bewegung im Reiche abriegeln. Darin verband sie sich seinem Materialismus. Es ist bekannt, daß Keller dessen Thesen, besonders die der integralen Sterblichkeit des ganzen Menschen, nicht als rechthaberischer Rationalist, sondern als leidenschaftlicher Hedoniker vertrat, der sich sein Rendez-vous mit diesem Leben durch kein zweites hat lassen stören wollen. Sein Werk ist die Mole der bürgerlichen Geistesbewegung, vor der sie noch einmal zurückflutet und die Schätze ihrer und aller Vergangenheit hinterläßt, bevor sie als idealistische Sturmflut Europa zu verwüsten sich anschickt. Man muß sich nämlich durchaus klar machen, wie nahe Keller einer todverfallenen, verödeten Generation schon steht – wie eigentlich ein Nichts der sprachlichen Formung, ein eigensinniges, ihm selber dunkles Spinnen seine Novellen neben die verkommenen eines Auerbach oder Heyse als rätselhaft vollendete stellt. Daß Thumann, Vautier und einige andere der Art damit beauftragt werden sollten, »Romeo und Julia auf dem Dorfe« zu illustrieren, besagt hier alles. Die strikte Weltlichkeit ist aber Keller nicht Anlaß einer freigeistigen Gesinnungsethik geworden. Davor bewahrte ihn sein Radikalismus. Dessen erstaunlichste Dokumente finden sich in den Auseinandersetzungen mit Gotthelf. Wem es nur wenig sagt, wie Keller bei einer Besprechung der Gotthelfschen Schriften vom Bücherpreis ausgeht, der lese an einer andern Stelle: »Heute ist alles Politik und hängt mit ihr zusammen von dem Leder an unserer Schuhsohle bis zum obersten Ziegel am Dache, und der Rauch, der aus dem Schornstein steigt, ist Politik und hängt in verfänglichen Wolken über Hütten und Palästen, treibt hin und her über Städten und Dörfern.« Er hat es insbesondere mit Gotthelfs weltläufiger Erbaulichkeit zu tun, und da fallen die erstaunlichen Worte: »Das Volk, besonders der Bauer, kennt nur schwarz und weiß, Nacht und Tag, und mag nichts von einem tränen- und gefühlsschwangeren Zwielichte wissen, wo niemand weiß, wer Gast oder Kellner ist. Wenn ihm die uralte naturwüchsige Religion nicht mehr genügt, so wendet er sich ohne Übergang zum direkten Gegenteil, denn er will vor allem Mensch bleiben, und nicht etwa ein Vogel oder Amphibium werden.«

Kellers Liberalismus – mit dem der heutige natürlich so wenig zu tun hat wie mit sonst einem durchdachten Verhalten – behielt die exaktesten Maßstäbe des Gebotenen und des Verwerflichen. Und es klingt ungeheuerlich zu sagen, daß es im ganzen die der bürgerlichen Rechtsverfassung blieben. Man hat aber nur zuzusehen. Nicht anders als in den »Wahlverwandtschaften« aus dem erschütterten Ehebund geht in der unvergänglichen Novelle »Romeo und Julia auf dem Dorfe« aus dem gebrochenen Eigentumsrechte an einem Acker ein vernichtendes Schicksal hervor. Im Alter hat Keller an der Fabel des »Martin Salander« die allerstrengste Kommunikation bürgerlich-rechtlicher und menschlich-sittlicher Daseinsformen verfolgt. Und damit wäre ihm denn wohl sein Platz – etwa zwischen Dahn und der Marlitt – gesichert, den ihm im Innern ihres gebildeten Herzens heute – wieviele Deutsche nicht? – geben. Es ginge soweit alles noch mit rechten Dingen zu. Aber hier eben wölbt sich die Schwelle des »bedenklichen« Grotten- und Höhlensystems, welches, je tiefer es in Keller selbst hineingeleitet, desto unmerklicher die Rhythmik des bürgerlichen Stimmen- und Meinungslärms verschränkt und endlich verdrängt mit den kosmischen Rhythmen, die es im Innern der Erde auffängt. Suchen wir für dies Grotten- und Höhlenwunder den Namen, so heißt es: Humor. Das leiser und melodischer gestimmte Lachen Kellers ist in den irdischen Gewölben so gut zu Hause wie in den himmlischen das des Homer. Man hat aber noch jedesmal erlebt, daß man zu einem großen Autor sich den Zugang verbaut, wenn man davon ausgeht er sei Humorist. So ist auch Kellers Humor nicht goldne Politur der Oberfläche, sondern der unberechenbare Anlageplan seines melancholisch-cholerischen Wesens. Dem folgt er in den bauchigen Arabesken seines Vokabulars. Und wenn er vor den bürgerlichen Satzungen Respekt bekundet, so hat er ihn in der Willkürwelt des Innern erlernt, und Kellers leidenschaftlichster Affekt, die Scham, liegt beiden zugrunde. In seiner Weise ist der Humor eine Rechtsordnung. Er ist die Welt der urteilslosen Vollstreckung, in der Verdikt und Gnade im Gelächter laut wird. Das ist der ungeheuere Vorbehalt, aus dem Kellers Schweigen und Dichten beredt wird. Von Rede, Urteil und Verurteilung hat er wenig gehalten – wieviel erst von moralischer, das sagen die Schlußworte jener Liebesnovelle. Dem zum Denkmal hat er Seldwyla erbaut am Südabhange jener Hügel und Wälder, an derem nördlichem die Stadt Ruechenstein liegt, deren Bewohner »zu ihren Hinrichtungen, Verbrennungen, Schwemmungen ein windstilles, freundliches Wetter liebten«, daher dort »an recht schönen Sommertagen immer etwas vorging«. Es war ihm ausgemachte Sache, »daß wohl eine ganze Stadt von Ungerechten oder Leichtsinnigen zur Not fortbestehen kann im Wechsel der Zeiten . . ., daß aber nicht drei Gerechte lang unter einem Dach leben können, ohne sich in die Haare zu geraten«. Die süße, herzstärkende Skepsis, die unter angelegentlichem Schauen reift, und wie ein starkes Arom aus Menschen und Dingen des liebenden Betrachters sich bemächtigt, ist nie in eine Prosa wie in Kellers eingegangen. Sie ist von der Vision des Glücks untrennbar, die diese Prosa realisiert hat. In ihr – und das ist die geheime Wissenschaft des Epikers, der allein das Glück mitteilbar macht – wiegt jede kleinste angeschaute Zelle Welt soviel wie der Rest aller Wirklichkeit. Die Hand, die in der Schenke so dröhnend aufschlug, hat im Gewicht der zartesten Dinge sich nie vergriffen. Abwägend Laut- und Sachgewichte zu verteilen, ist noch das Werk des Kanzleideutsch, das hin und wieder sich umständlich breit macht. Ein Löffel Suppe in der Hand des rechtschaffenen Mannes wiegt, wenn's darauf ankommt, das Tischgebet und Seelenheil im Munde des Gauners auf. »Martin Salander befolgte in allen Lagen seines Lebens, wo eine Suppe vorkam, die Angewöhnung, ohne Verzug mit dem Genusse derselben zu beginnen, sobald er sie im Teller hatte.«

Wie Kellers Werk durchaus auf unromantischem Grunde erbaut ist, erweist nichts deutlicher als die unsentimentale, epische Einrichtung seiner Schauplätze. Glücklich läßt Conrad Ferdinand Meyer das Gefühl davon anklingen, wenn er, mit einer fast biblischen Wendung, im Juli 1889, zum siebzigsten Geburtstag, dem Dichter schreibt: »Da Sie die Erde lieben, wird die Erde Sie auch so lange als möglich festhalten.« Kellers hedonischer Atheismus erlaubt ihm nicht ›Natur mit christlichen Glaubensranken‹ wie Gotthelf es tat, zu verzieren. »Die ihm am meisten Frucht liefert und ihn am wenigsten stört und beunruhigt, ist ihm die schönste.« So hat Hehn es vom alten Lateiner gesagt, so steht es für Keller. Naturauslegung und Sonntagspredigt sind nicht sein Fall. Nur wirkend greift die Landschaft mit ihren Kräften in die Ökonomie des Menschendaseins ein. Das gibt den Vorgängen etwas Antikes. Oft glaubten in der beginnenden Renaissance Maler und Dichter die Antike darzustellen und charakterisieren doch nur ihre Zeit. Für Keller gilt beinahe das Umgekehrte. Er glaubte seine Zeit zu geben und in ihr gab er Antike. Es geht aber mit den Erfahrungen der Menschheit – und die Antike ist eine Menschheitserfahrung – nicht anders wie mit denen des einzelnen. Ihr Formgesetz ist ein Gesetz der

Schrumpfung, ihr Lakonismus nicht der des Scharfsinns sondern der eingezogenen Trockenheit alter Früchte, alter Menschengesichter. Das weissagende orphische Haupt ist zum hohlen Puppenkopfe geschrumpft, aus dem das Brummen der gefangenen Fliege tönt – wie man in einer Kellerschen Novelle ihn findet. Von dieser echten und verhutzelten Antike sind Kellers Schriften randvoll. Seine Erde hat zur »homerischen Schweiz« sich zusammengezogen, sie ist die Landschaft, aus der er die Gleichnisse nimmt. »Sie ward inne, daß sie zunächst keine Kirche mehr hatte, und in ihrem Frauensinne, durch die Macht der Gewohnheit, wurde es ihr zumut wie einer verirrten Biene, welche in der kalten Herbstnacht über endlosen Meereswellen schwebt.« In Kellers Weh nach seiner Schweizer Heimat tönt Sehnsucht in die Zeitenferne mit. Die Schweiz ist ihm sein halbes Leben lang ein fernes Bild, wie Ithaka dem Odysseus, gewesen. Und als er heim kam, blieben immer noch die Alpen, die er nie bereist hat, schöne, ferne Bilder. Dem Dichter ist die Odyssee das geliebteste Werk gewesen, dem angehenden Maler tritt immer wieder eine phantastische Paraphrase der Heimatlandschaft seinen Naturstudien in den Weg.

Der Geist, in welchem Keller diesen Raum des neunzehnten Jahrhunderts der Antike durchwaltet, ist greifbar in seinem Worte. Kellers bewußtes Feilen an der Sprachform ist zwar befangen; bei der Lektüre seiner eigenen Sachen ist er schreckhaft gewesen. Am Apparat der Gesamtausgabe läßt sich verfolgen, wie meist das Mühen um das sprachlich Sittige, Korrekte, nur selten um das dichterisch Geprägtere ihn zum Verbessern bewogen hat. Desto wesentlicher ist es, daß nun das Gestrichene zugänglich wurde. Jedoch auch ohnedies verraten überall Wortschatz und Wortgebrauch einen Einschlag barocken Wesens in seine hausbackene Fabelwelt. Die einzige Gestaltung seiner Prosa verdankt ja Keller gerade dem, daß kein andrer Deutscher seit Grimmelshausen so gut um die Ränder der Sprache Bescheid wußte, so frei das ursprünglichste Dialekt- und das späteste Fremdwort handhabt. Der Sprachschatz der Dialekte ist Scheidemünze, die in den Prägungen vieler Jahrhunderte umläuft. Und wenn der Dichter im Worte eine besonders innige, beseligende Anschauung begleichen will, so greift er instinktiv nach diesem ererbten Schatze. Er ist im Herzählen desselben so nobel gewesen wie seine Schwester geizig mit dem metallenen – jene Regula, von der er gesagt hat, daß sie »in punkto alte Jungfer leider auf die unglücklichere Seite dieser Nation zu stehen gekommen sei«. Demgegenüber ist in seiner Prosa das Fremdwort gleichsam der Wechsel, ein prekäres Dokument von weither, das er mit Vorsicht und Spannung handhabt. Er legt es übrigens in Briefe am liebsten ein. Nach diesen Briefen kann gar nicht bezweifelt werden, daß das Schönste und Wesentlichste diesem Schriftsteller mehr noch als andern unter dem Schreiben kam, weswegen er sich qualitativ immer weniger zutraute als er konnte, quantitativ immer mehr. Weswegen er sich auch der »Majestät der Faulheit« so oft gefügt hat. Er glaubte gar nicht, daß es viel zu sagen gäbe; aber es lag wohl in seiner schreibenden Hand ein Mitteilungsbedürfnis, das der Mund nicht kannte. »Es ist sehr kalt heute; das Gärtchen vor dem Fenster schlottert vor Kühle; siebenhundertundzweiundsechzig Rosenknospen kriechen beinahe in ihre Zweige zurück.« Solche Stellen mit ihrem kleinen Bodensatz von Nonsens in der Prosa (den Goethe einmal für den Vers obligat erklärt hat), sind der sinnfälligste Beleg für das ganz Unberechenbare seines Produzierens, das die Verlagsgeschichte seiner Werke bestimmt hat.

Was Kellers Bücher ganz und gar erfüllt, das ist die Sinnenlust nicht so des Schauens als des Beschreibens. Das Beschreiben ist nämlich Sinnenlust, weil in ihm der Gegenstand den Blick des Schauenden zurückgibt, und in jeder guten Beschreibung die Lust, mit der zwei Blicke, die sich suchen, aufeinander treffen, eingefangen ist. Durchdringung des Erzählerischen und des Dichterischen – der wesentliche Zuwachs, den dem Deutschen die nachromantische Epoche gebracht hat – ist in Kellers beschreibender Prosa am vollsten verwirklicht. In fast allen Arbeiten der romantischen Schule treten die beiden Elemente auseinander: auf der einen Seite stehen Werke wie die »Serapionsbrüder«, auf der andern Romane wie »Godwi«. Für Keller ruhen auch diese Kräfte im Gleichgewicht. Daher kommt der alltäglichsten Hantierung seiner Menschen die runde, kanonische Sinnfälligkeit, die sie für einen Römer gehabt haben müssen. »In derselben Linie liegt auch«, sagte Walter Calé, – einer von den ganz wenigen Autoren, die mit unverwechselbarem Akzent von Keller gesprochen haben – »daß sich oft überhaupt keine ›Idee‹ seiner Erzählungen angeben läßt: denn Idee wäre Einschränkung auf Eine bestimmt ausgeweitete symbolische Bedeutung; er aber, ... wahrer Abbildner der Natur, gibt diese wieder wie sie ist, infinita infinitis modis: mit unzähligen, an jeder Stelle beunruhigend, fast aufsprossenden Bedeutsamkeiten, die sich in kein Wort zwingen lassen und darum gerade alles und das Tiefste zu sagen scheinen.« Die Wirklichkeit zu spiegeln, das kann sich freilich nie theoretisch als Gehalt der Kunst erweisen. Aber das hindert es nicht, für das Streben großer Dichter ein gültiger Ausdruck zu sein. Ja dieses Abspiegeln ist geradezu das besondere Verhalten des Epikers. Das Aufrollen des Naturplans in ganzer Breite ist ihm als bildnerische Geste ebenso ursprünglich, wie dem Dramatiker der Querschnitt durch die Struktur des Geschehens und die unendliche Konzentration des Daseins dem Lyriker. Eine Spiegelwelt ist die Welt der Kellerschen Schriften – freilich auch darin, daß irgend etwas in ihr von Grund auf verkehrt, rechts und links darinnen vertauscht ist. Während das Tätige, Gewichtige in ihr scheinbar unangetastet seine Ordnung wahrt, wechselt das Männliche ins Weibliche, das Weibliche ins Männliche unmerklich hinüber. Es hat schon zu Kellers Lebzeiten Leser gegeben, welchen in den fahlen Reflexen seines Humors eine Scheinwelt, die ihnen unheimlich war, sich verriet. Storm schreibt ihm über den Schluß der »Armen Baronin«: »Wie zum Teufel, Meister Gottfried, kann ein so zart und schön empfindender Poet – ja halten Sie nur hübsch still! – als etwas Ergötzliches ausmalen, daß ein Mann seiner Geliebten ihren früheren Ehemann nebst Brüdern zur Erhöhung ihrer Festfreude in so scheußlich possenhafter Herabgekommenheit vorführt.« Etwas Flackerndes ist in dem Licht, wie es im »Landvogt von Greifensee« versöhnend über ein verfehltes Lebensglück sich gießen soll, etwas Irres im Lachen des alten Mannes. Es ist nur dem Lyriker Keller beschieden gewesen, dieses trübe, unstete Licht zu filtern in wenigen – doch wie vollendeten! – Gedichten.

Langsam und schimmernd fiel ein Regen,
In den die Abendsonne schien;
Der Wandrer schritt auf schmalen Wegen,
Mit düstrer Seele drunter hin.

In solcher Abendsonne stehen die fernen Bilder, die mit verzichtdurchfurchtem Lächeln, das seinesgleichen nur in den Huri-Liedern des »Diwan« hat, der Dichter vor dem nahenden Tod mit der Sense beschwört:

Doch die lieblichste von allen Dichtersünden
Laß nicht büßen den, der sie gepflegt,
Süße Frauenbilder zu erfinden
Wie die bittre Erde sie nicht hegt.

Unter seinen Gestalten ist Judith, die begehrteste Frau, dieselbe, von der er gesagt hat, sie sei das »von keiner Wirklichkeit getrübte Phantasiebild«. Auch ist es nicht belanglos, daß von den wenigen Frauen, die Keller liebte, eine im Irrsinn, eine andere durch Selbstmord geendet hat. Endlich jene beiden Zeilen der schweizerischen Nationalhymne, die wie nichts anderes Kellers Visionsraum kennzeichnen – diese Rose auf diesem Strande, die Schweiz, die darum, weil sie der Pedant nicht pflücken kann, nichts weniger ist als öde Redeblume:

Schönste Ros, ob jede noch verblich
Duftest noch an meinem öden Strand!

Die »stille Grundtrauer«, die er bekennt, ist die Brunnentiefe, in welcher immer wieder der Humor sich sammelt. Und um es graphologisch auszusprechen: die seltsamen Höhlen- und Eiformen dieser Schrift sind – unbeschadet aller psychoanalytischen Enqueten – konkav, das Bild der »Gramspelunke«, die sein Inneres war, konvex, das anschauliche Äquivalent seiner Grillen und Schrullen. Das Bildnis Stauffer-Berns hat der Dichter nicht wahr haben wollen. Aber der müde Keller, dessen sich der Radierer in einer unbewachten Minute versicherte, war der wahre, das sonore, echohaltige Innere des Müden das seine. »Oft, wenn ich in der Nacht so daliege«, hat Keller auf seinem Sterbebette zu Adolf Frey gesagt, »komme ich mir vor wie ein bereits Begrabener, über dem ein hohes Gebäude hervorragt, und dann tönt es immer: ich schulde, ich dulde.« Wenn aber an vereinzelten Stellen der Werke selber dergleichen durchdringt, geschieht es vielsagend stets im Bilde des Weibes. Er sieht sich unter der Figur der Nixe zu, die in der Winternacht vergeblich an der Eisdecke tastet, welche sie einschließt. Er kennt sich »in der Trauer« als die Danaïde:

Und wie die müde Danaïde wohl
Das Sieb gesenkt, neugierig um sich blicket,
So schau ich euch behutsam nach,
Besorgt wie ihr euch fügt und schicket.

Doch auch im Scherz, der ja mitunter der Trauer so nah steht, sind ihm dergleichen Wendungen möglich. »Ich würde mich bald getrauen«, heißt es in einem Berliner Briefe, »einem ansehnlichen Putzmachergeschäft würdig vorzustehen vermittelst der genauen Studien, welche ich in den Zwischenakten an Häubchen und Halskrausen aller Art vornehme.« Und wer nun, solche Bilder im Sinn, den Satz wagt, daß Kellers traurige Gelassenheit an einem tiefen Gleichgewicht sich ausgerichtet hat, das Weibliches und Männliches in ihm bewahrten, berührt damit zugleich die physiognomische Erscheinung des Mannes. Die Antike hat ja als mannweiblichen Typ durchaus nicht einzig den Hermaphroditen gekannt. Dessen gefällige Formen sind späten Ursprungs und danken mehr römischer und alexandrischer Willkür als dem alten Griechentum selbst. Und wenn nun auch gar nicht daran gedacht werden kann, daß die Antike einen gereiften mannweiblichen Typ aus physiognomischen Spekulationen geprägt hätte, und der Aphroditos – die bärtige Aphrodite – so gut ein kultisches Bild ist, wie bei argivischen Frauen der Brauch, mit dem Bart in der Brautnacht sich auszustaffieren, ein kultischer war, so führt die Vorstellung solcher Häupter doch nahe wie nichts anderes an dies Dichterhaupt heran.

Die Innenwelt, in welche der Betrachter, der Schweizer Bürger und Politiker auf Strömen guten Weins das Wirkliche verflößte, war kein besonntes Hieronymusstübchen, sondern ein Bannraum, wo von den beiden schleichenden Lebensströmen umkreist, immer wieder Gesichte sich bildeten. Sein »Traumbuch« ist ein Kodex solcher Gesichte. In seinen Schriften schieben sie dicht und wie wappenförmig sich ineinander. Ihrer Schreibart wohnt etwas Heraldisches bei. Sie setzt die Worte oft mit so barockem Trotz zusammen, wie ein Wappen die Hälften der Dinge. In einem Altersbriefe, der für ein besticktes Kissen dankt, heißt es: »Ich kann die Mühe fast nicht verantworten, welche Ihre kunstreichen Hände sich genommen haben, diesen zwei Initialen eine so schöne Stätte zu bereiten, wahrscheinlich im Hinblick darauf, daß sie nicht lange mehr zusammenhalten werden.« Umständlich scharen sich zum letzten Mal in seinem Werke, diesem Heroldsbuche der Kantone, die Sinnbilder des bürgerlichen Staats zusammen. Als junger Mann hat er einmal gedichtet:

Laßt fahren Mythos, Nibelungen, Bibel.
Die alten Träume sind genug gedeutet,
Der alte Drache ist genug gehäutet.
Malt nun der Freiheit eine Bilderfibel!

Die sind seine Schriften geworden. Sie erschienen zu einer Zeit, da man ihre Sprache zu verlernen begann, und von demselben Amerika, das er so oft und so romanhaft beschworen hat, die Schweizertöchter, in denen sein Blick Helena und Lukretia zugleich fand, die Buchführung zu erlernen begannen.

Gespräch mit André Gide

Es ist schön, André Gide in seinem Hotelzimmer zu sprechen. Ich weiß, daß er ein Landhaus in Cuverville und eine Wohnung in Paris hat, und gewiß wäre der Eindruck unvergeßlich, ihm unter seinen Büchern an den Stätten zu begegnen, wo er Großes geplant und durchgeführt hat. Aber es wäre nicht dies: diesen großen Reisenden inmitten seiner gebündelten Habe, omnia sua secum portans, in wehrhafter Bereitschaft im hellen Vormittagslicht seines geräumigen Zimmers am Potsdamer Platz anzutreffen. Zugestanden: das Interview, eine Form, die Diplomaten, Finanziers, Filmleute sich geschaffen haben, ist auf den ersten Blick nicht die, in der ein Dichter, der differenzierteste unter den lebenden, sich zu erkennen gibt. Sieht man genauer zu, so steht es doch anders. Rede und Antwort artikulieren wie Schlaglicht das Gidesche Denken. Ich vergleiche es einem Fort: so unübersehbar im Aufbau, voller eingezogener Umwallungen und ausfallender Bastionen, vor allem so formstreng und so vollendet im Aufbau seiner dialektischen Zweckmäßigkeit.

So viel weiß auch der letzte Amateur, daß es gefährlich und mit Weiterungen verbunden ist, Aufnahmen in der Nähe von Forts zu machen. Papier und Bleistift mußten beiseite bleiben, und wenn die folgenden Worte authentisch sind, so danken sie es der Schärfe der leisen, begeisteten Stimme, von der sie kamen.

Kaum eine der Fragen, die mehr aus Routine denn aus Anteil in einem Interview gewöhnlich auftauchen, hatte ich Gide zu stellen. Denn wie er da vor mir auf einer Stufe seines Erkers saß, den Rücken gegen den Sitz eines Sessels gelehnt, einen braunen Foulard um den Hals und die Hände über den Teppich ausgreifend, oder gesammelt ums Knie geschlungen ist er sich selber Frager und Sprecher genug. Ab und zu fällt sein Blick aus der deutlichen Hornbrille auf mich, wenn eine der seltenen Fragen sein Interesse erregt hat. Sein Gesicht zu betrachten ist faszinierend, sei es auch nur, um dem wechselnden Spiel von

Malice und Güte zu folgen, von denen man zu sagen versucht ist, daß beide die gleichen Falten bewohnen, geschwisterlich in seine Miene sich teilen. Und es sind nicht die schlechtesten Augenblicke, wenn die reine Freude an einer malitiösen Anekdote seine Züge erleuchtet.

Es gibt heute keinen europäischen Dichter, der den Ruhm, als er endlich, gegen Ende der Vierziger, kam, ungastlicher bei sich empfangen hätte. Keinen Franzosen, der gegen die Académie Française sich fester verschanzt hätte. Gide und D'Annunzio – man braucht die Namen nur nebeneinander zu stellen, um zu erkennen, was einer für und gegen den Ruhm vermag. »Wie setzen Sie sich mit dem Ihren auseinander?« Und nun erzählt Gide, wie wenig er ihn gesucht, wem er es dankte, daß er ihn dennoch eines Tages fand, und wie er sich dagegen zur Wehr setzt.

Bis 1914 war er der festen Überzeugung, er werde erst nach seinem Tode gelesen werden. Das war nicht Resignation, das war Vertrauen in den Bestand und die Kraft seines Werkes. »Mir sind, seit ich zu schreiben begann, Keats, Baudelaire, Rimbaud darin ein Vorbild gewesen, daß ich, wie sie, nur meinem Werk, nichts anderm, meinen Namen danken wollte.« Wenn ein Dichter einmal diesen Posten bezogen hat, dann ist es nichts Seltenes, daß ein Feind eingreift, Bileams Esel. Das war für Gide Henri Béraud, der Romancier. Er hat dem französischen Zeitungsleser so lange versichert, daß es nichts Dümmeres, Langweiligeres und Verderbteres als die Bücher von André Gide gäbe, bis die Leute schließlich aufmerksam wurden und fragten: Wer ist denn eigentlich dieser André Gide, den die anständigen Leute um keinen Preis lesen dürfen? Als einmal viele Jahre später Béraud in einem seiner Ausbrüche schrieb, zu allem andern sei dieser Gide auch noch undankbar gegen seine Wohltäter, da schickte der Dichter, um diesen herben Vorwurf zu entkräften, Béraud die schönste Schachtel Pihan-Schokolade. Dabei ein Kärtchen mit den Worten: »Non, non, je ne suis pas un ingrat.«

Was den Gegnern des frühen Gide am meisten wider den Strich ging, war die Erkenntnis, daß man im Ausland Gide beachtenswerter fand als sie selber. Das gibt, so dachten sie, einen ganz falschen Eindruck. Und in der Tat, vom Durchschnitt der Pariser Romanfabrikation hätten ihre eigenen Bücher einen richtigeren gegeben. Gide ist früh bei uns übertragen worden und bleibt seinen ersten Übersetzern, Rilke bis zu seinem Tode, Kassner und Blei noch heute, in Freundschaft verbunden. So stehen wir bei der aktuellen Frage der Übersetzung. Gide selbst ist als Übersetzer für Conrad eingetreten, hat als Übersetzer mit Shakespeare sich auseinandergesetzt. Von seiner meisterhaften Übertragung von Antonius und Cleopatra wußten wir. Nun ist vor kurzem Pitoëff, der Direktor des Théatre de l'Art, mit der Bitte an ihn herangetreten, den Hamlet zu übersetzen. »Monate hat mich der erste Akt gekostet. Als er fertig war, schrieb ich an Pitoëff: Ich kann nicht mehr, es nimmt mich zu sehr hin.« »Aber Sie werden den Akt publizieren?« »Vielleicht, ich weiß es nicht. Augenblicklich ist er verloren. Irgendwo unter meinen Papieren in Paris oder Cuverville. Ich bin so viel auf Reisen, ich kann nichts ordnen.« Nicht ohne Absicht lenkt er nun das Gespräch auf Proust. Er weiß um das deutsche Übersetzungsunternehmen, kennt auch die dunklen Blätter in dessen Geschichte. Desto freundlicher seine Hoffnung auf deren günstigen Ausgang. Und weil es eine Erfahrung ist, daß bei allen, die sich näher mit Proust befaßten, diese Beziehung einen phasenhaften Verlauf nahm, so wage ich die Frage nach der seinen. Sie macht von diesem Gesetz keine Ausnahme. Der junge Gide ist Zeuge der unvergessenen Zeit gewesen, da Proust, der blendende Causeur, in den Salons aufzutreten begann. »Ich habe ihn, wenn wir uns in Gesellschaft begegneten, für den rabiatesten Snob gehalten. Ich glaube, er wird mich nicht anders eingeschätzt haben. Keiner von beiden ahnte damals die nahe Freundschaft, die uns verbinden sollte.« Und als dann eines Tages der meterhohe Stoß von Heften auf dem Verlagsbureau der NRF eintraf, war zunächst alles fassungslos. Nicht gleich wagte sich Gide in diese Welt zu versenken. Als er es aber begonnen, da erlag er ihrer Faszination. Seitdem ist Proust ihm einer der größten unter allen Bahnbrechern dieser jüngsten Eroberung des Geistes: der Psychologie.

Auch dies Wort wieder eine Tür zu einer der unabsehbaren Galerien, in deren Fluchten sich der Blick, wenn man mit Gide spricht, beinah zu verlieren droht. Psychologie die Ursache vom Untergang des Theaters. Das psychologische Drama sein Tod.

Psychologie der Bereich des Differenzierten, Isolierenden, Dekonzertierenden. Das Theater der Bereich der Einhelligkeit, der Verbundenheit, der Erfüllung. Liebe, Feindschaft, Treue, Eifersucht, Mut und Haß – dem Theater sind das alles Konstellationen, absehbare, vorgegebene Aufrisse, das Gegenteil von dem, was sie der Psychologie sind, deren Einsicht in der Liebe Haß, im Mut Feigheit entdeckt. »Le théatre c'est un terrain banal.«

Wir kommen auf Proust zurück. Gide entwirft die nun schon klassisch werdende Schilderung von diesem Krankenzimmer, diesem Kranken, der da im ständig verdunkelten Gemach, das um die Geräusche abzuhalten, ringsum mit Kork ausgelegt – selbst seine Fensterläden waren mit Polstern gefüttert – nur selten Besucher sah, auf seinem Bette, ohne Unterlage, von Haufen vollgekritzelten Papiers umtürmt, schrieb, schrieb, noch seine Korrekturen, statt sie zu lesen, mit Zusätzen überdeckte »bien plus que Balzac« (noch mehr als Balzac). Bei aller Bewunderung aber spricht Gide es aus: »Ich habe mit seinen Menschen keinen Kontakt. Vanité – das ist der Stoff, aus dem sie gemacht sind. Ich glaube, in Proust hat vieles gelegen, was er nicht zum Ausdruck gebracht hat, Knospen, die sich nie haben erschließen können. In seinem späteren Werk hat eine gewisse Ironie die Oberhand über das Moralische und Religiöse gewonnen, das in den frühen Schriften vernehmbar ist.« Auch scheint es, als erkenne der Dichter eine von Ironie bisweilen verhüllte Zweideutigkeit des Proustschen Wesens in einem Grundzug seiner Technik, seiner Komposition. »Man spricht von Proust dem großen Psychologen. Gewiß, er war es. Wenn man aber so oft darauf hinweist, wie kunstvoll er es verstünde, den Wandel seiner Hauptfiguren in der Folge ihres Lebens darzustellen, so übersieht man vielleicht das Eine: Jede seiner Figuren, bis zur kleinsten herab, ist nach einem Modell gearbeitet. Dieses Modell aber blieb nicht immer dasselbe. Für Charlus zum Beispiel waren es sicher zumindest zwei; dem Charlus der letzten Epoche hat ein ganz anderer zum Vorbild gedient als dem stolzen der ersten. Gide spricht von Surimpression, von einem »fondu«. Wie im Film verwandelt sich eine Person allmählich in eine andere.

»Ich kam«, sagt Gide am Ende einer Pause, »um eine conférence zu halten. Doch das Berliner Leben hat mir nicht Ruhe zu dem gelassen, was ich eigentlich vorhatte. Ich komme wieder. Dann werde ich meine conférence mitbringen. Aber heute schon möchte ich Ihnen über mein Verhältnis zur deutschen Sprache einiges sagen. Nach langer, intensiver und ausschließlicher Beschäftigung mit dem Deutschen – sie fiel in die Jahre meiner Freundschaft mit Pierre Louys, und wir lasen zusammen den zweiten Faust – habe ich zehn Jahre lang die deutschen Dinge links liegen gelassen. Das Englische nahm all meine Aufmerksamkeit gefangen. Im vorigen Jahr nun, im Kongo, schlug ich endlich wieder ein deutsches Buch auf, es waren die Wahlverwandtschaften. Da machte ich eine merkwürdige Entdeckung. Mit dem Lesen ging es nach dieser zehnjährigen Pause nicht schlechter, sondern besser. Es ist« – hier insistiert Gide – »nicht die Verwandtschaft zwischen Deutsch und Englisch, was mir die Sache leichter werden ließ. Nein, eben dies, daß ich von meiner eigenen Muttersprache abgestoßen hatte, das gab mir den Elan, mich einer fremden zu bemächtigen. Beim Sprachenlernen ist nicht das Wichtigste, welche man erlernt; die eigene zu verlassen, das ist ausschlaggebend. Auch versteht man sie im Grunde erst dann.« Gide zitiert einen Satz aus der Reiseschilderung des Seefahrers Bougainville: »Als wir die Insel verließen, gaben wir ihr den Namen Ile du Salut.« Und daran schließt er nun den wunderbaren Satz: »Ce n'est qu'en quittant une chose que nous la nommons.« (Erst dem, wovon wir scheiden, geben wir einen Namen.)

»Wenn ich«, so fährt er fort, »die Generation, die mir folgte, in Einem beeinflußt habe, so darin, daß nun die Franzosen beginnen, für fremde Länder und fremde Sprachen ein Interesse zu zeigen, wo früher Gleichgültigkeit, Indolenz herrschte. Lesen Sie den ›Voyage de Sparte‹ von Barrès, und Sie werden wissen, wie ich es meine.« Was Barrès in Griechenland sieht, ist Frankreich, und wo er Frankreich nicht sieht, da will er nichts gesehen haben. So sind wir denn unversehens bei einem der Gideschen Lieblingsthemen: Barrès. Seine Kritik der »Déracinés« von Barrès, die nun schon dreißig Jahre zurückliegt, war mehr als eine scharfe Ablehnung dieses Epos der Bodenständigkeit. Sie war das meisterhafte Bekenntnis des Mannes, der saturierten Nationalismus nicht gelten läßt und das französische Volkstum nur da erkennt, wo es den Spannungsraum der europäischen Geschichte und der europäischen Völkerfamilien in sich beschließt.

»Die Entwurzelten« – Gide hat nur liebenswürdigen Spott für eine dichterische Metapher, die so ganz an der wahren Natur vorbeigeht. »Ich habe immer gesagt, es ist schade, daß Barrès die Botanik gegen sich hat. Als ob der Baum sich beschränke, nicht vielmehr mit allen Ästen triebhaft ins Weite, in den Luftraum hinaus greift. Es ist ein Unglück, wenn Dichter nicht den leisesten Begriff von Naturwissenschaft haben.« Vor mir sitzt der Mann, der einmal geschrieben hat: »Ich will es nur noch mit der Natur zu tun haben. Ein Gemüsewagen befördert mehr Wahrheit, als die schönsten Perioden des Cicero.« Auch jetzt hält dieser Bilderkreis den Dichter fest. »Ich sprach vorhin von Proust, wieviele seiner Knospen unentwickelt blieben. Bei mir war es anders. Ich will, daß alles, was ich mitbekommen habe, an den Tag kommt, seine Form finde. Das hat vielleicht einen Nachteil gehabt. Mein Werk hat etwas vom Gebüsch, aus dem nicht leicht meine entscheidenden Züge sich herauslösen. Hierin gedulde ich mich. ›Je n'écrie que pour être relu.‹ (Ich schreibe nur, um wiedergelesen zu werden.) Ich zähle auf die Zeit nach meinem Tode. Erst der Tod wird die Figur aus dem Werk heraustreiben. Dann wird dessen Einheit unverkennbar werden. Allerdings: Leicht habe ich sie mir nicht werden lassen. Ich weiß, es gibt Dichter, die von Anfang an nur immer enger sich zu beschränken trachten. Ein Mann wie Jules Renard ist nicht durch Entfaltung, sondern durch rücksichtsloseste Beschneidung seiner Triebe zu dem gekommen, was er darstellt. Und das ist nicht wenig. Kennen Sie seine Tagebücher? Eines der interessantesten Dokumente ... Aber so etwas kann bisweilen skurrile Züge annehmen. Mir geht es ganz anders. Ich weiß, wie quälend meine erste Begegnung mit Stendhals Büchern ausfiel, wie feindlich mich diese Welt zuerst ansprach. Gerade deshalb fühlte ich mich von ihr passioniert. Später habe ich viel von Stendhal gelernt.« Gide ist ein großer Lernender gewesen. Vielleicht hat, wenn man näher zusieht, gerade das vor fremdem Einfluß ihn weit entschiedener bewahrt, als störrische Verschlossenheit es vermocht hätte. »Beeinflußt« ist am meisten der Träge, während der Lernende früher oder später dazu gelangt, dessen sich zu bemächtigen, was am fremden Schaffen ihm das Dienliche ist, um es als Technik seinem Werke einzugliedern. In diesem Sinne gibt es wenige Autoren, die mehr und hingegebener lernten als Gide. »Ich ging in jeder Richtung, die ich einmal einschlug, bis zum Äußersten, um sodann mit derselben Entschiedenheit der entgegengesetzten mich zuwenden zu können.« Dies grundsätzliche Verneinen jeder goldenen Mitte, dieses Bekenntnis zu den Extremen, was ist es anderes als die Dialektik, nicht als Methode eines Intellekts, sondern als Lebensatem und Passion dieses Mannes. Gide will mir, wie es scheint, nicht widersprechen, wenn ich den Grund für alles Unverständnis und für manche Feindschaft, die ihm begegneten, hier vermute. »Es gilt«, erklärt er weiter, »vielen für ausgemacht, ich könne immer nur mich selber zeichnen, und wenn dann meine Bücher die verschiedenartigsten Figuren ins Spiel setzen, dann schließt ihr Scharfsinn: Wie charakterlos, schwankend und unzuverlässig muß der Verfasser sein.«

»Integrieren«, das ist Gides denkerische und darstellerische Leidenschaft. Das wachsende Interesse an ›Natur‹ – als Lebensrichtung der Reife bei vielen Großen bekannt – will bei ihm heißen: Die Welt ist auch in den Extremen noch ganz, noch gesund, noch Natur. Und was ihn diesen Extremen zutreibt, das ist nicht Neugier oder apologetischer Eifer, sondern höchste dialektische Einsicht.

Man hat von diesem Manne sagen können, er sei der »poète des cas exceptionels«, der Dichter der Ausnahmefälle. Gide: »Bien entendu, so ist es. Aber warum? Wir stoßen Tag für Tag auf Verhaltungsweisen, auf Charaktere, die durch ihr bloßes Dasein unsere alten Normen außer Kurs setzen. Ein großer Teil unserer alltäglichsten wie unserer außerordentlichsten Entscheidungen entzieht sich der überkommenen sittlichen Wertung. Und weil dem so ist, tut es not, solche Fälle zunächst einmal aufzunehmen, genau, ohne Feigheit und ohne Zynismus.« Was immer Gide zum Studium dieser Dinge in Romanen wie den »Faux-Monnayeurs« in Essays, in seiner bedeutenden Autobiographie »Si le grain ne meurt« geschrieben hat, seine Gegner würden es ihm vergeben, wäre darin nur der kleine Schuß von

Zynismus, der die Snobs und die Spießer mit allem aussöhnt. Was ihnen auf die Nerven geht, ist nicht die »Unmoral«, sondern der Ernst. Der aber ist Gide unveräußerlich bei aller Malice seiner Konversation und aller souveränen Ironie, wie sie im »Prométhé mal enchainé«, in den »Nourritures terrestres«, in den »Caves du Vatican« zum Durchbruch kommt. Er ist, wie Willy Haas es dieser Tage aussprach, der für den Augenblick letzte Franzose vom Schlage Pascals. In der Linie der französischen Moralisten, die mit La Bruyère, La Rochefoucauld, Vauvenargues sich fortsetzt, ist ihm keiner verwandter als eben Pascal. Ein Mann, den sie im 17. Jahrhundert, wenn es die oberflächliche klinische Terminologie unserer Zeit schon gekannt hätte, ganz gewiß einen »cas particulier«, einen Kranken, genannt haben würden. Gerade damit steht Gide wie Pascal in der Reihe der großen Erzieher Frankreichs. Für den eigenbrötelnden, eingezogenen, verkauzten Deutschen wird immer das Vorbild, die erzieherische Figur schlechthin, Der sein, der in Gestalt oder Lehre den deutschen Typus, wie heute Hofmannsthal und Borchardt es versuchen, herausstellt. Den Franzosen aber, die, im Volkscharakter reich und vielfältig nach Stämmen geschieden, in ihren nationalen und literarischen Tugenden stärker, prekärer als sonst ein Volk standardisiert sind, ist der große Ausnahmefall, der moralisch durchleuchtete, höchste erzieherische Instanz. Der ist Gide. Dies Antlitz, in dem bisweilen der große Dichter mehr sich verbirgt als verrät, kehrt unablenkbar seine drohend gesammelte Front der moralischen Indifferenz und dem laxen Genügen entgegen.

Hugo von Hofmannsthals »Turm«

Anläßlich der Uraufführung in München und Hamburg

Hugo von Hofmannsthals »Turm« hat in diesen Wochen seinen Weg über die deutschen Bühnen begonnen. Daß die Bühnenfassung von der Urform, die 1925 in den »Neuen deutschen Beiträgen« erschienen ist, sich sehr wesentlich unterscheidet, ja einen völlig neu verfaßten vierten und fünften Akt bringt, möchte – an dieser Stelle zumindest – einen Vergleich beider Fassungen noch nicht rechtfertigen. Nein, was den Anlaß gibt, trotz unserer Anzeige in Nr. 15/II der »L. W.«, auf das Drama zurückzukommen, sind die außerordentlichen Einblicke, die der Fortschritt von einer Fassung zur andern in die Arbeitsweise des Dichters und die Struktur seines Stoffes eröffnet. Man weiß, daß er den einem Werk von Calderon »Das Leben ein Traum« entnahm. Dieser formelhafte Titel, in dem das dramatische Wollen der Zeit einen gewaltigen Ausdruck fand, heißt bei Calderon zweierlei. Er sagt: Das Leben ist nicht mehr als ein Traum, seine Güter sind Spreu. Das ist seine weltliche Weisheit. Aber er sagt auch: So wie ein Nichts – dies Leben – über unsere Seligkeit entscheidet, vor Gott gewogen und gerichtet wird, so entrinnen wir sogar träumend, in der Scheinwelt des Traumes, nicht Gott. Traum und Wachen – sie sind vor Gott nicht geschiedener als Leben und Tod; die christliche Achse ragt ungebrochen durch beide. Dieses zweite Motiv des Titels: der Traum als theologisches Paradigma konnte der neuere Dichter unmöglich sich aneignen wollen. Und aus einer gänzlich veränderten Fassung des Traummotivs schien ein neues Drama sich mit zwingender Logik als Variante herauszubilden. Der Traum nämlich hat in der ersten Fassung des »Turms« alle Akzente eines chthonischen Ursprungs. Der letzte Akt der Urfassung insbesondere zeigt Sigismund, den Prinzen, als beschwörenden Meister der finsteren Gewalten, denen er dennoch, in eben diesem Endkampf, schließlich weichen muß. So ließ in einem gewissen Sinne sich sagen, der Prinz sei an Mächten zugrunde gegangen, die aus dem eigenen Innern gegen ihn aufstanden. Spielt nun ein solcher Vorgang in das Tragische hinüber, so hat doch der Dichter eben nicht ohne Absicht sein Stück »Trauerspiel«, nicht »Tragödie« genannt. Und es ist unverkennbar, wie in der neuen Fassung die reinen Züge einer Duldergestalt im Sinne des christlichen Trauerspiels immer deutlicher nach Gestaltung verlangten, das ursprüngliche Traummotiv damit zurücktrat, und die Aura um Sigismund lichter wurde.

Daß auf den Lippen dieses Unmündigen jeder Laut zum Laute der Klage sich formen mußte – weil Klage der Urlaut der Kreatur ist – darin lag eine der ergreifendsten Schönheiten der ersten Fassung. Aber auch der gewagtesten. Denn die Lösung der Klage aus den Banden des Verses ist ein unerhörtes, seit der Prosa des Sturmes und Dranges nie unternommenes Vorhaben, von dem nichts weniger als gesichert ist, ob es im Rahmen des Dramatischen völlig zu glücken vermöchte. Freilich ist auch der stillere, bestimmtere Sigismund dieser zweiten Fassung Glied jener Kette, welche immer wieder von den Dichtern aufgegriffen ward, wenn sie die heimliche Bindung wortlosen Duldens an all das, was nebelhaft, urmütterlich um frühe Kindheit braut, gestaltet haben. Der Prinz, auch in der neuen Gestalt, ist vom Schlage des Kaspar Hauser. Auch in dem neu gestalteten Helden tauchen die Worte aus dem aufgewühlten Lautmeer nur flüchtig hervor, mit erdfremdem Najadenblick um sich schauend. Es ist der gleiche, welcher heute in der Sprache der Kinder, der Visionäre oder der Irren uns so tief betrifft. In den Urlauten der Sprache, nicht in ihren höchsten, kunstvollsten aber auch abhängigsten Gebilden, hat der Dichter deren gewaltigste Kräfte aufgerufen, als Nothelfer in ihren Kampf sie eingestellt, der der seine ist. Nur wandte das kreatürliche Wort, mit dem der Dichter seinen ersten Sigismund begabte, sich gegen Ende immer finsterer ins Chthonische, Dräuende. Dagegen dringt, wo in der neuen Fassung das lichte Schweigen des Prinzen wie Morgennebel zerreißt, das unverstellte Wort der anima naturaliter christiana wie Lerchenruf zu uns. Das Chthonische, das mit dem Fortfall des Traummotivs sein Gewicht verlor, klingt nur noch verhallend nach. Und nichts ist für die strenge und gelassene Haltung, in der der Dichter an die neue Fassung ging, bezeichnender, als daß selbst das schrecklichste Wahrzeichen des kreatürlichen Innern, der aufgeschnittene Bauch eines Schweins, das Sigismund vor Zeiten schauernd beim Bauern, seinem Pflegevater, am Querholz erblickte, nun seine Bedeutung gewandelt hat »Die Morgensonne fiel ins Innere, das war dunkel; denn die Seele war abberufen und anderswo geflogen. Es sind alles freudige Zeichen, aber inwiefern, das kann ich euch nicht erklären.«

Mit ganz anderem Nachdruck als vordem gruppiert sich nunmehr das Geschehen um die politische Aktion. Abgesehen von zwei Szenen, ist Schauplatz die Burg des Königs. Diese Wendung rechtfertigt sich nicht allein durch einen sehr viel strafferen Aufbau der Handlung, sondern bewährt sich besonders glücklich in der Darstellung des Aufstands, der für den Zuschauer etwas von dem Gesicht einer Palastrevolte erhält, und damit dem »in der Atmosphäre des siebzehnten« Jahrhunderts verwandten Ablauf dieses Geschehens sich sicherer einfügt als vorher. In der Verschwörung, auf die es hinausläuft, durchdringen sich das politische und das eschatologische Element. Mit diesem Widerspiel ergriff der Dichter ein Ewiges, Providentielles aller Revolution. Wie dann vielleicht ewige politische Konstellationen kaum je in neuere Geschichte bleibender, bewußter als in ihr siebzehntes Jahrhundert sich prägten. Die Macht jedoch, die von Gewalttätigen und Schwarmgeistern getragen wird, behielt mit ihrem schwärmerischen Führer, dem Kinderkönig, in der ersten Fassung das letzte Wort, während in der zweiten die Landsknechtsfigur, Olivier, am Ende als Befehlender dasteht. Das macht: Sigismund selber hat die Figur des Kinderkönigs in sich aufgenommen. Der Zwiespalt, der ihn wollen und nichtwollen ließ, ist vom Dichter geschlichtet, und jetzt erst tritt mit ganzer Bedeutung heraus, was er seinem Meister, dem Lenker der Revolte und dem Wegbereiter seiner Herrschaft, zu sagen hat: »Du hast mich ins Stroh gelegt, wie einen Apfel, und ich bin reif geworden, und jetzt weiß ich meinen Platz. Aber der ist nicht dort, wohin du mich haben willst.« Nicht im Kriegslager und als Herr über Truppen und Fürsten stirbt Sigismund, sondern als Wanderer an der Landstraße, die da in »ein weites offenes Land« führt. »Es riecht nach Erde und Salz. Dort werde ich hingehen.«

Wenn im Verscheiden über seine Lippen die Worte: »Mir ist

viel zu wohl zum Hoffen« kommen, was heißt das anderes als Hamlets: »In Bereitschaft sein ist alles. Da kein Mensch weiß, was er verläßt, was kommt darauf an, frühzeitig zu verlassen?« Daher ist es vielleicht nicht voreilig, den dichterischen Raum, den diese beiden Versionen des »Turms« erfüllen, von den gleichen Kräften durchwaltet zu denken, die die blutige Fatalität des vorshakespearischen Dramas in die Welt der christlichen Trauer wandeln, die im »Hamlet« begründet ist. Der große Dichter darf in der Spanne weniger Jahre inneren Notwendigkeiten der Formen und Stoffe gerecht werden, die im Ursprung Jahrzehnte brauchten, sich zu erfüllen.

Spielzeug und Spielen

Randbemerkungen zu einem Monumentalwerk*

Es wird lange dauern, bis man dazu kommt, in diesem Buche zu lesen, so faszinierend ist der Anblick der unabsehbaren Spielzeugwelt, die der Tafelteil vor dem Leser ausbreitet. Regimenter, Karossen, Theater, Sänften, Geschirre – alles ist liliputanisch noch einmal da. Es mußte endlich der Stammbaum der Schaukelpferde und Bleisoldaten versammelt, die Archäologie der Kaufmannsläden und Puppenstuben geschrieben werden. Das ist in aller wissenschaftlichen Zuverlässigkeit und ohne archivalische Pedanterie in dem Textteil dieses Buches geschehen, der ebenbürtig neben dem Bilderteile besteht. Es ist ein Werk aus einem Guß, dem man nirgends von den Mühen seiner Herstellung etwas anmerkt, und von dem man nun, da es vorliegt, nicht mehr versteht, wie es fehlen konnte.

Im übrigen liegt die Neigung zu solcher Forschung im Zuge der Zeit. Das Deutsche Museum in München, das Spielzeugmuseum in Moskau, die Spielzeugabteilung des Musée des Arts Décoratifs in Paris – Schöpfungen jüngster Vergangenheit oder der Gegenwart – zeigen an, daß überall und wohl aus guten Gründen das Interesse am rechtschaffenen Spielzeug erwacht. Die Ära der Charakterpuppen, da die Erwachsenen kindliche Bedürfnisse vorschoben, um ihren eigenen kindischen zu genügen, ist abgelaufen; der schematische Individualismus des Kunstgewerbes und das individualpsychologische Bild vom Kinde, die im Grunde einander so gut verstanden, wurden von innen gesprengt. Gleichzeitig wagte man die ersten Schritte aus dem Bannkreis der Psychologie und des Ästhetizismus heraus zu tun. Die Volkskunst und das kindliche Weltbild wollten als kollektive Gebilde begriffen werden.

Diesem jüngsten Stande der Forschung entspricht im ganzen das vorliegende Werk, wenn anders man ein Standardwerk von

* Karl Gröber, »Kinderspielzeug aus alter Zeit«, Deutscher Kunstverlag, Berlin.

dokumentarischem Charakter auf eine theoretische Haltung verpflichten kann. Denn in der Tat muß diese Stufe den Übergang zu einer genaueren Fixierung der Dinge bilden. Wie nämlich die Merkwelt des Kindes überall von Spuren der älteren Generation durchzogen ist und mit ihnen sich auseinandersetzt, so auch in seinen Spielen. Unmöglich, sie in einem Phantasiebereiche, im Feenlande einer reinen Kindheit oder Kunst zu konstruieren. Das Spielzeug ist, auch wo es dem Gerät der Erwachsenen nicht nachgeahmt ist, Auseinandersetzung, und zwar weniger des Kindes mit den Erwachsenen, als der Erwachsenen mit ihm. Wer liefert denn zu Anfang dem Kinde sein Spielgerät wenn nicht sie? Und mag ihm ein gewisses Belieben bleiben, die Dinge anzunehmen oder zu verwerfen: nicht weniges vom ältesten Spielzeug (Ball, Reifen, Federrad, Drachen) wird ihm als kultisches Gerät, das erst Spielzeug geworden ist, und freilich dank seiner Bildkraft auch werden durfte, gewissermaßen oktroyiert worden sein.

Es ist also ein großer Irrtum in der Annahme, daß schlankweg die Kinder selber mit ihrem Bedürfnis alles Spielzeug bestimmen. Töricht, wenn ein sonst verdienstliches neueres Werk vermeint, beispielsweise die Klapper des Säuglings mit der Behauptung reduzieren zu können: »In der Regel verlangt zunächst das Ohr der Beschäftigung« – da doch von altersher die Rassel ein Instrument zur Abwehr böser Geister ist, das man gerade dem Neugeborenen in die Hand geben muß. Und sollte nicht mit folgender Bemerkung selbst der Verfasser dieses Werkes irren? »Nur was das Kind bei dem Großen sieht und kennt, will es bei seiner Puppe. Deswegen war bis ins 19. Jahrhundert die Puppe nur im Kleid des Erwachsenen beliebt, das Wickelkind oder das Baby, wie es heutzutage den Spielzeugmarkt beherrscht, fehlte früher ganz.« Nein, nicht auf die Kinder geht das zurück; dem spielenden Kinde ist seine Puppe bald groß, bald klein, und gewiß als ein untergebenes Wesen oft eher das letztere. Vielmehr war eben bis ins neunzehnte Jahrhundert hinein der Säugling als geistgestaltes Wesen völlig unbekannt und andererseits der Erwachsene dem Erzieher das Ideal, nach dem er die Kinder zu bilden gedachte. Und in diesem heut so gern belächelten Rationalismus, der im Kinde den kleinen Erwachsenen sah, ist jedenfalls dem Ernst als der Kindern gemäßen Sphäre sein Recht geworden. Dagegen tritt der subalterne »Humor« im Spielzeug als ein Ausdruck jener Unsicherheit, die der Bourgeois im Umgang mit Kindern nicht los wird, zugleich mit den großen Formaten auf. Die Lustigkeit aus Schuldbewußtsein kommt bei den albernen Verzerrungen ins Große, Breite vorzüglich auf ihre Rechnung. Wer Lust hat, dem Warenkapital in die Fratze zu sehen, braucht nur an eine Spielzeughandlung zu denken, wie sie bis vor fünf Jahren typisch gewesen und in kleinen Städten noch heute die Regel ist. Höllische Ausgelassenheit ist die Grundstimmung. Von den Deckeln der Gesellschaftsspiele, aus dem Kopf der Charakterpuppen grinsten Larven, lockten aus dem schwarzen Kanonenrohr, kicherten in den sinnreichen »Katastrophenwagen«, die beim fälligen Eisenbahnunglück in die vorgesehenen Teile zerfielen.

Kaum aber hatte hier die militante Bosheit sich verkrochen, so kam der Klassencharakter dieses Spielzeugs an anderer Stelle zum Durchbruch. Die »Einfachheit« wurde ein kunstgewerbliches Schlagwort. Die liegt nun aber in Wahrheit für Spielzeug nicht in den Formen sondern in der Durchsichtigkeit seines Herstellungsprozesses. Sie kann also nicht nach einem abstrakten Kanon beurteilt werden, variiert vielmehr in den verschiedenen Regionen und hat mit formaler um so weniger zu tun, als manche Verarbeitungsarten – besonders das Schnitzen – alle spielende Willkür an einem Objekt entfalten können, ohne darum im mindesten unverständlich zu werden. Wie denn auch ehemals die echte und selbstverständliche Einfachheit von Spielsachen keine Angelegenheit formalistischer Konstruktion sondern eben der Technik war. Denn ein charakteristischer Zug aller Volkskunst – Nachbildung feiner Technik in Verbindung mit kostbarem Material durch primitive Technik in Verbindung mit gröberem – läßt sich gerade am Spielzeug deutlich verfolgen. Porzellane aus den großen zaristischen Manufakturen, die auf russische Dörfer verschlagen wurden, gaben das Vorbild zu Puppen und Genreszenen in Holzschnitzerei. Die neuere Folkloristik ist längst von dem Glauben zurückgekommen, das Primitivere sei unter allen Umständen auch das Ältere. Oft ist die sogenannte Volkskunst nur gesunkenes Kulturgut einer herrschenden Klasse, das, in ein breiteres Kollektivum aufgenommen, sich erneuert.

Es ist nicht das kleinste Verdienst des Gröberschen Werkes, diese Bedingtheit des Spielzeugs durch die ökonomische und ganz besonders durch die technische Kultur der Kollektiva schlagend gezeigt zu haben. Hatte man aber Spielzeug bis heute allzu sehr als Schöpfung für das Kind, wenn nicht als Schöpfung des Kindes betrachtet, so wird das Spielen wiederum noch immer allzu sehr vom Erwachsenen her, allzu ausschließlich unter dem Gesichtspunkt der Nachahmung angesehen. Und es läßt sich nicht leugnen, daß es nur dieser Enzyklopädie des Spielzeugs bedurfte, um die Theorie des Spiels, die, seit Karl Groos im Jahre 1899 seine bedeutenden »Spiele der Menschen« erscheinen ließ, nie wieder im Zusammenhang behandelt worden ist, neu zu beleben. Sie hätte sich zuvörderst mit jener »Gestaltlehrer der Spielgesten« zu befassen, von denen hier vor kurzem (18. Mai 1928) Willy Haas die drei wichtigsten aufführte: Erstens: Katze und Maus (jedes Fangspiel); zweitens: die Tiermutter, die ihr Nest mit Jungen verteidigt (z. B. der Goalwächter, der Tennisspieler); drittens: der Kampf zwischen zwei Tieren um die Beute, den Knochen oder das Liebesobjekt (um den Fußball, den Poloball usw.). Sie hätte weiterhin die rätselhafte Zweiheit Stock und Reifen, Kreisel und Peitsche, Murmel und Schieber, den Magnetismus, der sich zwischen beiden Teilen bildet, zu erforschen. Wahrscheinlich ist es so: bevor wir im Außerunssein der Liebe in das Dasein und den oft feindlichen, nicht mehr durchdrungenen Rhythmus eines fremden menschlichen Wesens eingehen, experimentieren wir früh mit ursprünglichen Rhythmen, die in dergleichem Spiel mit Unbelebtem in den einfachsten Formen sich kundtun. Oder vielmehr, es sind eben diese Rhythmen, an denen wir zuerst unserer selbst habhaft werden.

Endlich hätte eine solche Studie dem großen Gesetz nachzugehen, daß über allen einzelnen Regeln und Rhythmen die ganze Welt der Spiele regiert: dem Gesetze der Wiederholung. Wir wissen, daß sie dem Kind die Seele des Spiels ist; daß nichts es mehr beglückt, als »noch einmal«. Der dunkle Drang nach Wiederholung ist hier im Spiel kaum minder gewaltig, kaum minder durchtrieben am Werke als in der Liebe der Geschlechtstrieb.

Und nicht umsonst hat Freud ein »Jenseits des Lustprinzips« in ihm zu entdecken geglaubt. In der Tat: jedwede tiefste Erfahrung will unersättlich, will bis ans Ende aller Dinge Wiederholung und Wiederkehr, Wiederherstellung einer Ursituation, von der sie den Ausgang nahm. »Es ließe sich alles trefflich schlichten / Könnt man die Dinge zweimal verrichten«, nach diesem Goetheschen Sprüchlein handelt das Kind. Nur gilt ihm: nicht zweimal, sondern immer wieder, hundert- und tausendmal. Das ist nicht nur der Weg, durch Abstumpfung, mutwillige Beschwörung, Parodie, furchtbarer Urerfahrungen Herr zu werden, sondern auch Triumphe und Siege aufs intensivste immer wieder durchzukosten. Der Erwachsene entlastet sein Herz von Schrecken, genießt ein Glück verdoppelt, indem er's erzählt. Das Kind schafft sich die ganze Sache von neuem, fängt noch einmal von vorn an. Vielleicht ist hier die tiefste Wurzel für den Doppelsinn in deutschen »Spielen«. Dasselbe wiederholen wäre das eigentlich Gemeinsame. Nicht ein »So-tun-als-ob«, ein »Immer-wieder-tun«, Verwandlung der erschütterndsten Erfahrung in Gewohnheit, das ist das Wesen des Spielens.

Denn Spiel, nichts sonst, ist die Wehmutter jeder Gewohnheit. Essen, schlafen, anziehen, waschen, müssen dem kleinen zuckenden Balg spielhaft, nach dem Rhythmus begleitender Verschen eingeimpft werden. Als Spiel tritt die Gewohnheit ins Leben, und in ihr, ihren starrsten Formen noch, überdauert ein Restchen Spiel bis ans Ende. Unkenntlich gewordene versteinerte Formen unseres ersten Glücks, unseres ersten Grauens, das sind die Gewohnheiten. Und noch der trockenste Pedant spielt, ohne es zu wissen, kindisch nicht kindlich, am meisten, wo er am meisten Pedant ist. Er wird sich seiner Spiele nur nicht erinnern; ihm allein bliebe ein Werk wie dieses hier stumm. Wenn aber ein moderner Dichter sagt, es gebe für jeden ein Bild, über dem die ganze Welt ihm versinkt, wie vielen steigt es nicht aus einer alten Spielzeugschachtel auf?

Karl Wolfskehl

zum sechzigsten Geburtstag

Eine Erinnerung

Vieles schließt sich um ein Gedicht. Man glaube nicht, nur dies sei das Geheimnis: es zu machen. Karl Wolfskehl hat viele Gedichte gemacht. Man glaube nicht, nur dies sei sein Geheimnis: sie gemacht zu haben. Es sei hier von einem andern die Rede.

Dazu muß ich aber die Erlaubnis von ihm erbitten, auf eine Erinnerung zurückzugreifen. Es war in jenem Hinterzimmer meines Freundes Hessel, das, ohne im mindesten abgeschrägt zu sein, das mansardeskeste aller Dichterzimmer ist. Da saß Wolfskehl eines sehr späten Abends auf dem Stuhl vor dem breiten Bett, das mit dem Staub- und Fahlgrün seiner Decke jedem, der eintritt, die sinnlich-sittliche Wirkung der Farbe vielleicht besser veranschaulicht als die Versuchstabellen im Goethehaus. Und noch viel später in der Nacht war es, als ich selbst dazustieß. Worum sich das Gespräch der beiden bewegte, ist mir entfallen. Ist im Grunde nicht jedes wahre Gespräch eine Folge von Entrückungen, in der man wie im Traum mit einem Male einhält, ohne zu ahnen, wie man nun eigentlich an diese Stelle gelangt sei? So ein Augenblick war es, als Wolfskehl nach dem »Jahrhundert Goethes« griff, das da irgendwo im Regal stand und zu lesen begann. Wie gern würde ich nicht – und sei es auch nur zu Ehren des großen Bücherkundigen und Bücherliebenden, der Wolfskehl ist – etwas mehr von dem Buche sagen, dieser Anthologie, die zum ersten Male 1902 im Verlage der »Blätter für die Kunst« erschien. Es war die Zeit, da die Bücher noch ein Gewand hatten, dies hier natürlich eines von Lechter. Blaue Pausranken umgaben den Text (volle, und immer die gleichen; daher der Name) und auf dem Titel stand das Signet des Verlages, die von steilen Fingern erhobene Urne, aus deren Mündung alle Locken und Spruchbänder der Präraffaeliten herausrieseln. Aber es ist nichts mit dem Beschreiben. Hessel mag diese Ausgabe einmal besessen haben, aber seine aus Schnödigkeit und Großmut lockere Hand hat gewiß auch vor diesem kostbaren Stücke nicht Halt gemacht. Längst ist die unscheinbare Ausgabe an seine Stelle getreten. Aus der las nun Wolfskehl:

»Schläfrig hangen die sonnenmüden blätter
alles schweigt im walde nur eine biene
summt dort an der blüte mit mattem eifer.«

Diese dreiundvierzig trochäischen Verse las er. Und als ich sie nun von ihm zum ersten Male hörte, rückten in meinem Innern die paar Gedichte, die da seit Jahren oder Jahrzehnten hausen, zusammen, um einen letzten spätesten Fremdling unter sich aufzunehmen. Zu Hause war mein erstes, die Anthologie, aus der er gelesen hatte, zu suchen. Nicht das Gedicht, das Wolfskehl uns gelesen hatte, allein, diese ganze Sammlung war mir erschlossen. Es war eine der seltenen Gelegenheiten, da man inne wird, wie alle Lyrik sich zuletzt nur mündlich fortpflanzt und bildet. Vergleichbar war er mir allein mit dem Nachmittag, da Hofmannsthals Stimme sich unversehens auf ein Gedicht der »Fibel« niederließ und die Kühlung der frühesten Georgeschen Dichtung zum ersten und letzten Male aus der Ferne mich anwehte. Hier nun hatte eine wahrhaft hermetische, eine geleitende Stimme im Flusse der Lenauschen Worte stromaufwärts mich in die unwegsamen Höhen geführt, wo um 1900 im Schatten einiger ragender Häupter, Hölderlins, Jean Pauls, Bachofens, Nietzsches, die deutsche Dichtung war erneuert worden. Diese hermetische Kraft aber – die Stimme hatte sie in solchem Grade wohl nur, weil man, indem man dergestalt ihren Wegen folgte, auf ihr eigenes Geheimnis zu stoßen hoffte. Vor vielen Jahren hat einer, dem das gelang, dem Dichter einen Götternamen: Hermopan gegeben. Und war nicht ein verspäteter Pan in der Stimme gewesen, die dieses Lenausche Gedicht vom Mittagsschrecken vor sich hingesummt hatte? Daß Karl Wolfskehl das Schicksal von Göttern weiß, die längst der Mythologie entwuchsen, haben gerade an dieser Stelle einige seiner letzten Arbeiten – »Die Lebenslust«, »Die neue Stoa« – eindrücklich gezeigt. Ohnehin ist der Hermes auch im strengsten und mythischen Sinne der Gott, der wie keiner andern Göttern sich angleicht, mit ihnen zu einer neuen, flüchtigeren vielleicht und schwebenderen Gestalt sich verbindet. Aber schwebend und flüchtig bei aller Wucht wirkt auch die des Mannes, wäre es selbst nur der Unrast wegen, die ihn immer in Bewegung erhält, und der tausend Witterungen und Regungen wegen, die von germanischer bis zu jüdischer Vorwelt allem Ererbten und Erfahrenen die Stätte in ihm bereiten. Welche Fülle großartiger Abbreviaturen bedingt das! Sie sind meist nur unter den erstaunlichen Prägungen seines Witzes unter die Leute gekommen, kennzeichnen aber seine Gedankenwelt so gut wie die Schrift, von der eine Graphologin gesagt hat, sie bedürfe »geradezu eines Schlüssels, um überhaupt gelesen werden zu können«. Und sie gleicht ihrem Schreiber darin, daß sie ein unvergleichliches Versteck von Bildern ist. Ein weltgeschichtliches Refugium; denn in ihm wohnen, hausen Bilder, Weisheiten, Worte, welche ohne ihn, wer weiß, ob überhaupt und wie, sich in unseren Tagen behaupteten.

Vielleicht war dies das Unvergeßliche der Stunde, von der ich hier sprechen wollte; das Gedicht aus ihm sich heben zu sehen wie einen Vogel aus dem gewaltigen Sagenbaum, in dem er mit Tausenden seinesgleichen nistet.

Die Wiederkehr des Flaneurs

Zu Franz Hessels »Spazieren in Berlin«*

Wenn man alle Städteschilderungen, die es gibt, nach dem Geburtsorte der Verfasser in zwei Gruppen teilen wollte, dann würde sich bestimmt herausstellen, daß die von Einheimischen verfaßten sehr in der Minderzahl sind. Der oberflächliche Anlaß, das Exotische, Pittoreske wirkt nur auf Fremde. Als Einheimischer zum Bild einer Stadt zu kommen, erfordert andere, tiefere Motive. Motive Dessen, der ins Vergangene statt ins Ferne reist. Immer wird das Stadtbuch des Einheimischen Verwandtschaft mit Memoiren haben, der Schreiber hat nicht umsonst seine Kindheit am Ort verlebt. So in Berlin Franz Hessel die seine. Und wenn er sich nun aufmacht und durch die Stadt geht, so kennt er nicht den aufgeregten Impressionismus, mit dem so oft der Beschreibende seinen Gegenstand antritt. Denn Hessel beschreibt nicht, er erzählt. Mehr, er erzählt wieder, was er gehört hat. »Spazieren in Berlin« ist ein Echo von dem, was die Stadt dem Kinde von früh auf erzählte. Ein ganz und gar episches Buch, ein Memorieren im Schlendern, ein Buch, für das Erinnerung nicht die Quelle, sondern die Muse war. Sie geht die Straßen voran, und eine jede ist ihr abschüssig. Sie führt hinab, wenn nicht zu den Müttern, so doch in eine Vergangenheit, die um so bannender sein kann, als sie nicht nur des Autors eigne, private ist. Im Asphalt, über den er hingeht, wecken seine Schritte eine erstaunliche Resonanz. Das Gaslicht, das auf das Pflaster herunterscheint, wirft ein zweideutiges Licht über diesen doppelten Boden. Die Stadt als mnemotechnischer Behelf des einsam Spazierenden, sie ruft mehr herauf als dessen Kindheit und Jugend, mehr als ihre eigene Geschichte.

Was sie eröffnet, ist das unabsehbare Schauspiel der Flanerie, das wir endgültig abgesetzt glaubten. Und nun sollte es hier, in Berlin, wo es niemals in hoher Blüte stand, sich erneuern? Dazu

* Verlag Dr. Hans Epstein, Wien.

muß man wissen, daß die Berliner Andre geworden sind. Langsam beginnt ihr problematischer Gründerstolz auf die Hauptstadt der Neigung zu Berlin als Heimat Platz zu machen. Und zugleich hat in Europa der Wirklichkeitssinn, der Sinn für Chronik, Dokument, Detail sich geschärft. In diese Situation tritt nun Einer, der gerade jung genug ist, um diesen Wandel mitzuerfahren, und gerade alt genug, um den letzten Klassikern der Flanerie, einem Apollinaire, einem Léautaud persönlich nahegestanden zu haben. Den Typus des Flaneurs schuf ja Paris. Daß nicht Rom es war, ist das Wunderbare. Aber zieht nicht in Rom selbst das Träumen schon allzu gebahnte Straßen? Und ist die Stadt nicht zu voll von Tempeln, umfriedeten Plätzen, nationalen Heiligtümern, um ungeteilt mit jedem Pflasterstein, jedem Ladenschild, jeder Stufe und jeder Torfahrt in den Traum des Passanten eingehen zu können? Die großen Reminiszenzen, die historischen Schauer – sie sind dem wahren Flaneur ja ein Bettel, den er gerne dem Reisenden überläßt. Und all sein Wissen von Künstlerklausen, Geburtsstätten oder fürstlichen Domizilen gibt es für die Witterung einer einzigen Schwelle oder das Tastgefühl einer einzigen Fliese dahin, wie der erstbeste Haushund sie mit davonträgt. Auch mag Manches am Charakter der Römer liegen. Denn Paris haben nicht die Fremden, sondern sie selbst, die Pariser, zum gelobten Land des Flaneurs, zu der »Landschaft aus lauter Leben gebaut«, wie Hofmannsthal sie einmal nannte, gemacht. Landschaft – das wird sie in der Tat dem Flanierenden. Oder genauer: ihm tritt die Stadt in ihre dialektischen Pole auseinander. Sie eröffnet sich ihm als Landschaft, sie umschließt ihn als Stube.

»Gebt der Stadt ein bißchen ab von eurer Liebe zur Landschaft« sagt Franz Hessel zu den Berlinern. Wollten sie nur die Landschaft in ihrer Stadt sehen. Hätten sie auch nicht den Tiergarten, diesen heiligen Hain der Flanerie mit seinen Blicken auf die sakralen Fassaden der Tiergartenvillen, die Zelte, in denen man während des Jazz das Laub schwermütiger als sonst zu Boden sinken sehen kann, den Neuen See, von dem hier die Buchten und Bauminseln in Gedanken gezeichnet sind, »wo wir im Winter kunstvoll holländernd große Achter ins Eis schrieben und im Herbst von der Holzbrücke im Bootshaus in den Kahn stiegen mit der Herzensdame, die unser Ruder steuerte« – wäre dies Alles nicht, die Stadt wäre noch immer voll Landschaft. Spürten sie nur den Himmel über Hochbahnbögen so blau wie über Engadiner Ketten sich spannen, aus dem Getöse die Stille wie aus einer Brandung sich heben und kleine Straßen im Stadtinnern die Tageszeiten so deutlich wie eine Bergmulde widerspiegeln. Freilich das wahre, die Stadt randvoll erfüllende Dasein des Städters in ihr, ohne das es dieses Wissen nicht gibt, ist nichts Billiges. »Wir Berliner«, sagt Hessel, »müssen unsre Stadt noch viel mehr – bewohnen.« Bestimmt will er das wörtlich verstanden wissen, weniger von den Häusern als von den Straßen. Denn sie sind ja die Wohnung des ewig unruhigen, ewig bewegten Wesens, das zwischen Hausmauern soviel erlebt, erfährt, erkennt und ersinnt, wie das Individuum im Schutze seiner vier Wände. Der Masse – und mit ihr lebt der Flaneur – sind die glänzenden, emaillierten Firmenschilder so gut und besser ein Wandschmuck wie im Salon dem Bürger ein Ölgemälde, Brandmauern ihr Schreibpult, Zeitungskioske ihre Bibliotheken, Briefkästen ihre Bronzen, Bänke ihr Boudoir und die Caféterrasse der Erker, von wo sie auf ihr Hauswesen herabsieht. Wo am Gitter Asphaltarbeiter den Rock hängen haben, ist ihr Vestibül und die Torfahrt, die aus der Flucht der Höfe ins Freie leitet, der Zugang in die Kammern der Stadt.

Schon in der meisterhaften »Vorschule des Journalismus«[1] war die Erforschung dessen, was Wohnen ist, als unterirdisches Motiv erkennbar. Wie jede stichhaltige und erprobte Erfahrung ihr Gegenteil mit umfaßt, so hier die vollendete Kunst des Flaneurs das Wissen vom Wohnen. Urbild des Wohnens aber ist die matrix oder das Gehäuse, Das also, von dem man genau die Figur dessen abliest, der es bewohnt. Will man sich nun erinnern, daß nicht nur Menschen und Tiere, sondern auch Geister, und vor Allem die Bilder wohnen, so liegt greifbar vor Augen, was den Flaneur beschäftigt und was er sucht. Nämlich die Bilder wo immer sie hausen. Der Flaneur ist der Priester des genius loci. Dieser unscheinbare Passant mit der Priesterwürde und

[1] Franz Hessel: Nachfeier. Ernst Rowohlt, Berlin.

dem Spürsinn eines Detektivs – es ist um seine leise Allwissenheit etwas wie um Chestertons Pater Brown, diesen Meister der Kriminalistik. Man muß dem Autor in den »Alten Westen« folgen, um ihn von dieser Seite kennen zu lernen: wie er die Laren unter der Schwelle aufspürt, wie er die letzten Denkmale einer alten Wohnkultur feiert. Die letzten: denn in der Signatur dieser Zeitenwende steht, daß dem Wohnen im alten Sinne, dem die Geborgenheit an erster Stelle stand, die Stunde geschlagen hat. Giedion, Mendelssohn, Corbusier machen den Aufenthaltsort von Menschen vor Allem zum Durchgangsraum aller erdenklichen Kräfte und Wellen von Licht und Luft. Was kommt, steht im Zeichen der Transparenz: nicht nur der Räume, sondern, wenn wir den Russen glauben, die jetzt die Abschaffung des Sonntags zugunsten von beweglichen Feierschichten vorhaben, sogar der Wochen. Man meine aber nicht, ein pietätvoll, am Musealen haftender Blick sei genug, um die ganze Antike des »Alten Westens«, in den Hessel seine Leser führt, zu entdecken. Nur ein Mann, in dem das Neue sich, wenn auch still, so sehr deutlich ankündigt, kann einen so originalen, so frühen Blick auf dies eben erst Alte tun.

Unter der plebs deorum der Kariatyden und Atlanten, der Pomonen und Putten, mit deren Entdeckung er den Leser hier aufnimmt, sind ihm die liebsten doch jene einst herrschenden, nun zu Penaten, unscheinbaren Schwellengöttern gewordenen Figuren, die angestaubt auf Treppenabsätzen, namenlos in Flurnischen einquartiert, die Hüterinnen der rites de passage sind, die ehemals jeden Schritt über eine hölzerne oder metaphorische Schwelle begleiteten. Von ihnen kommt er nicht los und ihr Walten weht ihn noch an, wo ihre Abbilder längst nicht mehr oder unkenntlich stehen. Berlin hat wenig Tore, aber dieser große Schwellenkundige kennt die geringeren Übergänge, die Stadt von Flachland, Stadtteil von Stadtteil abheben: Baustellen, Brücken, Stadtbahnbögen und Squares, und sie alle sind hier geehrt und beachtet, ganz zu schweigen von den schwelligen Stunden, den heiligen zwölf Minuten oder Sekunden des kleinen Lebens, die den makrokosmischen twelf-nights entsprechen und auf den ersten Blick so unheilig aussehen können. »Die Tanztees der Friedrichstadt«, weiß der Autor, »haben auch ihre lehrreichste Stunde, bevor der Betrieb losgeht, wenn im Dämmer nah bei den noch eingehüllten Instrumenten die Ballettdame einen Imbiß einnimmt und sich dabei mit der Garderobenfrau oder dem Kellner unterhält.«

Baudelaire hat das grausame Wort von der Stadt, die schneller als ein Menschenherz sich wandle, gesprochen. Hessels Buch ist voll tröstlicher Abschiedsformeln für ihre Bewohner. Ein wahrer Briefsteller des Scheidens ist es, und wer bekäme nicht Lust, Abschied zu nehmen, könnte er mit seinen Worten Berlin so ins Herz dringen wie Hessel seinen Musen aus der Magdeburger Straße. »Sie sind inzwischen verschwunden. Bruchsteinern standen sie da und hielten artig, soweit sie noch Hände hatten, ihre Kugel oder ihren Stift. Sie verfolgten mit ihren weißen Steinaugen unsern Weg, und es ist ein Teil von uns geworden, daß diese Heidenmädchen uns angesehen haben.« »Nur was uns anschaut sehen wir. Wir können nur –, wofür wir nichts können.« Man hat die Philosophie des Flaneurs niemals tiefer erfaßt als es Hessel mit diesen Worten getan hat. Er geht einmal durch Paris und da sind die Conciergefrauen, die nachmittags in kühlen Hausgängen sitzen und nähen, von denen fühlt er sich angesehen wie von seiner Amme. Und nichts ist für das Verhältnis der beiden Städte – Paris, seiner späten und reifen Heimat und Berlins, seiner frühen und strengen – bezeichnender, als daß den Berlinern dieser große Spaziergänger baldigst auffallend und suspect wird. »Der Verdächtige« heißt darum der erste Abschnitt in diesem Buche. In ihm ermessen wir die atmosphärischen Widerstände, die sich in dieser Stadt der Flanerie in den Weg stellen und wie bitter der nachschauende Blick aus Dingen und Menschen in ihr auf den Träumer zu fallen droht. Hier und nicht in Paris versteht man, wie der Flaneur vom philosophischen Spaziergänger sich entfernen und die Züge des unstet in der sozialen Wildnis schweifenden Werwolfs bekommen konnte, den Poe in seinem »Mann der Menge« für immer fixiert hat.

So viel vom »Verdächtigen«. Der zweite Abschnitt aber ist überschrieben »Ich lerne«. Das ist nun wieder ein Lieblingswort des Verfassers. Schriftsteller nennen es meist »studieren«, wie sie sich einer Stadt nähern. Zwischen diesen Worten liegt eine Welt. Studieren kann jeder, lernen nur, wer aufs Dauernde aus ist. Eine souveräne Neigung zum Dauernden, ein aristokratischer Widerwille gegen Nuancen hat bei Hessel das Wort. Erlebnis will das Einmalige und die Sensation, Erfahrung das Immergleiche. »Paris« so hieß es vor Jahren, »das ist der schmale Gitterbalkon vor tausend Fenstern, die rote Blechzigarre vor tausend Tabakverschleißen, die Zinkplatte der kleinen Bar, die Katze der Concierge.« So memoriert der Flaneur wie ein Kind, so besteht er hart wie das Alter auf seiner Weisheit. Nun ist auch für Berlin ein solches Register, solch ägyptisches Traumbuch des Wachenden zusammengetragen. Und wenn erst der Berliner in seiner Stadt nach andren Verheißungen forscht als denen der Lichtreklamen, dann wird es ihm sehr ans Herz wachsen.

Politisierung der Intelligenz

Zu S. Kracauer »Die Angestellten«*

Uralt, vielleicht so alt wie das Schrifttum selber, ist in ihm der Typus der Mißvergnügten. Thersites, der homerische Lästerer, der erste, zweite, dritte Verschworene der Shakespeareschen Königsdramen, der Nörgler aus dem einzigen großen Drama des Weltkrieges, sind wechselnde Inkarnationen dieser einen Gestalt. Aber der literarische Ruhm der Gattung scheint ihren lebendigen Exemplaren nicht Mut gemacht zu haben. Sie pflegen anonym und verschlossen durchs Dasein zu gehen, und für den Physiognomiker ist es schon ein Ereignis, wenn einer aus der Sippe sich einmal bemerkbar macht und auf offener Straße erklärt, daß er nicht mehr mitspiele. So ganz namentlich freilich auch der nicht, mit dem wir es diesmal zu tun haben. Ein lakonisches S. vor dem Nachnamen warnt uns, zu schnell uns einen Vers auf seine Erscheinung zu machen. Auf andere Weise begegnet der Leser diesem Lakonismus im Innern: als Geburt der Humanität aus dem Geiste der Ironie. S. tut einen Blick in die Säle des Arbeitsgerichts und das unbarmherzige Licht enthüllt ihm selbst hier »nicht eigentlich armselige Menschen, sondern Zustände, die armselig machen«. Soviel steht immerhin fest: daß dieser Mann nicht mehr mitspielt. Daß er es ablehnt, für den Karneval, den die Mitwelt aufführt, sich zu maskieren – sogar den Doktorhut des Soziologen hat er zu Hause gelassen –, und daß er sich grobianisch durch die Masse hindurchrempelt, um hie und da einem besonders Kessen die Maske zu lüften.

Leicht zu verstehen, wenn er sich dagegen verwahrt, sein Unternehmen eine Reportage nennen zu lassen. Erstens sind neuberliner Radikalismus und neue Sachlichkeit, diese Paten der Reportage, ihm in gleichem Maße verhaßt. Zweitens läßt sich ein Störenfried, der die Maske lüftet, nicht gerne einen Porträtisten schimpfen. Entlarven ist diesem Autor Passion. Und nicht als orthodoxer Marxist, noch weniger als praktischer Agitator,

* Frankfurter Societätsdruckerei 1930.

dringt er dialektisch ins Dasein der Angestellten, sondern weil dialektisch eindringen heißt: entlarven. Marx hat gesagt, daß das gesellschaftliche Sein das Bewußtsein bestimmt, zugleich aber, daß erst in der klassenlosen Gesellschaft das Bewußtsein jenem Sein adäquat werde. Das gesellschaftliche Sein im Klassenstaat, folgt daraus, ist in dem Grade unmenschlich, daß das Bewußtsein der verschiedenen Klassen ihm nicht adäquat, sondern nur sehr vermittelt, uneigentlich und verschoben entsprechen kann. Und da ein solches falsches Bewußtsein der unteren Klassen im Interesse der oberen, der oberen in den Widersprüchen ihrer ökonomischen Lage begründet liegt, so ist die Herbeiführung eines richtigen Bewußtseins – und zwar erst in den Unterklassen, welche von ihm alles zu erwarten haben – die erste Aufgabe des Marxismus. In diesem Sinne, und ursprünglich nur in ihm, denkt der Verfasser marxistisch. Freilich führt gerade sein Vorhaben ihn um so tiefer in den Gesamtaufbau des Marxismus, als die Ideologie der Angestellten eine einzigartige Überblendung der gegebenen ökonomischen Wirklichkeit, die der des Proletariers sehr nahe kommt, durch Erinnerungs- und Wunschbilder aus dem Bürgertum darstellt. Es gibt heute keine Klasse, deren Denken und Fühlen der konkreten Wirklichkeit ihres Alltags entfremdeter wäre als die Angestellten. Mit anderen Worten aber will das heißen: Die Anpassung an die menschenunwürdige Seite der heutigen Ordnung ist beim Angestellten weiter gediehen als beim Lohnarbeiter. Seiner indirekteren Beziehung zum Produktionsprozeß entspricht ein viel direkteres Einbegriffensein in gerade jene Formen zwischenmenschlicher Beziehung, die diesem Produktionsprozeß entsprechen. Und da die Organisation das eigentliche Medium ist, in welchem die Verdinglichung der menschlichen Beziehungen sich abspielt – das einzige übrigens auch in dem sie könnte überwunden werden –, so kommt der Verfasser notwendig zu einer Kritik am Gewerkschaftswesen.

Diese Kritik ist nicht partei- oder lohnpolitisch. Sie ist auch weniger mit einer Stelle zu belegen als aus allen herauszulesen. Kracauer hat es nicht mit dem zu tun, was die Gewerkschaft für den Angestellten leistet. Er fragt: Wie schult sie ihn? Was tut sie, um ihn aus dem Bann von Ideologien zu befreien, die ihn fesseln? Bei der Antwort auf diese Fragen kommt nun sein konsequentes Außenseitertum ihm sehr zu statten. Er ist auf nichts von alledem festgelegt, womit Autoritäten, um ihn zur Ruhe zu verweisen, auftrumpfen könnten. Die Gemeinschaftsidee? Er entlarvt sie als Spielart eines wirtschaftsfriedlichen Opportunismus. Der höhere Bildungsgrad des Angestellten? Er nennt ihn illusorisch und beweist, wie ohnmächtig der verstiegene Anspruch auf Bildung den Angestellten in der Wahrung seiner Rechte macht. Die Kulturgüter? Sie fixieren, heißt für ihn, jener Meinung Vorschub zu leisten, derzufolge »die Nachteile der Mechanisierung mit Hilfe geistiger Inhalte zu beseitigen seien, die wie Medikamente eingeflößt werden«. Diese ganze ideologische Konstruktion »ist selbst noch ein Ausdruck der Verdinglichung, gegen deren Wirkung sie sich richtet. Sie wird von der Auffassung getragen, daß die Gehalte fertige Gegebenheiten darstellten, die sich ins Haus liefern lassen wie Waren«. In solchen Sätzen spricht nicht nur die Stellung zu einem Problem. Dies ganze Buch ist vielmehr Auseinandersetzung mit einem Stück vom Alltag, bebautem Hier, gelebtem Jetzt geworden. Der Wirklichkeit wird so sehr zugesetzt, daß sie Farbe bekennen und Namen nennen muß.

Der Name ist Berlin, das dem Verfasser die Angestelltenstadt par excellence ist; so sehr, daß er sich durchaus bewußt ist, einen wichtigen Beitrag zur Physiologie der Hauptstadt geliefert zu haben. »Berlin ist heute die Stadt der ausgesprochenen Angestelltenkultur, das heißt einer Kultur, die von Angestellten für Angestellte gemacht und von den meisten Angestellten für eine Kultur gehalten wird. Nur in Berlin, wo die Bindungen an Herkunft und Scholle soweit zurückgedrängt sind, daß das Weekend große Mode werden kann, ist die Wirklichkeit der Angestellten zu erfassen.« Zum Weekend gehört auch der Sport. Die Kritik der Sportbegeisterung unter den Angestellten beweist, wie wenig der Verfasser gesonnen ist, seine ironische Behandlung der Kulturideale bei Wohlgesinnten durch ein desto innigeres Bekenntnis zur Natur wettzumachen, weit entfernt. Der Instinktunsicherheit, wie sie von der herrschenden Klasse gezüchtet wird, tritt hier gerade der Literat als Wahrer unverdorbener sozialer Instinkte entgegen. Er hat sich auf seine

Stärke besonnen, die darin besteht, die bürgerlichen Ideologien, wenn schon nicht restlos, so in allem zu durchschauen, wo sie noch mit dem Kleinbürgertum in Verbindung stehen. »Die Ausbreitung des Sports«, heißt es bei Kracauer, »löst nicht Komplexe auf, sondern ist unter anderem eine Verdrängungserscheinung großen Stils; sie fördert nicht die Umgestaltung der sozialen Verhältnisse, sondern ist insgesamt ein Hauptmittel der Entpolitisierung.« Und noch entschiedener an anderer Stelle: »Man richtet ein vermeintliches Naturrecht gegen das heutige Wirtschaftssystem auf, ohne sich darüber klar zu sein, daß gerade die Natur, die sich ja auch in den kapitalistischen Begierden verkörpert, einer seiner mächtigsten Verbündeten ist, und ihre ungebrochene Verherrlichung zudem der planmäßigen Organisierung des Wirtschaftslebens widerstreitet.« Dieser Naturfeindschaft entspricht, daß der Verfasser eben da »Natur« denunziert, wo die herkömmliche Soziologie von Entartungen reden würde. Ihm dagegen ist ein gewisser Reisender in Tabakfabrikaten, die Keßheit und Versiertheit selber, Natur. Daß bei so konsequenter Durchdenkung der Ökonomik, die den elementaren, um nicht zu sagen, den barbarischen Charakter der Produktions- und Tauschverhältnisse noch in ihren heutigen, abgezogenen Formen aufdeckt, die vielberufene Mechanisierung einen sehr anderen Akzent gewinnt als sie für die Sozialpastoren ihn besitzt, bedarf kaum des Hinweises. Wieviel verheißungsvoller ist diesem Betrachter der seelenlose mechanisierte Handgriff des ungelernten Arbeiters, als das so ganz organische »Moralisch-Rosa«, das nach der unschätzbaren Formulierung eines Personalchefs der Teint des guten Angestellten zeigen soll. Moralisch-Rosa – das ist also die Farbe, die die Wirklichkeit des Angestelltendaseins bekennt.

Die Redeblume des Personalchefs beweist, in welchem Grade der Jargon der Angestellten mit der Sprache des Verfassers kommuniziert, welch Einverständnis zwischen diesem Außenseiter und der Sprache des Kollektivs ist, auf das er es abgesehen hat. Ganz von selbst erfahren wir, was Blutorangen und Radfahrer, was Schleimtrompeten und Prinzessinnen sind. Und je genauer wir mit alldem Bekanntschaft machen, desto mehr sehen wir, wie Erkenntnis und Menschlichkeit in Spitznamen und

Metaphern geflüchtet sind, um dem breitspurigen Vokabular der Gewerkschaftssekretäre und Professoren aus dem Wege zu gehen. Oder handelt es sich in all den Artikeln zur Erneuerung, Durchseelung, Vertiefung der Lohnarbeit weniger um ein Vokabular als um eine Pervertierung der Sprache selber, die mit dem innigsten Wort die schäbigste Wirklichkeit, mit dem vornehmsten die gemeinste, mit dem friedfertigsten die feindseligste deckt? Wie dem auch sei, es liegen in Kracauers Analysen, besonders der akademischen tayloristischen Gutachten, Anfänge der lebendigsten Satire, die ja längst sich aus dem politischen Witzblatt zurückzog, um einen epischen Spielraum zu beanspruchen, der der Unermeßlichkeit ihres Gegenstandes entspricht. Ach, diese Unermeßlichkeit ist Trostlosigkeit. Und je gründlicher sie aus dem Bewußtsein der von ihr erfaßten Schichten verdrängt ist, desto schöpferischer erweist sie sich – dem Gesetz der Verdrängung gemäß – in der Bilderzeugung. Es liegt sehr nahe, die Vorgänge, in denen eine unerträglich angespannte ökonomische Situation ein falsches Bewußtsein erzeugt, mit denen zu vergleichen, die den Neurotiker, den Geisteskranken aus unerträglich angespannten Privatkonflikten zu seinem falschen Bewußtsein führen. Solange wenigstens die marxistische Lehre vom Überbau nicht durch die dringend erforderliche von der Entstehung des falschen Bewußtsein ergänzt ist, wird es kaum anders möglich sein, als die Frage: Wie entsteht aus den Widersprüchen einer ökonomischen Situation ein ihr unangemessenes Bewußtsein? nach dem Schema der Verdrängung zu beantworten. Die Erzeugnisse des falschen Bewußtseins gleichen Vexierbildern, in denen die Hauptsache aus Wolken, Laub und Schatten nur eben hervorlugt. Und der Verfasser ist bis in die Inserate der Angestelltenzeitungen herabgestiegen, um jene Hauptsachen ausfindig zu machen, die in den Phantasmagorien von Glanz und Jugend, Bildung und Persönlichkeit vexierhaft eingebettet erscheinen: nämlich Konversationslexika und Betten, Kreppsohlen, Schreibkrampf-Federhalter und Qualitätspianos, Verjüngungsmittel und weiße Zähne. Aber das Höhere begnügt sich nicht mit der Phantasieexistenz, und setzt sich seinerseits im Alltag des Betriebes genau so vexierhaft durch wie das Elend im Glanz der Zerstreuung. So erkennt Kracauer im neopatriarchalischen Bureaubetrieb, der schließlich auf unbezahlte Überstunden hinauskommt, das Schema der mechanischen Orgel, der verschollene Klangfolgen entsteigen, oder in der Fingerfertigkeit der Stenotypistin die kleinbürgerliche Trostlosigkeit der Klavieretüde. Die eigentlichen Symbolzentralen dieser Welt sind die »Pläsierkasernen«, der stein-, vielmehr der stukgewordene Wunschtraum des Angestellten. In der Durchforschung dieser »Asyle für Obdachlose« erweist die traumgerechte Sprache des Verfassers ihre ganze Verschlagenheit. Erstaunlich, wie sie gefügig all diesen stimmungsvollen Künstlerkellern, all diesen lauschigen Alkasaren, all diesen intimen Mokkabuchten sich anschmiegt, um sie als ebenso viele Schwellungen und Geschwüre abgegossen dem Licht der Vernunft preiszugeben. Wunderkind und enfant terrible in einer Person, plaudert der Verfasser hier aus der Traumschule. Und viel zu sehr ist er im Bilde, um diese Anstalten etwa nur als Verdummungsinstrumente im Interesse der herrschenden Klasse betrachten und ihr die alleinige Verantwortung für sie geben zu wollen. So eingreifend seine Kritik am Unternehmertum ist, es teilt für ihn, als Klasse betrachtet, mit der ihm untergebenen den Charakter des Subalternen zu sehr, um als eigentlich bewegende Kraft und zurechnungsfähiger Kopf im Wirtschaftschaos anerkannt werden zu können.

Auf politische Wirkung, wie man sie heute versteht – auf demagogische also – wird diese Schrift nicht nur um solcher Einschätzung des Unternehmertums willen verzichten müssen. Das Bewußtsein – um nicht zu sagen das Selbstbewußtsein – davon wirft Licht auf des Verfassers Abneigung gegen alles, was mit Reportage und neuer Sachlichkeit zusammenhängt. Diese linksradikale Schule mag sich gebärden wie sie will, sie kann niemals die Tatsache aus der Welt schaffen, daß selbst die Proletarisierung des Intellektuellen fast nie einen Proletarier schafft. Warum? Weil ihm die Bürgerklasse in Gestalt der Bildung von Kindheit auf ein Produktionsmittel mitgab, das ihn auf Grund des Bildungsprivilegs mit ihr und, das vielleicht noch mehr, sie mit ihm solidarisch macht. Diese Solidarität kann sich im Vordergrund verwischen, ja zersetzen; fast immer aber bleibt sie stark genug, den Intellektuellen von der ständigen Alarmbereitschaft, der Frontexistenz des wahren Proletariers streng auszuschließen. Kracauer hat mit diesen Erkenntnissen Ernst gemacht. Darum ist seine Schrift im Gegensatz zu den radikalen Modeprodukten der neuesten Schule ein Markstein auf dem Wege der Politisierung der Intelligenz. Dort der Horror von Theorie und Erkenntnis, der sie der Sensationslust der Snobs empfiehlt, hier eine konstruktive theoretische Schulung, die sich weder an den Snob noch an den Arbeiter wendet, dafür aber etwas Wirkliches, Nachweisbares zu fördern imstande ist: nämlich die Politisierung der eigenen Klasse. Diese indirekte Wirkung ist die einzige, die ein schreibender Revolutionär aus der Bürgerklasse heute sich vorsetzen kann. Direkte Wirksamkeit kann nur aus der Praxis hervorgehen. Er aber wird sich arrivierten Kollegen gegenüber in Gedanken an Lenin halten, dessen Schriften am besten beweisen, wie sehr der literarische Wert politischer Praxis, die direkte Wirkung, von dem rüden Fakten- und Reportierkram entfernt ist, der sich heut für sie ausgibt.

So steht von Rechts wegen dieser Autor am Schluß da: als ein Einzelner. Ein Mißvergnügter, kein Führer. Kein Gründer, ein Spielverderber. Und wollen wir ganz für sich uns in der Einsamkeit seines Gewerbes und Trachtens ihn vorstellen, so sehen wir: Einen Lumpensammler frühe im Morgengrauen, der mit seinem Stock die Redelumpen und Sprachfetzen aufsticht, um sie murrend und störrisch, ein wenig versoffen, in seinen Karren zu werfen, nicht ohne ab und zu einen oder den anderen dieser ausgeblichenen Kattune »Menschentum«, »Innerlichkeit«, »Vertiefung« spöttisch im Morgenwinde flattern zu lassen. Ein Lumpensammler, frühe – im Morgengrauen des Revolutionstages.

Wider ein Meisterwerk

Zu Max Kommerell »Der Dichter als Führer in der Deutschen Klassik«*

Gäbe es einen deutschen Konservativismus, der auf sich hält, in diesem Buche müßte er seine magna charta erblicken. Seit achtzig Jahren gibt es keinen mehr. Und so sind wir vermutlich der Wahrheit nicht fern mit der Annahme, daß Kommerell kaum eine eingehendere Kritik gefunden hat als die folgende, die ihm von einer anderen Seite begegnet. Dies Buch bringt einen jener seltenen, dem Kritiker denkwürdigen Momente, da keiner ihm die Qualität des Werks, die Stilform, die Befugnis des Verfassers abfragt. Sie alle sind gar nicht anzuzweifeln. Selten ist so Geschichte der Dichtung geschrieben worden: ihre vielseitigen Darlegungen, die scharf gekantete, undurchdringliche Oberfläche jener symetrischen, diamantenen Gewißheit, die wir seit langem als den schwarzen Stein in der Kaaba der Georgischen Schule kennen. Vom Preis des Blutes, der Verachtung der Musik, dem Haß der Menge bis zur Knabenliebe nicht ein Motiv, das nicht auf lauten oder flüsternden Appell zur Stelle, und nicht gewachsen wäre, seit wir ihm zuletzt begegneten. Die kritischen Maximen, die Wertmaßstäbe, die noch in Gundolfs Schriften so meistersingerlich klappernd gehandhabt wurden, sind hier zum alten Eisen geworfen, vielmehr in der Glut einer Erfahrung dahingeschmolzen, die auf die hieratische Trennung von Werk und Leben verzichten konnte, weil sie an beiden die physiognomische, im strengsten Sinne unpsychologische Sehart bewährt. Darum ist fast alles, was sich über die einzelnen, und weniger noch über ihre Person als über ihre Freundschaften, Fehden, Begegnungen, Trennungen findet, von einziger Genauigkeit und Kühnheit des Blicks. Der Reichtum echt anthropologischer Einsichten ist hier – wie in den Horoskopen, den chiromantischen, überhaupt esoterischen Schriften so oft – zum Erstaunen. Diesen okkulten Disziplinen ist ja die georgische Lehre vom Heros hinzuzurechnen. Hier hebt sie in den Gestalten des weimarschen

* Verlag Georg Bondi, Berlin.

Musenhofs bald eine mantische, bald eine panische, bald eine satyrhafte, ja kentaurische Seite ans Licht. Man fühlt, wieviel die Klassiker zu Pferde gesessen haben.

Wie diese Bewegtheit über Gestalten kam, die so bereit sind, in den Posen ihrer Denkmäler zu erstarren? Der Verfasser hielt sich nicht an das Gewesene allein: auch was sich nicht ereignet hat, entdeckt er. Wohlverstanden, er erfindet es nicht – etwa als Phantasiebild – sondern schlicht und deutlich entdeckt er's, nämlich der Wahrheit nach als ein Nichtgeschehenes. Sein Geschichtsbild taucht aus dem Hintergrunde des Möglichen auf, gegen den das Relief des Wirklichen seine Schatten wirft. Dazu stimmt, daß nichts auf Effekte und Glanzlichter komponiert und das Abgelegene und Dunkle am durchformtesten scheint. Zum ersten Male sind in diesem Werk die großen Gegnerschaften – Jacobis wider den jungen, Herders wider den Weimarer Goethe, Schillers wider die Schlegel, Klopstocks wider den König – gestaltet und erst im Wechselspiel mit ihnen haben die Freundschaften der klassischen Zeit ihr festes Gefüge bekommen. Daß die Darstellung dieser Gegnerschaften parteilos sei, wird man weder erwarten noch wünschen. Wie aber die Akzente fallen, ist für das Werk und seine geheime Absicht bezeichnend. Nichts ist hier Zufall, aber weniges aufschlußreicher als die Vernichtung der beiden Schlegel in einer Konfrontation mit Schiller. Absurd, darin »historische Gerechtigkeit« zu suchen. Es geht um anderes. Die Romantik steht im Ursprung der Erneuerung deutscher Lyrik, die George vollzog. Sie steht auch im Ursprung der philosophischen und kritischen Entwicklung, die sich heute gegen dies Werk erhebt. Sie in den Hintergrund zu rücken, ist, strategisch gesehen, kein müßiges, noch weniger aber ein unverdächtiges Unternehmen. Es verleugnet mit den Ursprüngen der eigenen Haltung die Kräfte, die aus ihrer Mitte sie überwachsen. Jene Klassik, von der wir hier hören, ist eine späte und sehr staatsmännische Entdeckung des Kreises. Nicht umsonst unternimmt sie ein Schüler von Wolters. Jede dialektische Betrachtung der Georgeschen Dichtung wird die Romantik ins Zentrum stellen, jede heroisierende, orthodoxe kann nichts klügeres tun als sie so nichtig wie möglich zeigen.

In der Tat, das Buch begründet mit einem Radikalismus, den

keiner seiner Vorgänger im Kreise erreichte, eine esoterische Geschichte der deutschen Dichtung. Dies ist Literaturgeschichte nur für den profanum vulgus; in Wahrheit eine Heilsgeschichte der Deutschen. Eine Geschichte, die in Begegnungen, Bündnissen, Testamenten und Weisungen ablaufend, jeden Augenblick droht, ins Apokryphe, Unsägliche und Verdächtige umzuspringen. Eine Lehre vom wahren Deutschtum und den unerforschlichen Bahnen des deutschen Aufstiegs kreist zukunftsschwanger um die Verwandtschaft des deutschen und des griechischen Ingeniums. Der Deutsche ist der Erbe der griechischen Sendung; die Sendung Griechenlands die Geburt des Heros. Es versteht sich, daß diese Griechheit aus allen Zusammenhängen gelöst als mythologisches Kraftfeld erscheint. Auch klingt es wohl nicht zufällig, ob auch leise, an eine berühmte Briefstelle Hölderlins über griechischen Geist und den deutschen an, wenn von der vaterländischen Dichtung gefordert wird das innigste Durchdrungensein von der Art des Stammes, zugleich jedoch der höchste innere Abstand von ihm, und wenn ihre untrüglichste Beglaubigung die Scham genannt wird. Worte die ahnen lassen, welch bedeutende Bildung die Kräfte ins Spiel setzt, die hier an einer germanischen Götterdämmerung dichten. Denn Rune, Deute, Ewe, Blut, Geschick, sie stehen nun, nachdem die Lechter-Sonne, die sie einst in ihre Glut getaucht hat, zur Rüste ging, als eben so viele Gewitterwolken am Himmel. Sie sind es, die jene Blitze uns zu Wegkündern geben, nach denen, wie es Florens Christian Rang, der tiefste Kritiker des Deutschtums seit Nietzsche, sagt, »Nacht nur um so dunkler uns stickt: diese grauenvolle Weltansicht des Welt-Tods statt Welt-Lebens«. Wie kraftlos aber und wie weitschweifig der phraseologische Donner, der ihnen folgt. Er dröhnt ja in allen Büchern des Kreises. Es nimmt nicht unbedingt für das, was sie lehren, ein, es überzeugt nicht, fühlt man, wie da den Sprechenden nirgends der Atem ausgeht. »Daß man bei allen Predigern und Werbern – und würben sie für die reinste Sache, und predigten sie von nichts als Liebe – schließlich leer ausgeht, weil sie auch den reichsten Menschen nur als Stoff für ihre Sache nehmen« – diese so meisterhaft von Kommerell formulierte Erfahrung, die Goethe an Lavater zu machen bestimmt war, etwas von ihr vermittelt auch sein Buch dem Leser.

Je länger, je mehr zergeht auch das Bild von Hellas im Blendlicht eines Morgen, »wo die Jugend die Geburt des neuen Vaterlands fühlt in glühender Einung und im Klirren der vor dem allzu tief vergrabenen Waffen«. »Durch diese Wirklichkeit«, heißt es an anderer Stelle, »ist unser Wort Held noch nicht gegangen ... Aber ein noch nicht Wirkliches umwittert dies Wort: wenn die Nachbarvölker ihre Benennung desselben von den Griechen entlehnen, besitzen wir den selbstwüchsigen Wortstamm und damit die Anwartschaft auf das Ding, das er nennt. Wird aber unter ihm und in ihr Held zu Halbgott: wer scheute dann noch den härtesten Hammer und die heißeste Esse unseres künftigen Schicksals.«

Blumige Bildersprache? Ach nein; das ist das Scheppern stählerner Runen, der gefährliche Anachronismus der Sektensprache. Ganz kann man dieses Buch nur verstehen aus einer grundsätzlichen Betrachtung des Verhältnisses, welches die Sekten zur Geschichte haben. Nie ist sie ihnen Gegenstand des Studiums, stets Objekt ihrer Ansprüche. Als Ursprungstitel oder Paradigma suchen sie das Gewesene sich zuzuschlagen. So wird hier die Klassik zum Vorbild. Es ist das große Anliegen des Verfassers, an der Klassik den ersten kanonischen Fall eines deutschen Aufstands wider die Zeit, eines heiligen Kriegs der Deutschen gegen's Jahrhundert, wie ihn George später ausrief, zu konstruieren. Es wäre Eines, diese These zu begründen, ein Zweites, nachzuforschen, ob dieser Kampf siegreich ausging, ein Drittes, zu prüfen, ob er wahrhaft ein vorbildlicher gewesen ist. Für den Verfasser steht eins im andern, aber das dritte an erster Stelle. So zwar, daß er den Kampf als Paradigma ansieht, darum ihn für siegreich erklärt und endlich über seinen Gegenstand, die Stellung der Parteien, sich die Haare nicht grau werden läßt. Ja, wie standen die Parteien? Ist es angängig, diesen komplexen und gerade in seiner Komplexion – Goethe zeigt es – so bedrückenden Vorgang auf das Spiel und das Widerspiel des Heroischen und des Platten zu reduzieren? Es gibt Heroisches genug in den Männern der Klassik: sie selbst war alles andere als eine heroische, sie war eine resignierende Geisteshaltung. Und keiner als der einzige Goethe hat sie bis ans Ende, ohne zu zerbrechen, behaupten können. Schiller und Herder sind an ihr zugrunde gegangen. Und was außerhalb Weimars blieb, nicht zuletzt Hölderlin, verbarg vor dieser »Bewegung« sein Haupt. Goethe aber – sein Gegensatz gegen das Zeitalter war der einer restaurativen Herrschernatur. Deren Quellen flossen nicht aus irgendeiner antiken Vergangenheit, sondern aus dem Urgestein ältester Macht – ja ältester Naturverhältnisse selber. Schiller dagegen konstruierte historisch den Gegensatz. Seine restaurative Haltung war Gesinnung und von Ursprünglichkeit weit entfernt. Kommerell weiß das alles so gut wie ein anderer. Aber es gilt ihm nichts. Es ist, als ginge ihm die Antike und damit die Geschichte überhaupt mit Napoleon, mit dem letzten Heros, zu Ende.

Die Größe dieses Werks ist freilich gänzlich an solche Anachronismen gebunden. Denn es nimmt die große plutarchische Linie der Biographik von neuem auf. Damit ist weiter noch als sein Abstand von der Gundolf'schen Dichtergeschichte der von der neueren Modebiographik eines Ludwig. Plutarch stellt seinen Helden bildlich, oft vorbildlich, immer aber dem Leser durch und durch äußerlich hin. Ludwig sucht ihn dem Leser, vor allem aber sich, dem Autor, innerlich zu machen. Er verleibt ihn sich ein, er saugt ihn auf, es bleibt nichts. Der Erfolg solcher Werke liegt darin: sie verhelfen einem jeden zu einem kleinen »Inneren Napoleon«, einem »Inneren Goethe«. Wie man geistvoll aber richtig bemerkt hat, daß es wenige Leute gibt, die nicht einmal im Leben aufs Haar Millionäre geworden wären, so kann man von den meisten sagen, daß ihnen die Gelegenheit, ein großer Mann zu werden, nicht gefehlt hat. Ludwigs Geschicklichkeit ist, seine Leser auf schlüpfrigen Pfaden zu diesen Wendepunkten zurückzuführen und ihr verwaschenes, abgelebtes Dasein als großen Aufriß eines Heldenlebens ihnen vorzuführen. Wenn Kommerell das Bild eines Goethe heraufruft, so teilt es keinen Augenblick die Luft, geschweige denn die Stimmung des Lesers. So kann es geschehen, daß in der Entwicklung des Goethe'schen Jugendlebens – »Der Wanderer und seine Gesellen« – das Werk hin und wieder die Dignität eines Kommentars zu »Dichtung und Wahrheit« hat. Goethes Jugend so unter den Begriff der Auseinandersetzung mit den Formen des zeitgenössischen Führertums zu stellen ist mehr als aufschlußreich. Hier liegt der Grund zu seiner Darstellung von des Dichters Verhältnis zu Karl August, das er als den exemplarischen Fall der Menschenbildung und Erziehung in Goethes Leben erkennt und noch in den Beziehungen zu Napoleon und Byron beziehungsvoll widergespiegelt findet, einem Abschnitt, der zu dem wenigen Erleuchteten gehört, das über Goethes Leben geschrieben ist. Daß das Verhältnis »Fürst und Dichter« hier historisch und nicht nur zeitlos-mythologisch ergriffen würde, und daß zutage träte, was denn sein Besonderes im deutschen Staat um siebzehnhundertachtzig war, wird man billig hier nicht erwarten. Es bleibt genug. Der Ton, in dem Schelling den alten Goethe in seinen Briefen anredet, so atemstockend in einer Ehrfurcht, der der Tod noch nichts von ihrer Bürde genommen hat. An solchen Stellen ist die »Deute« umgeschlagen, und auf der Höhe ihres Wagemutes und Gelingens zum schlichten, objektiven, untrüglichen Lesen geworden. Der Verfasser nimmt gelebte Stunden zur Hand wie der große Sammler Altertümer. Es ist nicht, daß er darüber redet; man sieht sie, weil er sie so wissend, forschend, andächtig, gerührt, abschätzend, fragend in der Hand dreht, sie von allen Seiten anblickt und ihnen nicht das falsche Leben der Einfühlung, sondern das wahre der Überlieferung gibt. Aufs engste dem verwandt ist des Verfassers Eigensinn; ein sammlerischer. Denn wenn beim Systematiker das Positive und das Negative immer gründlich und weltfern auseinanderliegen, stoßen beide – Vorliebe und Verwerfung – hier eng aneinander. Ein einziges Gedicht aus einer Liederreihe, ein einziger Augenblick aus einem Dasein, wird herausgehoben, und der Verfasser scheidet scharf Personen und Gedanken, die gesinnungsmäßig sehr nahe verwandt scheinen.

Wie wenig er im Grunde es wagen kann, eine »Rettung« der Klassik zu unternehmen, beweist am besten das Kapitel »Gesetzgebung«. Nicht umsonst zeigt es, wie gänzlich wir dem entfremdet sind, was Goethe auf seiner Italienreise die Offenbarung der antiken Kunst brachte; wieviel Rokoko selbst in seinem Werke verborgen ist, und wie unannehmbar wenn nicht die Maximen, so die Musterbilder seiner Kunstkritik sind. Kommerells Bild der Klassik, sofern es bleibend ist, lebt aus dem Herrschaftsanspruch, den er in ihr erkennt. Die Ohnmacht dieses Anspruchs aber gehört so gut zu ihrem Bilde wie seine Titel.

»Bis heute«, sagt der Verfasser, »hat der durchschnittlich Gebildete das A und O der Weimarer Bildung nicht voll begriffen und bedeckt eine schimpfliche Blöße mit den theologischen, philosophischen, musikalischen Abzeichen des Bettlerstolzes: jenseits vom Schein zu stehen.« Wenn das wahr ist – und es ist wahr – so muß wohl eine gewaltige Mißverständlichkeit, ja Zweideutigkeit in ihr selber gelegen haben. Mißverständlich – sie war es in so schrecklichem Maß, daß, als um die Jahrhundertmitte das Spießertum entschlossen dem edelsten Erbe des Volkes den Rücken kehrte, es das im Namen seines Schiller tat, und daß, um Zweifel an der Vereinbarkeit des Geistes von Weimar und Sedan zu fassen, es eines Nietzsche bedurft hat.

Folgerecht, daß des Verfassers Schlußwort über die Klassik wiederum Sternen- und Schicksalsweisheit zu bleiben verurteilt ist. »So reifte uns ein schwer deutbares Geschick wie keinem anderen Volke: die Teilung der Herrschaft und ein doppelter Augenblick, der offene und der geheime. Hölderlins Überwältigung durch den Zeitgeist – obwohl unter dieselbe Jahrziffer fallend – gehört einer anderen Ewe; sein Augenblick ist nicht minder wahr, deutet aber auf eine andere Mitte, als der Augenblick Goethes, und die Traumgestalten Jean Pauls scheinen nur solange blutlos, bis ihre irdischen Brüder über unseren Boden gehen. All dies regte sich in rätselhafter Fülle im deutschen Umkreis zweier Jahrzehnte und an unserem Geisterhimmel stand zugleich eine Tagessonne, ein Morgenrot und die ewigen Sterne.« Das ist wahr, schön und bedeutend. Wir aber müssen gerade im Angesicht solch blumenhaft offenen, blumenhaft flammenden Blicks zu der unansehnlichen Wahrheit, zum Lakonismus des Samens, der Fruchtbarkeit uns bekennen, damit aber zur Theorie, die den Bannkreis der Schau verläßt. Gibt es zeitlose Bilder, so gibt es zeitlose Theorien gewiß nicht. Nicht Überlieferung kann über sie entscheiden, nur die Ursprünglichkeit. Das echte Bild mag alt sein, aber der echte Gedanke ist neu. Er ist von heute. Dies Heute mag dürftig sein, zugegeben. Aber es mag sein wie es will, man muß es fest bei den Hörnern haben, um die Vergangenheit befragen zu können. Es ist der Stier, dessen Blut die Grube erfüllen muß, wenn an ihrem Rande die Geister der Abgeschiedenen erscheinen sollen. Diese tödliche

Stoßkraft des Gedankens ist es, welche den Werken des Kreises fehlt. Statt es zu opfern, meiden sie das Heute. In jeder Kritik muß ein Martialisches wohnen, auch sie kennt den Dämon. Eine, die nichts als Schau ist, verliert sich, bringt die Dichtung um die Deutung, die sie ihr schuldet und um ihr Wachstum. Nicht zu vergessen, daß die Kritik, um etwas zu leisten, sich selber unbedingt bejahen muß. Ja, vielleicht muß sie – man denke an die Theorien der Brüder Schlegel, – sich selber den höchsten Rang geben. Davon ist der Verfasser sehr weit entfernt. Der Denker nach seinem Bilde »ist für immer aus der schöpferischen Unschuld des Künstlers verwiesen«. Daß niemals Unschuld Schöpfertum bewahrt, wohl aber Schöpfertum die Unschuld immerfort erschafft, auf diese unbekümmerte Wahrheit kann sich der Schüler Stefan Georges nicht einlassen.

Ein Hölderlin-Kapitel beschließt diese Heilsgeschichte des Deutschen. Das Bild des Mannes, das darin entrollt wird, ist Bruchstück einer neuen vita sanctorum und von keiner Geschichte mehr assimilierbar. Seinem ohnehin fast unerträglich blendenden Umriß fehlt die Beschattung, die gerade hier die Theorie gewährt hätte. Darauf aber ist es nicht abgesehen. Ein Mahnmal deutscher Zukunft sollte aufgerichtet werden. Über Nacht werden Geisterhände ein großes »Zu Spät« draufmalen. Hölderlin war nicht vom Schlage derer, die auferstehen und das Land, dessen Sehern ihre Visionen über Leichen erscheinen, ist nicht das seine. Nicht eher als gereinigt kann diese Erde wieder Deutschland werden und nicht im Namen Deutschlands gereinigt werden, geschweige denn des geheimen, das von dem offiziellen zuletzt nur das Arsenal ist, in welchem die Tarnkappe neben dem Stahlhelm hängt.

Krisis des Romans

Zu Döblins »Berlin Alexanderplatz«

Das Dasein ist im Sinne der Epik ein Meer. Es gibt nichts Epischeres als das Meer. Man kann sich natürlich zum Meer sehr verschieden verhalten. Zum Beispiel an den Strand legen, der Brandung zuhören und die Muscheln, die sie anspült, sammeln. Das tut der Epiker. Man kann das Meer auch befahren. Zu vielen Zwecken und zwecklos. Man kann eine Meerfahrt machen und dann dort draußen, ringsum kein Landstrich, Meer und Himmel kreuzen. Das tut der Romancier. Er ist der wirklich Einsame, Stumme. Der epische Mensch ruht nur aus. Im Epos ruht das Volk nach dem Tagwerk; lauscht, träumt und sammelt. Der Romancier hat sich abgeschieden vom Volk und von dem, was es treibt. Die Geburtskammer des Romans ist das Individuum in seiner Einsamkeit, das sich über seine wichtigsten Anliegen nicht mehr exemplarisch aussprechen kann, selbst unberaten ist und keinem Rat geben kann. Einen Roman schreiben heißt, in der Darstellung des menschlichen Daseins das Inkommensurable auf die Spitze treiben. Was den Roman vom eigentlichen Epos trennt, fühlt jeder, der an die homerischen Werke oder an das dantesche denkt. Das mündlich Tradierbare, das Gut der Epik, ist von anderer Beschaffenheit als das, was den Bestand des Romans ausmacht. Es hebt den Roman gegen alle übrigen Formen der Prosa – Märchen, Sage, Sprichwort, Schwank – ab, daß er aus mündlicher Tradition weder kommt noch in sie eingeht. Vor allem aber gegen das Erzählen, das in der Prosa das epische Wesen am reinsten darstellt. Ja, nichts trägt so sehr zum gefährlichen Verstummen des inneren Menschen bei, nichts tötet den Geist des Erzählens so gründlich ab wie die unverschämte Ausdehnung, die in unser aller Existenz das Romanlesen annimmt. Es ist daher die Stimme des geborenen Erzählers, die sich gegen den Romancier so vernehmen läßt: »Ich will auch nicht davon sprechen, daß ich die Lösung des epischen Werkes vom Buch für ... nützlich halte, nützlich insbesondere in Hinsicht auf die Sprache. Das Buch ist der Tod der wirklichen Sprachen. Dem Epiker, der nur schreibt, entgehen die wichtigsten formbildenden Kräfte der Sprache.« So hätte Flaubert nicht gesprochen. Diese These ist Döblins. Er hat darüber im ersten Jahrbuche der Sektion für Dichtung an der Preußischen Akademie der Künste eine sehr umfassende Rechenschaft abgelegt, und sein »Bau des epischen Werkes« ist ein meisterhafter und dokumentarischer Beitrag zu jener Krise des Romans, die mit der Restitution des Epischen einsetzt, der wir allerorten und bis ins Drama begegnen. Wer diesen Döblinschen Vortrag durchdenkt, braucht sich gar nicht mehr bei den äußeren Anzeichen dieser Krisis, dieses Erstarkens des Radikal-Epischen aufzuhalten. Die Sturmflut biographischer, historischer Romane verliert für ihn alles Erstaunliche. Der Theoretiker Döblin, weit entfernt, mit dieser Krisis sich abzufinden, eilt ihr voraus und macht ihre Sache zu seiner eigenen. Sein letztes Buch zeigt, daß Theorie und Praxis seines Schaffens sich decken.

Es ist aber nichts aufschlußreicher als diese Döblinsche Haltung mit der gleich souveränen, gleich beherzt in praxi durchgeführten, gleich exakten und doch in allem gegensätzlichen zu vergleichen, die André Gide in seinem »Tagebuch der Falschmünzer« kürzlich an den Tag gelegt hat. Im Widerspiel dieser kritischen Intelligenzen kommt die heutige Situation der Epik am schärfsten zum Ausdruck. Gide entwickelt in diesem autobiographischen Kommentar seines letzten Romans die Lehre vom »roman pur«. Dort hat er's mit erdenklichster Subtilität darauf angelegt, alle schlichte, geradlinig aneinanderreihende Erzählung (alle epischen Größen ersten Grades) zugunsten sinnreicher, rein romanhafter (und das heißt hier zugleich auch romantischer) Verfahrungsweisen beiseite zu setzen. Die Stellung der Personen zu dem, was vorgeht, die Stellung des Dichters zu ihnen und seiner Technik, all das soll Bestandteil seines Romans selbst werden. Kurz, dieser »roman pur« ist eigentlich reines Innen, kennt kein Außen, und somit äußerster Gegenpol zur reinen epischen Haltung, die das Erzählen ist. Gides Ideal des Romans ist – so läßt er sich im strengen Gegensatz zu Döblin darstellen – der reine Schreibroman. Er hält die Flaubertschen Positionen vielleicht zum letzten Male aufrecht. Und es kann nicht Wunder nehmen, in Döblins Vortrag auch auf diese

Leistung die denkbar schärfste Entgegnung zu finden. »Sie werden die Hände über dem Kopf zusammenschlagen, wenn ich den Autoren rate, in der epischen Arbeit entschlossen lyrisch, dramatisch, ja reflexiv zu sein. Aber ich beharre dabei.«

Wie unerschrocken er's tut, dafür ist die Ratlosigkeit mancher Leser vor diesem neuen Buche ein Zeichen. Nun ist es wahr, daß selten auf solche Weise erzählt wurde, so hohe Wellen von Ereignis und Reflex haben selten die Gemütlichkeit des Lesers in Frage gestellt, so hat die Gischt der wirklichen gesprochenen Sprache ihn noch nie bis auf die Knochen durchnäßt. Aber es wäre nicht nötig gewesen, darum mit Kunstausdrücken zu operieren, vom »dialogue intérieur« zu reden oder auf Joyce zu verweisen. In Wirklichkeit handelt es sich um etwas ganz anderes. Stilprinzip dieses Buches ist die Montage. Kleinbürgerliche Drucksorten, Skandalgeschichten, Unglücksfälle, Sensationen von 28, Volkslieder, Inserate schneien in diesen Text. Die Montage sprengt den »Roman«, sprengt ihn im Aufbau wie auch stilistisch, und eröffnet neue, sehr epische Möglichkeiten. Im Formalen vor allem. Das Material der Montage ist ja durchaus kein beliebiges. Echte Montage beruht auf dem Dokument. Der Dadaismus hat sich in seinem fanatischen Kampf gegen das Kunstwerk durch sie das tägliche Leben zum Bundesgenossen gemacht. Er hat zuerst, wenn auch unsicher, die Alleinherrschaft des Authentischen proklamiert. Der Film in seinen besten Augenblikken machte Miene, uns an sie zu gewöhnen. Hier ist sie zum ersten Male für die Epik nutzbar geworden. Die Bibelverse, Statistiken, Schlagertexte sind es, kraft deren Döblin dem epischen Vorgang Autorität verleiht. Sie entpsrechen den formelhaften Versen der alten Epik.

So dicht ist diese Montierung, daß der Autor schwer darunter zu Wort kommt. Die moritatenähnlichen Kapitelansagen hat er sich vorbehalten; im übrigen ist's ihm nicht eilig, sich vernehmen zu lassen. (Aber er wird sein Wort noch anbringen.) Erstaunlich, wie lange er seinen Figuren folgt, ehe er's riskiert, sie zur Rede zu stellen. Sacht, wie der Epiker es soll, geht er an die Dinge heran. Was geschieht, auch das Plötzlichste, scheint von langer Hand vorbereitet. In dieser Haltung aber inspiriert ihn der berlinische Sprachgeist selbst. Sacht ist das Zeitmaß seiner

Bewegung. Denn der Berliner spricht als Kenner und mit Liebe zu dem, wie er's sagt. Er kostet es aus. Wenn er schimpft, spottet und droht, will er dazu sich Zeit nehmen, genau wie zum Frühstück. Glaßbrenner pointierte das Berlinische dramatisch. Hier ist es nun in seiner epischen Tiefe ermessen; Franz Biberkopfs Lebensschiffchen hat schwer geladen und braucht doch nirgends auf Grund zu stoßen. Das Buch ist ein Monument des Berlinischen, weil der Erzähler keinen Wert darauf legte, heimatkünstlerisch, werbend zur Stadt zu stehen. Er spricht aus ihr. Berlin ist sein Megaphon. Sein Dialekt ist eine von den Kräften, die sich gegen die Verschlossenheit des alten Romans kehren. Denn verschlossen ist dieses Buch nicht. Es hat seine Moral, die sogar den Berliner was angeht. (Tiecks »Abraham Tonelli« hat die Berliner Schnauze schon so entfesselt, aber noch niemand hatte sich sie zu kurieren getraut.)

Es ist lohnend, der Kur an Franz Biberkopf nachzugehen. Was geschieht ihm? – Aber zunächst: Warum heißt es: »Berlin, Alexanderplatz«, und »Die Geschichte vom Franz Biberkopf« nur darunter? Was ist der Alexanderplatz in Berlin? Das ist die Stelle, wo seit zwei Jahren die gewaltsamsten Veränderungen vorgehen, Bagger und Rammen ununterbrochen in Tätigkeit sind, der Boden von ihren Stößen, von den Kolonnen der Autobusse und U-Bahnen zittert, tiefer als sonstwo die Eingeweide der Großstadt, die Hinterhöfe um den Georgenkirchplatz sich aufgetan, und stiller als anderswo in den unberührten Labyrinthen um die Marsiliusstraße (wo die Sekretäre der Fremdenpolizei in eine Mietskaserne gepfercht sind), um die Kaiserstraße (in der die Huren abends ihren alten Trott machen), Gegenden aus den neunziger Jahren gehalten haben. Keine Industriegegend; Handel vor allem; Kleinbürgertum. Und dann sein soziologisches Negativ: die Ganoven, die von den Arbeitslosen ihren Zuzug bekommen. Einer von denen ist Biberkopf. Als Arbeitsloser verläßt er das Zuchthaus Tegel, bleibt eine Weile anständig, eröffnet einen Handel an ein paar Straßenecken, fällt ab und wird Mitglied der Pumsbande. Eintausend Meter, länger ist der Radius nicht, der den Bannkreis dieser Existenz um den Platz schlägt. Der Alexanderplatz regiert sein Dasein. Ein grausamer Regent, wenn man will. Ein unumschränkter. Denn der Leser vergißt alles neben und außer ihm, lernt seine Existenz in diesem Raum fühlen und wie wenig man von ihm wußte. Es ist ja alles anders, als der Leser, der dieses Werk dem Mahagonispind entnimmt, sich's vorstellt. Es schmeckt so gar nicht nach »sozialem Roman«. Keiner übernachtet hier in der Palme. Die haben immer ein Zimmer. Man trifft sie auch nie auf der Zimmersuche. Selbst der Erste scheint um den Alexanderplatz herum seine Schrecken verloren zu haben. Elend sind die Leute schon. Immerhin sind sie elend in ihren Zimmern. Was ist das? Wie kommt das eigentlich?

Zweierlei ist das. Etwas Großes und etwas Beschränkendes. Etwas Großes: Denn das Elend ist in der Tat nicht, wie der kleine Moritz sich's vorstellt. Das wirkliche wenigstens, im Gegensatz zum gefürchteten. Nicht die Menschen allein, sondern auch Not und Jammer müssen sich nach der Decke strecken, müssen sehen, wie sie sich durchschlagen. Auch ihre Agenten, Liebe und Alkohol, werden manchmal aufsässig. Und es gibt nichts so Schlimmes, daß sich nicht eine Weile damit leben ließe. In diesem Buch kehrt das Elend seine joviale Seite heraus. Es läßt sich mit den Menschen am gleichen Tisch nieder, aber das Gespräch bricht darum nicht ab, man setzt sich zurecht und läßt es sich weiter schmecken. Das ist eine Wahrheit, von der der neue Hintertreppennaturalismus nichts wissen will. Darum mußte ein großer Erzähler kommen, um ihr wieder einmal zu ihrem Recht zu verhelfen. Von Lenin sagt man, er habe nur eins fanatischer gehaßt als das Elend selber: Mit ihm paktieren. Das ist nun in der Tat etwas Bürgerliches; nicht nur in den kleinen mesquinen Formen der Schlamperei, sondern auch in den großen der Weisheit. In diesem Sinn ist Döblins Geschichte bürgerlich, und zwar viel beschränkender als nach Tendenz und Absicht, nämlich nach Abkunft. Was hier bestrickend und mit unverminderter Kraft von neuem auftaucht, das ist der große Zauber von Charles Dickens, bei dem Bürger und Verbrecher so herrlich aufeinander eingespielt sind, weil sie ihre Interessen (entgegengesetzte freilich) in einer und derselben Welt haben. Die Welt dieser Ganoven ist der Bürgerwelt homogen; Franz Biberkopfs Weg vom Zuhälter bis zum Kleinbürger beschreibt nur eine heroische Metamorphose des bürgerlichen Bewußtseins.

Der Roman, könnte einer auf die Theorie des »romans pur« antworten, ist wie das Meer. Er hat keine andere Reinheit als Salz. Was ist nun das Salz dieses Buches? Es ist aber mit dem epischen Salze wie mit dem mineralischen: Es macht die Dinge dauerhaft, mit denen es sich verbindet. Und Dauer ist in ganz anderer Weise als für die übrigen Werke der Dichtung ein Kriterium des Epischen. Dauer, nämlich nicht in der Zeit, sondern im Leser. Der wahre Leser liest Epik, um zu »behalten«. Und ganz bestimmt behält er zweierlei aus diesem Buch: Die Geschichte mit dem Arm und die Sache mit Mieze. Wie der Franz Biberkopf dazu kommt, daß man ihn unters Auto wirft, so daß er den Arm verliert? und daß man ihm die Freundin ausspannt und umbringt? Das steht schon auf der zweiten Buchseite. »Weil er vom Leben mehr verlangt als das Butterbrot.« In diesem Fall nicht fettes Essen, Geld oder Weiber, sondern etwas viel Schlimmeres. Wonach es seine große Schnauze gelüstet, das ist gestaltloser. Hunger nach Schicksal verzehrt ihn, das ist es. Dieser Mann muß den Teufel al fresco immer von neuem an die Wand malen; es ist kein Wunder, wenn der immer von neuem kommt und ihn holen will. Wie dieser Schicksalshunger gestillt, fürs Leben gestillt wird und der Zufriedenheit mit dem Butterbrot Platz macht, wie der Ganove zum Weisen wird, das ist der Hergang der Sache. Zum Schluß wird Franz Biberkopf schicksallos, »helle«, wie die Berliner sagen. Döblin hat dies Mannbarwerden an seinem Franz mit einem großen Kunstgriff unvergeßlich gemacht. Wie die Juden bei der Barmizwoh dem Kind seinen zweiten Namen bekanntgeben, der bis dahin geheim blieb, so gibt Döblin dem Biberkopf einen zweiten Vornamen. Er heißt von nun an Franz Karl. Gleichzeitig ist aber mit diesem Franz Karl, der zweiter Portier in einer Fabrik wird, etwas ganz Sonderbares geschehen. Und daß Döblin, obwohl er seinem Helden doch so genau auf die Finger sieht, dies nicht entgangen wäre, wollen wir nicht beschwören. An dieser Stelle nämlich hat Franz Biberkopf aufgehört, exemplarisch zu sein, und ist lebendig in den Himmel der Romanfiguren entrückt worden. Hoffnung und Erinnerung werden ihn in diesem Himmel, der kleinen Portierloge, über sein Gescheitersein trösten. Wir aber sehen ihm in seine Loge nicht nach. Denn das ist ja das

Gesetz der Romanform: kaum hat der Held sich selber geholfen, so hilft uns sein Dasein nicht länger. Und wenn diese Wahrheit am großartigsten und am unerbittlichsten in der »Éducation sentimentale« an den Tag tritt, so ist die Geschichte dieses Franz Biberkopf die »Éducation sentimentale« des Ganoven. Die äußerste, schwindelnde, letzte, vorgeschobenste Stufe des alten bürgerlichen Bildungsromans.

Ein Jakobiner von Heute

Zu Werner Hegemanns »Das steinerne Berlin«*

Seit zwei Jahrhunderten hat Berlin seine ausgedehnte Spezialliteratur, in der es, wie die andern großen Städte auch seine Lokalgeschichte aufzeichnet und seinen Überlieferungen nachgeht. Es ist aber ein Schrifttum, das im Bereich der Berolinensien bleibt, in dem die Stadt sich mehr zu spiegeln als zu begreifen sucht. Selbst die sprichwörtliche Kritiklust ihrer Bewohner machte vor der Erscheinung der Heimat mit Rührung Halt, nahm Einzelnes zur Zielscheibe ihrer Satire, bewitzelte die Denkmäler, aber behelligte nicht die Mietskasernen. Nun beginnt im Maße, wie die Liebe des Berliners zu seiner Stadt freier wird und ihre provinzielle Sentimentalität verliert, auch die Kritik an ihr zu erstarken. Das Schrifttum über die Weltstadt will öffentlichen, ja europäischen Charakter annehmen. Diese Entwicklung in der Stille einer langjährigen redaktionellen Arbeit unermüdlich gefördert zu haben, ist das Verdienst Werner Hegemanns, des Herausgebers der Wachsmuthschen Monatshefte für Baukunst. Hegemann, der jetzt mit einer monumentalen Baugeschichte Berlins hervortritt, ist einer der ganz wenigen entscheidenden Köpfe, die ihr immenses Fachwissen nicht sowohl nach außen in immer umfassenderen Kreisen erweitert als von innen durch immer strengere Konzentration gesprengt haben. Wie er sich heute darstellt, ist er ein Mann von ausgeprägtester staatsbürgerlicher Bildung, ein Mann, der an jeder Angelegenheit, mit der er befaßt ist, die kulturellen und politischen Funktionen in engster Wechselwirkung erlebt, ein Mann, der an die Planung öffentlicher Anlagen in amerikanischen Städten mit der gleichen Exaktheit und Phantasie herantrat wie an die historischen Studien über die preußischen Könige.

Es ist freilich eine seltsame Phantasie, die im Bannkreis eines strengen Rationalismus seit jeher seine Arbeiten inspiriert. Sie ist nämlich eine rebellische »Phantasie«, sagt Chesterton, »hat

* Verlag Gustav Kiepenheuer.

ihren höchsten Zweck in rückschauender Verwirklichung. Die Posaune der Phantasie wie die Posaune der Auferstehung ruft die Toten aus ihren Gräbern. Phantasie sieht Delphi mit den Augen eines Griechen. Jerusalem mit den Augen eines Kreuzfahrers.« Es ist wunderbar, wie sehr diese interessante, wenn auch fragwürdige Definition auf den Historiker Hegemann zutrifft. Er sieht wirklich die Dinge mit den Augen des jeweiligen Zeitgenossen und zwar eines grundsätzlich mißvergnügten. Man kann sein Mißvergnügen verstehen. Denn er hat die Quellen so unvergleichlich studiert, sein Wissen ist in allen Details so stichfest, daß er bis auf den Grund der tausend Schwächen, der tausend Unzulänglichkeiten der Menschen dringt, die ehemals – jemals – an der Spitze standen. Er schreibt die ewig aktuelle Geschichte, mit anderen Worten, die Skandal-Geschichte. Nur darf er sich's ausbitten, daß dies Wort im vollsten Sinne verstanden werde: nach dem lateinischen *scandalum*, als das Ärgernis. So begriffen, springt die Rolle dieses Aufklärers um, bekommt einen Einschlag ins Theologische. Und unwillkürlich sieht man sich in den *moral plays* nach ihm um, vermißt ihn; da scheint noch eine Stelle auf ihn zu warten: die Rolle des Querulanten beim Weltgericht.

So verklagt er nun die Stadt Berlin vor dem Weltgericht. Wir, die geschundenen Steuerzahler, haben, weiß Gott, das Recht, diese Stadt, deren Verwaltung von einer Blamage in die andere taumelt, vor allen möglichen Gerichten zu belangen. Wie weit wir aber vor dem Weltgericht sie belasten möchten, werden wir, trotz allem, noch überlegen. »*Die größte Mietskasernenstadt der Erde*« nennt sie Hegemann. Wer muß es nicht mit Schrecken innewerden, was dieser Name bedeutet? Und wen muß nicht beim Aufmarsch der Entlastungszeugen Zorn und Ekel packen, dieses Treitschke, der die unvergeßlichen Worte für sie gefunden hat; »So elend ist keiner, daß er im engen Kämmerlein die Stimme seines Gottes nicht vernehmen könnte« und dieses Hobrecht, der im Jahre 1868 schon die ganze schlummernde Courths-Mahler-Poesie aus der Mietskaserne herausholte, wenn er schrieb: »In der Mietskaserne gehen die Kinder aus den Kellerwohnungen in die Freischule über denselben Hausflur wie diejenigen des Rats oder Kaufmanns auf dem Wege nach dem

Gymnasium. Schusters Wilhelm aus der Mansarde und die alte, bettlägerige Frau Schulz im Hinterhause ... werden in dem ersten Stockwerk bekannte Persönlichkeiten. Hier ist ein Teller Suppe zur Stärkung bei Krankheit, da ein Kleidungsstück, dort die wirksame Hilfe zur Erlangung freien Unterrichtes oder dergleichen, und alles das, was sich als das Resultat der gemütlichen Beziehungen zwischen den gleichgearteten, und wenn auch noch so verschieden situierten Bewohnern herausstellt, eine Hilfe, welche ihren veredelnden Einfluß auch auf den Geber ausübt.« Wer möchte nicht atemlos einer Verhandlung folgen, bei der sie alle aufmarschieren, von den Hohenzollernkönigen an, die das *Kasernenwesen auf die Zivilbevölkerung* ausdehnten und durch unsinnig hohe Bauten den Berliner Bodenwucher begründeten, über die superklugen Polizeiassessoren, die als erste auf den Gedanken gekommen sind, um der Stadt die Enteignungskosten für ihr Straßenland zu sparen, den Eignern für die ihnen bleibenden Terrains die unbeschränkte Ausbeutung durch eine Bauordnung zu gestatten, derzufolge jeder von den drei Höfen in den durchschnittlichen Mietskasernen nur etwas über 5 Quadratmeter zu umfassen brauchte, bis zu jenen »Millionenbauern«, deren spekulativ verteuerte Terrains die Stadt bis in die achtziger Jahre des vorigen Jahrhunderts mit einem Eisengürtel umgaben. Wer könnte sich der aufwühlenden Gewalt der *corpora delicti* entziehen, die in vollendeter Wiedergabe bei den Akten befindlich sind: »der Spittelkollonaden als Rahmen für Litfaßsäulen«, der Nummer 62b der Schönhauser Allee, deren stattlich muntere Fassade dem sehenden Auge die stinkende Öde der drei Höfe verrät, die sich hinter ihr aneinanderreihen, der Gegenüberstellung des Großen Sterns in der edlen Schinkel'schen Planung und der tierischen wilhelminischen Ausführung? Hier, wo der Verfasser von der dialogischen Form seines »Fridericus«, seines »Napoleon« und »Christus« abging, ist er zur allerhöchsten dialogischen, ja forensischen Spannung durchgedrungen. Der Anteil, den diese weit angelegte, aber niemals weitschweifige Darstellung dem Leser abgewinnt, ist für dessen Kultur in öffentlichen, ja politischen Dingen ein Maßstab.

Hegemann hat dieses Monumentalwerk dem Andenken an Hugo Preuß gewidmet. Nach Wermuths Worten war dieser es,

»der dem Berliner Gedanken zum Aufbau der neuen Großstadt die neue Form gab«. Dasselbe gilt bekanntlich von den Gedanken zum Aufbau des neuen Reiches: Preuß ist einer der Urheber der Weimarer Verfassung. Der Schluß ist nicht zu kühn, daß auch Hegemann ein demokratischer Kopf ist. Wer hinter seinem fanatischen Negativismus linksradikale Tendenzen im heutigen Sinne vermuten würde, ginge sehr fehl. Dieses Faktum – man mag zu ihm stehen, wie man wolle – ist unbestreitbar. Und es ist im Grunde der Schlüssel zu der höchst fesselnden, ja inkommensurablen Erscheinung des Mannes. Gewiß hat es einen demokratischen Fanatismus gegeben – das Jakobinertum von 1792. Heute aber gilt nicht umsonst das demokratische Credo als das des in jedem Sinne Gesetzten, Gemäßigten. Der demokratische Geist ist der unserer herrschenden Ordnung. Härte und Grausamkeit können einer herrschenden Sache dienen, Fanatismus niemals. Hegemann stellt diesen Anachronismus: den fanatischen Demokraten, den Jakobiner von heute, dar. Das ewig wache Mißtrauen Robespierres, seine unbestechliche Witterung für Korruption, seine weltfremde Lauterkeit – all' das ist in Hegemann auferstanden. Dem entspricht der methodische Ort seines Werkes. Es ist ein politisches im Sinne der Aufklärung, will sagen ein kritisches durch und durch. Aber in keinem Sinn ein entlarvendes. Was immer Hegemann entdeckt, – und sein Werk ist voller Entdeckungen – es sind Zufälligkeiten. Ärgerliche, anstößige, empörende Abweichungen von der Norm des Graden, Vernünftigen, niemals jedoch Auswirkungen der besonderen, konkreten, verborgenen Konstellationen des geschichtlichen Augenblicks. Seine Darstellung ist eine einzige imposante, in ihren Grundzügen gewiß unwiderlegliche Korrektur an der pragmatischen Geschichtsschreibung, niemals aber deren Umwälzung wie der historische Materialismus sie erstrebt, wenn er in den Produktionsverhältnissen der Epoche die konkreten, wechselnden Kräfte aufspürt, die das Verhalten der Machthaber so gut wie der Massen ohne deren Wissen bestimmen. Lässigkeit und Korruption der Herrschenden, wo immer der Verfasser ihnen begegnet, stellt er fest. Aber noch der unbestechlichste kritische Geist bleibt im Pragmatischen. Das Innere der Geschichte ist dem dialektischen Blick vorbehalten. Daher das Problematische, ja hin und wieder Querköpfige des Werkes. Oder sollte der vollkommene Demokrat unserer Tage ein Querkopf sein müssen?

Unbestreitbar ist Hegemanns Buch ein Standardwerk. Man legt es aber schwerlich aus der Hand, ohne sich zu fragen, woran es liegt, daß es die schmale Spanne nicht überschreiten konnte, die es von jener letzten Vollkommenheit trennt, welche das Schicksal eines Buchs unabhängig von dem seines Gegenstands, ja, ein Schicksal dieses Gegenstands werden läßt. Wenn in dieser Weltgerichtsverhandlung über die Stadt Berlin irgend etwas zu wünschen übrig läßt, ist es die Ventilation. Im eigentlichen Sinne so gut wie im übertragenen. Der Verhandlungsraum ist nicht ventiliert, und auch die Fragen sind es nicht allseitig. Gewiß, wir leben in diesen Mietskasernen. *Nostra res agitur.* Aber hier ist ja nicht die Rede von dem, was ist, sondern dem, was war. Und da dürfte schon hin und wieder der kühle Wind des Gewesenen lindernd durch die überhitzte Aktualität der Verhandlung streichen. Selbst beim Weltgericht müßte es einen mildernden Umstand abgeben, daß alles schon so lange zurückliegt. Denn der Zeitlauf selber ist ein moralischer Vollzug, nicht im Vorrücken des Heute zum Morgen aber dem Umschlag des Heute ins Gestern. Chronos hält in der Hand ein Leporello-Bilderbuch, in dem die Tage einer aus dem andern ins Gewesene zurückfallen und dabei ihre verborgene Rückseite, das unbewußt Gelebte enthüllen. Mit ihr hat der Historiker es zu tun. Und von ihr gilt das Goethesche: »Es sei, wie es wolle, es war doch so schön.« Sie ist versöhnend.

Gewiß ist das Leben, das Hunderttausende Jahrhunderte lang in diesen berliner Gelassen geführt haben, ungesund, unwürdig gewesen. Gewiß drückt sich das diabolische Wesen der Mietskaserne, heute wie damals im Ehe- und Familienleben, in den Qualen der Frauen und Kinder, in der Borniertheit des Gemeinwesens, der Häßlichkeit seines Alltags aus. Aber ebenso gewiß ist es, daß Boden, Landschaft, Klima und vor allem Menschen – nicht nur Hohenzollern und Polizeipräsidenten – diese Stadt geschaffen und ihrerseits im Bilde der Mietskaserne einen Abdruck des ihrigen hinterlassen haben. Noch die planlose Roheit dieser Siedlung, so gewiß ihr Kampf bis auf's Messer zu liefern ist, hat ihre Schönheit, nicht nur für den flanierenden Snob aus dem Westen, sondern für den Berliner, den Zille-Berliner selbst, eine Schönheit, die innigst seiner Sprache, seinen Sitten verwandt ist. Hegemann wäre freilich kein Jakobiner, wenn er vom Genius der Geschichte sich leiten, von seiner Hand den Zugang zu dem begnadeten Dasein – dem physiognomischen – sich weisen ließe. Dieser Aufklärer mit den scharf geschnittenen Gesichtszügen besitzt für historische Physiognomie keinen Sinn. Sein Stammbaum hat seine Wurzeln in den knorrigsten, originalsten, aber auch blicklosesten Subjekten, die um die zweite Hälfte des achtzehnten Jahrhunderts den norddeutschen Boden bevölkerten. Das ist ihm fremd, daß die Mietskaserne, so fürchterlich sie als Behausung ist, Straßen geschaffen hat, in deren Fenstern nicht nur Leid und Verbrechen, sondern auch Morgen- und Abendsonne sich in einer traurigen Größe gespiegelt haben, wie nirgend sonst, und daß aus Treppenhaus und Asphalt die Kindheit des Städters seit jeher so unverlierbare Substanzen gezogen hat wie der Bauernjunge aus Stall und Acker. Eine historische Darstellung aber hat all' dies zu umfassen. Wäre es nicht um der Wahrheit, dann um der Wirkung willen. Nicht als abstraktes Negativum, als Gegenbeispiel darf vor uns stehen, was wir vernichten wollen. So kann es nur auf Augenblicke unterm erleuchtenden Blitze des Hasses erscheinen. Was man vernichten will, das muß man nicht nur kennen, man muß es, um ganze Arbeit zu leisten, gefühlt haben. Oder wie der dialektische Materialismus es sagt: These und Antithese zu zeigen, ist gut, eingreifen kann aber nur, wer den Punkt erkennt, an dem die eine in die andere umschlägt, da das Positive im Negativen und das Negative im Positiven zusammenfallen. Der Aufklärer denkt in Gegensätzen. Ihm Dialektik zuzumuten, ist vielleicht unbillig. Ist es aber unbillig, dem Historiker jenen Blick in das Antlitz der Dinge zuzumuten, der Schönheit noch in der tiefsten Entstellung sieht? Verneinende Geschichtserkenntnis ist ein Widersinn. Nichts zeugt mehr für die Kraft, die Leidenschaft und Begabung des Autors, als daß ihm im Herzen des Unmöglichen ein Werk von dieser Fülle und Gediegenheit geglückt ist. Nichts beglaubigt unwiderleglicher seinen Rang.

Literaturgeschichte und Literaturwissenschaft

Immer wieder wird man versuchen, die Geschichte der einzelnen Wissenschaften im Zuge einer in sich geschlossenen Entwicklung vorzutragen. Man spricht ja gern von autonomen Wissenschaften. Und wenn mit dieser Formel auch zunächst nur das begriffliche System der einzelnen Disziplinen gemeint ist – die Vorstellung von der Autonomie gleitet doch ins Historische leicht hinüber und führt zu dem Versuch, die Wissenschaftsgeschichte jeweils als einen selbständig abgesonderten Verlauf außerhalb des politisch-geistigen Gesamtgeschehens darzustellen. Das Recht, so vorzugehen, mag hier nicht debattiert werden; unabhängig von der Entscheidung über diese Frage besteht für einen Querschnitt durch den jeweiligen Stand einer Disziplin die Notwendigkeit, den sich ergebenden Befund nicht nur als Glied im autonomen Geschichtsverlaufe dieser Wissenschaft, sondern vor allem als ein Element der gesamten Kulturlage im betreffenden Zeitpunkte aufzuzeigen. Wenn, wie im folgenden dargelegt wird, die Literaturgeschichte mitten in einer Krise steht, so ist diese Krise nur Teilerscheinung einer sehr viel allgemeineren. Die Literaturgeschichte ist nicht nur eine Disziplin, sondern in ihrer Entwicklung selbst ein Moment der allgemeinen Geschichte.

Das zweite ist sie gewiß. Aber ist sie wirklich das erste? Ist Literaturgeschichte eine Disziplin der Geschichte? In welchem Sinn das zu verneinen ist, wird sich im folgenden ergeben; es ist nicht mehr als billig, mit dem Hinweis zu beginnen, daß sie durchaus nicht, wie ihr Name vermuten ließe, von Anfang an im Rahmen der Geschichte aufgetreten ist. Als Zweig der schöngeistigen Ausbildung, eine Art angewandter Geschmackskunde, stand sie im achtzehnten Jahrhundert zwischen einem Lehrbuche der Ästhetik und einem Buchhändlerkatalog.

Als erster pragmatischer Literarhistoriker tritt im Jahre 1835 Gervinus mit dem ersten Bande seiner »Geschichte der poetischen Nationalliteratur der Deutschen« hervor. Er zählte sich der historischen Schule zu; die großen Werke sind ihm »historische Ereignisse, die Dichter Genien der Aktivität und die Urteile über sie weittragende öffentliche Nachwirkungen. Diese Analogie zur Welthistorie bleibt so innig mit der individuellen Haltung von Gervinus verquickt wie sein Verfahren, die fehlenden kunstphilosophischen Gesichtspunkte durch ›Vergleichung‹ der großen Werke mit ›verwandten‹ zu ersetzen.« Das wahre Verhältnis zwischen Literatur und Geschichte konnte dies glänzende aber methodisch naive Werk sich nicht zum Problem machen, geschweige denn das von Geschichte zu Literaturgeschichte. Überblickt man vielmehr die Versuche bis zur Jahrhundertmitte, so zeigt sich, wie durchaus ungeklärt die Stellung der Literaturgeschichte, sei es in, sei es auch nur zur Historie geblieben war. Unter Männern wie Michael Bernays, Richard Heinzel, Richard Maria Werner trat auf diese erkenntniskritische Ratlosigkeit der Rückschlag ein. Mehr oder weniger vorsätzlich gab man die Orientierung an der Geschichte auf, um sie mit einer Anlehnung an die exakte Naturwissenschaft zu vertauschen. Während vorher selbst bibliographisch gerichtete Kompilationen eine Vorstellung vom Gesamtverlaufe erkennen ließen, ging man nun verbissen auf Einzelarbeit, auf das »Sammeln und Hegen« zurück. Allerdings hat diese Zeit positivistischer Doktrin eine Fülle von Literaturgeschichten für den bürgerlichen Hausgebrauch als Komplement der strengen Forscherarbeit hervorgebracht. Aber das universalhistorische Panorama, das sie entrollen, war nichts als eine Art darstellerischen Komforts für Verfasser und Leserschaft. Die Scherersche Literaturgeschichte mit ihrem Unterbau exakter Tatsachen und ihren großen rhythmischen Periodisierungen von drei zu drei Jahrhunderten läßt sich sehr wohl als Synthese der beiden Grundrichtungen damaliger Forschung verstehen. Mit Recht hat man die kulturpolitischen und organisatorischen Absichten, aus denen dieses Werk hervorging, betont und die Makart-Vision eines kolossalen Triumphzugs idealer deutscher Gestalten, die ihm zugrunde liegt, aufgezeigt. Scherer läßt die tragenden Figuren seiner kühnen Komposition »bald aus der politischen, bald aus der literarischen, religiösen oder philosophischen Atmosphäre entspringen, ohne den Eindruck höherer Notwendigkeit, ja auch nur der äußerlichen Konsequenz zu erwecken, er durchkreuzt ihre Wirkungen mit solchen der Einzelwerke, der verabsolutierten Ideen oder Dichtungsgestalten, wodurch ein farbiger Wirrwarr, aber nichts weniger als eine geschichtliche Ordnung entsteht«.

Was sich hier vorbereitet, ist der falsche Universalismus der kulturhistorischen Methode. Mit dem von Rickert und Windelband geprägten Begriff der Kulturwissenschaften vollendet sich diese Entwicklung; ja der Sieg der kulturgeschichtlichen Anschauungsart war ein so unumschränkter, daß nun sie mit Lamprechts »Deutscher Geschichte« zur erkenntnistheoretischen Grundlage der pragmatischen wurde. Mit der Proklamation der »Werte« war die Geschichte ein für allemal im Sinn des Modernismus umgefälscht, die Forschung nur der Laiendienst an einem Kult geworden, in dem die »ewigen Werte« nach einem synkretistischen Ritus zelebriert werden. Es ist immer denkwürdig, wie kurz von hier der Weg bis zu den rabiatesten Verirrungen der neuesten Literaturhistorie gewesen ist; welche Reize die entmannte Methodik den widerwärtigsten Neologismen hinter der goldnen Pforte der »Werte« abzugewinnen verstand: »Wie alle Poesie zuletzt auf eine Welt der ›wortbaren‹ Werte hinzielt, so bedeutet sie in formaler Beziehung eine letzte Steigerung und Verinnerlichung der unmittelbaren Ausdruckskräfte der Rede.« Wohl oder übel wird man nach dieser Mitteilung schon fühllos für den Chock der Erkenntnis geworden sein, daß der Dichter selbst diese »letzte Steigerung und Verinnerlichung« als »Wortungs-Lust« erlebe. Es ist die gleiche Welt, in der das »Wortkunstwerk« zu Hause ist, und selten hat ein provoziertes Wort so großen Adel an den Tag gelegt, wie in dem Falle »Dichtung«. Mit alledem macht jene Wissenschaft sich wichtig, welche immer durch die »Weite« ihrer Gegenstände durch das »synthetische« Gebaren sich verrät. Der geile Drang aufs große Ganze ist ihr Unglück. Man höre: »Mit überwältigender Kraft und Reinheit treten die geistigen Werte hervor ... ›Ideen‹, welche die Seele des Dichters schwingen lassen und zur symbolischen Gestaltung reizen. Unsystematisch und doch deutlich genug läßt uns der Dichter in jedem Augenblick fühlen, welchem Werte oder welcher Wertschicht er den Vorzug gibt; vielleicht auch, welche Rangordnung er den Werten überhaupt zuerkennt.« In diesem Sumpfe ist die Hydra der Schulästhetik mit ihren sieben Köpfen: Schöpfertum, Einfühlung, Zeitentbundenheit, Nachschöpfung, Miterleben, Illusion und Kunstgenuß zu Hause. Wer sich in der Welt ihrer Anbeter umzutun wünscht, hat nur das neueste repräsentative Sammelbuch[1] zur Hand zu nehmen, in der die deutschen Literarhistoriker der Gegenwart sich Rechenschaft von ihrer Arbeit zu geben suchen, und der die obigen Zitate entnommen sind. Womit allerdings nicht gesagt sein soll, daß ihre Mitarbeiter solidarisch füreinander haften; gewiß heben sich Autoren wie Gumbel, Cysarz, Muschg, Nadler von dem chaotischen Grunde, auf welchem sie hier erscheinen, ab. Um so bezeichnender aber, daß selbst Männer, die sich auf wissenschaftliche Leistungen von Rang zu berufen vermögen, wenig oder nichts von der Haltung, die die frühe Germanistik geadelt hat, in der Gemeinschaft ihrer Fachgenossen zur Geltung zu bringen vermocht haben. Die ganze Unternehmung ruft für den, der in Dingen der Dichtung zu Hause ist, den unheimlichen Eindruck hervor, es käme in ihr schönes, festes Haus mit dem Vorgeben, seine Schätze und Herrlichkeiten bewundern zu wollen, mit schweren Schritten eine Kompanie von Söldnern hineinmarschiert, und im Augenblick wird es klar: die scheren sich den Teufel um die Ordnung und das Inventar des Hauses; die sind hier eingerückt, weil es so günstig liegt, und sich von ihm aus ein Brückenkopf oder eine Eisenbahnlinie beschießen läßt, deren Verteidigung im Bürgerkriege wichtig ist. So hat die Literaturgeschichte sichs hier im Haus der Dichtung eingerichtet, weil aus der Position des »Schönen« der »Erlebniswerte« des »Ideellen« und ähnlicher Ochsenaugen in diesem Hause sich in der besten Deckung Feuer geben läßt.

Man kann nicht sagen, daß die Truppen, die ihnen hier im Kleinkrieg gegenüberliegen, über eine ausreichende Schulung verfügen. Sie stehen unter dem Kommando der materialistischen Literaturhistoriker, unter denen der alte Franz Mehring immer noch um Haupteslänge hervorragt. Was dieser Mann bedeutet,

1 Philosophie der Literaturwissenschaft, herausgegeben von Emil Ermatinger, Berlin 1930.

belegt jeder Versuch materialistischer Literarhistorie, der seit seinem Tode hervorgetreten ist, von neuem. Am deutlichsten Kleinbergs »Deutsche Dichtung in ihren sozialen, zeit- und geistesgeschichtlichen Bedingungen« – ein Werk, das sklavisch alle Schablonen eines Leixner oder Koenig auspinselt, um sie dann allenfalls mit einigen freidenkerischen Ornamenten einzurahmen; ein rechter Haussegen des kleinen Mannes. Indessen ist Mehring Materialist weit mehr durch den Umfang seiner allgemein-historischen und wirtschaftsgeschichtlichen Kenntnisse als durch seine Methode. Seine Tendenz geht auf Marx, seine Schulung auf Kant zurück. So ist das Werk dieses Mannes, der ehern an der Überzeugung festhielt, es müßten »die edelsten Güter der Nation« unter allen Umständen ihre Geltung behalten, viel eher ein im besten Sinne konservierendes als umstürzendes.

Aber der Jungbrunnen der Geschichte wird von der Lethe gespeist. Nichts erneuert so wie Vergessenheit. Mit der Krise der Bildung wächst der leere Repräsentationscharakter der Literaturgeschichte, der in den vielen populären Darstellungen am handgreiflichsten zutage tritt. Es ist immer derselbe verwischte Text, der bald in der, bald in jener Anordnung auftritt. Seine Leistung hat mit wissenschaftlicher schon lange nichts mehr zu schaffen, seine Funktion erschöpft sich darin, gewissen Schichten die Illusion einer Teilnahme an den Kulturgütern der schönen Literatur zu geben. Nur eine Wissenschaft, die ihren musealen Charakter aufgibt, kann an die Stelle der Illusion Wirkliches setzen. Das hätte zur Voraussetzung nicht nur die Entschlossenheit, vieles auszulassen, sondern die Fähigkeit, den Betrieb der Literaturgeschichte, bewußt, in einen Zeitraum hineinzustellen, in dem die Zahl der Schreibenden – das sind ja nicht nur die Literaten und Dichter – tagtäglich wächst und das technische Interesse an den Dingen des Schrifttums sich sehr viel dringlicher bemerkbar macht als das erbauliche. Mit Analysen des anonymen Schrifttums – der Kalender- und Kolportageliteratur z.B. – sowie der Soziologie des Publikums, der Schriftstellerbünde, des Buchvertriebs zu verschiedenen Zeiten könnten neuere Forscher dem Rechnung tragen, haben es zum Teil auch begonnen. Aber dabei kommt es vielleicht weniger auf eine Erneuerung des Lehrbetriebs durch die Forschung als der Forschung durch den Lehrbetrieb an. Denn mit der Krise der Bildung steht ja in genauem Zusammenhang, daß die Literaturgeschichte die wichtigste Aufgabe – mit der sie als »Schöne Wissenschaft« ins Leben getreten ist, – die didaktische nämlich, ganz aus den Augen verloren hat.

Soviel von den gesellschaftlichen Umständen. Wie hier der Modernismus die Spannung zwischen Erkenntnis und Praxis im musealen Bildungsbegriff nivelliert hat, so im historischen Bereiche der von Gegenwärtigem und Gewesenem, will sagen den von Kritik und Literaturgeschichte. Die Literaturgeschichte des Modernismus denkt nicht daran, vor ihrer Zeit durch eine fruchtbare Durchdringung des Ehemaligen sich zu legitimieren, sie vermeint, das durch Gönnerschaft dem zeitgenössischen Schrifttum gegenüber besser zu können. Es ist erstaunlich, wie die akademische Wissenschaft hier mit allem geht, mitgeht. Wenn frühere Germanistik die Literatur ihrer Zeit aus dem Kreise ihrer Betrachtung ausschied, so war das nicht, wie man es heute versteht, kluge Vorsicht, sondern die asketische Lebensregel von Forschernaturen, die ihrer Epoche unmittelbar in der ihr adäquaten Durchforschung des Gewesenen dienten; Stil und Haltung der Brüder Grimm legen Zeugnis ab, daß die Diätetik, welche solch Werk erforderte, nicht geringer als die großen künstlerischen Schaffens gewesen ist. An Stelle dieser Haltung ist der Ehrgeiz der Wissenschaft getreten, an Informiertheit es mit jedem hauptstädtischen Mittagsblatt aufnehmen zu können.

Die heutige Germanistik ist eklektisch, das will sagen durch und durch unphilologisch, gemessen nicht am positivistischen Philologiebegriff der Scherer-Schule sondern an dem der Brüder Grimm, die die Sachgehalte nie außerhalb des Wortes zu fassen suchten und nur mit Schauder von »durchscheinender«, »über sich hinausweisender« literaturwissenschaftlicher Analyse hätten reden hören. Freilich ist die Durchdringung von historischer und kritischer Betrachtung keiner Generation seitdem in annähernd ähnlichem Grade gelungen. Und wenn es einen Aspekt gibt, unter welchem die in vieler Hinsicht isolierte in einigen wenigen Stücken – Hellingrath, Kommerell – bemerkenswerte Geschichtsschreibung der Literatur aus dem Kreise Georges sich mit der akademischen zusammenschließt, so ist es, daß sie auf ihre Art den gleichen widerphilologischen Geist atmet. Das Aufgebot des alexandrinischen Pantheons, das aus den Werken der Schule bekannt ist, Virtus und Genius, Kairos und Dämon, Fortuna und Psyche, steht geradezu im Dienst des Exorzismus von Geschichte. Und das Ideal dieser Forschungsrichtung wäre die Aufteilung des ganzen deutschen Schrifttums in heilige Haine mit Tempeln zeitloser Dichter im Innern. Der Abfall von der philologischen Forschung führt schließlich – und nicht zum wenigsten im George-Kreise – auf jene Trugfrage, die in wachsendem Maße die literarhistorische Arbeit verwirrt: wieweit und ob denn überhaupt Vernunft das Kunstwerk erfassen könne. Von der Erkenntnis, daß sein Dasein in der Zeit und sein Verstandenwerden nur zwei Seiten ein und desselben Sachverhalts sind, ist man weit entfernt. Sie zu eröffnen ist der monographischen Behandlung der Werke und der Formen vorbehalten.

»Für die Gegenwart«, heißt es bei Walter Muschg, »darf gesagt werden, daß sie in ihren wesentlichen Arbeiten nahezu ausschließlich auf die Monographie gerichtet ist. Der Glaube an den Sinn einer Gesamtdarstellung ist dem heutigen Geschlecht in hohem Maß verloren. Statt dessen ringt es mit Gestalten und Problemen, die es in jener Epoche der Universalgeschichten hauptsächlich durch Lücken bezeichnet sieht.« Mit den Gestalten und Problemen ringt es – das mag richtig sein. Wahr ist, daß es vor allem mit den Werken ringen sollte. Deren gesamter Lebens- und Wirkungskreis hat gleichberechtigt, ja vorwiegend neben ihre Entstehungsgeschichte zu treten; also ihr Schicksal, ihre Aufnahme durch die Zeitgenossen, ihre Übersetzungen, ihr Ruhm. Damit gestaltet sich das Werk im Inneren zu einem Mikrokosmos oder viel mehr: zu einem Mikroaeon. Denn es handelt sich ja nicht darum, die Werke des Schrifttums im Zusammenhang ihrer Zeit darzustellen, sondern in der Zeit, da sie entstanden, die Zeit, die sie erkennt – das ist die unsere – zur Darstellung zu bringen. Damit wird die Literatur ein Organon der Geschichte und sie dazu – nicht das Schrifttum zum Stoffgebiet der Historie – zu machen ist die Aufgabe der Literaturgeschichte.

Linke Melancholie

Zu Erich Kästners neuem Gedichtbuch

Kästners Gedichte liegen heute schon in drei stattlichen Bänden vor. Wer aber dem Charakter dieser Strophen nachgehen will, hält sich besser an ihre ursprüngliche Erscheinungsform. In Büchern stehen sie gedrängt und ein wenig beklemmend, durch Tageszeitungen aber flitzen sie wie ein Fisch im Wasser. Wenn dieses Wasser nicht immer das sauberste ist und mancherlei Abfall darin schwimmt, desto besser für den Verfasser, dessen poetische Fischlein daran dick und fett werden konnten.

Die Beliebtheit dieser Gedichte hängt mit dem Aufstieg einer Schicht zusammen, die ihre wirtschaftlichen Machtpositionen unverhüllt in Besitz nahm und sich wie keine andere auf die Nacktheit, die Maskenlosigkeit ihrer ökonomischen Physiognomie etwas zugute tat. Nicht etwa, daß diese Schicht, die nur den Erfolg visierte, nichts als ihn anerkannte, nun die stärksten Positionen erobert hätte. Dazu war ihr Ideal zu asthmatisch. Es war das kinderloser, aus unbeträchtlichen Anfängen emporgekommener Agenten, die nicht wie die Finanzmagnaten auf Jahrzehnte für die Familie, sondern nur für sich selbst, und das kaum über Saisonabschlüsse hinaus, disponierten. Wer hat sie nicht vor sich: ihre verträumten Babyaugen hinter der Hornbrille, die breiten weißlichen Wangen, die schleppende Stimme, den Fatalismus in Gebärde und Denkungsart. Es ist von Haus aus ganz allein diese Schicht, der der Dichter etwas zu sagen hat, der er schmeichelt, indem er ihr vom Aufstehen bis zum Zubettgehen den Spiegel weniger vorhält als nachträgt. Die Abstände zwischen seinen Strophen sind in ihrem Nacken die Speckfalten, seine Reime ihre Wulstlippen, seine Zäsuren Grübchen in ihrem Fleisch, seine Pointen Pupillen in ihren Augen. Auf diese Schicht bleiben Stoffkreis und Wirkung beschränkt, und Kästner ist genau so außerstande mit seinen rebellischen Akzenten die Depossedierten, wie mit seiner Ironie die Industriellen zu treffen. Das ist, weil diese Lyrik, ihrem Augenschein zum Trotz, vor allem die ständischen Belange der Zwischenschicht-Agenten, Journalisten, Personalchefs – wahrt. Der Haß aber, den sie dabei gegen das kleine Bürgertum proklamiert, hat selbst einen kleinbürgerlichen, allzu intimen Einschlag. Dagegen büßt sie der Großbourgeoisie gegenüber zusehends an Schlagkraft ein und verrät am Ende ihre Sehnsucht nach dem Mäzen in dem Stoßseufzer: »O gäbe es nur ein Dutzend Weise, mit sehr viel Geld.« Kein Wunder, daß Kästner, wenn er mit den Bankiers in einer »Hymne« abrechnet, auf so schiefe Art familiär wie auf schiefe Art ökonomisch ist, wenn er unter dem Titel »Eine Mutter zieht Bilanz« die nächtlichen Gedanken einer Proletarierfrau darstellt. Zuletzt bleiben Heim und Rente die Laufbänder, an denen eine bessergestellte Klasse den knautschenden Dichter gängelt.

Dieser Dichter ist unzufrieden, ja schwermütig. Seine Schwermut kommt aber aus Routine. Denn Routiniertsein heißt, seine Idiosynkrasien geopfert, die Gabe, sich zu ekeln, preisgegeben haben. Und das macht schwermütig. Dies ist der Umstand, der diesem Fall einige Ähnlichkeit mit dem Fall Heine gibt. Routiniert sind die Anmerkungen, mit denen Kästner seine Gedichte einbeult, um diesen lackierten Kinderbällchen das Ansehen von Rugbybällen zu geben. Und nichts ist routinierter als die Ironie, die den gerührten Teig der Privatmeinung aufgehen läßt wie ein Backmittel. Bedauerlich nur, daß seine Impertinenz so außer allem Verhältnis ebensowohl zu den ideologischen wie zu den politischen Kräften steht, über die er verfügt. Nicht zum wenigsten an der grotesken Unterschätzung des Gegners, die ihren Provokationen zugrunde liegt, verrät sich, wie sehr der Posten dieser linksradikalen Intelligenz ein verlorener ist. Mit der Arbeiterbewegung hat sie wenig zu tun. Vielmehr ist sie als bürgerliche Zersetzungserscheinung das Gegenstück zu der feudalistischen Mimikry, die das Kaiserreich im Reserveleutnant bewundert hat. Die linksradikalen Publizisten vom Schlage der Kästner, Mehring oder Tucholsky sind die proletarischen Mimikry des zerfallenen Bürgertums. Ihre Funktion ist, politisch betrachtet, nicht Parteien sondern Cliquen, literarisch betrachtet, nicht Schulen sondern Moden, ökonomisch betrachtet, nicht Produzenten sondern Agenten hervorzubringen. Und zwar ist diese linke Intelligenz seit fünfzehn Jahren ununterbrochen Agent aller geistigen Konjunkturen, vom Aktivismus über den Expressionismus bis zu der Neuen Sachlichkeit gewesen. Ihre politische Bedeutung aber erschöpfte sich mit der Umsetzung revolutionärer Reflexe, soweit sie am Bürgertum auftraten, in Gegenstände der Zerstreuung, des Amüsements, die sich dem Konsum zuführen ließen.

Derart verstand der Aktivismus, der revolutionären Dialektik das klassenmäßig unbestimmte Gesicht des gesunden Menschenverstands aufzusetzen. Er war gewissermaßen die Weiße Woche dieses Intelligenzmagazins. Der Expressionismus stellte die revolutionäre Geste, den gesteilten Arm, die geballte Faust in Papiermaché aus. Nach diesem Werbefeldzug schritt sodann die Neue Sachlichkeit, aus der die Kästnerschen Gedichte stammen, zur Inventur. Was findet »die geistige Elite«, die an die Bestandaufnahme ihrer Gefühle herantritt, denn vor? Diese selbst etwa? Sie sind längst verramscht worden. Was blieb, sind die leeren Stellen, wo in verstaubten Sammetherzen die Gefühle – Natur und Liebe, Enthusiasmus und Menschlichkeit – einmal gelegen haben. Nun liebkost man geistesabwesend die Hohlform. An diesen angeblichen Schablonen glaubt eine neunmalweise Ironie viel mehr als an den Dingen selbst zu haben, treibt großen Aufwand mit ihrer Armut und macht sich aus der gähnenden Leere ein Fest. Denn das ist das Neue an dieser Sachlichkeit, daß sie auf die Spuren einstiger Geistesgüter sich soviel zugute tut wie der Bürger auf die seiner materiellen. Nie hat man in einer ungemütlichen Situation sich's gemütlicher eingerichtet.

Kurz, dieser linke Radikalismus ist genau diejenige Haltung, der überhaupt keine politische Aktion mehr entspricht. Er steht links nicht von dieser oder jener Richtung, sondern ganz einfach links vom Möglichen überhaupt. Denn er hat ja von vornherein nichts anderes im Auge als in negativistischer Ruhe sich selbst zu genießen. Die Verwandlung des politischen Kampfes aus einem Zwang zur Entscheidung in einen Gegenstand des Vergnügens, aus einem Produktionsmittel in einen Konsumartikel – das ist der letzte Schlager dieser Literatur. Kästner, der eine große Begabung ist, beherrscht ihre sämtlichen Mittel mit Meisterschaft. Weitaus an erster Stelle steht hier eine Haltung, wie sie schon im Titel vieler Gedichte sich ausprägt. Da gibt es eine »Elegie mit Ei«, ein »Weihnachtslied chemisch gereinigt«, den »Selbstmord im Familienbad«, das »Schicksal eines stilisierten Negers« usw. Warum diese Gliederverrenkungen? Weil Kritik und Erkenntnis zum Greifen naheliegen; aber die wären Spielverderber und sollen unter keiner Bedingung zu Worte kommen. Da muß denn der Dichter sie knebeln, und nun wirken ihre verzweifelten Zuckungen wie die Kunststücke eines Kontorsionisten, nämlich belustigend auf ein großes und in seinem Geschmack unsicheres Publikum. Bei Morgenstern war der Blödsinn nur die Kehrseite einer Flucht in die Theosophie. Kästners Nihilismus aber verbirgt nichts, so wenig wie ein Rachen, der sich vor Gähnen nicht schließen kann.

Früh begannen die Dichter Bekanntschaft mit dieser sonderbaren Spielart der Verzweiflung zu machen: der gequälten Stupidität. Denn meist ist die wahrhaft politische Dichtung der letzten Jahrzehnte heroldhaft den Dingen vorangeeilt. Es war im Jahre 1912 und 1913, als Georg Heyms Gedichte die damals unvorstellbare Verfassung der Massen, die im August 1914 zutage trat, in befremdlichen Schilderungen niemals gesichteter Kollektiva: der Selbstmörder, der Gefangenen, der Kranken, der Seefahrer oder der Irren, vorwegnahmen. In seinen Versen rüstete sich die Erde, von der roten Sintflut bedeckt zu werden. Und lange ehe der Arrarat der Goldmark als einziger Gipfel aus der Flut ragte, bis auf den letzten Platz von Freßsack, Gürtelpelz und Naschkatz besetzt, hatte Alfred Lichtenstein, der in den ersten Tagen des Krieges gefallen war, jene tristen und aufgeschwemmten Figuren ins Blickfeld gerückt, für die Kästner die Schablone gefunden hat. Was nun den Bürger in dieser frühen, noch vorexpressionistischen Fassung von dem späteren und nachexpressionistischen unterscheidet, ist seine Exzentrizität. Lichtenstein hat nicht umsonst eines seiner Gedichte einem Clown zugeeignet. Seinen Bürgern steckt die Clownerie der Verzweiflung noch in den Knochen. Sie haben noch nicht den Exzentrik als Gegenstand des großstädtischen Amüsements aus sich herausgesetzt. Sie sind noch nicht so gänzlich saturiert, noch nicht so ganz Agenten, daß sie nicht ihre dunkle Solidarität mit einer Ware, für die die Absatzkrise schon am Horizont heraufzieht, fühlten. Der Friede kam dann – jene Absatzstockung der

Menschenware, die wir als Arbeitslosigkeit kennenlernen. Und Selbstmord, wie ihn Lichtensteins Gedichte propagieren, ist Dumping, Absatz dieser Ware zu Schleuderpreisen. Von alledem wissen Kästners Strophen nichts mehr. Ihr Takt folgt ganz genau den Noten, nach denen die armen reichen Leute Trübsal blasen; sie sprechen zu der Traurigkeit des Saturierten, der sein Geld nicht restlos seinem Magen zuwenden kann. Gequälte Stupidität: das ist von den zweitausendjährigen Metamorphosen der Melancholie die letzte.

Kästners Gedichte sind Sachen für Großverdiener, jene traurigen schwerfälligen Puppen, deren Weg über Leichen geht. Mit der Festigkeit ihrer Panzerung, der Langsamkeit ihrer Fortbewegung, der Blindheit ihres Wirkens, sind sie das Stelldichein, das Tank und Wanze sich im Menschen gegeben haben. Diese Gedichte wimmeln von ihnen wie ein Citycafé nach Börsenschluß. Was Wunder, da sie ihre Funktion darin haben, diesen Typ mit sich selbst zu versöhnen und jene Identität zwischen Berufs- und Privatleben herzustellen, die von diesen Leuten unter dem Namen »Menschlichkeit« verstanden wird, in Wahrheit aber das eigentlich Bestialische ist, weil echte Menschlichkeit – unter den heutigen Verhältnissen – nur aus der Spannung zwischen jenen beiden Polen hervorgehen kann. In ihr bilden sich Besinnung und Tat, sie zu schaffen ist die Aufgabe jeder politischen Lyrik, und erfüllt wird sie heute am strengsten in den Gedichten von Brecht. Bei Kästner muß sie der Süffisanz und dem Fatalismus Platz machen. Es ist der Fatalismus derer, die dem Produktionsprozeß am fernsten stehen, und deren dunkles Werben um die Konjunkturen der Haltung eines Mannes vergleichbar ist, der sich ganz den unerforschlichen Glücksfällen seiner Verdauung anheimgibt. Sicher hat das Kollern in diesen Versen mehr von Blähungen als vom Umsturz. Von jeher gingen Hartleibigkeit und Schwermut zusammen. Seit aber im sozialen Körper die Säfte stocken, schlägt Dumpfheit uns auf Schritt und Tritt entgegen. Kästners Gedichte machen die Luft nicht besser.

Oedipus
oder der vernünftige Mythos

Es dürfte kurz nach dem Kriege gewesen sein, daß man von dem englischen Bühnenexperiment »Hamlet im Frack« hörte. Man hat damals viel über diesen Versuch debattiert; vielleicht genügt es hier, das Paradoxon festzuhalten, das Stück sei zu modern, um modernisiert zu werden. Fraglos hat es Epochen gegeben, die Entsprechendes, ohne bewußte Zwecke damit zu verfolgen, unternehmen konnten; es ist bekannt, daß in den Mysterienspielen des Mittelalters genau wie auf den gleichzeitigen Bildern die Figuren in Kostümen der Zeit auftraten. Aber gewiß ist, daß dergleichen heute der genauesten künstlerischen Besinnung entstammen muß, um mehr zu sein als snobistischer Scherz. In der Tat hat man nun aber verfolgen können, wie in den letzten Jahren große oder zumindest besonnene Künstler dergleichen »Modernisierungen« und zwar so gut in der Dichtung wie in der Musik und Malerei ins Werk gesetzt haben. Der Richtung, die Picasso mit den Bildern um 1927, Strawinsky mit dem »Oedipus«, Cocteau mit dem »Orpheus« repräsentieren, hat man den Namen Neoklassizismus gegeben. Nun steht dieser Name hier nicht, um Gide an diese Richtung anzuschließen (wogegen er mit Recht Einspruch erheben würde), sondern um anzudeuten, wie die verschiedensten Künstler dazu kamen, grade am Griechentum jene Entkleidung oder, wenn man will, Verkleidung im Sinne der Gegenwart vorzunehmen. Einmal konnten sie sich davon den Vorteil versprechen, bekannte, aber doch dem aktuellen Stoffkreis entrückte Gegenstände für ihre Versuche zu gewinnen. Denn um ausgesprochene Versuche konstruktiver Art, gewissermaßen Studio-Werke, handelt es sich in allen diesen Fällen. Zweitens aber konnte grade der konstruktivistischen Absicht nichts angelegener sein als den Wettbewerb mit den durch Jahrhunderte als Kanon des Organischen, Gewachsenen in Geltung stehenden Werken des Griechentums aufzunehmen. Und drittens ist da die geheime oder öffentliche Absicht im Spiel gewesen, eine echte geschichtsphilosophische

Probe auf die Ewigkeit – will sagen immer von neuem sich bewährende Aktualität – des Griechentums zu machen. Mit dieser dritten Überlegung aber befindet sich der Betrachter bereits im Mittelpunkt von André Gides letztem Werk. Ohnehin wird es ihm bald aufgehen, daß es mit der Umwelt dieses Oedipus seine Bewandtnis hat. Da ist die Rede vom Sonntag, von Verdrängung, von Lothringern, Dekadents und Vestalinnen. Der Dichter macht es seinem Publikum unmöglich, an Einzelheiten des Lokals, der Lage sich zu klammern; er nimmt ihm selbst die Illusion, nennt gleich mit den ersten Worten die Bühne bei ihrem Namen. Kurz, wer ihm folgen will, der muß sich »freischwimmen«, die Wogenkämme und die Wellentäler des seit zweitausend Jahren bewegten Sagenmeers nehmen wie sie kommen, sich tragen und sich fallen lassen. Nur so wird er zu spüren bekommen, was dieses Griechentum ihm, er diesem Griechentum sein kann. Was? Das ist im Oedipus selbst zu finden und von allen tiefsinnigen oder spielerischen Abwandlungen, die die Sage bei Gide erfährt, ist es die seltsamste. »Aber ich begreife, ich allein habe begriffen, daß das einzige Losungswort, das einen vor den Klauen der Sphinx bewahren könnte, der Mensch hieß. Wohl gehörte ein gewisser Mut dazu, dieses Wort auszusprechen, aber ich hatte es schon in Bereitschaft, ehe ich das Rätsel vernommen hatte, und meine Stärke liegt darin, daß ich von keiner anderen Antwort wissen wollte, wie immer die Frage wäre.«

Vorher hat Oedipus das Wort gewußt, an dem die Macht der Sphinx sich brechen mußte; so hat auch Gide das Wort, kraft dessen sich das Grausen der sophokleischen Tragödie lichtete, vorher gewußt. Mehr als zwölf Jahre sind es, da erschienen »seine Gedanken über die griechische Mythologie« und dort heißt es: »Wie hat man nur dergleichen glauben können?« ruft Voltaire. Und dennoch: an erster Stelle ist es die Vernunft und nur die Vernunft ist es, an die jeder Mythos sich wendet und keinen hat man verstanden, wenn nicht zuerst die Vernunft ihn annimmt. Die griechische Sage ist von Grund auf vernünftig und eben daher darf man, ohne ein schlechter Christ zu sein, sagen, daß sie viel leichter zu fassen ist als die Lehre des Paulus.« Nun verstehe man recht: nirgends behauptet der Dichter, es sei die ratio, die die griechische Sage gewoben noch auch, daß nur in ihr der griechische Sinn des Mythos gelegen habe. Das Wichtige ist vielmehr, welchen Abstand der heutige von jenem alten Sinn gewinnt und wie der Abstand von der alten Deutung nur neue Nähe zur Sage selber ist, aus der der neue Sinn sich unerschöpflich immer neuem Finden bietet. Darum ist die Griechensage wie der Krug Philemons »den kein Durst leert, wenn man in Jupiters Gesellschaft trinkt«. Der rechte Augenblick ist auch ein Jupiter und somit kann der Neoklassizismus heute in der Sage entdecken, was noch niemals in ihr gefunden wurde: die Konstruktion, die Logik, die Vernunft.

Wir halten ein, um uns entgegnen zu lassen, anstelle der Erklärung sei nunmehr ein wahrhaft schwindelerregendes Paradoxon getreten. Da, wo der Palast des Oedipus gestanden hat, das Haus, das wie kein anderes von Nacht und Grauen, Blutschande, Vatermord, Verhängnis, Schuld umwittert war, soll heute sich der Tempel der Göttin der Vernunft erheben? Wie kann das sein? Was ist dem Oedipus in den dreiundzwanzig Jahrhunderten, da Sophokles ihn zuerst auf die Griechenbühne stellte, bis zu dem heutigen Tage, da ihn Gide von neuem auf die Frankreichs stellt, geschehen? Wenig. Was bewirkt dies Wenige? Viel. *Oedipus hat die Sprache gewonnen.* Der sophokleische Oedipus nämlich ist stumm, fast stumm. Spürhund auf seiner eigenen Spur, Schreiender unter der Mißhandlung seiner eigenen Hände, kann Denken, ja Besinnung keine Stelle in seinen Reden finden. Zwar ist er unersättlich, das Fürchterliche von neuem immer wiederholend, auszusprechen:

> o Ehe, Ehe!
> Du pflanztest mich. Und da du mich gepflanzt,
> So sandtest du denselben Samen aus,
> Und zeugtest Väter, Brüder, Kinder, ein
> Verwandtes Blut, und Jungfraun, Weiber, Mütter,
> Und was nur schändlichstes entstehet unter Menschen!

Aber eben diese Rede ist es, die sein Inneres verstummen läßt, wie er denn auch der Nacht ganz ähnlich werden möchte:

Sondern wäre für den Quell,
Der in dem Ohre tönt, ein Schloß, ich hielt es nicht,
Ich schlösse meinen müheselgen Leib,
Daß blind ich wär und taub.

Und wie sollte er nicht verstummen, wie sollte das Denken die Verstrickung jemals lösen, die es ganz unentscheidbar macht, was ihn zu Grunde richtet: das Verbrechen selbst, der Spruch des Apollon oder der Fluch, den er selber dem Mörder des Laios anheftet? Übrigens aber kennzeichnet diese Stummheit nicht den Oedipus allein, sondern den Helden der griechischen Tragödie überhaupt. Darum ist sie es, bei welcher immer wieder neuere Forscher verweilen. »Der tragische Held hat nur eine Sprache, die ihm vollkommen entspricht: eben das Schweigen.«

Von hier aus nun erst ist die Kühnheit des Versuchs zu überblicken, den Helden der Tragödie mit der Sprache zu begaben. Nun tritt ins Licht, was die großartigen Worte über das »Schicksal« zu sagen haben, die der Dichter im schon erwähnten Zusammenhange, lange bevor er im »Oedipus« sie einlöste, niederschrieb: »Mit diesem widerwärtigen Wort gesteht man dem Zufall sehr viel mehr zu als ihm gebührt; es treibt sein Unwesen überall, wo man auf eine Erklärung verzichtet. Nun aber behaupte ich, je mehr man in der Sage das Schicksal zurückdrängt desto lehrreicher wird sie.« Am Ende des zweiten Akts ist im sophokleischen Drama (das deren fünf hat) die Rolle des Sehers Tiresias beendet. Zweitausend Jahre hat Oedipus gebraucht, um ihm bei Gide in jener großen Debatte entgegenzutreten, in der er ausspricht, was er bei Sophokles nicht einmal zu denken gewagt hätte: »Dieses Verbrechen hatte Gott mir auferlegt. Er hatte es auf meinem Wege verborgen. Schon vor meiner Geburt war die Falle gestellt, über die ich straucheln sollte, denn entweder log dein Orakel, oder ich konnte mich nicht retten. Ich war umstellt.«

Dank solcher ungesuchten Überlegenheit des Helden siedelt nun bei Gide am Ort, oder doch im Weichbild des alten Grauens das Satyrspiel sich an wie es durch Kreons Worte hin und wieder auch durch die des Chors hindurchscheint. Nie überlegener als in der Ermahnung, die Oedipus den Kindern, die er im Gespräch belauscht, erteilt. Ein Stammgast der Rotonde hätte sich nicht unbefangener zu der Frage äußern können. Es ist, als lägen in den unentwirrbaren Verhältnissen seines Hauses alle kleinbürgerlichen häuslichen Miseren (ins Ungeheure gesteigert) vor ihm. Er wendet ihnen den Rücken, um den Spuren der Emanzipierten zu folgen, die vorangegangen sind: des jüngeren Bruders aus dem »Verlorenen Sohn« und des Wanderers aus den »Nourritures Terrestres«. Oedipus ist der älteste der großen Aufbrechenden, die ihren Wink von dem bekamen, der geschrieben hat: »Il faut toujours sortir n'importe d'où.«

Privilegiertes Denken

Zu Theodor Haeckers »Vergil«

»Vergil Vater des Abendlands«[1] heißt ein Buch, in dem Theodor Haecker die Wahrheiten, Lehren, Mahnungen aus dem Schaffen Vergils darlegt, die ihm nach dessen zweitausendjähriger Vollendung die zeitigsten scheinen. Der Verfasser, obwohl Katholik, ist Schüler von Kierkegaard, und zwar nicht nur als Theolog sondern ebensosehr als Polemiker. Ihrer polemischen Absicht nach ist auch diese Schrift zu betrachten. Es geht Haekker um zwei Hauptgegenstände: die Auflösung der überkommenen Wertung, die Vergil in den Schatten Homers stellt, und die Vernichtung jeder untheologischen, genauer noch: unkatholischen Interpretation des Dichters. So unverwechselbar das Buch durch die Doppelheit dieser Absicht in der übrigen Jubiläumsliteratur steht, so ist es mit ihren wichtigeren Werken doch einig in dem einen Bestreben, außerhalb Homers, außerhalb nicht nur des Griechentums, vielmehr der reinen Dichtung überhaupt den Standort zu suchen. Wie grundlegend sich, gewiß zum ersten Male seit ein paar hundert Jahren, die Dinge hier geändert haben, beweist ein Blick in irgendeine der landläufigen Literaturgeschichten um die Jahrhundertwende: »Vergil«, so heißt es da schlankweg, »war kein großer Dichter.« Demgegenüber hat sich in den verschiedenen Schriften zum Feierjahr eine höchst positive Einschätzung des Dichters hervorgetan und auch, daß sie vom Religiösen ihren Ausgang nimmt. »So haben wir«, schreibt Wjatscheslaw Iwanow, »in der Vergilschen Darstellung der Irrfahrten und Kriegsmühen des ›pater Aeneas‹ statt einer ruhm- und leidvollen Heldensage alten Schlages, die auf eine mythologische Begründung des betreffenden Heroenkults hinausliefe, eine Art an Bibelgeschichten gemahnendes Heiligenleben vor uns, das eine unabsehbare Folge von Taten, die schon nicht mehr von ihm selbst, sondern erst von den Erben seiner

[1] Theodor Haecker: Vergil Vater des Abendlands, Verlag Jakob Hegner, Leipzig.

Sendung vollbracht worden sind, einleitet und nur als Auftakt dient zu einer unermeßlichen Schicksalsentfaltung, angesichts deren er sich nicht so sehr als ihr Urheber denn als Vorläufer des verheißenen Heils und als Gottes Werkzeug fühlt ... Mithin stellt sich Vergils Geschichtsdeutung zeitlich zwischen die Bibel und des heiligen Augustin Meisterwerk ›De Civitate Dei‹.« Es trifft sich, daß diese Worte eine durchaus brauchbare Umschreibung von Haeckers Grundkonzeption geben. Ihre weitere Entfaltung bei diesem ist freilich an einen eigentümlichen Aufbau gebunden. Haeckers Buch besteht aus Kapiteln, deren die meisten einen Vergilschen Halbvers zum Motto und zugleich zum Gegenstand ihrer Interpretation haben. Diese ist demnach im wesentlichen Exegese einzelner Redewendungen, ja Worte, wie das bei einem Sprachmystiker, der Haecker ist, nicht überraschen kann. Ohne Härte geht es bei keiner Auslegung, geschweige denn der theologischen ab. Sie kann die dichterische Fügung sprengen, um so zu mächtigeren Grundgehalten vorzustoßen und doch zugleich dem Text im Wortkern die fruchtbarste Entfaltung angedeihen zu lassen; sie kann theologisch sein, ohne die Philologie darum preiszugeben. Haeckers Deutung aber, die weniger den epischen als den römischen Zusammenhang sprengt, um die Worte in einer allen philologischen Gehalten fremden Sphäre ad majorem Dei gloriam zur Entfaltung zu bringen, ist gewalttätig. (Wäre hier der Ort, das Haeckersche Lehrgebäude darzustellen, so hätte diese geschichtsfremde idealistische Sprachmystik ein Hauptinteresse zu beanspruchen. Selbst diese Darstellung wird ihr im folgenden nicht gänzlich aus dem Wege gehen können.) Das mystisch-interpretative Verfahren gibt dem Haeckerschen Werk den Charakter eines Traktats und dazu paßt ebenso die gehobene Sprache wie die autoritäre Bestimmtheit, mit der christliche Dogmen oder Dicta an jeden Vers oder Halbvers sich anschließen, sei es, daß die Schlußzeile der Aeneis eine Pascalsche Wendung bekommt oder in dem berühmten »sunt lacrimae rerum« der Rechtfertigungsgedanke beschworen oder die »Fülle der Vergilischen Humanität« interpretiert wird als die Bereitschaft, »das Mysterium zu ehren, also zu glauben an ein göttliches Fatum ohne Beeinträchtigung des freien Willens und der Verantwortung des Menschen«, um dann genauer bestimmt zu werden als doppeltes Mysterium, das erfüllt sei »durch das Christentum im beneplacitum des trinitarischen Gottes, der Geist ist und Leben, in einem beneplacitum Dei, das unerforschlich, unzugänglich ist wie das alte Fatum, aber nicht dunkel durch Nacht, sondern dunkel durch Licht, nicht Leiden bringend aus Willkür, sondern aus Weisheit, nicht bloß vollkommene Gerechtigkeit, sondern Glut und Flamme der Liebe«. Einige weitere theologische Reflexionen, so ist das wieder ins Ästhetische zurückgeflossen: »Gott ist wahr und gut und schön; sobald ein Dichter nur an den Saum der Schönheit Gottes rührt, womit er zugleich auch an den Saum des Wahren und Guten rührt, ist in seinen Werken notwendig ein Absolutes und Unvergängliches.« Gewiß kann man in diesem Buche Tieferes und Gründlicheres über Vergil finden. Das ändert nichts daran, daß die entschlossene Vernachlässigung einer profanen – d. i. eigentlichen – Vergilphilologie den Verfasser ganz außerstand setzt, solche Theologumuna als das zu erkennen, was sie sind: Schablonen aus der Hinterlassenschaft der schöngeistigen Spätromantik.

Man mag die Invektiven, mit denen Haecker den Vergilübertragungen von Rudolf Alexander Schröder entgegentritt, an mancher Stelle gegründet finden – dennoch ist es unzweifelhaft, daß dessen »Reflexionen eines Vergillesers«, die ungefähr gleichzeitig mit dem Werk Haeckers erschienen sind, einen besseren Weg gehen. Auch Schröder hat die Bedeutung der *pietas* für Vergil erkannt. Indem er sie aber in ihrer historischen Konkretion und Fülle erfaßte, stieß er auf einen neuen und befruchtenden Begriff des Synkretismus und war imstande, mit allem, was er von dem Wert Vergils für seine Nachwelt sagt, auch etwas über dessen eigenes historisches Bild auszumachen, wogegen Haecker sehr bezeichnender-, aber auch sehr anstößigerweise über den individuellen Seelenraum des Dichters, die anima naturaliter christiana, nie hinauskommt, den Durchblick auf die römische religio nie gewinnt. So heißt es bei Schröder: »Gewiß kann eine religiöse Anschauungswelt, die alle irdische Erscheinung, alles irdische Tun und Lassen in einer kaum merkbar erhöhten Geistesebene gleichsam redupliziert erscheinen läßt, dem gemeinen Sinne zum rohen Animismus, dem des gläubigen Aufschwungs Unfähigen zu einem Wirrsal mehr oder minder skurriler Observanzen entarten. Aber dahinter steht doch ein Gesamtbegriff von weltbewegender und weltbefruchtender Tiefe, nämlich der, daß ein Ehrfurcht gebietendes Heilige auch dem Unheiligsten der Erscheinungswelt innewohne ... Der Gottesdienst, der neben Laren und Penaten dem Grenzstein, dem Geschäft des Pflügens und Säens, dem Genius der Eröffnung und des Schließens und so manchen anderen Fixierungen des schwebend entschwebenden Momentes Kranz und Spende weihte, mochte nicht in jedem einzelnen Fall oder in jeder einzelnen Person sich mit dem Bilde einer durchweg vergeistigten und vergotteten Welt durchdringen. Trotzdem war dies Weltbild als eine eigene Entelechie jedem seiner einzelnen Bestandteile eingeordnet.« Wie dürr und blaß dagegen Haecker: »Uns interessieren nicht mehr lebendig – das geht allein die Wissenschaft an – die äußeren Praktiken der römischen Staatsreligion, noch überhaupt der ganze Götterhimmel, der in der Hauptsache – außer den Bauerngöttern – bei Vergil schon schöne Dichtung ist, von äußerlich symbolischer Bedeutung nur.« Und in gleichem Zusammenhange, den Gegensatz von Staatsreligion und Frömmigkeit kennzeichnend: »Im reinen Geist ist nicht der mögliche Gegensatz zwischen äußerer Frömmigkeit, die keine ist, und innerer, die die äußere verachtet oder verleumdet, denn in ihm ist alles innen: Form wie Inhalt; im Menschen aber ist dieser Gegensatz.« Der unscheinbare Hilfsbegriff des »reinen Geistes«, der hier auftaucht, verdient Aufmerksamkeit. Denn niemand anders als er ist der Inhaber der sonderbaren Privilegien, die ein Denken, wie Haecker es praktiziert, kennzeichnen. Es hat sich schon gezeigt, daß dieses Denken autoritär ist. Nun hat es aber mit der Autorität eine besondere Bewandtnis. Stark und unerschütterlich muß sie sein – gewiß. Aber auch einladend muß sie sein und gewinnend. Weithin sichtbar, wenn man will eine Veste – aber mit tausend Toren. Das Besserwissen ist auch eine feste Burg, nur daß man das Privileg hat, sie allein zu bewohnen.

Es hat in Deutschland immer viele Leute gegeben und gibt heute besonders viele, die meinen das, *was* sie wissen und daß *sie* es wissen, das stelle nun den Hebel der Verhältnisse dar und von da aus müsse es anders werden. Auf welche Weise aber diesem Wissen nun etwa Kurs zu geben sei und mit welchen Mitteln man es könne unter die Leute bringen, darüber haben sie nur die schattenhaftesten Vorstellungen. Man müsse es eben sagen, betonen. Ganz fern liegt ihnen der Gedanke, daß ein Wissen, das keinerlei Anweisung auf seine Verbreitungsmöglichkeiten enthält, wenig hilft, daß es in Wahrheit überhaupt kein Wissen ist. Und sagt man ihnen, daß jedes wahre Wissen seine Wahrheit historisch daran allererst erprobt, daß es zu neuen Unwissenden sich auf den Weg macht, so wird man sie kopfscheu machen. Nichts kennzeichnet ja ihre Hilflosigkeit, ihren Mangel an Wirklichkeitssinn so kraß wie die klägliche Unmittelbarkeit, mit der der »reine Geist« in ihnen ohne viel Federlesen an »den Menschen« sich wendet. »Der Mensch« und »der Geist« haben in diesen Köpfen eine Gespensterfreundschaft geschlossen, und so vereint begegnen sie auch hier. Die Einleitung bereits erklärt in einer, vielleicht überflüssigen, Verteidigung des »Menschen« oder des »Menschlichen«, die ja ohnehin alle Ehren von Modewörtern genießen: »Es wird kaum einer, der die zahllos verschiedenen Arten der Pflanzen und Tiere betrachtet und eben auf die Verschiedenheit dieser Arten sein Hauptaugenmerk lenkt, darüber vergessen oder leugnen, daß es *die* Pflanze und *das* Tier gibt mit ewigen unveränderlichen Merkmalen, während es heute wohl solche gibt, die an eine radikale Wesensänderung des Menschen im Laufe der Zeiten zu glauben scheinen.« Bei einem scholastisch Geschulten, wie Haecker es selbstverständlich ist, bedarf eine solche Aussage einer ungewöhnlichen Freiheit von intellektuellen Skrupeln. Denn nirgends ist die Frage, ob es solche Gattungswesenheiten gibt – ob sie *ante rem* seien, wie das in der Schulsprache hieß –, mit ähnlicher Erbitterung ausgefochten worden wie im Universalienstreit, den die Nominalisten gegen die Realisten führten. Man wird nun eine so angelegentliche Parteinahme post festum seitens des Verfassers, zumal an dieser Stelle, vielleicht kurios finden. Doch nur, solange man nicht erfaßt hat, was sie zum Schutze der besagten Privilegien leistet. Und damit kehren wir nochmals zu »dem Menschen«, wie »der Geist« ihn schaut, zurück. »Wir müssen sagen«, so heißt es in späterem Zusammenhange, »daß der abendländische Mensch seit über 2000 Jahren das Prinzipat gehabt hat über alle anderen Völker und Rassen; das will auf die letzte Formel gebracht sagen, daß er die prinzipielle Möglichkeit, die er taktisch oft genug nicht verwirklichte, gehabt hat, alle anderen Menschen zu verstehen, worin eingeschlossen ist seine faktische und seine mögliche politische Herrschaft. Und diese Möglichkeit und Wirklichkeit hat er gehabt durch seinen Glauben.« Es ist nicht unsere Schuld, wenn der Verfasser das realpolitische Äquivalent seiner »Idee des Menschen« in so peinliche Nähe rückt: jenes, im drastischen Sinne privilegierte, Verständnis der nichtabendländischen Völker, welches gekennzeichnet ist durch das Ineinanderwirken von Ausbeutung und Mission. So pflegt nun einmal die Kontrebande auszuschauen, die in das Musselin des reinen Geistes gewickelt, die Reisenden nach Wolkenkuckucksheim mit sich führen.

Am allerwenigsten sollte die Theologie ein solches Wolkenkuckucksheim sein. Es sind denn auch in der Tat theologische Denker gewesen, die gerade in unserer Generation erschienen, um den Kampf gegen die Idololatrie des Geistes aufzunehmen: der Jude Franz Rosenzweig von der Sprache, der Protestant Florens Christian Rang von der Politik her. Nun hält allerdings auch Haecker sich für einen Sprachdenker so gut wie er ein Politiker ist, wennschon er vielleicht vorzieht, nicht dafür zu gelten. Aber das eben schließt ihn aus der Reihe der echten theologischen Denker aus, daß er die Philosophie der Sprache wie der Politik vom Geiste aus handhaben zu können meint, ohne weder mit der Philologie noch mit der Ökonomie näher sich einzulassen. Freilich – und so erst rückt der Sachverhalt ins rechte Licht – bei Rosenzweig und vollends bei Rang handelt es sich um häretisch gestimmte Männer, denen es nichts Unmögliches ist, die Tradition auf ihrem eigenen Rücken zu befördern, statt sie seßhaft zu verwalten. Der Moderantismus ist es, der Haekker um die Frucht seiner Bemühungen bringt. Denn was hilft ein noch so radikaler Rückgang auf die Quellen, die noch so große Kunst der Auslegung, wenn das Bewußtsein selber an die Konvention sich klammert, deren verräterischstes Kennzeichen in diesem Falle die dilettantische Fragestellung ist, was uns Vergil sei. Gewiß entspricht sie aufs Haar der falschen Unmittelbarkeit, mit der der Geist sich an den Menschen wendet. (Es ist die große politische Bedeutung der Lehre von der Erbsünde, dieser Art Unmittelbarkeit und Innerlichkeit den Garaus zu machen.) Wäre Haecker zur echten, mittelbaren Fragestellung vorgedrungen: was die Geschichte der Vergilschen Dichtung und ihrer Erforschung in einem Zeitpunkt uns lehrt, da beide ihren unfreiwilligen Abschluß zu finden drohen, er hätte seine glänzenden schriftstellerischen Gaben unter Beweis gestellt, ohne die Aufmerksamkeit auf seine sehr bescheidenen denkerischen zu lenken. An Vorbildern auf solchem Wege fehlte es nicht. Man denke an die wissenschaftliche Bescheidung, mit welcher Bezold das »Fortleben der antiken Götter im mittelalterlichen Humanismus« untersucht hat und wird verstehen, wieviel bedeutsamer nicht allein Vergil sondern die Scholastik in einer Darstellung der Einbettung des Dichters in das mittelalterliche Schrifttum zu ihrem Recht gekommen wären, indessen Haeckers Formeln im Grunde nur jene wiederholen, mit denen einst der »Zauberer Vergilius« beschworen wurde.

»Ein der Theologie entleerter Humanismus wird nicht standhalten«, sagt der Verfasser. Aber der Spaß geht zu weit, einem Zeitalter, dem dieser Humanismus denkerisch und tatsächlich gleich kompromittiert ist, den Thomismus zu dessen Rettung anzuempfehlen. Haecker lebt in einem elfenbeinernen Turm, aus dessen oberstem Fenster er schmälend herausblickt. Und das schlimmste ist, daß der Grund, auf dem dieser Turm errichtet ist, nachgibt. Wie ist es anders möglich, daß einer den Begriff des »adventistischen Heidentums« wie eine landläufige Redensart handhabt und doch nichts spürt von dem auf ihn und unsere Tage Zukommenden, das ein Adventistisches ist, auch wenn es marschiert; daß einer »eine bloß philologisch-ästhetische Erklärung Vergils« als »ein Falsum, eine Zersetzung des Ganzen, ausgeführt durch zersetzte Geister« bezeichnet und dennoch nirgends Worte für die barbarischen Bedingungen findet, an welche jeder heutige Humanismus gebunden ist. Es ist die Unaufrichtigkeit und der Hochmut der Geistigen, die an dieser Unstimmigkeit schuld sind; dieselben Züge, die es ihnen erlauben, die Bezeichnung als »Geistige« ohne Schamröte und aus keinem anderen Grund hinzunehmen, als weil sie nicht imstande sind, sich Rechenschaft von ihrer Stellung im Produktionsprozeß zu geben. Täten sie's: ein Essayist vom Range Haeckers könnte nicht umhin, das Problem jeder wahrhaft aktuellen Vergilinterpretation – die Möglichkeit des Humanisten in unserer Zeit – ins Auge zu fassen. Und die Betrachtung der Privilegien, kraft deren es einer noch ist, würde ihn von deren härtester Ablagerung befreien: jenem privilegierten Wissen um den rechten Weg, das die verhängnisvollste Metamorphose des Bildungsprivilegs darstellt.

Rückblick auf Stefan George

Zu einer neuen Studie über den Dichter*

Stefan George schweigt seit Jahren. Indessen haben wir ein neues Ohr für seine Stimme gewonnen. Wir erkennen sie als eine prophetische. Das heißt nicht, daß George das historische Geschehen noch weniger, daß er dessen Zusammenhänge vorausgesehen hätte. Das macht den Politiker, nicht den Propheten. Prophetie ist ein Vorgang in der moralischen Welt. Was der Prophet voraussieht, sind die Strafgerichte. Sie hat George dem Geschlecht der »eiler und gaffer«, unter welches er versetzt war, vorausgesagt. Die Weltnacht, deren Nahen ihm die Tage verdüsterte, ist neunzehnhundertvierzehn angebrochen. Und daß er ihr Ende noch nicht ermißt, hat er in einem vielsagenden Titel seines letzten Gedichtbuchs ausgesprochen: »Einem jungen Führer im ersten Weltkrieg.« Neue Lichter und Schatten haben in den tiefgeschnittenen Zügen dieses Hauptes sich angesiedelt. Und noch kennen wir nicht den Feuerschein, mit welchem die Geschichte seiner Züge am Tage, da sie ihren Ausdruck für die Ewigkeit erhalten, beleuchten wird.

Es wohnt aber in diesem Dichter selbst ein Gegenspieler des Propheten. Je deutlicher die Stimme des letzteren vernehmbar wird, desto ohnmächtiger sinkt die des andern – die Stimme eines Reformators – in sich zusammen. George, dem die eigene strenge Zucht, und angeborener Spürsinn für das Nächtige, Vorwissen um die Katastrophe gegeben hat, vermochte doch als Führer oder Lehrer nur schwächliche und lebensfremde Regeln oder Verhaltungsweisen vorzuschreiben, die Kunst galt ihm als jener »Siebente Ring«, mit dem noch einmal eine Ordnung, die schon in allen Fugen nachgab, zusammengeschmiedet werden sollte. Kein Zweifel, daß sich diese Kunst als streng und triftig, der Ring als eng und kostbar erwiesen hat. Doch was er faßte, war die gleiche Ordnung, die – wenn auch mit viel weniger

* »Stefan George, Weltbild, Naturbild, Menschenbild« von Willi Koch. Max Niemeyer Verlag, Halle/Saale. (114 Seiten, RM 3.80.)

edlen Mitteln – den alten Mächten aufrecht zu erhalten am Herzen lag. George ist es darum nicht gelungen, seine Dichtung dem Bannkreis von Symbolen zu entziehen, die keineswegs – wie die von Hölderlin – gleich Quellen, die aus dem Erdreich einer großen Überlieferung gesickert waren, an die Oberfläche traten. Vielmehr ist die Symbolik dieses Werks sein Brüchigstes. Sie ist im Kern nicht unterschieden von dem Aufgebot, das zu der Zeit, in dem der »Kreis« sich um den Meister zusammenfand, Barrès in Frankreich an den ganzen Stamm symbolischer Vorstellungen und Bilder ergehen ließ, die er in Volk und Kirche antraf. Sein Aufgebot hat den Charakter einer Abwehr, oft einer verzweifelten. So scheint der Schatz der in Georges Dichtung eingesenkten geheimen Zeichen heute schon als ärmstes, ängstlich bewahrtes Eigentum des »Stils«.

In seiner großen Besprechung des »Siebenten Rings« im Jahrbuch »Hesperus« hat als erster Rudolf Borchardt das dichterische Vermögen von George abzuschätzen gesucht. Und ohne dieser Frage mehr Bedeutung, als ihr in dem Gesamtzusammenhange dieser Erscheinung gebührt, zuzugestehen, hat er auf eine nicht geringe Anzahl machtloser und verfehlter Strophen den Blick gelenkt. In den fünfundzwanzig Jahren, die seit jener Veröffentlichung dahingegangen sind, hat der Blick für solche Ausfallserscheinungen sich verschärft. Es will aber im Grunde das Gleiche sagen, wenn etwas wie ein »Stil« in den Gedichten Georges mit einer Drastik sichtbar geworden ist, die bisweilen ihren Gehalt verdrängt und in den Schatten stellt. Stücke, in denen seine Kraft versagte, fallen meist genau mit denjenigen zusammen, in welchen dieser Stil Triumphe feiert. Es ist der Jugendstil; mit andern Worten der Stil, in dem das alte Bürgertum das Vorgefühl der eignen Schwäche tarnt, indem es kosmisch in alle Sphären schwärmt und zukunftstrunken die »Jugend« als Beschwörungswort mißbraucht. Hier taucht, zunächst nur programmatisch, zum ersten Mal die Regression aus der sozialen in die natürliche und biologische Realität auf, welche seitdem wachsend sich als Symptom der Krise bestätigt hat. Das biologische Idol verbindet in der Idee des »Kreises« sich dem kosmischen. Daraus entsteht dann später die Figur des mythischen Vollenders Maximin. Man hat von den gequälten Ornamenten, die damals Möbel und Fassaden überzogen, gesagt, sie stellten den Versuch vor, Formen, die erstmals in der Technik zum Durchbruch kamen, ins Kunstgewerbliche zurückzubilden. Der Jugendstil ist in der Tat ein großer und unbewußter Rückbildungsversuch. In seiner Formensprache kommt der Wille, dem, was bevorsteht, auszuweichen, und die Ahnung, die sich vor ihm bäumt, zum Ausdruck. Auch jene »geistige Bewegung«, welche die Erneuerung des menschlichen Lebens erstrebte, ohne die des öffentlichen zu bedenken, kam auf eine Rückbildung der gesellschaftlichen Widersprüche in jene ausweglosen, tragischen Krämpfe und Spannungen hinaus, die für das Leben kleiner Konventikel bezeichnend sind.

Einzig geschichtliche Besinnung, die weit über den Rahmen literarischer Behandlung hinausgreift, kann zu Schlüssen über die Gestalt und über das Werk gelangen, welche vor vierzig Jahren die »geistige Bewegung« ins Leben riefen. Auch ist es unbestreitbar, daß das Werk von Koch aus diesem Rahmen mit Entschiedenheit heraustritt. Es ist daher auch nirgends jenen tristen Schablonen pflichtig, welche gerade in der literarhistorischen Behandlung Georges so oft begegnen. Historische Gesichtspunkte jedoch sind dieser neuen Arbeit gänzlich fremd. Sie tritt befangen, in der Überzeugung von einer »ewigen« Geltung der Gehalte, die es bedingen, an Georges Werk. Doch dies geschieht dann, andererseits, mit soviel Umsicht und methodischer Gewissenhaftigkeit, daß ihre Leistung einen Platz behauptet, von dem sie nichts sobald verdrängen wird.

Methode dieser Arbeit ist: die »Analyse eines dichterischen Werkes, die den Ausdruck nur zu verstehen vorgibt, weil sie den Gehalt verstanden zu haben glaubt«. Und ihre Leistung: eine aufschlußreiche Periodisierung dieses Werkes, die auf den – selbstverständlich eng verschränkten – Phasen beruht, in denen sich Georges Weltbild entfaltet hat. Grundlage dieser Untersuchung ist ihm die schreckliche Allgegenwart, mit der dem Dichter George sich in aller tieferen Erfahrung der Natur das Chaos selbst als Grundkraft des Geschehens vor Augen stellt. »Unholdenhaft nicht ganz gestalte kräfte: / Allhörige Zeit die jedes schwache poltern / Eintrug ins buch und alles staubgeblas / Vernahm nicht euer unterirdisch rollen.« Von früh auf aber hat sie dieser Dichter vernommen. Wie er im Sinn der christlichen Symbolik zunächst, jedoch vergeblich, sich bemüht, den Bann, der ihm entgegenwirkt, zu brechen und dann mit dem Erscheinen Maximins ihn von sich genommen und Versöhnung sich geschenkt fühlt – das macht den Gegenstand von Kochs Betrachtung. Im Sinne einer neueren theologischen Umschreibung des Objekts der Religion stellt der Verfasser die Naturerfahrung Georges unter dem Begriff des »Andern« vor. Es ist ihm leicht, mit einigen zwingenden Belegen das Düstere, Chthonische, das von dorther ursprünglich als das Herrschende den Dichter ansprach, aufzuweisen. Zugleich gewinnt er so die Fühlung mit Problemen, wie sie dem neuen Stande seiner Wissenschaft entsprechen. Er nimmt darauf Bezug, daß im besonderen seit der jüngeren Romantik der Blick mancher Dichter auf die Erschließung der Welt von ihrer chthonischen Seite her gerichtet gewesen sei. »Über die dichterische Behandlung dieses Problems fehlen noch die grundlegenden Arbeiten. Die Ursache dafür ist in der Tatsache zu suchen, daß die Literaturwissenschaft in der Hauptsache bis jetzt eine formal-ästhetische Wissenschaft war, sei es, daß ihre Bemühungen auf die »Gestalt« als individuelle, ideelle oder soziologische Größe, oder auf das »Künstlerische« als Anwendung der Sprache abzielten. Der tatsächliche »Boden« einer Dichtung und damit auch für die sie betrachtende Wissenschaft ist aber immer im Religiösen zu suchen, aus dem sich Idee, Motiv, Gestalt und Sprache des Dichters erst als Folge ergeben.« Daß mit einer Formulierung, in der das Sprachliche als »Folge« des Religiösen erscheint – da es in Wahrheit doch dessen Medium darstellt – auch der gewissenhaftesten Forschung Grenzen gesetzt sind, die, je größer ihr Objekt, sich um so enger erweisen müssen, daran gemahnt die unvermittelte Gewaltsamkeit, mit der Kochs Studie abbricht. Das aber kann nicht hindern, auf die sehr wertvollen Feststellungen hinzuweisen, welche er im Verlauf ihr abgewinnt.

Es handelt sich dabei in immer neuen Wendungen um Georges Ringen mit der ihm eigenen Naturerfahrung. »Georges Bild der Natur als eines dämonischen Wesens«, schreibt Koch, »ist in seinem bäuerlichen Naturgefühl verwurzelt.« Mit diesen Worten streift der Autor die Zusammenhänge, die ihm den Blick in die geschichtliche Werkstatt hätten eröffnen können, in der Georges Dichtung entstanden ist. Der Bauernsohn, dem die Natur eine überlegene Macht ist, »die er nie bezwingt, der er höchstens einige Gewohnheiten absieht, mit der er im Kampfe lebt, gegen die er sich verteidigen und schützen muß« – ihm bleibt sie auch als einem Literaten, einem Bewohner großer Städte, welcher er geworden ist, in aller ihrer Macht und allem ihrem Schrecken gegenwärtig. Die Hand, welche sich nicht mehr um den Pflug ballt, ballt sich noch im Zorne gegen sie. In dieser unversöhnlichen Gebärde durchringen sich die Kräfte seines Ursprungs und die des späteren, von diesem Ursprung weit abgelegenen Lebens, das er führte. Die Natur erscheint ihm »verkommen – an der Grenze völliger ›Entgottung‹ angelangt. Deshalb ist es ›Weltnacht‹, in der nur noch schwach vernehmbar (›starr und müde‹) gestaltgebende Kräfte wahrgenommen werden«. Der Verfasser hat vollkommen recht, einen Quellpunkt der dichterischen Kraft Georges in den beiden berühmten Strophen aus dem »Siebenten Ring« zu suchen: »Und wenn die große Nährerin im Zorne / Nicht mehr sich mischend neigt am untern borne, / In einer Weltnacht starr und müde pocht: / So kann nur einer der sie stets befocht / Und zwang und nie verfuhr nach ihrem rechte / die Hand ihr pressen, packen ihre flechte, / daß sie ihr werk willfährig wieder treibt: / den leib vergottet und den gott verleibt.« Daß aber der Griff, mit dem diese Flechte der natura naturans gepackt sein will, die Ordnung und die Umordnung der menschlichen Verhältnisse ist, und sonst nichts – besonders nicht der Kult des Maximin –, das ist die Einsicht, die erst das kritische Vermögen des Forschers hätte befreien können.

Denn es ist in aller Erkenntnis, nicht in der Kritik allein – wie Hegel schon gelehrt hat – das Salz Verneinung. Handeln läßt sich aus vorbehaltloser Bejahung heraus; denken nicht. So kann denn auch die »Annäherung an das Werk«, welches soeben unter dem Titel »Die ersten Bücher Stefan Georges« Eduard Lachmann[1] erscheinen läßt, es nicht weit bringen, doch sein Buch läßt keinen Vergleich mit Kochs wertvoller Studie zu. In

[1] Berlin 1933, Georg Bondi. (138 Seiten, geb. RM 4.50.)

einem selbst im Schrifttum um George bemerkenswerten Maße fehlen dem Autor Distanz und jede Fähigkeit, die Werke des Dichters anders zu bewerten als vollendete, ja anders ihnen sich zu nähern, als in solchem Sinn sie wertend. Die leeren Zeremonien, die einmal von einem Lothar Treuge vorm Altar des Kreises in Versen sind begangen worden, tauchen nun hier, am Ende der Bewegung, nochmals in Prosa auf. Schranke wird diese Schrankenlosigkeit in der Bejahung aber auch Besonnenen. Die Auseinandersetzung mit der dichterischen Figur, die in Gestalt des Maximin die Schwellengottheit vor dem Spätwerk von George bildet, kommt bei Koch nicht mehr zustande. Vielmehr trägt der Verfasser kein Bedenken, dem »Maximin-Erlebnis« als dem »Kern der Georgeschen Religion« mit dieser Meinungsäußerung zu begegnen: »Die psychologische und geistesgeschichtliche Methode muß durch eine Phänomenologie des religiösen Bewußtseins ergänzt, ja auf diese muß alles gegründet werden. Denn das religiöse Verantwortungsgefühl ist der nicht psychologisch und nicht geschichtlich erklärbare Anstoß zum Maximin-Mythos.«

So tritt von neuem dieser Sachverhalt ans Licht: Georges großes Werk ist zu Ende gegangen, ohne im Zeitraum, den sein Wirken ausgefüllt hat, auf seinen echten und ihm zugeborenen Kritiker gestoßen zu sein. Es tritt in einem Schwarm von Jüngern fast unkenntlich, doch ohne Anwalt, vor den Richtstuhl der Geschichte. Freilich nicht ohne Zeugen. Welcher Art sie sind? Sie finden sich in einer Jugend, welche in jenen Gedichten gelebt hat. Nicht in der, die sich im Namen ihres Meisters auf Kathedern eingerichtet hat, und nicht in der, welche in seiner Lehre Befestigungen ihrer Position im Machtkampf der Parteien gefunden haben. Nein, vielmehr in der, welche an ihrem besten Teil schon darum ihr Zeugenamt vorm Richtstuhl der Geschichte versehen kann, weil sie tot ist. Die Verse, die ihr auf den Lippen lagen, entstammten nicht dem »Stern des Bundes«, selten dem »Siebenten Ring«. Sie fand in jener Priesterwissenschaft der Dichtung, die in den »Blättern für die Kunst« gehütet wurde, nie einen Nachhall der Stimme, die »das Lied des Zwergen« oder die »Entführung« getragen hatte. Ihr waren die Gedichte von George ein Trostgesang. Trost in Betrübnissen, für die er heute schwerlich mehr ein Herz, Gesang in einer Weise, für die er heute schwerlich mehr ein Ohr hat.

»George hat die nurästhetische Lebenshaltung durch ihre Heroisierung für sich und für solche, die sein Werk wirklich verstehen, aus der Welt geschafft« – so heißt es, zweideutig genug, bei Koch. Denn aus der Welt schaffte er mit der Haltung auch das Leben. Die große Regression des Jugendstils führt dahin, daß sogar das Bild der Jugend zu einer Mumie einschrumpft, deren Züge nicht weniger von Eilert Lövborg als von Maximin besitzen. Beide sterben in Schönheit. Das Geschlecht, welchem die reinsten und vollkommensten Gedichte von George ein Asyl gegeben haben, war zum Tode vorbestimmt. Jene Verfinsterung, die mit dem Krieg nur über seinem Haupte zusammenzog, was lange schon in seinem Herzen braute, schien ihm so wie dem Dichter, dessen Verse es erfüllten, als Inbegriff aller Naturgewalt. George war ihm keineswegs der »Künder« von »Weisungen«, sondern ein Spielmann, der es bewegte wie der Wind die »blumen der frühen heimat«, welche draußen lächelnd zum langen Schlummer luden. Der große Dichter ist George diesem Geschlecht gewesen, und er war es als Vollender der Decadence, deren spielerische Gebarung sein Impuls verdrängte, um in ihr dem Tod den Platz zu schaffen, den er in dieser Zeitenwende zu fordern hatte. Er steht am Ende einer geistigen Bewegung, die mit Baudelaire begonnen hat. Mag sein, daß diese Feststellung einmal nur eine literarhistorische gewesen ist. Inzwischen ist sie eine geschichtliche geworden und will ihr Recht.

Christoph Martin Wieland

Zum zweihundertsten Jahrestag seiner Geburt

Wieland wird nicht mehr gelesen. Es hieße ihm und seinem Jubiläum wenig Ehre machen, an dieser Tatsache vorbeizugehen oder Hinweise von zweifelhaftem Wert auf die »Stellen« zu geben, die heute noch lesbar sind. Das führt bestimmt nicht auf das Wesentliche. Wesentlich ist das geschichtliche Eingebettetsein Wielands in die Epoche zwischen Barock und der Romantik, und wesentlicher noch, daß dort sein Werk so eng in der Umklammerung der Zeitumstände liegt, daß es nicht ohne seine wertvollsten Partien zu verletzen sich herauslösen ließe. Dagegen kann es kein gewissenhaftes Studium jener deutschen Zeitumstände geben, das nicht zugleich ins Innerste von Wielands Figur hineingriffe. »Die Zahl derer«, sagt mit Recht Theodor Heuß, »denen die Begegnung mit Wieland eine unmittelbare Auseinandersetzung mit menschlichem Wesen und schöpferischem Dichtertum aufzwingt, mag heute gering geworden sein. Aber er bleibt wichtig und wird fast immer interessanter, wenn man ihn in seinem geschichtlichen Raum sieht.« Das ist nun allerdings leichter gesagt als getan. Das Werk von Wieland machte offensichtlich so wenig Ansprüche auf Tiefe, daß der Fehlschluß nahelag, auch seine Darstellung könne auf sie verzichten. So ist es schwerlich. Vielmehr ist der geschichtliche Gehalt und Sinn von Wielands Oberflächlichkeit noch heute kaum gesichtet und »bietet wirklich geistige Probleme, die man durchdenken muß, nicht nur literarische Aufgaben, die man abarbeiten kann«. Da diese Probleme ihrerseits viel aufmerksame Versenkung ins Detail erfordern, so ist, je weniger Wieland vom breiten Publikum gelesen wird, umso erheblicher das Interesse der Forschung an der großen, auf ungefähr 50 Bände veranschlagten Wieland-Ausgabe, welche die Preußische Akademie der Wissenschaften seit 1909 erscheinen läßt. Es hat seinen guten geschichtlichen Sinn, wenn eines – hoffentlich nicht allzuspäten – Tages Wieland in dieser Ausgabe mit allen Ehren und aller Sorgfalt an den Tag gebracht wird, welche er selber einem Aristophanes und Lukian, einem Cicero und Horaz gewidmet hat.

Wieland wurde am 5. September 1733 in Oberholzheim, einem Dorf in der Nähe von Biberach geboren. Dieses Biberach, in dem Wielands Vorfahren seit zwei Jahrhunderten ansässig waren, war freie Reichsstadt. Unter den vielen ihresgleichen besaß sie eine Eigentümlichkeit. Der westfälische Frieden hatte ihr »Parität« verliehen. Nicht in jeder Hinsicht zu ihrem Segen. Alle Ämter nämlich waren seitdem zweifach besetzt, jeweils mit einem Angehörigen der beiden streitenden Konfessionen. So ging es vom Bürgermeister herab bis zu den Hebammen und Totengräbern. Dies Privileg, das ökonomisch schwer genug auf der Stadt lastete, hat ihr doch auch eine gewisse Weltoffenheit verschafft. Und jedenfalls hat Wieland noch in späteren Jahren, rückblickend, in dieser Besonderheit eine Chance gesehen.

Sein Vater gab ihn mit 13 Jahren auf die Klosterschule Bergen bei Magdeburg. Um diese Zeit – in die auch die erste Ausgabe von Klopstocks »Messias« fällt – scheinen die pietistischen Einflüsse in Wielands Jugendbildung den Höhepunkt erreicht und den Rückschlag vorbereitet zu haben. Zum vollen Durchbruch kam er freilich erst drei Jahre später, als Wieland von seinem Vater der Obhut Bodmers in dessen Landhaus am Züricher See anvertraut wurde. »War das Dichten unausrottbar«, sagt Bernhardt Seuffert, »so sollte der Sohn es wenigstens regelrecht lernen.« Dabei schrieb dieser flüssigere Verse als der grundgescheite Züricher Prefessor. Bald war er Gehilfe des Meisters, lernte urteilen und verurteilen, Streitschriften schreiben, literarischen Witz und Sinn für das Wunderbare der Epik.« Die Anwendung jedoch, die er nach seiner Rückkehr aus der Schweiz von alledem machte, ging offenbar weit über das hinaus, was sich von einem Schüler Bodmers erwarten ließ. Wieland war mit der Würde eines Senators zurückberufen worden, wurde sodann zum Kanzleiverwalter bestellt, und wie ein Posten den anderen mit sich brachte, war er 1761 Vorsteher der »evangelischen bürgerlichen Komödiantengesellschaft«. In dieser Eigenschaft veranstaltete er im gleichen Jahr eine Vorstellung von Shakespeares »Sturm«. Sie hatte einen außerordentlichen Erfolg und war in Deutschland die erste, auf deren Theaterzettel

Shakespeares Name nicht – wie einst auf denen der englischen Komödianten – zu Unrecht stand.

Der Übersetzung des »Sturms« folgte die von einundzwanzig weiteren Shakespeare-Dramen. Den rechten Ausblick auf sie zu gewinnen, der für die Heutigen versteckt liegt, hat man sich des Wortes zu erinnern, mit dem Goethe in »Dichtung und Wahrheit« dieser Übersetzungen gedenkt. Es ist ein Wort, durchaus in dem kristallnen und nüchternen Verstande jener Zeit, für welche Wieland gewirkt hat, und bei aller Schmucklosigkeit und Trockenheit von viel aufrichtigerem Vertrauen zur Dichtung erfüllt, als rein ästhetische Betrachtung es erzeugt. Es heißt: »Das eigentlich und gründlich Wirksame, das wahrhaft Ausbildende und Fördernde, ist dasjenige, was vom Dichter übrig bleibt, wenn er in Prosa übersetzt wird. Dann bleibt der reine, vollkommene Gehalt.« Shakespeare, wie Wieland ihn in deutsche Prosa übersetzte, war nicht das Originalgenie, das Goethe später begeistern sollte. Nie hätte dieser an ihm bewundert, was auf Wieland wirkte, will sagen, »das moralisch Schöne, ... das Anständige, das Liebenswürdige in Empfindungen und moralischen Handlungen«. Jedoch der deutsche Text des so gestimmten Wieland war es, zwischen dessen Zeilen die Späteren fanden, was sie zu Bewunderern Shakespeares – und zu Verächtern Wielands werden ließ.

Für Wielands Ruf und Laufbahn waren denn auch Werke wie der »Agathon« und die »Musarion«, die in der Zeit von Biberach entstanden, bedeutungsvoller. Den Ausschlag aber gaben hier, wie schon seit langem und noch auf lange hin, die Bindungen, die zwischen einem deutschen Dichter und dem Feudalismus bestehen konnten. Für Wieland wurden richtunggebend die zum Grafen Friedrich Stadion, dessen Geschlecht seit ungefähr zweihundert Jahren in der Biberacher Gegend ansässig war.

»Ein gewisses bezaubertes Schloß, wohin der meynzische Großhofmeister Graf von Stadion seit acht Jahren sein Retraite genommen hat, und welches durch einen besonderen Tik der Alquiff und Urganden dazu verwünscht scheint, die außerordentlichsten Personen zu beherbergen und die seltsamsten Abenteuer hervorzubringen, ist einige Jahre lang mein beständiger Aufenthalt gewesen.« Das Seltsamste von diesen Abenteuern war das Zusammentreffen, das Wieland – fast neun Jahre nach der Trennung – auf diesem Schlosse mit seiner Jugendgeliebten erwartete. Die Anfänge der Liebe zu Sophie Gutermann gehören der pietistischen Zeit des Dichters an. Die erste Liebeserklärung, die er wagte, kleidete sich in die Auslegung einer Predigt. Aber das Verhältnis, in dem die Stimmung jener frühesten Epoche zu so vollkommenem Ausdruck kam, war vorbestimmt, sein Ende an eben deren Schranken zu finden. Kleinbürgerliche Intrigen, private Mißverständnisse trennten die Liebenden. Dennoch scheint keine spätere erotische Erfahrung den Dichter in gleicher Tiefe erfaßt zu haben. Sie ist – nicht nur im zeitlichen, sondern nicht weniger im inneren Sinn – der umfassende Ausdruck seiner Beziehung zur Frau geworden und in diesem Sinn bedeutungsvoll.

Im zeitlichen: die Freundschaft Wielands mit Sophie umspannt fast 60 Jahre. Im inneren: diese Beziehung geleitet ihn von einem Frauenbild, das in so manchen Zügen den unnahbaren, seraphischen Heiligen- und Märtyrerinnen der Barockaltäre ähnelt, bis zu dem sehr gegensätzlichen, jedoch nicht minder repräsentativen Typ der selbstherrlichen, produktiven Frau der Romantik. Sophie Laroche – das ist ihr Name nach der Ehe mit Laroche, dem Sekretär des Grafen Stadion, – ist durch Wieland selbst zur Schriftstellerin geworden. Ihre »Geschichte des Fräuleins von Sternheim« war eins der gelesensten Bücher der Zeit. In der Enkelin seiner Freundin aber, Sophie Brentano, die mit 24 Jahren in den Armen des fast siebzigjährigen Wieland gestorben ist, hat dieser noch eine der vollendetsten Erscheinungen der romantischen Frauen an sich ziehen können. Die Grabschrift, die in Osmanstedt der Stein trägt, der die gemeinsamen Gräber Wielands, seiner Frau und der Sophie Brentano deckt, beschreibt die schönste Rokoko-Arabeske um sein Leben:

»Liebe und Freundschaft umschlang die verwandten Seelen im Leben, und ihr Sterbliches deckt dieser gemeinsame Stein.«

Wieland hat diesen Vers am letzten Geburtstag seiner Jugendfreundin geschrieben.

In dem Denkmal, das Goethe im »Maskenzug des Jahres 1818« Wieland errichtet hat, heißt es:

»Wieland hieß er! Selbst durchdrungen
Von dem Wort, das er gegeben,
War sein wohlgeführtes Leben
Still, ein Kreis von Mäßigungen.«

Kleine glücklichere Wendung steht zur Kennzeichnung von Wielands erotischem Leben bereit. In dieser Mäßigung jedoch war keinerlei Mittelmäßigkeit. Es ist wiederum Goethe, der über Wieland die höchst bemerkenswerte Erkenntnis ausgesprochen hat, er habe keinerlei auream mediocritatem besessen, vielmehr »sein ganzes Leben in extremis zugebracht«. Die Mäßigung, die so sein Leben im Gesamtaspekt darbietet, verdankt er der Entschiedenheit, mit welcher dessen einzelne Epochen bis an ein Äußerstes gegangen sind. »Wer mit seinen Wünschen«, schreibt er mit 19 Jahren, »über einen Handkuß hinausgeht, darf nicht sagen, daß er liebe.« Es ist bekannt, wie heftig die Reaktion gegen die geistige Verfassung, die aus solchem Satz spricht, in späteren Werken Wielands zum Ausdruck kam, und welchen Anstoß seine frivolen Erzählungen, wie vor allem die »Geschichte des Prinzen Biribinker«, beim Erscheinen verursachten. Daß bei ihrer Abfassung die Absicht mitgesprochen habe, durch dergleichen Texte beim deutschen Adel ein näheres Interesse für die deutsche Literatur zu wecken, möchte man zu dessen Ehre nicht für glaubhaft halten.

Wie dem auch sei – für seine schwärmerische wie seine materialistische Epoche hat er sich an das Wort von Fielding gehalten, bei dem es heißt: »Für dieses Leben war niemals ein System richtiger als das der alten Epikuräer, keins törichter als ihrer Antipoden, der modernen Epikuräer, die Glückseligkeit in der schrankenlosen Befriedigung jeder sinnlichen Begierde suchen.« Die himmlische Liebe mied der gereifte Dichter im Namen der alten, die irdische im Gegensatz zur modernen Philosophenschule, um – nach einem Wort, das zu seinen liebsten gehörte – »unbereut« sterben zu können.

Sehr richtig hat man bemerkt, daß Wieland nicht dem Kreise der rationalistischen, sondern der sensualistischen Aufklärer angehörte. Die Engländer und mehr noch die Franzosen – Montesquieu, Bonnet, Helvetius – waren seine Lehrmeister. Auch ihnen aber entnahm er weniger die sprengenden, gefährlichen Gedankenelemente, die der Revolution gewidmet waren, als Stoffe, die es ihm erlaubten, seinen Skeptizismus in weltläufigen Formen auszuprägen. Er hat das in erfolgreichster Gestalt mit seinem großen Staatsroman »Der goldene Spiegel oder die Könige von Scheschian« getan.

»Irre ich nicht, so ist die Geschichte der Könige von Scheschian, welche ich zu den Füßen Ihrer Majestät hier lege, nicht ganz unwürdig, unter die ernsthaften Ergötzungen aufgenommen zu werden, bei welchen ihr niemals untätiger Geist von der Ermüdung höherer Geschäfte auszuruhen pflegt.« Der wirkliche Kaiser, welcher – unter der Maske des chinesischen Tai-tsus – in dieser Zueignung des »Goldenen Spiegels« visiert war, ist Joseph II. gewesen. Das Werk ist ein Nachfahr der barocken Staatsromane, doch mit der sehr erheblichen Verschiebung, daß die Handlung selbst nur noch ein abgeblaßtes Leben in jenem bunten, reich ornamentierten Rahmen führt, den die Konversation für sie abgibt.

Die Geschichte der Könige von Scheschian wird am Hofe des Schach-Gebal verlesen, der in seiner Geliebten Nurmahal und seinem Philosophen, dem Doktor Danischmend, die beiden Raisoneure um sich hat, deren er bedarf, um alle möglichen Nutzanwendungen aus dem erdichteten Geschichtswerk zu ziehen. Wieland hat darin sein politisches Credo um so unaufdringlicher darstellen können, als es eines war, das an den aufgeklärten Höfen des achtzehnten Jahrhunderts auf Verständnis stoßen konnte. Eben dem aufgeklärten Staats-Absolutismus gehören Wielands Sympathien. Theoretisch ihn zu fundieren hat er freilich nicht einmal den Versuch gemacht. Alles beschränkt sich vielmehr auf eine mehr oder minder liebenswürdige argumentatio ad hominem oder – wie man hier besser sagen würde – ad populum. Bei der Demokratie scheinen ihm dessen Interessen ganz genau so schlecht aufgehoben wie später die der Abderiten, die sich von ihm sagen lassen müssen, daß, was in ihrer »Staatseinrichtung demokratisch schien, bloßes Schattenwerk und politisches Gaukelspiel« gewesen sei. Ohne daß seine Zeitkritik sich irgend durch Originalität hervortut, kann man mit Bernhard Luther sagen, daß er der einzige große (deutsche) Dichter des 18. Jahrhunderts ist, der ein lebhaftes politisches Interesse hatte. Diesem verdankt er denn auch wohl den Ruf nach Erfurt, wo eine gallikanische, Rom sich widersetzende, nationale Richtung im Katholizismus sich nach Dozenten umsah, die ihr an Ruf und Geltung einbringen konnten, was ihr an Orthodoxie abging. Durch Stadion war man in Erfurt auf Wieland aufmerksam geworden, und dieser setzte nun seine Ehre darein, mit dem »Goldenen Spiegel« und Vorlesungen zur Geschichtsphilosophie seine Position zu rechtfertigen. Mit seinem großen Staatsroman hat er in der Tat das Interesse des habsburgischen Kaisers zu erwecken vermocht. Doch eine eingreifendere Wirkung fand das Buch weniger am Wiener Hofe als an dem zu Weimar. Es verschaffte dem Dichter eine – zunächst vorübergehende – Berufung dorthin, die sodann zu seiner dauernden Bindung an den Hof von Anna Amalia, den späteren von Karl August führte.

Mit einem reizenden Bild hat Wieland, in einem Brief vom Juni 1779, die Stimmung festgehalten, welche in den ersten, glücklichsten Jahren ihres Weimarer Zusammenlebens zwischen ihm und Goethe herrschte. »Mit Goethen habe ich vergangene Woche einen gar guten Tag gehabt. Er und ich haben uns entschließen müssen, dem Rat May zu sitzen, der uns ex v te der Herzogin von Württemberg für ihre Durchlaucht malen soll. Goethe saß vor- und nachmittags und bat mich, weil Serenissimus absens war, ihm bei der leidigen Session Gesellschaft zu leisten und zur Unterhaltung der Geister den Oberon vorzulesen. Zum Glück mußte sichs treffen, daß der fast immer wütige Mensch diesen Tag gerade in seiner besten rezeptivsten Laune und so amüsabel war, wie ein Mädchen von sechzehn. Tag meines Lebens habe ich niemand über das Werk eines anderen so vergnügt gesehen als er es mit dem Oberon durchaus, sonderlich mit dem fünften Gesang war.« Wir kennen das Bild, das May damals von Wieland gemalt hat. Der Dichter sieht nicht wie ein Sechsundvierzigjähriger auf ihm aus. Wohl aber tragen die ungemein sensiblen und sinnlichen, von Ironie durchwirkten Züge schon den Ausdruck der Resignation. Bereits damals hieß er in Weimar »der alte Wieland« und fast vierzig Jahre lang mußte er sich »die gut und ungut gemeinte Bezeichnung« gefallen lassen.

Wieland hatte ein sehr ausgeprägtes Gefühl für die Figur, die er in anderer Augen machte. Daher seine selten diplomatische Begabung, daher aber auch seine frühzeitige Entsagung. »Ich habe das Unglück – schreibt er im September 1776 an Christian Kayser – unter die Lauen zu gehören, die von Warmen und den Kalten ausgespien werden.« Von den Warmen war auch Goethe einer gewesen, und in der Farce »Götter, Helden und Wieland« hatte er den älteren Dichter kräftig »ausgespien«. Goethe stand, als er diesen Ausfall unternahm, am Anfang seiner Laufbahn, Wieland aber auf der Höhe der seinigen. Trotzdem, und ungeachtet dessen, daß Goethes Vorgehen für die Kraftgenies zum Sturmsignal gegen Wieland wurde, verleugnete der Ältere nicht die überlegteste Reserve. So schwer diese Zurückhaltung erklärlich ist, so außerordentlich erscheint ihr beinahe hellsichtiger Takt im Angesicht der vierzig Jahre, in denen später das engste Nachbarschaftsverhältnis Goethe und Wieland aneinanderschloß.

Und es war nicht nur Nachbarschaft, es war – im dichterischen nicht, doch im politischen Sinn – eine Nachfolge, wie Wieland das sehr schön im Jahre 1776 gegen Lavater zum Ausdruck bringt. Er schreibt: »Aber war ich nicht schon 38 Jahre alt, da ich mich noch durch eine magische Einbildung und die noch stärkere Magie des verführerischen Gedankens, viel Gutes, im großen, auf Jahrhunderte zu tun, an diesen Hof zu ziehen, in dieses gefahrvolle, mit Precipicen umgebene – und beim Tageslicht besehen doch immer unmögliche Abenteuer verwickeln ließ? Goethe ist erst 26 Jahre alt.« Dem Unmöglichen des Unternehmens freilich hat Wieland niemals soviel wie Goethe abgewinnen können. Denn diesem wurde es, je mehr er es zu meistern lernte, im Inneren nur stets ungemäßer, wogegen Wieland in seiner Position bei Hof, in seiner Freundschaft mit Anna Amalia, Karl Augusts Mutter, immer ausschließlicher sein Element fand. So hat er in der Weimarer Epoche – von seinen Übersetzungen abgesehen – nur noch zwei größere Werke publiziert: die »Abderiten« und den »Oberon«.

Der Nachdruck, mit dem Goethe stets von neuem auf diese letzte Dichtung zurückkommt, ist, bei aller Anmut in deren Einzelheiten, nicht immer ganz verständlich; es sei denn, man nimmt an, daß eine stille Genugtuung bei ihm im Spiel war, Wieland dem Bereich des Griechischen, der Goethe inniger am Herzen lag und den er ungern als Spielplatz vager und unverbindlicher Phantasien wiederfand, gegen den des altdeutschen vertauschen zu sehen. »Wieland«, sagt Goethe zehn Jahr nach dessen Tode dem Kanzler von Müller, »hielt sich niemandem responsabel.« Und in keinem Fall mag ihm Goethe das schwerer verziehen haben, als griechischen Stoffen und Figuren gegenüber. So ist aus seinem Lob des »Oberon« das freundliche Widerspiel jener frühen Polemik Goethes gegen den Verfasser einer verzierlichten »Alkestis« herauszuhören. Daneben aber spricht aus dieser Anerkennung das Bedürfnis, keine Gelegenheit, den Ruhm von Wieland zu verbreiten, ungenützt zu lassen. Der Jüngere hat es Wieland nie vergessen, wie auf einer Schwelle, welche dieser als Älterer vor ihm betreten hatte, er selbst, der Jüngere, von ihm war begrüßt worden. Wer in »Goethes Gesprächen« jene Seiten nachliest, die es mit den ersten Weimarer Jahren zu tun haben, begegnet keinem Nemen häufiger als dem von Wieland. Und keiner der Genossen der Sturm- und Drangzeit ist der Süße der Goetheschen Jugendlyrik näher gekommen als Wieland in den Versen, die er an Goethe gerichtet hat:

»So trat er unter uns, herrlich und hehr,
Ein echter Geisterkönig, daher;
Und niemand fragte: »Wer ist denn der?«
Wir fühlten beim ersten Blick: 's war er!
Wir fühlten's mit allen unsern Sinnen,
Durch alle unsere Adern rinnen!

So hat sich nie in Gottes Welt
Ein Menschensohn sich dargestellt,
Der alle Güte und alle Gewalt
Der Menschheit so in sich vereinigt!«

Der so Begrüßte ist es gewesen, der für Wielands Gesamtwerk den Augenblick heraufgeführt hat, den er in den »Abderiten« als den bestimmt, »wo diese Geschichte niemand mehr angehen, niemand mehr unterhalten, niemand mehr verdrießlich und niemand mehr erzürnt machen wird«.

Daß der geschichtliche Gehalt und Sinn von Wielands Oberflächlichkeit noch heute, wie eingangs ausgesprochen, kaum gesichtet zu nennen ist, hat einen seiner Gründe darin, daß die Logenrede Goethes, in der gebieterischen Kraft, mit der sie auf der Schwelle zu Wielands Nachruhm sich erhebt, Versuche in verwandtem Sinne kaum ermutigen konnte. Schwerer begreiflich ist, daß einiges, was Goethe – weniger in der Logenrede als an entlegeneren Stellen – über Wieland aussprach, kaum Spuren hinterließ. Zwar ist das rückblickende Wort zu Eckermann bekannt: »Wieland verdankt das ganze obere Deutschland seinem Stil.« Warum das aber so war, darauf hat Goethe einige überaus bedeutsame Hinweise gegeben, deren Auslegung die Wieland-Forschung noch auf eine gute Strecke geleiten können.

Um aber nochmals auf Bekannteres zurückzugreifen – was ist im Grunde sonderbarer, befremdlicher als der Satz, mit welchem Goethe der Wielandschen »Musarion« gedenkt: »Hier war es, wo ich das Antike lebendig und neu wiederzusehen glaubte.« Und doch entdeckt der heutige Leser in »Musarion« nichts als die regelrechte, aller Kräfte der Vergegenwärtigung entblößte Rokokovignette des Griechendaseins. Was aber schwer begreiflich in der Isolierung erscheint, gewinnt ein anderes Gesicht in der Umgebung gleichgestimmter Betrachtungen. »Er hat außerordentlich gewirkt, heißt es in den Noten zum ›Westöstlichen Divan‹, indem gerade das, was ihn anmutete, wie er sichs zueignete und es wieder mitteilte, auch seinen Zeitgenossen angenehm und genießbar begegnete.« Goethe, wenn er von Wieland spricht, scheint es nur immer mit dessen Wirkung auf die *Zeitgenossen* – sich selbst und andere – zu tun zu haben. Das ist sehr aufschlußreich. Denn eben in der Wirkung auf die Zeitgenossen hat Wieland gegeben, was vor ihm noch keiner vermocht hatte zu geben, nach ihm keiner zu geben mehr für nötig finden konnte. Und diese Gabe war die Verschmelzung einer idealen und antiquarischen Bildungswelt – vor allem der antiken – auf der einen Seite mit einem ganz und gar auf Aktualität gestellten, den breiten Leserschichten zugewandten Literaturbetriebe auf der anderen. Es ist kein Zufall, daß der »Deutsche Merkur« es auf 83 Bände gebracht hat. Wieland war, kraft seines überschwenglichen Sinns für das Aktuelle, der vollendete *Redakteur*. Er redigierte das klassische Altertum für den gebildeten Bürgerstand seiner Tage. Und was das sagen will, ergibt ein Blick auf Klopstock, dessen Beschwörung des Altertums vom gleichen Pathos der Distanz erfüllt sind wie die ausschweifendsten Partien des »Messias«. Dagegen heißt es denn bei Goethe von den Wielandschen Übersetzungen aus Cicero: »Dieselben enthalten die höchste Verdeutlichung des damaligen Zustandes der Welt, die sich zwischen den Anhängern des Cäsars und Brutus geteilt hatte; sie lesen sich mit derselben Frische wie eine Zeitung aus Rom, indessen sie uns über die Hauptsache, worauf eigentlich alles ankommt, in völliger Ungewißtheit lassen.«

Am 26. Januar 1813 ist Wieland gestorben. An seine Grabstätte in Osmanstedt schließt die dämonische Allegorie sich an, die Goethe beim Anblick des Entwurfs einer Umzäunung zu diesem Grabe kam. Sie verbirgt nicht nur den tiefsten, sondern auch den gerechtesten Gedanken, den er dem längst Verstorbenen zuzueignen fand: »Da ich in Jahrtausenden lebe«, sagt er, »so kommt es mir immer wunderlich vor, wenn ich von Statuen und Monumenten höre. Ich kann nicht an eine Bildsäule denken, die einem verdienten Manne gesetzt wird, ohne sie im Geiste schon von künftigen Kriegern umgeworfen und zerschlagen zu sehen. Coudrays Eisenstäbe um das Wielandsche Grab sehe ich schon als Hufeisen unter den Pferdefüßen einer künftigen Kavallerie blinken.« Es gibt Autoren[1], für deren Fortleben die

[1] Die Stadtgemeinde und der Kunst- und Altertumsverein Biberach (Riß) haben zum 200. Geburtstag Wielands eine Festschrift herausgegeben, die in vier Abteilungen eine Auswahl aus den Schriften des Dichters, eine Darstellung von Biberach und Wielands Leben daselbst, eine Folge von Äußerungen schwäbischer Autoren über den Landsmann und eine Reihe von Beiträgen Gelehrter bringt. Diesem letzten Teil, der den neuesten Stand der Wieland-Forschung vermittelt, ist die obige Darstellung in mehreren Zitaten verpflichtet.

Möglichkeit, wieder gelesen zu werden, nicht mehr als ein Standbild zu sagen hat. Ihre Fermente sind für immer in dem Mutterboden, in ihre Muttersprache eingegangen. Ein solcher Autor ist Christoph Martin Wieland gewesen.

Der eingetunkte Zauberstab

Zu Max Kommerells »Jean Paul«*

Als Stefan George für seinen Kreis die maßgebliche Auslese aus der Überlieferung deutscher Dichtung in drei Bänden zusammenstellte, bestimmte er einen von diesen Bänden Jean Paul. Die Anwartschaft der deutschen Leser auf das Bild Jean Pauls, das diese Wahl regiert hat, hat sich jahrzehntelang gedulden müssen. Gestalten, deren Bedeutung für das Deutschtum mittelbarer ist als Jean Paul, besitzen längst ihr Standbild in der vielumstrittenen Folge von Werken, welche von Georges Schülern errichtet wurden. Kommerell zählt zu diesen nur noch mittelbar. Im engeren Sinne ist sein Lehrer Friedrich Wolters. Und ein gewisser Abstand von dem Gründer der Schule mag eine unerläßliche Bedingung für eine gültige Darstellung von Jean Paul gewesen sein. Spröder als andere erweist sich dieser Dichter dem Kanon von Begriffen und von Bildern, nach dem die Schüler (nicht selten allzu wendig) verfahren sind.

Mit einem Buche über den »Dichter als Führer in der deutschen Klassik« hat Kommerell schon vor zwei Jahren unverkennbar die Distanz bezeichnet, die seine Arbeit nicht nur von der der Gesinnungsfreunde, sondern nicht weniger von der zünftigen trennt. Und so bedenklich jenes frühere Unternehmen erscheinen mußte, sofern es den Versuch darstellte, die Klassiker zu Stiftern eines heroischen Zeitalters der Deutschen zu machen, so hat es dem Verfasser doch verschafft, worauf seit langem unter den deutschen Literaturhistorikern kaum einer Anspruch machen konnte: Autorität. Am unverkennbarsten bewährte sie sich in der Meisterschaft physiognomischer Darstellung, in der Spannkraft einer Erkenntnis, die nicht nur die Charaktere, sondern auch, und vor allem, die geschichtlichen Konstellationen ausmaß, in denen sie einander begegneten. Solcher Konstellationen gibt es nun im Leben Jean Pauls nur eine einzige. Darum be-

* Max Kommerell: Jean Paul. Frankfurt a. M. 1933, Vittorio Klostermann (419 Seiten, geb. Rmk. 18.50).

deutet für das Können des Verfassers dieser sein neuer Gegenstand die stärkste Belastungsprobe. Er hat sie bestanden. Und sein Werk erhebt, zumal an einen Referenten, der auch hier entscheidend sich von der Gesinnung des Verfassers geschieden sieht, den Anspruch, getreu in seinen großen Linien kopiert zu werden. Das wird nicht hindern, einen anderen Umriß Jean Pauls mit leichten Strichen anzudeuten.

Jene einmalige geschichtliche Konstellation im Leben von Jean Paul war seine Begegnung mit den Herren und Dichtern Weimars. Vorahnend mag er sie in der Vorrede zur »Unsichtbaren Loge« als seine »schöneren Leser« angeredet haben, »deren geträumte, zuweilen erblickte Gestalten ich wie Genien auf den Höhen des Schönen und Großen wandeln und wirken sah«. Es ist bekannt, daß man ihn wenig gastlich am Fuße dieser Höhen empfangen hat. Nicht viele seiner Weimarer Begegnungen haben Gestalt gewonnen; die handlichste, nicht zufällig, diejenige mit Goethe, der als Tischnachbar des Dichters auf eine Äußerung, welche sich Jean Paul über das Tragische erlaubte, eine Viertelstunde verstimmt den Teller drehte. Kommerell geht wenig auf das anekdotische Beiwerk dieser Lebensperiode ein. Der alte Nertlich ist da ausführlicher gewesen und hat Züge festgehalten, die einem heutigen Betrachter Stoff zu triftigen Gedanken geben könnten. Hier einer dieser Züge: »Zu den Hofkonzerten durften im Saal nur Edelleute erscheinen, während für die Bürgerlichen die Galerie reserviert war; als nun Jean Paul bedeutet wurde, daß auch er Zutritt zum Saale erhalten würde, falls er einen Degen anlege, weigerte er sich, da er hierin eine Degradierung sah.« Solche Züge wird man bei Kommerell vergeblich suchen. Doch ist er gleich in seinem Element, wo er Gestalten im Pathos ihrer Distanz, im Feuer ihres Gespräches darzustellen hat. »Wer heute«, schreibt er, »von den Schöpfungen ausgehend, geneigt ist, den Schüler über den Lehrer zu setzen, vergegenwärtige sich beider Gestalt, wie sie in Herders Studierstube auf Stühlen sitzen und Gespräche führen: der eine von moloch-artiger Beweglichkeit, wenig seiner Würde achtend, wässerigen Auges und riesiger Kinderstirn, der andere mit dem Ausdruck angeborenen Priestertums im Gesicht, der durch die fast weibliche Lieblichkeit des Mundes und durch die Musik in allem, was aus diesem Munde kam, gemildert war ... und mit den dunklen Augen, deren unheilbare Traurigkeit schon damals an den Blick eines trauernden Demeterhaupts erinnert haben mag.«

In unmittelbarer Nähe solcher Vergegenwärtigungen ist im Verfasser der Gedanke entsprungen, der vor allen anderen der Keim zu seiner bedeutungsvollen Konzeption gewesen sein mag. Es handelt sich um die Idee des Humoristen, auf welchen das Kapitel »Vorgänger« eine perspektivische Rückschau eröffnet. Der Humorist ist ein anthropologischer Typus, und das über ihm waltende Gesetz das »der unpassenden Verkörperung«. Er ist das Geschöpf des ersten Witzes, »den diese Witzbolde nicht machen sondern der sie macht«. Die falsche Verkörperung ist das Erlebnis des Humoristen, das, als verhängnisvolle Schikkung, hinweggescherzt werden muß. »Für den Philosophen«, setzt der Verfasser hinzu, »ist das Im-Leib-Stecken kein Schicksal, sondern ein Schein ... Hätte da der Humorist als lachender Philosoph den tieferen Welternst von beiden?« Das geht auf Fichte. Die Philosophie der »Wissenschaftslehre« hat Jean Paul in ein und demselben ungeheuren Witz zu sprengen und sich zuzueignen gesucht. Leibgeber sei ihr Schöpfer (eine seiner Romanfiguren also). Der habe nämlich den Fichte selbst erst-»setzen« müssen, der dann Verfasser der Wissenschaftslehre geworden sei. Drei Dinge wären es, die im Humoristen zusammentreten: das Ausquartiertsein aus dem eignen Leib, die Versatilität des Ich, das in jedem Fremden Quartier beziehen kann und das Denken, das Rahmen und Inhalt dieses Vorgangs zugleich ist. »Das Erlebnis der Unentrinnbarkeit des Ich, und das Erlebnis der verfänglichen Dehnbarkeit des Geistes sind nur scheinbare Widersprüche.« Diese Dehnbarkeit geht in das Grenzenlose. Nicht nur die vielfältigen Bälge, die das Ich als Humorist bezieht, nicht nur die schönen Traumgestalten, in denen es sich für die Ewigkeit Quartier bereitet, ohne je in der Zeit in ihnen zu Hause zu sein, nehmen den Dichter auf. Der Weltraum selbst liegt ihm nicht ferner, ist ihm auch nicht unwirtlicher als sie. Denn »Jean Paul dachte sich nicht, wie manche Denker, in die Welt, sondern weg von der Welt«. Mit dem Luftschiffer Giannozo gewinnt er seinen größten Abstand von ihr.

In dieser dünnen Atmosphäre hat später Paul Scheerbart, der Verfasser des »Kometentanzes« und der »Astralen Novelletten«, sich heimisch gemacht. Und dessen Freund Mynona hat in der exzentrischen Spannung des Ich als »schöpferische Indifferenz« den Ruhepunkt erblickt, um den die Weltwaage balanciert. Nicht umsonst hat er in einer brauchbaren Auswahl »Jean Paul als Denker« sprechen lassen. Es wäre ungerecht zu leugnen, daß auch Kommerell diese Dimension des Humors gesichtet hat. »Jean Paul endeckt«, so sagt er, »in der alles in sich ziehenden, brechenden, sich selbst ausmessenden Ichheit die bejubelte Unendlichkeit der neuen Dichtung.« Jedoch nicht diese Räume, die der Fernblick, sondern die dunkleren, die sich der Tiefsinn am liebsten wählt, sind der Betrachtung des Verfassers die gelegeneren. Und sehr bezeichnend deutet er das Schicksal des Humoristen, das Jean Paul für sich niederkämpfte, auf eine deutsche Gefahr: die Gefahr »einer philosophisch überreizten Selbstbesinnung, also die Gefahr eines Jahrhunderts. Bewußtseinsfrevel ist die Sache, zu der Jean Paul ... die Gestalt erfand«.

Von hier ist's nur ein Schritt – wenn auch ein Fehltritt – bis zur Diffamierung des Denkens selbst. Zwar ist, wie man erst kürzlich sehr mit Recht bemerkt hat[1], jene Bewußtheit, aus welcher der deutsche Idealismus und Jean Paul mit ihm spekuliert, »nicht geschärfter Verstand oder Helle der Vernunft ..., sondern Lust und Qual ästhetischer Selbstbespiegelung«. Aber wie nahe liegt nicht die Verwechslung! Wie doppelt nah dem Autor, dreifach nah der Zeit! Kommerell ist ihr nicht anheim gefallen. Er schließt sie auch nicht aus. Er scheint zu zögern. Er sucht die Überwindung dieses Zweifels in der heroischen Geisteshaltung. »Die Traumgestalten Jean Pauls«, so schrieb er schon vor Jahren, »scheinen nur so lange blutlos, bis ihre irdischen Brüder über unseren Boden gehen.« Und nun rückt er entschlossener seinen Dichter in die Nähe Nietzsches. So gelingt ihm zum mindesten das eine: dem Humor nach seiner destruktiven Seite gerecht zu werden. Es fallen scharfe Worte über jene bequemen Geister, die Aussicht haben, »in den ewigen Vorrat

[1] K. J. Obenauer: Die Problematik des ästhetischen Menschen in der deutschen Literatur, München 1933, C. H. Becksche Verlagsbuchhandlung.

deutschen Humors zu kommen und noch den dürftigsten Scherz bejauchzt zu sehen«, weil sich ja hinter ihm ein goldenes Gemüt verbirgt. Solche bequemen Geister haben es aufgebracht, daß dieser Humor dem Dichter »das Schicksal eines Kleist oder Hölderlin erspart habe. Näher gemustert, war dieser Humor etwas, vor dem sich Jean Paul zu schützen hatte, und lange nicht die gelindeste unter seinen inneren Vernichtungskräften«. Schoppe, der Denker, den der Irrsinn packt, lehrt, »was ein Denkerlebnis ist«, und stiftet seinem Dichter, nach Kommerell, die Verwandtschaft mit Nietzsche.

So führt der Verfasser die Geschichte des Lachens bis zu Nietzsche herab. Weit unanfechtbar und hochbedeutend ist die Wendung, mit der er sie bis zu Sokrates heraufführt. Tragweite und Niveau des Werkes sind kürzer kaum zu vermitteln als mit folgendem Zitat, das lang ist: Man mag »Sokrates den ersten Humoristen nennen, von dem die Welt weiß. Darin, daß er sich selbst mit Humor behandelte, lag das Empörende seiner Erscheinung für die Griechen. Nicht, daß es ihm an Schätzung seiner selbst gefehlt hätte ... Aber die Selbstachtung der Griechen bezog sich auf die Gestalt ... Sokrates stellte das Ehrwürdige in sich weit von sich weg: mit ›sich‹ im griechischen Sinne: nämlich mit seiner Gestalt spielte er, ja gab sie preis. Das war unerhört ... Sokrates in Athen und Jean Paul in Weimar. Zwei große Störenfriede und enfants terribles, um so unausstehlicher, je mehr sie bewegten und bedeuteten. Einen Menschen, der von sich selbst absah, konnte die attische Herrenschicht oder konnten die Weimarer Herren-im-Geist als Hofnarren um sich leiden – wenn er aber die anderen übersah und aufwog? Niemand liebt die geistige Aufhebung des Raumes, in dem er sich selbst befindet, noch weniger wenn er selbst ihn unter Mühen geschaffen hat, am wenigsten, wenn dieser selbe Johann Wolfgang Goethe heißt. Und auch die Weimarer waren, da sie sich zu einer Art geistigen Herrentums erzogen hatten, betont humorlos. So bot die Geschichte den Stoff zu zwei großen Komödien ... die eine ist geschrieben worden und heißt: die Wolken des Aristophanes. Die andere wurde bloß gelebt.«

Gelebt aber wurde sie im Biedermeier. Das ist, für den Verfasser, der Augenblick, in dem das Bürgertum aufhört »Symbole zu haben und der reinen Innerlichkeit anheimfällt ... Erst mit dieser gibt es auch die reine Äußerlichkeit. Zwischen beiden liegt der Stil. Man mag das Biedermeier lieben oder schelten: es ist das Bürgertum als Stil – nach ihm besteht es ohne solchen weiter.« Das ist nun eine sonderbare Perspektive auf die letzten Drittel des neunzehnten Jahrhunderts: Zeitraum eines »stillosen« Bürgertums. Lassen wir sie beiseite, um zu fragen: was sagt denn Kommerell, wenn er das Biedermeier mit einem warmen und mit einem kalten Worte einen »Stil« nennt? Nichts Entschiedenes und nichts Entscheidendes. Er steht hier an der Grenze des Bereichs, das der heroischen Geschichtsbetrachtung faßlich ist. Der Zeitgeist, den Jean Paul wie keiner sonst beim Namen rief, muß hier als Lückenbüßer sein Dasein fristen. Kommerell läßt ihn nicht zu Worte kommen. Er scheut, ihn zu vernehmen, und er hat recht. Was dieser Zeitgeist anzusagen hat, ist der Zusammenbruch der Forderung, die die Klassik an das deutsche Bürgertum gestellt hat. Diese Forderung hieß: Versöhnung mit dem Feudalismus durch ästhetische Erziehung und im Kult des schönen Scheins. Daß nicht der Trotz des Bürgertums, vielmehr der Anspruch der Reaktion es war, an welchem die klassischen Forderungen zunichte wurden, tut zu dieser Sache nichts. Das klassische Gesetz der Menschenbildung hat Goethe Mignon ins Lied gelegt: »So laßt mich scheinen, bis ich werde.« Der Lebenslauf des Apothekers Henoch Marggraf, der letzte, den Jean Paul geschildert hat, ein undurchdringliches Gewebe aus Betrug und Wahn, das er um sich und andere spinnt, erscheint als böses Zerrbild jenes Beschwörungsverses. Und nicht umsonst ist es ein Fürstenthron, welchen der Apotheker sich vorgaukelt und den anderen. Die Goetheschen Schutzgöttinnen des Scheins – Ottilie, Mignon, Helena – sind versunken, und eine ganz andere Scheinwelt ist es, in der das Bürgertum des Biedermeier unter Jean Pauls Protektorat sich einrichtet. Als Protektor hat es ihn in der Tat empfunden, und sein Erfolg, dem bei Kommerell keine Deutung zuteil wird, hat hier seinen Grund. Freilich ist es dem Verfasser gelungen, dieser Scheinwelt des Biedermeier von einer Seite sich zu nähern. Daß alles Geistige hier ins Geisterhafte überzugehen trachtet, Spiegel- und Wachsfigur nicht nur in den Ritter- und Räuberbüchern, sondern auch bei Jean Paul zu Gerätschaften des Verhängnisses werden, spricht er aus. Diese Zersetzungserscheinungen, die dem Aufschwung des spekulativen Idealismus der oberen in den niederen Ständen entsprechen, hat er im Werk Jean Pauls auf das geistvollste nachgewiesen. Aber die Tagseite des Scheins, die innigst zu dieser seiner Nachtseite gehört, der schöne Schein, der im Biedermeier nicht mehr, wie in der Klassik, sich selbst genug tut, sondern als Gegenstück zum Blendwerk dies zerstreut, der Schein des Zaubermärchens berührt ihn kaum. Vielleicht weil dieser tröstliche aus Schichten kam, an welche die heroische Geschichtsbetrachtung ungern sich verliert. Es sind die volkstümlicher Überlieferung.

Die Kunst des Biedermeier ist von solchen Überlieferungen durchdrungen, und Jean Pauls Zettelkasten war deren Archiv.

Kommerell hat die offenkundige Verwandtschaft dieses gewiß barocken Dichters mit der Barockzeit der deutschen Dichtung keiner Ausdeutung gewürdigt. Und doch ist hier ein Tatbestand gegeben, an welchem weder die Betrachtung seines Werks noch seiner Zeit vorübergehen kann. Das Biedermeier sah die Auferstehung der blutigen oder geisterhaften Vorgänge der barocken Bühne im Schicksalsdrama. Es sah die Nachblüte der die Dinge verwandelnden, dem eigenen Wesen zu sinnbildlichem Gebrauch sie entfremdenden Allegorie im Zauber- und Feenmärchen. Es hörte die opernhafte Sprache der Barockpoeten in einer Art Spieldosen-Lyrik nachklingen. Das alles vereinigt sich in Jean Paul. »Ein Nachzügler über Jahrhunderte weg« – so folgt nicht nur der Apotheker Marggraf dem Don Quichote, sondern Jean Paul dem Genius der deutschen Barockdichtung. Nur daß, wie im Märchen von »Schwan kleb an«, eine unabsehbare Kette von kleinen Leuten und vor allen Dingen Kleinbürgerinnen Deutschlands sich an ihn gehängt hat. Ins Blumige, Anspruchslose und Gefällige haben sich die Motive des Barock, die einst in der gelehrten Dichtung prunkten, umgebildet. Das hindert nicht, daß sie der Zeit als Erbe, als Überlieferung zugefallen sind. Keiner hat üppiger mit ihr geschaltet als Jean Paul. Dies breite souveräne Schaffen macht den Blick in seinen Fundus unerläßlich.

Nicht die Gestalt, der Wandel ist's, dessen Geschöpfe unerschöpflich sich der Dichtung aus diesem Fundus zur Verfügung stellen. Sein Wesen ist das der Phantasie, die die Gestalt der Umgestaltung zuführt. Dies nicht ohne sie dabei zu entstalten. Entstaltendes Geschehen ist der Stoff Jean Paulscher Dichtung. Es ist die Stelle, an der sie mit der Traumwelt sich berührt. So viel die Ahnung von diesem wolkigen Kern vermitteln kann, so viel – nicht mehr – enthüllt sich dem Verfasser. Er streift die Sache und spricht von »zarten, buntgefärbten Grenzen«, welche die Wirklichkeit des Dichters hat. Er sagt sie, wenn auch nur im Bilde, aus: »Die kleinste Zelle seiner Dichtung ist erschaffen, sobald eine Farbe des Gefühls das Gewebe eines Vergleiches tränkt.« Und in der Tat: die Phantasieanschauung – der Gegensatz aller gestaltenden Einbildung – ist in der Welt der Farbe zu Hause. Aller Form nämlich, allem Umriß, den der Mensch wahrnimmt, entspricht er selbst mit dem Vermögen, ihn hervorzubringen. Der Körper im Tanz, die Hand in ihren Gesten bildet ihn noch und eignet ihn sich an. Dies Vermögen aber hat an der Farbe seine Grenze; der Menschenkörper kann die Farbe nicht erzeugen. Er entspricht ihr nicht schöpferisch, sondern empfangend: im farbig schimmernden Auge. Reine Farbe ist das Medium der Phantasie, nicht der strenge Kanon des gestaltenden Künstlers. Ihre Wolkenheimat, in der Formen sich weniger gestalten als entstalten, ist das Reich des Wandels. »Wo ist denn das hin«, sagt Jean Paul, »das gefärbte Gewölk, das seit dreißig Jahren an diesem Ich vorüberzog und das ich Kindheit, Jugend, Leben hieß?« Was aber auf der einen Seite Spiel scheint, neigt sich auf der anderen zum Heiligen. Die Kunst, die unterm Walten reiner Phantasie sich der Gestalt entfremdet, nimmt damit vielleicht nur Bilder des tausendjährigen Reichs vorweg. Kommerell irrt sich nicht, wenn er erklärt: »Im ganzen genommen sind Jean Pauls Urteile chiliastisch, weshalb Herder es liebte, seine Namen Johannes und Richter sinnbildlich zu nehmen.« Und, unverwischbar in der Prägung, bezeichnet der Verfasser zuletzt als das Verhältnis Jean Pauls zu Goethe dies: »Wo bleibt Jean Paul? Er behielt anders recht – nicht wie ein Führer, sondern wie ein weises Kind oder eine heilige alte Frau.«

Jean Paul war ein Geschöpf, welches »mit Staat, Sitte, Beruf, Weib und Geschäft bloß in der Form der Niederlage bekannt werden konnte«. Dafür ist ihm »der eingetunkte Zauberstab«

zuteil geworden, der »die Form an der materiellen Welt mit einem Schlage« ändert. Der Zauberstab, von dem die Rede ist, ist der der Phantasie; die Feuchte, die ihn benetzt, die des Humors, den man aus unergründlicher Quelle sprudelnd sich denken mag. Zu Füßen eines biedermeierlich beblümten Felsens springt sie auf. Gelehnt an eine himmelblaue Göttin lagert dort der Dichter mit den melodischen Händen. Was ihm die Muse eingibt, zeichnet ein Flügelkind neben ihm auf. Verstreut umher liegen Harfe und Laute. Zwerge im Schoß des Berges blasen und geigen. Am Himmel aber geht die Sonne unter. So hat Lyser einmal die Landschaft gemalt, in deren buntem Feuer die Gestalten Jean Pauls wandeln und sich verwandeln. Bei Kommerell zeichnet das Dichterhaupt nackt von dem grauen Hintergrund der Ewigkeit sich ab.

Pariser Brief

André Gide und sein neuer Gegner

Ein denkwürdiges Wort von Renan: »Über Gedankenfreiheit verfügt nur der, der sicher sein kann, daß, was er schreibt, ohne Folgen bleibt.« So zitiert Gide. Wenn das Wort zutrifft, so verfügt der Verfasser der *Nouvelles Pages de Journal*[1] ebenso wenig über Gedankenfreiheit wie sein Gegner Thierry Maulnier[2]. Beide sind sich über die Folgen ihres Schrifttums im klaren und schreiben, um Folgen herbeizuführen. Wenn wir beiden das gleiche Interesse zuwenden, so berechtigt dazu weniger die Bedeutung des Jüngeren als die Entschiedenheit, mit der er seinen Standort angesichts eines Gide und ihm gegenüber bezogen hat. In dem Augenblick, da Gide den Kommunismus zu seiner Sache macht, bekommt er es mit den Faschisten zu tun.

Nicht als ob nicht schon andere Gide gestellt hätten. Sein Weg ist aufmerksam seit 1897 verfolgt worden, da er mit einem berühmten Artikel in der *Eremitage* Barres entgegengetreten war, der mit den *Déracinés* eben damals dem Nationalismus Dienste geleistet hat.[3] Später wurde die religiöse Entwicklung des Protestanten Gide literarisch verfolgt und von keinem genauer als von seinem Freund, dem katholischen Kritiker Charles Du Bos. Daß Gides *Corydon*, der die Päderastie nach ihren naturgeschichtlichen Bedingungen und Analogien darstellte, einen Sturm hervorrief, ist nicht schwer verständlich. So kam es, daß Gide gewohnt war, auf Opposition zu stoßen, als er 1931, in dem ersten Band seiner Tagebücher seinen Weg zum Kommunismus beschrieb.

Mit einer Fülle von Glossen und Polemiken reagierte das bürgerliche Schrifttum auf diesen Band. Daß das *Echo de Paris* (das den *Croix de Feu* nahesteht) unter der Feder von François Mauriac dreimal auf dieses eine Buch zurückkam, kann von dem Aufsehen, das Gide hervorrief, eine Vorstellung geben. Die Debatte war zu ausgebreitet, auch zu erbittert, um durchweg Niveau zu halten. Ihren geistigen Höhepunkt hatte sie in der *Union pour la Vérité*, in der Gide einem Kreis von bedeutenden Schriftstellern Rede und Antwort gestanden hat.[4] Sie war noch nicht zur Ruhe gekommen, als in diesem Jahre die *Nouvelles Pages de Journal* erschienen.

Soweit Gide selber die Diskussion bestimmte, hat sie sich vielfach um die Frage gedreht, wieweit er mit seiner Wendung sich selber treu bleibe oder einen Bruch mit der Gedankenwelt seines Mannesalter vollziehe. Gide konnte sich – und er tat das im ersten Band seiner Tagebücher – auf die Leidenschaft berufen, mit der er von jeher die Sache des Individuums zu der seinen gemacht habe; eine Sache, von der er erkannt hat, daß sie heute im Kommunismus ihren berufenen Anwalt besitzt. Der neue Band der Tagebücher enthält mehrere Notizen, die eine verborgenere doch darum nicht unwichtigere Kontinuität in Gides Entwicklung erkennen lassen. Gide berührt diese Kontinuität, wenn er der »Apologie der Bedürftigkeit« (S. 167) gedenkt, die sich durch sein gesamtes Werk zieht. Sie hat den mannigfachsten Ausdruck gefunden, und reicht von dem unvergeßlichen Frühwerk, der »Rückkehr des verlorenen Sohnes«[5] bis zu dem jüngsten, den »Nouvelles Nourritures«[6], in dem wir lesen: »Jeder ausschließliche Besitz ist mir zuwider geworden; ich finde mein Glück im Fortgehen, und der Tod wird mir nicht viel aus der Hand nehmen. Von allem, was er mich wird entbehren lassen, wird mir das Entbehrteste sein, was überall ausgeteilt und natürlich, keinem zu eigen und aller Besitztum ist. Was aber den Rest angeht, so ist mir ein Mahl in der Herberge lieber als zu Hause der am besten bestellte Tisch, ein öffentlicher Park lieber als der schönste Park hinter Mauern, ein Buch, das ich beim Spazierengehen mitnehmen kann, lieber als die kostbarste Ausgabe, und sollte ich mir ein Kunstwerk allein ansehen müssen, so würde, je schöner das Werk ist, desto sicherer die Traurigkeit meine Freude beim Ansehen überwiegen« (S. 61).

Gide hat für die Apologie der Bedürftigkeit die verschiedensten Formen gefunden. Sie alle fallen im Grunde mit der Entfaltung jener Bedürftigkeit zusammen, die unverstellt sichtbar zu machen dem jungen Marx (dem Verfasser der »Heiligen Familie«) als die Aufgabe der Gesellschaft erschienen ist; sie alle erscheinen Gide als Spielarten des Bedürfnisses, das der Mensch nach dem Menschen hat. Wenn Gide sich im Lauf seines Schaffens vielen Formen der Schwäche zugewandt hat, wenn er in seiner Studie über Dostojewski, die in mancher Hinsicht ein Selbstporträt ist, die Schwäche als »ein Ungenügen des Fleisches, eine Unruhe, eine Anomalie« in den Mittelpunkt stellt, so hat er es immer wieder mit der einen, des äußersten Anteils werten Schwäche zu tun, die den Menschen auf den Menschen verweist.

Gide beliebt solche Schwäche mitunter selbst an den Tag zu legen. Aber was ihn dazu bestimmt, ist nicht Schwäche. Es ist eher Berechnung. Er begibt sich in dies Inkognito, weil es ihn einiges über Welt und Menschen wird lehren können. Und so schrieb er im Mai 1935: »Man kann Tolstois Verzicht auf die Künstlerschaft aus dem Nachlassen seiner schöpferischen Kräfte erklären. Hätte sich eine zweite Anna Karenina in seinem Innern gestaltet, so hätte er sich – vieles spricht dafür – weniger mit den Duchoborzen beschäftigt und weniger abschätzig über die Kunst gesprochen. Aber er spürte, daß er am Ende seiner literarischen Laufbahn stand: der dichterische Drang schwellte nicht mehr sein Denken. Wenn mich heute soziale Fragen beschäftigen, so auch, weil der Dämon des Schaffens sich von mir zurückzieht. Jene Fragen nehmen den Platz nur ein, weil dieser ihn bereits räumte. Warum soll ich mich überschätzen? Warum nicht an mir selbst feststellen, was ich an Tolstoi unbedingt als eine Ausfallserscheinung betrachte?« (*Nouvelle Revue Française*, Maiheft 1935.)

Wir wollen dem Autor hier nicht entgegnen. Die Frage nicht aufwerfen, ob denn Schöpferkräfte keinen vorübergehenden Schlummer kennen? (Gide selbst sagt das in seinen »Nouvelles Pages«); ob sie nicht ganz undämonisch zu Werk gehen können? (die »Nouvelles Nourritures« zeigen es); ob sie nicht auf geschichtliche Schranken stoßen? (Gides »Faux Monnayeurs« legen es für den Roman nahe.) Wir lassen Gide in seinem Inkognito einer aufschlußreichen Begegnung entgegengehen. Es ist die Begegnung mit Maulnier, der die obigen Sätze Gides in der *Action Française* zitiert und fortführt: »Kein Lob und kein Tadel kann diesen befremdlichen Zeilen etwas hinzufügen. Es ist, wie wir glauben, fast ohne Beispiel, daß ein Schöpfer mit solchem Geständnis hervortritt. Auch meinen wir, daß der Scharfblick, die Bescheidenheit und der rückhaltlose Mut gegen sich selbst, die einer so unbarmherzigen Diagnose zugrunde liegen, ein Anrecht auf unseren Respekt haben. Aber wir können uns nicht darauf beschränken, hier Respekt zu bezeigen. Diese tragische Offenheit ist reich an Aufschlüssen, die zu verschweigen wir nicht das Recht haben.«

Mit diesen Sätzen holt Maulnier zu einer umfassenden Kritik an Gide aus. Es ist eine Kritik, die viel Licht auf die faschistische Position und besonders auf den Kulturbegriff des Faschismus wirft. Die »Kultur« dem Kommunismus preisgegeben und verraten zu haben – das ist die Anklage, die Maulnier gegen Gides letzte Werke erhebt.

Die Ausbildung des Kulturbegriffs scheint einem Frühstadium des Faschismus anzugehören. Jedenfalls war das in Deutschland der Fall. Unverzeihlicherweise hat die revolutionäre deutsche Kritik vor 1930 es unterlassen, den Ideologen eines Gottfried Benn oder eines Arnolt Bronnen die nötige Aufmerksamkeit zuzuwenden. Wie diese zu den Vorläufern des deutschen Faschismus, so wäre, bestünde nicht die *Front Populaire*, Maulnier heute schon denen eines französischen zuzurechnen. Der baldigen Vergessenheit wird er wohl in keinem Falle entgehen. Denn je mehr der Faschismus erstarkt, desto weniger kann er grade auf Maulniers Spezialgebiet qualifizierte Intelligenzen brauchen. Die meiste Aussicht eröffnet er subalternen Naturen. Er sucht Handlanger des Propagandaministers. Darum wurden Benn und Bronnen verabschiedet.

Die Reaktion, die Maulnier vertritt, ist eine spezifische und von der katholischen eines Claudel, von der bürgerlichen eines Bordeaux, von der mondainen eines Morand, von der philiströsen eines Bedel unterschieden. Er findet seine Genossen vorwiegend in der jüngeren Generation.[7] In der älteren sind entschiedene Faschisten, wie Leon Daudet oder Louis Bertrand, vereinzelt. Was Maulnier zum Faschisten macht, ist die Einsicht, daß die Position der Privilegierten sich nur noch gewaltsam behaupten läßt. Die Summe ihrer Privilegien als »die Kultur« vorzustellen, darin erblickt er seine besondere Aufgabe. Es versteht sich daher von selbst, daß er eine Kultur, die nicht auf Privilegien begründet ist, als undenkbar hinstellt. Und das Leitmotiv seiner Aufsätze ist, das Schicksal der abendländischen Kultur als unlösbar an das der herrschenden Klasse gebunden zu erweisen.

Maulnier ist nicht Politiker. Er wendet sich an die Intellektuellen, nicht an die Massen. Die unter den ersteren herrschende Konvention verbietet (in Frankreich noch) die Berufung auf die nackte Gewalt. Maulnier ist zu besonderer Vorsicht genötigt, wenn er an die nackte Gewalt appelliert. Er darf eigentlich diesen Appell nur vorbereiten. Das tut er ziemlich geschickt, wenn er proklamiert, es sei Sache einer »Synthese der Tat«, innere und äußere Realität selbst dann zusammenzuzwingen, wenn eine »dialektische Synthese« unmöglich bleibt (S. 19). Etwas deutlicher erklärt er sich mit dem an die kapitalistische Zivilisation (der ja immer das Scheingefecht der Faschisten gilt) gerichteten Vorwurf, sie habe angesichts der materiellen und der geistigen Probleme, vor welche das Zeitalter sie gestellt habe, die Kraft nicht aufgebracht, »sich ihre Unlösbarkeit einzugestehen« (S. 8).

Die Notwendigkeit, keine Argumente gegen die Privilegierten zu liefern, stellt den Schriftsteller, zumal den Theoretiker, heute vor ungewöhnliche Schwierigkeiten. Maulnier hat die Courage, mit diesen Schwierigkeiten kurzen Prozeß zu machen. Sie sind zum Teil moralischer Art. Der Sachverwalter des Faschismus hat viel gewonnen, wenn er die moralischen Kriterien aus dem Wege geräumt hat. Dabei erweist er sich in der Wahl seiner Mittel nicht anspruchsvoll. Es ist ein rohes Geschäft; der Begriff kann sich keine Handschuhe dafür anziehen. Er packt zu, und zwar folgendermaßen: »Die Zivilisation ... ist die Einsetzung und die Ordnung der Kunstgriffe und der Fiktionen, die jeder Umgang von Menschen untereinander bedingt, das System der nützlichen Konventionen, die künstliche, lebensnotwendige Hierarchie in ihrer ganzen Größe und Unentbehrlichkeit. Die Zivilisation ist die Lüge ... Wer nicht gewillt ist, in dieser Lüge die Grundbedingung jeden menschlichen Fortschritts und jeder menschlichen Größe anzuerkennen, gesteht, daß er ein Gegner der Zivilisation selber ist. Zwischen der Zivilisation und der Aufrichtigkeit muß man wählen« (S. 210). So Maulnier in dem gegen Gide gerichteten Aufsatz seines Essaybandes. Es ist um dieses Diktum der schäbige Glanz, der den abgegriffenen

Paradoxen von Oscar Wilde schon recht lange eignet, und man könnte es leicht bis zu dessen »Verfall der Lüge« zurückverfolgen.

Man würde damit, einmal, erkennen, wie ungleiche Früchte die Samen aus einem und demselben Leben bisweilen haben. Derselbe Mann, der seinen Ästhetizismus, den verweslichsten Teil seiner Produktion, vom Faschismus rezipiert findet, gab in dem Augenblick, da er der Gesellschaft, die er sein Lebtag amüsiert hat, als ihr Verächter sich gegenüberstellte, dem jungen André Gide ein Leitbild, das sein ferneres Leben bestimmte.[8] Man würde sich zweitens Rechenschaft davon geben, wie tief die faschistische Ideologie der Dekadenz und dem Ästhetizismus verpflichtet ist, und warum sie in Frankreich so gut wie in Deutschland oder Italien Pioniere unter den extremen Artisten findet.

Welche Bestimmung hat die Kunst in einer Zivilisation zu erwarten, die auf der Lüge aufgebaut ist? Sie wird deren ungelöste – und unter Beibehaltung der Eigentumsordnung unlösbare – Widersprüche in ihrer engeren Sphäre zum Ausdruck bringen. Der Widerspruch in der faschistischen Kunst ist, nicht anders als der der faschistischen Wirtschaft oder der des faschistischen Staates, ein Widerspruch zwischen Praxis und Theorie. Die faschistische Kunsttheorie trägt die Züge des reinen Ästhetizismus: die Kunst ist nur eine der Masken, hinter denen, wie Maulnier es formuliert »nichts als die animalische Natur des Menschen, das nackte und von allem entblößte Menschentier des Lukrez« (S. 209) steht. Vorbehalten ist diese Kunst den Wissenden, »der Elite, die Nutznießer der gesamten Zivilisation ist, an der sie«, wie Maulnier sehr lichtvoll sagt, »den Parasiten, der Erben und die nutzlose Blüte darstellt« (S. 211). So sieht die Sache in der Theorie aus. Die faschistische Praxis bietet ein anderes Bild. Die faschistische Kunst ist eine der Propaganda. Ihre Konsumenten sind nicht die Wissenden, sondern ganz im Gegenteil die Düpierten. Es sind ferner zur Zeit nicht die Wenigen, sondern die Vielen oder zumindest sehr Zahlreichen. Es ist danach selbstverständlich, daß die Charakteristika dieser Kunst sich durchaus nicht mit denen decken, die ein dekadenter Ästhetizismus aufweist. Niemals hat die Dekadenz ihr Interesse der monumentalen Kunst zugewendet. Die dekadente Theorie der Kunst mit deren monumentaler Praxis zu verbinden, ist dem Faschismus vorbehalten geblieben. Nichts ist lehrreicher als diese in sich widerspruchsvolle Kreuzung.

Der monumentale Charakter der faschistischen Kunst hängt mit ihrem Massencharakter zusammen. Aber keineswegs unmittelbar. Nicht jede Massenkunst ist eine monumentale Kunst: die der Hebelschen Erzählungen für den Bauernkalender so wenig wie die der Leharschen Operette. Wenn die faschistische Massenkunst eine monumentale Kunst ist – und das ist sie bis in den literarischen Stil hinein – so hat das eine besondere Bedeutung.

Die faschistische Kunst ist eine Propagandakunst. Sie wird also für Massen exekutiert. Die faschistische Propaganda muß, weiterhin, das ganze gesellschaftliche Leben durchdringen. Die faschistische Kunst wird demnach nicht nur *für* Massen, sondern auch *von* Massen exekutiert. Danach läge die Annahme nahe, die Masse habe es in dieser Kunst mit sich selbst zu tun, sie verständige sich mit sich selbst, sie sei Herr im Hause: Herr in ihren Theatern und ihren Stadien, Herr in ihren Filmateliers und in ihren Verlagsanstalten. Jeder weiß, daß das nicht der Fall ist. An diesen Stellen herrscht vielmehr »die Elite«. Und sie wünscht in der Kunst keine Selbstverständigung der Masse. Denn dann müßte diese Kunst eine proletarische Klassenkunst sein, durch die die Wirklichkeit der Lohnarbeit und der Ausbeutung zu ihrem Recht, das heißt auf den Weg ihrer Abschaffung käme. Dabei käme aber die Elite zu Schaden.

Der Faschismus ist also daran interessiert, den funktionalen Charakter der Kunst derart einzuschränken, daß keine verändernde Einwirkung auf die Klassenlage des Proletariats – das den größten Teil der von ihr erreichten und einen kleineren der sie exekutierenden Kader ausmacht – von ihr zu befürchten ist. Diesem kunstpolitischen Interesse dient die »monumentale Gestaltung«. Und zwar tut sie das auf doppelte Art. Erstens schmeichelt sie der bestehenden wirtschaftsfriedlichen Ordnung, indem sie sie ihren »Ewigkeitszügen« nach, das heißt als unüberwindlich darstellt. Das Dritte Reich rechnet nach Jahrtausenden. – Zweitens versetzt sie die Exekutierenden ebenso wie die Rezipierenden in einen Bann, unter dem sie sich selber monumental, das heißt unfähig zu wohlüberlegten und selbständigen Aktionen erscheinen müssen.[9] Die Kunst verstärkt so die suggestiven Energien ihrer Wirkung auf Kosten der intellektuellen und aufklärenden. Die Verewigung der bestehenden Verhältnisse vollzieht sich in der faschistischen Kunst durch die Lähmung der (exekutierenden oder rezipierenden) Menschen, welche diese Verhältnisse ändern könnten. Mit der Haltung, die der Bann ihnen aufzwingt, kommen, so lehrt der Faschismus, die Massen überhaupt erst zu ihrem Ausdruck.

Das Material, aus dem der Faschismus seine Monumente, die er für ehern hält, aufführt, ist vor allem das sogenannte Menschenmaterial. Die Elite verewigt ihre Herrschaft in diesen Monumenten. Und diese Monumente sind es allein, dank deren das Menschenmaterial seine Gestaltung findet. Vor dem Blick der faschistischen Herren, der, wie wir sahen, über Jahrtausende schweift, ist der Unterschied der Sklaven, die aus Blöcken die Pyramiden errichtet haben und der Massen von Proletariern, die auf den Plätzen und Übungsfeldern vor dem Führer selbst Blöcke bilden, ein verschwindender. Man versteht daher Maulnier gut, wenn er die »Baumeister und Soldaten« als Vertreter der Elite zusammenstellt (besser freilich Gide, wenn er die neuen römischen Monumentalbauten als »architektonischen Journalismus« [*Nouvelles Pages*, S. 85] durchschaut).

Der Ästhetizismus Maulniers ist, wie angedeutet, kein improvisierter Standpunkt, welchen der Faschismus nur eben in der Debatte kunsthistorischer Fragen bezieht. Der Faschismus ist auf diesen Standpunkt überall da angewiesen, wo er dem Augenschein näher zu treten wünscht, ohne sich mit der Realität einzulassen. Eine Anschauungsweise, die den Funktionswert der Kunst aus dem Wege räumt, wird sich auch sonst empfehlen, wo ein Interesse besteht, den Funktionscharakter einer Erscheinung aus dem Blickfelde zu beseitigen. Das ist, wie sich gerade bei Maulnier erkennen läßt, in hervorragendem Maße bei der Technik der Fall. Der Grund ist leicht einzusehen. Die Entwicklung der Produktivkräfte, unter denen neben dem Proletariat die Technik steht, hat die Krise heraufgeführt, welche auf die Vergesellschaftung der Produktionsmittel drängt. Mit an erster

Stelle ist diese Krise demnach eine Funktion der Technik. Wer sie unsachgemäß, gewaltsam, unter Beibehaltung der Privilegien zu lösen gedenkt, der hat viel Interesse daran, den Funktionscharakter der Technik so unkenntlich wie möglich zu machen.

Man kann da zwei Wege einschlagen. Sie führen in entgegengesetzte Richtungen, sind aber von verwandten Ideen bestimmt: nämlich eben ästhetischen. Den einen finden wir bei Georges Duhamel[10]. Er führt dazu, die Rolle der Maschine im Produktionsprozeß entschlossen beiseite zu lassen und die Kritik an ihr an die verschiedenen Bedenken und Unzuträglichkeiten zu knüpfen, die für den Privatmann mit dem fremden oder eigenen Gebrauch von Maschinen verbunden sind. Duhamel kommt zu einer reservierten Beurteilung des Automobils, zu einer resoluten Ablehnung des Films, zu dem halb spaßhaft, halb ernst gemeinten Vorschlage, es möchten von Staats wegen für fünf Jahre alle Erfindungen untersagt werden. Der Proletarier wendet sich gegen den Unternehmer; der Kleinbürger hat es mit der Maschine. Duhamel ergreift im Namen der Kunst gegen die Maschine Partei. Es versteht sich, daß die Dinge für den Faschismus ein wenig anders liegen. Die großbürgerliche Denkweise seiner Mandanten hat in den Intellektuellen, die sich zu seiner Verfügung hielten, ihre Spur hinterlassen. Einer von ihnen war Marinetti. Er zuerst spürte instinktiv, daß eine »futuristische« Betrachtung der Maschine dem Imperialismus nützt. Marinetti begann als Bruitist, er proklamierte den Lärm (die unproduktive Aktivität der Maschine) als ihre bedeutungsvollste. Er endete als Mitglied der königlichen Akademie, das im äthiopischen Krieg die Erfüllung seiner futuristischen Jugendträume gefunden zu haben gestand.[11] Ihm folgt, ohne sich darüber im klaren zu sein, Maulnier, wenn er gegen Gorkis »Neuen Humanismus« erklärt, was den Hauptwert der Entdeckungen in Technik und Wissenschaft ausmache, sei »nicht sowohl ihr Resultat und ihr möglicher Nutzen als ... ihr poetischer Wert« (S. 77). »Marinetti«, schreibt Maulnier, »berauschte sich an der Höhe der Maschinen, an ihrer Bewegung, an dem Stahl, an ihrer Präzision, an ihrem Lärm, an ihrer Schnelligkeit – kurz an allem, was an der Maschine als Selbstwert angesehen werden kann und nicht teil an ihrem Werkzeugcharakter hat ... Er beschränkte sich und hielt sich mit Absicht an ihre unverwertbare Seite, das heißt an ihre ästhetische« (S. 84).

Maulnier hält diese Position für so fundiert, daß er kein Bedenken hat, die Sätze, in denen sich Majakowski mit Marinettis Anschauung von der Maschine befaßt, als ein Kuriosum zu zitieren. Majakowski spricht die Sprache des gesunden Menschenverstandes: »Die Ära der Maschine verlangt nicht Hymnen zu ihrem Preis; sie verlangt im Interesse der Menschheit gemeistert zu werden. Der Stahl der Wolkenkratzer verlangt nicht kontemplative Versenkung, sondern entschlossene Verwertung im Wohnungsbau ... Wir werden nicht den Lärm suchen, sondern die Stillen organisieren. Wir Dichter wollen in den Waggons reden können« (S. 83). Die würdige, weil reservierte und nüchterne Haltung von Majakowski ist unvereinbar mit dem Bestreben, der Technik einen »monumentalen« Aspekt abzugewinnen. Sie legt schlüssiges Zeugnis gegen Maulniers Behauptung ab, der Kollektivismus der Rassen habe »den Ingenieur zum geistigen Herrscher« (S. 79) gemacht. Das ist eine technokratische Umdeutung. Sie fälscht die polytechnische Ausbildung des Sowjetbürgers in technokratisch geleitete Fronarbeit um. Und sie ist eine technokratische Umdeutung auch in anderm Sinne: sie liegt gerade dem Technokraten nahe.

Nun wird niemand entschiedener als Maulnier den Vorwurf von sich abweisen, technokratisch zu denken. Diese Denkweise wird ihm vielmehr unvereinbar mit der artistischen scheinen. Seine Definition der Kunst könnte ihm auf den ersten Blick ein Recht dazu geben. Sie lautet: »Es ist die eigentliche Mission der Kunst, die Gegenstände und die Geschöpfe unbrauchbar zu machen« (S. 86). Lassen wir es bei dem ersten Blick nicht bewenden. Sehen wir näher zu! Es gibt eine unter den Künsten, welche Maulniers Definition auf besonders exakte Weise Genüge tut. Diese Kunst ist die Kriegskunst. Sie verkörpert die faschistische Kunstidee ebenso durch den monumentalen Einsatz an Menschenmaterial wie durch den von banalen Zwecken gänzlich entbundenen Einsatz der ganzen Technik. Die poetische Seite der Technik, die der Faschist gegen die prosaische ausspielt, von der die Russen ihm zu viel Wesens machen, ist ihre mörderische. So kommt der Sinn des Satzes »Alles was primitiv, spontan, unschuldig ist, ist uns allein darum schon hassenswert« (S. 213) voll zur Geltung.

Dieser Satz findet sich im letzten Abschnitt des Essays, in dem sich Maulnier mit Gide auseinandersetzt. Verdient die Fähigkeit, so verräterische Reaktionen hervorzurufen, nicht Dank? Hat Gide nicht die Idealfigur in sich verkörpert, die er in der Tagebucheintragung vom 28. März 1935 herausruft: den inquiéteur – den Beunruhigung Stiftenden? In der Tat hat er sich zum Sprecher derer gemacht, die den faschistischen Autor wie nichts anderes beunruhigen.

Das sind die Massen, und zwar die lesenden. »Durch die gigantischen Bestrebungen zugunsten aller Stufen des Unterrichts, durch die Beseitigung jeder Barriere zwischen den verschiedenen Bildungsniveaus ..., durch die erstaunlich schnelle Verminderung des Analphabetentums ..., durch den unmittelbaren Appell an die literarische Erfindungsgabe aller, und selbst der Kinder ..., durch all das schenkt Ihr« – so wandte sich Jean Richard Bloch auf dem Pariser Schriftstellerkongreß von 1935 an die Vertreter der Sowjetunion – »dem Schriftsteller ... die wunderbarste Gabe, die er sich erträumt hat: Ihr schenkt ihm ein Publikum von 170 Millionen Lesern.«

Das ist ein Danaergeschenk für den faschistischen Schriftsteller. Der Elite, der Maulnier beispringt, ist ein Kunstgenuß, der nicht von allen Seiten durch das Bildungsmonopol vor störenden Elementen geschützt wäre, eine Undenkbarkeit. Die Abschaffung des Bildungsmonopols an und für sich wäre Maulnier schon beängstigend genug. Und nun sagt ihm Gorki, daß gerade die Kunst an dieser Abschaffung mitzuwirken berufen sei. Er sagt ihm, in der Sowjetliteratur gebe es keinen grundsätzlichen Unterschied zwischen einem populär-wissenschaftlichen und einem künstlerisch wertvollen Buch. Und Maulnier kann mit diesen, durch die modernsten Vulgarisatoren des westlichen Schrifttums, einen Frank, einen de Greif, einen Eddington, einen Neurath längst demonstrierten Satz nichts Besseres anfangen, als ihn in seine Schilderung der »Barbarei« einzubeziehen, »in deren Dienst sich Gorki gestellt hat« (S. 78).

Maulnier weicht auch hier keinen Finger breit von seinem Gedanken ab, die Kultur als die Summe der Privilegien darzustellen. Vielleicht macht sie in dieser Darstellung keine gute Figur. Aber indem Maulnier die Konfrontation der imperialistischen Kultur mit der sowjetrussischen sucht, muß er das in Kauf nehmen. Er kann es nicht ändern, daß der konsumptive Charakter, den die erstere hat, sich gegen den produktiven der zweiten abhebt. Die angestrengte Betonung des Schöpferischen, die uns aus der Kulturdebatte geläufig ist, hat vor allem die Aufgabe abzulenken, wie wenig das derart »schöpferisch« erzeugte Produkt seinerseits dem Produktionsprozesse zugute kommt, wie ausschließlich es dem Konsum verfällt. Der Imperialismus hat einen Zustand herbeigeführt, in dem das Gedicht, das als »göttlich« gerühmt wird, sich solches Lob von Rechts wegen mit der Mehlspeise teilt.

Maulnier kann auf das »Schöpferische« um keinen Preis verzichten. »Der Mensch«, schreibt er, »fabriziert etwas, um es zu benutzen; aber er schafft, um zu schaffen« (S. 86). Wie trügerisch die tote und undialektische Trennung von Schaffen und Fabrizieren ist, die der Ästhetik des Schöpferischen zugrunde liegt, erweist die polytechnische Bildung der Sowjets. Diese Bildung ist ebensowohl imstande, den Fabrikarbeiter im Rahmen eines Produktionsplanes, den er übersieht, einer Produktionsgemeinschaft, welche sein Leben trägt, einer Produktionsweise, die er verbessern kann, zu einer schöpferischen Arbeit zu führen, wie sie den Schriftsteller durch die Genauigkeit der Aufgaben, die sie ihm stellt, das heißt durch das bestimmte Publikum, das sie ihm gewährleistet, zu einer Produktion veranlaßt, die dank der Rechenschaft, welche der Verfertiger von seiner Prozedur geben kann, auf den Ehrennamen des Fabrikats Anspruch hat. Und gerade der Schriftsteller sollte sich erinnern, daß das Wort »Text« – vom Gewebten: textum – einmal ein solcher Ehrenname gewesen ist. Die werdende polytechnische Menschenbildung vor Augen, wird er ungerührt von dem Wortführer der Elite bleiben, der ihm erzählt, daß »von der kollektivistischen Gesellschaft jene allzu flüchtigen Augenblicke, in denen der Mensch einem Dasein sich zu entziehen vermag, das wie vor grauen Zeiten fast gänzlich dem Lebensunterhalte gewidmet ist, als eine Desertion angesehen werden« (S. 80). Wem verdankte der Mensch es, wenn diese Augenblicke so flüchtig waren? Der

Elite. Wer hat ein Interesse, die Arbeit selber menschenwürdig zu machen? Das Proletariat.

Bei seinem Aufbauwerk kann es ohne weiteres auf das verzichten, was Maulnier die »Privilegien der Innerlichkeit« (S. 5) nennt, aber niemals auf den, der diese Privilegien so fühlt und so beschreibt, wie es Gide unterm 8. März 1935 tut: »Heute kommt mir, drückend und tief im Innern, das Gefühl einer Minderwertigkeit zum Bewußtsein: ich habe mir nie mein Brot verdienen müssen; ich habe nie unter dem Druck der Bedürftigkeit gearbeitet. Ich habe die Arbeit allerdings immer so sehr geliebt, daß mein Glück lediglich dadurch nicht beeinträchtigt worden wäre. Auch will ich auf das folgende hinaus. Es wird eine Zeit kommen, wo es als ein Mangel wird angesehen werden, solche Arbeit nicht gekannt zu haben. Die reichste Phantasie kann sie nicht ersetzen; die Unterweisung, die sie erteilt, kann nie wieder eingeholt werden. Eine Zeit kommt herauf, in der sich der Bürger dem einfachen Arbeiter unterlegen fühlt. Für einige ist diese Zeit schon gekommen« (*Nouvelles Pages*, S. 164).

Noch beunruhigender als daß es im Osten ein Publikum von 170 Millionen Lesern gibt, ist für Maulnier, daß in Frankreich Schriftsteller leben, die daran denken. André Gide hat sein letztes Buch »Les Nouvelles Nourritures« den jungen Lesern der Sowjetunion gewidmet. Der erste Absatz dieses Buches lautet:

»Du, der du kommen wirst, wenn ich die Geräusche der Erde nicht mehr höre und meine Lippen ihren Tau nicht mehr trinken – du, der du, später, vielleicht mich lesen wirst – für dich schreibe ich diese Seiten; denn vielleicht wird es dich nicht genug erstaunen zu leben; dich wird das betäubende Wunder, das dein Leben ist, nicht nach Gebühr überwältigen. Mir scheint manchmal, das wird mein Durst sein, mit dem du trinken wirst, und was dich über das andere Geschöpf, das du streichelst, dich neigen heißt, sei mein eigenes Begehren, heute« (*Nouvelles Nourritures*, S. 9).

[1] André Gide: *Nouvelles Pages de Journal* (1932–1935) Paris.
[2] Thierry Maulnier: *Mythes Socialistes* Paris.
[3] Gide darf heute auf diesen Artikel zurückverweisen. In dem genannten Tagebuchband heißt es: »War Barres nicht der Apologet einer gewissen Art von Gerechtigkeit, die sich heute als die von Hitler erweist? Und ist es nicht leicht gewesen vorherzusehen, daß diese schönen Theorien im Augenblick, da jemand anders sich ihrer bemächtigen würde, sich gegen uns selbst kehren würden?«
[4] Die Debatten sind unter dem Titel *André Gide et notre Temps*, Paris, erschienen.
[5] Das Buch ist in deutscher Übersetzung von *Rilke* in der Reihe der *Inselbücher* erschienen.
[6] André Gide: *Les Nouvelles Nourritures.*
[7] Vgl. Drieu la Rochelle: *Socialisme fasciste* Paris.
[8] Von der Bedeutung, die Wilde für ihn hatte, zeugt Gides *Nachruf auf Wilde* von 1901.
[9] Bannend wirkt nicht nur die faschistische Stilisierung der Massenkünste (man vergleiche die deutschen Festaufzüge mit den russischen), sondern ebenso der Rahmen der verschiedenen »Gemeinschaften« und »Fronten«, in dem sie sich abspielen.
[10] Georges Duhamel: *Scènes de la vie future*, Paris, und *L'humaniste et l'automate*, Paris.
[11] Vgl. Marinettis Manifest zum äthiopischen Krieg.

André Gide, La porte étroite

Schuld und Seligkeit treten reiner im Leben der Kinder in Erscheinung als im spätern, weil die Erscheinungen in ihm nichts anderes beanspruchen, als die wesentlichen Gefühle in sich zu halten. Hier scheinen die feindlichen Heerscharen, Schuld und Seligkeit, noch in den Schauplatz eingebettet, in das friedliche Feld der spätern Schlacht, deren zweideutigen Verlauf und alles entscheidendes Ende erst die kommenden Jahre abzuschätzen vermögen. Deshalb ist nichts trostreicher und zugleich erleuchtender als von der Höhe jener Jahre herab das Auge auf diesen – wenn auch durchklüfteten so dennoch friedlichen – Gefilden der Kindheit ruhen zu lassen. Nur muß jene Höhe errungen sein, damit die Kindheit dem Ernst des herrschenden Geschicks vergleichbar erscheine, wie in den befreienden und erleuchtenden Kinderepisoden der Brüder Karamasoff. Dagegen ist für einen Künstler, der um den unverstellten Anblick von Schuld und Seligkeit, um das moralische Antlitz seines Helden ringt, der entgegengesetzte Weg, von der Kindheit zum Manne oder zum Weibe kein Vorwurf. Denn der Anblick der Kindheit als der friedlichen Walstatt, um den es diesem Autor zu tun sein muß, und ihre Erschließung durch die Macht der Seligkeit und der Verschuldung gelingt nur von jener Höhe herab, während die Betrachtung die im Felde der Kindheit verharrt, so herrliches sie auch fördert, nicht den Ernst in ihr, welcher dem trauernd Erwachsenen verwandt ist, erschließt.

Diesen unlösbaren Vorwurf hat André Gide gewählt. »La porte étroite« die enge Pforte, ist wohl weniger die, durch welche die Tugendhaften, als die durch welche die kindlichen Menschen in den Himmel einzutreten vermöchten. Weil aber ins Vollenden und Mann-Werden des Kindes völlig neue Kräfte hereinspringen, die nirgends vorbereitet und gefunden werden als in Gott, ist dies kein Gegenstand der Kunst. Gide sucht die Kindheit so hinaufzutreiben, daß sie an den letzten Himmel heranreiche, an Gott, er sucht ihren Ernst aufs tiefste zu prägen.

Mit alledem gelingt es ihm nicht, durch die irdischen Stadien des Werdens sie hindurchgehen zu lassen, und der Weg der Seele verläuft mit meteorischer Willkür, weil das, was hier dargetan werden soll, nur der Erinnerung des Mannes, nicht der Gegenwart des Wachsenden zufällt: nämlich die letzte ernste Frömmigkeit der Kindheit. Gide sucht den mühseligen Weg abzukürzen und weil er die Frömmigkeit in ihrer bewegenden Kraft anerkennt, sucht er Bewegung unter den Kindern. Aber daß er den frommen Ernst der Bewegung dort vergebens völlig sichtbar zu machen sucht, jenen Ernst, der ein Gebet aus der Schlacht ist, sieht man. Anders Dostojewski, der in einem Mann den Spiegel aufstellt, in dem Kinderernst und Kinderlust gleich erschütternd dem Betrachter den Anblick von Schuld und Seligkeit erweckt.

Die Bewegung, eingefangen in eine Liebe wie Luft in einem Netz, sucht sich vergebens zu entscheidender Kraft auszuprägen. Es ist vorherzusehen, daß sie scheitern muß – und kaum das, sondern vielmehr versanden, ehe sie ihre eigene Kraft entfalten kann. Das Buch behandelt eine Kinderliebe, die den Weg durch die schmale Pforte in den Himmel sucht. Diese ihre Heimat glaubt sie nur durch Entsagung zu finden, eine Entsagung, die nicht aus kirchlichen Vorschriften und Wertungen, sondern aus dem allzu früh verspürten Atem der Bewegung selbst ihren Grund nimmt. Das Mädchen wendet sich langsam aber unerbittlich vom Knaben ab, damit er sich Gott zuwende. Dies geschieht völlig motivlos und als ob das Mädchen auf das Geheiß einer Stimme handle. Die Willkür ihres Handelns beugt den Knaben und den Leser bedrückt sie, wie ein Rätsel, dessen Lösung nichts Gutes verheißt. Er erkennt, worüber die Personen des Buches im Dunkel bleiben, daß nicht eine Offenbarung, ein unwiderrufliches Gebot Alizas Handeln zu Grunde liegt, sondern innre Unklarheit, also Willkür. Während in allem einzelnen die vollendete Wahrheit der Bewegung das Buch inspiriert, eine Wahrheit, welche die Sehnsucht seines Autors nach dem wahren Leben zu erkennen gibt, verfällt daher das Ganze innerlich an Einem Punkte. Das Geschehen vereitelt sich selbst und der unendliche Fehler der Anlage bricht aus. Ein Kreuz von Amethysten nimmt die tote Aliza ins Grab, das einst als ein Geschenk von ihr ihrem Geliebten teuer gewesen ist und als es in ihre Hand zurückkam ihre Trennung besiegelte. Nach allem Geschehen aber ist dies Kreuz zuviel und es liegt da, wie zu Füßen der Seligen im Himmel ein Kieselstein. Verfänglich, ja banal, verrät dies arme Zeichen des Gedenkens das Gebrechen dieser Vorgänge. Sie verkümmern (wie alles Banale) nicht an einem eigentlich falschen Gefühl, vielmehr an einem, das im Ausdruck, kraft einer ursprünglichen Anlage, sich selbst vereitelt.

Was Gide in der Kindheit suchte, ließ sich in ihr finden. Er durchwühlt gleichsam wie ein Verzweifelter ihren Boden, aber in ihm ist nicht der Schatz, nicht die Seligkeit selbst zu finden, sondern nur für den Betrachtenden, der um sie weiß, ihre Beschreibung. Dieses Entgleiten, diese Vereitlung ist es, die Gide selbst gefühlt hat, die er zu Beginn ankündigt und die zum Schluß zur Klage ihn beseelt hat. Denn eben auf sie verweisen seine ersten Worte, mit denen er die Bezeichnung des Werkes von dieser Geschichte fernhalten möchte. »D'autres en auraient fait un livre.« Er hat, nicht weil er von der Vollendung dieses Geschehens ergriffen gewesen wäre, sondern weil seine Vereitlung ihn erschüttert hat, es aufgezeichnet, um die Klage ihm nachzusenden, zu der, wie jede äußere, so auch die innere Kränkung der Kindheit in sich selbst bewegt.

Kommentare zu Gedichten von Brecht

Zur Form des Kommentars

Es ist bekannt, daß ein Kommentar etwas anderes ist als eine abwägende, Licht und Schatten verteilende Würdigung. Der Kommentar geht von der Klassizität seines Textes und damit gleichsam von einem Vorurteil aus. Es unterscheidet ihn weiter von der Würdigung, daß er es mit der Schönheit und dem positiven Gehalt seines Textes allein zu tun hat. Und es ist ein sehr dialektischer Sachverhalt, der diese archaische Form, den Kommentar, der zugleich eine autoritäre Form ist, im Dienste einer Dichtung in Anspruch nimmt, die nicht allein nichts Archaisches an sich hat, sondern auch dem, dem heute Autorität zuerkannt wird, die Stirne bietet.

Dieser Sachverhalt koinzidiert mit dem, den eine alte Maxime der Dialektik ins Auge faßt: Überwindung von Schwierigem durch Häufung desselben. Die Schwierigkeit, die hier zu überwinden ist, besteht darin, Lyrik heut überhaupt zu lesen. Wie nun, wenn sich diese Schwierigkeit damit parieren ließe, einen solchen Text vollends so zu lesen, als handle es sich um einen vielerprobten, mit Gedankengehalt beschwerten – kurz: klassischen? Wie weiter, wenn man, den Stier bei den Hörnern packend und des besonderen Umstandes eingedenk, der der Schwierigkeit, heute Lyrik zu lesen, genau entspricht: der Schwierigkeit nämlich, Lyrik heut zu verfassen – wie wenn man eine heutige lyrische Sammlung dem Unternehmen zugrunde legte, Lyrisches wie einen klassischen Text zu lesen?

Wenn etwas zu solchem Versuche ermutigen kann, so ist es die Erkenntnis, aus der auch sonst der Mut der Verzweiflung derzeit zu schöpfen ist: daß nämlich schon der kommende Tag Vernichtungen von so riesigem Ausmaß bringen kann, daß wir von gestrigen Texten und Produktionen wie durch Jahrhunderte uns geschieden sehen. (Der Kommentar, der heute noch zu prall ansitzt, kann morgen schon klassische Falten werfen. Wo seine Präzision fast indezent wirken könnte, kann morgen das Geheimnis sich retabliert haben.)

Der folgende Kommentar kann vielleicht noch von einer andern Seite Interesse wecken. Solchen Leuten, welchen der Kommunismus das Stigma der Einseitigkeit zu tragen scheint, mag die genauere Lektüre einer Gedichtsammlung wie der Brechts eine Überraschung bereiten. Man darf sich freilich um eine solche Überraschung nicht selber bringen, wie es geschähe, wenn man nur die »Entwicklung«, welche die Lyrik Brechts von der »Hauspostille« bis zu den »Svendborger Gedichten« genommen hat, betont. Die asoziale Haltung der »Hauspostille« wird in den »Svendborger Gedichten« zu einer sozialen Haltung. Aber das ist nicht gerade eine Bekehrung. Es wird da nicht verbrannt, was zuerst angebetet wurde. Eher ist auf das den Gedichtsammlungen Gemeinsame zu verweisen. Unter ihren mannigfaltigen Haltungen wird man eine vergebens suchen, das ist die unpolitische, nicht-soziale. Dem Kommentar ist es angelegen, die politischen Inhalte gerade rein lyrischer Partien herauszustellen.

Zur »Hauspostille«

Es versteht sich, daß der Titel »Hauspostille« ironisch ist. Ihr Wort kommt nicht vom Sinai noch von den Evangelien. Die Quelle ihrer Inspiration ist die bürgerliche Gesellschaft. Die Lehren, die ihr Betrachter aus ihr zieht, unterscheiden sich so weitgehend wie nur möglich von den Lehren, welche sie selbst verbreitet. Die »Hauspostille« hat es mit den ersteren allein zu tun. Wenn Anarchie Trumpf ist, so denkt der Dichter, wenn in ihr das Gesetz des bürgerlichen Lebens beschlossen ist, dann soll sie wenigstens beim Namen genannt werden. Und die poetischen Formen, mit denen die Bourgeoisie ihre Existenz umspielt, sind ihm nicht zu gut, das Wesen ihrer Herrschaft unverstellt auszusprechen. Der Choral, mit dem die Gemeinde erbaut wird, das Volkslied, mit dem das Volk abgespeist werden soll, die vaterländische Ballade, die den Soldaten zur Schlachtbank begleitet, das Liebeslied, das den billigsten Trost anpreist – sie alle bekommen hier einen neuen Inhalt, indem der verantwortungslose und asoziale Mensch von diesen Dingen (von Gott, Volk, Heimat und von der Braut) so spricht, wie man vor Verantwortungslosen und Asozialen von ihnen zu sprechen hat: ohne falsche und ohne echte Scham.

Mahagonnygesänge

Schlußrefrain Mahagonnygesang Nr. 2

. . . .

Aber heute sitzen alle
In des lieben Gottes billigem Salon
Sie gewinnen in jedem Falle
Und sie haben nichts davon.

Mahagonnygesang Nr. 3

An einem grauen Vormittag
Mitten im Whisky
Kam Gott nach Mahagonny
Kam Gott nach Mahagonny.
Mitten im Whisky
Bemerkten wir Gott in Mahagonny.

1

Sauft ihr wie die Schwämme
Meinen guten Weizen Jahr für Jahr?
Keiner hat erwartet, daß ich käme
Wenn ich komme jetzt, ist alles gar?
Ansahen sich die Männer von Mahagonny.
Ja, sagten die Männer von Mahagonny.
  An einem grauen Vormittag
  Mitten im Whisky
  Kam Gott nach Mahagonny
  Kam Gott nach Mahagonny.
  Mitten im Whisky
  Bemerkten wir Gott in Mahagonny.

2

Lachet ihr am Freitag abend?
Mary Weemann sah ich ganz von fern

Wie 'nen Stockfisch stumm im Salzsee schwimmen
Sie wird nicht mehr trocken, meine Herrn.
Ansahen sich die Männer von Mahagonny.
Ja, sagten die Männer von Mahagonny.
  An einem grauen Vormittag
  Mitten im Whisky
  Kam Gott nach Mahagonny
  Kam Gott nach Mahagonny.
  Mitten im Whisky
  Bemerkten wir Gott in Mahagonny.

3

Kennt ihr diese Patronen?
Schießt ihr meinen guten Missionar?
Soll ich wohl mit euch im Himmel wohnen
Sehen euer graues Säuferhaar?
Ansahen sich die Männer von Mahagonny.
Ja, sagten die Männer von Mahagonny.
  An einem grauen Vormittag
  Mitten im Whisky
  Kam Gott nach Mahagonny
  Kam Gott nach Mahagonny.
  Mitten im Whisky
  Bemerkten wir Gott in Mahagonny.

4

Gehet alle zur Hölle
Steckt jetzt die Virginien in den Sack!
Marsch mit euch in meine Hölle, Burschen
In die schwarze Hölle mit euch Pack!
Ansahen sich die Männer von Mahagonny.
Ja, sagten die Männer von Mahagonny.
  An einem grauen Vormittag
  Mitten im Whisky
  Kommst du nach Mahagonny,
  Kommst du nach Mahagonny.
  Mitten im Whisky
  Fängst an du in Mahagonny!

5

Rühre keiner den Fuß jetzt!
Jedermann streikt! An den Haaren
Kannst du uns nicht in die Hölle ziehen:
Weil wir immer in der Hölle waren.
Ansahen Gott die Männer von Mahagonny.
Nein, sagten die Männer von Mahagonny.

Die »Männer von Mahagonny« bilden eine Exzentriktruppe. Nur Männer sind Exzentriks. Nur an Subjekten, denen von Hause aus männliche Potenz zukommt, kann uneingeschränkt demonstriert werden, bis zu welchem Grade die natürlichen Reflexe des Menschen durch sein Dasein in der heutigen Gesellschaft abgestumpft worden sind. Der Exzentrik ist nichts anderes als der ausgeleierte Durchschnittsmensch. Brecht hat mehrere zu einer Truppe zusammengefaßt. Ihre Reaktionen sind die denkbar verwaschensten, und auch die bringen sie nur als Kollektivum auf. Um überhaupt reagieren zu können, müssen sie sich als »kompakte Masse« fühlen – auch darin das Ebenbild des Durchschnittsmenschen alias Kleinbürgers. Die »Männer von Mahagonny« sehen einander an, bevor sie sich äußern. Die Äußerung, die dann erfolgt, liegt auf der Linie des geringsten Widerstandes. Die »Männer von Mahagonny« beschränken sich darauf, zu allem ja zu sagen, was Gott ihnen mitteilt, was Gott sie fragt oder was Gott ihnen zumutet. So muß wohl, nach Brecht, das Kollektivum, von dem Gott akzeptiert wird, beschaffen sein. Dieser Gott ist übrigens selbst ein reduzierter. Die Formulierung

bemerkten wir Gott

im Refrain des dritten Gesanges deutet das an, und seine letzte Strophe bekräftigt es.

Das erste Einverständnis findet sich zu der Feststellung

Keiner hat erwartet, daß ich käme.

Es ist aber offenbar, daß den abgestumpften Reaktionen der Mahagonny-Truppe auch der Überraschungseffekt nicht aufhilft. Ähnlich erscheint es ihr später einleuchtend, daß ihr Anspruch, in den Himmel zu kommen, dadurch, daß sie auf den Missionar geschossen hat, nicht gemindert wird. In der vierten Strophe stellt sich heraus, daß Gott anderer Ansicht ist.

Marsch mit euch in meine Hölle, Burschen!

Hier liegt das Gelenk, dramaturgisch gesprochen die Peripetie des Gedichts. Gott hat mit seinem Befehl einen fauxpas begangen. Um dessen Tragweite zu ermessen, muß man sich die Lokalität »Mahagonny« genauer vor Augen führen. In der Schlußstrophe des zweiten Mahagonny-Gesangs ist sie festgelegt. Und zwar spricht der Dichter im Bilde dieser Ortsbestimmung seine Epoche an.

Aber heute sitzen alle
In des lieben Gottes billigem Salon.

In dem Beiwort »billig« liegt ziemlich viel. Warum ist der Salon billig? Er ist billig, weil die Leute darin auf billige Art bei Gott zu Gaste sind. Er ist billig, weil die Leute darinnen alles billigen. Er ist billig, weil es billig ist, daß die Leute hineinkommen. Des lieben Gottes billiger Salon ist die Hölle. Der Ausdruck hat die Prägnanz der Bilder von Geisteskranken. So – als einem billigen Salon – malt sich der kleine Mann, einmal verrückt geworden, leicht die Hölle als das ihm zugängliche Stück vom Himmel aus. (Abraham a Santa Clara könnte von des »lieben Gottes billigem Salon« reden.) In seinem billigen Salon hat sich aber Gott mit den Stammgästen gemein gemacht. Seine Drohung, sie in die Hölle zu schicken, hat nicht mehr Wert als die des Destillateurs, seine Kunden herauszuschmeißen.

Die »Männer von Mahagonny« haben das erfaßt. So hirnlos sind selbst sie nicht, daß ihnen die Drohung, sie in die Hölle zu befördern, Eindruck machen könnte. Die Anarchie der bürgerlichen Gesellschaft ist eine infernalische. Für die Menschen, die in sie hineingeraten sind, kann es etwas, was ihnen größeren Schrecken als diese einflößt, einfach nicht geben.

. . . An den Haaren
Kannst du uns nicht in die Hölle ziehen:
Weil wir immer in der Hölle waren

sagt das dritte Mahagonnygedicht. Die ganze Differenz zwischen der Hölle und dieser Gesellschaftsordnung ist die, daß im Kleinbürger (im Exzentrik) der Unterschied zwischen der armen Seele und dem Teufel fließend ist.

Gegen Verführung

1

Laßt euch nicht verführen!
Es gibt keine Wiederkehr.
Der Tag steht in den Türen;
Ihr könnt schon Nachtwind spüren:
Es kommt kein Morgen mehr.

2

Laßt euch nicht betrügen!
Das Leben wenig ist.
Schlürft es in vollen Zügen!
Es wird euch nicht genügen
Wenn ihr es lassen müßt!

3

Laßt euch nicht vertrösten!
Ihr habt nicht zu viel Zeit!
Laßt Moder den Erlösten!
Das Leben ist am größten:
Es steht nicht mehr bereit.

4

Und es kommt nichts nachher.
Zu Fron und Ausgezehr!
Was kann euch Angst noch rühren?

Ihr sterbt mit allen Tieren
Und es kommt nichts nachher.

Der Dichter ist aufgewachsen in einer Vorstadt mit vorwiegend katholischer Bevölkerung; jedoch mischten sich mit den kleinbürgerlichen Elementen schon die Arbeiter der großen Fabriken, die im Weichbild der Stadt lagen. Daraus erklärt sich Haltung und Vokabular des Gedichts »Gegen Verführung«. Die Leute wurden von der Geistlichkeit vor den Verführungen gewarnt, welche sie in einem zweiten Leben nach dem Tode teuer zu stehen kommen würden. Der Dichter warnt sie vor Verführungen, die sie in diesem Leben teuer zu stehen kommen. Er bestreitet, daß es ein zweites Leben gäbe. Seine Warnung ist nicht weniger feierlich gehalten als die der Geistlichkeit; seine Versicherungen sind ebenso apodiktisch. Wie die Geistlichkeit, so gebraucht auch er den Begriff der Verführung absolut, ohne Zusatz; er übernimmt dessen erbauliche Klangfarbe. Der getragene Ton des Gedichts kann dazu verleiten, über einzelne Passagen hinwegzulesen, die mehrere Auslegungen ermöglichen und verborgene Schönheiten in sich schließen.

Es gibt keine Wiederkehr.

Erste Auslegung: laßt euch nicht zu dem Glauben verführen, es gäbe Wiederkehr. Zweite Auslegung: begeht keinen Fehler, das Leben ist euch nur einmal gegeben.

Der Tag steht in den Türen

Erste Auslegung: zum Gehen gewandt, scheidend. Zweite Auslegung: mitten in seiner Fülle (und doch auch in ihr schon der Nachtwind spürbar).

Es kommt kein Morgen mehr.

Erste Auslegung: kein morgiger Tag. Zweite Auslegung: keine Frühe, die Nacht hat das letzte Wort.

Das Leben wenig ist

Diese Fassung des Privatdrucks bei Kiepenheuer unterscheidet sich durch zweierlei von der Fassung der späteren öffentlichen Ausgabe »*Das* Leben wenig ist«. Der erste Unterschied besteht darin, daß sie den ersten Vers der Strophe »Laßt euch nicht betrügen« ausdefiniert, indem sie die These der Betrüger, daß Leben wenig sei, namhaft macht. Der zweite Unterschied ist darin zu erblicken, daß der Vers »Das Leben wenig ist« unvergleichlich die Kümmerlichkeit des Lebens ausspricht und so die Aufforderung unterstreicht, sich nichts von ihm abmarkten zu lassen.

Es steht nicht mehr bereit.

Erste Auslegung: »Es steht nicht *mehr* bereit« – das fügt dem vorhergehenden Vers »Das Leben ist am größten« nichts hinzu. Zweite Auslegung: »Es steht nicht mehr bereit« – diese größte Chance habt ihr schon halb verpaßt. Euer Leben steht nicht mehr bereit; es ist schon angebrochen und im Spiel eingesetzt.

Das Gedicht leitet dazu an, sich von der Kürze des Lebens erschüttern zu lassen. Man tut gut, sich darauf zu besinnen, daß das Deutsche in seinem Wort »Erschütterung« das Wort »schütter« stecken hat. Wo etwas zusammenstürzt, da entstehen Brüche und Leerstellen. Wie sich aus der Analyse ergibt, hat das Gedicht zahlreiche Stellen, an denen die Worte labil und lokker zum Sinn zusammentreten. Das leistet seiner erschütternden Wirkung Vorschub.

Vom armen B. B.

1

Ich, Bertolt Brecht, bin aus den schwarzen Wäldern.
Meine Mutter trug mich in die Städte hinein
Als ich in ihrem Leibe lag. Und die Kälte der Wälder
Wird in mir bis zu meinem Absterben sein.

2

In der Asphaltstadt bin ich daheim. Von allem Anfang
Versehen mit jedem Sterbsakrament:

Mit Zeitungen. Und Tabak. Und Branntwein.
Mißtrauisch und faul und zufrieden am End.

3

Ich bin zu den Leuten freundlich. Ich setze
Einen steifen Hut auf nach ihrem Brauch.
Ich sage: es sind ganz besonders riechende Tiere
Und ich sage: es macht nichts, ich bin es auch.

4

In meine leeren Schaukelstühle vormittags
Setze ich mir mitunter ein paar Frauen
Und ich betrachte sie sorglos und sage ihnen:
In mir habt ihr einen, auf den könnt ihr nicht bauen.

5

Gegen abends versammle ich um mich Männer
Wir reden uns da mit »Gentleman« an
Sie haben ihre Füße auf meinen Tischen
Und sagen: es wird besser mit uns. Und ich frage nicht: wann.

6

Gegen Morgen in der grauen Frühe pissen die Tannen
Und ihr Ungeziefer, die Vögel, fängt an zu schrein.
Um die Stunde trink ich mein Glas in der Stadt aus und schmeiße
Den Tabakstummel weg und schlafe beunruhigt ein.

7

Wir sind gesessen ein leichtes Geschlechte
In Häusern, die für unzerstörbare galten
(So haben wir gebaut die langen Gehäuse des Eilands Manhattan
Und die dünnen Antennen, die das Atlantische Meer unterhalten).

8

Von diesen Städten wird bleiben: der durch sie hindurchging, der Wind!
Fröhlich machet das Haus den Esser: er leert es.

Wir wissen, daß wir Vorläufige sind
Und nach uns wird kommen: nichts Nennenswertes.

9

Bei den Erdbeben, die kommen werden, werde ich hoffentlich
Meine Virginia nicht ausgehen lassen durch Bitterkeit
Ich, Bertolt Brecht, in die Asphaltstädte verschlagen
Aus den schwarzen Wäldern in meiner Mutter in früher Zeit.

Ich, Bertolt Brecht, bin aus den schwarzen Wäldern.
Meine Mutter trug mich in die Städte hinein
Als ich in ihrem Leibe lag. Und die Kälte der Wälder
Wird in mir bis zu meinem Absterben sein.

In den Wäldern ist es kalt, kälter kann es nicht in den Städten sein. Dem Dichter ist schon im Mutterschoße so kalt gewesen wie in den Asphaltstädten, in denen er leben sollte.

Um die Stunde trink ich mein Glas in der Stadt aus und schmeiße
Den Tabakstummel weg und schlafe beunruhigt ein.

Diese Unruhe gilt vielleicht nicht zuletzt dem gliederlösenden, ruhespendenden Schlafe. Wird er es besser mit dem Schläfer meinen als der Mutterschoß mit dem Ungeborenen? Wahrscheinlich nicht. Nichts macht den Schlaf so unruhig wie die Furcht vor dem Aufwachen.
(So haben wir gebaut die langen Gehäuse des Eilands Manhattan
Und die dünnen Antennen, die das Atlantische Meer
unterhalten).

Die Antennen »unterhalten« das Atlantische Meer sicher nicht mit Musik und mit der gesprochenen Zeitung, sondern mit Kurz- und Langwellen, mit den Molekularvorgängen, die den physikalischen Aspekt des Radios ausmachen. In dieser Zeile wird die Verwertung der technischen Mittel durch die heutigen Menschen mit einem Achselzucken abgetan.

Von diesen Städten wird bleiben: der durch sie hindurchging,
der Wind!

Wenn der Wind, der durch sie hindurchging, von diesen Städten bleibt, so ist das nicht mehr der alte Wind, der nichts von den Städten wußte. Die Städte mit ihrem Asphalt, ihren Straßenzeilen und vielen Fenstern werden, nachdem sie zerstört und zerfallen sind, im Winde wohnen.

Fröhlich machet das Haus den Esser: er leert es.

Der Esser steht hier für den Zerstörenden. Essen heißt nicht nur sich nähren, es heißt auch zubeißen und zerstören. Die Welt vereinfacht sich ungeheuer, wenn sie nicht so sehr auf ihre Genießbarkeit als auf ihre Zerstörungswürdigkeit geprüft wird. Diese ist das Band, das alles Bestehende einträchtig zusammenhält. Der Anblick dieser Harmonie macht den Dichter so fröhlich. Er ist der Esser mit den eisernen Kinnbacken, der das Haus der Welt leer macht.

Wir wissen, daß wir Vorläufige sind
Und nach uns wird kommen: nichts Nennenswertes.

»Vorläufige« – vielleicht wären sie Vorläufer; aber wie könnten sie es, da nichts Nennenswertes nach ihnen kommt. Es ist nicht so sehr an ihnen gelegen, wenn sie namen- und ruhmlos in die Geschichte eingehen. (Die Gedichtfolge »an die Nachgeborenen« nimmt zehn Jahre später einen verwandten Gedanken auf.)

Ich, Bertolt Brecht, in die Asphaltstädte verschlagen
Aus den schwarzen Wäldern in meiner Mutter in früher Zeit.

Die Häufung von Präpositionen der Ortsbestimmung – drei in zwei Zeilen – muß ungewöhnlich beirrend wirken. Die nachhinkende temporale Bestimmung »in früher Zeit« – (sie dürfte den Anschluß an die Jetztzeit verpaßt haben) – verstärkt den Eindruck der Preisgegebenheit. Der Dichter spricht, als sei er schon im Mutterschoß ausgesetzt gewesen.

Wer dieses Gedicht gelesen hat, ist durch den Dichter hindurchgegangen wie durch ein Tor, auf dem in verwitterter Schrift ein B. B. zu lesen ist. Der Dichter will den Leser so wenig aufhalten wie das Tor den Passanten. Das Tor ist vielleicht schon vor Jahrhunderten gewölbt worden: es steht noch, weil es keinem im Wege stand. B. B. würde, keinem im Wege stehend, seinem Beinamen – der *arme* B. B. – Ehre machen. Für den, der keinem im Wege steht und auf den es nicht ankommt, kann sich Wesentliches nicht mehr ereignen – es sei denn der Entschluß, sich in den Weg zu stellen und es auf sich ankommen zu lassen. Von diesem Entschluß zeugen die späteren Zyklen. Ihre Sache ist der Klassenkampf. Am besten wird der zu seiner Sache stehn, der den Anfang damit gemacht hat, sich selbst fallen zu lassen.

Esser mit den eisernen Kinnbacken, der das Haus der Welt leer macht.

Wir wissen, daß wir Vorläufige sind.

Von den Sündern in der Hölle

An diesem Gedicht ist besonders gut erkennbar, von wie weit her der Dichter der »Hauspostille« kommt und wie er, von so weit her gekommen, lässig nach dem Nächstliegenden herüberlangt. Das Nächstliegende ist die Bayrische Folklore. Das Gedicht zitiert die Freunde im Höllenfeuer, wie ein Marterl am Wege die ohne Sterbesakramente Verschiedenen der Fürbitte der Vorübergehenden empfiehlt. Das Gedicht aber, das sich derart beschränkt anläßt, kommt in Wahrheit von sehr weit her. Sein Stammbaum ist der der Klage, eine der größten Formen der mittelalterlichen Literatur. Man kann sagen: auf die alte Klage greift es zurück, um Klage zu erheben über dies Neueste – daß es nicht einmal mehr die Klage gibt.

Da kommt der Müllereisert
Der starb in Amerika
Das wußte seine Braut noch nicht
Drum war kein Wasser da.

Das Gedicht beklagt allerdings diese Tränenlosigkeit nicht richtig. Man kann auch kaum annehmen, daß der Müllereisert tot ist, weil ihm – nicht seinem Gedächtnis – laut »Anleitung« dieser Abschnitt des Buches gewidmet ist.

Das Marterl, das hier aufgestellt ist, bildet die genannten Freunde im Höllenfeuer ab; zugleich aber (beides kann im Gedicht vereinbart werden) wendet es sich an sie als Passanten, um ihnen in Erinnerung zu rufen, daß sie keinerlei Fürbitte zu gewärtigen hätten. Das malt ihnen der Dichter in aller Ruhe aus. Aber seine Ruhe bleibt ihm zuletzt nicht treu. Da kommt er auf seine eigene arme Seele zu sprechen, die ein Ausbund von Verlassenheit ist. Sie steht im Licht, noch dazu an einem Sonntagnachmittag und an einem Hundestein. Was das ist, weiß man nicht recht; vielleicht ein Stein, gegen den die Hunde das Wasser lassen. Der armen Seele ist das etwas so Vertrautes wie dem Gefangenen ein feuchter Fleck an der Zellenwand. – Beim Dichter soll das Spiel aufhören, und er bittet, nachdem er so viel Schnödigkeit bewiesen hat, freilich schnöde, um Tränen.

Legende von der Entstehung des Buches Taoteking

Als er siebzig war und war gebrechlich,
Drängte es den Lehrer doch nach Ruh.
Denn die Güte war im Lande wieder einmal schwächlich
Und die Bosheit nahm an Kräften wieder einmal zu.
Und er gürtete den Schuh.

Und er packte ein, was er so brauchte:
Wenig. Doch es wurde dies und das.
So die Pfeife, die er immer abends rauchte,
Und das Büchlein, das er immer las.
Weißbrot nach dem Augenmaß.

Freute sich des Tals noch einmal und vergaß es
Als er ins Gebirg den Weg einschlug.
Und sein Ochse freute sich des frischen Grases

Kauend, während er den Alten trug.
Denn dem ging es schnell genug.

Doch am vierten Tag im Felsgesteine
Hat ein Zöllner ihm den Weg verwehrt:
»Kostbarkeiten zu verzollen?« – »Keine.«
Und der Knabe, der den Ochsen führte, sprach: »Er hat gelehrt.«
Und so war auch das erklärt.

Doch der Mann, in einer heitren Regung
Fragte noch: »Hat er was 'rausgekriegt?«
Sprach der Knabe: »Daß das weiche Wasser in Bewegung
Mit der Zeit den mächtigen Stein besiegt.
Du verstehst, das Harte unterliegt.«

Daß er nicht das letzte Tageslicht verlöre,
Trieb der Knabe nun den Ochsen an.
Und die drei verschwanden schon um eine schwarze Föhre.
Da kam plötzlich Fahrt in unsern Mann
Und er schrie: »He, du! Halt an!«

»Was ist das mit diesem Wasser, Alter?«
Hielt der Alte: »Interessiert es dich?«
Sprach der Mann: »Ich bin nur Zollverwalter,
Doch wer wen besiegt, das interessiert auch mich.
Wenn du's weißt, dann sprich!

Schreib mir's auf! Diktier es diesem Kinde!
So was nimmt man doch nicht mit sich fort.
Da gibt's doch Papier bei uns und Tinte
Und ein Nachtmahl gibt es auch: ich wohne dort.
Nun, ist das ein Wort?«

Über seine Schulter sah der Alte
Auf den Mann: Flickjoppe. Keine Schuh.
Und die Stirne eine einzige Falte.
Ach, kein Sieger trat da auf ihn zu.
Und er murmelte: »Auch du?«

Eine höfliche Bitte abzuschlagen
War der Alte, wie es schien, zu alt.
Denn er sagte laut: »Die etwas fragen
Die verdienen Antwort.« Sprach der Knabe:
»Es wird auch schon kalt.«
»Gut, ein kleiner Aufenthalt.«

Und von seinem Ochsen stieg der Weise
Sieben Tage schrieben sie zu zweit.
Und der Zöllner brachte Essen (und er fluchte nur noch leise
Mit den Schmugglern in der ganzen Zeit.)
Und dann war's so weit.

Und dem Zöllner händigte der Knabe
Eines Morgens einundachtzig Sprüche ein
Und mit Dank für eine kleine Reisegabe
Bogen sie um jene Föhre ins Gestein.
Sagt jetzt: kann man höflicher sein?

Aber rühmen wir nicht nur den Weisen,
Dessen Name auf dem Buche prangt!
Denn man muß dem Weisen seine Weisheit erst entreißen.
Drum sei der Zöllner auch bedankt:
Er hat sie ihm abverlangt.

Das Gedicht kann Anlaß geben, die besondere Rolle aufzuzeigen, die die Freundlichkeit in der Vorstellungswelt des Dichters spielt. Brecht weist ihr einen hohen Platz an. Wenn wir uns die Legende, die er erzählt, vor Augen stellen, so ist es so, daß auf der einen Seite die Weisheit Laotses steht – er wird übrigens im Gedicht nicht mit Namen genannt. Diese Weisheit ist im Begriff, ihm das Exil einzutragen. Auf der anderen Seite steht die Wißbegierde des Zöllners, die am Schluß bedankt wird, weil sie dem Weisen seine Weisheit erst entrissen hat. Das wäre aber ohne ein Drittes nie geglückt: dieses Dritte ist die *Freundlichkeit.* Wenn es ungerechtfertigt wäre zu sagen, daß der Inhalt des Buches Taoteking die Freundlichkeit ist, so wäre man immerhin mit der Behauptung im Recht, daß das Taoteking nach der Legende dem Geiste der Freundlichkeit zu verdanken hat, daß es überliefert wurde. Über diese Freundlichkeit erfährt man in dem Gedicht allerhand.

An erster Stelle dies, daß sie nicht unbedacht zur Geltung kommt:

Über seine Schulter sah der Alte
Auf den Mann: Flickjoppe. Keine Schuh.

Die Bitte des Zöllners mag noch so höflich sein. Laotse versichert sich erst, daß ein Berufener sie tut.

An zweiter Stelle: die Freundlichkeit besteht nicht darin, Kleines nebenher zu leisten, sondern Größtes so zu leisten, als wenn es ein Kleinstes wäre. Nachdem Laotse einmal die Befugnis des Zöllners zu fragen ermittelt hat, stellt er die folgenden weltgeschichtlichen Tage, die er ihm zu Gefallen auf seiner Wanderung einhält, unter das Motto:

Gut, ein kleiner Aufenthalt.

Drittens erfährt man über die Freundlichkeit, daß sie den Abstand zwischen den Menschen nicht aufhebt, sondern lebendig macht. Nachdem der Weise so Großes *für* den Zöllner getan hat, hat er wenig mehr *mit* dem Zöllner zu tun, und nicht er übergibt ihm die einundachtzig Sprüche, sondern sein Knabe tut es.

»Die Klassiker«, hat ein alter chinesischer Philosoph gesagt, »lebten in den blutigsten, finstersten Zeiten und waren die freundlichsten und heitersten Leute, die man jemals sah.« Der Laotse dieser Legende scheint Heiterkeit zu verbreiten wo er geht und steht. Heiter ist sein Ochse, den das Gewicht des Alten nicht daran hindert, sich des frischen Grases zu freuen. Heiter ist sein Knabe, der es sich nicht nehmen läßt, Laotses Armut mit der trockenen Bemerkung zu begründen: »Er hat gelehrt.« Heiter wird der Zöllner vor seinem Schlagbaum gestimmt, und diese Heiterkeit inspiriert ihn zu der glücklichen Nachfrage nach den Forschungsergebnissen des Laotse. Wie sollte endlich der Weise selber nicht heiter sein und wozu wäre seine Weisheit gut, wenn er, der das Tal, das ihn noch eben erfreute, an der nächsten Wegbiegung schon vergessen hat, nicht die Sorgen um das Künftige, kaum verspürt, schon vergessen hätte.

In der »Hauspostille« hat Brecht eine Ballade von den Freundlichkeiten der Welt geschrieben. Es sind drei an der Zahl: die Mutter stellt die Windeln bei; der Vater reicht eine Hand; Leute schütten Erde aufs Grab. Und das genügt. Denn am Schluß dieses Gedichtes heißt es:

Fast ein jeder hat die Welt geliebt
Wenn man ihm zwei Hände Erde gibt.

Die Freundlichkeitsbezeigungen der Welt finden sich an den härtesten Stellen des Daseins ein; bei der Geburt, beim ersten Schritt ins Leben und bei dem letzten, der aus dem Leben führt. Das ist das Minimalprogramm der Humanität. Es begegnet wieder im Laotse-Gedicht und hat dort die Gestalt des Satzes angenommen:

Du verstehst, das Harte unterliegt.

Das Gedicht ist zu einer Zeit geschrieben, wo dieser Satz den Menschen als eine Verheißung ans Ohr schlägt, die keiner messianischen etwas nachgibt. Es enthält aber für den heutigen Leser nicht nur eine Verheißung, sondern auch eine Belehrung.

Daß das weiche Wasser in Bewegung
Mit der Zeit den mächtigen Stein besiegt

belehrt darüber, daß es geraten ist, das Unstete und Wandelbare der Dinge nicht aus dem Auge zu verlieren und es mit dem zu halten, was unscheinbar und nüchtern, auch unversieglich ist wie das Wasser. Der materialistische Dialektiker wird dabei an die Sache der Unterdrückten denken. (Sie ist eine unscheinbare Sache für die Herrschenden, eine nüchterne für die Unterdrückten, und, was ihre Folgen angeht, die unversieglichste.) An dritter Stelle endlich steht neben der Verheißung und neben der Theorie die Moral, die aus dem Gedicht hervorgeht: Wer das Harte zum Unterliegen bringen will, der soll keine Gelegenheit zum Freundlichsein vorbeigehen lassen.

5

Die Arbeiter schreien nach Brot.
Die Kaufleute schreien nach Märkten.
Der Arbeitslose hat gehungert. Nun
Hungert der Arbeitende.
Die Hände, die im Schoße lagen, rühren sich wieder:
Sie drehen Granaten.

13

Es ist Nacht. Die Ehepaare
Legen sich in die Betten. Die jungen Frauen
Werden Waisen gebären.

15

Die Oberen sagen:
Es geht in den Ruhm.
Die Unteren sagen:
Es geht ins Grab.

18

Wenn es zum Marschieren kommt, wissen viele nicht
Daß ihr Feind an ihrer Spitze marschiert.
Die Stimme, die sie kommandiert
Ist die Stimme ihres Feindes.
Der da vom Feind spricht
Ist selber der Feind.

Die Kriegsfibel ist in »lapidarem« Stil geschrieben. Das Wort kommt vom lateinischen lapis, der Stein, und bezeichnet den Stil, der sich für Inschriften herausgebildet hatte. Sein wichtigstes Merkmal war die Kürze. Sie wurde einmal durch die Mühe bedingt, das Wort in den Stein einzugraben, zum andern durch das Bewußtsein, es sei für den schicklich, sich kurz zu fassen, der zu einer Folge von Geschlechtern spricht.

Wenn die natürliche, materielle Bedingung des lapidaren Stils in diesen Gedichten wegfällt, welches sind, so ist man berechtigt, zu fragen, hier seine Entsprechungen. Wie begründet sich der Inschriftenstil dieser Gedichte? Eines von ihnen deutet die Antwort an. Es lautet:

Auf der Mauer stand mit Kreide:
Sie wollen den Krieg.
Der es geschrieben hat
Ist schon gefallen.

Die Anfangszeile dieses Gedichts könnte jedem der »Kriegsfibel« beigegeben werden. Ihre Inschriften sind nicht wie die der Römer für Stein gemacht, sondern wie die der illegalen Kämpfer für Pallisaden.

Hiernach darf der Charakter der »Kriegsfibel« in einem einzigartigen Widerspruch erblickt werden: in Worten, denen, ihrer poetischen Form nach, zugemutet wird, den kommenden Weltuntergang zu überdauern, ist die Gebärde der Aufschrift auf einem Bretterzaun festgehalten, die der Verfolgte mit fliegender Hast hinwirft. In diesem Widerspruch stellt sich die außerordentlich artistische Leistung dieser aus primitiven Worten gebauten Sätze dar. Der Dichter belehnt mit dem Horazischen aere perennius das, was, dem Regen und den Agenten der Gestapo preisgegeben, ein Proletarier mit Kreide an eine Mauer warf.

Vom Kind, das sich nicht waschen wollte

Es war einmal ein Kind,
Das wollte sich nicht waschen,
Und wenn es gewaschen wurde, geschwind
Beschmierte es sich mit Aschen.

Der Kaiser kam zu Besuch
Hinauf die sieben Stiegen,
Die Mutter suchte nach einem Tuch
Das Schmutzkind sauber zu kriegen.

Ein Tuch war grad nicht da.
Der Kaiser ist gegangen
Bevor das Kind ihn sah:
Das Kind konnt's nicht verlangen.

Der Dichter nimmt für das Kind, das sich nicht waschen wollte, Partei. Es müßten schon, meint er, die tollsten Zufälle aufeinandertreffen, damit das Kind von seiner Ungewaschenheit wirklichen Schaden hätte. Nicht genug, daß der Kaiser sich nicht alle Tage sieben Stiegen hinaufbemüht, so müßte er zum Schauplatz seines Erscheinens noch dazu einen Haushalt erwählt haben, in dem nicht einmal ein Tuch aufzutreiben ist. Die abgerissene Diktion des Gedichts gibt zu verstehen, daß ein solches Zusammentreffen von Zufällen geradezu etwas Traumhaftes hätte.

Vielleicht wird man an einen andern Parteigänger oder Verteidiger des Schmutzkinds erinnern dürfen; an Fourier, dessen Phalanstère nicht nur eine sozialistische, sondern auch eine pädagogische Utopie gewesen ist. Fourier teilt die Kinder des Phalanstère in zwei große Gruppen ein: in die petites bandes und die petites hordes. Die petites bandes haben es mit dem Gartenbau und mit andern ansprechenden Obliegenheiten zu tun. Die petites hordes haben sich mit den Unsaubersten abzugeben. Die Wahl zwischen den beiden Gruppen steht jedem Kinde frei. Die sich für die petites hordes entschieden hatten, waren die geehrtesten. Keine Arbeit durfte im Phalanstère unternommen werden, an die sie nicht die erste Hand legten; die Tierquälerei unterstand ihrer Gerichtsbarkeit; sie hatten Zwergponys, auf denen sie im feurigen Galopp durch das Phalanstère dahinfegten, und wenn sie sich zur Arbeit versammelten, gab ein ohrenbetäubendes Durcheinander von Trompetenstößen, Dampfpfeifen, Kirchenglocken und Pauken dazu das Zeichen. In den Angehörigen der petites hordes sah Fourier vier große Leidenschaften am Werke: den Hochmut, die Schamlosigkeit, die Unsubordination. Die wichtigste von allen war die vierte: der goût de la saleté, die Freude am Schmutz.

Der Leser denkt an das Schmutzkind zurück und fragt sich: beschmiert es sich vielleicht nur darum mit Aschen, weil die Gesellschaft seine Leidenschaft für den Schmutz keiner nützlichen und guten Verwendung zuführt? nur, um als ein Stein des Anstoßes, als eine dunkle Mahnung ihrer Ordnung im Weg zu stehen (dem bucklichten Männlein nicht unähnlich, das im alten Lied das wohlbestellte Hauswesen aus den Fugen bringt)? Hat Fourier recht, so hätte das Kind gewiß an der Begegnung mit dem Kaiser nicht viel verloren. Ein Kaiser, der nur reinliche Kinder sehen will, stellt nicht mehr vor als die beschränkten Untertanen, die er besucht.

Der Pflaumenbaum

Im Hofe steht ein Pflaumenbaum,
Der ist klein, man glaubt es kaum.
Er hat ein Gitter drum,
So tritt ihn keiner um.

Der Kleine kann nicht größer wer'n,
Ja, größer wer'n, das möcht er gern.
's ist keine Red davon,
Er hat zu wenig Sonn.

Den Pflaumenbaum glaubt man ihm kaum,
Weil er nie eine Pflaume hat,
Doch er ist ein Pflaumenbaum,
Man kennt es an dem Blatt.

Ein Beispiel für die innere Einheit dieser lyrischen Poesie und zugleich für den Reichtum ihrer Perspektiven kann die Art bieten, wie die Landschaft in ihre verschiedenen Zyklen eintritt. In der »Hauspostille« gibt es sie vor allem in Gestalt eines gereinigten, wie ausgewaschenen Himmels, an dem gelegentlich zarte Wolken erscheinen und unter dem Gewächse gesichtet werden, die mit hartem Griffel umrissen sind. In den »Liedern, Gedichten, Chören« ist nichts von der Landschaft übrig; vom »winterlichen Schneesturm«, der durch diesen Zyklus von Poesien fährt, ist sie zugedeckt. In den »Svendborger Gedichten« erscheint sie hin und wieder; verblaßt und schüchtern. So verblaßt, daß die

Pfähle, eingeschlagen, »im Hof für die Schaukel der Kinder« schon zu ihr rechnen.

Die Landschaft der »Svendborger Gedichte« ähnelt der, für die in einer Geschichte von Brecht ein Herr Keuner seine Vorliebe zu erkennen gibt. Freunde haben von ihm erfahren, daß er den Baum liebt, der im Hofe seiner Mietskaserne sein Dasein fristet. Sie fordern ihn auf, mit in den Wald zu kommen, und wundern sich, daß Herr Keuner es ihnen abschlägt. Sagten Sie nicht, daß Sie Bäume lieben? Herr Keuner antwortet: »Ich sagte, daß ich den Baum *in meinem Hofe* liebe.« Dieser Baum dürfte mit dem identisch sein, der in der »Hauspostille« den Namen *Green* führt. Er wurde dort durch eine morgendliche Ansprache vom Dichter geehrt.

Es war wohl keine Kleinigkeit, so hoch heraufzukommen
Zwischen den Häusern,
So hoch herauf, Green, daß der
Sturm so zu Ihnen kam, wie heute nacht?

Dieser Baum Green, der dem Sturm seinen Wipfel bietet, stammt noch aus einer »heroischen Landschaft«. (Von ihr distanzierte der Dichter sich immerhin, indem er dem Baum das »Sie« angedeihen ließ.) Im Laufe der Jahre wandte sich der lyrische Anteil Brechts an dem Baum dem zu, worin er den Menschen, deren Fenster auf seinen Hof hinausgehen, ähnlich ist: dem Mittelmäßigen und dem Verkümmerten. Ein Baum, der gar nichts Heroisches mehr an sich hat, erscheint in den »Svendborger Gedichten« als Pflaumenbaum. Ein Gitter muß ihn davor bewahren, krumm getreten zu werden. Pflaumen trägt er nicht.

Den Pflaumenbaum glaubt man ihm kaum,
Weil er nie eine Pflaume hat,
Doch er ist ein Pflaumenbaum,
Man kennt es an dem Blatt.

(Der Binnenreim des ersten Verses macht das Schlußwort der dritten Zeile zum Reimwort untauglich. Er zeigt an, daß es mit dem Pflaumenbaum, kaum daß er zu wachsen anfing, bereits zu Ende ist.)

So sieht der Baum im Hof aus, den Herr Keuner liebte. Von der Landschaft und allem, was sie dem Lyriker sonst geboten hat, kommt auf diesen heute nicht mehr als ein Blatt. Auch muß einer vielleicht ein großer Lyriker sein, um heute nach mehr nicht zu greifen.

Bibliographische Nachweise

Über die Sprache überhaupt und über die Sprache des Menschen. Manuskript.
*Über das Programm der kommenden Philosophie. Manuskript. Zuerst veröffentlicht von Gershom Scholem in »Zeugnisse. Theodor W. Adorno zum 60. Geburtstag«. Ffm. 1963
Zur Kritik der Gewalt. Manuskript.
*Probleme der Sprachsoziologie. Zeitschrift für Sozialforschung 4 (1935), Seite 248–268
Über das mimetische Vermögen. Manuskript.

Moskau. Die Kreatur 2 (1927), Seite 71–101
*Weimar. Neue Schweizer Rundschau 21 (1928), Seite 751 f.
Marseille. Neue Schweizer Rundschau 22 (1929), Seite 291–295
San Gimignano. Frankfurter Zeitung, 23.8.1929
*Nordische See. Frankfurter Zeitung, 18.9.1930
Aussicht ins Kinderbuch. Literarische Welt, 3.12.1926
Traumkitsch. Unter dem Titel: Glosse zum Sürrealismus. Die Neue Rundschau 38 (1927), Seite 110 f.
Essen. Frankfurter Zeitung, 29.5.1930
Ich packe meine Bibliothek aus. Literarische Welt, 17.7.1931
In der Sonne. Kölnische Zeitung, 27.12.1932

»Der Idiot« von Dostojewskij. Die Argonauten 1 (1920), Seite 231–235
*Die politische Gruppierung der russischen Schriftsteller. Literarische Welt, 11.3.1927
*Zur Lage der russischen Filmkunst. Literarische Welt, 11.3.1927
*Der Sürrealismus. Literarische Welt, 1.2.1929; 8.2.1929; 15.2.1929
Julien Green. Neue Schweizer Rundschau 23 (1930), Seite 259–264
*Paul Valéry. Literarische Welt, 30.10.1931
*Kleine Geschichte der Photographie. Literarische Welt, 18.9.1931; 25.9.1931; 2.10.1931
Franz Kafka. Jüdische Rundschau, 21.12.1934; 28.12.1934 (Teilabdruck)
*Zum gegenwärtigen gesellschaftlichen Standort des französischen Schriftstellers. Zeitschrift für Sozialforschung 3 (1934), Seite 54–77
*Brechts Dreigroschenroman. Manuskript. Zuerst veröffentlicht in »Bertolt Brechts Dreigroschenbuch«, Ffm. 1960

*Eduard Fuchs, der Sammler und der Historiker. Zeitschrift für Sozialforschung 6 (1937), Seite 346–380
Was ist das epische Theater? Maß und Wert 2 (1939), Seite 831–837
*Einleitung zu Carl Gustav Jochmanns Rückschritten der Poesie. Zeitschrift für Sozialforschung 8 (1939), Seite 92–103

Ankündigung der Zeitschrift Angelus Novus. Manuskript. Zuerst veröffentlicht in: Walter Benjamin, Schriften II (1955)
*Hugo v. Hofmannsthal: Der Turm. Literarische Welt, 9.4.1926
Johann Peter Hebel. Magdeburgische Zeitung, 19.9.1926
Gottfried Keller. Literarische Welt, 5.8.1927
Gespräch mit André Gide. Literarische Welt, 17.2.1928
*Hugo von Hofmannsthals »Turm«. Literarische Welt, 2.3.1928
*Spielzeug und Spielen. Literarische Welt, 6. 7. 1928
Karl Wolfskehl. Frankfurter Zeitung, 17.9.1929
*Die Wiederkehr des Flaneurs. Literarische Welt, 4.10.1929
*Politisierung der Intelligenz. Die Gesellschaft 7, 1 (1930), Seite 473–477
Wider ein Meisterwerk. Literarische Welt, 15.8.1930
*Krisis des Romans. Die Gesellschaft 7, 1 (1930), Seite 562–566
*Ein Jakobiner von Heute. Frankfurter Zeitung, 14. 9. 1930
*Literaturgeschichte und Literaturwissenschaft. Literarische Welt, 17.4.1931
*Linke Melancholie. Die Gesellschaft 8, 1 (1931), Seite 181–184
*Oedipus oder der vernünftige Mythos. Blätter des hessischen Landestheaters, 1931/32, Seite 157–162
Privilegiertes Denken. Literarische Welt, 5.2.1932
Rückblick auf Stefan George. Frankfurter Zeitung, 12.7.1933
Christoph Martin Wieland. Frankfurter Zeitung, 5.9.1933
Der eingetunkte Zauberstab. Frankfurter Zeitung, 29.3.1934
*Pariser Brief. Das Wort 1 (1936), Seite 86–95
André Gide, La porte étroite. Manuskript. Zuerst veröffentlicht in: Walter Benjamin, Schriften II (1955).
Kommentare zu Gedichten von Brecht. Manuskript. Zuerst veröffentlicht in: Walter Benjamin, Schriften II (1955).

Anmerkung

Die Texte dieses Bandes folgen dem jeweils nachgewiesenen Druck (bzw. Manuskript). Eine ausführliche Bibliographie findet man bei Rolf Tiedemann, Studien zur Philosophie Walter Benjamins, Ffm. 1965. Ein Sternchen vor dem Titel bedeutet, daß der betreffende Beitrag nicht in der zweibändigen Ausgabe der »Schriften« von 1955 enthalten ist.